Freiheit ist mehr als ein Wort
Eine Lebensbilanz
1921 – 1996

FREIHEIT IST MEHR ALS EIN WORT

EINE LEBENSBILANZ 1921 – 1996 VON HILDEGARD HAMM-BRÜCHER

KIEPENHEUER & WITSCH

1. Auflage 1996
© 1996 by Verlag Kiepenheuer & Witsch, Köln
Alle Rechte vorbehalten. Kein Teil des Werkes darf in irgendeiner
Form (durch Fotografie, Mikrofilm oder ein anderes Verfahren)
ohne schriftliche Genehmigung des Verlages reproduziert
oder unter Verwendung elektronischer Systeme verarbeitet,
vervielfältigt oder verbreitet werden.
Umschlaggestaltung: Rudolf Linn, Köln
Umschlagfoto: Wolfram Scheible/FORMAT
Gesetzt aus der Berthold Walbaum Standard
bei Kalle Giese Grafik, Overath
Druck und Bindearbeiten:
Graphischer Großbetrieb Pößneck, Pößneck
ISBN 3-462-02530-9

*Ich widme dieses Buch den Familien,
deren Namen ich trage:
den Hamms und den Brüchers,
denen ich für lebenslange
Liebe, Geduld und Zusammenhalt danken möchte.*

Hildegard Hamm-Brücher
München, im Januar 1996

INHALT

Zu diesem Buch 13

ERSTER TEIL 21
Lebensstufen
Biographische Berichte

Prolog: Wiedersehen nach sechs Jahrzehnten 23

I. Über meine Kindheit und ihr jähes Ende (1921-1932) 27
*Unbeschwerte Kindheit – Der Sprung vom Zehnmeterturm –
Die Leseratte – Späße und Streiche – Tod der Eltern*

II. Über meine Jugend im Schatten der Nazidiktatur 41
(1933-1939)
*Verlust der Geborgenheit – Zur Großmutter nach Dresden –
Das Stigma der Nürnberger Gesetze – Das glückliche
Jahr in Salem – Arbeitsdienst*

III. Studienzeit, Krieg und Ende der Nazidiktatur 57
(1940-1945)
*Stud. chem. in München – Doktorandin bei
Nobelpreisträger Heinrich Wieland – Erschütterungen –
Der Opfergang der Studenten der WEISSEN ROSE –
Der Doktorhut – finis germaniae*

IV. Befreit zum Leben ohne Angst (1945-1948) 81
*Vor und nach der Stunde Null – Wege aus der Unfreiheit –
Emanzipation – Die NEUE ZEITUNG – Die versäumte
Katharsis*

V. Politische Lehrjahre (1948-1966)   109
*Stadträtin in München – Aufbruch in die Bundesrepublik
und in die NEUE WELT – Stipendiatin in Harvard –
Neue Horizonte – Landtagsabgeordnete in Bayern –
Initiativen und Erfolge – Vierparteienkoalition –
Schulkämpfe – Familiengründung – Sensationelle
Wahlsiege – Scheitern der bayerischen FDP*

VI. Politische Wanderjahre (1967-1976)   171
*Staatssekretärin in Hessen – Studentenunruhen ante
portas – Initiativen und Reformen – Berufung nach
Bonn – bildungspolitischer Aufbruch – Stagnation –
Bitterer Wahlsieg – Erste internationale Erfahrungen –
Rückkehr nach München – Wechsel-Jahre –
Alte und neue Aufgaben, kirchliches Engagement*

VII. Höhepunkte, Wende und Ende in Bonn (1976-1990)   230
*Zurück nach Bonn – Staatsministerin im Auswärtigen
Amt – Auf diplomatischem Parkett und Gipfeln –
Die Regierung Schmidt/Genscher und ihr unrühmliches
Ende – Ausgegrenzt und »dennoch« sagen –
Parlamentsreform – Vor und nach dem 9. November 1989 –
Abschied von der aktiven Politik*

VIII. Leben in wachsenden Ringen (1991-1996)   293
*Zurück in München – Neun-Monats-Comeback: Protokoll
meiner Kandidatur zum Bundespräsidentenamt –
Leben nach der Politik*

ZWEITER TEIL
Freiheit ist mehr als ein Wort
Berichte über mein politisches Denken und Handeln

Prolog: Aus den Irrtümern der Geschichte lernen 317

I. Über Politik als Frauenberuf 321
Frauen und Politik – Skizzen zur deutschen Frauenbewegung – Emanzipationen, ihre Bedingungen, Erfahrungen, Reflexionen – Mein eigener Weg: lernen, »dennoch« zu sagen – Ausblicke

II. Über Erblasten unserer politischen Geschichte 349

1. Die verspätete Nation und ihre Folgen 351
Wie es zur Teilung Deutschlands kam und die Wiedervereinigung gelang – Versuch über meine deutsche Identität als europäische Weltbürgerin

2. Die verspätete Demokratie 373
Ihre Geschichte und Gegenwart – Das kleine Demokratiewunder: Bonn wurde nicht Weimar, aber es wurde Bonn – Verfassung und Verfassungswirklichkeit – Parteien und Bürger – Defizite und Politik(er)verdrossenheit – Bilanz

3. Deutsche Existenz nach Auschwitz 395
Markierungspunkte der Bewährung, des Versagens und neuer Gefährdungen – Was Auschwitz als Synonym für alle Untaten, alles Unrecht, alle Menschenrechtsverletzungen, die während der NS-Zeit im deutschen Namen begangen wurden, für meine politische Biographie bedeutet

III. Über erkämpfte und unvollendete Reformen   451
   (Werkstattberichte)

   1. Demokratie als Staatsform   457
   *Über Parlaments- und andere Demokratiereformen und
   ein Plädoyer zur Überwindung der Malaise unserer
   repräsentativen Demokratie*

   2. Demokratie als Lebensform   483
   *Über Demokratiefähigkeit – Meine Vision von der mündigen
   Bürgergesellschaft und Beispiele für viele kleine Schritte
   zu ihrer Verwirklichung*

   3. Die Schule der Demokratie ist die Schule   504
   Über Glanz und Elend der Bildungsreformen

   4. Über das Deutschlandbild in der Welt   526
   *Kulturbeziehungen weltweit versus einseitigem
   Kulturexport – Ein Plädoyer gegen den Rotstift und
   für die Fortsetzung des Reformkurses*

IV. Auftrag und Versagen des politischen Liberalismus   536
*Über seine historische Bedeutung und seine Verdienste,
seine Gefährdungen und seine künftigen Aufgaben –
Weshalb ich dazukam und dabeiblieb – Was heißt heute
liberal? – Liebeserklärung und Philippika*

Epilog: Über das fünfzigste Jahr nach dem Neuanfang   561

Quellenangaben   568
Weitere verwendete Literatur   571
Buchveröffentlichungen   573
Namensregister   576
Bildnachweis   594

Zu diesem Buch

Wie kam es zu diesem Buch? Weshalb und für wen habe ich es geschrieben? Wozu möchte es anregen und beitragen . . .?

Nach meinem Abschied von der aktiven Politik und der Rückkehr von Bonn nach München stand ich Ende 1990 ziemlich ratlos vor ungezählten Kisten und Kästen ungeordneter Papiere. Wie sollte ich meinen (mittlerweile in dreihundertneunundsechzig dicken Bänden im Münchner Institut für Zeitgeschichte archivierten) politischen Nachlaß »entsorgen«? Sollte ich ihn künftigen Studenten und der schreibenden Zunft überlassen, oder sollte ich mich selber ans Aufräumen und Evaluieren wagen? Wo aber anfangen, wo aufhören . . .?

Zunächst und auf lange Zeit überwogen Bedenken und Hemmungen: Gibt es nicht schon mehr als genug Memoiren von Politikern, die auf der Erfolgsleiter und auf Beliebtheitsskalen weit höher rangierten, strahlender im Rampenlicht standen als ich? Wen würden meine vergleichsweise unspektakulären, teilweise lang zurückliegenden Berichte interessieren, in einer Zeit, die tagtäglich von neuen Sensationen überflutet wird, in der Namen und Ereignisse wie »fast food« verschlungen und sofort wieder vergessen werden? Dazu die (Neu-)Gier nach immer neuen Enthüllungen, nach Schlüsselloch-Geschichten und Indiskretionen! Hätte ein politisches Buch ohne solcherlei Zutaten überhaupt Chancen, auf dem Bücher(super)markt zu bestehen?

Und außerdem: Wollte ich nach über vierzig Jahren aktiver Politik nicht eigentlich ausruhen, meinen »Ruhestand« mit Mann und Familie genießen, keinem Terminkalender mehr unterworfen sein, reisen, lesen, nichts tun?

Ja, das wollte ich alles, aber es kam ganz anders: Statt ab 1991 ein ruhigeres Leben zu beginnen, ging das unruhige einfach weiter, nun allerdings ohne Büro und Mitarbeiterinnen:

Täglich kamen Anfragen per Brief, Telefon oder Fax für Vorträge, Zeitungsbeiträge, Statements, Talkshows und anderem Schnickschnack. Für Aufräum-, Erinnerungs- und Aufschreibarbeit blieb keine Zeit. Verzettelung drohte und neue Überlastung, vor allem 1993/1994 während meiner neun Monate Kandidatur zum Amt des Bundespräsidenten. Erst am Tag nach der Wahl von *Roman Herzog*, am 24. Mai 1994, über den ich im nachfolgenden »Prolog« berichte, stand für mich fest: Nun gibt es keine Ausflucht mehr: Fang an zu schreiben, versuche es wenigstens. Sage alles weniger Wichtige ab, nimm dir ein Sabbat-Jahr oder zwei . . .

Auch mein Verleger ermutigte mich: »Vergessen Sie alle mehr oder weniger berechtigten Bedenken, verzichten Sie auf autobiographische Vollständigkeit. Überlassen Sie die Aufarbeitung im Detail künftigen Doktoranden oder Biographen. Berichten Sie aus Ihrem Leben und Erleben, dem einer Frau, die sich nun fast fünfzig Jahre lang nicht damit begnügt hat, in der politischen Männer-Welt mitzulaufen, sich anzupassen und Karriere zu machen, die sich vielmehr wirklich zu selbständigem Denken, Reden und Handeln emanzipiert und dabei mehr als einmal ihre Karriere als Politikerin riskiert hat.«

So machte ich mich also ans Schreiben, und das nun nach fast zweijähriger Arbeit fertiggestellte Buch soll rund um meinen 75. Geburtstag erscheinen.

Sein Titel – *Freiheit ist mehr als ein Wort* – ist Bekenntnis und Botschaft zugleich.

Nach der Erfahrung der Unfreiheit in meiner Jugendzeit war »Freiheit« für mich nach 1945 der mir wichtigste und kostbarste Begriff für einen Neuanfang, und er ist es jeden Tag aufs neue, wenn es um die Gestaltung eines menschenwürdigen und gerechten Zusammenlebens geht.

Hans Scholl starb am 22. Februar 1943 auf dem Schafott mit dem Ruf »Es lebe die Freiheit!«, und 1989 erschallte in der DDR der Ruf nach Freiheit hunderttausendfach, so lange, bis die Diktatur bezwungen war.

Nichts gibt es ohne Freiheit: keine Menschenwürde und keine Solidarität, keine Gerechtigkeit, keine Selbstbestimmung und Selbstverantwortung, keine Vielfalt und Toleranz...

Das alles gab es bei uns nicht, solange die Diktatur der Unfreiheit wütete, und deshalb war und ist Freiheit für mich mehr als nur ein Wort. Sie steht für die Bewährungsprobe, ob und was wir aus den Irrtümern unserer Geschichte gelernt haben.

Das ist die Botschaft meines Buches. Es ist kein Polit-Thriller. Es beansprucht keine historische, politische und auch keine autobiographische Vollständigkeit. Es geht mir nicht um persönliche Denkmalpflege oder Schönfärberei. Es geht mir allein darum, festzuhalten und weiterzuvermitteln, weshalb ich 1945, nach der Befreiung von der Unfreiheit, Politik zu meinem Lebensberuf gemacht habe, worum es mir bei meinem fast fünfzigjährigen Engagement ging – was ich damit bewirken wollte.

Nämlich dazu beizutragen, daß wir lernen, aus den Irrtümern und Verhängnissen unserer politischen Geschichte Konsequenzen zu ziehen und die uns nach 1945 geschenkte, zuvor zweimal gescheiterte Demokratie endlich lebensfähig, dauerhaft und glaubwürdig zu gestalten. Darüber berichte ich in diesem Buch.

Dennoch, während des Schreibens haben mich auch immer mal wieder Zweifel beschlichen:

Interessiert dies alles denn auch deine künftigen Leserinnen und Leser?

Dann haben meine Kinder *Miriam Verena* und *Florian* probegelesen; mein Lektor, *Helge Malchow*, hat strenge Anmerkungen gemacht und mich zugleich ermutigt. Für beides schulde ich sehr viel Dank. Desgleichen allen, die mitgeholfen, abgeschrieben und korrigiert haben, vor allem meiner langjährigen Mitarbeiterin *Marion Mayer*, die u. a. das Namensregister erstellte, der Lektoratsassistentin *Bernhild vom Bruck* und *Hannelore Kreuter*.

Ich schulde allen Dank, die geduldiger waren als ich, die mich immer wieder angehört haben, meinem Mann vor allem, dem Hauptfreud- und -leidtragenden während der Monate meiner Autorenschaft.

Zur *Konzeption* des Buches ist vorauszuschicken, daß es zwar in einen ersten, *chronologisch-biographischen* und einen zweiten, *politisch-thematischen Teil* gegliedert ist, beide Teile aber vielfältig aufeinander bezogen sind. Deshalb kann auf »Verweisungen« auch nicht verzichtet werden.

Im *Ersten Teil* berichte ich in großen Etappen über meinen Lebenslauf, der so schicksalhaft mit der Geschichte unserer nationalen Katastrophen und den Herausforderungen unserer mühsamen Demokratiewerdung nach 1945 verknüpft ist. Im *Zweiten Teil* beschreibe ich die mir zur Lebensaufgabe gewordenen politischen Problemfelder aus fünf Jahrzehnten Nach-Hitler-Zeit. Im Ersten Teil überwiegt das Persönliche, im Zweiten Teil das Politische. In beiden Teilen geht es um Informationen und Sachverhalte, um Entwicklungen und Erfahrungen. Dabei kommt es mir immer auf zweierlei an:

Einmal verständlich zu machen, weshalb ich als junge Frau nach 1945 *Politik zum Beruf* wählte, welche Motivationen ich dazu mitbrachte und weshalb ich, trotz mancher Erfolge, im Grunde Einzelkämpferin und Außenseiterin blieb.

Und zum anderen wollte ich mit diesem Buch und in diesem Buch mein *politisches Credo* niederschreiben, es begründen und bekräftigen: Nach der unheilvollen Geschichte des Scheiterns unserer ersten deutschen Demokratie und im Gefolge der verbrecherischen Nazidiktatur verstehe ich unsere demokratisch-verfaßte Staats- und unsere immer noch und immer wieder labile, freiheitliche Gesellschaftsform nicht (nur) als ein institutionelles Regelwerk, sondern vor allem als eine kostbare Errungenschaft, an deren Erhaltung und Verbesserung möglichst viele Bürgerinnen und Bürger teilnehmen müssen.

Dieses politische *Credo* hat mein politisches Denken und Handeln über fast fünf Jahrzehnte geprägt und beflügelt. Es hat mich immer wieder angespornt – mehr als einmal in Zweifel und Enttäuschung getrieben. Freude am Erfolg und Trauer über Mißlingen lagen oft dicht beieinander. Aber ich habe es nie aufgegeben!

Mit diesem politischen *Credo* möchte ich meinen Leserinnen und Lesern meine Hoffnung vermitteln, daß sie bei der Gestaltung *ihrer* Zukunft und bei der Bewältigung *ihrer* Herausforderungen wachsamer sind und politisch klüger handeln als die Generationen ihrer Vorväter.

Während ich daranging, längst Vergangenes zurückzuholen, zu ordnen und zusammenzufügen, wurde ich gleichzeitig neuerlich in aktuelle politische Ereignisse verwickelt. Dabei verschmolz Vergangenes mit Gegenwärtigem und mischte sich Aktuelles mit Erinnerungen, wurde ich zur Pendlerin zwischen Vergangenheit und Gegenwart mit gelegentlichen Ausblicken auf die Zukunft. Das hat meine Schreibarbeit zwar manches Mal unterbrochen, aber auch erfrischt und neu motiviert.

Besonders intensiv erlebte ich dieses »Comeback« 1993/94 während meiner neunmonatigen Kandidatur für das Amt des Bundespräsidenten, die mir nicht nur eine neuerliche öffentliche Bewährungsprobe abverlangte, sondern auch eine Begründungspflicht, *weshalb* ich mir diese Kandidatur an der Schwelle zum biblischen Alter zutraute . . . (vgl. Erster Teil, VIII.)

Und ich erlebte dies, als ich im Laufe des überbordenden Gedenkjahres 1995, mit seinen vielen Erinnerungsdaten an die Endzeit von Hitlers Verbrecherstaat und an unsere Befreiung, bei vielen Gelegenheiten nach meinen Erinnerungen und Positionen befragt wurde. So begegnete ich der Zeit vor fünfzig Jahren nicht nur zurückgezogen am Schreibtisch wieder, sondern stellte mich bei zahlreichen Anlässen der vielstimmigen und ambivalenten politischen Öffentlichkeit des Jahres 1995. Darüber berichte ich im »Epilog« des Zweiten Teils.

Und schließlich sei auch das noch angemerkt: Dieses Buch zu schreiben, es nach bestem Wissen und Gewissen wahrhaftig zu schreiben, hat mich nicht nur viel Zeit und viel Mühe gekostet, es hinterläßt bei mir und vielleicht auch bei künftigen Leserinnen und Lesern offene Fragen.

Zum Beispiel, ob sich meine Visionen von einem Freiheit, Gerechtigkeit und Solidarität verbürgenden demokratischen Gemeinwesen angesichts der Realitäten unserer ziemlich miesen demokratischen Alltäglichkeiten nicht als politische Courths-Mahler-Illusionen erweisen? – Ich hoffe nicht!

Oder: Ob unsere Demokratien, deren Ideen, Strukturen und Verfahren aus dem 19. Jahrhundert stammen, in postindustriellen Massengesellschaften mit allen revolutionierenden technologischen Errungenschaften überhaupt noch funktionsfähig sein können? – Ich hoffe, ja, wenn wir sie innovativ fortentwickeln.

Oder: Ob ich als Politikerin nicht doch zu weit vom »Mainstream« abgewichen bin, um noch als objektive Zeitzeugin gelten zu können? – Ich hoffe, daß es mir dennoch gelingt.

Solcherlei Fragen stelle ich mir, und ich möchte sie meinen Leserinnen und Lesern nicht verheimlichen. Vieles, was ich politisch gedacht, getan, vertreten und in diesem Buch aufgeschrieben habe, scheint zumindest teilweise schon jetzt überholt oder könnte demnächst überholt, verdrängt, obsolet sein.

Das mag sein! Doch ich wollte festhalten, was ich in meiner Jugend und seit dem Ende der Nazidiktatur erlebt habe und wie es mein Leben geprägt hat.

Dieses fünfundsiebzigjährige Leben, in dem ich fast fünfzig Jahre passioniert für ein freies und humanes Gemeinwesen gearbeitet habe, verlief wie eine Wanderschaft auf einem langen, mit Freuden und Schmerzen gepflasterten Weg.

Von diesem Weg und meiner Passion zur Freiheit berichte ich in diesem Buch.

ERSTER TEIL
LEBENSSTUFEN

Biographische Berichte

Prolog

Wiedersehen nach sechs Jahrzehnten

Es war am Tag nach der Wahl des siebten Bundespräsidenten, bei der ich – wie vorhersehbar – erfolglos für dieses Amt kandidiert hatte. Es war am 24. Mai 1994 in Berlin, als ich mit meinem Mann und meinen beiden erwachsenen Kindern hinaus nach Berlin-Dahlem fuhr, um ihnen das Haus meiner Kindheit im »Falkenried 4« und die umgebenden Straßen und Plätze, die Schule und Kirche zu zeigen.

Gelöst und erleichtert von der Bürde meiner Kandidatur und der Anspannung des Vortages stöberten wir vergnügt und neugierig in den Spuren meiner Kinderjahre. Ich erzählte und

Während der Bundespräsidentenwahl am 23. Mai 1994 in Berlin mit meinem Sohn Florian, meinem Mann, Dr. Erwin Hamm, und meiner Tochter Miriam Verena

erzählte, beschrieb jedes Zimmer hinter der Fensterfront, erinnerte mich wieder an Einzelheiten, die ich längst vergessen hatte, ließ unser Familienleben wiedererstehen.

Hier hatte meine Kindheit in den zwanziger Jahren geborgen und unbeschwert begonnen, hier hatte sie zehn Jahre später mit dem Tod der Eltern jäh und traurig geendet . . .

Dann fuhren wir weiter . . . nach Potsdam. Hier hatten sich, kurz vor der Umsiedlung der »Brücher-Waisen« (so wurden wir damals tatsächlich genannt) zur Großmutter nach Dresden, am 21. März 1933, der vergreiste Reichspräsident *von Hindenburg* und der »böhmische Gefreite« *Adolf Hitler* über dem Sarg des Preußenkönigs *Friedrich II.* die Hände gereicht und damit den Anfang vom Ende freiheitlicher und humaner deutscher Traditionen besiegelt. Mit diesem Bündnis zwischen der deutschnationalen Rechten und den Nazis hatte die Schreckensherrschaft – zunächst symbolisch – begonnen, die zwölf Jahre später – wiederum in Potsdam – mit jener Konferenz der Siegermächte zu Ende ging, auf der die Teilung Deutschlands und Europas beschlossene Sache wurde.

Und nun war ich über sechzig Jahre nach jenem ersten und fast fünfzig Jahre nach jenem zweiten historischen Ereignis wieder in Potsdam. Die Teilung Deutschlands und Europas war überwunden, der Kalte Krieg friedlich beendet, aus dem aus eigener Schuld zerstörten und zerstückelten Deutschland war eine wiedervereinte, freiheitliche Demokratie geworden.

Diese historische Zeitspanne hatte ich miterlebt, miterlitten, mitgeschaffen und mitgestaltet. Welch eine Lebensgeschichte!

Und noch eine dritte, mein politisches Leben bestimmende Erinnerung wurde an diesem 24. Mai 1994 in Berlin wach: Bei unseren Fahrten zwischen Flugplatz und Hotel fuhren wir – und das war nicht geplant – an den Gefängnissen Moabit und Tegel, an der Bendelerstraße und dem Hinweisschild zur Gedenkstätte Plötzensee, der Hinrichtungsstätte der Wider-

Das Elternhaus in Berlin-Dahlem

standskämpfer vorbei – an den Stätten des Leidens, des Sterbens und der Bewährung ungezählter (im Achtzig-Millionen-Volk der Deutschen jedoch nur weniger) Widerstandskämpfer gegen die menschenverachtende Nazidiktatur.

Damit schloß sich der Kreis der Tagesreise in unsere deutsche Vergangenheit und in meine persönliche und politische Biographie. Denn es war ja das Schicksal dieser Deutschen gewesen, es war der Opfertod aller Verfolgten, Ermordeten, aus Deutschland verjagten Menschen, die mein politisches Denken und Verhalten bestimmt und motiviert hatten. Seit damals bis heute.

Heute wieder besonders, weil – wie ich meine – uns, den nun weniger werdenden Zeitzeugen der Nazizeit, angesichts des größer werdenden zeitlichen Abstands zum Geschehen eine besondere Verantwortung auferlegt ist. Die jugendlichen Verfasser der Flugblätter der WEISSEN ROSE haben sie uns 1942 mit folgenden Worten aufgetragen:

». . . Aus Liebe zu kommenden Generationen muß nach Beendigung des Krieges ein Exempel statuiert werden, daß niemand auch nur die geringste Lust verspüren sollte, Ähnliches aufs neue zu versuchen.«

Haben wir dieses Exempel statuiert? – Sind wir ihrem Vermächtnis auf dem Weg in ein freies und gerechtes Gemeinwesen gerecht geworden?

Das war es, worüber ich öffentlich Rechenschaft ablegen wollte! Gleich morgen wollte ich mit dem Schreiben beginnen!

Bewegt von den Erinnerungen des Tages und den Ereignissen des Vortages, erschöpft vom Erzählen und Wiedererkennen, beflügelt von meinem Vorsatz, kehrte ich aus Berlin an meinen Schreibtisch nach München zurück . . .

Wie hatte alles begonnen, damals vor über siebzig Jahren, als ich ein Kind war, und wie ist es bis heute weitergegangen?

I.

Über meine Kindheit und ihr jähes Ende

(1921 – 1932)

Unbeschwerte Kindheit – Der Sprung vom Zehnmeterturm – Die Leseratte – Späße und Streiche – Tod der Eltern

> »Im Galarock des heiteren Verschwenders
> ein Blumenzepter in der schmalen Hand,
> fährt nun der MAI, der MOZART DES KALENDERS
> aus einer Kutsche grüßend über Land.«
> Erich Kästner

An meinen ersten Sprung ins Ungewisse kann ich mich gut erinnern: Ich, geboren am *11. Mai 1921*, wagte ihn mit sechs oder sieben Jahren, als ich vom Zehnmeterturm des idyllischen Familienschwimmbades »Krumme Lanke« in Berlin-Wannsee heruntersprang. Eigentlich war mir bänglich zumute. Aber mein Vater stand – einem beschützenden Gottvater gleich – im weißen Bademantel unter dem Vordach des Sprungturms, und ich genierte mich umzukehren. Ich sprang also und hielt mir nicht einmal die Nase zu. Es patschte tüchtig, aber es gelang. Also gleich noch einmal. Von nun an machte es Spaß, und ich hatte keine Angst mehr. Der Vater war's zufrieden.

Ich war die jüngste Freischwimmerin und Turmspringerin in der Familie und in meiner Schulklasse – gerade erst von der »Angel« des Bademeisters entlassen, an der ich unter seinen »Eins-zwei-drei«-Drill-Kommandos in kürzester Zeit schwimmen gelernt hatte. Allseits gab es Respekt vor »der kleinen Freischwimmerin«...

Ist das mehr als eine nostalgische Kindheitserinnerung, ein Beispiel dafür, wie »mutig«, vielleicht auch ehrgeizig das

Mädchen Hildegard war? Oder ist es ein früher Nachweis für ihre schwimmsportliche Begabung, die sich alsbald herausstellen und zu erfreulichen Erfolgen in fast allen Disziplinen (Brustschwimmen, Kraulen und Rückenkraulen) führen sollte?

Nein, ich will die Bedeutung dieser Kindheits-Episode nicht mystifizieren. Aber da war doch noch etwas anderes: Denn eigentlich bin ich gesprungen, weil ich mutig sein und vor meinem Vater bestehen wollte.

Und das war tatsächlich etwas, was sich in meinem Leben wiederholen sollte. *Etwas*, das sich immer dann einstellte, wenn ich in einer ungewöhnlichen Situation nicht umkehren, sondern mich bewähren wollte. Dann faßte ich Mut, »sprang«, und genau das machte mich angstfrei. Von solchen Sprüngen ins Ungewisse wird im Verlauf meines Lebens mehrmals zu berichten sein . . .

Noch lebte ich geborgen im Eltern- und Geschwisterkreis. Noch kehrte alljährlich im Geburtsmonat Mai der MOZART DES KALENDERS im Galarock und mit Blumenzepter wieder und spielte sein »Scherzo aus der Symphonie des Glücks«, wie es im Kästner-Gedicht in einem späteren Vers heißt.

Wir waren fünf Geschwister. Der älteste Bruder war vor dem Ersten Weltkrieg geboren, wir vier jüngeren im Abstand von zwei Jahren danach. Ich – von allen »Hillala« genannt (was ich mir an meinem zehnten Geburtstag schriftlich verbat) – war ein überaus »normales« Kind, vergnügt und unbeschwert, frech, aber auch schüchtern und irgendwie verschlossen.

Auffällig war – abgesehen von meinen von frühauf erkennbaren sportlichen Leidenschaften – meine Lesewut. Ich verachtete Puppenspiele und war von der zweiten Volksschulklasse an eine leidenschaftliche Leseratte, die von früh vor der Schule bis spät in die Nacht (mit verbotener Taschenlampe unter der Bettdecke) ins Reich der Geschichten und bald auch der Geschichte entschwand. Von *Erich Kästner* abgesehen waren

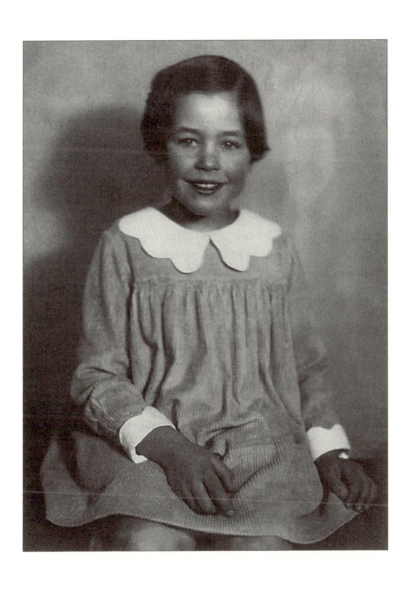

es zehn Bände »Nesthäkchen« (wer weiß eigentlich, daß die liebenswürdig-konventionelle Autorin *Else Ury* 1943 in Auschwitz vergast wurde!), »Bibi« (eine aufmüpfige, schwedische Mädchengeschichte) und die unendliche »Familie Pfäffling« ... Dazu kamen die dickleibigen Jahrgangsbände des »Guten Kameraden«, »Heidi« von *Johanna Spyri*, Sagen und Märchen aus aller Welt – also ein kunterbuntes Gemisch an Lesestoff. Ich lebte in all diesen Welten zugleich und erinnere mich noch heute an mehr Einzelheiten aus Kinderbüchern als aus Bestsellern meines Erwachsenenlebens.

Sehr bald schon besaß ich mein eigenes Bücherregal, tipptopp aufgeräumt, was sonst nicht meine Stärke war, führte sorgfältig Buch über (auch an Geschwister) ausgeliehene Bücher und stöberte nach meinem zehnten Geburtstag zusätzlich in allen Bücherschränken von Erwachsenen. Geschichte faszinierte mich – vor allem der Freiheitskrieg mit *Königin Luise* und dem in der Schlacht von Saalfeld 1806 gefallenen schönen Prinzen *Louis Ferdinand*, und dann natürlich Liebesgeschichten mit all ihren unergründlichen Geheimnissen ...

Im übrigen tobten, rauften und kungelten wir Brücher-Geschwister, hüteten unsere Kindergeheimnisse, schlossen Freundschaften und verkrachten uns. Kurz, obwohl Kinder aus wohlhabendem, bildungsbürgerlichem Milieu, wuchsen wir »in Freiheit dressiert« auf, woran die Mutter wider alle fremden Bedenken festhielt. Zur Dressur zählte, daß wir von frühauf kleine tägliche Pflichten erfüllen mußten, daß Lügen streng bestraft und Unpünktlichkeit geahndet wurde.

Sonntags gingen wir regelmäßig und freiwillig – die Jungens wegen der U-Boot-Geschichten besonders gerne – in den Kindergottesdienst von Pastor *Martin Niemöller* (der im Ersten Weltkrieg erfolgreicher U-Boot-Kommandant war) – in der kleinen Dahlemer St. Anna Dorfkirche. Noch heute hüte ich ein für Kinder gefühlvoll illustriertes »Neues Testament« mit seiner Widmung.

Zu Hause wurde bei Tisch und vor dem Schlafengehen gebetet. Ansonsten erinnere ich mich an keine Anzeichen besonderer Frömmigkeit. Vor allem mein Vater, der als Katholik zugelassen hatte, daß seine Kinder nach der Religion der Mutter evangelisch aufgezogen wurden, hielt sich aus unserer Erziehung im allgemeinen und unserer religiösen im besonderen heraus.

Im Brücherschen Dahlemer Reihenhaus ging es wohlhabend, aber im Vergleich mit heutigen Ansprüchen doch sehr sparsam, gelegentlich spartanisch zu: Dreimal in der Woche gab es für uns Kinder Brei zum Abendbrot, selten Fleisch oder Aufschnitt. Zur »Abhärtung« gab es allmorgendlich Abreibungen mit feucht-kalten Tüchern und einen Eierbecher gefüllt mit Zitronensaft pur zu trinken. Die täglichen »Pflichten« reichten vom Helfen beim Tisch decken über Schuhe putzen bis Mülleimer leeren. Kleider und Mäntel wurden durch Verlängern und Verkürzen der Säume (routiniert gefertigt durch die zweimal jährlich für eine Woche anreisende Hausschneiderin) von Geschwister zu Geschwister »vererbt«. Meinen ersten »eigenen« Mantel erhielt ich zur Konfirmation. Schürzen (sonntags weiße) waren obligatorisch, und auf die Alltagskleider wurden zweimal in der Woche frische, weiße Kragen genäht. Ein Lutscher für 10 Pfennig galt als große Belohnung. Tage, Wochen und Monate hatten ihren festen Rhythmus, vergleichsweise gab es wenig Abwechslung.

Insgesamt empfanden wir unsere Erziehung als nicht besonders streng, wir »durften« mehr als unsere Freundinnen und Freunde. Vor allem gab es keinerlei Dünkel oder Hochmut vor »kleinen Leuten«, was im Dahlemer Milieu damals noch die Ausnahme war. Wir liebten unsere langjährige Köchin *Minna*, weinten mit ihr, wenn der Schatz ausblieb, freuten uns, wenn er wieder auftauchte, und stahlen uns, wenn abends Gäste kamen, zu später Stunde zum »Reste-Essen« in die Küche. Manchmal ließ *Minna* durchblicken, daß sie zwar aus tiefster

Überzeugung die »Sozis« wähle, aber doch recht gern bei »Klassenfeinden« – wie den Brüchers – diene.

Besonders gern fuhren wir mit Herrn *Hand*, dem Chauffeur meines Vaters, zu echt Berliner Geburtstagsfeiern in seine »Laube« mit einem winzigen Schrebergarten, weit hinter dem Wedding. Manchmal durften wir dort sogar zu zweit auf dem »Kanapee« übernachten.

Außerdem erinnere ich mich an ziemlich wilde Mutproben unter uns Kindern, wenn wir zum Beispiel bei Dunkelheit über Zäune kletterten, uns bei Nachbarn unter erleuchteten Fenstern heimlich anschlichen und kleine Zettelchen hinterließen. Wehe, wir wären erwischt worden! – Oder ich erinnere mich an Fahrradkunststücke, bei denen wir die Beine auf die Lenkstange legten oder auf dem Sattel standen. Wir Kinder hatten unsere Geheimsprache, immer zerrissene und verschmutzte Kleider (Jeans gab es natürlich noch nicht), Schürfwunden überall, hatten viel Spaß und gaben viele schlechte Beispiele für Leichtsinn und riskante Unternehmungen. »Hildegard ist zwar nur ein Mädchen, aber sie kann den Mund halten . . .« Das war das größte Jungen-Lob.

Die Schule lief so nebenher und spielte – im Vergleich zu heute – im Familienleben so gut wie keine Rolle. Ich war begeisterte und ausdauernde Gedichte- und Kirchenliederaufsagerin und lernte schon beim älteren Bruder mit (z. B. »Die Kraniche des Ibikus«, 23 Verse – schaudernd von A bis Z). Die meisten kann ich noch heute auswendig.

Zwar wurde ich bereits mit fünf Jahren eingeschult – was mir bis zu meiner Promotion stets einen Altersvorsprung verschaffte –, war auch immer eine »gute Schülerin«, zeigte aber – abgesehen von früh ausgeprägten sportlichen Neigungen und meiner Freude am Gedichteschreiben, Deklamieren und Lesen – nirgendwo überdurchschnittliche Talente. Überhaupt wurde um uns Kinder kein besonderes »Getue« gemacht. Auch gab es weder großartige Urlaubsreisen (in den Winterurlaub reisten

Letzte Ferien in Bansin an der Ostsee im Sommer 1932 mit der Mutter
v. l. n. r.: Ernst, Mechtild, Wolfgang und Hildegard

die Eltern ohne uns meist nach Lenzerheide, nur in den Sommerferien ging es mit riesigen Koffern und etwa acht Personen an die Ostsee nach Bansin) noch sonst einen aufwendigen Lebensstil.

Ostern 1931 wurde ich in die Sexta des »Gertrauden Lyceum« für Mädchen – gleich gegenüber unserem Haus – eingeschult, was den großen Vorzug hatte, daß ich vergessene Bücher, Hefte oder Frühstücksbrote noch schnell in der Pause holen konnte oder von unserer *Minna* durch den hohen Zaun nachgereicht bekam.

Es gäbe sicher noch viel aus den ersten zehn Kinderjahren zu berichten: von selbstgedichteten Theaterstücken, die zu Geburtstagen aufgeführt wurden, über herrliche Kindereinladungen, die meine Mutter mit wechselnden Überraschungen liebevoll inszenierte, von Kinderkrankheiten, während denen wir »verwöhnt« wurden und uns immer dann »etwas wünschen durften«, wenn wir tapfer waren im Ertragen von Schmerzen oder bei den gefürchteten Spritzen, von Ferienbesuchen bei der geliebten Oma in Dresden, die für jedes ihrer neun Enkelkinder im Eingangsrondell des Gartens ein Rosenbäumchen mit Namensschild gepflanzt hatte und die uns neue Bücher schenkte, die sie für jeden individuell ausgesucht und selber gelesen hatte. Unser Ömchen war wirklich »die Größte«, und nach dem frühen Tod der Eltern wurde sie, wie selbstverständlich, zum rettenden Engel, der uns das Zuhause erhielt und unser Heranwachsen behütete, so gut sie es später noch vermochte.

Meine Mutter *Lilly* war eine lebensfrohe, energische und »moderne« Frau, die aus einer wohlhabenden, angesehenen (der Großvater war »königlich sächsischer Kommerzienrat« und besaß mit seinen Brüdern mehrere Malzfabriken in Dresden), christlich getauften, bewußt assimilierten, vormals jüdischen Familie stammte. Darüber wurde, jedenfalls vor uns Kindern, niemals gesprochen. Meine Mutter war wohl keine im heutigen Sinne »emanzipierte« Frau, hatte aber höchst vernünftige und aufgeschlossene Ansichten – zum Beispiel über freizügige Kindererziehung, Berufsausübung und Selbständigkeit der Frau. Sie war im Familien- und Freundeskreis äußerst aktiv, beliebt und tonangebend.

Mein Vater *Paul* war ein hochqualifizierter Jurist aus westfälischem Bauerngeschlecht, der nach dem Ersten Weltkrieg trotz eines schweren Nervenschocks, den er abgesehen von vielen Orden aus den Schützengräben mitgebracht hatte, als leitender Direktor der Berliner Niederlassung der ELEKTRO THERMIT in den zwanziger Jahren beruflich Karriere machte. Wir bekamen ihn meist nur samstags beim Mittagessen zu sehen, und dann hieß es, sich »anständig zu benehmen«. Über ihn persönlich und seine Familie erfuhren wir zu seinen Leb-

Die Mutter Lilly Brücher geb. Pick

zeiten nicht viel. Manchmal fuhr er mit uns zum Schwimmen, oder er gab mir – nach Kavalleristen-Manier – gestrengen Reitunterricht, den ich nach einigen Stürzen eher fürchtete als liebte. Aber ich lernte die Zähne zusammenzubeißen. Einmal durfte ich bei einem Jugendreitturnier mitmachen und kam beim Trabrennen als erste durchs Ziel, wurde dann allerdings disqualifiziert, weil mein braves Roß zu lange galoppiert hatte. Ich nahm es gelassen und verließ mich bei sportlichen Wettkämpfen künftig lieber auf meine eigenen Kräfte.

Unvergessen ist mir die liebevoll-strenge Tröstung meines Vaters, als er mich einmal heulend unter dem Eßtisch hervorzog und ich darüber klagte, daß die Lehrerin bei der Benotung meines Aufsatzes »so ungerecht« gewesen sei. Er strich mir über die stets zerzausten Zöpfe und sagte eindringlich: »Merke dir, Hildegard, auf der Welt gibt es keine Gerechtigkeit.« Zwar habe ich es mir gemerkt und im Laufe meines Lebens des öfteren erfahren, wie recht er hatte. Dennoch konnte ich, wenn es gar zu ungerecht zuging, trotz der väterlichen Vorwarnung die Tränen mehr als einmal nicht unterdrücken.

Die beiden Tage, an denen der Vater am 17. Dezember 1931 und die Mutter am 17. November 1932 starben, sind unauslöschlich in meinem Gedächtnis eingegraben. Vater starb an einem damals tödlichen, vereiterten Blinddarm, was uns die Mutter zu früher Morgenstunde – ich putzte gerade meine Schuhe – nicht etwa schonend, sondern mit der ganzen Härte ihrer Verzweiflung beibrachte.

Unser Gemeinde- und Kindergottesdienstpfarrer *Martin Niemöller* begleitete uns ans Grab des Vaters. Erst dort brach ich in Tränen aus.

Die Mutter starb, auf den Tag elf Monate später, am 17. November 1932, wie uns gesagt wurde »am Kummer«. Ich vermute aber, nachdem sich bei ihr nach dem Tode des Mannes

Der Vater Dr. Paul Brücher

immer unerträglicher werdende Kopfschmerzen eingestellt hatten, an einem – damals inoperablen – Gehirntumor.

Ihre Qualen müssen entsetzlich gewesen sein. Wir älteren Geschwister hatten sie wenige Tage vor ihrem Tod im Krankenhaus noch einmal besuchen dürfen. Bei offener Krankenzimmertür sahen wir sie nur durch den Waschtischspiegel. Wir erkannten sie kaum wieder, und sie erkannte uns nicht mehr. – »Gott legt uns eine Last auf, aber er hilft uns auch.« Mit diesen Worten aus dem 68. Psalm begleitete uns Pfarrer *Niemöller* wieder zum letzten Abschied.

Martin Niemöller hat uns Brücher-Kinder – selbst während seiner Jahre im KZ Dachau – nie aus den Augen und aus dem Sinn verloren . . . Immer, wenn ihn seine Frau für wenige Minuten im KZ besuchen durfte, hat er sich nach unserem Ergehen erkundigt.

Obgleich ich seinem politischen Engagement nach 1945 nicht folgen konnte, blieb sein Name in unserer Familie immer mit Dankbarkeit, Wehmut und größter Hochachtung verbunden. In seinen letzten Lebensjahren habe ich ihn noch zweimal in Wiesbaden besucht. Wir politisierten nicht, fühlten uns aber im Glauben miteinander verbunden – eine für mich wichtige Erfahrung.

Der jähe Verlust der Eltern hatte in meiner noch ganz kindlichen psychischen Konstitution tiefe Risse und Narben hinterlassen, die ich hinter äußerer Tapferkeit und Forschheit verbarg. Die toten Eltern erlangten für mich eine starke Vorbildfunktion. Ich wollte vor ihnen bestehen, meine jüngeren Geschwister beschützen, mir große Mühe geben, nicht »schlappzumachen«.

Oft habe ich mich gefragt, ob ich unter elterlicher Obhut ein anderer Mensch geworden wäre. Wären die Eltern, bei meinem frühen Drang nach Selbständigkeit, in gleicher Weise die unverrückbaren Idole geblieben? Was wäre ihnen – vor allem meiner Mutter – in der Nazizeit zugestoßen? Was blieb beiden durch ihren frühen Tod erspart?

»Gott legt uns eine Last auf, aber er hilft uns auch« – diesen Trost hat uns Pastor *Niemöller* am Grab der Mutter ins Herz gepflanzt. Er hat mich durchs Leben begleitet.

Am 17. November 1932 war unsere Kindheit zu Ende.

Meine Großmutter Else Pick

II.

Über meine Jugend im Schatten der Nazidiktatur

(1933 – 1939)

*Verlust der Geborgenheit – Zur Großmutter nach Dresden –
Das Stigma der Nürnberger Gesetze – Das glückliche
Jahr in Salem – Arbeitsdienst*

»Denn siehe, Finsternis bedeckt das Erdreich und Dunkel die Völker...«
Jesaja 60

Unser geliebtes »Ömchen« *Else Pick*, Mutter meiner Mutter, die im gleichen Jahr, 1932, verwitwet war, nahm die drei jüngeren Brücher-Kinder Ostern 1933 zu sich ins hochherrschaftliche Großelternhaus nach Dresden. Der ältere Bruder *Ditmar* mußte nach einer lebensbedrohenden Lungenentzündung nach Davos ins Internat. Dort blieb er bis zum Abitur 1938. *Wolfgang*, der Älteste, absolvierte statt des geplanten Studiums eine kaufmännische Lehre in Bremen und ging Mitte der dreißiger Jahre in der Hoffnung, vor den Nazis sicher zu sein, in ein Handelshaus nach Holland. Er sorgte wie ein Vater für uns jüngere Geschwister, besuchte uns, nahm uns zum Skilaufen mit und war immer zur Stelle, wenn wir Kummer hatten.

Wir fünf Brücher-Kinder hingen von nun an wie die Kletten aneinander, versprachen uns, »tapfer zu sein«, was auch immer das heißen mochte. Jedenfalls spricht dieser Vorsatz aus den wenigen noch erhaltenen Briefen während unserer Dresdner Zeit.

Trotz aller äußeren Fürsorge, wir drei jüngeren Brücher-Kinder wurden in Dresden nie recht heimisch. Ich wuchs rasch in die Rolle der verantwortungsbewußten älteren Schwester, der das »Tapfersein« damals und in der Folgezeit nicht besonders gut bekam. Ich kapselte mich von der Welt der Erwachsenen ab, wollte keine Gefühle an mich heranlassen, härtete mich gegen jede Art Wehleidigkeit ab, und es hat später lange gedauert, bis ich die Folgen meiner inneren Abhärtung überwunden hatte. Ihre Narben sind geblieben.

Ostern 1933 wurde ich in die Quarta des Dresdner *Mädchengymnasiums* eingeschult. *Hitler* war an der Macht, und meine neue, vormals einigermaßen liberale Schule veränderte sich zusehends.

Ich saß in der neuen Klasse ganz hinten. Durch die Trauerkleider und einen schwarzen Flor am Mantel stellte sich sofort Distanz zu den neuen Klassenkameradinnen ein. Die »Neue«, die nicht sächsisch sprach, gehörte nie ganz dazu. Es gab einige niedergedrückte jüdische Mädchen, die, eins nach dem anderen, ohne Abschied verschwanden. Wir wagten nicht zu fragen, wohin. Ob sie überlebt haben, weiß ich nicht.

Mein Schulweg vom Großelternhaus in der Dresdener Altstadt über die Elbe nach Dresden-Neustadt, den ich bei Wind und Wetter quer durch die Stadt mit dem Fahrrad zurücklegte, betrug mehr als sieben Kilometer. Ich fand das toll und bedauerte alle Mädchen, die nicht radfahren durften, sondern mit der Straßenbahn fahren mußten. Auf jeden Fall brachte mein täglicher Radsport Prestigegewinn. Desgleichen meine Erfolge beim Völkerball und bei Sportwettkämpfen.

Sonst aber war und blieb ich – im Vergleich zur Berliner Schulzeit – einsam, mußte zwei Jahre Englisch nachlernen und hatte auch sonst Schwierigkeiten mit dem Eingewöhnen. Mit einer Ausnahme: In der hintersten Reihe saß ein Mädchen mit kurzgeschorenen Haaren, asketischem Äußeren, aber ganz sanften Augen. *Susanne.* Sie wurde und blieb bis heute meine beste Freundin. Sie war eine leidenschaftliche Pfadfinderin und steckte mich damit an. So wurde ich noch bis zur Auflösung durch die Nazis für einige Monate begeistertes Mitglied des »Bundes Deutscher Pfadfinderinnen«, was mich vor-

Als Pfadfinderin 1933

übergehend von meiner Verlassenheit ablenkte. Raus aus dem behüteten Großmutter-Haus, Zelten, Fahrten, das machte mir Spaß!

Dann aber war auch das vorbei. Zum *BDM* (Bund Deutscher Mädchen) durfte ich nicht – weshalb, sagte man mir nicht. Spätestens seit dem Konfirmandenunterricht (1935/36) wollte ich auch gar nicht mehr dazugehören. Die Lieder, die Sprüche, der Führerkult, die »Schulung« gefielen mir nicht.

Statt dessen hatte ich, abgesehen vom Lesen, bald das Schwimmen als meine neue Leidenschaft entdeckt. Genauer gesagt: Ich war von einem Sportlehrer als Talent entdeckt worden und wurde nun zweimal in der Woche in allen Schwimmarten – heute würden wir »Leistungssport« dazu sagen – trainiert. Im Vergleich zu den heutigen Trainingsanforderungen dürfte es allerdings ein Kinderspiel gewesen sein. Ab 1935 durfte ich an ersten Jugendwettkämpfen teilnehmen, bei denen ich für mein Alter sehr gut abschnitt. Neben knallrot entzündeten Augen und pitschnassen, im Winter steifgefrorenen Zöpfen brachte ich Kränze mit Eichenblättern und Siegerschleifen nach Hause. Sie wurden über mein Bett gehängt und viel bestaunt. Nach der Olympiade 1936, zu der ich zu meiner ganz großen Begeisterung mit meinem Trainer und anderen jungen »Sportkanonen« in einer schwimmenden Jugendherberge auf der Elbe von Dresden nach Berlin reisen durfte, wurde ich in eine Art »Nachwuchsmannschaft« für die nächste Olympiade 1940 in Tokio empfohlen. Daraus aber wurde bekanntlich nichts . . .

Zeitweise begeisterte ich mich auch fürs Klavierspielen, gab es aber nach einigen Jahren trotz fleißigen Übens auf dem viel zu prächtigen Steinway-Flügel mangels Talent wieder auf. Erfolge in der musikalischen Disziplin blieben für mich zeitlebens ein ersehntes, aber unerreichbares Ziel. Dennoch: Musikhören, allenfalls auch Chorsingen, wurde und blieb ein Lebenselixier, mit dessen Hilfe ich so manche Augenblicke der Verzweiflung verkraftete.

Ostern 1933 nach dem Tod der Eltern
v. l. n. r.: Ditmar, Hildegard, Mechtild, Ernst

Alles in allem und trotz aller äußeren Geborgenheit im schönen Großelternhaus: Mit dem »Umtopfen« der Brücher-Waisen von Berlin nach Dresden war unwiderbringlich etwas zu Ende, was Kinder so dringend brauchen wie das tägliche Brot: das Gefühl der inneren Geborgenheit, des ganz normalen und selbstverständlichen Behaustseins. In unseren schwarzen Trauerkleidern fühlten wir uns stigmatisiert, abgenabelt von unserer Kindheit, von früheren Freunden und unserer gewohnten Umgebung. Dabei blieb es, bis wir 1937 ins Internat nach Salem kamen.

Irgendwann, Mitte der dreißiger Jahre, wurde ich »aufgeklärt« – und das gleich in zweifacher Hinsicht und leider nicht mit der nötigen Offenheit.

Die Sexualaufklärung war ein überaus peinliches Tabu. Zu meiner Zeit konnte kein Mädchen damit auch nur das geringste anfangen. In einem Buch mit dem geheimnisvollen Titel »Das Herz ist wach«, entwendet aus dem verschlossenen Bücherschrank meines verstorbenen Vaters, las ich, daß Mann und Frau die »Nacht miteinander verbringen« . . . Darunter konnte ich mir aber auch gar nichts vorstellen. Ältere Mädchen tuschelten und kicherten, wenn sie »an ihren Tagen« vom Turnunterricht befreit waren. Ich fand das albern und turnte einfach mit.

Wen hätte ich fragen sollen? Ich galt als herbes, schweigsames, Erwachsene abweisendes Kind und machte mir so meine eigenen Gedanken über Gott und die Welt, über meinen Gott, meine Welt und mein Erwachsenwerden. Und nun auch über Mädchen und Jungen.

An Gott hatte ich von Kind auf fest geglaubt. Nun aber flüchtete ich mich geradezu in die Vorstellung, daß Gott und mein Glaube an ihn und an seinen Sohn meine einzige Geborgenheit sei. Meine Konfirmation Ostern 1936 (im weißen langen Kleid, damals höchst ungewöhnlich) erlebte ich aus tiefgläubigem Herzen.

Statt dem für Mädchen üblichen Schmuck hatte ich mir ein Faltboot und eine Schreibmaschine gewünscht, sonst nichts. Ich erhielt beides, taufte das Boot »carpe diem«, und die »kleine Erika« habe ich bis zur Anschaffung meines PCs benutzt. Nun steht sie – zusammen mit einigen wenigen Kindheitsschätzen – wohl verwahrt ganz oben im Schrank meiner Erinnerungen.

Stellvertretend für alle Konfirmanden durfte ich in der überfüllten Dresdner Lukas-Kirche den zweiten Teil des Glaubensbekenntnisses aufsagen. Das war (abgesehen vom Gedichteaufsagen bei Schulfesten) mein erster öffentlicher Auftritt. Mein Konfirmationsspruch Jesaja 60, Vers 1 und 2 wurde für mich zu einer Art Lebensmotto:

»*Mache dich auf, werde licht, denn dein Licht kommt, und die Herrlichkeit des Herrn geht auf über dir.*

Denn siehe, Finsternis bedeckt das Erdreich und Dunkel die Völker; aber über dir geht auf der Herr, und seine Herrlichkeit scheint über dir.«

Welch eine Verheißung! Würde sie sich erfüllen? Ich suchte Bewährung in einer Welt, die seit dem Tod der Eltern nicht mehr heil war und die nun – spätestens ab 1935 – für uns zunehmend finster und feindselig geworden war.

Und das war dann meine zweite, nicht minder heikle Aufklärung:

Man hatte nicht gewagt, den Brücher-Waisen rechtzeitig zu sagen, daß unsere sehr christliche Großmutter und ihr 1931 verstorbener Mann *Franz Pick* nach den Nürnberger Gesetzen als Juden galten, wir also sogenannte »Halbarier« (später sogenannte »Halbjuden«) waren und seit Herbst 1935 gleichfalls von diesen Gesetzen betroffen.

Diese »nichtarische« und damit mit einem Makel behaftete Abstammung mütterlicherseits war für uns um so irrealer, als die Großeltern, wie gesagt, überzeugte Protestanten und »gute Deutsche« waren, erfüllt von sogenannter deutschnationaler Gesinnung und vaterländischer Pflichterfüllung in Krieg und Frieden. Sie genossen in Dresden allerhöchstes Ansehen und taten für die Gemeinschaft viel Gutes.

Weshalb also sollte die geliebte Großmutter für unsere Herkunft und Familie plötzlich ein Makel sein?

Ich verstand einfach nicht, was das alles bedeuten sollte: Weshalb plötzlich diese Ausgrenzung? Die peinlichen Rückzüge, Ausflüchte, Bedauern? Und weshalb schenkte man uns so spät reinen Wein ein?

Sicher, man wollte unsere ohnehin traurige Kindheit so lange als möglich nicht zusätzlich belasten, nun aber war der Schock um so schmerzlicher...

Anfang 1937 mußte ich aus dem geliebten Schwimmverein austreten, durfte keine Wettkämpfe mehr mitmachen und auch nicht an Klassenreisen ins Schullandheim teilnehmen. Auch von Schulfeiern waren wir ausgeschlossen, weil wir keine BDM-Mitglieder waren und keine Uniformen trugen, was ich allerdings weniger bedauerte, denn ich hatte statt dessen schulfrei.

Bei all dem waren und blieben die Lehrer, darunter der Religionslehrer Dr. *Köhler*, (bis auf eine Ausnahme) weiter sehr nett zu mir, vor allem meine Klassenlehrerin Fräulein Dr. *Thea von Seydewitz*, die einen inspirierenden Geschichtsunterricht – mein Lieblingsfach – gab. – Nach 1945 kam sie in den »Westen« und nahm – nachdem sie meinen Namen in der Zeitung wiedererkannt hatte – mit mir Verbindung auf. Ich besuchte sie noch zweimal im Altersheim in Heidelberg und konnte ihr für ihren Unterricht und ihre Zuwendung danken.

Zu Hause wurde uns eingetrichtert, unsere »Abstammung« wann immer und so lange als möglich geheimzuhalten, als sei sie so etwas wie Aussatz. Ich scheute mich, neue Freundschaften zu schließen, Einladungen anzunehmen, die Tanzstunde mit meiner Klasse zu besuchen, irgend etwas in Angriff zu nehmen, was eine Nachfrage nach meiner »Abstammung« hätte zur Folge haben können. Von nun an waren wir »Mischlinge«, allenfalls geduldete Outcasts. Ich erinnere mich an all dies und auch daran, daß ich damals nicht besonders darunter litt.

Später, während des Krieges, als für uns dann Schikanen, Bedrohungen und Ängste hinzukamen, wuchs bei mir schierer Trotz und das Bewußtsein, daß mich dieser absurde Status zwar ausgrenzen, aber nicht demütigen könne. Ich glaubte an die Verheißung meines Konfirmationsspruches.

Dennoch sollte es lange dauern – weit länger als die Kriegszeit –, bis ich auch diese Erfahrungen meiner Jugendzeit wirklich aufgearbeitet hatte und darüber sprechen konnte.

Leider sitzen die damals zum »Schutze des deutschen Blutes« erfundenen Kategorien und Bezeichnungen der »Nürnberger Gesetze« bei vielen Deutschen bis heute – bewußt oder unbewußt – tief in den Knochen. Das bekam ich über die Nachkriegsjahrzehnte oft zu spüren, manchmal sogar zu hören. Etwa so: Die politische Einstellung der H.-B. ist ja kein Wunder, bei ihrer »Abstammung« . . .

Meist ist das wohl, wie ich hoffe, kein bewußter Antisemitismus, obgleich ich auch den mehr als einmal zu spüren bekam. Es ist jedoch eine spürbare Distanz. Etwa derart: So ganz gehört sie ja doch nicht zu uns . . .

Wie sollte ich darauf reagieren? Geschockt, verletzt, oder sollte ich es einfach ignorieren? War ich – bin ich – überempfindlich, ungerecht?

Ich prüfe mich, versuche meine Empfindlichkeit abzuschütteln, aber es gelingt nicht, denn ich weiß, daß der Begriff »Nichtarier« in Deutschland nach wie vor kursiert und damit das Denken in rassistischen Kategorien. Um wieviel stärker erst müssen Juden dies selbst dann empfinden, wenn kein kruder Antisemitismus dahintersteckt?

*

»Die Kutsche rollt durch atmende Pastelle.
Wir ziehn den Hut. Die Kutsche rollt vorbei.
Die Zeit versinkt in einer Fliederwelle.
Ach, gäb es doch die Jahre voller MAI!«
Erich Kästner

1936/37 waren die Lebensumstände für die Brücher-Waisen in Dresden und im Haus der liebevollen, mittlerweile aber physisch und psychisch leidenden Großmutter immer bedrückender geworden. Der treusorgende Vormund – ein Bruder meiner Mutter, hochdekorierter Offizier im Ersten Weltkrieg – war von eigenen Existenzsorgen (die Pickschen Malzfabriken in Niedersedlitz waren »arisiert«, sprich enteignet worden) und von den zunehmenden Diskriminierungen zermürbt (erst nach den November-Pogromen 1938 emigrierte er in letzter Minute nach England), unsere Erzieherinnen waren der Aufgabe, uns über die Pubertäts-Runden zu bringen, nicht gewachsen, und ich ging ausgesprochen ungern in die immer brauner werdende Dresdner Schule. Immer mehr Schülerinnen erschienen in BDM-Uniform, das morgendliche Schulgebet war durch vaterländische Gedichte ersetzt worden, in allen Klassenzimmern hingen Hitler-Bilder...

Meine jüngere Schwester *Mechtild* blieb – als Folge all dieser kindlichen Kümmernisse – sitzen, und *Ernst*, der Jüngste, war in die Scharnhorst-Schule (ein martialisches, paramilitärisches Dresdner Internat) verfrachtet worden, vielleicht um ihn vor Behelligungen in staatlichen Schulen zu schützen.

In dieser Situation empfahlen Freunde der Familie das Internat *Schloß Salem* am Bodensee. Das schien der optimale Ausweg. Wir hatten über die dortigen Erziehungsprinzipien viel Gutes gehört, vor allem über eine dort immer noch praktizierte Distanz zum Nazitreiben. Mit einiger Mühe und einem Gesuch an die Schulaufsichtsbehörde in Karlsruhe erhielten wir Ostern 1937 die Aufnahmeerlaubnis, die allerdings schon ein Jahr später wieder zurückgenommen wurde, als Salem auf höchsten Befehl – bei Androhung der Schließung – von »Nichtariern gesäubert« werden mußte.

Dieses eine Jahr aber hat genügt, um mir noch ein Stück unbeschwerter Jugend zu schenken, mich pudelwohl zu fühlen und mich innerlich zu stabilisieren. – Bis in die Kriegsjahre gelang es der Schule, die Tradition ihrer Gründungsväter, *Prinz Max von Baden* und vor allem des großen jüdischen

Pädagogen *Kurt Hahn**, zu bewahren, deren Ziel es war, die Schüler zu Selbstverantwortung, Wahrhaftigkeit und Zivilcourage zu erziehen. Die älteren Schüler und die wenigen Schülerinnen gestalteten den schulischen Verhaltenskodex in weitgehender Selbstverwaltung, womit Lehrerkontrolle – sogar bei Klassenarbeiten und Strafen – überflüssig gemacht wurde. Entsprechend ausgezeichnet war das Vertrauensverhältnis zwischen Schülern und Lehrern, vor allem mit dem von mir geliebten und verehrten Schulleiter *Heinrich Blendinger.*

Dieses Salem, mit seiner Mischung aus geistigen, musischen, handwerklichen und sportlichen Lern- und Arbeitselementen, war geradezu ideal auf meine Talente, Interessen und Neigungen zugeschnitten. Endlich fand ich wieder Geborgenheit, ich liebte die Landschaft (und liebe sie heute mehr denn je), fand neue Freunde und identifizierte mich mit Haut und Haaren mit dem »Salemer Geist«. Ich übernahm sehr bald schon Verantwortung bei der Hausaufgaben-Hilfe für Jüngere, und vor allem: Es gab keinerlei Diskriminierungen gegen Mitschüler, die von den Nürnberger Gesetzen betroffen waren.

Ich bin Salem zeitlebens dankbar verbunden geblieben. Anläßlich des 100. Geburtstages von *Kurt Hahn* im Sommer 1986 war ich ausgewählt worden, die Festrede – in Anwesenheit des damaligen Bundespräsidenten *Richard von Weizsäcker* – über »Erziehung zur Verantwortung in der Demokratie« zu halten (vgl. Zweiter Teil, III.2.).

Als diese herrliche Zeit durch besagten NS-Erlaß schon nach einem Jahr ein jähes Ende fand, brach meine wiedergewonne-

---

* Nach Hitlers Machtergreifung war Kurt-Martin Hahn zunächst ins Salemer Spritzenhaus – zwecks Abtransports in ein KZ – gesperrt worden. Dank der Intervention englischer Freunde konnte er jedoch nach England emigrieren, wo er an der schottischen Küste das Internat Gordonstoun gründete, das nicht nur vom späteren Prinzgemahl Prinz Philip, sondern auch von dessen drei Söhnen besucht wurde.

ne Lebensfreude erstaunlicherweise nicht vollends zusammen. Zwar war ich sehr traurig und weinte bitterlich über den vorzeitigen Abschied von Salem und von all meinen Freunden unter Schülern und Lehrern, ich nahm mein Schicksal jedoch selbst in die Hand und zog zu einer früheren Salemer Klassenkameradin, die im nahegelegenen Konstanz die Handelsschule besuchte. Dort schaffte ich es, in die Oberprima des Mädchenrealgymnasiums aufgenommen zu werden, obgleich ich eigentlich erst in der zwölften Klasse war, entsprechend der damaligen Bestimmungen für das um ein Jahr verkürzte Abitur an Jungenschulen, was Salem überwiegend war. So ersparte ich mir neuerlich ein ganzes Schuljahr und schaffte mit sehr viel Pauken Anfang 1939 das Abitur – mit noch nicht achtzehn Jahren und einem Notendurchschnitt von 1,4. Meine Interessen und Neigungen lagen eindeutig bei Geschichte, Literatur und Fremdsprachen.

Es war wirklich erstaunlich, daß ich das Abitur trotz aller Schulwechsel geschafft hatte. Ich war nun fest entschlossen, mein Schicksal und das meiner jüngeren Geschwister zu meistern. Ich begrub meine heimlichen Träume von einem Auslandsstudium, von Literatur, Geschichte und Gedichteschreiben, von Liebe und Heirat, von Anerkennung und Erfolg. Es kam allein auf eine Berufsausbildung, möglichst weit entfernt von aller NS-Ideologie, an.

Aus dieser Zeit ist über Privates wenig zu berichten, es sei denn über die ersten, äußerst platonischen Verehrer, die Hochzeit meines ältesten Bruders mit einer Holländerin und meine vorzeitige Erlangung des Führerscheins.

Während meines letzten Schuljahres 1938 eskalierte Hitlers Größenwahn, und nach dem begeistert begrüßten Anschluß Österreichs nahm der nun »großdeutsche« Antisemitismus immer mehr zu.

Am 9. November 1938 brannten überall in Groß-Deutschland die Synagogen, in den wenigen noch verbliebenen jüdischen Geschäften klirrten die Fensterscheiben, Tausende von

Juden wurden verhaftet, verhört, gequält, verschwanden in KZs. Angst und Feigheit gingen um in Deutschland, die Brutalität wuchs.

Jetzt endlich setzte sich auch in der Familie *Pick* der Entschluß zur Emigration durch. Buchstäblich in letzter Minute flohen der Bruder meiner Mutter und seine Vettern nach Großbritannien und Schweden, wo sie überlebten, während die Generation meiner Großmutter blieb und nicht überlebte. Die »arischen« Ehefrauen der emigrierten Männer, die in Deutschland blieben, ließen sich »pro forma« scheiden und heirateten Ende der vierziger Jahre zum zweiten Mal.

Bevor ich an ein Studium in Deutschland denken konnte, mußte ich meine »Arbeitsdienstpflicht« erfüllen, die im April 1939 begann und nach Kriegsausbruch bis Jahresende verlängert wurde.

Ich kam in ein großes »Maidenlager« nach Hartmannsgrün bei Plauen im Vogtland, später in ein ehemaliges Männerlager nach Glauchau in Sachsen. Es war eine ausgediente Fabrik, deren Steingemäuer und -böden für uns »Maiden« massenhafte Blasen- und Erkältungskrankheiten zur Folge hatten.

Die neun Monate im Arbeitsdienstlager waren wirklich gräßlich. Obgleich ich ja schon von Salem her spartanische Lebensbedingungen (wie allmorgendliche Dauerläufe, eiskaltes Waschwasser, strenge Haus- und Hofdienste usw.) kannte, nun wurde es geradezu paramilitärisch: Wir schliefen in großen Sälen in Doppelstockbetten auf Strohsäcken, schufteten tagsüber acht Stunden auf einsamen, bitterarmen Bauernhöfen und halfen dort bei der Ernte. Gegen den Durst gab es verdünntes Essigwasser und gegen den Hunger tagtäglich Klöße mit Soße für alle gemeinsam aus einer großen Schüssel.

Nach Rückkehr ins Lager gab es Schulung in NS-Ideologie, inklusive Rassenlehre, Singsang, Appelle, paramilitärischen Drill wie Spind-Kontrollen, Antreten, Ausrichten, Gleich-

Skiferien in Davos 1937
v. l. n. r.: Wolfgang, Hildegard, Ditmar

schrittüben und vieles mehr. Gelegentlich gab es auch Schikanen wie Urlaubssperre oder die Abordnung zu besonders harten Bauern.

Dann, kurz vor Weihnachten 1939, geschah das Wunder! Bei einem Morgenappell verkündete die Lagerführerin, daß Abiturientinnen (unter sechshundert »Maiden« waren es fünf), die Medizin oder Chemie studieren wollten, vorzeitig entlassen würden. Ohne zu zögern trat ich vor und entschloß mich zum Studium der Chemie.

III.

Studienzeit, Krieg und Ende der Nazidiktatur

(1940 –1945)

Stud. chem. in München – Doktorandin bei Nobelpreisträger Heinrich Wieland – Erschütterungen – Der Opfergang der Studenten der WEISSEN ROSE – Der Doktorhut – finis germaniae

> »Ich glaube, daß Gott aus allem, auch aus dem Bösesten,
> Gutes entstehen lassen kann und will ...«
> *Dietrich Bonhoeffer, 1943*

Hangend und bangend hatte ich in den ersten Januartagen 1940 meine Anträge zur Immatrikulation ausgefüllt und am zuständigen Schalter der Universitätsverwaltung bei einem unnahbar blickenden Beamten abgegeben. Ich hatte darin die hohen Kriegsauszeichnungen meines Vaters im Ersten Weltkrieg ebenso erwähnt wie das Eiserne Kreuz, das mein Bruder *Ditmar* im Polen-Feldzug erhalten hatte (ein Jahr später wurde er dann wegen seiner »Abstammung« als »wehrunwürdig« aus der Wehrmacht entlassen) und zudem die (Über-)Erfüllung meiner Arbeitsdienstpflicht.

Würde ich trotz des Makels meiner Abstammung, den ich korrekt angegeben hatte, aufgenommen werden?

Wenige Tage später wurde ich zum Dekan der Philosophischen Fakultät der Ludwig-Maximilian-Universität beordert. Er hieß *Wüst* und war es auch. Zumindest ließ er sich in seiner NS-Gesinnung von niemandem in der Uni übertreffen.

Er beäugte die äußerlich stabil-pummlige, innerlich zitternde Ex-Arbeitsmaid ziemlich abweisend und eröffnete ihr, daß sie wegen ihrer »nichtarischen Abstammung« allenfalls mit einer Sondergenehmigung des Direktors des Chemischen Staatsinstitutes immatrikuliert werden könne. Dann entließ er mich mit einem bedrohlich schallenden – »*Heil Hitler*«.

Wüst blieb bis Kriegsende Dekan und verfügte im Sommer 1943 – nach den Verhaftungen und Hinrichtungen der Studenten der WEISSEN ROSE – meine Exmatrikulation, die mein Doktorvater Professor *Heinrich Wieland* einfach ignorierte. Er ließ mich – auch ohne Immatrikulation – an meiner experimentellen Doktorarbeit weiterarbeiten.

Im Rückblick ist es immer wieder frappierend festzustellen, wie unvorhersehbar und auch zufällig während des Krieges die Entscheidungen für »Halb-« oder »Viertelarier« ausfielen. Nie durfte man sich sicher fühlen, ob und wie lange Gunst oder Ungunst der braunen Herrscher über Freiheit oder Verhaftung, Studium oder Kriegseinsatz anhielten.

Damals, im Januar 1940, war meine nächste Station das Sekretariat des Chemischen Staatsinstituts an der Arcisstraße. Dort begrüßte mich eine freundliche Verwaltungsleiterin mit einem vertrauenerweckenden »*Grüß Gott*« und hörte mir aufmerksam zu.

Sie hieß Frau *Rieger* und war – wie ich alsbald merkte – die Seele der (unbürokratischen) Institutsverwaltung und vor allem die getreue »rechte Hand« des allseits verehrten, aber auch gefürchteten Direktors, Geheimrat *Heinrich Wieland*, Nobelpreisträger des Jahres 1927. Sie versprach mir, mein Gesuch weiterzuleiten. Ich sollte meine Unterlagen samt Abiturzeugnis getrost dalassen.

Den »Geheimrat« bekam ich natürlich nicht zu sehen, wohl aber erhielt ich wenige Tage später seine schriftliche Zustimmung zu meiner Immatrikulation. Sie machte mich zur »stud. chem.« und zur glücklichsten Studentin Münchens.

Ich hatte es geschafft, der Sprung vom Zehnmeterturm ins Ungewisse war wieder gelungen.

Von nun an wurde das wohl berühmteste aller deutschen chemischen Institute bis zu seiner restlosen Zerstörung im Jahre 1944 mein Lebens- und Arbeitsmittelpunkt.

Am Eingang passierte ich allmorgendlich die Denkmäler der weltberühmten früheren Institutsleiter *Justus von Liebig* in Bronze, desgleichen *Adolf von Bayer* auf einem Indigosack hockend. Sie mahnten die junge Elevin der Chemie, sich der großen Tradition des Instituts würdig zu erweisen. Ich grüßte und lächelte sie zuversichtlich an.

Als frisch immatrikulierte Chemiestudentin hatte ich alle Hände voll zu tun: Glaswaren, Bücher, Laborschürzen und viele neuartige Instrumente mußten besorgt, Vorlesungen belegt und ein Arbeitsplatz im Labor ergattert werden.

Hierfür mußte ich mich beim Saalassistenten Dr. *Behringer* vorstellen, desgleichen beim Analysenassistenten *Rolf Huis-*

Geheimrat Professor Heinrich Wieland, Nobelpreisträger 1927, mein Doktorvater

gen – einem fortgeschrittenen und bereits erfolgversprechenden Studenten, der 1952 Nachfolger auf dem Lehrstuhl von *Wieland* werden sollte. Als Analysenassistent hatte er die verantwortungsvolle Aufgabe, uns Anfängern jene undefinierbaren Mixturen zusammenzuschütten, die wir auf ihre Zusammensetzung an anorganischen Substanzen zu analysieren hatten. In jeder Analysengruppe mußte die Zusammensetzung von drei Mixturen richtig bestimmt sein, bevor man – nach einem theoretischen Kolloquium beim strengen, aber gerechten Saalassistenten – in die nächste Gruppe vorrücken durfte.

Dieses Studium war für mich eine strenge Pflichtübung. Ich hatte es – mangels anderer Möglichkeiten – ohne besondere Neigung ergriffen. Erstaunlicherweise aber machte es mir zunehmend Freude und schaffte Befriedigung. Eine große Wissenschaftlerin, wie mein späterer Doktorvater es erhoffte, wäre ich aber wohl nicht geworden. Dazu interessierte mich zuviel anderes mehr.

Mein Monatswechsel betrug ganze 175 Reichsmark (RM), und damit wurde selbst meine im Familienkreis seit Kindesbeinen an berühmt-berüchtigte Sparsamkeit (von meinem kargen Taschengeld hatte ich kaum je »Schleckereien« gekauft) auf harte (Brot- und Milch-)Proben gestellt. Vor allem im letzten Monatsdrittel ernährte ich mich täglich von einer dicken Gemüsesuppe für vierzig Pfennige in der Mensa. Sobald als möglich begann ich damit, Medizinstudenten für zwei Reichsmark die Stunde für ihre Chemieprüfung im Physikum »zu pauken« – so wurde diese Form des Nachhilfeunterrichts genannt. Sie hatten von Chemie meist wenig Ahnung, waren aber ewig dankbar, wenn sie ihre Prüfung dank meiner »Pauktechnik« geschafft hatten. Außerdem lernte ich selber dabei.

Die Zimmersuche war damals (noch) kein Problem, und ich hatte zeit meines Studiums, bis auf eine Ausnahme, immer Glück damit. Desgleichen mit meinen »Wirtinnen« – wie man die respekterheischenden, meist älteren, alleinstehenden Frauen damals nannte –, die ihre kleine Pension durch bescheidene Mieteinnahmen aufbesserten und mehr oder weniger streng über Küchen- und Badbenutzung, über Herrenbesuche und Telefongespräche wachten. Ihnen gebührt ein kleines Denkmal: Mit der Ausnahme einer Nazi-Frau, die mich dabei ertappte, daß ich, wenn ich im Zimmer anwesend war, das von ihr angebrachte Hitlerbild abhing, hatten meine Wirtinnen das Herz zumeist auf dem »linken« Fleck, das heißt, sie waren keine Nazis.

Die Zimmermiete schwankte damals zwischen dreißig bis höchstens sechzig Reichsmark.

Kurz und gut, es gefiel mir in München. Ich lebte mich rasch ein (daß es auf Lebenszeit sein würde, konnte ich allerdings nicht ahnen) und kletterte fleißig Sprosse für Sprosse auf der aus strengen Traditionen und Prüfungen gezimmerten Studienleiter des Chemischen Staatsinstituts hinauf. Damit konnte ich jedem Nazirummel ausweichen, der mir in der »Hauptstadt der Bewegung« ohnehin weniger fanatisch schien als vorher in Dresden. »München leuchtete« zwar nicht mehr wie zu Zeiten von *Thomas Mann*, Theater und Konzerte aber florierten, die Umgebung lockte, und ich war jung.

Student*innen* der Chemie gab es nur ganz wenige, und von den wenigen hielten nur wenige durch. Wir wurden zwar nicht »diskriminiert«, aber auch nicht gerade gefördert. Wir mußten mithalten und besser sein als die Kommilitonen. So wurde anerkannt, daß ich mit meinen ersten anorganischen Analysen in Rekordzeit zu Rande kam, die Zwischenkolloquien beim Saalassistenten gut bestand und überhaupt als »vielversprechend« galt, aber nicht als Streberin, eher als »good sport«.

Das verdankte ich, abgesehen von meinem Feuereifer voranzukommen, vor allem meinem Platznachbarn im Labor, *Richard Modl*, der schon im zweiten Semester war und gründlicher arbeitete als ich. Er hatte keinen Vater und mußte sich sein Studium, inklusive der vergleichsweise hohen Studien- und Materialgebühren, in einem Betrieb als Laborant verdienen. Geduldig gab er mir Tips, wenn ich mit den mir zugeteilten, geheimnisvoll zusammengemixten Flüssigkeiten nicht weiterwußte. Seine Tips haben sicher zu meinen raschen Fortschritten beigetragen. Später wurde er eingezogen, und ich hörte nichts mehr von ihm. So konnte ich ihm nie richtig für seine Starthilfe danken.

Im übrigen verdankte ich meinen Brüdern und meiner Salemer Koedukationserfahrung, daß ich mich gegenüber meinen Kommilitonen richtig verhielt: nicht anbiedern, nicht zimperlich sein, mithalten und mit »Jungens« auch im Wettbewerb kameradschaftlich umgehen. Von »sex-appeal« konnte kaum die Rede sein.

Ich fand unter den Kommilitonen neue Freunde, die ich nach dem Krieg zumeist aus den Augen verloren habe. Damals aber standen wir zusammen – eine kleine, allerdings unpolitische Schicksalsgemeinschaft von Anti-Nazis. Über Politik wurde allenfalls im kleinsten Kreis gesprochen, denn selbst in unserem naturwissenschaftlich, auch deswegen überwiegend antinazistisch geprägten Institut hat es, wie sich ab Februar 1943 anläßlich der Verhaftungen und Prozesse im Gefolge der Flugblattaktion der Studenten der WEISSEN ROSE herausstellte, natürlich auch Spitzel gegeben. Soviel ich weiß, wurde nach 1945 nie nach ihnen gesucht.

Dank unserer jugendlichen Unbekümmertheit und kameradschaftlichen Verbundenheit kamen wir in den ersten Kriegsjahren mit allen materiellen Beschränkungen und seelischen Belastungen noch gut zurecht. Wir mußten viel arbeiten und lebten dennoch fröhlich und intensiv in diesen erst nach und nach schwerer werdenden Zeiten.

Soweit unsere Wirtinnen das gestatteten, luden wir uns wechselseitig auf unsere »Buden« ein, gingen am Wochenende aus und feierten sogar noch richtige Feste. Vielleicht hatten wir sogar mehr Lebensfreude, als ich dies bei vielen Studenten heute beobachte. Theater und Konzerte, alles was auf dem Spielplan stand – meist Klassisches –, besuchten wir in den beiden ersten Kriegsjahren ebenso begeistert wie zum Beispiel geistes- oder kulturgeschichtliche Vorlesungen bei Professor *Kurt Huber* oder *Artur Kutscher*.

An Wochenenden unternahmen wir höchst vergnügliche Radltouren an die oberbayerischen Seen, in die Berge oder zu Besichtigungen von Kirchen und Klöstern, später zum Hamstern ins ländliche Altbayern.

Mit dem Studium, das, wie beschrieben, aus den vorgeschriebenen experimentellen Arbeiten und häufigen Zwischenprüfungen bestand – das also das Handwerkliche mit der Theorie verband –, kam ich auch deshalb rasch voran, weil das Studienjahr kriegsbedingt in Trimester eingeteilt war. Labor und Bibliothek standen – von einer kurzen Sommerpause abgesehen, in der ich zweimal Fabrikdienst ableisten mußte – Studenten und Professoren von früh bis spät, auch samstags offen.

Bereits nach vier Semestern bestand ich im Herbst 1941 mein Vordiplom »mit Auszeichnung«, das mir in Form eines Fachbuches, des »Gattermann-Wieland«* mit Widmung meines Protektors *Wieland* überreicht wurde. Bei dieser Prüfung hatte ich ihn als gefürchteten, aber auch ermutigenden Prüfer kennen- und schätzengelernt. Ich spürte, daß er an meinem Studienweg Anteil nahm.

Schon ein Jahr später folgte mein Staatsexamen mit »gut«, und gleich danach bot *Heinrich Wieland* mir auf seine bekannt trocken-knurrige Art an, bei ihm zu promovieren.

---

* Der »Gattermann-Wieland« enthielt die Vorschriften für die Herstellung der organischen chemischen Präparate, die nach dem Vordiplom auf dem Übungs- und Studienplan standen. Es galt als besondere Auszeichnung, wenn man ihn nach bestandenem Vordiplom vom Koautor *Wieland* überreicht bekam.

Selten in meinem Leben hat mich eine Auszeichnung – denn so war dieses Angebot zu verstehen (*Wieland* hatte es in seinem langen wissenschaftlichen Leben bisher nur einmal einer Frau, Professor *Elisabeth Dane*, gemacht) – so gefreut, mit solcher Dankbarkeit und auch ein bißchen Stolz erfüllt, wie diese. Ich wollte alles tun, um seine Erwartungen und seine offenkundige Bereitschaft, mich zu schützen und zu fördern, nicht zu enttäuschen. Denn zweifellos waren es nicht nur meine guten Prüfungsergebnisse, die ihn bewogen, mich als Doktorandin auszuwählen. Es war auch seine mutige Entschlossenheit, mich – wie auch andere von den Nürnberger Rassegesetzen betroffene Studenten, die in seinem Institut Unterschlupf gefunden hatten – es waren etwa ein Dutzend – nach seinen Möglichkeiten vor Willkür und Verfolgung zu bewahren.

Vor allem im Frühjahr 1943, als die Gestapo nach der Verhaftungswelle unter Münchner Studenten bei meinem Doktorvater über mich Erkundigungen anstellte, ließ er keinen Zweifel, daß er sich für mich verbürge, daß ich seine einzige Doktorandin sei, die schwer arbeiten müsse und überhaupt keine Zeit »für andere Dinge« hätte und außerdem für seine »kriegswichtigen« Forschungen unentbehrlich sei. So blieb ich unbehelligt.

Dieses rückhaltlose Eintreten *Wielands* ist mir unvergeßlich. Er war der Schutzengel, der mir mindestens ein Gestapo-Verhör, womöglich Verhaftung und Schlimmeres erspart hat. Ich stand unter seinem Schutz.

Es ist mir heute noch rätselhaft, wie es *Wieland* gelang, seine aufrechte Haltung bis Kriegsende ohne Repressalien durchzustehen (vielleicht wegen seines Weltruhms?). Andererseits beweist seine Zivilcourage, daß Nichtmitmachen und dem NS-Druck Widerstehen seitens der Universitäten durchaus möglich gewesen wäre, wenn es entschlossen und geschlossen versucht worden wäre. Hierzu gibt es noch ein weiteres Beispiel, das *Heinrich Wieland* gegeben hat:

Als im fünften Prozeß im Zusammenhang mit der Flugblattaktion der Studenten der WEISSEN ROSE im Oktober 1944 in Donauwörth auch gegen vier Studenten aus der zweiten Abteilung seines Instituts Anklage erhoben wurde, reiste *Wieland* demonstrativ zu diesem Sondergerichtsverfahren und stützte die Angeklagten allein durch seine Anwesenheit. Mit Ausnahme des Urteils gegen *Hans Leipelt*, der als einziger zuvor in Hamburg einer linken politischen Gruppe angehört hatte und zum Tode verurteilt wurde, kamen alle anderen mit Gefängnisstrafen davon.

Als Doktorandin bei Nobelpreisträger *Heinrich Wieland* erhielt ich meinen Arbeitsplatz im »Privatlabor« des »Herrn Geheimrats« zugewiesen. Auf diese Anrede legte er (obwohl ansonsten völlig unkonventionell) seitens der Studenten höchsten Wert. Im Institut kursierte die Story, daß er einem Examenskandidaten, der ihn mit »Herr Professor« angeredet hatte, verschnupft vorschlug, ihn doch gleich »Heinrich« zu nennen.

Das Privatlabor war ein sehr großer quadratischer Raum, in dem neben den Arbeitsplätzen des Chefs in Friedenszeiten mindestens drei Doktoranden und zwei oder drei Laboranten tätig waren. Im Labor wurde täglich zehn bis zwölf Stunden gearbeitet, samstags mindestens sechs Stunden. Sonntags mußte wissenschaftliche Literatur gelesen und die experimentelle Konzeption überdacht werden.

Zwischen den großen Fenstern des Privatlabors und dem Flügel der Dienstwohnung des Institutsdirektors lag nur eine Grünfläche, so daß ein Blick vom gegenüberliegenden Wielandschen Eßzimmerfenster genügte, um festzustellen, ob wir spätestens um 7 Uhr 30 an der Arbeit waren.

Außer der Chemie waren Klavier- und Schachspielen *Wielands* Leidenschaften, an denen er seine Schüler gerne beteiligte, das heißt, sie wurden eingeladen, mit ihm zu spielen: vierhändig oder am Schachbrett. (In beidem erwies ich mich als Versager.) *Wieland* spielte beides zeitlebens mit berühmten Kollegen wie *Werner Heisenberg* und *Arnold Sommerfeld*. Seine Schachpartien notierte er sorgfältig, so daß er sie bis ins hohe Alter wiederholen konnte. In seinen letzten Lebensjahren, nach seiner fast vollständigen Erblindung durch grünen Star, wurde die Wiederholung früher aufgezeichneter Schachspiele sein wichtigster Zeitvertreib.

Wenn der »Geheimrat« untertags im Privatlabor – immer unangemeldet – auftauchte, mußte man jederzeit »fit« sein, ihm den Fortgang, die Ergebnisse und Probleme der eigenen Arbeit bündig vorzutragen.

Das Thema meiner experimentellen Doktorarbeit lautete: »Untersuchungen an den Hefemutterlaugen der technischen Ergosterin-Gewinnung«. (Aus Hefe wurde damals Ergosterin gewonnen und aus diesem Vitaminpräparate hergestellt.) *Wieland* nahm sich Zeit, überprüfte die Versuchsanordnungen, gab Ratschläge und knurrte auch mal. Auf jeden Fall lernte ich durch seine strenge Begleitung selbständiges wissenschaftliches Arbeiten.

Im Privatlabor war ich, kriegsbedingt, die einzige Doktorandin. Außer mir gab es nur noch den bereits promovierten, brillanten Wieland-Schüler Dr. *Bernd Witkop*, mit dem ich mich bestens verstand. Auch er war von den Nürnberger Gesetzen »betroffen« und emigrierte nach 1945 mit seiner jungen Frau in die USA, wo er als Wissenschaftler erfolgreich Karriere machte.

Außerdem gab es nur noch zwei (tüchtige und hilfsbereite) Laboranten, die gleichfalls zur engeren Laborfamilie gehörten. Weitere, bereits arrivierte Mitglieder der wissenschaftlichen Wieland-Familie arbeiteten in Nachbarlabors an ihrer Habilitation, und auch nach dort entspannen sich dauerhafte freundschaftliche Beziehungen zu Dr. *Robert Purrmann* und seinen Geschwistern (aus der Familie des vor den Nazis geflohenen Malers und Matisse-Schülers *Hans Purrmann*) und seinem

Kollegenkreis. Alle waren dezidierte Antinazis, Theater-, Kunst- und Literaturfreunde – prächtige Menschen.

Sie gehörten zu meinem Leben in dieser Zeit, das zwar voller sichtbarer und verborgener Gefahren war, dessen ungeachtet aber zu einer Zeit kostbarer menschlicher Begegnungen und Erfahrungen wurde. Wir hielten durch dick und dünn zusammen, halfen uns nach Fliegerangriffen und bei Tauschgeschäften.

Doch trotz aller tröstlichen und auch heiteren Augenblicke: Meine Doktorandenzeit wurde zusehends anstrengender und schwerer. Mehr als einmal fürchtete ich zu scheitern.

Heute kann man sich gar nicht mehr vorstellen, unter welchen Bedingungen wir damals arbeiten und auch noch wissenschaftliche Ergebnisse erzielen mußten. Fast alles – vom Glasblasen für die Versuchsanordnungen bis zur nicht mehr funktionierenden Mikrowaage –, alles, was es nicht mehr gab, mußte improvisiert werden. Kostbare Instrumente und Bücher mußten nachts in den Luftschutzkeller gebracht, nach und nach verpackt, schließlich »evakuiert« werden. Als Fliegerangriffe häufiger wurden (das Institut lag ja ganz in der Nähe des Hauptbahnhofes), wurden Fensterscheiben gar nicht erst wieder eingesetzt. Komplizierte Versuchsanordnungen konnten nur noch im Keller aufgebaut und dort benutzt werden. Als das unverzichtbare destillierte Wasser nicht mehr angeliefert wurde, mußten wir es selber herstellen, von dringend benötigten Chemikalien und Arbeitsutensilien konnte man nur noch träumen.

Meine kostbaren, in monatelangen Destillations- und Reinigungsprozessen aus Zentnern von Hefe gewonnenen winzigen und wenigen »Kryptosterin«-Kristalle (Krypto, das »verborgene« Sterin, weil schwer zu isolieren) trug ich Tag und Nacht in einem Stoffsäckchen um den Hals. Meine Notizen für meine Doktorarbeit trug ich gleichfalls bei mir oder verwahrte sie bei Abwesenheit aus München im Luftschutzkeller.

Dort mußten wir auch abwechselnd Nachtwachen halten, kleinere Bomben selber löschen, kostbare Geräte und Präparate bei Fliegeralarm manchmal mehrfach am Tag in Sicherheit bringen.

In den Sommersemesterferien 1941 und '42 mußte ich zweimal Fabrikdienst, überwiegend in Nachtschicht bei Verdunkelung und schier unerträglicher Hitze leisten, einmal bei der AGFA und einmal bei GUMMI METZLER. Zusammen mit der später bekannten Fernsehjournalistin *Fides Krause-Brewer*, damals Studentin der Volkswirtschaft, montierten wir, gemeinsam mit Zwangsarbeiterinnen aus Polen und der Ukraine, im Gruppenakkord »Volksgasmasken«. Wehe, wenn eine von uns zu langsam war oder pfuschte, dann mußte es die Gruppe durch Lohnabzug büßen.

Zwar konnten und durften wir nicht miteinander sprechen, versuchten uns aber zu grüßen und mit Blicken vorsichtige Kontakte zu knüpfen. Nach und nach wechselten Zigaretten und Brotstücke, manchmal sogar Käseecken heimlich auf dem Klo die Besitzerinnen.

Wie mögen diese geschundenen Frauen den Krieg und die Sklavenarbeit überstanden haben?

Ab 1942 haperte es zunehmend mit der Ernährung. Sie mußte aufgebessert werden. Das aktivierte unsere Findigkeit: Zwei Grundmaterialien für Tauschgeschäfte ließen sich im Labor leicht herstellen. Wir destillierten vergällten Alkohol, der uns reichlich zugeteilt wurde, weil es für unsere chemischen Experimente unerläßlich war, und wir stellten künstlichen Süßstoff her, den wir dann auf ausgedehnten Radltouren im Raum Altötting bei Bauern zunächst gegen Eier – bis zu hundert Stück auf einer Hamstertour – tauschten und dann zur labor-internen Herstellung von »Eierlikör« verwendeten, ein Tauschobjekt, das in Stadt und Land sehr begehrt war. Damit ging es wieder auf Fahrt. Diesmal tauschten wir Mehl, Fett und gelegentlich sogar Geräuchertes gegen unsere Produktion ein. Nach Rückkehr wurde im Labor gekocht und gebraten und alle Labornachbarn, vor allem auch unser streng auf Lebensmittelmarken lebender Geheimrat zum Laborschmaus eingeladen.

Später gingen wir auch zur Seifenproduktion und zum Pressen von Rapsöl über.

Irgendwie kommt mir das heute alles unvorstellbar vor. Die Nöte aber machten uns nicht nur erfinderisch, sie verliehen uns auch immer wieder neue Kräfte, und vor allem: sie erzeugten Galgenhumor.

An Verehrern hat es mir während der Studienjahre in München nie gefehlt. Im Frühjahr 1942 erlebte ich meine erste große Liebe. *Hubert* war Medizinstudent und als solcher gehörte er zur Studentenkompanie. Er war sehr musikalisch und hatte viele Freunde im Umfeld des erst nach dem Krieg so genannten Studentenkreises der WEISSEN ROSE. Ich lernte sie nach und nach persönlich oder doch vom Sehen kennen: *Hans und Sophie Scholl, Alexander Schmorell, Willi Graf, Wolfgang Jäger, Jürgen Wittenstein.* Letztere entgingen der Verhaftung.

Mit *Jürgen*, der wie andere aus unserem Kreis Ende der vierziger Jahre in die USA emigrierte und ein bekannter Chirurg wurde, bin ich bis heute freundschaftlich verbunden. 1994 hielt er in München – im Jahr nach *Richard von Weizsäcker* – die alljährliche Geschwister-Scholl-Vorlesung.

Durch *Hubert* und seinen Freundeskreis, in dem auch viel musiziert und gesungen wurde, erschlossen sich mir neue (damals verbotene) Welten der modernen Musik wie zum Beispiel *Ravel, Schönberg* und *Mahler*, oder der Literatur – die Brüder *Mann* und *Stefan Zweig, Franz Werfel* und *Bert Brecht* – und der Philosophen von *Karl Jaspers* bis *Carl Muth*.

Niemand von uns ahnte – selbst *Hubert* nicht –, daß im Kern dieses Kreises drei seiner Freunde mit Professor *Kurt Huber* politisch konspirativ arbeiteten und von Frühsommer 1942 bis zu ihrer Verhaftung im Februar 1943 fünf Flugblätter konzipierten, unter höchster Gefahr vervielfältigten und weitergaben. Natürlich hatte auch ich keine Ahnung und war wohl auch politisch viel zu naiv, um so etwas für möglich zu halten.

Im Sommer 1942 mußten alle Medizinstudenten der Studentenkompanie einen mehrwöchigen Sanitätsdienst in Rußland ableisten, und was *Hubert* nach seiner Rückkehr von der katastrophalen Situation der russischen Zivilbevölkerung berichtete, von Massentransporten in verschlossenen Güterwagen, denen man auf der Rückreise begegnet war, und von der erbarmungslosen Kriegsführung seitens der deutschen Truppen, ließ mich nicht mehr los.

Diese Berichte und die ständigen Sorgen um mir nahestehende Menschen trugen dazu bei, daß sich bei mir im nachfolgenden Winter nach einer verschleppten Erkältung, die sich zu einer chronischen Bronchitis mit Dauertemperaturen entwickelte, schließlich eine Lungenentzündung und psychische Erschöpfung einstellten. Immer wieder mußte ich meine experimentelle Arbeit unterbrechen. Anfang 1943 wurden mir Krankenhaus-, später Sanatoriumsaufenthalte verordnet.

Während der langwierigen Erholungszeit, die ich zum Pauken fürs Doktorexamen nutzte, schenkten mir *Huberts* Eltern und Brüder Zuneigung, Freundschaft und, bei zunehmender Gefährdung, auch familiäre Geborgenheit im abgelegenen, friedlichen Schwarzwald ohne jeden Fliegeralarm.

Noch heute denke ich dankbar an all die Menschen, die gleich mir versuchten, nicht mitzumachen, nicht schuldig zu werden, und entschlossen waren, dieses immer verwerflicher und grausamer, immer zerstörerischer werdende NS-System mit Anstand zu überleben. Dieser Gruppe der vergleichsweise wenigen Deutschen, die aus politischen, weltanschaulichen oder religiösen Gründen Gegner der Naziherrschaft waren, fühlte ich mich zugehörig.

Aber wir entschlossen uns weder zum Widerstand, noch hatten wir ein deutliches politisches Ziel. Was dies betraf, so waren wir völlig unwissend. Von der Weimarer Demokratie hatten wir so gut wie nichts mehr mitgekriegt – und ich glaube, das war ausschlaggebend dafür, daß die in Deutschland lebenden Nazigegner bis auf wenige Ausnahmen zwar *gegen* Hitler waren, aber nicht wußten, wie sie die politische Situation ändern könnten. Insgesamt dürfte der Anteil bewußt reflektierender Nazigegner nicht mehr als ein bis zwei Prozent der Bevölkerung ausgemacht haben. Unter dem Gros der Studenten waren es noch weniger.

Zwischen dieser kleinen Minderheit und der großen Mehrheit überzeugter Nazis oder Mitläufer, in Erfolgszeiten über neunzig Prozent, später weniger, gab es noch eine kleine Zwischengruppe von vielleicht fünf bis zehn Prozent der Deutschen, die sich zwar von den Nazis abgrenzten, aber so vorsichtig waren, dies niemals außerhalb der eigenen vier Wände zu erkennen zu geben.

Auf diesem Hintergrund wurde der konsequente Weg der Studenten der WEISSEN ROSE in den Widerstand bis in den Tod für mich das, was man heute ein Schlüsselerlebnis nennt. *Hans Scholl* starb mit dem Ruf »Es lebe die Freiheit« auf dem Schafott. Die Erschütterung über ihren Opfertod hat mein Leben und Denken fortan bis heute bestimmt und mich nach 1945 unausweichlich in die Politik geführt. Zeitlebens wollte ich mich für die Freiheit und Würde des Menschen einsetzen.

Auch über der engeren Familie zogen sich seit 1943 immer dunklere Wolken zusammen. Die sogenannte »Wannsee-Konferenz« im Januar 1942, auf der die bereits angelaufene »Endlösung« der Judenfrage beschlossen wurde, hatte sich über das Schicksal der Mischlinge nicht einigen können: Sollten sie auch deportiert werden? Oder in Arbeitslager eingewiesen oder sterilisiert werden?

Die Geschwister wurden in alle Winde zerstreut: die Brüder zusammen mit vielen anderen männlichen »Mischlingen« in Zwangsarbeitslager der sogenannten Organisation Todt abtransportiert, wo sie unter schwersten Arbeits- und Lebensbedingungen bis Kriegsende gefangengehalten wurden, die Schwester arbeitete im Landdienst auf einem Gut in Oberschlesien, und im besetzten Holland war der älteste Bruder nun auch von den Rassegesetzen bedroht. Gegen Kriegsende tauchte er unter. Alle waren sie ungewissen Schicksalen ausgeliefert. Dank vieler kleiner und großer Wunder haben sie alle überlebt.

Ausgenommen die Großmutter. Sie hat sich, nach der Beschlagnahme ihres Hauses als sogenanntes »Judenhaus«* (es blieb ihr nur ein Zimmer), ihres gesamten Besitzes und Vermögens, schwerbehindert, nur noch an Krücken fortbewegend, bei Erhalt des »Gestellungsbefehls« zum Abtransport nach Theresienstadt am 27. Januar 1942 mit Schlaftabletten das Leben genommen. Ich habe sie nicht mehr lebend angetroffen.

Bei meinem letzten Besuch vor ihrem Freitod in Dresden waren wir noch mit der Tram zum Grab ihres Mannes gefahren. Als ihr ein Fahrgast einen Sitzplatz anbieten wollte, zeigte sie, aufrecht stehend, mit ihrer Krücke und einem traurigen Kopfschütteln auf ihren Judenstern am Mantel: Sie durfte in öffentlichen Verkehrsmitteln keinen Sitzplatz einnehmen.

Wie habe ich sie geliebt und bewundert. – Nach ihrem Tod fühlte ich mich nun endgültig und für immer verwaist. – Die Urnen von Eltern und Großeltern haben wir in den fünfziger Jahren von Dresden nach München überführt und auf dem Waldfriedhof beigesetzt.

Ich war keineswegs die einzige, die von Ängsten und Leiden

---

* Victor Klemperer beschreibt in seinem Tagebuch 1933-45 die grauenhaften Verhältnisse in den Dresdner »Judenhäusern« und die unmenschlichen Schikanen der SS und Gestapo.

gequält wurde. Ich hatte es sogar besser als Geschwister, Freunde und Bekannte. Ich konnte studieren, hatte Beschützer, vor allem in meinem Doktorvater, und konnte mich finanziell über Wasser halten.

Sehr viel Schrecklicheres erlebten Freunde und Kommilitonen, die verhaftet oder deren Angehörige nach Auschwitz oder Theresienstadt abtransportiert worden waren. So auch die Mutter meines einst unverwüstlich fröhlichen Studienfreundes *Joe*, der nach wochenlangen tollkühnen Such- und Bestechungsaktionen nur eine Schachtel mit der Asche seiner jüdischen Mutter zurückbrachte und später selber ins Lager kam. Oder die Mutter meiner Studienkollegin *Luitgart*, die mit mir fürs Staatsexamen paukte und nicht wußte, ob ihre Mutter in Theresienstadt noch lebte. Sie war vollkommen schutzlos und buchstäblich mutterseelenallein.

All das schmerzte mich mehr als meine eigenen Kümmernisse. Aber auch der Tod vieler Schulkameraden »auf dem Felde der Ehre« für »Führer, Volk und Vaterland« oder der Anblick jugendlicher Verwundeter, auf Lebenszeit verstümmelt, mit ihren jungen Greisengesichtern nährten meinen ohnmächtigen Haß auf die Verantwortlichen.

Es war für mich eine unerbittlich harte Lehr- und Lernzeit. Denn all das hatte »der Führer« befohlen, und die allermeisten Deutschen folgten ihm immer noch. Zwar nicht mehr mit der fanatischen Begeisterung der Siegerjahre, aber immer noch an den »Endsieg« und die Überlegenheit der »arischen Rasse« glaubend.

Schweigen – zusehen – wegsehen – mitmachen, das waren die Stationen des Schuldigwerdens, und *jeder* Deutsche, auch ich, hatte daran teil. Wenige Jahre später aber wollte kaum einer davon gewußt haben. Nach 1945 haben wir es uns zu leicht gemacht mit dem Verdrängen unserer schuldbeladenen Vergangenheit.

Es waren ja nur ganz wenige, viel zu wenige, die sich nicht (mit-)schuldig gemacht hatten, und dazu bedurfte es großen und unendlich viel kleinen Mutes. Das waren die Deutschen, von denen *Winston Churchill* nach dem Kriege im Unterhaus sagte, sie hätten Deutschlands Ehre gerettet:

> *»In Deutschland lebte eine Opposition, die durch ihre Opfer zu dem Edelsten . . . gehört, was in der politischen Geschichte der Völker hervorgebracht wurde. Diese Toten vermögen nicht alles zu rechtfertigen, was in Deutschland geschah, aber ihre Taten und Opfer sind das Fundament eines neuen Aufbaus.«* [1]

Damals wußte ich das alles noch nicht, konnte es nicht wissen. Aber ich begann zu ahnen, daß das Ende schrecklich sein würde und ein neuer Anfang – wenn überhaupt – von Schuld und Versagen belastet.

Was war es, was mir durch und über diese Zeit half?

Ich habe Glück, immer wieder Glück gehabt. Aber es war etwas noch viel Beständigeres: Es war Gottes Geleit und die Erfahrung, daß Durchhalte- und Widerstandskräfte nachwachsen, wenn sie von ihm erbeten werden.

Erst Jahre später habe ich diese Erfahrung in einer Aussage des noch im April 1945 hingerichteten evangelischen Theologen *Dietrich Bonhoeffer* bestätigt gefunden. Sie lautet:

> *»Ich glaube, daß Gott aus allem – auch aus dem Bösesten – Gutes entstehen lassen kann und will. Dafür braucht er Menschen, die sich alle Dinge zum Besten dienen lassen. Ich glaube, daß Gott uns in jeder Notlage so viel Widerstandskraft geben will, wie wir brauchen. Aber er gibt sie nicht im voraus, damit wir uns nicht auf uns selbst, sondern auf ihn verlassen. In solchem Glauben müßte alle Angst vor der Zukunft überwunden sein . . . Ich glaube, daß Gott kein zeitloses Fatum ist, sondern, daß er auf aufrichtige Gebete und verantwortliche Taten wartet und antwortet.«* [2]

»In jeder Notlage so viel Widerstandskraft, wie wir brauchen . . .« – Im letzten Kriegsjahr habe ich mehr noch als zuvor davon gebraucht.

Wie berichtet, hatten sich bei mir schwere gesundheitliche Schäden eingestellt. Nach wiederholten Rückfällen und einer Mandeloperation wurde ich im Herbst 1943 ins Stillachhaus, hoch über Oberstdorf, gebracht und dort sorgfältig, beinahe wie im Frieden, gepflegt. Zwischendurch arbeitete ich immer wieder im Labor.

Anfang Juni 1944 landete ich in einem Sanatorium in Oberbayern, das sich, vom Chefarzt bis zu meiner ältlichen Zimmergenossin, als unverwüstliche Nazihochburg entpuppte. Parteiabzeichen am Arztkittel waren noch das wenigste. Gemeinschaftsempfang von Erfolgs- und Durchhaltereden am »Volksempfänger« gehörten ebenso zur Kur wie Gesinnungspredigten zum Sonntag. Ich fühlte mich eher kränker als gesünder.

Dann aber kam der 6. Juni 1944 – der Tag der Invasion der westlichen Alliierten in der Normandie, deren Fortschritte auch die geschöntesten Wehrmachtsberichte nicht vertuschen konnten, und es folgte der 20. Juli 1944 – der Tag des mißglückten Attentats auf Hitler.

Diese beiden Ereignisse rissen mich aus meiner Lethargie. Endlich begann sich der ersehnte Umschwung abzuzeichnen: Es gab politischen und militärischen Widerstand gegen Hitler, und er war zur Tat übergegangen. Nicht nur Studenten – wie in München – waren beteiligt, sondern führende hochdekorierte Militärs, Diplomaten, Christen . . .

Viel mehr war damals nicht in Erfahrung zu bringen. Tausende von Verdächtigen wurden verhaftet, gefoltert, hingerichtet. Noch einmal wütete der Naziterror, nun gegen die eigenen Landsleute.

Der Aufstand war mißlungen, und es wurde klar: Wir konnten uns offensichtlich nicht aus eigener Kraft vom Nazijoch befreien, deshalb ersehnte ich von nun an unsere Befreiung durch die Besetzung Deutschlands durch die Alliierten.

Es galt also durchzuhalten, und – obgleich ich in der NS-Heilstätte von den Ereignissen kaum mehr in Erfahrung bringen konnte, als die streng zensierten Nachrichten meldeten – nun war ich entschlossen, einfach gesund zu spielen, das Fieberthermometer niedrig zu halten (üblich war damals das Umgekehrte), um so bald als möglich »an die Heimatfront«, sprich an meinen Labortisch, entlassen zu werden. Der lag allerdings in Schutt und Asche und war in ein winziges Ausweichlabor nach Weilheim in Oberbayern in die naturwissenschaftlichen Fachräume der Realschule verlegt worden.

Dort fehlte es an allem. An ein erfolgversprechendes experimentelles Weiterarbeiten war beim besten Willen nicht mehr zu denken. Wie also weiter?

Geheimrat *Wieland* wußte neuerlich Rat und empfahl: »Schreiben Sie die bisherigen Ergebnisse Ihrer experimentellen Arbeit zusammen und bereiten Sie sich auf das Rigorosum vor. Vielleicht schaffen Sie es noch vor Kriegsende.« Das war Ende August 1944.

Ich schaffte es innerhalb eines halben Jahres! Nicht gerade glänzend, im Vergleich mit vorangegangenen Prüfungen mit »gut«, aber ich schaffte es mit Hilfe von pervitinhaltigen SCHO-KA-COLA-Pastillen, die für Kampfflieger gedacht waren, aber auch für Examenskandidaten gute Wach-halte-Dienste leisteten, und mit einem starken Gebräu aus mehrfach getrockneten und wieder aufgekochten Teeblättern. Beides zusammen hielt mich über fünf Monate für einen Sechzehn-Stunden-Lern-und-Arbeitstag in Trab.

Seitdem ich in München mehrfach »ausgebombt« worden war, lebte ich seit 1942 in Starnberg – ganz in der Nähe des Domizils meines Doktorvaters – in der Hanfelderstraße – bescheiden, aber »bombensicher« untergekommen. Mit Ernährungshilfen versorgte mich meine tatkräftige Starnberger Wirtin, Frau *Senft*, deren Mann im niederbayerischen Ohu in einer Mühle arbeitete.

In den Wintermonaten versorgte sie auch das Öfchen meines acht qm kleinen Stübchens mit Holz. Frau *Senft* – von Beruf Schneiderin und demzufolge außer dem Mehl aus Ohu

Ein späterer Besuch nach dem Krieg bei der Familie Senft in Starnberg

mit zusätzlichen Lebensmitteln versorgt – war überhaupt ein Schatz und sorgte treulich für ihre Familie, für mich und ab Mitte 1945 auch noch für meine zu uns stoßenden Brüder.

Mein winziges Starnberger Refugium behielt ich auch noch nach dem Krieg viele Jahre als Wochenend- und Feriensitz.

Es war ein Wettlauf mit der Zeit mit ungewissem Ausgang. Im Februar 1945 begannen die schweren mündlichen Prüfungen in organischer Chemie, physikalischer Chemie, in Physik und Biochemie. Sie fanden teils im Luftschutzkeller, teils in Institutsruinen, teils in ländlichen Ausweichquartieren der Prüfer statt, die nur mit dem Fahrrad erreicht werden konnten.

Wieland prüfte mich anderthalb Stunden, die anderen machten es kurzer. Wenn die Situation nicht so dramatisch gewesen wäre, das Doktorexamen auf Rädern mit einer von Wind und Wetter zerzausten Kandidatin erbrachte auch heitere Noten. Auf jeden Fall »ausreichende«.

Im März 1945 erhielt ich – o letztes Wunder – meine Promotionsurkunde, mit talergroßem Hakenkreuz-Stempel und der Unterschrift des gleichen Dekans, der mich im Januar 1940 erst gar nicht immatrikulieren wollte.

Wider alle Befürchtungen hatte ich es geschafft. Aber so richtige Freude konnte bei mir in dieser Endzeit nicht aufkommen.

Nach einer kurzen Verschnaufpause unternahm ich im beginnenden Frühjahr 1945 noch zwei abenteuerliche, mit Gefahren für Leib und Leben verbundene Reisen. Einmal trampte ich ins thüringische Zwangsarbeitslager Rositz, wo – wie berichtet – meine beiden zwangsrekrutierten Brüder ziemlich schlecht dran waren. Ich hatte erfahren, daß man Lebensmittel einschmuggeln könnte.

Nach einigen Unterbrechungen durch Tieffliegerangriffe und Absprüngen aus überfüllten Zügen, bei denen ich mit böse aufgeschürften Knien davonkam, gelang es mir, ihnen, mit Hilfe eines gutmütigen Wirtstöchterleins (die das für wenig Geld und viele dankbare Worte schon öfters vermittelt hatte), einen prallen Rucksack mit Eßbaren zukommen zu lassen.

Im gleichen Lager war übrigens auch *Thomas Dehler*, der mit einer Jüdin verheiratet war, interniert. Später, Ende der vierziger Jahre, als er die FDP in Bayern aufbaute, erinnerten wir uns daran, daß wir uns auf der Landstraße begegnet waren, er erschöpft einen kleinen Leiterwagen mit Holz ziehend, ich erschöpft unter der Last meines Rucksacks.

Beide Brüder »verdufteten« wenige Wochen später während der Wirren der Evakuierung des Lagers und schlugen sich dank ihrer Findigkeit zu den anrückenden Amerikanern durch. Ende Mai tauchten sie körperlich heruntergekommen, aber ansonsten munter bei mir in Starnberg auf. Wir waren überglücklich.

Die andere Fahrt kurz vor Kriegsende war noch abenteuerlicher und gefährlicher, beinahe hätte sie für mich unter russischer Besetzung geendet. Ich wollte einen Freund, den zweiten Sohn meiner Schwarzwälder Beschützer, der beinamputiert in einem Lazarett in Schwerin lag, besuchen und wenn irgendmöglich nach Süddeutschland mitnehmen. Das jedenfalls hatte ich mir vorgenommen und den besorgten Eltern, denen ich seit meinem Genesungsaufenthalt dankbar verbunden war und blieb, versprochen.

Wieder zog ich mit meinem prallgefüllten Rucksack los, wieder überfüllte Züge, Tiefflieger. Drei Tage und zwei Nächte dauerte die mühsame Fahrt, bis ich Gründonnerstag 1945 nachts total erschöpft im mit Flüchtlingen und Soldaten verstopften Schwerin ankam.

Im Hinterzimmer eines Cafés trat mir eine hilfsbereite ältere Frau zeitweise einen Stuhl zum Schlafen ab.

Auf dieser letzten Fahrt durchs beinahe schon von den heranrückenden Truppen zerteilte Deutschland erlebte ich, daß Not nicht nur beten lehrt, sondern bei vielen Menschen ungewöhnliche Kräfte zum Guten mobilisiert.

Das erlebte ich im Karfreitagsgottesdienst im überfüllten Münster – nie zuvor und nie danach habe ich Menschen so flehentlich betend erlebt –, und das erfuhr ich durch die Hilfsbereitschaft der Schwestern im Lazarett, die mir in der Wäschekammer einen Schlafplatz bauten und mit Hilfe (von Verstorbenen) übriggebliebener Rationen etwas zu essen organisierten, die mich – die Wildfremde – trösteten, weil an einen Transport des fiebernden und von Schmerzen geschüttelten Freundes nicht zu denken war. Also mußte ich ihn zurücklassen; er würde wohl wie diese Schwestern und alle Menschen in dieser Stadt den unaufhaltsam herannahenden russischen Truppen in die Hände fallen.

Und dann drängte der Stabsarzt: »Sie mussen hier weg. Sie können ihm nicht helfen und gefährden sich selber...« So wurde ich in einen der letzten Züge nach Süden gestopft und weiß heute nicht mehr, wie es mir nun eigentlich gelang, mich innerhalb einer Woche bis nach Starnberg durchzuschlagen.

Der Freund, den ich im Stich lassen mußte, wurde in letzter Minute vor dem Einmarsch der Russen im Lazarettzug nach

Nenndorf in die britische Zone transportiert und dort gesund gepflegt.

Sein zweiter Bruder geriet beim Rückzug von der Ostfront in russische Gefangenschaft – und *Hubert*? Er heiratete seine erste Jugendliebe. Der Freundeskreis zerstreute sich, aber die Erinnerung an meine Freunde in schwerer Zeit ist und bleibt in meinem Herzen lebendig.

IV.

Befreit zum Leben ohne Angst

(1945 – 1948)

*Vor und nach der Stunde Null – Wege aus der Unfreiheit –
Emanzipation – die NEUE ZEITUNG –
Die versäumte Katharsis*

> »Dieser 8. Mai bleibt die tragischste und fragwürdigste Paradoxie
> der Geschichte für jeden von uns: Warum? Weil wir erlöst
> und vernichtet in einem gewesen sind.«
> *Theodor Heuss, 1949*

Nach Starnberg zurückgekehrt, galt es nun auch dort, sich auf das Kriegsende und die bevorstehende »Erlösung« und Befreiung von der Nazidiktatur vorzubereiten.

Ich trocknete abgesparte Brotscheiben und füllte sie in fünf Leinensäcke, versteckte Flaschen mit selbstgepreßtem Rapsöl, Schachteln voll selbstfabrizierter Seife und Sacharin, vergrub Geld und Schmuck in einem Park bei Bekannten (ich habe beides später niemals wiedergefunden) und verpackte meine im Laufe des Krieges immer weniger gewordene Habe in den letzten großen Koffer, der alle weiteren Umzüge meines Lebens mitgemacht hat und den ich noch heute besitze.

Nun konnten »die Amis« kommen.

Zuvor aber wurde unser Städtchen »verteidigungsbereit« gemacht. Die Starnberger Werwolfführerin befahl uns Anwohnern der Hanfelder Straße, im Waschkessel kochendes Wasser bereitzuhalten. Auf unserer Straße würden die amerikanischen Panzer einfahren, und sie sollten genau vor unserem Haus durch eine Panzersperre (drei mickrige Baumstämme!) zum Halten gezwungen werden. Dann sollten die Bewohner der anliegenden Häuser eine Kette bilden und heißes Wasser oben in die Panzer schütten. Auch sollten – wie sie ankündigte – andernorts kleine Brücken gesprengt und der Bahnhof verteidigt werden . . .

Als es dann soweit war, kam alles ganz anders: Die Amerikaner rückten zwar tatsächlich über die Hanfelderstraße in Starnberg ein, an der strategischen »Panzersperre« machte es aber nur »knack«, dann rollten die Panzer über die Baumstämme und weiter, vorbei an Häusern, aus deren Fenstern weiße Bettücher oder vergilbte bayerische Fahnen hingen, bis hin zum Marktplatz, wo die Sieger von den Starnbergerinnen und Starnbergern mit kaum verhaltener Erleichterung bestaunt wurden. Ja, der Inhaber des kleinen Cafés Kufer, in dessen Schaufenster seit Monaten nur aufgemalte Papptorten zu sehen gewesen waren, verteilte an Sieger und Besiegte Eis und Kekse! Keine »Werwölfe« weit und breit.

Der Krieg war aus, die ständige Angst ausgestanden. Wir waren vom Nazi-Terror befreit und glücklich!

Aber nicht alle Deutschen empfanden das so.

Der Streit darüber schwelt seit damals und entbrannte neuerlich fünfzig Jahre später, als eine makabre Allianz Ewiggestriger mit einem »Aufruf zum 8. Mai 1995«, unter Mißbrauch des anfangs zitierten Heuss-Zitats, eine politische Kontroverse in Gang setzte, die den Riß offenlegte, der im politischen (Unter-)Bewußtsein der Deutschen nach wie vor klafft:

Wünschten wir 1945 den Sieg Nazi-Deutschlands oder seine Niederlage? Fühlten wir uns besiegt oder befreit?

Damals jedenfalls überwog wohl Erleichterung, gefolgt von Ungewißheit, wie es nun weitergehen würde.

In der Nacht nach dem Einzug der amerikanischen Soldaten ging es in Starnberg dann wenig lustig zu, weil die nachrückenden US-Soldaten – weiße und schwarze – schlafen wollten und hierzu Häuser beschlagnahmten. Laute Rufe, Kindergeschrei,

Motorenlärm ... Ärger und Unannehmlichkeiten hielten sich jedoch in Grenzen, und trotz eines strengen »Fraternisierungs«-Verbots zwischen Siegern und Besiegten wurden alsbald erste Kontakte geknüpft.

Am Morgen nach der Befreiung Starnbergs wollte ich wissen, wie es wohl der Familie *Wieland* ergangen sein mochte, die in einem schönen Haus am Hang in der Schiesstättstraße (heute Heinrich-Wieland-Straße) mit Blick auf den Starnberger See wohnte.

Das Wiedersehen glich einem Sketch: Im ganzen Haus, das während der Nacht von der US-Army beschlagnahmt worden war, liefen amerikanische Soldaten herum. Das große Wohnzimmer war zu einer Art Clubraum umfunktioniert, in dem getanzt wurde, ein anderes Zimmer zu einer Meldestelle. Dort wußte man Rat: »The old man? – Downstairs!« Der Daumen zeigte in den Keller. Dort saß er dann, mein geliebter und bewunderter Doktorvater, aufrechter Antinazi und Beschützer vieler durch die Rassegesetze gefährdeter Studenten, zusammen mit seiner Frau auf Klappstühlen, mitten unter gehorteten Briketts, und begrüßte mich zum ersten und letzten Mal mit einem sarkastisch-drolligen »*Heil Hitler*, Fräulein Brücher«. Dann lachten wir befreit und beratschlagten, was zu tun sei.

Wenige Tage später erhielt er ein Zimmer zurück und einige Monate danach das ganze Haus. Ehemalige amerikanische Schüler des Nobelpreisträgers, die ihn in Uniform aufsuchten, brachten das in Ordnung und halfen weiter.

Sonst verliefen die letzten Tage des Zweiten Weltkriegs nach der Besetzung Starnbergs für uns erstaunlich reibungslos. Die ortsansässigen Nazis waren – bis auf weiteres – untergetaucht. Die Besatzer benahmen sich, entgegen aller Prognosen, korrekter, als es deutsche Sieger in besetzten Ländern im allgemeinen getan hatten.

Weniger beliebt als die wohlgenährten, »chewing gum«-kauenden Amis in ihren properen Uniformen waren bei den

Starnbergern (und nicht nur bei ihnen) die von der SS in den letzten Kriegstagen durch ganz Oberbayern gejagten »KZler«, die den Todesmarsch überlebt hatten – es waren herumirrende ausgemergelte Gestalten in verschlissenen Sträflingsanzügen und in ihrem Gefolge die ebenfalls ausgemergelten DPs (Displaced Persons) –, die auch Hunger hatten und sich, mit oder ohne amerikanische Hilfe, beschafften, was sie brauchten. »Geplündert« wurde aber nicht nur von ihnen, sondern auch von Deutschen.

Bei der vergleichsweise wohlbehaltenen Bevölkerung überwogen aber nicht etwa Mitleid oder Schuldgefühle, sondern eine Art instinktive Abwehr, oft sogar eine kaum unterdrückte Abneigung gegen so viel lebende Anklage. Fast niemand konnte (oder wollte) ermessen, was es mit diesen Elendsgestalten auf sich hatte, was sie erlitten hatten und daß es das eigene Volk gewesen war, in dessen Namen sie von Deutschen bis zur letzten Minute vor ihrer Befreiung in den Tod getrieben werden sollten. Es sollte fünfzig Jahre dauern, bis an Stationen dieses Todesmarsches, mit Hilfe privater Initiative, Erinnerungstafeln angebracht wurden.

Die deutsche Schuld war groß, aber die Scham darüber empfand zunächst nur eine Minderheit. Von Kollektivverantwortung oder gar -mitschuld wollte kaum jemand etwas wissen.

Als ich von einem amerikanischen Offizier gefragt wurde, ob ich von KZs gewußt hätte, bejahte ich dies wahrheitsgemäß.

Weshalb gaben es so wenige zu?

Das Ausmaß der Greuel- und Schandtaten konnte ich allerdings nicht ermessen. Es war mir unvorstellbar und ist es bis heute.

Schon damals wurde mir allerdings klar, daß die Nachkriegszeit und jeder mögliche Neuanfang von dieser grauenhaften Last, von Scham und Verantwortung verdüstert und beschwert sein würde.

In der Nacht des Waffenstillstandes am 8. Mai 1945 fing in Starnberg ein großes Feiern und Freuen an. Erleichterung breitete sich aus, selbst bei Leuten, die nicht gerade zu den Nazigegnern gezählt hatten. Sie beteuerten, sie seien ja schon immer dagegen gewesen ...

Ich weiß noch genau, daß sich an diesem Tag wildfremde Menschen mit Tränen in den Augen um den Hals fielen.

Was hat ein junger Mensch, der, wie ich, mit kaum vierundzwanzig Jahren plötzlich aus Bedrängnis, Ängsten und Unfreiheit erlöst wird, damals empfunden?

Zunächst einmal war ich einfach glücklich, daß es vorbei war – und ich strotzte voller Erwartung und Tatendrang.

Nie wieder in meinem Leben habe ich so intensiv gefühlt, was es heißt, weiterleben zu dürfen – frei leben zu dürfen, ohne Ängste – in unendlicher Dankbarkeit und in der unerschütterlichen Hoffnung auf eine bessere Zukunft.

Aber nicht nur ich empfand so. Es gibt viele Zeugnisse dafür. Zum Beispiel der jung verstorbene Dichter *Wolfgang Borchert*, der dieses Gefühl so beschrieben hat:

»*Wir sind eine Generation ohne Abschied ..., aber wir wissen, daß alle Zukunft vor uns liegt ... Wir sind voller Ankunft unter einer neuen Sonne, zu neuen Herzen ... voller Ankunft zu einem neuen Leben, zu einem neuen Lachen, zu einem neuen Gott ...*«

Oder *Erich Kästner*, etwas prosaischer:

»*... daß man wie die Zigeuner leben muß, hinter zerbrochenen Fenstern, ohne Buch und zweites Hemd, unterernährt – angesichts eines Winters ohne Kohle, ... niemand stört das ... das Leben ist gerettet, mehr braucht es nicht, um neu zu beginnen ...*«

Es gibt viele ähnliche Zeugnisse aus dieser Zeit, erst Jahrzehnte später wurden sie in Sammelbüchern, an denen ich gelegentlich mitgewirkt habe, zusammengetragen und veröffentlicht. Zum Beispiel 1985 in »Mensch, der Krieg ist aus«[3]

und »Weihnachten 1945«[4] oder 1995: »Als der Krieg zu Ende war...«[5]. Sie vermitteln sehr anschaulich Erfahrungen auf eine Weise, die wir heute »oral history« nennen.

Dennoch: Mit Worten läßt sich nachwachsenden Generationen kaum noch vermitteln, wie ich nach jahrelangen Ängsten diesen plötzlichen Glücksschock, nun davon befreit zu sein, verkraftet habe. Nur so viel: Alles, was von nun an in meinem persönlichen und politischen Leben wichtig werden sollte, keimte in jenen ersten Nachkriegswochen des Jahres 1945.

Die Freiheit von Bedrohung und Angst habe ich seither nie als Selbstverständlichkeit empfunden, sondern immer als Glück, als ein kostbares Gut, das bewahrt werden mußte: Hinfort brauchte ich *keine* Angst mehr zu haben, wenn ich nach meiner Überzeugung handelte, eine andere Meinung hatte und sie aussprach, wenn ich Unrecht, Vorurteile und Intoleranz beim Namen nennen, wenn ich gegen den Strom der Mächtigen und Mehrheiten schwimmen wollte. Ich konnte meinem Leben nach eigenem Gutdünken Sinn und Inhalt geben, und das habe ich fortan getan. Nach der Erfahrung der Unfreiheit war Freiheit für mich mehr als ein Wort, mehr als alle Worte: Frei zu leben wurde zu meiner Lebensbestimmung!

Mit Inbrunst lauschte ich über »Radio München«, einen Sender der amerikanischen Militärregierung, den Worten des weisen Nathans, dem Gefangenenchor aus *Beethovens* Fidelio und der Stimme *Thomas Manns*, die von einem anderen Deutschland kündete.

Ich trauerte um die Toten, um *alle* Toten, die diesen Neuanfang nicht mehr erleben durften, vor allem um die ungezählten Opfer der Gewalt und Verfolgung. Ihr Vermächtnis mußte bewahrt und erfüllt werden.

Theodor Heuss, mein späterer Mentor, hatte bereits am 9. Mai 1945 beinahe visionär in sein Tagebuch geschrieben:

»Es wird eines ungeheuren seelischen Prozesses bedürfen, um die Hitler-Ideologie aus dem Wesen der Deutschen wieder

auszuscheiden . . . *Mit der Flucht in Illusionen und mit Ausreden vor der deutschen Vergangenheit und Zukunft ist es nicht getan . . .«*⁶

Damit hatte er den eigentlichen Konflikt der Nach-Hitler-Zeit, mit dem wir bis heute immer noch und immer wieder konfrontiert werden, beim Namen genannt: Den »ungeheuren seelischen Prozeß«, dessen es bedarf, »um die Hitler-Ideologie aus dem Wesen der Deutschen für immer auszuscheiden . . .«

Heute erinnere ich mich daran, wenn ich die Hetzparolen der Neonazis höre oder über die fahrlässige Sprache gegen Fremde und Ausländer erschrecke, wenn ich von der Schändung jüdischer Friedhöfe in den Zeitungen lese und die wachsende Gleichgültigkeit gegen all diese, mir nur zu bekannten Erscheinungsformen. Dann sorge ich mich, ob wir in den fünfzig Jahren seither wirklich alles getan und nichts unterlassen haben, um die Hitler-Ideologie aus dem innersten »Wesen der Deutschen wieder auszuscheiden« (vgl. Zweiter Teil, II.3.).

Dachte ich im Sommer 1945 schon an Politik? Ja und nein.

Ja, weil ich nach der Befreiung von der Nazidiktatur entschlossen war, nun für die Ziele zu leben, für die Widerstandskämpfer, Freunde und Kommilitonen ihr Leben geopfert hatten.

Nein, weil ich mir unter »Politik-machen« in jenem Jahrhundertsommer des Jahres 1945 kaum etwas vorstellen konnte.

Der strahlte so hoffnungsvoll, als ob die Natur entschlossen gewesen wäre, Leid und Zerstörung, Heimat- und Hoffnungslosigkeit durch Wärme und üppige Fruchtbarkeit zu kompensieren.

Nach und nach erreichten uns Lebens- (aber auch Todes-) Anzeigen von Angehörigen, Freunden, Bekannten.

Einer der ersten war Pfarrer *Martin Niemöller*, der, kaum dem KZ Dachau entronnen und zu seiner Familie zurückgekehrt, die »Brücher-Kinder« ausfindig machen wollte: Welch ein bewegendes Wiedersehen, nach über zehn Jahren! Ich weinte vor

Freude! Sein Glaube schien ungebrochen, aber seine politische Entschlossenheit wirkte stärker: Der deutsche Protestantismus hätte versagt, Schuld müßte bekannt, Umkehr und Sühne geleistet, Frieden um jeden Preis, um *jeden*, gehalten werden . . .

Ich zögerte, ihm in dieser Radikalität politisch zu folgen. Unsere menschliche Verbundenheit aber blieb zeitlebens bestehen. –

Oft standen auf einmal Freunde vor der Tür meines Starnberger Stübchens – häufig kaum wiederzuerkennen. Sie brachten Nachrichten und nahmen unsere mit. Post und Telefon funktionierten noch lange nicht und schon gar nicht in andere Besatzungszonen.

Wir lebten und schafften für die Bedürfnisse des Augenblicks, sammelten in den Starnberger Wäldern Beeren, weckten sie in Bierflaschen ein, ernteten selbstgezogene Bohnen und Tomaten, tauschten Sacharin und Seifenvorräte gegen Eier und Mehl, hackten mit amtlicher Genehmigung Holz von selbstgefällten Bäumen, wobei ich es mit über drei Ster (ungefähr der Bedarf für vier kalte Wochen) fast zur Meisterschaft brachte. Wir »besorgten« uns – im von Amis kontrollierten Landratsamt – erste »Passierscheine« für Radlfahrten nach München und genossen unsere wiedergewonnene, nur durch »Curfew« (Ausgangssperren) begrenzte Bewegungsfreiheit.

Diese ersten Nachkriegs- und Nach-Hitler-Monate waren eine verrückte Zeit. Die Trümmerhaufen unserer Städte glichen denen im Inneren der meisten Deutschen, aber die Sonne strahlte darüber.

Der Schwarzmarkt begann zu blühen, die Zigarettenwährung trat in Kraft, Jazz und Kaugummi eroberten die deutsche Jugend, soweit sie nicht »auf dem Felde der Ehre« gefallen, verstümmelt oder in Kriegsgefangenschaft geraten war.

Von Demokratie, die uns die Sieger bringen wollten, hatten wir keine Ahnung, und von dem, was aus Deutschland werden würde, auch nicht. Deutsche Zeitungen gab es erst ab Oktober

1945, allerdings nur zwei- bis dreimal wöchentlich auf vier, später sechs, schließlich acht miserabel bedruckten Seiten.

Erst im Herbst 1945 reiften bei mir neue Pläne. Da an naturwissenschaftliches Arbeiten nicht zu denken war (von fehlenden materiellen Voraussetzungen abgesehen, war chemische Grundlagenforschung laut Kontrollratsgesetz verboten), unsere Geldvorräte schmolzen und die drei Geschwister ihre während des Krieges abgebrochene Ausbildung wieder aufnehmen und abschließen mußten, beschloß der Geschwisterrat, ich sollte es – in Erinnerung an meine vorzüglichen Schulaufsätze und gefühlvollen Jugendgedichte – mit dem Schreiben bei einer der Zeitungen versuchen, die gerade lizenziert worden waren. Vielleicht würden sie naturwissenschaftlich beschlagene, politisch »unbelastete« Mitarbeiter brauchen . . .

Gesagt, getan. Ich machte mich also per Rad von Starnberg auf zur amerikanisch geleiteten NEUEN ZEITUNG in die Münchner Schellingstraße, ins ziemlich ramponierte, frühere NS-Verlagshaus des »Völkischen Beobachters«, und traf dort auf einen freundlichen, Englisch mit bayerischem Akzent sprechenden amerikanischen Offizier mit Namen *Max (Mäks) Kraus*. Ihm erzählte ich, wie gerne und gut ich über naturwissenschaftliche Themen schreiben würde, und wurde zur lückenlosen Ergründung meiner politischen Vergangenheit mit einem ellenlangen Fragebogen fortgeschickt. Ich füllte ihn gewissenhaft aus, lieferte ihn ab und hörte einige Zeit nichts.

Anfang Oktober wurde ich in die Schellingstraße beordert und gefragt, ob ich einen Aufsatz zum Gedenken an den großen deutsch-jüdischen Chemiker *Fritz Haber* schreiben könnte.

Eigentlich konnte ich nicht, sagte aber trotzdem begeistert »Ja« und stöberte in den Restbeständen der zerstörten und ausgelagerten Bibliothek des DEUTSCHEN MUSEUMS solange herum, bis ich eine halbe Doktorarbeit über »Leben und Werk

Fritz Habers« beisammenhatte. Die lieferte ich bei der NEUEN ZEITUNG ab und hörte wiederum lange Zeit nichts.

Eines Tages sprach mich ein Bekannter an, da hätte ich ja einen interessanten Artikel in der »NZ« geschrieben. Ich war platt und sauste, nun zum vierten Mal, in die Schellingstraße. Man schickte mich ins Feuilleton, und da lag sie tatsächlich, die vierseitige Ausgabe mit »meinem« ersten Artikel, mit meinem Namen gezeichnet, ganz hinten auf der letzten Seite.

Ein Zweispalter war daraus geworden, und kaum einen Satz erkannte ich wieder. Aber: ich bekam weitere Aufträge, lernte meinen Jugendschwarm *Erich Kästner*, nun Feuilletonchef der NEUEN ZEITUNG, und seine witzige Lebensgefährtin *Luiselotte Enderle* kennen und beide rasch sehr mögen. Und sie mich auch. Sie lehrten mich, zeitungsgerecht zu schreiben.

Wir hatten immer Spaß. Vor allem bei schier unerschöpflichen Wortspielereien. So wurde aus Hildegard das Hilde-Gardinchen oder das Hilde-Vorgärtchen usw. . . . am Wochenende fuhren wir in einem mir von der Zeitung ausgeliehenen zweisitzigen Fiat (*Kästner* hinten im luftigen Klappsitz) über Land und futterten uns bei ihren Freunden durch.

Aus all dem wurde eine schöne Freundschaft, zu der nach der Gründung seines Kabaretts »Die kleine Freiheit« auch noch die unvergeßlich witzige *Ursula Herking* stieß.

Nach einigen weiteren Fingerübungen unter *Kästners* und »*Lottchens*« Anleitung avancierte ich zu so etwas wie einer freien wissenschaftlichen Mitarbeiterin der NEUEN ZEITUNG auf großzügiger Honorarbasis mit der Möglichkeit, in der Kantine täglich ein warmes Mittagessen zu erhalten. Das dicke Stück Weißbrot brachte ich den Geschwistern mit. Im Frühjahr 1946 wurde ich fest angestellt. Damit waren die Würfel über meinen beruflichen Neuanfang gefallen . . .

Einiges weniger Erfreuliches ist aus der Zeit seit Jahresbeginn 1946 nachzutragen:

Es war ja eine Zeit krassester Kontraste: einerseits der leibliche (Heiß-)Hunger nach Brot und der geistige (Heiß-)Hunger nach dem freien Wort, der freien Meinung, der freien Entscheidung, und andererseits die wachsende politische Ungewißheit, wie es nun mit uns Deutschen weitergehen sollte.

Zwar wurden die ersten Parteien örtlich lizenziert, Länderverfassungen unter der Aufsicht der Alliierten entworfen. Aber wen interessierte das schon...?

Auch im engeren Familienkreis gab es Probleme: Nach der ersten Euphorie und Sorglosigkeit zeigten sich bei den Brücher-Geschwistern Folgen von Verletzungen, die uns während der zwölf NS-Jahre durch Rassengesetzgebung und fortwährender Diskriminierung zugefügt worden waren.

Wie sollten wir damit umgehen? Einfach wegstecken...? Sollten, könnten, wollten wir nach all dem Erlebten in Deutschland bleiben?

Wir hingen sehr aneinander, aber jeder sah seine Lage ein wenig anders:

Mein jüngster Bruder *Ernst*, der zunächst sein Abitur nachgeholt hatte, verschwand für ein Jahr nach Frankreich und schuftete in einem Bergwerk. Wir waren in größter Sorge um ihn, denn er schrieb kaum. Der ältere Bruder *Ditmar* landete nach seinem Diplom-Ingenieur-Examen mangels anderer Perspektiven beim amerikanisch geleiteten »Radio München« als Nachrichtenredakteur. Die Schwester besuchte das Lehrerbildungsseminar in München und heiratete bald.

Aber keiner von uns war seiner Pläne sicher. 1949 entschlossen sich die Brüder (wie schon zuvor Vettern und Cousinen) zur Auswanderung in die USA, fanden dort Arbeit und erfreuliche Lebensumstände, kehrten dann allerdings in den fünfziger Jahren schon wieder zurück, um ... ihre Jugendlieben zu heiraten und eigene Familien zu gründen. Doch das Geschwisterbündnis hielt stand.

Und ich selber? Mein »Knacks« war ganz anderer Art. Ich tarnte meine unausgegorenen Freiheitsgelüste mit furioser Zeitungsarbeit. Außerdem durchlebte ich das, was man heute einen Emanzipationsschub nennen würde. Er war meine Reaktion auf das, was in Deutschland seit 1933 geschehen war. Aber dieser Schub war noch sehr unsicher.

Ich empfand in etwa wie jene junge Libussa, die *Christian von Krockow* in seinem in den achtziger Jahren erschienenen Buch »DIE STUNDE DER FRAUEN« sagen läßt:

»*Unsere Meinungen von dem, was sich gehört und nicht gehört, die Gefühle für Ordnung und Unordnung, unsere Tugenden und Untugenden . . . sind über lange Zeiträume sehr einseitig, sehr protestantisch, preußisch und soldatisch, sehr männlich geprägt gewesen, mitunter bis ins extrem. Die Leistungsbereitschaft und der Kampf . . . der Dienst am Staate und die Amtshoheit, Befehl und Gehorsam . . . und offenbar unausweichlich trieb diese einseitige Prägung einem Entweder – Oder zu: Freund oder Feind – Alles oder Nichts, Sieg oder Untergang . . . Im Untergang aber, wenn es unversehens denn eintritt, verliert das einseitig männliche Prinzip jeden Glanz. Niemand kann es noch brauchen, es zerbricht. Zum Überleben im Untergang, wie zum Leben überhaupt ist nun anderes nötig . . .*«[7]

»Anderes«, ja – aber was? Das »einseitige männliche Prinzip«, was konnten Frauen dagegen tun? Ich war damals überzeugt, daß das Unheil und Verderben von *Männern*, von deutschen »Herrenmenschen« verschuldet worden war und daß die Frauen die eigentlich Leidtragenden waren.

Und dann erlebte ich, daß es wieder Männer waren, die – bis auf vergleichsweise wenige Ausnahmen, zu denen mein späterer Mann gehörte, – zu wirklicher Einsicht, Umkehr und Läuterung weder bereit noch fähig waren. Statt dessen betäubten sie sich mit Ausflüchten, »das alles« nicht gewußt zu haben, mit Unschuldsbeteuerungen, »*nur* Befehlen gehorcht« zu haben, und mit Selbstmitleid über das unverdiente persönliche Schicksal. Später flüchteten sie dann in Arbeitswut beim materiellen Wiederaufbau in eigener Sache. Politisch ergab das jene Mehrheit, die erst einmal abwartete, wie es weitergehen würde.

Natürlich war mein krasses Kollektiv-Urteil übertrieben. Natürlich gab es auch Männer, die bereit und fähig waren, den Karren wieder aus dem Dreck zu ziehen und das auch taten. – Irgendwie aber hatte »das einseitige männliche Prinzip« unseres herkömmlichen Rollenverständnisses für mich seinen Glanz verloren, und dabei blieb es auch.

Und auch das gehörte zu meinem ersten politischen Bewußtseinsschub: Wo blieben eigentlich die Frauen? Wollten sie den *politischen* Neuanfang allein den Männern überlassen? Sie waren es doch, die nun zum zweiten Mal die Hauptlast der Folgen der Katastrophen zu tragen hatten, wollten sie nun von der politischen Mitwirkung weiter ausgeschlossen bleiben? Man nannte sie »Trümmerfrauen«, obgleich sie sich als »Durchhaltefrauen« und Ernährerinnen erwiesen hatten. Wollten sie sich nun wieder ins alte Klischee zurückdrängen lassen?

Das durfte sich einfach nicht wiederholen! Frauen mußten dafür sorgen, daß sich die deutschen von Männern verschuldeten Katastrophen keinesfalls wiederholen könnten. Dazu mußten sie sich politisch engagieren, wozu ich »wild« entschlossen war. Zunächst nur mit der Feder.

Nicht, daß ich zur Frauenrechtlerin im traditionellen Sinne wurde (vgl. Zweiter Teil, I.), wohl aber sprengte ich meinen anerzogenen Kokon »über das, was sich schickt, und das, was sich nicht schickt«, und mauserte mich – entgegen Herkunft und Tradition – zu einer jungen Frau, die der männlichen Vor- und Alleinherrschaft einfach nicht mehr vertrauen, sich statt dessen selber mehr als bisher zutrauen wollte.

Wie aber konnte ich, eine junge, politisch gänzlich unerfahrene Frau, dazu beitragen, daß in der Trümmer- und Ruinenwelt nicht wieder das alte Geschlechterverhältnis restauriert würde, sondern ein neues entstehen könnte?

1946 blieb es bei gedanklichen Tastversuchen. Zunächst mußte ich lernen, beruflich auf eigenen Füßen zu stehen.

So hoffnungs- und erwartungsvoll alsbald nach Kriegsende neues geistiges und kulturelles Leben aus den Ruinen sproß, der politische Neuanfang war zunächst nicht sonderlich vielversprechend: Wie viele Nicht- und Antinazis, die die Nazidiktatur physisch und psychisch einigermaßen unbeschädigt überlebt hatten, standen zur Verfügung? Wer von ihnen konnte und sollte nun politische Verantwortung übernehmen?

Die anglo-amerikanischen Besatzungsmächte hatten eine sogenannte »WEISSE LISTE« mitgebracht. Das war eine Personenkartei mit etwa 1500 Namen politisch unbelasteter Männer, die dann nach Kriegsende laufend, gelegentlich auch mit Frauennamen (z.B. fand ich später auch meinen Namen darunter), ergänzt wurde. Dieser Personenkreis sollte zum politischen und kulturellen Neuanfang herangezogen werden.

Eintausendfünfhundert politisch integre Deutsche – damit konnte man nicht einmal genügend Bürgermeister einsetzen!

In Wirklichkeit gab es natürlich sehr viel mehr. Vor allem gab es jüngere Antinazis, die, wie ich, von der Chance des Neubeginns geradezu besessen waren.

Aber auch wir waren viel zu wenige, und wir waren völlig unerfahren! Andere jüngere Deutsche – vor allem Kriegsteilnehmer – wollten oder konnten sich nicht neuerlich engagieren.

Am ehesten verstand ich noch die »Ohne-mich«-Mentalität der heimkehrenden Soldaten meiner Jahrgänge, die in ihrer Enttäuschung und Verbitterung, um ihre Jugend betrogen und in ihrem Idealismus mißbraucht worden zu sein, zunächst außerstande waren, an irgend etwas Neues zu glauben. Von Politik wollten sie nichts mehr wissen! Sie fehlten beim politischen Aufbau.

Am schmerzlichsten aber fehlte uns für einen moralisch glaubwürdigen Neuanfang der Mut und die Gesinnung der ermordeten Widerstandskämpfer, es fehlten die in KZs vernichteten oder aus Deutschland vertriebenen demokratischen Repräsentanten deutscher Politik, Kultur und Wissenschaft, zumeist jüdischen Glaubens. Welche Glaubwürdigkeit hätte unser demokratischer Neuanfang besessen, wenn es sie noch gegeben hätte! – Wir Überlebenden hatten versagt! Kaum einer war sich einer Schuld bewußt, während Märtyrer des Widerstandes wie *Albrecht Haushofer* ihre Mitschuld bekannt hatten. In seiner Moabiter Todeszelle hatte er geschrieben:

»Schuldig bin ich anders als ihr denkt,
ich mußte früher meine Schuld erkennen,
ich mußte schärfer Unheil Unheil nennen –
mein Urteil hab ich viel zu lang gelenkt.
Ich klage mich in meinem Herzen an:
ich habe mein Gewissen lang' betrogen,
ich habe mich und andere belogen.
Ich kannte früh des Jammers ganze Bahn –
ich hab gewarnt nicht hart genug und klar!
Und heute weiß ich, daß ich schuldig war.«[8]

So radikal wie *Haushofer* haben wir Deutschen uns nach 1945 niemals zu unserer Mitschuld bekannt, noch haben wir aus eigener Kraft eine wirklich tiefgreifende politische Katharsis versucht. Auch insofern habe ich von einer STUNDE NULL kaum je etwas verspürt.

Ich las die nun zugänglichen Texte der Flugblätter der WEISSEN ROSE, die Sonette von *Albrecht Haushofer*, zum ersten Mal Texte von *Dietrich Bonhoeffer*, ergänzt durch Schriften von Überlebenden wie beispielsweise *Karl Jaspers, Hannah Arendt* und *Eugen Kogon*. Hier fand ich die moralische

Eindeutigkeit, wie ich sie mir bei der geistig politischen Grundlegung unserer Demokratie gewünscht hätte.

Weshalb wollten oder konnten wir uns nicht in diesem Geiste die ganze Wahrheit und nichts als die ganze Wahrheit über das Geschehene zumuten?

Oft packte mich damals blanke Wut, manchmal Verzweiflung: Die Mehrheit der Nachkriegs-Deutschen wollte sich weder über das Ausmaß des angerichteten Unheils noch über die Bedingungen eines wirklich neuen Anfangs rückhaltlos Rechenschaft ablegen (vgl. Zweiter Teil, II.3.).

Der beginnende Kalte Krieg und die im Gefolge erstickte Auseinandersetzung über Versagen, Schuld und Verantwortung, nicht zuletzt der rasche Wiederaufbau, Wirtschaftswunder genannt, all diese Faktoren trugen entscheidend zum ersten großen Verdrängen und Vergessen bei.

Manches nach Kriegsende Versäumte wurde erst in den siebziger und achtziger Jahren ausgesprochen, nachgeholt und ausgetragen, als sich die erste Nach-Hitler-Generation zu Wort meldete. Für vieles war es dann aber zu spät, war nicht mehr korrigierbar. Auch waren die Jüngeren, die es nicht miterlebt haben, oft nicht frei von Selbstgerechtigkeit. So jedenfalls habe ich die verspätete Auseinandersetzung empfunden. Darüber werde ich später berichten.

Vielleicht klingt meine ziemlich düstere Bilanz der ersten Nach-Hitler-Jahre für heutige Leserinnen und Leser zu subjektiv und nach persönlicher Enttäuschung. Möglicherweise hatte ich ja ganz einfach zu viel erhofft und gefordert.

Es mag auch sein, daß ich die Bedeutung einer dauerhaft heilenden Wirkung der damals versäumten politischen und moralischen »Katharsis« gleich nach 1945 überschätze. Dennoch möchte ich diese meine Anfangserfahrungen mit der meines Erachtens nicht gelungenen geistigen und politischen Auseinandersetzung in meiner Lebensbilanz nicht ausblenden. Sie gehören dazu, weil sie meine persönliche Emanzipation und meine späteren (Außenseiter-)Positionen entscheidend begründet und geprägt haben:

Das Trauma des Unheils, das wir Deutschen über uns und die Welt gebracht haben, bin ich nie ganz losgeworden. Neubelebt wurde es durch das über die Jahrzehnte immer wieder mal aufbrechende Comeback nazistischer Parolen und Sympathisanten. Man möge all dies »Gespenster« nennen, die mich da plag(t)en, aber sie genüg(t)en, um mich in politische Alarmbereitschaft zu versetzen. Und das bereits bei ersten Anzeichen neuer Rechtslastigkeit.

Zum Beispiel wenn Bundeskanzler *Kohl* anläßlich des 8. Mai 1985 – 40 Jahre nach dem Zusammenbruch Hitler-Deutschlands – dank seiner »Gnade der späten Geburt« über den Bitburger Soldaten- und SS-Friedhof stapfte,

– wenn deutsche Waffenexporte – gleich ob legal oder illegal – an die Todfeinde Israels gehen sollten –, wenn rechtsradikale »Ausländer raus«- und »Wir sind wieder wer«-Parolen und jugendliche Mordbrenner und antisemitische Grabschänder Zulauf und Zustimmung aus der Bevölkerung erhalten,

– wenn lautstarke »Schlesien bleibt unser«-Parolen »erschallen«, die bei unseren östlichen Nachbarn neue Ängste wecken, und allenfalls milde gerügt werden,

– wenn Nationalismus wieder »in« ist, ja zum Prüfstein für »vaterländische Gesinnung« hochstilisiert wird,

– wenn wir neuen, kaum verhüllten Formen des Antisemitismus oder jedweden Rassismus nicht entschieden genug entgegentreten,

– wenn die Aufrechnerei von eigener mit nachfolgender fremder Schuld zur Relativierung der Nazigreuel instrumentalisiert wird ...,

immer dann überfällt mich die alte Angst vor der Wiederkehr des nach 1945 allzufrüh Verdrängten.

Meine – möglicherweise – traumatische Furcht vor einem

neuerlichen Rechtsruck, für den es ja in jüngerer Zeit erkennbare Ansatzpunkte gibt, hat mir das Etikett eingebracht, eine »Linke« zu sein, obgleich ich in meinen Grundüberzeugungen alles andere als »links« stehe, vielmehr schnurgerade in der liberalen Mitte.

Welch eine verquaste Einstellung zu unserer jüngeren und jüngsten Geschichte verbirgt sich dahinter, wenn konsequente und andauernde Wachsamkeit gegen das Wiedererstarken neonazistischen Gedankenguts heute noch (oder heute wieder?) als links-suspekt denunziert wird?

Mit dieser Wachsamkeit begründe ich die Berechtigung meiner politische Existenz: Anders als viele Opfer der Nazidiktatur hatte ich das Dritte Reich überlebt. Daraus ist mir die Verpflichtung erwachsen, lebenslang dazu beizutragen, daß sich Ähnliches in Deutschland auch nicht in (Denk-)Ansätzen wiederholen darf!

Zum besseren Verständnis dieser Verpflichtung wiederhole ich eine Geschichte aus dem Talmud, die *Élie Wiesel* erzählt hat: Sie handelt von zwei Rabbis, die durch die Wüste wandern und großen Durst leiden. Sie haben nur eine winzige Kürbisflasche mit Wasser, das zum Überleben für beide keinesfalls reicht. Der eine Rabbi besteht darauf, daß der andere alles trinkt, und opfert damit sein Leben. – Dem überlebenden Rabbi erwächst daraus die Verpflichtung, sein eigenes Leben im Sinne des anderen und seines Opfertodes zu führen. Sein Überleben schließt eine Schuld gegenüber dem Toten mit ein.

So ähnlich empfinde ich meine Verpflichtung gegenüber den Opfern der Nazibarbarei: Als Überlebende möchte ich mein Leben in ihrem Sinne führen (vgl. auch Zweiter Teil, II.3.).

Über die Entnazifizierung und die Anfänge der Demokratisierung hier nur soviel: Zunächst waren es die Siegermächte, die dafür sorgten, daß der braune Spuk ein Ende hatte. Zwar wurde und wird auch heute noch über die damaligen (überwiegend bürokratischen) Methoden der Entnazifizierung die Nase gerümpft, wurde über Kriegsverbrecher-Prozesse räsoniert und deren niederdrückendes Beweismaterial erst gar nicht zur Kenntnis genommen. Über die Ideen und Programme zur »Re-education« glaubte man erhaben zu sein, obgleich sie uns erstmals viele unbekannte Bereiche des freien Geistes öffneten (bis dahin verbotene Literatur, Musik, Theater, bildende Kunst) und die Möglichkeit boten, die Neue Welt kennenzulernen.

Von gelegentlich berechtigter Kritik abgesehen, habe ich die oft herablassenden deutschen Reaktionen auf die »Umerziehung« als reichlich überheblich, ja selbstgerecht empfunden.

Was denn anderes oder Besseres hätten die westlichen Sieger tun können, um uns aus dem braunen Sumpf zu ziehen, uns politisch die Augen zu öffnen und auf einen festen demokratischen Weg zu bringen? Das hätten wir damals aus eigener Kraft doch gar nicht geschafft. Deshalb denke ich, daß sie, die Sieger, mit der Anordnung unserer ersten demokratischen Gehversuche dauerhaft Richtiges bewirkt haben.

Die wichtige Rolle, die zumeist jüdische deutsche Emigranten, nun Bürger in Uniform der USA, in diesen ersten Nachkriegsjahren gespielt haben, ist noch nicht aufgearbeitet. Ich habe viele von ihnen in der NEUEN ZEITUNG, in Militärbehörden und Jahre später im US-Außenministerium kennengelernt. Ich war und bin bis heute voll Bewunderung für ihre Bereitschaft, uns aus dem Abgrund, in den wir in unserem Größenwahn und Rassenhaß selbstverschuldet gestürzt waren, herauszuhelfen und zu unserer Neubesinnung beizutragen. Diesen Frauen und Männern schulden und verdanken wir viel.

Wir hatten und haben aber noch weitere Gründe, den Amerikanern dankbar zu sein, zum Beispiel dafür, daß sie uns sehr bald schon private und später auch offizielle humanitäre Hilfe leisteten. Ohne Care-Pakete und Marshallplan-Hilfe beim wirtschaftlichen Aufbau, der nach der Währungsreform alsbald boomte, ohne ihre Ermutigung zur Demokratie ... ich weiß nicht, wie die ersten Jahre nach 1945 in Westdeutschland verlaufen wären (vgl. Zweiter Teil, II.2.).

Über vierzig Jahre haben sie seither unsere Freiheit gesichert und 1990 die rasche – nicht von allen westlichen Staaten gleichermaßen gewünschte – Wiedervereinigung ermöglicht ...

Mehr oder weniger berechtigten Ärger über die Alliierten und Kontroversen hat es in den ersten Jahren natürlich auch gegeben – vergilbte Exemplare der NEUEN ZEITUNG zeugen davon, zum Beispiel über die von den Besatzungsmächten geforderten, von konservativen Parteien und Länderregierungen aber nicht gewünschten Reformen, im Beamtenrecht in Richtung Leistungsprinzip und Begrenzung auf hoheitliche Tätigkeiten – etwas, das bis heute immer noch und immer wieder gefordert, aber nicht vollends durchgesetzt wurde. Oder Reformen in Schulen und Hochschulen mit der Zielsetzung ihrer Demokratisierung und Öffnung der Bildungswege für Jugendliche aus allen sozialen Schichten.

Leider endeten manche dieser Kontroversen, als die Besatzungszeit 1949 mit der Gründung der Bundesrepublik Deutschland zu Ende war, unentschieden. Damit wuchs der Reformstau bis in die sechziger Jahre, und er wurde bis heute nicht vollends abgetragen (vgl. Zweiter Teil, III.).

Natürlich gab es nach 1949 seitens der Amerikaner auch immer wieder mal Skepsis und gelegentlich Sorge über wiederkehrende Alt- und Neonazis. In manchem Bericht des ersten überaus deutschfreundlichen US-Hochkommissars *John McCloy* an seine Regierung Anfang der fünfziger Jahre ist davon die Rede (vgl. *John McCloy*, »An american architect of postwar Germany«) [9].

Diese Besorgnisse erwiesen sich als begründet, als sich Anfang der fünfziger Jahre die erste NS-Nachfolgepartei (SRP) unter dem Ex-Oberst *Remer* gründete und beträchtlichen Zulauf hatte, bis sie vom Bundesverfassungsgericht verboten wurde und im Untergrund ihr Unwesen weitertrieb (vgl. Zweiter Teil, II. 3.).

Trotz mancher Fehler und Mißgriffe der westlichen Besatzungsmächte, aus meiner guten Kenntnis dieser Zeit gebe ich zu Protokoll: Ohne ihr beständiges Insistieren auf demokratische Verfahren und Verhaltensweisen, ohne ihren starken Rückhalt für die vergleichsweise wenigen, noch unerfahrenen deutschen Demokraten, ohne ihre Bemühungen, junge Deutsche mit Programmen und Stipendien zu fördern, wäre es uns während der Anfangsjahre der Bundesrepublik kaum gelungen, diese zunächst ungeliebte, vor allem aber unerprobte Staatsform auf den Weg und schließlich auf Erfolgskurs zu bringen.

Auch daran, daß die sogenannte Entnazifizierung nicht recht gelang, trugen nicht in erster Linie die bürokratisch formalisierten Fragebögen der Sieger Schuld, sondern wir selber. Ich erinnere mich noch gut an die florierende Praxis der Beschaffung von Gefälligkeitsbescheinigungen, »Persilscheine« genannt. Mit Hilfe von Bestätigungen bereits entnazifizierter Nachbarn und Freunde – und dies in ausreichender Zahl – gelang es den meisten schließlich, in ihren Spruchkammerverfahren bis zum »Mitläufer« herabgestuft zu werden. Im Laufe der Zeit wurden diese Verfahren zur Farce. Die meisten der wirklich großen Nazis waren ohnehin längst untergetaucht oder aus Deutschland herausgeschleust worden (vgl. Zweiter Teil, II. 3.). Schon damals wurde auch der Ruf nach dem »Schlußstrich« unter der »Vergangenheit« und nach einem neuen Geschichtsbild laut.

Diesbezüglich habe ich noch die Warnungen von *Theodor Heuss* im Ohr. Auf dem ersten und einzigen Treffen der FDP aus Ost- und Westzonen in Eisenach sagte er 1947:

»Ein neues Geschichtsbild entsteht nicht, indem man das alte in eine Reinigungsanstalt bringt ... Es entsteht dadurch, daß wir den Sinn für Wahrhaftigkeit zurückgewinnen«.[10]

Alles in allem lag der geistig-politische Neuanfang auf wenigen Schultern und begann auf schwachen Füßen. Ob wir, die Demokraten der ersten Stunde, es ohne den Rückhalt der westlichen »Sieger« alleine geschafft hätten? Ich habe große Zweifel!

*

Meine eigentlichen Lehrjahre in der NEUEN ZEITUNG begannen im Frühjahr 1946 mit meiner festen Anstellung als »wissenschaftliche Redakteurin«. Gleichzeitig wurde mir ein von einem Nazi beschlagnahmtes, winziges, zweisitziges Fiat-Kabrio (Steckfenster aus Plastik und nicht fugendicht), mit Klappsitz im Heck – genannt der »Grüne Heinrich« –, zur Verfügung gestellt, mit dem ich höchst unternehmungslustig mit 80-km/h-Höchstgeschwindigkeit quer durch die amerikanische, bald auch britische und 1947 erstmals mit einer Sondergenehmigung auch in die französische Besatzungszone kutschierte.

Mit spannenden, gelegentlich Aufsehen oder Ärgernis erregenden Reportagen kehrte ich von solchen abenteuerlichen Ausflügen in »fremde Besatzungszonen« zurück. So gelang mir zum Beispiel am 7. März 1947 das erste Interview mit dem aus der Internierung in Farmhall in England nach Göttingen zurückgekehrten Atomphysiker und frischgebackenen Nobelpreisträger *Otto Hahn*, in dem die deutsche Öffentlichkeit zum ersten Mal überhaupt über den Stand der deutschen Atomforschung von authentischer Seite informiert wurde.

Ich kannte Professor *Hahn* von Besuchen bei meinem Doktorvater *Heinrich Wieland* und hatte ein sofortiges »Entree«. Er war reizend, und wir hielten Verbindung. 1964 half er mir noch bei der Gründung der THEODOR-HEUSS-STIFTUNG.

Am 23. Juni 1947 gelang mir ein ziemlich ungeschminkter Bericht über die miserable Ernährungslage und die Besatzungs-

Gespräch mit Professor Hahn
Die Wahrheit über seinen englischen Aufenthalt

H. B. GÖTTINGEN, 7. März
Professor Otto Hahn, der am 8. März seinen 68. Geburtstag feiert, hält sich seit seiner Rückkehr aus England in Göttingen, dem Verwaltungssitz der Kaiser-Wilhelm-Gesellschaft, auf. Ein Mitarbeiter der „Neuen Zeitung" hat dem deutschen Gelehrten einen Besuch abgestattet. Professor Hahn befand sich in Gesellschaft Professor Werner Heisenbergs.

Unser Gespräch knüpfte an die vielerörterte Frage an, ob Deutschland in der Lage gewesen sei, Atombomben zu konstruieren und zu bauen. Professor Hahn verneinte dies ausdrücklich und gab folgende Erklärung: „Bei den ersten Versuchen, Atome zu zertrümmern, war zur Bestrahlung der schweren Elemente ein Energieaufwand notwendig, der viel größer war als der erzielte Energiegewinn. Die Versuche konnten erst dann technische Bedeutung gewinnen, als es möglich wurde, ‚Kettenreaktionen' zu erzeugen. (Es handelt sich hier um einen Vorgang, in dessen Verlauf das Mittel, das ihn auslöst, selbst wieder erzeugt wird, wie zum Beispiel Feuer dadurch erhalten bleibt, daß die Wärme, die von brennendem Holz erzeugt wird, wieder Holz zum Brennen bringt.) In einer Arbeit, die ich zusammen mit Dr. F. Straßmann veröffentlichte, konnte ich 1939 zum ersten Male über gelungene Kettenreaktionen berichten. Wir spalteten Urankerne mit Neutronen. Dabei wurden Neutronen frei, die wiederum neue Kerne spalten konnten. Bei diesem Vorgang wurden so große Energiemengen frei, daß es aussichtsreich erschien, sie technisch auszunützen. Zu Beginn des Krieges wurde die Frage der Energiegewinnung aus Kettenreaktionen in England, Amerika und Deutschland zunächst im gleichen Umfang in Angriff genommen. Es gab dafür zwei Möglichkeiten: eine ‚energieliefernde Maschine' (‚Pile' in der Ausdrucksweise der Amerikaner) und die Bombe. Es war klar, daß für eine energieliefernde Maschine ein beträchtlicher, aber nicht außerordentlicher technischer Aufwand erforderlich sein würde, während der Aufwand, der für die Herstellung einer Bombe notwendig ist, ungeheuer sein müßte. Es wurden, wie man erst jetzt erfahren hat, in Amerika 2 Milliarden Dollar für die Entwicklung der Bombe ausgegeben, abgelegene Gebiete von über 2500 qkm Fläche für die Produktion beschlagnahmt, Energieerzeugungsanlagen von der Größenordnung der größten vorhandenen Kraftwerke gebaut und Tausende von Wissenschaftlern und Ingenieuren und Hunderttausende von Arbeitern beschäftigt. Die erste Bombe ist offenbar nach der deutschen Kapitulation fertig geworden. Deutschland wäre zu solchen Leistungen neben der normalen Rüstungsproduktion nicht fähig gewesen. 1939 bis 1945 stellte der Staat 7 Millionen Mark für die Physik und Chemie der Kernumwandlungen zur Verfügung. Was das Problem des Baues der energieliefernden Maschine anlangt, so war es am Ende des Krieges grundsätzlich gelöst, aber die vorhandenen Materialien reichten zum wirklichen Bau nicht aus. Gegen Kriegsende wurde das Gerücht verbreitet, Deutschland besitze als letzte Geheimwaffe — Atombomben. Wegen der Vorschriften der Geheimhaltung konnten wir diesen Gerüchten damals nicht entgegentreten: Deutschland hat nie Atombomben oder Anlagen zur Erzeugung von Atombomben besessen.

Während unseres Aufenthaltes in England sind wir von den Alliierten nie aufgefordert worden, über Atomenergie zu arbeiten. Über ihre Arbeiten haben wir das erfahren, was der Bevölkerung darüber bekanntgegeben wurde, als sie abgeworfen wurden. Jetzt wissen wir etwas mehr: Element 93, das ich zusammen mit Professor Liese Meitner fand, ist das ‚Neptunium' der Amerikaner, das schon nach zwei, drei Tagen zur Hälfte zerfallen ist und sich deshalb bei der praktischen Ausnützung der Atomenergie nicht eignet. Aber das ‚Plutonium', das aus dem ‚Neptunium' durch β-Strahlung entsteht, das die gleiche Masse, aber eine Kernladungszahl besitzt, ist mit seiner langen Halbwertszeit von 30 000 Jahren der geeignete Energiespender in der Atombombe oder in der energieliefernden Maschine, da es in kleinen Mengen — wahrscheinlich bis zu 5 Kilogramm — nicht explosiv und als α-Strahler ganz ungefährlich ist.

Während bei meinen Kettenreaktionen im Jahre 1939 vom Element 94 keine wägbaren Mengen entstanden, gelang es den Amerikanern, mit Hilfe des Cyclotrons zuerst Bruchteile eines Gramms Plutonium darzustellen. Heute wird in wenigen Wochen 1 Kilogramm Plutonium aus Uran dargestellt. Das bedeutet technisch einen ungeheuren Fortschritt.

Beiläufig läßt sich sagen, daß die Uranvorkommen der Erde zweihundert Jahre lang als Energiequelle dienen können. Wenn man den Preis von 1 Kilogramm Uran mit dem von 100 000 Kilogramm Kohle (die Menge, die einem Kilogramm an Energie gleich ist) vergleicht, so sieht man, daß die aus Uran gewonnene Energie ganz bedeutend billiger sein wird." Professor Hahn fuhr fort, daß die bei der Darstellung des Plutoniums frei werdende Energie schon jetzt für Heizanlagen Verwendung findet und in naher Zukunft in Energiekraftmaschinen. Professor Oppenheimer soll die erste Lokomotive, die mit Atomenergie gespeist wird, für das Jahr 1948 angekündigt haben.

Professor Heisenberg, der an dem Gespräch teilnahm, erklärte zu der Frage nach größeren Energiequellen, daß die mit Hilfe von kosmischen Strahlen zertrümmerten Atomkerne Sekundärteilchen ausschicken, die tausendmal energiereicher seien als die, durch Kettenreaktionen ausgelöst werden. In der Beobachtung und Auswertung der Fähigkeiten und Wirkungsweisen der kosmischen Strahlen sieht Professor Heisenberg größere Möglichkeiten als in der weiteren Entwicklung der Kernphysik. Professor Hahn stimmte dem zu. Beiden Gelehrten scheint es, daß das offenbar gewordene Geheimnis der gebändigten und entfesselten Energie das Werkzeug der Menschheit werden wird, mit dem sie sich vernichten oder entwickeln kann. Sie halten eine strenge Kontrolle durch eine Großmacht — zu der sich die UNO entwickeln müßte — aller Uranvorkommen der Erde für unbedingt notwendig, ebenso eine gerechte Verteilung der neu erschlossenen Energieschätze der Erde.

Das erste Interview mit dem deutschen Nobelpreisträger Otto Hahn in der »Neuen Zeitung« am 7. März 1947 von Hildegard Brücher

schikanen hinter dem »Seidenen Vorhang«, wie die französische Besatzungszone genannt wurde. Darin berichtete ich, daß die wöchentlichen Fleischrationen als Folge von Abgaben an die Franzosen von vierhundert Gramm auf »Null« gekürzt worden waren, und daß die Butterrationen aus dem gleichen Grund von zweihundert Gramm bis auf fünfzig und die Brotrationen auf täglich einhundertfünfundzwanzig Gramm geschrumpft seien. Kartoffeln gäbe es fast keine mehr. Die »wilden« und die vorgeschriebenen Demontagen hätten erschreckende Ausmaße angenommen.

Die Folge meines unverfälschten Berichtes – ich glaubte an die uns geschenkte »Pressefreiheit« – war, daß die NEUE ZEITUNG nach französischem Protest im Alliierten Kontrollrat in der französischen Zone für einige Wochen verboten wurde. Das war meine erste internationale Verwicklung, und ich war einigermaßen stolz darauf.

Auch mit meinen zahlreichen Berichten über den Fortgang von Schul- und Hochschulreformen in den Ländern der amerikanisch besetzten Zone und mit »Städtebildern«, zum Beispiel über Ulm (wo der Vater der Geschwister *Scholl* Oberbürgermeister geworden war), gelang es mir, wichtige Informationen über Länder- und Zonengrenzen hinaus zu verbreiten.

Kurz und gut: Seit jenem ersten Zweispalter über »Leben und Werk *Fritz Habers*« Ende 1946 erschien mein Name nun häufiger in der NEUEN ZEITUNG. Außerdem wurde ich ab 1947 mit dem Aufbau eines Korrespondentennetzes betraut und lernte dabei die Berliner Journalisten *Egon Bahr, Friedrich Luft, Clara Menke, Walter Kiaulehn* und in München *Werner Finck* kennen. In Stuttgart traf ich mit *Theodor Heuss*, in Tübingen mit *Carlo Schmid*, in Frankfurt mit Professor *Walter Hallstein* und vielen anderen demokratisch Gesinnten »der ersten Stunde« zusammen.

Theodor Heuss wurde für mich seit unserer ersten Begegnung im Oktober 1946 zu einem Vorbild, später zu einer Art politischer Ziehvater. Damals war er der erste »Kult«minister im neugeschaffenen Land Württemberg-Baden, und ich interviewte ihn ausgiebig über Probleme der Schul- und Hochschulreform im »Ländle«. Mit seiner Ermutigung »*Mädle, Sie müsset in die Politik!*«, gab er den letzten Anstoß für meinen Entschluß, mich aktiv politisch zu engagieren.

Heuss war einer der ganz wenigen »bürgerlichen« Demokraten, die von Anfang an eine ehrliche und konsequente Auseinandersetzung mit der Nazizeit suchten.

In der – auch zwischen Amerikanern und Deutschen – angenehm kollegialen, gelegentlich familiären Atmosphäre der NEUEN ZEITUNG wurde ich rasch heimisch. Ich war die mit Abstand jüngste Redakteurin und konzentrierte mich in Redaktionskonferenzen zunächst aufs Zuhören und Lernen. So etwas hatte ich ja nicht gekannt: einen offenen, oft kontroversen Meinungsaustausch zwischen Siegern und Besiegten.

Im Herbst 1959 mit Theodor Heuss

Dazu wurden wir geradezu ermutigt, und ich war mit Leib und Seele dabei.

Im übrigen schrieb ich mir – neben vielen naturwissenschaftlichen Beiträgen – etwa drei Jahre die Finger wund über Schul- und Hochschulreformen, Erwachsenenbildung, Jugendprogramme, Frauenaktivitäten und Demokratisierung.

In der NEUEN ZEITUNG gab es exzellente Journalisten wie den ersten Chefredakteur *Hans Habe*, der mich allerdings wegen seines Wiener Schmus Frauen gegenüber irritierte und durch seine gelegentlich ungebremste Arroganz abstieß.

Ihm folgte der vormalige Ullstein-Mann *Hans Wallenberg*, der nicht minder brillant und ganz und gar nicht arrogant war. Von ihm lernte ich viel und bewunderte seine Klugheit und Fairneß.

Auch mochte ich *Ernest Cramer* (heute *Ernst Kramer*, einer der führenden Männer des SPRINGER KONZERNS), *Jella Lepman*, gebürtige Stuttgarterin, Majorin der US-Army und genial-nervende Gründerin der ersten Internationalen Jugendbibliothek in München, und *Max Kraus* (meinen »Entdecker« und bis heute getreuen Freund), damals »Chef vom Dienst«.

Unter den deutschen Profis waren es vor allem *Erich Kästner* und seine Lebensgefährtin *Luiselotte Enderle*, mit denen ich – wie berichtet – im konkreten und im übertragenen Sinne »dicke Tinte« war. Später lernte ich dort auch *Bruno E. Werner* und *Gregor Pfeiffer-Belli* kennen und schätzen.

Auf der Reporterbank fiel mir der junge, umschwärmte *Peter Boehnisch* auf. Er war – schon damals – sehr »alert« und flitzte (damals noch harmlosen) Sensationen hinterher.

Auch *Walter von Cube*, später Chefredakteur des Bayerischen Rundfunks, sowie die Schriftsteller *Alfred Andersch* und *Hans Werner Richter*, die mich in ihrer neugegründeten Zeitschrift »DER RUF« zur »Stroh-Frau« machen wollten, als sie mit den Amis wegen stark linker Positionen Ärger bekamen, gehörten zum damaligen engeren und weiteren Freundeskreis. Schließlich sind noch *Robert Lembke* und der besonders kluge und liebenswerte, aus dem französischen Exil zurückgekehrte, streng katholische Sozialist *Walter Maria Guggenheimer* samt seinen Freunden *Eugen Kogon*, der mich für Europa begeisterte, und *Walter Dirks*, einem genialen Publizisten, zu nennen. Später kamen *Fritz Kortner* und *Carl Zuckmayer* dazu.

München und die NEUE ZEITUNG wurden in den ersten Nachkriegsjahren zu einem geistigen und politischen Kristallisationspunkt. Jedenfalls entwickelte sich bis hin zu den »Kollegen« der »Süddeutschen Zeitung« eine überaus vielfältige, spontane und kunterbunte Geselligkeit, wie ich sie später nie mehr erlebt habe. Wir feierten und genossen – oft überschäumend – unsere kleinen und großen Freiheiten. Dauerhafte Bindungen entstanden bei mir damals nicht.

In der sich langsam wiederbelebenden Münchner Universität, meiner »Alma Mater«, traf ich als Rektoren meinen einst gefürchteten Prüfer, den Physiker *Walther Gerlach*, wieder und befreundete mich mit ihm und seiner Frau *Ruth*, später den aus der türkischen Emigration zurückgekehrten, bald stadtbekannten Dermatologen *Alfred Marchionini* und den von mir schon als Studentin verehrten Romanisten *Karl Voßler*.

Es schien, daß sie die eifrige junge Journalistin schätzten, denn sie sprachen offen, und ich brachte stets »valuable news« in die Redaktion. Dort war ich ab 1947 allwöchentlich für eine Spalte, später für eine halbe Zeitungsseite unter der Rubrik »Forschung und Wissen« verantwortlich.

Ich lebte und arbeitete damals so intensiv, daß ich die anhaltenden Nachkriegsnöte und Ärgernisse als sekundär empfand. Wir Brücher-Geschwister hatten – solange wir in München vereint waren – zusammen mit einem Vetter und seiner Frau 1946 eine sehr beengte »Wohnung« ergattert, besaßen, abgesehen von Feldbetten und zwei alten Wehrmachtsspinden, so gut wie kein Mobiliar, von vergammelter Kleidung und schlechter

Ernährung ganz zu schweigen. Nur sehr langsam wurden die Lebensbedingungen besser.

Dank der hierzu entschlossenen Militärregierung machte die formale Einführung demokratischer Strukturen überraschend schnelle Fortschritte: Erste Kommunalwahlen fanden bereits im Frühjahr 1946 statt, – Erarbeitung und Inkrafttreten der Länderverfassungen folgten Ende 1946, – der Zusammenschluß der Länder der amerikanischen und der britischen Besatzungszonen zur sogenannten Bizone erfolgte am 1. Januar 1947.

Im September 1948 begann in Bonn der fünfundsechzigköpfige Parlamentarische Rat seine Arbeit, und schon am 24. Mai 1949 trat das Grundgesetz in Kraft. Das war die Geburtsstunde der Bundesrepublik Deutschland. Am 14. August 1949 fanden die ersten Wahlen zum Deutschen Bundestag statt (CDU/CSU 31 Prozent, SPD 29,2 Prozent, FDP 12 Prozent). Am 12. September 1949 wurde *Theodor Heuss* zum ersten Bundespräsidenten gewählt, und drei Tage darauf *Konrad Adenauer* mit einer Stimme Mehrheit zum ersten Bundeskanzler.

Das war das politische Umfeld, in dem ich als junge Journalistin meine ersten beruflichen Gehversuche machte und meinen politischen »Standort« suchte und fand.

Daß ich dabei das große Glück hatte, in- und außerhalb der NEUEN ZEITUNG Menschen zu finden, die mir dabei halfen, daran erinnere ich mich mit großer Dankbarkeit.

V.

Politische Lehrjahre

(1948 – 1966)

Stadträtin in München – Aufbruch in die Bundesrepublik und in die NEUE WELT – Stipendiatin in Harvard – neue Horizonte – Landtagsabgeordnete in Bayern – Initiativen und Erfolge – Vierparteienkoalition – Schulkämpfe – Familiengründung – sensationelle Wahlsiege – Scheitern der bayerischen FDP

Im Mai 1948 nahm mein Leben eine ganz neue, wie sich später herausstellen sollte, lebensentscheidende Wendung: Ich kandidierte für den Münchner Stadtrat und wurde tatsächlich auf der Liste der FDP gewählt. Von nun an entwickelte sich Politik nach und nach zu meinem Lebensinhalt und -beruf.

Wie war es zu diesem Entschluß gekommen? Zunächst waren es nur mehr oder weniger sporadische Empfindungen gewesen, etwa so: Du kannst doch nicht einfach nur froh sein, daß der Nazispuk vorbei ist und dich nur um deine persönliche Zukunft kümmern... Solltest du nicht vielmehr ergründen, weshalb wir Deutschen auf diese unheilvollen Abwege geraten sind und so grauenhaftes Unheil angerichtet haben...? Aber auch das ist ja nur eine halbe Sache, wenn du nicht auch dazu beiträgst, daß der Neuanfang auf den Trümmern aller herkömmlichen materiellen und ideellen Werte wirklich auch zu einem ganz konsequenten politischen und moralischen Neubeginn führt.

Für solcherlei Empfindungen und Fragen war meine Lehrzeit in der NEUEN ZEITUNG ein Glücksfall, aber auch die Begegnungen mit aus Deutschland verjagten ehemaligen Deutschen und mit integren in Deutschland verbliebenen

Deutschen wie *Dolf Sternberger, Alexander Mitscherlich, Eugen Kogon, Walter Dirks* und *Alfred Andersch.*

Die Würfel fielen nach der Begegnung mit *Theodor Heuss* im Herbst 1946 und dem ein Jahr später folgenden Angebot *Thomas Dehlers* zu einer Stadtratskandidatur in München. Alles weitere ergab sich ohne besondere Planung oder gar Karriereabsicht. Anfangs schien alles eher Zufall. Doch waren schon meine ersten Schritte ins Neuland Politik von großem Tatendurst beseelt.

Beim Sprung in den Münchner Stadtrat handelte es sich allerdings nicht um einen Sprung vom Zehnmeterbrett, sondern eher um einen fröhlich-unbefangenen Hopser über einen kleinen Bach, der sich später allerdings als *mein* Rubikon erweisen sollte.

Und so war der Hopser gelungen: Am Anfang gab es acht »Plakate«, die aus auseinandergeschnittenen und dann aneinandergeklebten Tüten entstanden waren, auf denen mein Konterfei in Wasserfarben prangte und handbeschriftet zu lesen stand: »Verjüngt den Stadtrat – wählt Hildegard Brücher«. Diese acht Prachtexemplare hatte ich mit Freunden in Schwabing an Ruinenwänden mit von mir selbst gekochtem Kleister angeklebt.

Tatsächlich fanden sich eine ausreichende Zahl von Münchner Wählerinnen und Wähler, die den Stadtrat »verjüngen« wollten und mich vom siebten Listenplatz auf den zweiten »vorhäufelten«. (Nach dem bayerischen Kommunalwahlrecht hat jeder Wähler so viele Stimmen, wie der Stadtrat Sitze hat: In München damals sechzig. Diese sechzig Stimmen kann der Wähler – bis zu drei auf einen Kandidaten – beliebig verteilen.)

Auch meine erste kleine Wahlrede bei »Radio München« am 18. Mai 1948 hatte offenkundig Stimmen erbracht. Daraus einige Passagen:

»Liebe Hörerinnen und Hörer,
uns ABC-Schützen der Demokratie wird es nicht besser gehen als früher in der Schule: Erst wird das kleine Einmaleins wirklich sitzen müssen, bevor wir das ›große‹ mit Erfolg üben können, und wenn wir in diesen Wochen unsere kommunale Selbstverwaltung für vier Jahre neu wählen, dann werden wir beweisen können, welche Fortschritte wir im ›kleinen‹ gemacht haben ...

Denn auch im kleinen Einmaleins der Demokratie macht Übung und abermals Übung den Meister – und praktische mehr als theoretische.

Ich habe mir – falls ich gewählt werde – für meine Arbeit im Stadtrat kein festes Programm vorgenommen. Es sind nur einige prinzipielle Grundsätze, die meine kommunale Arbeit bestimmen würden; Grundsätze, die nicht das Wohl und Wehe einer Partei, sondern das des Menschen zum Inhalt haben.

Es wird bei einer liberalen Kommunalpolitik vor allem um die Entlastung und Ermutigung des geplagten Bürgers gehen; gleichermaßen geplagt von staatlicher, städtischer und sonstiger Verwaltungsbürokratie, von unfreundlicher Vernachlässigung oder gar Mißachtung des Individuums.

Für unsere liberalen Vertreter im Münchner Stadtrat würde es ein Hauptanliegen sein, daß diese Stadt wieder zu dem kulturellen Mittelpunkt wird, der ihr ihrer Tradition nach zusteht. Dazu gehört vor allem, daß die Münchner Universität wieder zur ersten und besten Deutschlands aufrückt ...

Es darf zum Beispiel nicht mehr vorkommen, daß auch nur ein einziger auf einen Lehrstuhl berufener Wissenschaftler dem Ruf nach München nicht Folge leisten kann, weil ihm die Stadt Zuzug und Wohnung versagt. Bürokratische Verordnungen sollen von Menschen gehandhabt und nicht maschinell verwirklicht werden! ...

Weiter liegt mir die Fürsorge für unsere Alten und Kranken am Herzen und für unsere Heimatlosen und verelendeten jungen Menschen, die man immer noch dadurch zu bessern sucht, daß man sie, einmal beim Schwarzhandel ertappt, tage-, wochen- oder gar monatelang mit ›schweren Brüdern‹ in eine Zelle sperrt.

Auch die Pflege, der Aufbau und die Verbesserung unserer Schulen und Kindergärten würde mir ein Hauptanliegen sein. Für den Schmutz und die unhygienischen Verhältnisse in unseren Schulen gibt es keine Entschuldigung . . .

Ich möchte so weit gehen, zu sagen, daß alle städtischen Büros und Ämter nicht eher mit Besen, Eimern und Putzlumpen versorgt werden dürfen, als bis nicht die letzte Schule mit diesen Utensilien ausgestattet ist . . .

Und dann zum Beispiel der Wohnungsbau: Nur bei allergrößter Sparsamkeit und rationellster Ausnützung auch der kleinsten Möglichkeit werden wir das jedem Bürger und seiner Familie in der bayerischen Verfassung garantierte ›Recht auf Wohnung‹ verwirklichen können.

Es wird auf jeden Fall gebaut werden müssen. Könnte man dabei nicht von vornherein auch unsere Studenten berücksichtigen, deren Zahl in München über 18.000 hinaus gewachsen ist?

Eine zweite Kategorie, die bei künftigen Bauplanungen nicht vergessen werden darf, sind alleinstehende berufstätige Frauen. Es darf nicht das Los dieser tüchtigen und selbständigen Menschen sein, daß sie nun ihr ganzes Leben als ›möblierte Untermieter‹ fristen müssen . . .

Liebe Hörerinnen und Hörer, wie in der Familie Aufbau und Fortschritt nur durch gemeinsame Anstrengungen und gegenseitiges Vertrauen zustande kommen, so auch in der Gemeinde.

Die Partei oder die Persönlichkeit, denen Sie Ihr Vertrauen schenken, werden es zu rechtfertigen haben. Deshalb erschiene es mir wichtig, daß Gemeinderatssitzungen in Zukunft häufiger als bisher öffentlich abgehalten werden und daß

dann allerdings von dem Recht der Teilnahme auch fleißiger Gebrauch gemacht wird.
Es gibt keinen Grund, zu verzagen oder klein beizugeben. Im Laufe der nächsten Monate werden wir auch mit dem Aufbau eines demokratischen Staates beginnen können. Lassen Sie uns die Zeit nützen und die Fundamente hierfür in der Kommunalpolitik stärken . . .«

Glücklich, neugierig, tatendurstig zog ich nach meiner Wahl ins schwer bombengeschädigte Münchner Rathaus ein.
Anneliese Schuller, wenig später Frau des hochbegabten Herausgebers und Journalisten *Werner Friedmann*, beschrieb die jüngste Stadträtin wie folgt:
»Die jüngste Stadträtin Münchens und wohl ganz Deutschlands ist die 27jährige Dr. Hildegard Brücher (FDP), eine natürliche hübsche junge Dame mit braunem Wuschelkopf und modisch langem Rock.« (Der war von einer Amerikanerin geliehen . . .) Und weiter:
»Sie will im Schul- und Kulturausschuß arbeiten und beantragen, daß mehr Stadtratssitzungen als bisher öffentlich sind . . .«
Sigi Sommer, der durch seine urigen Kolumnen stadtbekannte »Spaziergänger«, kürte mich in der »Münchner Abendzeitung« gar zur »Miss Stadtrat« und berichtete:
». . . kein Stadtrat – gleich welcher Fraktion – vergißt, ihr mit herzlicher Liebenswürdigkeit guten Tag zu wünschen, wenn ihn der Weg an ihrem Platz vorüberführt. Manche Stadträte müssen sogar sehr oft vorbei. Ist ein Stuhl neben ihr leer, so rastet man gern ein Minütchen am FDP-Tischerl zwischen der Linken und Rechten aus. Hier hellen sich die Gesichter wieder auf, auch wenn sie vorher in Haß und Verachtung der Gegenseite etwas deklamierten. Kurz gesagt: Fräulein Stadtrat Brücher, die Journalistin und bestrickend elegante und junge ›Stadtmutter‹, hat das ›Geriß‹ im hohen Haus des

Im Münchner Stadtrat mit Stadtschulrat Anton Fingerle

Münchner Kindls. Sogar der ›parteilose Katholik‹, der sonst völlig unerbittliche Gritschneder, der auf das umschwärmte Bankerl placiert wurde, lächelt ihr gelegentlich huldreich zu und ist mit seinem ›Nebenan‹ sichtlich zufrieden.«
Das war meine erste »Publicity-Welle«, harmlos und vergnüglich zugleich. Ansonsten war ich eher schüchtern.

Abgesehen davon war das erste Jahr meiner ehrenamtlichen Stadtratstätigkeit – kurz nach der Währungsreform – alles andere als harmlos und vergnüglich. Im Gegenteil! Für 200 DM Monatsentschädigung rackerte ich mich – neben der Redaktionsarbeit in der NZ – redlich ab. Es gab weder ein Fraktionsbüro noch Sekretärinnen, kein Briefpapier, kaum Telefone, dafür um so mehr flehentliche Hilferufe für Unterkunft, Bekleidung, Versorgung. Alles meist unlösbare Probleme.

In den wenigen benutzbaren Münchner Schulen wurden in drei »Schichten« jeweils fünfzig bis sechzig Schüler pro Klasse unterrichtet, und es ist verbrieft, daß ich mit einem Hausmeister auf ein defektes Schuldach kletterte, um es mit erbettelter Dachpappe und rostigen Nägeln abzudichten, womit zusätzlicher Schulraum nutzbar gemacht werden konnte.

Und es ist auch verbrieft, daß ich aus einer Weilheimer Fabrik per Rad alte Säcke als Putzlumpen für unsere Schulen organisierte oder daß ich mit Hilfe des städtischen Sozialreferenten – meines sehr viel späteren Mannes – mit gespendeten »Schweden-Häusern« (fröhlich angestrichene Baracken) für wohnungslose Lehrlinge ein Ersatz-Zuhause organisierte.

Auch für Frauen und ihre Aufstiegs- und Beförderungschancen engagierte ich mich – zum Gaudium der Herren Kollegen – mit hochrotem Kopf, meine Schüchternheit überwindend. Eine Frau zum Amt*mann* zu befördern, wie ich es beantragt hatte, welch eine Schnapsidee, wie sollte die denn angeredet werden? Antrag abgelehnt! Und andere wurden es auch! (vgl. Zweiter Teil I.)

Ab und zu veröffentlichte ich in Münchner Zeitungen kleine Stoßseufzer, etwa so: »Was tut eigentlich eine Stadträtin?« oder »Grau ist alle Theorie ... in Sachen Gleichberechtigung«. Später, 1953, schrieb ich meine im Mosaik-Verlag erschienene erste Broschüre für junge Menschen: »Der Bürger und sein Stadtparlament«.

Jedenfalls wurde mein Name ziemlich bald bekannt und die Zahl der Rat- und Hilfesuchenden immer größer.

Damals gab es im Stadtrat noch keine der heute üblichen parteipolitischen Polarisierung in Koalition und Opposition. Mit der dem KZ entronnenen, hochanständigen, klugen und fähigen Kommunistin *Adelheid Lissmann* verstand ich mich ebenso gut wie mit der gestrengen, aber gütigen Sozialdemokratin *Paula Breitenbach* oder der gestandenen CSU-Frau *Centa Hafenbrädl*, die sich während der Nazijahre mit einem kleinen Reisebüro tapfer und selbständig über Wasser gehalten hatte.

Nur mit dem Bayernparteiler *Ludwig Lallinger* legte ich mich an, als er die Sprengung des Bismarck-Denkmals vor dem Deutschen Museum oder die Entlassung aller Nicht-Bajuwaren aus der städtischen Verwaltung forderte.

Ansonsten verstanden wir uns unabhängig von unserer preußischen respektive bajuwarischen Abstammung ausgezeichnet, vor allem während den beliebten Weißwurst-Pausen zur Halbzeit der Stadtratssitzungen.

Damals, im ersten Jahr nach der Währungsreform, ging es in München nur sehr langsam aufwärts. Nicht einmal die größten Trümmergebirge konnten abgetragen, geschweige denn neu aufgebaut werden. SPD-Oberbürgermeister *Thomas Wimmer* – Nachfolger des verdienten CSU-Bäckermeisters *Karl Scharnagl* –, volkstümlich und rechtschaffen, allem »modernen Schmarrn« abgeneigt, ein Meister unmißverständlich-bajuwarischer Ausdrucksweise und selbstgebastelter Statistiken, die er bei jeder Diskussion parat hatte, rechnete dem Stadtrat vor, daß es mindestens bis zum Jahr 1990 dauern würde, bis die Trümmer beseitigt und München auch nur einigermaßen wiederaufgebaut sein könnte. Über die Ränder seiner stets auf die Nase vorgerutschten Brille zornig um sich schauend, kanzelte er jeden ab, der, wie ich, naseweis und natürlich von seiner Sachkenntnis nicht getrübt, mehr Geld und mehr Zukunftsoptimismus forderte. Natürlich zog ich dabei als Neuling und als Fremdling den kürzeren, was mich aber nicht weiter anfocht. Allenfalls spornte es mich an, das Stadtratshandwerk von der Pike auf zu erlernen.

Dabei bewunderte ich die Eloquenz meiner männlichen Kollegen, vor allem meines späteren Mannes, des schon seit August 1945 tätigen, einflußreichen berufsmäßigen CSU-Stadtrats Dr. jur. *Erwin Hamm*, der mir – ohne Herablassung, eher amüsiert – so manchen guten Rat gab, als er merkte, daß ich mir nicht »die Schneid abkaufen« ließ. So ermutigte er mich auch, das im Frühsommer 1949 nach einigen Test-Interviews errungene Stipendium an die Harvard Universität in den USA anzunehmen, und half mir bei der hierfür erforderlichen Beurlaubung vom Stadtrat.

Von Liebe war (noch) nicht die Rede.

*

»Es ist das geschichtliche Leid der Deutschen, daß die Demokratie von ihnen nicht erkämpft wurde. Dies ist die Last, in der der Beginn nach 1918 stand, in der der Beginn auch heute steht: das Fertigwerden mit den Vergangenheiten.«
Theodor Heuss, nach seiner Wahl zum Bundespräsidenten am 12.9.1949

Die Gründung der Bundesrepublik Deutschland erlebte ich nun schon politisch sehr bewußt.

Nach der Annahme des Grundgesetzes durch den Parlamentarischen Rat am 23. Mai 1949 und nachfolgend durch die Parlamente der Bundesländer der westlichen drei Besatzungszonen (mit Ausnahme Bayerns) fanden am 14. August

1949 die ersten Bundestagswahlen statt. Ich hatte, nun schon einigermaßen stadtbekannt, in München Nord, nicht aber auf der bayerischen Landesliste – und damit bewußt ohne Erfolgschancen – kandidiert.

Unvergessen die erste große Wahlversammlung mit *Theodor Heuss* im Juli im Münchner Sophiensaal, bei der ich als junge Kandidatin und schon damals Heuss-Verehrerin in der ersten Reihe sitzen durfte.

Über eine Stunde sprach *Heuss* – er war seit Dezember 1948 erster Bundesvorsitzender der FDP – völlig frei über die Bedeutung des Grundgesetzes (dessen Entstehung während der neunmonatigen Beratungen im Parlamentarischen Rat eigentlich niemanden so recht interessiert hatte) für den demokratischen Neuanfang der Deutschen. Ich hing buchstäblich an seinen Lippen und bekannte in der kurzen nachfolgenden Diskussion (herzklopfend), daß mir nun erst durch »Herrn Professor *Heuss*« die Bedeutung einer Verfassung für unseren demokratischen Neuanfang so recht bewußt geworden sei.

Dabei blieb es, und genau so empfand ich dann auch vierzig Jahre später nach der Wiedervereinigung: Ich hielt die Schaffung einer *von* allen Deutschen *für* alle Deutsche gemeinsam beschlossenen Verfassung zur Bekräftigung eines gemeinsamen Neuanfangs und für das Zusammenwachsen der über vierzig Jahre geteilten Deutschen als unverzichtbar! Zu meinem größten Leidwesen wurde diese Chance 1990 versäumt.

Wie hatte *Heuss* uns doch das Grundgesetz nach seiner Wahl zum Bundespräsidenten am 12. September 1949 auf dem Bonner Marktplatz ans Herz gelegt:

»Wenn unsere Verfassung nicht im Bewußtsein und in der Freude des Volkes lebendig ist, dann bleibt sie eine Machtgeschichte von Parteienkämpfen, die wohl notwendig sind, aber nicht den inneren Sinn erfüllen.«[11]

Genau das haben die verantwortlichen Politiker, auch meiner Partei (der Partei von *Theodor Heuss*!), vierzig Jahre später versäumt: Unser Grundgesetz im »Bewußtsein und in der Freude des Volkes lebendig zu machen« (nur die SPD hatte es anders gewollt).

Heute spüren wir die Folgen dieses Versäumnisses: Die unzureichende Akzeptanz unserer von Parteienkämpfen dominierten Demokratie, Verlust ihrer Glaubwürdigkeit und ihres »inneren Sinns« und die unvollendete innere Einheit. Damit ist genau das eingetreten, wovor *Heuss* 1949 gewarnt hatte: eine Machtgeschichte von Parteikämpfen (vgl. Zweiter Teil, II. 2.).

Es war ein Glücksfall, daß *Theodor Heuss* und *Konrad Adenauer* ab September 1949 an der Spitze unserer noch auf lange Zeit labilen Demokratie standen – beide waren übrigens nicht mit besonders guten Wahlergebnissen gewählt worden: *Adenauer* mit *einer* (seiner eigenen) Stimme Mehrheit und *Heuss* erst im zweiten Wahlgang der Bundesversammlung mit 416 von 824 Stimmen.

Als das geschah, war ich bereits für ein Jahr an die Harvard Universität in die USA entschwunden.

Die »*Neue Welt*« und mein völlig *neues Leben* an einer freien, großzügig ausgestatteten und florierenden amerikanischen Universität mit freier Studienwahl nahm mich mit Haut und Haaren in Beschlag. Ich schrieb mich für »Political Science« ein und belegte sowohl »Politische Ideengeschichte« als auch »Öffentliche Verwaltung« und »Internationale Organisationen«.

Es war wirklich überwältigend! Der amerikanische Optimismus im allgemeinen und die Nachkriegs-Aufbruchsstimmung im besonderen wirkten ansteckend. Die Welt war vom Bösen befreit. Das Gute hatte gesiegt. Nun würde alles gut werden und – wie im Märchen – für immerdar bleiben . . .

Uns, die ersten, sorgfältig ausgewählten jungen sechs deutschen Harvard-Stipendiaten (darunter auch der Berliner Stadtverordnete *Klaus Schütz*, später Regierender Bürgermeister von Berlin), nahm man gastfreundlich und unvoreingenommen auf. Ich bewohnte für 30 Dollar im Monat eine hübsche Zwei-Zimmer-Mansardenwohnung bei der Dekanin des nahe Cambridge gelegenen Redcliff-College für Mädchen und hatte – auch dank ihrer Anteilnahme am Erfolg meines Studienjahres – nun jede Gelegenheit, alles nachzuholen, was mir an geistiger und politischer Fundierung während der Nazizeit entgangen war.

Dazu gehörten auch Begegnungen mit prominenten, in Harvard lehrenden Emigranten wie dem letzten demokratischen Reichskanzler der Weimarer Republik, *Heinrich Brüning*, dem »Bauhaus«-Gründer *Walter Gropius* und unserem Mentor, dem Politologen *Carl J. Friedrich*, sowie dem ehemaligen Referenten im sächsischen Volksbildungsministerium, *Heinrich Ulich*, der mit der im Ersten Weltkrieg als »Engel von Sibirien« berühmt gewordenen Menschenfreundin *Elsa Brändström* verheiratet war.

Neugier gab es auf beiden Seiten, bei uns überwogen Scheu und Respekt. Aber ich lebte mich rasch ein und gewöhnte mich schnell an die unkomplizierte Art, viele neue »friends« (boys and girls) zu finden und in Familien eingeladen zu werden.

So zum Beispiel auch durch einen Artikel des in Boston erscheinenden »Christian Science Monitor«, der einen Bericht über die in Harvard studierende Stadträtin aus München gebracht hatte. Durch ihn fand ich neue Freunde, die meine politische Neugier befriedigten. Außerdem nutzte ich jede Gelegenheit, mit Bus oder Mitfahrangeboten praktisch zum Nulltarif im Riesenland herumzureisen.

Ein- bis zweimal wöchentlich volontierte ich bei der »Parent-Teacher-Organization« oder bei der politisch sehr aktiven und einflußreichen »League of Women Voters«.

Kein Jahr meines Lebens habe ich in so vollen Zügen genutzt und zugleich genossen wie dieses.

Anfang 1950 habe ich als Mitglied einer studentischen Wählerinitiative auch noch an einem Kommunalwahlkampf in

Boston *gegen* einen amtierenden, korrupten »Bösewicht« und *für* einen integren Sauber(fach)mann mitgemacht... und mitgesiegt. Etwa zehn Jahre später erfuhr ich, daß man in Boston gerade erneut eine Wählerinitiative gegründet hatte, um den nun mittlerweile korrupt gewordenen Ex-Saubermann wieder zu stürzen. Politische Korruption machte damals US-Bürger nicht »politikverdrossen«, sondern im Gegenteil »Demokratie-engagiert«.

Meine Erfahrungen habe ich in einem späteren Rechenschaftsbericht zusammengefaßt:

»Für mein politisches Denken habe ich meinem Studienjahr in Harvard... viel zu verdanken. Vieles, was ich damals über Stärken und Schwächen der Demokratie erfuhr, spornte mich an, manches, wie zum Beispiel die kommerzialisierten Wahlkämpfe, war für mich aber auch eine Warnung vor kritikloser Übernahme...

Wer mir erzählt hätte, wir hätten ›umerzogen‹ werden sollen, den hätte ich ausgelacht oder empfohlen, nach Hause zu fahren...

Seither bin ich von der Notwendigkeit und Bedeutung des vorurteilsfreien Kennenlernens durch Schüler- und Studentenaustausch in jungen Jahren zutiefst überzeugt. Neben und mit der deutsch-französischen Aussöhnung schufen die großzügigen amerikanischen Stipendien- und Reiseprogramme die wichtigste Voraussetzung für die Rückkehr Deutschlands in die westliche Staatengemeinschaft.

Eine ganze Generation von Nachkriegs-Politikern hat davon profitiert.«

Äußerer Höhepunkt des Amerika-Jahres war die Bekanntschaft mit *John McCloy*, damals erster US-Hochkommissar in der jungen Bundesrepublik.

Anläßlich seines Vortrages vor der »Boston Society for Foreign Affairs« Anfang 1950 waren wir deutschen Harvard-Studenten natürlich zur Stelle und wurden ihm vorgestellt.

Sein Adlatus *Shepard Stone* (später Gründer und legendärer Leiter des Berliner ASPEN INSTITUTS) hatte *McCloy* wohl auf mich besonders aufmerksam gemacht, denn er befragte mich ausführlich über meine Stadtratstätigkeit in München.

Noch in der gleichen Nacht erhielt ich einen Anruf, ob ich nicht am nächsten Morgen mit Mr. *McCloy* nach Washington ins State Department fliegen wolle, damit er mich dort mit einigen Herren des »German Desk« bekannt machen könne. Und ob ich wollte! Es war mein erster Flug, ausgerechnet in *Roosevelts* ehemaliger Präsidenten-Maschine, der »Sacred Cow«, einer für heutige Verhältnisse klapprigen und lärmigen Propellermaschine, die man *McCloy* zur Verfügung gestellt hatte.

Ich wurde dann im State Department tatsächlich herumgereicht und zu guter Letzt auch noch dem damaligen »Secretary of State«, *Dean Acheson*, vorgestellt: Die jüngste Stadträtin aus München, welch eine Hoffnung für die junge Demokratie in West-Germany. Der Tag verging wie im Traum, aber die Folgen waren sehr real und anstrengend.

In den folgenden Monaten wurde ich weiter »herumgereicht«: Vorträge, Interviews, kleine Artikel..., und als ich fast genau dreißig Jahre später als Staatsministerin im Auswärtigen Amt von Bundeskanzler *Helmut Schmidt* mit der Sonderaufgabe der »Koordinatorin« der kulturellen deutsch-amerikanischen Beziehungen betraut wurde, blieb diese meine erste, frühe »Botschafter«-Tätigkeit in den USA nicht unerwähnt.

Kurz und gut, »Harvard« wurde *das* entscheidende Jahr, in dem ich nicht nur den Grundstein für mein lebenslanges Demokratieverständnis legen, sondern auch noch ein Stück versäumter sorgloser Jugend nachholen konnte, neue Fähigkeiten entdecken und erproben lernte.

Auch an Verehrern hatte es nicht gefehlt. Doch zur Ehestiftung hatte ich mein Stipendium ja nicht erhalten...

Voller Ideale, Tatkraft und Pläne und mit vielen Koffern voller Bücher (Politik und amerikanische Literatur buntgemischt), schicken neuen Kleidern und Geschenken kam ich im Sommer 1950 nach München zurück und nahm postwendend mit neuem Schwung und vielen Ideen meine Stadtratstätigkeit wieder auf.

(Die NEUE ZEITUNG hatte ich bereits vor meinem USA-Aufenthalt im Februar 1949 zusammen mit zehn weiteren namhaften deutschen Redakteuren verlassen, als ein neuer amerikanischer Chefredakteur die deutschen Mitarbeiter, gemäß einer »neuen Vorschrift«, an eine Zensur-Kandare legen wollte, die wir unter *Hans Wallenberg* niemals gekannt hatten.)

Nun wollte ich beruflich versuchen, entweder zur Chemie zurückzukehren, eventuell als Redakteurin an einer renommierten naturwissenschaftlichen Fachzeitschrift, oder meine in Amerika begonnenen Studien der Politischen Wissenschaften zu vertiefen.

Aus all dem wurde nichts, weil ich im Spätherbst des gleichen Jahres mit neunundzwanzig Jahren für die FDP in den Bayerischen Landtag gewählt wurde, was damals in jeder Beziehung eine Sensation war:

Frau, jung, »Preußin«, Protestantin, feurige Demokratin mit amerikanischem Flair und – nun ja – durch meine Stadtratstätigkeit und in vielen Artikeln in der NEUEN ZEITUNG bereits ausgewiesene Kritikerin der konfessionellen und klerikalen bayerischen Schulpolitik, personalisiert in dem furchterregend aussehenden *Alois Hundhammer* (schwarzer Bart und zornig gutturale Stimme), weiland bayerischer Kultusminister, später Landtagspräsident: Er hatte in den bayerischen Schulen gerade die »körperliche Züchtigung« wieder eingeführt – im Volksmund »Prügelstrafe« genannt. Selbst die Amerikaner fürchteten sich vor diesem »schwarzen Mann« und hatten es aufgegeben, die von ihnen zunächst geforderte staatliche Gemeinschaftsschule für alle Kinder, unabhängig von ihrer

Konfession, durchzusetzen. Sie hatten sich an ihm und seiner klerikalen Hausmacht die Zähne ausgebissen und – nach der Gründung der Bundesrepublik – aus dem (v)erbitterten Streit zurückgezogen, nachdem auch die bayerische SPD, wie leider so oft, klein beigegeben hatte.

Heutige Leser werden sich kaum noch vorstellen können, in welchem Ausmaß in Bayern damals der schiere Klerikalismus herrschte, und er dauerte an, selbst dann noch, als dem (im Alter etwas milder gewordenen) Kultusminister *Alois Hundhammer* weniger fanatische, schulpolitisch aber genauso bigott-konservative Epigonen folgten.

Damit war und blieb für Liberale das Feld ständiger landespolitischer Auseinandersetzungen auf Jahrzehnte abgesteckt: Sollte das vom Nationalsozialismus bis ins Mark indoktrinierte öffentliche Schulsystem konfessionell-klerikal übertüncht werden, oder sollten Schule und Bildung als Orte und Horte der personalen, sozialen und demokratischen Erziehung von Grund auf neu konzipiert werden? Sollte der überlieferte, ständische Klassencharakter des deutschen Schulsystems mit einer Volksschule für 95 Prozent der Kinder und einer »Höheren« Schule für 5 Prozent restauriert werden, oder sollte, wofür ich kämpfen wollte, die Schule als ein offenes, demokratischen Werten verpflichtetes System neu aufgebaut und gegliedert werden?

Das war das große landespolitische Streitthema, an dem sich für Jahrzehnte die konfessionell-konservativen und demokratisch-liberalen Geister in Bayern radikal und unversöhnlich schieden. Demzufolge hatte ich nach meiner erfolgreichen Wahl in den Bayerischen Landtag im Dezember 1950 (damals betrugen die Diäten – sage und schreibe – 350 DM, heute um die 10.000 DM, und Sitzungen gab es doppelt so viele) als junge Frau mit liberalen Überzeugungen von Anfang an einen schweren Stand. Ich hielt aber durch und hatte damit – Ende der sechziger Jahre – schließlich Erfolg.

Aber es waren wirklich harte Lehrjahre, und sie prägten mich. Am Zerrbild falsch verstandener christlicher und obrigkeitsstaatlicher Werte entwickelte ich in nicht enden wollenden Kämpfen meine Vorstellungen für ein von Grund auf offenes, allen Stadt- und Landkindern, unabhängig von ihrer sozialen Herkunft, Mädchen und Jungen gleiche Bildungschancen garantierendes, demokratisch strukturiertes Bildungssystem.

Im Laufe der fünfziger und sechziger Jahre erwarb ich mir den Ruf einer Schul-, Bildungs- und Kulturpolitikerin, die über Bayern hinaus bekannt, gelegentlich berüchtigt war, aber auch anerkannt wurde. Ich galt bald als qualifizierter »Fachmann« und erhielt als besondere Auszeichnung das Prädikat, der »*einzige Mann*« im Bayerischen Landtag zu sein. Damals war das als höchstes Lob gemeint!

Für andere Politik, auch für die Bonner Entwicklungen, blieb damals keine Zeit.

Die fünfziger Jahre wurden die restaurativsten in der Geschichte der Bundesrepublik. Zwar waren unter der Aufsicht der Siegermächte bald nach Kriegsende demokratische Landesverfassungen erlassen worden, in der Folgezeit wurde jedoch – vor allem in Bayern – versäumt, daraus gesellschaftspolitische Konsequenzen zu ziehen. Das galt besonders für den Aufbau, die Strukturen und Inhalte des Bildungssystems, das – abgesehen von einigen SPD-regierten Ländern – bis Mitte der sechziger Jahre ohne durchgreifende Reformen restauriert wurde (vgl. Zweiter Teil, III.1.).

Auch versäumten wir, uns von allem Anfang an mit den Ursachen für die Katastrophen der deutschen Geschichte in diesem Jahrhundert samt den Folgen bis hin zur Naziherrschaft auseinanderzusetzen.

Diese Auseinandersetzung wurde zwar in hervorragenden Zeitschriften wie der »GEGENWART« oder den »FRANKFUR-

TER HEFTEN« sowie in Zirkeln von Schriftstellern, Wissenschaftlern und auch von einzelnen Politikern geführt, dies blieb aber insgesamt ohne breite öffentliche Resonanz und ohne spürbare politische Konsequenzen.

Hier erkannte ich als junge Landtagsabgeordnete meine politische (Lebens-)Aufgabe: Mein politisches Denken und Handeln war von meiner Passion für Demokratie als Staats- und vor allem als Lebensform bestimmt, begleitet von der Sorge, wir könnten es abermals versäumen, hierfür dauerhafte Fundamente zu legen. Parteipolitische Interessen rangierten bei mir immer erst an zweiter Stelle, was mir mehr als einmal zum Nachteil gereichen sollte.

So selbstverständlich sich mein demokratisches Credo heute aufschreibt und liest, damals war es alles andere als das. Es galt als radikal und überzogen, stieß auch auf Unverständnis.

Dennoch: Ich blieb dabei und das bis in meine privaten Lebenssphären hinein:

Der CSU-Mann *Erwin Hamm*, der sich bald nach meiner Rückkehr aus den Vereinigten Staaten in meine Lebenssphäre einzumischen begann, und beide Kinder, die 1954 und 1959 aus dieser Einmischung hervorgingen, wissen so manches Lied davon zu singen.

Viel später, zu meinem siebzigsten Geburtstag, hat er in einer kleinen Festschrift »zu meinen Ehren« einige Strophen in Prosa preisgegeben:

»Erziehen tut sie für ihr Leben gern: Parlamente, Familie, Fraktionen, Parteien usw. usw., und zwar mit unermüdlichem Einsatz und bemerkenswerter Fähigkeit, manchmal aber mit nur mäßigem Erfolg ... Dennoch: Wenn sich meine Frau vor eine Aufgabe gestellt sieht – ganz gleich ob im Stadtrat, im Landtag, im Bundestag, im Auswärtigen Amt ... (auch in der Familie), so ist es mit liberalen ›laissez-faire, laissez-aller‹-Allüren vorbei. Dann tritt die protestantische Arbeitsethik mit der Peitsche der Pflichterfüllung an ...

Unsere Familien-Jeanne d'Arc von Bonn wird sicher noch viele lobende Stimmen hören – ihr guter Geist wird sie aber davor bewahren, allen zu glauben...«[12]
So viel Verständnis für die »Familien-Jeanne d'Arc« nach über dreißigjähriger CSU/FDP-Ehe-Koalition ist mein bestes Wahlergebnis! Demokratie beginnt in der Familie, und ich denke, ich habe – damals Mitte der fünfziger Jahre – auch in dieser Hinsicht die richtige Wahl getroffen.

Hildegard und Erwin Hamm im 30. Ehejahr

Meine Lehrjahre im Bayerischen Landtag verliefen ganz ohne »Jugendschutz«. Obwohl eine der Jüngsten, zudem Frau (damals noch »Fräulein«), verflogen sehr bald schon alle anfangs gönnerhaften Attitüden seitens der »Herren CSU-Kollegen« und baute sich statt dessen so etwas wie eine hemdsärmligfeindselige Einstellung gegen mich auf. Wie Landtagsprotokolle ausweisen, war sie von Anfang an ziemlich rüde und »geschert«. Meine zahlreichen Anträge und Initiativen – zum Beispiel auch in Fragen des Verbraucherschutzes, u. a. mein Vorstoß in Sachen »Semmelgewichte« und »Kennzeichnung« von Butter, die damals noch nicht obligatorisch war – wurden einfach »abgeschmettert«, denn »Mehrheit ist Mehrheit!«, eine immer wieder zynisch exekutierte Binsenwahrheit.

Die »Münchner Abendzeitung« berichtete am 28.10.1959 unter dem Titel »Unsere Semmeln sind zu klein«:

»Mit einem Dutzend Semmeln und einer Briefwaage kam Frau Dr. Hildegard Hamm-Brücher, FDP-Abgeordnete, gestern in den Landwirtschaftsausschuß des Bayerischen Landtags. Sie forderte ein Mindestgewicht für Semmeln. Vor den Augen der Abgeordneten wog sie die Semmeln auf ihrer Briefwaage. Die leichteste Semmel wog 36, die schwerste 51 Gramm. Die meisten Semmeln wogen etwa 40 Gramm.

›Die Hausfrau erwartet für ihre acht Pfennig eine Semmel von 50 Gramm‹, sagte Frau Brücher. ›Eine Semmel mit 40 Gramm ist eine Übervorteilung des Kunden. Der Bäcker hat dann an 100 Semmeln 20 übrig. Das verdient er extra‹.«

Fünf Monate vorher hatte die »Münchner Abendzeitung« über einen ähnlichen Antrag im Bayerischen Landtag berichtet:

»In ihrem Antrag wünscht Dr. Brücher im einzelnen: Es soll verhindert werden,

– daß in Zukunft die Markenbutter auch unter Bearbeitung von eingefrorenem Rahm hergestellt werden kann,

– daß beim Ausformen oder Bearbeiten der Butter die Er-

Als junge Abgeordnete im Bayerischen Landtag 1951, hinter mir Landtagspräsident Alois Hundhammer

zeugnisse verschiedener Herstellerbetriebe miteinander vermengt werden dürfen
– und daß in Zukunft fast der gesamten Butter-Produktion die ›Markeneigenschaft‹ zuerkannt werden soll.
– Außerdem müssen in der neuen Verordnung eine klare Unterscheidung zwischen Frisch-, Kühlhaus- und Lagerbutter gemacht und schließlich
– der Höchstgehalt an Wasser auf 16 Prozent festgesetzt werden.«
Mit diesen, damals noch vergeblichen Initiativen entwickelte ich Verbraucherpolitik und machte mich damit bei Erzeugern reichlich unbeliebt. Aber es war nicht vergebens, denn meine damaligen Forderungen sind heute eine Selbstverständlichkeit.

Zurück zur Schulpolitik: Vorsitzende und Wortführer der CSU waren im ersten Jahrzehnt die katholischen Prälaten *Meixner* und *Lersch*. Sie wachten eisern über den Einfluß der Amtskirche auf das staatliche Schulsystem. »Die Schnüffelpraxis« bei Lehrern – auch geistliche Schulaufsicht genannt –, obgleich offiziell abgeschafft, war noch in voller Blüte. Auf einschlägige Anfragen erhielt ich folgende amtliche Antwort des Kultusministers:
»Die Kirchenbehörden erheben ... gegen die Verwendbarkeit von Volksschullehrern an Bekenntnisschulen aus folgenden Gründen Bedenken:
– Leben in kirchlich nicht anerkannter Ehe;
– Dulden der Erziehung der Kinder in einem anderen Bekenntnis;
– eigene Erklärung des Lehrers, nicht mehr an Bekenntnisschulen unterrichten zu können;
– langjähriges Fernbleiben von jeglichen religiösen Übungen.«
Wenn ich an die damaligen anachronistischen Kontroversen zurückdenke, muß ich gestehen, daß ich mich im Bayerischen

Landtag eigentlich nie wirklich »in meinem Element« gefühlt habe. Vor allem war es jene ungebrochene Macho-Mentalität der CSU-»Kollegen«, die schon *Ludwig Thoma* so charakterisiert hatte: Was ein rechter bayerischer Bauer ist, bei dem rangiert das Wohl der Bäuerin erst nach dem Misthaufen...

Diese Mentalität primitiv-männlicher Superiorität, übertragen auf Frauen im Parlament – wir waren anfangs ohnehin nur vier unter 204 MdLs, von denen nur ich gegen (fast) alle Männer stand –, traf mich massiver, als ich mir eingestand. Ich versuchte es mit Forschheit und Aufsässigkeit zu kompensieren.

Ohne heimliche und gelegentlich sichtbare Tränen ging es nicht ab. *Franziska Bilek*, die liebenswerte und treffsichere Karikaturistin, die mir später noch so manchen Wahlkampfspot und -spott zeichnete, hat dies schon 1951 mit wenigen Strichen, mir zum Trost und zur Ermutigung, auf den Punkt gebracht.

Aber es war nicht nur meine persönliche Verletzbarkeit, die mir zu schaffen machte und die ich immer von neuem lernen mußte zu verkraften (leider habe ich es nie geschafft, mir ein wirklich dickes Fell zuzulegen), vor allem war es jene dumpfe politische Männer-Atmosphäre – eine Mischung aus bodenständiger Bauernschläue, überkommener Duckmäuserei gegenüber jeder Obrigkeit, amtskatholisch begründeter Schulpolitik und unaufgeräumter Nazi-Vergangenheit (letzteres gab es auch in meiner eigenen Fraktion) –, die mich mehr als einmal an den Rand der Kapitulation trieb.

Aber nur an den Rand! Denn immer dann, wenn ich das Handtuch werfen wollte, ereignete sich irgend etwas Überraschendes, was mir wieder neuen Auftrieb gab. So im Spätherbst 1954.

Da erfüllte sich nach den für mich recht erfolgreichen bayerischen Landtagswahlen der kurze Traum einer Regierung gegen die CSU. (Ich hatte mit 21.900 persönlichen Stimmen den ersten Platz unter allen FDP-Kandidaten errungen.)

Diese sogenannte »Vierer-Koalition« war der tollkühne Versuch, unter dem SPD-Ministerpräsidenten *Wilhelm Hoegner* mit insgesamt 62 Prozent der Wählerstimmen eine Regierung von SPD, FDP, Bayernpartei und BHE (Bund der Heimatvertriebenen und Entrechteten) *gegen* die CSU mit 38 Prozent (sie hatte 17 Prozent und damit die absolute Mehrheit verloren) mit dem erklärten kulturpolitischen Ziel zu bilden, die bayerische Lehrerausbildung von ihren konfessionellen Fesseln zu befreien und zugleich auf ein akademisches Niveau zu heben.

Welch eine Chance! Ich war hell begeistert, während meine Partei zunächst zögerte. Die schier unüberwindlichen Schwierigkeiten und Widerstände, die uns seitens der CSU, ihrer klerikalen Hausmacht und des Vatikans in den Weg gelegt werden würden, wollte ich nicht im voraus einkalkulieren.

Zunächst stand die neue Vierer-Koalition »in Treue fest« zusammen, und wir brachten bereits Anfang 1955 entschlossen und geschlossen den Entwurf für ein bayerisches Lehrerbildungsgesetz auf den Weg.

Nach über zweijährigen Verhandlungen erklärte sich die Evangelische Landeskirche zu einem Kompromiß bereit, nicht aber die Katholische, unter Berufung auf das Konkordat aus dem Jahre 1921.

So kam es, wie es kommen mußte: Im Herbst 1957 begann die Vierer Koalition zu bröckeln und brach schließlich am »Verrat« der Bayernpartei auseinander. Diese stand infolge ihrer Verstrickung in der sogenannten Spielbank(bestechungs)-affäre* unter CSU-Pression. Sie probte zunächst klammheimlich, schließlich mit Knall und Fall den Absprung zur CSU. (Das parlamentarische Aus folgte für sie bei der folgenden Landtagswahl 1958.)

Wilhelm Hoegner trat Anfang Oktober zurück, und die CSU bildete unter Ministerpräsident *Hanns Seidel* mit Bayernpartei, BHE und FDP am 16. Oktober 1957 eine Regierung gegen die SPD.

Aus der Traum von einer ent-konfessionalisierten Lehrerbildung.

Das unrühmliche Scheitern unseres, wie ich gehofft hatte, historischen Aufbruchs zu demokratischen Ufern, der »hinterfotzige« Verrat der Bayernpartei und vor allem der opportunistische Wechsel meiner Partei in eine Koalition mit der CSU erbitterten mich und drängten mich in eine innerparteiliche Opposition: Ich wollte meine Vision von einer Gemeinschaftsschule für alle Kinder einfach nicht aufgeben. Zudem verübelte

---

* Damals wurden in Bayern die ersten Spielbanken per Gesetz errichtet. Bei der Vergabe der Lizenzen gab es kräftige Bestechungen, bei denen führende Bayernparteiler erwischt wurden.

ich meiner Partei, daß ihr dieser Wechsel offenkundig nicht ungelegen kam.

In der Folgezeit driftete die bayerische FDP immer weiter nach rechts ab. Davon wird später zu berichten sein.

Trotz dieser Enttäuschungen war ich um wichtige Erfahrungen, vor allem aber auch um persönliche Freundschaften reicher. Da war *Waldemar von Knoeringen*, der aus der Emigration zurückgekehrte, ideenreiche sozialdemokratische Fraktions- und Parteivorsitzende, der während der dreijährigen Koalitionszeit zu meinem Förderer und Lehrmeister geworden war. Er hatte die seltene Gabe, in allen politischen Lagern junge Nachwuchspolitiker zu entdecken, sie zusammenzubringen, zu begeistern und an die Arbeit zu setzen.

Gleich zu Beginn der Vierer-Koalition gründete er einen – heute würden wir sagen »Talentschuppen«. Als einzige Frau gehörte ich dazu, ansonsten waren es *Hans-Jochen Vogel*, damals junger Rechtsassessor, *Wilhelm Ebert*, der spätere langjährige Präsident des Bayerischen Lehrervereins, der bekannte Politologe *Thomas Ellwein*, der leider schon 1975 verstorbene *Karl Gotthart Hasemann* (damals Kanzler der Münchner Universität, später Generalsekretär des Wissenschaftsrates und Mitbegründer der THEODOR-HEUSS-STIFTUNG) und *Rudolf Schlichtinger*, der spätere erste »rote« Oberbürgermeister im weiland »pechschwarzen« Regensburg.

In vergnüglichen abendlichen Runden entwarf unser »Team« das bildungs- und gesellschaftspolitische Arbeitsprogramm für den uns zu bedächtig vorgehenden Ministerpräsidenten *Wilhelm Hoegner*.

Drei Vorhaben waren es, die uns – abgesehen von der Reform der Lehrerbildung – besonders wichtig erschienen:

Wir wollten dem eklatanten Defizit an demokratischer Bildung und Erziehung in unseren Schulen durch die Errichtung einer überparteilichen »Akademie für politische Bildung« entgegenwirken. Das war in der ganzen Bundesrepublik ein Aufsehen erregendes Novum (vgl. Zweiter Teil, III.2.).

Zweitens wollten wir dem damals zum ersten Mal diskutierten Mangel an technisch-naturwissenschaftlichem Nachwuchs mit einer umfassenden Planung abhelfen, zum Beispiel durch die Errichtung neuer Lehrstühle, durch die Einführung neuer Studiengänge und den Bau eines für wissenschaftliche Zwecke atomar betriebenen Versuchsreaktors in Garching und der Berufung des Nobelpreisträgers *Werner Heisenberg* nach München als dessen Leiter.

Für diese Projekte und für den Ausbau des damals noch sehr vernachlässigten Hochschulbereichs forderten wir drittens eine bundesweite hochschulpolitische Zusammenarbeit und unterstützten – wie von Bundespräsident *Theodor Heuss* damals angeregt – die Gründung eines länderübergreifenden Deutschen Wissenschaftsrates. Diese Weitsicht über die weiß-blauen Grenzpfähle hinaus sollte sich als der wichtigste Beitrag der Vierer-Koalition zu einer gesamtstaatlichen Hochschul- und Wissenschaftspolitik in der Bundesrepublik erweisen.

Mit solcherlei Engagement hatte ich mir meine ersten bildungspolitischen Sporen über Bayern hinaus verdient.

Rückblickend betrachtet war die enttäuschend gescheiterte Vierer-Koalition bildungspolitisch dennoch nicht vergebens, immerhin hatte sie wichtige neue Ansätze hinterlassen.

Es sollte aber noch etwa zehn Jahre dauern, bis die sogenannte »deutsche Bildungskatastrophe« zum bundesweiten Politikum und der Ruf nach »Bildung als Bürgerrecht« (dank *Georg Picht, Ralf Dahrendorf, Hellmut Becker, Friedrich Edding* u. a.) zur großen politischen Herausforderung für alle Parteien wurde.

Da aber war es fast schon zu spät für sorgfältige Reformen. Man begnügte sich – immer noch und immer wieder sei's geklagt – fast ausschließlich mit dem quantitativen Ausbau der Bildungseinrichtungen und versäumte es, auch die qualitativen

Reformdefizite zu überwinden. Daran kranken wir heute noch (vgl. Kapitel VI. und Zweiter Teil, III.3.).

In den fünfziger Jahren hatte ich weder Zeit noch Gelegenheit, mich mit der »großen« Politik zu beschäftigen. Dennoch: Einige Ereignisse schlugen hohe Wellen bis in meine weiß-blaue »Idylle«.

Das war zum Beispiel im Mai 1952 die Unterzeichnung des »Deutschlandvertrages«, mit dem das Besatzungsstatut abgelöst und seitens der Bundesregierung die Bereitschaft für einen deutschen »Verteidigungsbeitrag« erklärt wurde. Im Gefolge begann ab 1954 der offizielle Aufbau der Bundeswehr. Im Juli 1956 wurde schließlich die allgemeine Wehrpflicht eingeführt. Heute eine Selbstverständlichkeit, damals eine die deutsche Innenpolitik aufwühlende Entscheidung.

Ich habe nie einen Hehl daraus gemacht, daß ich diese rasante Entwicklung zur »Wiederaufrüstung« (so nannte man das damals) mit Skepsis und Befürchtungen begleitet habe. Waren wir demokratisch schon gefestigt genug, um nicht in diskreditierte militärische Traditionen zurückzufallen?

Dank der Vernunft der politisch Verantwortlichen und einer kritisch-wachsamen Öffentlichkeit bestanden wir die Bewährungsprobe. Anfangs ging es mir jedoch ähnlich wie Bundespräsident *Theodor Heuss*, der, als er 1959 erstmalig die Führungsakademie der Bundeswehr besuchte, eingestand: »Spät kommt er, doch er kommt, der Heuss zur Bundeswehr...«, um sich dann ausführlich mit den Gefahren der Fortsetzung deutscher soldatischer Traditionen auseinanderzusetzen und vor der Berufung auf »verjährte Gesinnungen« eindringlich zu warnen. - Damit hatte er vielen Demokraten aus dem Herzen gesprochen.

Das zweite Beispiel: Im April 1957 kam es zu schweren innenpolitischen Auseinandersetzungen um eine von Kanzler *Konrad Adenauer* und Verteidigungsminister *F. J. Strauß* angestrebte atomare Bewaffnung der Bundeswehr, die auch von dieser gewünscht wurde.

Anläßlich dieser Auseinandersetzung entstand bundesweit die erste große Bürgerbewegung »Kampf dem Atomtod«, die – angeführt von allen namhaften deutschen Physikern (wie *Max Born, Walther Gerlach, Otto Hahn, Werner Heisenberg, Max von Laue, Heinz Maier-Leibnitz, Carl Friedrich von Weizsäcker*, die im sogenannten »Göttinger Memorandum« vom April 1957 vor den Gefahren einer atomaren Bewaffnung gewarnt hatten) – bis zu renommierten Schriftstellern, Künstlern und Repräsentanten aus allen Parteien reichte. Vor allem aber engagierten sich Tausende von jüngeren Menschen, die damit zumeist zum ersten Mal von ihren demokratischen Rechten Gebrauch machten.

Als gelernte Chemikerin war ich mir, abgesehen von den politischen Folgen, der Gefährdungen durch radioaktive Strahlen bewußt und engagierte mich monatelang in der Bürgerbewegung »Kampf dem Atomtod«. Zum ersten Mal sprach ich am 20. 4. 1958 für diese Initiative im überfüllten Zirkus Krone – von Lampenfieber geschüttelt – zusammen mit viel Prominenz, hielt mit *Erich Kästner* bei strömendem Regen »Mahnwache« und fuhr zu zahlreichen Aufklärungsversammlungen über Land. Es war eine aufregende, bürger-bewegte Auseinandersetzung, und als die »Ablehnungsfront« bis tief hinein ins bürgerliche Lager immer größer wurde, verschwanden die Pläne in Bonn in den Schubladen. Allenfalls im geheimen wurden sie gelegentlich wieder erörtert.

Ohne diese erste bundesweite Bürgerprotestbewegung wäre die Entwicklung sicher anders verlaufen. Womöglich wäre dann auch die »Volksarmee« der DDR atomar bewaffnet worden. Die Folgen wären unabsehbar gewesen.

*

> »Die Apfelbäume hinterm Zaun erröten.
> Die Birken machen einen grünen Knicks.
> Die Drosseln spiel'n auf kleinen Flöten.
> Das Scherzo aus der Symphonie des Glücks.«
> *Erich Kästner, »Der Mai«*

Allen politischen Turbulenzen zum Trotz, die mittfünfziger Jahre schenkten mir – nach einigen privaten Irrungen und Wirrungen, die hier nicht preisgegeben werden sollen – persönliches Glück und eine Familie, in der ich fortan geborgen war. Das »Scherzo aus der Symphonie des Glücks« erklang von nun an nicht nur im Mai, und die zuweilen heftigen Schwankungen meines politischen Temperaments stabilisierten sich zusehends.

Ich hatte 1953 privat, 1956 amtlich meine Lebenskoalition geschlossen, die, allen Unkenrufen und Belastungen trotzend, bis heute gehalten hat. Ihr »Geheimnis« ist, daß mein Mann während meiner Abwesenheit wie selbstverständlich auch »Mutterstelle« vertreten hat, daß sich unser Zusammenleben – dank unserer Haushaltshilfen – nie im alltäglichen Kleinkram zerschlissen hat und vor allem, daß wir beide reif genug waren, um unser vergleichsweise spätes Glück nicht zu gefährden. So begründet sich die Dauerhaftigkeit und Belastbarkeit unserer Bindung aneinander und füreinander.

Anfangs erregte meine politische (und konfessionelle) »Mischehe« (mein Mann war und ist Mitglied der CSU und katholisch) beträchtliches Aufsehen, Getratsche und journalistische Neugier. Hierzu folgende Anekdote: Ein Journalist erkundigte sich Anfang der sechziger Jahre bei unserer Putzfrau, ob denn die Familie *Hamm* eine »christliche Familie« sei und ob bei Tisch gebetet würde . . . Ob bei Tisch gebetet würde – (es wurde!) –, wisse sie nicht, antwortete die rechtschaffene Frau, da sei sie nicht dabei, aber ein »christliches Haus« sei es jedenfalls. Denn: »Der Herr Doktor ist ja in der CSU, und die Frau Doktor geht in die Kirche . . .« So war es dann in einigen Zeitungen zu lesen und das Thema ein für alle Mal abgehakt.

Jung verheiratet, 1956

Wir haben unsere Familie, vor allem die Kinder – (*Florian* wurde 1954 und *Miriam Verena* 1959 geboren) –, von Anfang an erfolgreich von aller öffentlichen Neugier samt Fernsehkameras abgeschirmt. Sie sollten und sie wollten nie Prominentenkinder sein.

Bei meinen Wiederwahlen in den Bayerischen Landtag hatte ich 1954 und 1958 ausgezeichnete Ergebnisse erzielt. Der erste, wirklich große persönliche Wahlerfolg gelang mir 1962. Und das war so gekommen:

Zu Beginn der sechziger Jahre hatten sich dunkle Wolken über meinem (Partei-)Horizont zusammengezogen. Eine braune Gewitterfront baute sich gegen mich auf und entlud sich auf dem Starnberger Bezirksparteitag im Juni 1962, als die Kandidatenliste für die Landtagswahlen am 25. November 1962 aufgestellt werden sollte.[13]

Als Mutter mit meinen Kindern Florian und Miriam Verena, 1962

Die Mehrheit der FDP-Verbände in München und Oberbayern war in den Monaten zuvor von einer Clique wildentschlossener, unverbesserlicher Nazis unterwandert worden, für die die antinazi- und die pro-demokratische Gesinnung der beiden einzigen oberbayerischen FDP-Abgeordneten *Otto Bezold* und Hildegard Hamm-Brücher politisch ein rotes Tuch waren. Wir wurden als »Morgenthau-Quislinge«* denunziert, und man war entschlossen, uns möglichst geräuschlos und für immer »demokratisch« loszuwerden. Hierfür bot sich die nichtöffentliche Kandidatenaufstellung zur Landtagswahl – mit Hilfe vorher entsprechend eingeschleuster und eingeschworener Delegierter – als eine scheinbar unverfängliche Gelegenheit an.

Zwar wurden *Otto Bezold* und ich bereits für die ersten Listenplätze vorgeschlagen, immer gab es aber auch einen (meist völlig unbekannten) Gegenkandidaten, der das Rennen knapp machte. Das abgekartete Spiel funktionierte – die »Braunen« hatten die Mehrheit. Von Platz zu Platz fielen abwechselnd *Otto Bezold* oder ich mit Pauken und Trompeten durch, und wir landeten schließlich auf den – völlig aussichtslosen – 16. und 18. Listenplätzen.

Ich revanchierte mich mit kräftigen Injurien über »HJ-Methoden«, »Nazis« und ähnlichen Vokabeln, mit denen ich mich formal natürlich ins Unrecht setzte. In der Sache erwies sich jedoch, daß ich Recht hatte.

Die Aufstellungswahlen wurden wegen grober Verfahrensverstöße erfolgreich angefochten und mußten wiederholt werden. Das sickerte natürlich in die Öffentlichkeit, und nach und nach kam das ganze Ausmaß der tiefangebräunten »Verschwörung« ans Tageslicht.

---

* Henry Morgenthau jr., US-Finanzminister, der einen Plan entworfen hatte, Deutschland nach dem Krieg in ein Agrarland zu verwandeln. Dies war uns von der Nazi-Propaganda zur Stärkung des Durchhaltewillens als Horrorvision eingebleut worden.

Der bayerische Blätterwald rauschte, als es aus dieser rechten Verschwörerecke Anträge auf Parteiausschlußverfahren hagelte, sogar gegen den ehemaligen Landesvorsitzenden der bayerischen FDP, *Thomas Dehler*, der in einem Artikel in der »Münchner Abendzeitung« »Liebe zu Hildegard« vehement für mich Partei ergriffen hatte. Darin heißt es:

»Es geht nicht um Liebe an sich, sondern um politische Liebe. Auch sie gibt es. Die meine – und die vieler anderer – gehört seit langen Jahren Frau Dr. Hildegard Brücher-Hamm . . .

Der überwiegende Teil der Frauen hat keinen Zugang zur Politik gefunden. Hier liegt die exemplarische Bedeutung und Aufgabe der Hildegard Brücher: sie verkörpert das Leitbild einer politischen Frau. Sie vermag durch ihr verpflichtendes Beispiel die politische Haltung und Wirksamkeit der Frau darzustellen . . .

Sie ist eine mutige Frau: Vor fast zwanzig Jahren bin ich ihr begegnet, als sie unter unsäglichen Opfern durch den Bombenhagel hindurch ihren jungen Brüdern, damit sie nicht verkamen, die vom Munde abgesparten Lebensmittel in das Zwangsarbeiterlager Rositz brachte. Diesen unbekümmerten Mut zeigt sie auch in der Politik. Ihr geht es um die Grundsätze in der freiheitlichen Gesellschaftsordnung. Sie ist die geschworene Gegnerin der engstirnigen Interessenpolitik. Im Münchner Stadtrat, im Bayerischen Landtag hat sie seit mehr als einem Dutzend Jahren mit Geist und Charme deutlich gemacht, was liberale Politik ist . . .

Nun geschieht das Unfaßbare: Eine oberbayerische Delegiertenversammlung setzt Hildegard Brücher auf den soundsovielten Platz der Bezirksliste. Otto Bezold, mit dem zusammen ich 1945 die bayerische FDP gegründet habe, der sich als mein Stellvertreter im Landesvorsitz, als Fraktionsvorsitzender, als Staatsminister bewährt hat, teilt ihr Schicksal . . .

Die fatale Entscheidung in Starnberg ist eine Anklage gegen die politisch Lauen und Lässigen: Sie sollte die Libera-

len in München, dieser in ihrer Urbanität und Geistigkeit freiheitlichen Stadt, und in dem in seiner Grundhaltung liberalen Altbayern ... alle, die die Freiheit lieben und erkennen, daß sie unser Schicksal ist – aufrütteln zur Wachsamkeit und politischen Aktivität.«

Anschließend gingen die Ausschlußverfahren aus wie das Hornberger Schießen.

Die Wiederholung der Aufstellungsversammlung brachte aber nur für *Otto Bezold* ein besseres, für mich ein gleich schlechtes Ergebnis: den 17. Listenplatz.

Meine Wiederwahl in den Landtag von diesem 17. Platz aus schien aussichtslos, und der junge Münchner Oberbürgermeister *Hans-Jochen Vogel* bot mir vorsorglich die Position des Direktors der Münchner Volkshochschule an, was mich nach zwölf Jahren »Landtags-Fron« sehr verlockte.

Zunächst aber wollte ich erst einmal kämpfen, und zwar mit Hilfe des bayerischen Wahlgesetzes, das dem Wähler für seine Zweitstimme die Auswahl eines bestimmten Kandidaten auf der Liste der Partei seiner Wahl möglich macht. Das war meine einzige Chance: So viel mehr persönliche Zweitstimmen zu bekommen, als die sechzehn Kandidaten vor mir, um sie damit im Gesamtergebnis zu überrunden.

Auf diese persönlichen Zweitstimmen kam es an!

Deshalb initiierten Freunde und H-B-Fans zum ersten Mal in der Geschichte der Bundesrepublik ein »Bürgerkomitee zur Wiederwahl der Hildegard Hamm-Brücher«, das einen flammenden Aufruf für meine Wiederwahl veröffentlichte, in dem es heißt:

»Wir begründen diesen Aufruf mit der gemeinsamen Überzeugung, daß unser öffentliches und parlamentarisches Leben auf eine unabhängige, sachkundige und mutige Abgeordnete wie Frau Hamm-Brücher nicht verzichten kann!

Wie wenig andere hat sie sich in 14jähriger Tätigkeit im Münchner Stadtrat und im Bayerischen Landtag unbestrit-

tene Verdienste um unser Schul- und Bildungswesen erworben! Eltern, Lehrer und vor allem unsere heranwachsende Jugend müssen ihr für ihre Wachsamkeit und Tatkraft dankbar sein!

Frau Hamm-Brücher hat sich der Probleme und Forderungen der Hochschulen, der Erwachsenen- und der Lehrerausbildung ebenso erfolgreich angenommen, wie aller wichtigen Jugend-, Frauen- und Verbraucherfragen!

Sie gilt mit Recht als eine entschiedene Gegnerin aller einseitigen Interessenpolitik und ist vor allem auch für junge Menschen zum Vorbild einer demokratischen Parlamentarierin geworden!

Ihre Hilfsbereitschaft für jedermann in seinen großen und kleinen Sorgen, ihr Gerechtigkeitsgefühl und ihre Achtung vor der Meinung Andersdenkender haben ihr viele Freunde und Anhänger in allen Kreisen der Bevölkerung geschaffen . . .«

Unter dem Aufruf standen die Namen vieler prominenter, in jedem Fall angesehener Münchner von *Adolf Butenandt*, *Werner Heisenberg*, *Hans Piloty* und *Alfred Marchionini* bis *Ruth Leuwerik*, *Franziska Bilek*, der Kabarettist *Werner Finck*, der Komponist *Werner Egk*, der bekannte Radio-Pfarrer *Adolf Sommerauer*, Lehrer, Ärzte, Schriftsteller und viele, viele Frauen . . .

Theodor Heuss, seit 1959 Alt-Bundespräsident, schrieb einen seiner unvergeßlichen Briefe, in dem es u.a. heißt:

». . . Ich habe nicht das Bedürfnis, mich in die internen Parteigeschichten der oberbayerischen FDP einzumengen, so unfrohe Nachrichten ich über Vorbereitung und Durchführung des Starnberger Vertretertages gelesen habe oder im Gespräch übermittelt hielt.

Meine Stellungnahme beruht auf der Wertschätzung von Frau Dr. Hamm-Brücher, ihrer inneren Freiheit und Unabhängigkeit, ihrer Sachkunde und Hilfswilligkeit.

Es darf nicht vergessen werden, was ein paar Menschen –

Wahlkampf 1962, Flugblatt von Franziska Bilek

ich denke dabei auch an Otto Bezold – nach 1945 auf sich genommen haben, um dem demokratisch-freiheitlichen Gedanken in diesem seelisch zerstörten Volk wieder eine Chance zu geben. Der Undank darf nicht die Gesinnungsform der Deutschen werden.

Alle persönlichen Begegnungen mit Frau Dr. Hamm-Brücher haben bei mir den Eindruck einer Frau hinterlassen, die ihrer öffentlichen Pflicht mit innerer Freiheit zu genügen bemüht blieb und ihr zu genügen verstand.«[14]

Der Wahlkampf war heiß und lustig, vor allem völlig unkonventionell. Ganz anders als heute. Alle halfen mit und setzten sich persönlich ein. Wir hatten ja auch nur ganz wenig Geld, dafür aber mehr als genug Ideen, um auf die Möglichkeit der Vergabe der zweiten Stimme aufmerksam zu machen, zum Beispiel damals ganz neu: Hauspartys, lustige Kleinstanzeigen, Infostände mit Prominenten, Radl-Korsos ...

Am Wahltag war die Sensation perfekt! Meine Dennoch-Kandidatur, die ja eigentlich aussichtslos und deshalb ein kühnes Wagnis war – einem Sprung vom Zehnmeterturm vergleichbar –, wurde ein voller Erfolg: Ich erhielt über 44.500 persönliche Erst- und Zweitstimmen und war damit – mit doppelt soviel Stimmen wie der Erstplazierte – vom 17. auf den 1. Platz »vorgehäufelt« worden.

Mein zwölfjähriges Mühen und Plagen als Einzelkämpferin im Bayerischen Landtag war nicht vergebens gewesen, demokratisches Engagement konnte wirklich funktionieren. Ich konnte weiterarbeiten.

Glückwünsche und Begeisterung bundesweit, auch aus dem eigenen Freundes- und Sympathisantenkreis!

Auf dem folgenden Bundesparteitag der FDP 1963 wurde ich ohne jede Kungel-Absprache als einzige Frau in den Bundesvorstand gewählt. Damit begann nun auch mein bundespolitisches Engagement.

1966 erhielt ich nach *Theodor Heuss* und *Thomas Dehler* die begehrte »Wolfgang-Döring-Medaille«* für mein »mutiges liberales Engagement«. – Anläßlich der Verleihung hielt ich eine flammende Rede über die Notwendigkeit der Erneuerung des politischen Liberalismus. Darin heißt es:

». . . In den einundzwanzig Jahren der Nachkriegszeit haben sich hinter klug konstruierten demokratischen Fassaden, abgeschirmt und unterstützt von einer diesmal als ›christlich‹ deklarierten erzkonservativen Mehrheit, aufs neue die Grundstrukturen, die Denk- und Verhaltensweisen einer obrigkeitsstaatlichen, einer illiberalen Gesellschaft ›formiert‹. Die überfälligen gesellschaftspolitischen Reformen blieben aus oder setzten viel zu spät und zaghaft ein: angefangen bei der Sozial- und Strafrechtsreform, fortgesetzt bei der Verwaltungs- und Parlamentsreform und endend bei der großen, in alle Bereiche der Gesellschaft einmündenden Bildungsreform.

Dafür gibt es leider mehr als genug Beispiele:

Wir leben in einer Gesellschaftsordnung, in der über die Hälfte aller Wähler – die Frauen – trotz formaler Gleichberechtigung politisch praktisch unmündig geblieben sind und teilweise durch Erziehung und unantastbare Klischeevorstellungen bewußt in dieser Gesellschaftsordnung gehalten werden . . .

Wir leben in einer Gesellschaftsordnung, in der das Zusammenleben durch mehr Gesetze und Verordnungen reglementiert wird als in der ganzen übrigen freien Welt zusammen.

---

* Ein junger, couragierter, sehr verheißungsvoller FDP-Abgeordneter, der es anläßlich der Spiegel-Affäre (Adenauer: »Ein Abgrund an Landesverrat«) im Oktober 1962 als einziger gewagt hatte, dem Kanzler in einer Bundestagsdebatte entgegenzutreten. Er starb bald danach an einem Herzinfarkt. Zur Erinnerung stiftete der FDP-Landesverband Nordrhein-Westfalen die »Wolfgang-Döring-Medaille« für »beispielgebende« Liberale.

Wir leben in einer Gesellschaft, die durch Parolen wie ›keine Experimente‹ und ›Sicherheit für alle‹ systematisch entwöhnt wurde, sich für ihr Tun und Lassen verantwortlich zu fühlen – die ihre Existenzfragen tabuisiert und nach zwanzig Jahren noch nicht einmal angefangen hat zu lernen, die Stärken einer freiheitlichen Ordnung zu nutzen und ihre Schwächen zu bekämpfen.

Es geht um die Mission des politischen Liberalismus für die Zeit bis zur Jahrtausendwende. Diesmal gilt es, den liberalen Verfassungen ein liberales gesellschaftspolitisches Fundament zu schaffen. Und dieser Aufgabe kommt am Ende des 20. Jahrhunderts die gleiche Bedeutung zu wie dem Kampf um die Durchsetzung liberaler Verfassungsgrundsätze im neunzehnten.

Leicht wird es auch diesmal nicht sein, denn der Weg in die Modernität einer liberalen Gesellschaft läßt sich angesichts des versteinerten Traditionalismus in unserem Lande nicht auf leisen Sohlen zurücklegen. Wohl in keinem Industriestaat der Welt ist gesellschaftspolitische Modernität so suspekt wie bei uns. Wenn ich nur an mein tägliches Arbeitsgebiet – die Bildungspolitik – denke, an den Leidensweg der Schul- und Hochschulreformen, an die nach wie vor funktionierende ständische Auslese in unserem Bildungssystem, an die Idyllisierung der einklassigen Dorfschule und an die pseudoromantische Untertanenphilosophie unserer Lesebücher!

. . . Für den politischen Liberalismus gibt es also mehr als genug zu tun und für die liberale Partei keine Existenzsorgen, wenn sie ihre Aufgabe erkennt, ihre Entscheidungen konsequent an dieser Aufgabe orientiert und die Möglichkeiten unserer großen Freiheit auch durch Personen glaubwürdig repräsentiert werden . . .«[15]

Ja, damals fielen solche aufmüpfigen Thesen noch auf fruchtbaren (Partei-)Boden und bahnten die Ära der Erneuerung des politischen Liberalismus an . . . (vgl. Zweiter Teil, IV.).

Was aber ist nach meinem Wahlsieg 1962 aus meinen »Parteifeinden« geworden?

Ich hätte ihre Gesichter gar zu gerne gesehen . . . Aber sie verschwanden einfach nach und nach aus der FDP, einige wurden später in der NPD oder anderen angebräunten Kohorten geortet. In der bayerischen FDP war der braune Spuk jedenfalls vorbei, und ich hatte meinen zweiten Emanzipationsschub erlebt:

Nun wußte ich, daß ich mich auch ohne männliche Protektion, ja selbst gegen ihren Widerstand, behaupten konnte. Damit hatte ich mir Respekt verschafft, und mein Ruf, »der einzige Mann im Bayerischen Landtag« zu sein, festigte sich – teils zur Belustigung, teils zu meinem Leidwesen, denn so wie die (meisten) Männer wollte ich Politik ja eben nicht verstehen.

Entscheidend war für mich, daß mich mein Erfolg bestärkt hatte, nicht aufzugeben, weiterzumachen, mir Neues zuzutrauen. Und das tat ich auch.

An Arbeit und an Kämpfen hat es in den folgenden vier Jahren jedenfalls nicht gefehlt. Aber auch nicht an Freuden und neuen Impulsen.

1959 hatten die *Hamms* mit viel Optimismus und vielen Schulden im Rahmen des sozialen Wohnungsbaus in München-Harlaching ein geräumiges Haus mit Garten gebaut. Zunächst nur »nolens volens« entdeckte ich meine Freude an der Gartenarbeit. Allmählich wurde sie zu einem »Hobby«, nach dem Reporter gerne fragten, aber wichtiger noch: zu meinem »Elixier« gegen politische Verbiesterung.

Jetzt gab es auch sonntägliche Familienradltouren mit Kind und Kegel (was damals noch nicht »in« war) ins nahe gelegene Isartal und in den Perlacher Forst. Vorlesen (*Astrid Lindgren*, vor allem und immer wieder *Erich Kästner*, die Pferdebücher von *Lise Gast* und *Michael Endes* Kinderbücher). Und das Erzählen »bestellter« Geschichten (die Kinder konnten sich wünschen, wer oder was in den Geschichten vorkommen sollte) gehörten zur Verschönerung unseres allabendlichen Beisammenseins.

Unsere für alle bis 1990 treusorgende »Nitti« führte den Haushalt. Sie war nach der Geburt meiner Tochter 1960 frühverwitwet zu uns gestoßen, hielt uns über dreißig Jahre die Treue und ermöglichte mir sorgenfreie Abwesenheiten – auch später in Wiesbaden und Bonn.

Wir alle hatten damals eine rundum glückliche Zeit. Die Kinder wuchsen völlig »normal« heran. Vor allem *Verena*, die kleine, vitale, sportliche, passionierte Reiterin – später die widerspenstige Tochter –, lieferte dafür vergnügliche Kostproben. Als sie einmal von der Mutter einer Freundin gefragt wurde: »Wenn Deine Mutti so viel Politik macht, wer erzieht Dich denn dann?«, konterte sie völlig glaubhaft: »Bei uns zu Hause wird nicht erzogen!«

Die Kindheit meiner Kinder schenkte mir ein wenig von meiner eigenen, so früh verlorenen zurück: Sommerferien an der Nordsee oder auf Elba, Winterferien beim Skilaufen, Kindereinladungen im Garten, im Zoo und im Zirkus. Bei uns war immer etwas los, und etwas stand immer fest: das Band liebevoller Zusammengehörigkeit!

*

Nach meinem Wahlsieg 1962 und nach über einem Jahrzehnt Landtagsfron wurde es mir zu langweilig, wieder und immer wieder gegen die gleichen Wände anzurennen – ohne auch nur das geringste ändern zu können. So viel Vergeblichkeit machten mich ungeduldig und neugierig zugleich: War Schulpolitik überall so verfestigt und unfähig zur Veränderung wie in Bayern? Das zu erfahren, würde mich wohl interessieren. Deshalb beschloß ich, mich in anderen Bundesländern umzusehen, ob und wie sie versuchten, ihre Bildungssysteme zu modernisieren und zu demokratisieren.

Aus dieser Idee entwickelte ich ab 1963 meine sogenannten »Bildungsreisen«, die mich etappenweise zunächst durch die elf »Pädagogischen Provinzen der Bundesrepublik« führten und ab 1964 – die DDR mitinbegriffen- in zwölf europäische und außereuropäische Länder.

Das war schnell geplant, ließ sich aber nur mühsam verwirklichen. Ich brauchte dafür journalistische, logistische und finanzielle Unterstützung. Ohne Rat, Hilfe und redaktionelle Begleitung durch den damaligen Feuilleton-Chef der Wochenzeitung DIE ZEIT, *Rudolf Walter Leonhardt*, der sich des Projektes und der Autorin freundschaftlich und sachkompetent annahm, hätte ich es nie und nimmer geschafft. Denn eigentlich hatte ich mir – wieder einmal – zuviel vorgenommen:

Die Reisen mußten inhaltlich und organisatorisch vorbereitet und in von Landtagssitzungen freien Wochen durchgeführt werden, das hieß, ich mußte alle von den jeweiligen Kultusministerien vorher erbetenen Materialien bereits durchgearbeitet haben, damit ich meine Besuchstage auf den Augenschein und Gespräche konzentrieren konnte. Das erforderte präzise Vor- und Nacharbeit.

Außerdem mußte für meine Abwesenheit häusliche Vorsorge getroffen werden, was von meinem Mann wie immer unterstützt wurde und dank unserer getreuen »Nitti« auch ohne mich bestens funktionierte.

Nach Rückkehr von den Reisen mußten Notizen und weitere Berge von Unterlagen gesichtet, zu einem Konzept zusammengefügt und »getextet« werden.

Im Abstand von etwa sechs Wochen erschienen meine Berichte in der ZEIT und nach der Veröffentlichung der ganzen Serie (1965) auch noch in Buchform zusammengefaßt unter dem Titel »Auf Kosten unserer Kinder – Berichte über Reisen durch die Pädagogischen Provinzen der Bundesrepublik«. Mit diesen Berichten wurde Schulpolitik erstmals anschaulich, transparent und vergleichbar. Sie halfen Schulpolitikern und

Öffentlichkeit bei der eigenen Orientierung, manchmal auch »Munitionierung« im politischen Ringen um bessere Lösungen. In den bildungspolitischen Diskussionen der folgenden Jahre wurde häufig darauf Bezug genommen. So wurden meine »Bildungsreisen« auch zum Politikum.

Die Serie meiner nachfolgenden internationalen Reisen erschien zuerst wieder in der ZEIT, sodann 1968 als rororo Taschenbuch »Aufbruch ins Jahr 2000 – Erziehung im technischen Zeitalter – ein bildungspolitischer Report aus elf Ländern«, der eine Auflage von über 60.000 erreichte.

Vor allem meine vierzehntägige Reise in die Sowjetunion im Oktober 1964, über die ich in acht ZEIT-Artikeln berichtete, erregte Aufsehen und Interesse. Diese vierzehn Tage waren eine wirklich aufregende Entdeckungsreise gewesen, die mich bis nach Usbekistan und von dort nach Taschkent und weiter zu einer Pädagogischen Hochschule ins abgelegene Fergana geführt hatte. Der Leiter der dortigen Fremdsprachenabteilung für den Deutschunterricht bat mich, einen von ihm vorbereiteten Text über den »Sozialrevolutionär« *Goethe* auf Tonband zu sprechen, weil – wie er verschmitzt bemerkte – mein gutes Hochdeutsch für seine Studenten geeigneter sei als das »Sächsisch« seiner sonstigen deutschen Besucher (aus der DDR).

In Usbekistan war Russisch erste Fremdsprache, und auch kulturell und mentaliter hatte man kaum noch das Gefühl, in der SU zu sein. – Deshalb war ich nach 1989 nicht überrascht, als das nur durch Zwang und Unterdrückung zusammengehaltene sowjetische Riesenreich auseinanderfiel.

Auf dieser Bildungsreise wurde ich von früh bis spät von einer klassisch-deutschsprechenden Dolmetscherin, *Olga Markowa* (Deutsch-Professorin – später wurde sie Rektorin an einer Pädagogischen Hochschule in Moskau), von einer Besichtigung zur nächsten, von einem Informationsgespräch zum anderen begleitet. Irgendwie machte uns diese zunächst zurückhaltende Zusammenarbeit zunehmend Spaß, und es entwickelten sich persönliche Gespräche und Sympathien.

Die damaligen großen Anstrengungen der SU – es war die Zeit der Chruschtschow-Ära und des Sputnik-Schocks –, mit dem Westen auch bildungs- und ausbildungspolitisch zu konkurrieren, waren evident. Die Diskrepanz aber zwischen den technischen Spitzenleistungen im Weltall und der technischen Misere im Alltag war es auch. Am Tag vor meiner Abreise erlebte ich dies hautnah:

Es war der Tag, an dem ein Mann und eine Frau gemeinsam in den Weltraum gestartet waren, als ich, anläßlich eines Besuches von alten Journalisten-Freunden, in einem Moskauer Hochhaus über Stunden in einem Aufzug steckenblieb, bevor ich aus meinem unfreiwilligen Gefängnis durch Brachialgewalt befreit werden konnte. Eine Erfahrung, die mir diese Diskrepanz unvergeßlich machte.

Für meine triste Landtagssituation waren meine »Bildungsreisen« eine große Bereicherung, die mir wieder schöpferische und erfolgreiche Jahre schenkten. Regelmäßig in der ZEIT zu schreiben, brachte zudem politischen Prestigegewinn, aber wichtiger noch: Ich konnte meine bildungspolitischen Kenntnisse und Überzeugungen vertiefen.

Damals muß ich sehr belastbar gewesen sein, denn bei all der Reiserei und Schreiberei durfte ja auch mein Landtagsmandat nicht vernachlässigt werden.
Und die Familie sowieso nicht. Als mein Sohn *Florian* 1960 eingeschult wurde und zu lesen begann, hatte ich in seinem Lesebuch Texte entdeckt, die mich zu einem genaueren Studium auch anderer bayerischer, später auch außerbayerischer Schulbücher provozierten.
Das Ergebnis meiner Recherchen war eine Textsammlung von beinahe unfaßbarer Verzopftheit, verkitschten Idyllen und politischen Klischees. Sie erregte bundesweit Aufsehen und regte auch Kabaretts zu Sketchen an. Hier kommentarlos einige Kostproben aus Lesebüchern für Acht- bis Zwölfjährige aus dem Jahr 1962:
»*Der ewige Acker.*
. . . Seit tausend Jahren – was gilt die Zeit – gedeiht das Korn des Urvaters auf dem ewigen Acker und hat seitdem Tausende unseres Namens gesättigt und gesegnet. Ja, es ist ein ewiger Acker, denn er wird auch fernerhin die Frucht des Urvaters tragen und allen kommenden Brot geben; heiliges Brot vom ewigen Acker. Denn auch die, die in die Ferne zogen, nahmen in Leinensäcklein Frucht und Erde vom ewigen Acker mit, auf daß sie in fremdem Land die Heimatscholle zu Füßen, das Ährenrauschen vom Urvater Korn zu Häupten hätten . . .«
Von hier bis zum Erntedankfest auf dem Bückeberg dürfte wohl kein allzu weiter Weg gewesen sein, wie ich überhaupt diese sentimentalen Vorläufer eines »Blut- und Boden«-Mythos in unseren Lesebüchern als ein zusätzliches hochnotpein-

liches Stück unbewältigter Vergangenheit empfand. – Dafür ein weiteres Beispiel:

»... *Der Postbote hatte kaum einmal einen Schirm und im Winter keine Handschuhe. Für das ärgste Wetter war ihm von der Natur eine unsichtbare, undurchlässige Haut gegeben. Ich habe noch wenige Menschen gesehen, welche gleich selbstverständlich ihren Arbeitssack auf Gottes Erden herumtrugen... Nach verzwickter Ausrechnung verdiente er die eine Woche unter 19,– DM, die andere Woche über 19,– DM. Ich habe ihn nie klagen gehört, dafür sprach er manchmal gern von seiner Kuh und seinem kleinsten Enkel... Deutschland, mit welch gutem, treuem, bescheidenem Menschenstoff bist Du gesegnet.*«

Ein anderes Lesebuch-Beispiel:

»... *Wer einmal seine ›Urväter-Scholle‹ verläßt und in die Stadt zieht, ist verloren:*

... *Da stürzte eines Tages das unverhüllte Heimweh wie ein Habicht auf ihn los. Der Briefbote hatte dem Knaben eine Karte überbracht, darauf stand geschrieben: Lieber Freund, morgen gehen wir den Wulfen abblasen. Es schneit schon bei uns seit mehreren Tagen. Ein Gruß von mir. Dein treuer Freund Johann. – Das war das erste Mal in seinem Leben, daß der Bub es mit der Post zu tun hatte... Und seine braunen Augenbrünnlein füllten sich bis zum Überrinnen, als er an den alten Brauch, an das Wulfen abblasen dachte... Nur fort von hier, wo die Worte und die Glocken anders klangen als daheim.*«

Schließlich noch ein für Kinder besonders anregendes Beispiel der bayerischen Lesebuch-Poesie:

»*Willst Du sein ein guter Christ,
Bauer bleib auf Deinem Mist!
Laß die Narren Freiheit singen!
Düngen geht vor allen Dingen!*«

Aber nicht nur in Lese-, sondern auch in Rechen-, Geschichts-

und Geographiebüchern entdeckte ich meinen Zorn Erregendes.

Ein Beispiel aus einem Rechenbuch:

»Deutschland verlor im Ersten Weltkrieg zwei Millionen Soldaten. Wie lange wäre der Zug der Toten, wenn er nochmals aufstehen und mahnen würde? Es stehen vier Soldaten nebeneinander, die Reihen im Abstand von 60 Zentimeter. Wie lang wird der Zug? Wie weit reicht er von deinem Heimatort aus? Wie lange würde es dauern, bis der Zug an dir vorübermarschiert wäre bei einer täglichen Marschleistung von 40 km?«

Wer möchte nicht heute noch mit Volksschülern fühlen, die eine Aufgabe folgender Art zu bewältigen hatten – und das im Jahre 1962:

»Hitler war ein Freund der Abkürzungssprache. Erkläre: NSDAP, SA, SS, SD, Gestapo, RAD, KZ, DAF, NSV, HJ, BDM.«

In einer »Begleitschrift zur unterrichtlichen Auswertung« las ich zur Konzeption dieser und ungezählter anderer Texte dieser Art:

»In Auswahl und Gestaltung der Lesestücke drückt sich ein echter, von innen wirkender Erziehungswille aus. So wird das Lesebuch zum eigentlichen Bildungsbuch der Jugend. Die Lesebücher sind dazu angetan, durch Auswahl und Gestaltung in den Kindern die freudige Liebe zum schönen Sprachgut zu wecken und zu pflegen. Ziel ist, eine möglichst vollkommene sprachliche Gestaltung, ja sogar die literarische Hochwertigkeit . . .«[16]

Mit meiner Lesebuch-Lese hatte ich nicht nur die Lacher auf meiner Seite, sondern alsbald auch Mitstreiter. Aufgrund dieser und nachfolgender Untersuchungen begann ab Mitte der sechziger Jahre in allen Bundesländern eine umfassende Schul- und Lesebuch-Revision.

*

Am 15. Oktober 1963 ging die vierzehnjährige Kanzlerschaft *Konrad Adenauers* und damit ein Kapitel Nachkriegsgeschichte zu Ende.

Viele Erfolge *Adenauerscher* Außenpolitik habe ich bewundert: Die Aussöhnung mit den ehemaligen Feinden im Westen, vor allem mit Frankreich. Der deutsch-französische Freundschaftsvertrag war von *Adenauer* noch im Januar 1963 im Elysée-Palast in Paris unterzeichnet worden. Welch ein historisches Verdienst der beiden großen Staatsmänner *Adenauer* und *de Gaulle*! Endlich der Schlußstrich unter die »Erbfeindschaft« zwischen Deutschland und Frankreich, mit der wir als Schüler indoktriniert worden waren. (Ähnlich bewegt war ich ein Jahrzehnt später bei der Unterzeichnung der Ostverträge.)

Auch der deutsch-israelische Wiedergutmachungsvertrag, der 1952/53 geschlossen und ratifiziert worden war, wäre ohne *Adenauer* (und ohne die geschlossene Unterstützung der SPD) seinerzeit nicht angenommen worden (vgl. Zweiter Teil, II. 3.).

Andererseits waren alle Entspannungsversuche mit den östlichen Nachbarn auf der Strecke geblieben. Die von der letzten Adenauer-Regierung praktizierte »Hallstein-Doktrin«* verhinderte noch auf Jahre die Aufnahme diplomatischer Beziehungen mit Ostblockstaaten und beendete sie mit solchen Staaten, die sie mit der DDR aufnahmen.

Für *Adenauers* Innenpolitik überwog bei mir eine wenig positive Bilanz: Wir jungen, engagierten Demokraten empfanden diese Zeit als eine ausgesprochen restaurative und vermuffte Epoche, unfähig zu Veränderungen. Zudem förderte er, wie im Fall der Berufung des Kommentators der »Nürnberger (Rassen-)Gesetze«, *Hans Globke*, zu seinem

---

* Genannt nach dem »Erfinder« *Walter Hallstein* (u. a. Staatssekretär im Bundeskanzleramt und im Auswärtigen Amt), der diese Abgrenzungsdoktrin in den 50er Jahren entwickelt hatte. 1955 wurde sie regierungsamtlich verkündet, 1969 unter Bundeskanzler *Willy Brandt* wieder verworfen.

Staatssekretär ins Bundeskanzleramt, die Rehabilitierung diskreditierter ehemaliger Nazis.

Nach und nach wurde ein allgemeiner »Rechtsruck« offenkundig. Zum zweiten Mal formierte sich Anfang der sechziger Jahre eine neue Rechtspartei, diesmal mit dem Namen NPD. Der im Dezember 1963 in Frankfurt beginnende »Auschwitz-Prozeß«, der das verdrängte schreckliche Geschehen in deutschen Vernichtungslagern neuerlich ans Licht der Öffentlichkeit brachte, ohne am Ende die Täter wirklich zu bestrafen, schreckte endlich auf: Viel zu lange hatten wir versäumt, die Täter zur Rechenschaft zu ziehen und aus der Vergangenheit Konsequenzen zu ziehen (vgl. Zweiter Teil, II.3.).

Daß diesen Tendenzen nicht von allem Anfang an politisch entschlossen Paroli geboten wurde, das hielt ich für das schlimmste Versäumnis der Ära Adenauer – (und so sehe ich es noch heute) –, das Nichtaufarbeiten, das Verdrängen- und Vergessenwollen unserer Vergangenheit.

Ehemalige Nazis oder Schreibtischtäter konnten nun wieder in hohe Ämter einrücken – stellvertretend seien neben *Hans Globke* noch *Theodor Oberländer, Hans-Christoph Seebohm* und *Theodor Maunz* genannt –, und lange gab es dagegen kein Aufbegehren.

Das durfte nach meiner Überzeugung so nicht weitergehen! Wir würden mitschuldig, wenn wir die immer zahlreicher werdenden Symptome einer rechtskonservativen Trendwende ignorieren würden, die das Ende der Ära Adenauer innenpolitisch markierten.

Für mich wurde der Fall *Maunz*, seit 1957 bayerischer Kultusminister, zur großen Bewährungsprobe. Als ich – nach einigen Mühen – Auszüge aus seinen ihn zutiefst kompromittierenden Schriften während der Nazizeit erhalten und sie gelesen hatte* (in der Bayerischen Staatsbibliothek waren sie nicht erhältlich!), war ich entschlossen, nicht zu schweigen.

Am 22. Juni 1964 schrieb ich an den bayerischen Ministerpräsidenten *Alfons Goppel* folgenden Brief:

»PERSÖNLICH!
Sehr geehrter Herr Ministerpräsident,
bitte erlauben Sie mir, Ihre Aufmerksamkeit auf den Hauptartikel in der ›Neuen Juristischen Wochenschrift‹ vom 11. 6. 64 zu lenken. Unter der Überschrift ›Bewältigung der Vergangenheit als Aufgabe der Justiz‹ wird dargestellt, in welcher Weise und in welchem Ausmaß führende deutsche Staatsrechtler während des Dritten Reiches die Gewaltherrschaft und die namenlosen Untaten des Nationalsozialismus juristisch unterbaut und legalisiert haben.

In diesem Zusammenhang wird an erster Stelle der amtierende bayerische Kultusminister Prof. Theodor Maunz genannt und zitiert. Nach der Nennung weiterer Namen und Zitierungen folgert der Autor, daß ›es zu erkennen gelte‹, daß

---

* Auszüge aus: Grundfragen der Rechtsauffassung, Duncker & Humboldt, München 1938, *Theodor Maunz*: Die Staatsansicht: *»Für das neue Deutsche Reich dagegen, dessen oberstes Rechtsgebot der Plan und der Wille des Führers sind, und für dessen Verfassung nicht die Freiheit des Untertanen, sondern das Führer-Gefolgschaftsverhältnis die Achse ist, ist die gerichtliche Kontrolle der Verwaltung auf weiten Gebieten ihrer bisherigen oder üblichen Anwendung entbehrlich geworden, in einigen wäre sie nach unserer durch trübe Erfahrungen früherer Jahre erprobten Auffassung sogar schädlich; wo sie im geltenden Recht noch vorhanden ist, hat sie nicht mehr die Funktion einer Überwachung der Verwaltung durch die Gerichte . . .«* (Seite 50)
»Alle Ordnungen existieren nur, wenn sie eingefügt sind in die Volksordnung. Andernfalls sind sie keine Ordnungen und haben kein geltendes Recht mehr in sich. Innerhalb der Volksordnung aber sind die Gewalten vereinigt in der Person des Führers; sie sind damit zu einer echten Gesamtgewalt, der Führergewalt, geworden. Nicht der Staat als ›juristische Person‹ ist Träger der Gesamtgewalt, sondern der Führer. Alle Einzelaufgaben, die sich voneinander durch ihren Inhalt unterscheiden können, leiten sich aus der Führergewalt her; sie teilen aber die Gesamtgewalt nicht – diese ist unteilbar –, und die Führergewalt reiht sich auch nicht als ein Ausschnitt der Einzelaufgaben neben diese.« (Seite 42)

›die Perversion des Rechts im Dritten Reich‹ nicht allein ein Werk rechtsblinder Fanatiker vom Schlage Freislers oder Thieracks oder von Richtern des Volksgerichtshofes gewesen sei, sondern, und das ergibt sich folgerichtig aus dem Artikel, auch von Staatsrechtlern wie Prof. Maunz und anderen.

Bevor sich meine Fraktion in ihrer nächsten Sitzung über mögliche öffentliche Schritte in dieser Angelegenheit klar wird, möchte ich mir aus Gründen politischer Fairneß und Verantwortung erlauben, bei Ihnen, sehr geehrter Herr Ministerpräsident, persönlich anzufragen, ob – und, wenn ja, welche – Konsequenzen Sie aus der Tatsache zu ziehen gedenken, daß ein Minister Ihres Kabinetts in der angesehensten juristischen Fachzeitschrift der Bundesrepublik bezichtigt wird, zur staatsrechtlichen Legalisierung nationalsozialistischer Untaten mit beigetragen zu haben.

Ich sehe Ihrer Antwort mit Interesse entgegen und verbleibe mit dem Ausdruck meines Dankes und meiner vorzüglichen Hochachtung Ihre

Dr. Hildegard Hamm-Brücher«

Der Bayerische Ministerpräsident reagierte am 25. Juni und verschanzte sich hinter der formalen »Entnazifizierung« von *Maunz*. Ich hakte sofort nach:

». . . Zur Sache selbst möchte ich als Erwiderung auf Ihren Brief vom 25. Juni folgende Gesichtspunkte zu bedenken geben: Es geht, meiner Ansicht nach, bei einer neuerlichen Überprüfung der Schriften von Herrn Prof. Maunz nicht um die Überprüfung seiner formalen Belastung, wie sie für die sogenannte ›Entnazifizierung‹ maßgebend war; es geht vielmehr darum, daß in der angesehensten juristischen Fachzeitschrift der Bundesrepublik das Wirken einiger deutscher Staatsrechtler während des Dritten Reiches einer Analyse unterzogen wird, die zu dem Ergebnis kommt:

daß auf Grund der offiziellen Staatsrechtslehre, wie sie vor allem von Prof. Maunz gelehrt wurde, mit aller Eindeutigkeit festgestellt wurde, für den Bereich der Polizei sei ›jeder Vollzug des Willens des Führers auch notwendig rechtmäßig‹ gewesen,

daß das nationalsozialistische Regime durch diese Haltung der Staatsrechtler wie Prof. Maunz und andere ›zu unbegrenzter Willkür ermutigt‹ wurde, was bei der ›Natur dieses Regimes in Massenmord enden mußte‹, und es ›zu erkennen gelte, daß die Perversion des Rechts im Dritten Reich nicht allein ein Werk rechtsblinder Fanatiker vom Schlage Freisler‹ etc. gewesen ist.

Auf Grund dieser Analyse ergibt sich folgender, tatsächlich neuer Aspekt des ›Fall Maunz‹:

Während bisher zur Verteidigung von Herrn Prof. Maunz immer vorgebracht wurde, er habe ›lediglich geltendes Recht‹ gelehrt, wird nun in einer angesehenen juristischen Fachzeitschrift bewiesen, daß er nicht passiv, sondern im Gegenteil höchst aktiv und direkt schöpferisch an der ›Pervertierung des Rechts im Dritten Reich‹ mitgewirkt hat, was man u. a. in seinem im Juni 1943 geschriebenen Vorwort zu seinem Lehrbuch ›Neue Grundlagen des Verwaltungsrechts‹ expressis verbis nachlesen kann. Dort heißt es: ›Es kommt weniger darauf an, unangreifbare Ergebnisse zu liefern, als in dem Ringen um die Neugestaltung Waffen zu liefern.‹

Genau diese Waffen sind es dann auch, die er bis zum ›bitteren Ende‹ mit großem Fleiß produziert hat: von der Notwendigkeit der Ausschaltung der Juden, über die juristische Begründung und Rechtfertigung der ›Schutzhaft‹ (KZs), bis zu den seiner Ansicht nach berechtigten Polizeieingriffen gegen Verweigerer der Eintopfessen-Spende und der Rechtfertigung des Verbotes für Juden, öffentliche Einrichtungen wie Badeanstalten etc. zu betreten.

Wenn man die Schriften von Herrn Prof. Maunz aus der Zeit des Dritten Reiches unter dem Aspekt der Verantwor-

tung für die wissenschaftliche und juristische Legalisierung der Untaten und Unmenschlichkeiten dieses Regimes beurteilt, dann gibt es für mich persönlich keinen Zweifel, daß Herr Professor Maunz als Kultusminister nicht länger tragbar ist . . .«

Nun, es bedurfte weiterer Briefe und dann auch der Presseveröffentlichungen, bevor die Bayerische Staatsregierung reagierte. Schließlich erklärte *Maunz* Mitte Juli seinen Rücktritt, begleitet von Lobeshymnen und stehenden Ovationen der CSU-Landtagsfraktion. Auch nach seinem Rücktritt blieb er ein gesuchter Rechtsgutachter, Festredner und beliebter Hochschullehrer, allseits geehrt bis zu seinem Tod 1994. Erst dann wurde öffentlich bekannt, wie recht ich mit meiner Initiative 1964 hatte: *Maunz* war jahrelang der Hofjurist des rechtsradikalen Parteiführers und Herausgebers des braunen Hetzblattes »DEUTSCHE NATIONALZEITUNG«, *Gerhard Frey*, gewesen, hatte dort sogar Leitartikel unter Pseudonym geschrieben.

Nein, wir Westdeutschen haben wahrlich keinen Grund, über die Stasi-Vergangenheit unserer Landsleute aus der ehemaligen DDR selbstgerecht zu richten. Beide Teile Deutschlands hatten und haben ihre Not mit dem »Fertigwerden mit ihren Vergangenheiten«.

Nachfolger von *Maunz* wurde im Sommer 1964 ein vergleichsweise junger CSU-Mann mit Namen *Ludwig Huber*, der damals für einige Jahre der wohl mächtigste Mann in Bayern war. Neben seinem Ministeramt blieb er gleichzeitig Fraktionsvorsitzender der CSU. Es war der schamloseste Fall von Ämterfilz, den ich je erlebt habe. Als er der Politik überdrüssig war, avancierte er wie so viele »verdiente« Parteipolitiker vor und nach ihm zum Bankpräsidenten – hier der Bayerischen Landeszentralbank. Jahre später verstrickte er sich in dubiose Banken-

und High-Society-Skandale. (In Bayern haben Amigo-Affären nicht erst seit *Strauß* eine unrühmliche, aber unausrottbare Tradition, wie erst in allerjüngster Zeit rund um die Skandale der Münchner CSU und einige ihrer Stadträte und Vorsitzenden neuerlich aktenkundig wurde.)

Anfangs gab sich der neue Kultusminister *Huber* für Neues aufgeschlossen, wurde jedoch alsbald wieder von seiner Ministerialbürokratie fest an die konservativ-konfessionelle Kandare genommen. Außerdem hatte er angesichts seiner vielen Ämter natürlich keine Zeit, sich vertieft mit den schulpolitischen Hinterlassenschaften seiner Vorgänger zu beschäftigen, hier vor allem mit dem immer grotesker geführten »Schulkampf«.

Über ein Beispiel von vielen berichtete der »Münchner Merkur« am 11.6.1964:

»*Empörung in der SPD und FDP und Zurufe wie ›Mittelalter!‹ gab es in der Fragestunde des Landtags, als die Münchner FDP-Abgeordnete Dr. Hildegard Hamm-Brücher die Errichtung einer Gemeinschaftsschule in Schleißheim zur Sprache brachte. Die Abgeordnete sagte, die Regierung von Oberbayern habe eine für den 12. Mai auf Wunsch der Eltern angesetzte Einschreibung für die Errichtung einer Gemeinschaftsschule in Schleißheim kurzfristig abgesagt und am 14. Mai die sofortige Auflösung der seit 15 Jahren bestehenden zweiklassigen evangelischen Bekenntnisschule verfügt. Durch ›verschiedene Manipulationen‹ seien dann bei der Schuleinschreibung am 2. Juni die Eltern bei der Ein- und Umschreibung zur Gemeinschaftsschule offenkundig benachteiligt worden . . .*«

Einmal zitierte ich in einer Fragestunde aus einem Rundschreiben eines katholischen Pfarrers, in dem über Anhänger der Gemeinschaftsschule zu lesen war:

»*Diese Leute sind schuld, wenn unsere Jugend total absäuft . . . Reicht es diesen S . . . nicht, die schulentlassene*

Jugend auf den Arbeitsplätzen zu verderben. Sie müssen sie schon im Schulalter auf den Hund bringen . . . Das sehen wir doch in den Städten mit Gemeinschaftsschulen, wo eine gottlose Lehrerschaft den Kindern jedes religiöse Fundament für eine dauerhafte Moral raubt.«
Und weiter:
»Wer für die Gemeinschaftsschule eintritt, der begeht eine dreifache Todsünde, gegen Gott, die Kirche und die Kinder . . .«
In dieser Tonart ging der Kampf um die Schulform beinahe pausenlos hin und her.

Die alljährlichen Kämpfe um die Einschreibung der Kinder in die konfessionell zerklüfteten Volksschulen verliefen teilweise skandalös. Speerspitze dieser Kämpfe waren zumeist Ortspfarrer, die gelegentlich auch vor Pressionen nicht zurückschreckten. Ein Beispiel für andere war die nachfolgende »Willenserklärung« der Eltern *Grahammer* aus Planegg bei München, die auf einem vorgedruckten, also mehrfach verwendeten Formular ihres Ortspfarrers am 13. Mai 1964 abgegeben worden war:

»Ich melde mein Kind Klaus, geb. 4.6.1955, Schüler(in) des 2. Schülerjahrganges, für das am 9.9.1964 beginnende neue Schuljahr in die kath. Bekenntnisschule Planegg um.

Diese Ummeldung gilt nur, wenn ich die vom H. Pfarrer Oßner für den Fall der Umschreibung meines Kindes in Aussicht gestellte Wohnung in der Diözesan-Pfarrsiedlung in Planegg, Richard-Wagner-Kettelerstraße bekomme. Sonst verbleibt mein Kind in der Gemeinschaftsschule Planegg.
Planegg, den 13. Mai 1964

Josef Grahammer
Hermine Grahammer«

Als ich von diesen und ähnlichen Methoden der Beeinflussung des »Elternwillens« erfuhr, stellte ich im Landtag am 30.6.1964 folgende Anfrage:

»Bei den diesjährigen Schuleinschreibungen in Planegg/ Obb. wurden mehrere Umschreibungen von der Gemeinschaftsschule in die katholische Bekenntnisschule mit folgender Begründung vorgenommen: ›*Diese Ummeldung gilt nur, wenn ich die von Herrn Pfarrer Oßner für den Fall der Umschreibung meines Kindes in Aussicht gestellte Wohnung in der Diözesan-Pfarrsiedlung in Planegg bekomme, sonst verbleibt mein Kind in der Gemeinschaftsschule Planegg.*‹
Ich frage die Bayerische Staatsregierung:
1. Wird das Bauvorhaben der Diözesan-Pfarrsiedlung in Planegg durch öffentliche Baumittel unterstützt und wenn ja, in welcher Höhe?
2. Hält die Bayerische Staatsregierung es mit unseren Gesetzen und der Bayerischen Verfassung für vereinbar, daß die Vergabe von Wohnungen an Bedingungen geknüpft werden, die die freie Entscheidung des Elternrechts beeinträchtigen?
3. Was gedenkt die Staatsregierung zu tun, um derartige Einflußnahmen auf das Entscheidungsrecht der Eltern in Zukunft zu verhindern?«

Wie so oft, war die Antwort der Bayerischen Staatsregierung vage und unvollständig.

Als sich dererlei schulpolitische Auseinandersetzungen im Laufe der Zeit zuspitzten, geriet die CSU erstmals in die Defensive. Die Eltern begannen aufzumucken und forderten gerechtere und bessere Bildungschancen für ihre Kinder.

Als Reaktion darauf gab es seitens der CSU-Regierung zwar einige kosmetische Korrekturen, aber keinen grundsätzlichen Kurswechsel.

Wie meine damaligen Redebeiträge im Bayerischen Landtag ausweisen, wurde ich mir meiner schulpolitischen Positionen immer sicherer und trug sie immer offensiver und munterer vor. Mein Engagement war nicht zu bremsen. Zum Etat des Bayerischen Kultusministeriums habe ich während meiner damaligen sechzehn Landtagsjahre vierzehnmal gesprochen.

Von 1950 bis 1966 hatte ich dreizehn bildungspolitische Gesetzentwürfe eingereicht, zweihundertzweiundzwanzig Anträge gestellt, acht Interpellationen und über hundert Anfragen auf den Weg gebracht.

Anläßlich der Beratungen zum Etat des Bayerischen Kultusministeriums 1964 hatte ich mich mit einer zwanzigseitigen Ausarbeitung »SCHULEN VON HEUTE – BROT FÜR MORGEN – Eine (Fehl-)Bestandsaufnahme« zu Wort gemeldet und mit den Fakten und Zahlen beträchtliches Aufsehen erregt, natürlich aber auch den geballten Zorn der CSU, als ich darin mit Hilfe exakter Statistiken und Schaubilder nachweisen konnte, daß die Versäumnisse und Defizite in Bayern im Vergleich mit anderen Bundesländern besonders eklatant waren:

Etwa die Hälfte aller Volksschulen in Bayern waren damals ein- oder zweiklassig, außerdem herrschte bei einem Klassendurchschnitt von 38(!) Schülern ein eklatanter Lehrermangel. – Der prozentuale Anteil an Schülern an Höheren Schulen war der niedrigste im ganzen Bundesgebiet, darunter wieder kraß unterrepräsentiert waren die Mädchen, und unter ihnen die katholischen. Am niedrigsten lag der Anteil der »Arbeiter-Kinder« und hier wieder der weibliche. Insgesamt ergaben das untragbare soziale Benachteiligungen.

In einer zweiten vergleichenden Untersuchung zwischen den Bundesländern im Oktober 1964 wies ich unter der Überschrift »Das Bildungsgefälle zwischen Stadt und Land« die abträglichen Folgen für die Bildungschancen der Kinder nach und begründete damit die Dringlichkeit von Reformen, vor allem hinsichtlich des Ausbaus des Schulwesens im ländlichen Bereich.

Die hierfür notwendige Einführung von Schulbussen scheiterte daran, daß der Bayerische Ministerpräsident und die CSU-Fraktion dies wegen der »sittlichen Gefahren für die Schulkinder« empört ablehnten.

Nach den vergeblichen Redeschlachten im Landtag legte die FDP-Landtagsfraktion im Frühjahr 1965 unter meiner »Federführung« einen eigenen Gesetzentwurf zur Landschulreform vor, dessen ordnungsgemäße Beratung von der CSU über ein Jahr so lange verschleppt wurde, bis sie einen eigenen, völlig unzulänglichen Regierungsentwurf zurechtgezimmert hatte. Unterdessen war die schulpolitische Lage in Bayern vollends desolat:

Die Zahl der einklassigen konfessionellen Zwergschulen hatte weiter zugenommen, auf dem Lande gab es praktisch keine erreichbaren weiterführenden Schulen, und die höhere Mädchenbildung seitens des Staates war völlig vernachlässigt. All das hatte ich ja oft genug im Bayerischen Landtag angeprangert.

Der CSU-Entwurf wurde von dieser zwar als »säkularer Fortschritt« gepriesen und im Landtag noch vor den Wahlen im Herbst 1966 durchgepeitscht, hauchte dann aber nach den Wahlen, ganz und gar nicht »säkular«, sondern klammheimlich, sein Leben aus, als das von der FDP unter meiner Initiative gestartete Volksbegehren im Januar 1967 mit 9,4 Prozent Wählerunterstützung (10 Prozent wären nötig gewesen) um ein Haar erfolgreich gewesen wäre.

Über den Verlauf dieses ersten Volksbegehrens in der Bundesrepublik überhaupt (dank des aus dem Schweizer Exil zurückgekehrten Sozialdemokraten *Wilhelm Hoegner* ist das Recht auf Volksbegehren und Volksentscheid in Artikel 74 der Bayerischen Verfassung verankert. Bis 1966 wurde davon aber kein Gebrauch gemacht.) – wieder einmal einem Sprung vom Zehnmeterbrett vergleichbar – und über sein knappes Scheitern soll kurz berichtet werden:

Nachdem der von mir begründete FDP-Antrag zur Änderung des Schulartikels 135 der Bayerischen Verfassung am 13.7.1966 (darin wurde statt der Konfessionsschule die christliche Gemeinschaftsschule zur Regelschule erklärt) schon in der Ersten Lesung von der CSU-Mehrheit »abgeschmettert« worden war, begann ich umgehend mit der Unterschriftensammlung zur Antragstellung für ein Volksbegehren.

Zum ersten Mal in der Geschichte der Bundesrepublik diskutierte ich mit Bürgern auf Straßen und Plätzen über Schulfragen und fand für meine Vorstellungen vor allem bei jüngeren Eltern viel Zustimmung. In kürzester Zeit hatte ich, zusammen mit wackeren Mitstreitern, fast 30.000 Unterschriften gesammelt, was locker zur Antragstellung für ein Volksbegehren reichte.

Leider scheiterte die FDP bei den Landtagswahlen am 20.11.1966 mit 8,9 Prozent an der damals noch geltenden »10-Prozent-Hürde« (unsere einzige »Hochburg« war Mittelfranken) zugunsten der damals gefährlich angewachsenen NPD.

Das eigentliche Volksbegehren (das heißt, die Einschreibung der Wählerinnen und Wähler in Wählerlisten) wurde von der CSU-Regierung auf Januar 1967 – also erst nach den bayerischen Landtagswahlen – festgesetzt. Noch einmal ging es mit Handzetteln, Lautsprecherwagen und Informationsveranstaltungen über Land. Die SPD verweigerte ihre Unterstützung. Um so sensationeller waren die erzielten 9,4 Prozent.

Beim zweiten, nun gemeinsamen Anlauf im Jahr 1967/68 gelang dann die Einführung der christlichen Gemeinschaftsschule in Bayern. Die CSU mußte klein beigeben.

Heute ist die Gemeinschaftsschule kein Zankapfel mehr. Kaum jemand weiß noch etwas über diese anachronistischen Verhältnisse und Schulkämpfe in Bayern – bis 1995 das sogenannte »Kruzifix-Urteil« wieder aufschreckte. Emotionen wurden aufgeputscht, die sensible Thematik parteipolitisch instrumentalisiert. Die Trennung von Kirche und Staat, wie im Grundgesetz festgeschrieben, damit will sich die CSU nicht abfinden.

Zurück zu den verlorenen Landtagswahlen 1966: Ich hatte mein persönliches Wahlergebnis in München und Oberbayern zwar, im Vergleich zu 1962, noch einmal um über 20.000 Stimmen auf 58.500 verbessert (die übrigen neunundvierzig oberbayerischen FDP-Kandidaten hatten insgesamt nur 31.500 Stimmen erhalten), in meinem Münchner Stimmkreis hatte ich sogar 13,6 Prozent erzielt, im Gesamtergebnis aber half das alles nichts. Es war das erste Aus für die bayerische FDP.

Im bundesdeutschen Blätterwald wurden Loblieder über meine politische Arbeit veröffentlicht. So schrieb die »Stuttgarter Zeitung« Ende November:

»›Eine schwarze Fahne weht unsichtbar über dem Maximilianeum‹, schrieb eine Münchner Zeitung nach den bayerischen Wahlen. Das im Geiste gehißte Zeichen der Trauer soll Frau Dr. Hildegard Hamm-Brücher gelten, die – obwohl nach sechzehnjähriger parlamentarischer Tätigkeit auf einem Höhepunkt ihres persönlichen politischen Erfolges stehend – dem neuen Landtag nicht mehr angehören wird...

Die gescheite und redegewandte Hildegard war in den vergangenen Legislaturperioden oft ›die‹ kulturpolitische Opposition in Person. Sie ist so liberal eingestellt, daß ihr sogar Parteidisziplin und Fraktionszwang fremde Begriffe sind. In den Führungsgremien der bayerischen FDP war die unbequeme Dame daher – vorsichtig ausgedrückt – nicht immer sehr beliebt. Sie hatte und hat jedoch viele Anhänger in den anderen Parteien, vor allem in der parteipolitisch ungebundenen Intelligenz...

Man kann sich heute kaum vorstellen, wie eine kulturpolitische Debatte ohne diese Abgeordnete auskommen soll...«
Zugleich bot mir das Blatt an, ab sofort ständig in einer Kolumne zu kulturpolitischen Fragen in Bayern Stellung zu nehmen, damit ich in der parlamentarischen ›Verbannung‹ von den Wählern nicht vergessen würde...

Unsere Niederlage ging in Mittelfranken auf das Konto des damaligen Spitzenkandidaten, des Landes- und Fraktionsvorsitzenden Dr. *Klaus Dehler* – eines wenig kämpferischen Neffen seines bedeutenden Onkels *Thomas Dehler*. Er hatte auf die Zugkraft seines Namens spekuliert und nicht bedacht, daß zum Namen auch glaubwürdige liberale Politik gehört, und das hieß in Bayern (und heißt bis heute) konsequente Opposition zur – seit und je – rechtslastigen CSU.

Die aber hatte der junge *Dehler* ebenso wenig anzubieten wie spätere Nachfolger im Landesvorsitz der bayerischen FDP bis in die achtziger und neunziger Jahren hinein mit der Folge ihres wiederholten Scheiterns. Einzige Ausnahme war das Jahr 1990, als es dem schwäbischen Bundestagsabgeordneten *Josef Grünbeck* als Landesvorsitzenden und mir als stellvertretender Vorsitzenden noch einmal gelang, die FDP für vier Jahre in den Landtag zurückzubringen. Bereits 1994 scheiterte sie dann neuerlich mangels überzeugender Oppositionsarbeit. –

Damals, 1966, war es das erste Aus für die bayerische FDP und somit auch für mich nach sechzehnjähriger Landtagstätigkeit.

Ich war darüber kein bißchen traurig. Einen letzten erbitterten Zusammenstoß hatte ich noch mit dem Landtagspräsidenten *Rudolf Hanauer* (CSU), der unser kleines, geschlagenes liberales Häuflein zugunsten der NPD-Nachfolger am liebsten über Nacht aus unseren Büros auf die Straße gesetzt hätte.

Ich protestierte. Denn wohin mit all den Akten und Unterlagen aus sechzehn Jahren? Ein paar wohlwollende Journalisten, die darüber berichteten, und ein mir wohlgesonnener Verleger, der mir für die Aktenberge Unterbringung anbot . . ., dann war das Kapitel Bayerischer Landtag für mich – wie ich damals hoffte – ein für allemal beendet.

Vergeblich, wie sich schon vier Jahre später herausstellen sollte.

VI.

Politische Wanderjahre

(1967 – 1976)

*Staatssekretärin in Hessen – Studentenunruhen ante portas –
Initiativen und Reformen – Berufung nach Bonn –
bildungspolitischer Aufbruch – Stagnation –
Bitterer Wahlsieg – Erste internationale Erfahrungen –
Rückkehr nach München – Wechsel-Jahre –
Alte und neue Aufgaben, kirchliches Engagement*

> »Der Weg in die Zukunft ist mit dem Mut zur kleinen Utopie
> gepflastert, und dazu gehören nicht nur Ideen, Energie
> und Entschlußkraft, sondern Sachkenntnis, Menschenkenntnisse
> und der Wille zur Kooperation . . . nicht zuletzt die Lust am
> Improvisieren und die Gabe, andere zu überzeugen.«
> *Hildegard Hamm-Brücher*
> *auf dem Hessentag in Gießen*
> *am 27. Juni 1969*

Bis 1966 war meine politische Lebensgeschichte zwar abwechslungsreich, aber – ausgenommen mein Wahlsieg 1962 – doch wenig spektakulär verlaufen. Nachträglich betrachtet, war es eher ein sechzehnjähriger Schwimm-Lehrgang in parlamentarischer Praxis mit abschließendem Fahrtenschwimmer-Zeugnis.

Nun folgte abermals ein Sprung vom Zehnmeterbrett – diesmal in gänzlich unbekannte Gewässer, nämlich als Staatssekretärin ins Hessische Kultusministerium, in die Verantwortung eines Regierungsamtes. Für eine verheiratete Frau mit zwei schulpflichtigen Kindern war das in den sechziger Jahren ein tollkühner Sprung.

Zur Vorgeschichte: Als Landtagsabgeordnete a. D. fühlte ich mich zunächst pudelwohl. Ich hatte keine besonderen Pläne und genoß meine »Freiheit vom Landtagsmief«, wie wir im Familienkreis despektierlich spotteten. Kummer bereitete mir nur die Wagenladung von Papieren aus sechzehn Jahren parlamentarischer Pflichterfüllung.

Klaus Piper – jener hilfsbereite Verleger – hatte zu einer Dokumentation geraten. Ich hatte gerade mit der mühsamen Sortierarbeit begonnen, als mich in der Vorweihnachtszeit 1966 ein Anruf erreichte: »Hier *Schütte*! Ich muß Sie sprechen!« – *Schütte*? Wer konnte das sein? Doch nicht jener sympathische Kultusminister, dessen sozialdemokratische Schulpolitik mich während meiner »Bildungsreise« durch Hessen so beeindruckt hatte? Ja, er war es, und er hatte es eilig. Noch am gleichen Tag kam er nach München, um mich im Auftrag des Hessischen Ministerpräsidenten *Georg August Zinn* zu fragen, ob ich nicht seine beamtete Staatssekretärin werden wollte?

Und ob ich gewollt hätte! Aber es war ja unmöglich! Meine Familie, meine Unerfahrenheit in öffentlicher Verwaltung und Personalführung, dazu eine reine SPD-Regierung... Also nein und jammerschade. Wir trennten uns im gegenseitigen Respekt.

Zwei Tage später erzählte ich die Geschichte meinem Mann, und der reagierte etwas anders. »Eigentlich schade«, sagte er, »wir hätten das erst genauer besprechen müssen. Aber abgesagt ist abgesagt.«

In diesem Fall war abgesagt aber doch nicht abgesagt. *Ernst Schütte* meldete sich nämlich einige Tage später neuerlich und berichtete, sein Ministerpräsident wünsche noch einen zweiten »Anwerbe-Versuch«, und zwar, wenn möglich, unter Beteiligung meines Mannes.

Also erschien er zum Mittagsmahl am Familientisch – es gab original bayerische Kalbshaxe – und deklamierte nach Überwindung der anfänglichen beiderseitigen Befangenheit mit Hilfe eines kräftigen Schluck bayerischen Biers *Ludwig Thoma*. Das schaffte auf Anhieb Pluspunkte! Er, der Sohn eines Bergmannes aus Wanne-Eickel, konnte den von Vater und Sohn Hamm oft bemühten Familiendichter (Lausbubengeschichten, Filser-Briefe etc.) auswendig zitieren! Und auch das imponierte: sechs Klassen Volksschule, dann Bergwerk unter Tage, Abendkurse über Jahre, Hungerjahre als Werkstudent fast ein Jahrzehnt. Dann Krieg. Danach Dozent. Seit fast zehn Jahren Hessischer Kultusminister, der klassisch gebildetste, den ich – abgesehen vom bayerischen Prof. *Hans Maier* – je kennengelernt habe. Einer, der am eigenen Leibe erfahren hatte, daß die Forderung nach gleichen Bildungschancen keine »Sozi-Romantik« ist, sondern Prüfstein demokratischer Gerechtigkeit. Deshalb gebe es nun in Hessen neue Mittelpunktschulen in ländlichen Bereichen und hoffentlich bald auch Gesamtschulen. In jeder größeren Stadt führten Abendgymnasien zur »Mittleren Reife« oder zum Abitur, landesweit floriere ein ausgebautes Volkshochschulwesen, und hoffentlich gäbe es bald auch mehr als nur drei Universitäten und eine Technische Hochschule.

So kamen wir zur Sache und einigten uns beim Kaffee wie folgt: Montag mittag sollte ich (auf eigene Kosten, versteht sich!) nach Wiesbaden einfliegen, Freitag mittag (mit Aktenkoffer, versteht sich) zurück nach Hause. An Feiertagen ließe sich das Wochenende nach vorn oder nach hinten verlängern.

Mein Mann gab sein Ja-Wort, und meine siebenjährige Tochter verkündete: »Meine Mami wird jetzt Sekrätarin oder so was in Wiesbaden und ist jede Woche *nur* zweimal-übermorgen nicht zu Hause.«

»Zweimal-übermorgen« (nicht *fünf Tage*), das wurde zum geflügelten Trostwort für die bevorstehende Trennung und die folgenden Jahre, erst nach Wiesbaden und ab Ende 1969 nach Bonn: Die Mami war »zweimal-übermorgen« (in Bonn wurden es auch manchmal dreimal) nicht zu Hause. Trotz dieser Behelfsbrücke und mindestens zwei täglichen Telefonaten war ich in den nachfolgenden Jahren immer vom schlechten Gewissen geplagt. Auch die ausgedehnten Wochenenden zu

Hause und die gemeinsamen Ferien brachten zwar einige Entlastung, aber keinen Freispruch, obgleich wir die jahrelange »Zweimal-übermorgen«-Trennung doch alle, allerdings die tapfere kleine Tochter nicht ohne schmerzliche Erinnerungen, gut überstanden haben. Dabei hatten wir uns versprochen, »uns ehrlich zu sagen, wenn die Trennung Probleme bringen würde«, aber sie wollte der Mutter das Herz nicht schwermachen . . . Gottlob, waren beide Kinder so gut wie nie krank und kamen mit der Schule allein zurecht. Dennoch: Keine berufstätige Mutter – selbst mit der großartigsten Unterstützung des Mannes und allen Hilfen – kann dem schlechten Gewissen und den ungewissen Langzeitfolgen ihrer Abwesenheit entgehen.

Der Sprung nach Wiesbaden klappte zu meiner Freude und zu aller Zufriedenheit. Die Zeitungen kommentierten freundlich. Zum Beispiel die »Stuttgarter Zeitung«:
»*. . . Hessen hat eine Frau gewonnen, zu deren politischem Temperament, kulturpolitischem Sachverstand und – nicht zuletzt – persönlichem Charme es sich gratulieren kann. Mehr noch: Der hessische Fischzug ist ein erfrischendes Beispiel politischen Freimuts, und das ist wiederum einen Glückwunsch an die Landesregierung wert.*«
Im komfortablen Regierungsstädtchen Wiesbaden war mir zunächst alles fremd, neu und aufregend. Außer meinem Minister und dem imponierenden Landesvater *Georg August Zinn* kannte ich bei meiner Ankunft keine Menschenseele. Ich fand eine kleine Dachwohnung mit schrägen Wänden und Gästezimmer. Zu jeder Tages- und Nachtzeit stand mir ein Dienstwagen mit Fahrer zur Verfügung, der mich die nächsten zweieinhalb Jahre sicher kreuz und quer durch Hessen fuhr, zu Schuleinweihungen, Besichtigungen, Besprechungen, Elternversammlungen . . .
Verena durfte mich in ihren Schulferien besuchen und wurde tagsüber im Kinderreiterhof Rüdesheim einquartiert. Vor

Während eines gemeinsamen Winterurlaubs mit der Familie
in Klosters mit Florian, 1969

Als Staatssekretärin im Hessischen Kultusministerium
mit Professor Ernst Schütte

allem aber gehörten die Stippvisiten meines Mannes zu den festlich begangenen Unterbrechungen.

Zur Hauptsache: Zuerst und vor allem war ich als Staatssekretärin und Mitglied einer sozialdemokratischen Landesregierung stellvertretende Kultusministerin und Chefin der Verwaltung.

Anläßlich der Überreichung meiner Ernennungsurkunde hatte Ministerpräsident *Zinn* erzählt, wie er auf die Idee gekommen sei, mich nach Hessen zu holen. Da hätte ich doch vor zwei Jahren im Rahmen meiner Bildungsreisen über Hessen – nach vielen positiven Eindrücken – abschließend folgendes geschrieben – und dann las er es vor versammelten Mitarbeitern vor:

»Da Hessen seit eh und je eine Hochburg der SPD gewesen ist, nimmt es nicht wunder, daß vielversprechende junge, ältere und alte Leute, die im Lande vorankommen wollen, nicht

gerade zur CDU gehen. So ist es nicht übertrieben zu sagen, daß es auch im Bereich der Kulturpolitik von ›Genossen‹ nur so wimmelt. Natürlich ist das nichts Illegales (und in CDU-Ländern nicht minder üblich); oft gehörte auch der gleiche Mann – mit oder ohne Parteibuch – an eben den gleichen Posten. Aber dieses von sogenannten Realisten nur noch mit Achselzucken quittierte Prinzip ist gerade im Bereich von Schule und Bildung besonders fatal. Nicht nur, daß es wenig geeignet ist, unsere Parteien glaubwürdiger zu machen, sondern es bietet nun mal einen miserablen Anschauungsunterricht für heranreifende junge Demokraten, wenn sie täglich vor Augen haben, wie einfach, wie plump und wie unersetzlich das parteipolitische Nach-der-Decke-Strecken ist.

Das ist ein wirklich wunder Punkt! Nicht nur in Hessen. Da aber ist es mir besonders aufgefallen.« – Zitatende.

Ihm – Zinn – leuchte das ein, und ich sollte nun in meinem Amtsbereich dafür sorgen, daß auch qualifizierte Nicht-SPD-Genossen zum Zuge kämen. Mit mir – der Liberalen – habe er demonstrativ einen Anfang machen wollen.

Nun, ich versuchte es nach Kräften, gelegentlich auch mit Erfolg. Kaum aber hatte ich Wiesbaden Ende 1969 gen Bonn verlassen, war alles wieder wie vorher. – Ungebremster Parteibuch-Protektionismus war für mich schon immer – und ist es heute mehr denn je – ein Ärgernis, das dem Ansehen unserer Demokratie sehr schadet, dem aber kaum beizukommen ist.

Als Staatssekretärin war ich zum erstenmal in meinem Leben »weisungsbefugt« für etwa einhundertdreißig Bedienstete im Ministerium am Luisenplatz und »Vorgesetzte« für über 30.000 Lehrer, Hochschulangehörige, Theater, Museen, Schlösser... Das war eine ganz neue Verantwortung, die ich sehr ernst nahm und die mir anfangs zu schaffen machte. Denn Vorgesetzte zu sein, ohne dabei auf männlich geprägtes hierarchisches

Denken zurückzugreifen, dafür mußte und wollte ich erst eigene Formen finden.

So oft als möglich zog ich junge Mitarbeiter zu Besprechungen hinzu, fragte nach ihrer Meinung und wollte möglichst viele persönlich kennenlernen. Alle unterwürfigen Anreden und Umgangsformen – damals noch selbstverständlich – verbat ich mir höflich. Dennoch bedurfte es eines geduldigen Lernprozesses, bis sich meine Mitarbeiter an eine Frau als Vorgesetzte und ich mich an männliche Empfindlichkeiten bei mir unterstellten Mitarbeitern gewöhnt hatte, bis wir wechselseitig bereit waren, mit dieser neuartigen Konstellation zurechtzukommen.

Mein Amtszimmer fand ich bei meinem Einzug abschreckend spartanisch eingerichtet vor. An Neuanschaffungen war nicht zu denken, bis ich in einem der hessischen Schlösser einige verstaubte klassizistische Biedermeier-Möbel entdeckte, die ich mir – streng über den Dienstweg – ausleihen und reparieren lassen durfte.

Alles in allem lebte ich mich an meinem neuen Arbeitsplatz in Wiesbaden und der völlig neuen (sozialdemokratisch geprägten) politischen Umgebung rasch ein – dank der allseits freundlichen Aufnahme (inklusive Presse), dank einer ebenso tüchtigen wie liebenswerten Büroleiterin *Hannelore Greth* und vieler loyaler Mitarbeiter, die meine Unerfahrenheit nicht ausnutzten.

Mit Feuereifer ging ich an die Arbeit – früh die erste im Amt, spät abends die Letzte. Ich hatte ja keine Familie, die auf mich wartete.

Nun kamen mir meine langjährigen bildungspolitischen Exerzitien in harter bayerischer Opposition zugute. Ich hatte klare Zielvorstellungen und war mit allen Einwänden und Fährnissen wohl vertraut. Auch hatte ich Verständnis für die CDU-Opposition, die im Hessischen Landtag beinahe genauso gnadenlos von der SPD-Mehrheit »abgeschmettert« wurde, wie ich es umgekehrt über sechzehn Jahre am eigenen Leib mit der CSU erfahren hatte. Deshalb warnte ich auch vor dem Durchpeitschen von Reformen, bestand bei Schulversuchen auf möglichst breiter Zustimmung aller daran Beteiligten, auf Offenheit und Erprobung, brach Gesprächsbrücken zur Opposition nie ab, versuchte sie – wie berichtet – bei Personalentscheidungen zu berücksichtigen.

Ich hätte das alles ohne ältere Ratgeber nicht geschafft und schulde hierfür vor allem dem bedeutenden und unvergeßlichen Bildungsreformer *Hellmut Becker* – Sohn des ebenso bedeutenden preußischen Kultusministers und Reformers in der Weimarer Zeit *C. H. Becker* – meine Dankbarkeit.

An meinem ersten Wiesbadener Arbeitstag, Montag, den 19. April 1967, hingen die Fahnen vor meinem Fenster im Kultusministerium am Luisenplatz auf Halbmast. *Konrad Adenauer*, der erste, noch autokratisch geprägte Bundeskanzler unserer jungen Demokratie, war gestorben, und mit ihm war eine Ära zu Ende gegangen. Wir sollten es bald zu spüren bekommen.

Nach dem Tod des anläßlich der Anti-Schah-Demonstrationen erschossenen Berliner Studenten *Benno Ohnesorg* brachen im Sommer 1967 die Studentenunruhen aus, die sich schon längere Zeit angekündigt und von den studentischen Vietnam-Protesten in den USA zusätzlichen Auftrieb erhalten hatten. Neben Berlin wurde die Frankfurter Universität zu ihrem politischen Zentrum. Hier war in den zwanziger Jahren die »Frankfurter Schule« unter *Max Horkheimer* entstanden, hier lehrten *Jürgen Habermas*, *Alexander Mitscherlich* und *Theodor W. Adorno* und sammelten ein kritisches Studentenpotential um sich, das im Laufe der sechziger Jahre zur APO (außerparlamentarischen Opposition) angewachsen war und nun eine politische Eigendynamik entwickelte, die im Laufe der Zeit eskalierte, außer Kontrolle geriet und sich mehr als einmal gegen die einst verehrten Lehrer richtete. Degoutanter

Höhepunkt: Die Striptease-Demonstration von Studentinnen während einer Vorlesung von *Adorno*.

Ich hatte ihn anläßlich eines Besuches des »Vaters« der »Frankfurter Schule«, *Max Horkheimer*, bei Ministerpräsident *Zinn* kennengelernt und ihrem philosophisch abgehobenen Politikdisput bewundernd, aber auch verwundert zugehört. Auch *Zinn*, immerhin ein theoretisch sattelfester Sozialdemokrat, wollte nicht mithalten. Für einen vernünftigen Umgang mit rebellierenden Studenten taugten ihre abstrakten Theorien seiner Ansicht nach nicht. – Anläßlich jener Striptease-Demonstration hatte es *Adorno* wenig später schmerzlich erfahren. – Sein plötzlicher Tod hat mich damals sehr erschüttert.

Ich schätzte ihn als einen der an Geist und Wissen reichsten und anregendsten (im Grunde apolitischen) deutsch-jüdischen Gelehrten dieses Jahrhunderts.

In der Frankfurter Universität wütete in dieser Zeit eine Art Psychoterror. Nach den ersten »Sit-ins« und »Besetzungen« flogen Stinkbomben, Eier und Tomaten massenweise, auch auf meinen Sozialdemokraten ohne Furcht und Tadel, *Ernst Schütte*. Es kam gar nicht erst zu den von uns gewünschten Diskussionen, und meine anfänglichen Sympathien mit dem Aufbegehren der jungen Generation gegen den »(braunen) Muff« nicht nur unter den Talaren der Professoren, sondern in der Nach-Hitler-Gesellschaft, verflogen mit zunehmender linker psychischer, später physischer Gewalt, Intoleranz und kulturrevolutionärem Gehabe. Enttäuscht und trotzig bekannte ich mich dazu, eine »Scheißliberale« zu sein, und rief auf dem Hessentag in Gießen am 27. Juni 1969 den grölenden und stinkbombenwerfenden Studenten zu: »So wie Sie sich verhalten, ist festzustellen, daß die roten Äpfel nicht weit vom braunen Stamm fallen . . .« Beifall und neues Gejohle. Meine Augen tränten von der Buttersäure, der Gestank war widerlich, aber ich hielt meine Rede zu Ende.

Dennoch habe ich mich immer wieder bemüht, das Aufbegehren und den Protest der 68er-Generation zu verstehen.

Trotz aller Turbulenzen und Entartungen bis hin zum Terrorismus hat ihr Aufbegehren unserer damals reformunfähigen Demokratie wichtige Impulse und Bewegungen hinterlassen, die bis ins liberale, gelegentlich sogar ins konservative Lager hineinwirkten. Unvergessen 1968: Die leidenschaftliche Diskussion zwischen *Ralf Dahrendorf* und *Rudi Dutschke* während des FDP-Parteitags in Freiburg auf dem Dach eines VW sitzend – umringt von jungen Menschen.

Ab 1968 war das eine im doppelten Wortsinn verrückte Zeit. Die Nach-Adenauer-Zeit ging aus den Fugen. Statt die versäumten inneren Reformen und die überfällige Entspannungspolitik mit den Staaten des kommunistischen Machtbereichs nun endlich zu wagen, regierte in Bonn – nach dem Scheitern der kurzen Kanzlerschaft *Ludwig Erhards* – seit Dezember 1966 eine große Koalition unter dem agilen, aber uns Junge – auch wegen seiner NS-Vergangenheit – wenig überzeugenden *Kurt Georg Kiesinger*. Sie beschloß die Notstandsgesetze, aber es kündigte sich auch Aufbruchsstimmung an, vor allem bei der liberalen Opposition.

So hatte ich – unter dem Eindruck einer Polen-Reise und der Denkschrift der Evangelischen Kirche zur Oder-Neiße-Grenze – auf dem FDP-Parteitag in Hannover im April 1967, von Beifall und Buhrufen begleitet, eine kämpferische Rede zur Notwendigkeit der Anerkennung dieser Grenze als Zeichen der Bereitschaft zur Aussöhnung gehalten. Meine Argumente wurden zwar diskutiert und fanden auch Unterstützung, aber es wurden noch keine klaren Beschlüsse gefaßt. Die Führungskrise um den damaligen FDP-Vorsitzenden *Erich Mende* begann.

Damals fanden auch meine im Zweiten Teil, III. 3. beschriebenen Konzepte zur Bildungs- und Hochschulreform in- und außerhalb der FDP mehr und mehr Zustimmung. Es gab sogar Stimmen, die mich zur FDP-Vorsitzenden wünschten ... Es sollten jedoch noch über zwei weitere Jahre vergehen, bis die FDP zum Kurswechsel bereit und die Reformprogramme in

Form der »Freiburger Thesen« (Oktober 1971) und der »Stuttgarter Leitlinien« zur Bildungspolitik (1973) beschlossen waren. *Karl-Hermann Flach, Ralf Dahrendorf, Werner Maihofer* und ich waren – abgesehen von den Jungdemokraten – die stärksten Promotoren dieses Kurses. Wir wollten in Staat und Gesellschaft die »alten Zöpfe abschneiden« und damit gleich bei uns, den Liberalen, selber anfangen. Folgerichtig wurde bereits im Januar 1968 *Walter Scheel* anstelle von *Erich Mende* zum Bundesvorsitzenden der FDP (nun mit drei Pünktchen) gewählt.

Doch zunächst ist noch ein wenig mehr über meine ersten Gehversuche als Staatssekretärin im Hessischen Kultusministerium, im unruhigen Jahr 1967 zu berichten. Sie gingen in Richtung freiwilliger (!) Gesamtschulversuche, der Einsetzung einer Lehrplanreform-Kommission unter der Leitung des Marburger Pädagogik-Professors *Wolfgang Klafki* sowie der Stärkung der innerschulischen Lehrer-, Eltern- und Schülermitbestimmung. Statt hierarchischer Entscheidungsstrukturen sollten neue Kooperationsmodelle erprobt werden. Die Vertretung Hessens in der Kultusministerkonferenz (KMK) und im Bildungs- und Wissenschaftsrat, die mir übertragen war, wurde durch regelmäßige Anwesenheit und Gesprächskontakte vertieft. Dies gelang sogar mit den bayerischen Vertretern, denn nun »war ich ja wer«.

All diese Tätigkeiten lagen in meiner Verantwortung. Nur die Hochschulen und deren Gesetzgebung hatte sich der Minister ausdrücklich vorbehalten.

Auch bemühte ich mich nachhaltig um die Förderung von nichtstaatlichen, also privaten Schulen und Bildungseinrichtungen in Hessen wie zum Beispiel Waldorf- und Montessorischulen, die Odenwald- und kirchliche Schulen. Eingefleischte Sozis, für die Privatschulen synonym für Privilegien betuchter Eltern und Kinder waren, sahen das zunächst gar

Mein besonderes Engagement galt schon Ende der 60er Jahre
den Kindern der sogenannten »Gastarbeiter«

nicht gern, anerkannten später aber auch die wichtigen pädagogischen Impulse, die von diesen Schulen auf die notwendigen Reformen öffentlicher Schulen ausgehen können. – Obgleich das damals noch kein politisches Thema war, entdeckte ich in Großstadtschulen die ersten ausländischen Kinder von »Gastarbeitern« und kümmerte mich – damals noch kaum beachtet – um ihre besondere Förderung.

Das heißeste aller hessischen Eisen war zweifellos die Objektivierung der Beförderungs- und Berufungspolitik in meinem Amtsbereich. Ich bestand – mit allerhöchstem Rückhalt dafür ausgestattet – darauf, daß bei der Neubesetzung ausgeschriebener Führungspositionen (Schulleiter, Schulräte, erziehungswissenschaftliche Positionen etc.) immer auch mindestens ein Bewerber *ohne* SPD-Parteibuch vorgeschlagen werden mußte und, da sich damals noch kaum Frauen um solche Positionen bewarben, ausdrücklich auch mindestens eine Frau.

Nur ab und an hatte ich mit meinen Bemühungen Erfolg. Die Frauen »trauten« sich damals noch nicht.

Auch für die damals zahlreichen Schülerdemonstrationen auf dem Luisenplatz vor dem Kultusministerium war ich »zuständig«. Da hätte ja auch mein eigener, nun fast fünfzehnjähriger Sohn darunter gewesen sein können. Das half mir, ohne Pseudoverständnis heucheln zu müssen, nicht wenige ihrer Kritikpunkte zu verstehen und aus der hessischen Schulwelt zu schaffen. Außerdem gelang es, echte Schülermitwirkung und -verantwortlichkeit einzuführen, so zum Beispiel die Vorzensur von Schülerzeitschriften (in Bayern heute noch obligatorisch) abzuschaffen. Noch heute können sich Schüler von damals – jetzt würdige und erfolgreiche Damen und Herren wie *Karin Storch* (ZDF-Korrespondentin in Washington, jetzt in Sarajevo), deren aufmüpfige Abiturientenrede ich ausdrücklich verteidigt hatte, oder *Jürgen Döblin* (später Fraktionsvorsitzender der bayerischen FDP-Landtagsfraktion) – an unsere offenen, manchmal harten, aber immer von gegenseitiger Sympathie getragenen Auseinandersetzungen erinnern. Ich auch, weil ich dabei viel über den Umgang mit nachwachsenden Generationen gelernt habe, nämlich: Zuhören, Verständnis ohne Anbiederung, Ermutigen ...

Das »Wiesbadener Tagblatt« berichtete am 22. 5. 1968 über eine solche Auseinandersetzung:

»Hamm-Brücher erklärte sich zum ›Teach-in‹ bereit.
Vor nahezu 1.000 Schülern aus Hessen, die am Mittwoch zu einem Sternmarsch nach Wiesbaden gekommen waren, um ihre politischen und pädagogischen Forderungen zu unterstreichen, sprach die Staatssekretärin im hessischen Kultusministerium, Dr. Hildegard Hamm-Brücher. Politisches Mandat und Streikrecht sprach Dr. Hamm-Brücher den Schülern ab, befürwortete aber ›im Interesse von Schülern und Lehrern‹ eine schriftliche Beurteilung anstelle der Notengebung.

Diskussion mit Schülern während der APO-Zeit 1968

Zuvor waren Kultusminister Schütte und Staatssekretärin Hamm-Brücher in der Eingangshalle des Landtags während einer Sitzungspause von einer Abordnung der Schüler zu einer öffentlichen Diskussion aufgefordert worden. Schütte warf den Schülern vor, ihren Termin wegen der gleichzeitigen Landtagssitzung falsch plaziert zu haben. Nach halbstündiger Diskussion mit der Schülerabordnung erklärte sich die Staatssekretärin zu einem ausführlichen Gespräch bereit.«

Ja, es war eine bewegte Zeit, vielleicht die bewegteste in der Geschichte der Bundesrepublik.

Wie und wann ich noch die Zeit für meine Reden und Aufsätze fand, die in zwei kleinen Büchlein mit den Titeln »Über das Wagnis von Demokratie und Erziehung« und »Schule zwischen Establishment und APO« zusammengefaßt sind, weiß ich heute nicht mehr, wahrscheinlich an Wochenenden und in den Ferien. Jedenfalls macht es mir Spaß, heute nachzulesen, was mir vor fast dreißig Jahren wichtig war. Hier nur eine Kostprobe:

»... Wenn es richtig ist, daß die rasche Verwissenschaftlichung aller Bereiche unseres Lebens von jedem einzelnen Menschen geistige Flexibilität und Mobilität erfordern, dann ist es unabdingbar, auch allen geistig gesunden Kindern die Grundelemente modernen wissenschaftlichen Denkens begreifbar und erlernbar zu vermitteln.

Angesichts der wirtschaftlichen und existentiellen Krisen, denen der Bauer, der Bergmann, viele Handwerker, Einzelhändler und Kleinbetriebe heute schon ausgesetzt sind – ganz einfach, weil sie all das, was um sie herum passiert, nicht mehr verstehen –, und angesichts der Schwierigkeiten, den Betroffenen neue berufliche Chancen zu eröffnen, sollte das einfältige Gerede rasch verstummen, wozu denn ein Bauer, ein Handwerker, ein Bergmann usw. eine bessere und gründlichere Bildung, ja einen Überschuß davon, brauche...

Unsere tradierten Schulformen sind einfach nicht darauf zugeschnitten, naturwissenschaftliche und gesellschaftswissenschaftliche Bildung gleichbedeutend in ihr Curriculum aufzunehmen, und so sind es allenfalls Konzessionen, die an diese beiden neuen wichtigen und an Bedeutung zunehmenden Bildungskulturen gemacht werden.

Damit rühre ich an das Thema der Curriculum-Reform, die überhaupt nur dann erfolgversprechend angesetzt werden kann, wenn wir davon ausgehen, daß die Bildungsinhalte in der Schule für morgen zu einem Grundverständnis wissenschaftlicher, gesellschaftlicher und menschlicher Zusammenhänge führen müssen. Nur der ist ein gebildeter Mensch, der ›in der ständigen Bemühung lebt, sich selbst, die Gesellschaft und die Welt zu verstehen und diesem Verständnis gemäß zu handeln‹ – so hat es der ›Deutsche Ausschuß für das Erziehungs- und Bildungswesen‹ bisher un-

übertroffen formuliert. Das muß das Ziel aller Bildungsreform sein.« *
Sind diese Ziele heute noch genauso aktuell?

Nach zweieinhalb erfüllten Jahren in Hessen gab es ein trauriges, beinahe tragisches Ende: Im Juni 1969 hatte Ministerpräsident *Georg August Zinn* einen Gehirnschlag erlitten, von dem er sich bis zu seinem Tode 1976 nie mehr erholte.

Er war einer der bedeutendsten Sozialdemokraten der Nach-Hitler-Zeit, der das hessische Wirtschaftswunder geschaffen und sein Land an die Spitze der gesellschaftlichen Reformen gebracht hatte.

Tempi passati! Nun lag dieser verdienstvolle, zu Recht hochgeachtete Mann auf dem Krankenbett und wurde von seinem rücksichtslosen Nachfolger *Albert Osswald* (dessen Karriere allerdings nur wenige Jahre später ein unrühmliches Ende nahm) zum Rücktritt gezwungen. *Zinn* mußte das als Demütigung empfinden, ertrug es aber mit ergreifender Gelassenheit. Seine junge Frau Dr. *Christa Zinn* stand ihm tapfer zur Seite.

Auch der gerade fünfundsechzigjährige Kultusminister *Ernst Schütte* wurde eilends in den Ruhestand geschickt, und es gab viele Stimmen (erstaunlicherweise auch in der »Frankfurter Allgemeinen Zeitung«), die mich als seine Nachfolgerin wünschten.

Für mich wäre das gar nicht in Frage gekommen, ich hätte es als »Verrat« an meinen »Entdeckern« und Förderern empfunden. *Georg August Zinn* war für mich eine Art Vaterfigur geworden.

Er war es gewesen, der mich gegen den Willen seiner Fraktion (ich hatte dort bei meiner Berufung nur eine – seine – Stimme Mehrheit bekommen) nach Hessen geholt und

---

* Rede auf dem Hessischen Lehrertag in Melsungen, 1968.

meine ersten Gehversuche schützend begleitet hatte, selbst dann, wenn ich Ärger hatte, zum Beispiel mit der Lehrergewerkschaft, die meinen Rücktritt forderte, als ich, um die allseits gewünschten Ganztagsschulen zu realisieren (so, wie es in anderen Ländern mit Ganztagsschulen gang und gäbe ist), eine Präsenzpflicht für Lehrer in der Schule über ihr Pflichtstundenkontingent hinaus vorschlug. Andernfalls hätten wir Tausende von damals gar nicht vorhandenen neuen Lehrern einstellen müssen. Da war die Hölle los gewesen. *Zinn* aber hatte mir fest die Stange gehalten und mein Engagement öffentlich gelobt. Die »Fuldaer Zeitung« kommentierte am 8. Dezember 1968 unter der Überschrift »Das gibt Zeter und Mordio«:

»Die Forderung des Hessischen Staatssekretärs im Kultusministerium, Frau Dr. Hildegard Hamm-Brücher, daß Lehrer ihre Arbeitszeit ganztägig in den Schulen ableisten sollten, darf mit zu den sensationellsten Äußerungen des Jahres auf dem bildungspolitischen Gebiet gerechnet werden. Frau Hamm-Brücher ist für unkonventionelles Denken bekannt, bei vielen deswegen sogar gefürchtet. Ihr Mut ist zu bewundern, und sie wird ihn noch brauchen . . .

Sie hat an ein Tabu gerührt, das Lehrer seit Jahrzehnten sorgsam hegen, nämlich ihre nachmittägliche Unabhängigkeit von der Schule . . .

Dabei hat sie im Grunde genommen nichts anderes als eine Selbstverständlichkeit angesprochen, die jedem in einem Abhängigkeitsverhältnis stehenden Arbeitnehmer abverlangt wird: Warum sollte es für Lehrer nicht billig sein?

Die Staatssekretärin kann Argumente geltend machen, gute Argumente. Die Ganztagsschule, die die Chancengleichheit der Schüler der verschiedensten Gesellschaftsschichten erhöhen soll, würde Unsummen verschlingen, wenn man für die zusätzlichen Übungsstunden zusätzliches Lehr- und Aufsichtspersonal bereitstellen müßte . . .

Die Lehrer könnten ihre Unterrichtsvorbereitung sicherlich sehr gut innerhalb der Schule vornehmen und dabei gleichzeitig eine Schülerarbeitsgruppe beaufsichtigen. Und auch der zweite Vorschlag der Staatssekretärin, daß eine gleichmäßigere Arbeitsbelastung der Lehrer der verschiedenen Fachrichtungen erreicht werden müßte, muß positiv bewertet werden. Es ist nun mal eine unabänderliche Tatsache, daß Unterrichtsvorbereitungen im Bereich des Deutschunterrichts und Korrekturen in diesem Fach mehr Arbeitsaufwand erfordern als beispielsweise im Rechnen. So könnten also Lehrer, die aufgrund ihrer Fächerverbindung nicht in demselben Maße ausgelastet sind wie andere, im verstärkten Maße zu Übungs- und Aufsichtsstunden herangezogen werden . . .«

Dennoch wurde natürlich nichts aus meinem Plan. Leider, denn der Mangel an Ganztagsschulangeboten erweist sich hierzulande bis heute als schwerwiegendes Versäumnis demokratischer Erziehungsmöglichkeiten, von der Entlastung berufstätiger Mütter vom familiären Hausaufgabenstreß ganz zu schweigen.

Wir hätten damals in Hessen den Durchbruch schaffen können, wenn die angeblich so fortschrittlichen GEW-Funktionäre es nicht verhindert hätten . . .

Im übrigen war meine Hessen-Bilanz sehr positiv. Etwa ein Dutzend Gesamtschulversuche waren in Einverständnis mit allen Beteiligten auf dem Weg. Desgleichen der Ausbau der Hoch- und Fach(hoch)schulen. Von den Kindergärten bis zum zweiten Bildungsweg stand Hessen an der Spitze aller Bundesländer.

Und noch ein paar Erinnerungen: Von *Georg August Zinn* habe ich viel gelernt, zum Beispiel in Sachen Föderalismus, den ich nur in bayerischer Ausprägung kannte (Ablehnung des Grundgesetzes!).

Eröffnung einer Ausstellung über Theodor Heuss in der
Frankfurter Paulskirche 1968 mit Ministerpräsident Georg August Zinn
und Ursula Heuss, Theodor Heuss' Schwiegertochter

Anders *Zinn*: Er vertrat einen für unsere Demokratie fruchtbaren und konstruktiven Föderalismus, immer unter Berücksichtigung der Belange des Gesamtstaates. Deshalb nahmen die Vorberatungen von Bundesratssitzungen im hessischen Kabinett sehr viel Zeit in Anspruch und wurden – wie überhaupt jedes Detail der Regierungsaufgaben – sehr ernstgenommen.

Dazu gehörten auch die Kontakte mit Bürgern und der Presse. Etwa alle Vierteljahre lud der Ministerpräsident an einem Montag zum sogenannten »Verlegertreffen« mit allen hessischen Zeitungsverlegern und Chefredakteuren ein. Alle Kabinettsmitglieder mußten anwesend sein. Bei den Diskussionen ging es offen, ohne Anbiederung, oft sogar sehr kontrovers zu. *Zinn* kam es darauf an, auch landespolitische Schwierigkeiten (wie z. B. an den Hochschulen) nicht zu verkleistern, Mängel nicht zu beschönigen. Vor allem aber hoffte er, daß alle Beteiligten aus diesen Begegnungen lernten und der Kontakt nicht abriß. Von beiden Seiten wurde das als eine vernünftige Gelegenheit der Begegnung genutzt.

In zahllosen Kabinettssitzungen – die beamteten Staatssekretäre gehörten dazu (parlamentarische gab es nicht) – hatte ich seine Klugheit und Erfahrung, seine Menschlichkeit und seinen Humor kennen- und bewundern gelernt, aber auch seine Präzision und seinen Zorn, der seine »Genossen« gelegentlich bis ins Mark traf, wenn er sie plötzlich »siezte« und/oder gegen Ende der Kabinettssitzung keinen – wie meist üblich – (vorzüglichen) hessischen Wein kredenzen ließ.

Insgesamt ging es im SPD-regierten Hessen unter *Zinn* in Regierung und Verwaltung äußerst streng und sparsam zu. Im Kultusministerium gab es damals nicht einmal einen Ministerialdirektor, nur einen »Ministerialdirigenten« und zwei leitende Ministerialräte. Insgesamt waren es etwas über hundert Bedienstete, darunter zwei Frauen als Abteilungsleiterinnen, was damals durchaus avantgardistisch war. Zum Vergleich in Bayern: mindestens das Drei- bis Vierfache in allen oberen Beamtenchargen, darunter nicht eine einzige Frau!

Pünktlich um 7.30 Uhr morgens begann der Dienst. Mein Vorgänger hatte sich noch mehrmals in der Woche an die Eingangstür des Ministeriums gestellt und den Einzug der Bediensteten kontrolliert. – Auch erinnere ich mich, daß Papier doppelseitig beschrieben und Kohlepapier solange benutzt werden mußte, bis es total durchgeschrieben war. Fotokopieren steckte in den Anfängen, und jede Kopie mußte von mir oder dem Ministerialdirigenten abgezeichnet werden.

Gefeiert wurde – vom Landesvater *Zinn* inspiriert – alljährlich nur einmal, am »Hessentag«, dann aber gründlich über drei Tage als Bürgerfest und immer an einem anderen Ort. Das Programm war bunt zusammengewürfelt. Jeder sollte und konnte dazu beitragen. So stellte ich zum Beispiel die Sieger(innen) des von mir und der zuständigen Referentin Frau Dr. *Emmi Kipper* eingeführten Mathematikwettbewerbs vor, außerdem die hessischen Sieger bei »Jugend forscht«, »Jugend musiziert« und – besonders beliebt – die besten Schüler(-innen) aus dem Vorlesewettbewerb. Wir alle waren stolz auf unseren begabten Nachwuchs und unsere Fördermaßnahmen.

Auf Hessentagen war es der Brauch, daß immer nur eine große Rede gehalten wurde, die aber mußte über den Tag hinaus gültig sein. Noch heute bin ich stolz darauf, daß ich 1969 dazu ausgewählt wurde. Mein selbstgewähltes Thema »Über den Mut zur kleinen Utopie« sollte meine hessische Abschiedsrede werden. Meine Botschaft lautete (Auszüge):

»Wenn ich nach sechzehnjähriger parlamentarischer Tätigkeit und in diesen zwei Jahren praktischer Lehrzeit im Schützengraben der Realitäten . . . etwas gelernt habe, dann ist es die Einsicht, daß sich die Lösung der oft beschworenen ›großen Fragen unserer Zeit‹ aus den Details für Heute und den Plänen für Morgen zusammensetzt und diese Fragen überhaupt nur dann eine Chance haben, beantwortet und gelöst zu werden, wenn man sich täglich mindestens einmal neben dem Vorgesehenen, dem Vorgeschriebenen und Nötigen zu einer kleinen Utopie entschließt, das heißt, etwas tut, das einen Schritt über das Althergebrachte hinausführt – also in des Wortes bildhafter Bedeutung ein Fort-Schritt ist. Das ist ganz und gar keine sensationelle, keine heroische und weltbewegende Angelegenheit, sondern nur mühsam, risikoreich und ohne jeden Nachrichtenwert – und das jeden Tag und alle Tage wieder, das ergibt am Ende – vielleicht! – eine Reform . . .

Ich bin versucht, zu formulieren, daß der Weg in die Zukunft mit dem Mut zur kleinen Utopie gepflastert ist – wenn nicht auch dieses Bild schon wieder den Schwierigkeitsgrad der Aufgabe verharmlosen und verniedlichen würde.

Denn zum Mut zur Utopie gehören nicht nur Ideen, Ener-

gie und Entschlußkraft, sondern Sachkenntnis, Planungs- und Organisationsvermögen, Menschenkenntnis, der Wille zur Kooperation, Integration und Kommunikation und nicht zuletzt die Lust am Improvisieren und die Gabe, andere zu überzeugen.

So gesehen, . . . haben wir weder Anlaß noch Zeit, auf den Lorbeeren unserer Erfolge und Fortschritte auszuruhen: Bewährung ist etwas, das immer noch vor uns liegt.«
Dankbarkeit, ja auch ein bißchen Liebe zu »meinen« Hessen weben sich in die Erinnerung an die erste Etappe meiner erfüllten und spannenden politischen Wanderjahre.

Die zweite Etappe begann nach den Bundestagswahlen im Herbst 1969 mit der von mir begeistert begrüßten Bildung einer sozial-liberalen Koalition unter Bundeskanzler *Willy Brandt* und Vizekanzler *Walter Scheel*. Endlich hatten wir die Chance, die versäumten Reformen nachzuholen und die Entspannungspolitik auf den Weg zu bringen.

Für diesen ersten »Machtwechsel« in der Geschichte der Bundesrepublik Deutschland waren am 5. März 1969 mit der engagierten Unterstützung der reformentschlossenen Liberalen für die Wahl von *Gustav Heinemann* zum Bundespräsidenten die Weichen gestellt worden. Dies galt – zu Recht – als erstes Signal für den Beginn der Ära sozial-liberaler Kooperationen und Koalitionen.

Dabei hatten sowohl die Auszeichnung des damaligen Justizministers *Heinemann* mit dem THEODOR-HEUSS-PREIS 1967 (vgl. Zweiter Teil, III. 2.) und mein hessisches »Abenteuer« als Mitglied in einer sozialdemokratisch geführten Regierung eine wichtige Vorreiterrolle gespielt.

Kein Zweifel auch, daß im Laufe meiner hessischen Tätigkeit wichtige Gemeinsamkeiten in der Bildungs- und Gesellschaftspolitik zwischen FDP und SPD herangereift waren. Sie erleichterten es, nach der Bildung der sozial-liberalen

Koalition im Oktober 1969 und meiner Berufung als Staatssekretärin ins Bonner Bildungs- und Wissenschaftsministerium, rasch gemeinsame Zielvorstellungen zu vereinbaren.

Walter Scheel bot mir also das Amt einer beamteten Staatssekretärin im Bundesministerium für Bildung und Wissenschaft an, und Anfang Dezember – in Hessen hatte die neugebildete Landesregierung (die schon wenig später in allerlei Turbulenzen geriet) gerade erst ihre Arbeit aufgenommen – zog ich in mein großes komfortables neues Dienstzimmer im 17. Stock des Hochhauses am Tulpenfeld in Bonn ein.

Ich nahm viele freundliche »Nachrufe« – sogar von der Lehrergewerkschaft – und viele gute Erinnerungen mit nach Bonn.

Im Vergleich zu Hessen war äußerlich alles wie im Schlaraffenland. Ich wurde drei Stufen höher besoldet und hatte mancherlei Privilegien – zum Beispiel einen persönlichen Referenten, ein riesiges Vorzimmer mit zwei Sekretärinnen, zwei Telefonen und einem eigenen Fotokopierer. Die »Nestwärme« meiner Wiesbadener Zeit aber vermißte ich.

In Bonn bestimmten schon damals Hektik, ständige Machtkämpfe und Anonymität das politische und leider auch das zwischenmenschliche Klima.

Mein neuer, parteiloser Minister, Professor für Tunnelbau an der Technischen Hochschule Karlsruhe, war *Hans Leussink*, zuvor Vorsitzender des Deutschen Wissenschaftsrates. Auf Anraten seines Freundes *Ernst Schütte* hatte er vor meiner Berufung bei meinem Mann brieflich »um meine Hand angehalten« und dabei versichert, er könne zwar *Ludwig Thoma* nicht auswendig zitieren, würde es aber nachholen und bei einem baldigen Besuch bei der Familie *Hamm* nachweisen. Daraufhin stimmte die Familie meinem Wechsel zu.

Leussinks Besuch bei uns zu Hause fand allerdings erst sehr viel später statt, und von *Ludwig Thoma* war dabei auch nicht die Rede. Vielmehr lernten die Familien sich bei einem feuchtfröhlichen Gelage kennen. Die Männer verstanden sich prächtig . . .

Ich enthielt mich. Für mich bedeutete der Wechsel vom feinsinnigen, klassisch hochgebildeten, jederzeit ansprechbaren *Ernst Schütte* zum arbeitswütigen, polternden, gegen Mitarbeiter gelegentlich rücksichtslosen und wenig zugänglichen *Hans Leussink* eine große Umstellung, die ich mit Arbeitswut zu überbrücken versuchte.

Meine neuen Aufgaben absorbierten mich so total, daß ich darüber versäumte, in Fraktion und Regierung politisch und persönlich festen Fuß zu fassen. Als beamteter Staatssekretär in Bonn gehörte man sowieso ins zweite Glied. Auch an Fraktionssitzungen durften sie nur ausnahmsweise teilnehmen, so daß ich nur wenige FDP-»Kollegen« näher kennenlernte.

Auch durfte ich – anders als in Hessen – nur bei Abwesenheit meines Ministers an Kabinettssitzungen teilnehmen, und die wenigen Male waren dann zumeist desillusionierend. Die sozialdemokratischen Minister *Karl Schiller* (Wirtschaft), *Alex Möller* (Finanzen) und *Helmut Schmidt* (Verteidigung) stritten unaufhörlich mit- und gegeneinander über wirtschafts- und finanzpolitische Fragen. Der Kanzler lehnte zunehmend wortkarg in seinem etwas erhöhten Stuhl, und wenn nicht der Vizekanzler und Außenminister *Walter Scheel* mit unerschütterlich fröhlichem Gemüt immer wieder eingegriffen hätte (auch in die geheimnisvollen Verhandlungen des damaligen Staatssekretärs *Egon Bahr* mit Moskau), ich hätte der Koalition kein besonders langes Leben – ganz bestimmt kein dreizehnjähriges – prophezeit.

Aber da waren auch wir »Jungen«, und – damals eine Sensation – endlich auch wir drei Frauen (eine weitere Staatssekretärin hatte nach kurzer Zeit das Handtuch geworfen), eine Ministerin und zwei Staatssekretärinnen, *Käte Strobel*, *Katharina Focke*, später *Marie Schlei* und ich, die wir uns gut verstanden und von dem »Bonner Machtwechsel« und der Chance des

Zum erstenmal vier Frauen im Kabinett: Hildegard Hamm-Brücher, Brigitte Freyh, Käte Strobel und Katharina Focke

Neubeginns begeistert und beflügelt waren. Von den Männern waren es vor allem *Klaus von Dohnanyi, Ralf Dahrendorf, Erhard Eppler, Philip Rosenthal*. Wir meinten es ganz ganz ernst mit dem »mehr Demokratie wagen«.

In der FDP-Bundestagsfraktion gab es von allem Anfang an Spannungen zwischen Gegnern und Befürwortern der Politik der sozial-liberalen Koalition, insbesondere ihrer Ost-Politik. Nach und nach spaltete sich der rechte Flügel um *Erich Mende, Siegfried Zoglmann* und *Achenbach* ab. Die Krise spitzte sich ab 1970 zu, hatte vier verlorene Landtagswahlen zur Folge und führte 1972 zu Fraktionsaustritten und Überwechseln zur CDU/CSU, bis die Mehrheit der sozial-liberalen Koalition dahingeschmolzen war.

Über der Bildungspolitik der sozial-liberalen Koalition stand der Satz aus der Regierungserklärung von *Willy Brandt*: »Die Schule der Nation ist die Schule« (also nicht – wie in überlieferter Tradition – das Militär). Wobei ich das Wort »Nation« lieber mit »Demokratie« ersetzte: *Die Schule der Demokratie ist die Schule*! Das war meine Devise.

Dafür mußte geplant werden. Meine erste Aufgabe war es, die noch in der großen Koalition beschlossenen neuen Grundgesetz-Artikel 91 a Absatz 1 Ziffer 1 und Artikel 91 b* in den Bereichen der nun von Bund und Ländern gemeinsam zu gestaltenden Bildungsplanung, im Hochschulbau und der Forschungsföderung in konkrete Formen der Zusammenarbeit zwischen Bund und Ländern umzusetzen.

Für diese neuen Aufgaben mußte im »Bundesministerium für Bildung und Wissenschaft« eine neue Abteilung für »Bildungsplanung« aufgebaut und die Hochschulabteilung des Ministeriums kräftig ausgebaut werden.

Beides gelang über alle Erwartungen rasch. Die gegen den Widerstand der CDU-Opposition neugeschaffenen Planstellen wurden ausgeschrieben, und es meldeten sich engagierte Jung-Talente aus der ganzen Bundesrepublik, die später Hochschulkarriere machten oder wie beispielsweise *Horst Harnischfeger* Generalsekretär des Goethe-Instituts oder wie *Siegfried Hummel* Kulturreferent in München wurden.

Mit der Ausgestaltung der dürren Verfassungstexte zu konkreter Politik war ich in meinem Element. Ich schuftete an Entwürfen, Stellungnahmen und Ideenskizzen, manchmal fast rund um die Uhr. Meinen Fahrer – eine rheinische Frohnatur,

---

* Art. 91 a Abs. 1 Ziffer 1: »Der Bund wirkt auf folgenden Gebieten bei der Erfüllung von Aufgaben der Länder mit, wenn diese Aufgaben für die Gesamtheit bedeutsam sind und die Mitwirkung des Bundes zur Verbesserung der Lebensverhältnisse erforderlich ist (Gemeinschaftsaufgaben): 1. Ausbau und Neubau von Hochschulen einschließlich der Hochschulkliniken.«

Art. 91 b: »Bund und Länder können auf Grund von Vereinbarungen bei der Bildungsplanung und bei der Förderung von Einrichtungen und Vorhaben der wissenschaftlichen Forschung von überregionaler Bedeutung zusammenwirken. Die Aufteilung der Kosten wird in der Vereinbarung geregelt.«

getreu bis heute – schickte ich abends oft nach Hause und schlief für wenige Stunden auf dem Sofa meines kleinen, mit Schrank und Waschtisch ausgestatteten Ruheraums (ein in Wiesbaden nicht gekannter Luxus). Meine engsten Mitarbeiter, der ideenreiche *Hans Herbert Wilhelmi* und meine »rechte Hand« *Elisabeth Schmidt*, die mich fortan bis 1990 durch alle Dienstorte und Tätigkeiten begleitete, standen mir, ohne je auf die Uhr zu blicken, unermüdlich zur Seite.

Einige junge, verheißungsvolle Journalisten wie *Udo Bergdoll* (»Süddeutsche Zeitung«), *Nina Grunenberg* und *Gunter Hofmann* (heute beide »DIE ZEIT«) fanden unsere bildungspolitischen Vorhaben sehr spannend und berichteten ausführlich. Bildungspolitik war das innenpolitische Thema Nummer eins (leider nur kurze Zeit).

Alles in allem: Während der ersten anderthalb Jahre war ich auch in Bonn – trotz mancher Schwierigkeiten und Ärgernisse – mit meinen Aufgaben und Möglichkeiten voll im Reinen. Sogar mit meiner eigenen Partei, die sich unter *Walter Scheel* und mit unserer geistig-politisch erneuerten Führungsmannschaft – an der Spitze *Karl-Hermann Flach* als Generalsekretär – zu einer unverwechselbaren liberalen Identität gemausert hatte. Unsere neuen Programme beflügelten uns, vor allem bei jungen Menschen gewannen wir Sympathien und alsbald auch neue Wähler, zunehmend auch Wählerinnen.

Zu all dem konnte und wollte ich in meinem Arbeits- und Amtsbereich mein Scherflein beitragen:

Zuerst schrieb ich, wie in der Regierungserklärung angekündigt, unterstützt von meinen nach und nach eintreffenden neuen Mitarbeiter/Innen, den »*Bildungsbericht '70*«. Er war die erste und ist bis heute die einzige gesamtstaatliche Konzeption für ein offenes, chancengerechtes, demokratisches Bildungssystem vom Kindergarten bis zur Erwachsenenbildung geblieben. Er baute auf dem (heute leider vergessenen) Bildungsgesamtplan des Deutschen Bildungsrates auf und wurde durch Berechnungen und Fortschreibungen von Schüler- und Studentenzahlen, Lehrerbedarf und Kosten ergänzt.

Damals galt international ein Anteil der Bildungsausgaben am nationalen Bruttosozialprodukt von 5 Prozent als erforderlich. Diese 5 Prozent haben wir in der reichen Bundesrepublik nur einmal, 1980 mit 5,22 Prozent, erreicht! Vorher und hinterher krebsten wir immer bei etwa 4 Prozent. Bis heute! (vgl. Zweiter Teil, III.3.)

Da ich kein Fachbuch schreibe, nur soviel: Der »*Bildungsbericht '70*« fand überwiegend Zustimmung – auch bei den Bundesländern, und es gelang überraschend schnell, für seine Umsetzung und zur Konkretisierung des bereits zitierten Grundgesetz-Artikels 91 b eine sogenannte »*Bund-Länder-Kommission für Bildungsplanung und Forschungsförderung*« ins Leben zu rufen. Mit der bis dahin nicht gekannten Zusammenarbeit zwischen Bund und Ländern konnte schon im Sommer 1970 begonnen werden. Zu dieser Zeit gab es sowohl zwischen Bund und Ländern als auch zwischen CDU- und SPD-geführten Ländern – (wohl auch unter dem Druck der Studenten- und Schülerunruhen) – einen weitgehenden Konsens, daß Bildungsplanung, Hochschulbau und Wissenschaftsförderung gesamtstaatliche Aufgaben seien, die eine Zusammenarbeit zwischen dem Bund und den Ländern voraussetzen, und daß es darauf ankäme, die diesbezüglichen Versäumnisse und Rückständigkeiten rasch und gemeinsam aufzuholen.

Im Vorsitz der Bund-Länder-Kommission wechselten sich Bund- und Ländervertreter ab, man trickste sich damals (noch) nicht parteipolitisch aus. Vor allem war es der damalige rheinland-pfälzische CDU-Kultusminister *Bernhard Vogel*, heute Ministerpräsident in Thüringen, der zu dieser sachlichen, vernünftigen und fairen Kooperation beitrug.

Leider erlahmte dieser Elan zu meiner wachsenden Enttäuschung bei den ersten auftauchenden Schwierigkeiten in puncto Reformtempo und Reformkosten, sowohl innerhalb der Bundesregierung als auch bei meinem eigenen parteilosen Minister, dem zunehmend auch der Rückhalt einer Partei und vor allem (Durch-)Stehvermögen fehlten. So kam es, daß wir - trotz heiliger Schwüre untereinander - ab etwa Mitte 1971 zentimeterweise sowohl von unseren finanziellen Forderungen abrücken mußten als auch inhaltliche Zugeständnisse an die CDU/CSU-regierten Länder erforderlich wurden.

Als schließlich auch noch das anfängliche Interesse des Bundeskanzlers *Brandt* an Bildungsreformen rapide nachließ (zugegeben: die wachsenden Probleme der Entspannungspolitik und seine bröckelnde Gefolgschaft in den eigenen Reihen machten ihm schwer zu schaffen), da begann ich zu spüren, daß der große gesellschaftspolitische Aufbruch erlahmte, noch bevor die anfangs beschriebenen Reformen wirklich auf den Weg gebracht worden waren.

Meine damalige Stimmung schwankte zwischen Enttäuschung, Zorn und »Dennoch-Sagen«. - In zwei kleinen Büchern - 1972 in »Unfähig zur Reform?«[17] und 1975 in »Bildung ist kein Luxus«[18] - habe ich mir meinen Frust von der Seele geschrieben und dennoch weitergearbeitet. Aber es waren wohl nur noch mehr oder weniger trotzige Nachhutgefechte, die den heutigen Leser wahrscheinlich nicht mehr sonderlich interessieren.

Auf der Strecke blieb auch die große Hochschulreform mit dem Ziel eines gegliederten und differenzierten »Tertiären Bildungsbereichs«. Nach den ersten erfolgversprechenden Ansätzen für ein bundesweit gemeinsames »*Hochschulrahmengesetz*« konterkarierten die unterschiedlichen Forderungen der Länder das ursprüngliche Konzept. Ein Entwurf nach dem anderen wurde im Laufe der Beratungen immer weiter verwässert, bis der »Rahmen«, den der Bund vorgeben sollte, so dehnbar wurde, daß Länder wie Bayern in ihren späteren Ausführungsgesetzen fast alles beim sogenannten »bewährten Alten« lassen konnten. Auch die erforderlichen Studienreformen scheiterten zumeist an␣inneruniversitären Widerständen und Interessen. Damit wurde der Keim zur heute wieder aufgebrochenen, neuerlich verschleppten Hochschulmisere gelegt. Leider hatte der Bund daran nicht unwesentlich Anteil.

Der Vollständigkeit halber sei noch berichtet, daß ich Anfang 1972 einen »Plan« erarbeitete, der als Alternative zum damals eingeführten, nach Abiturnoten-Dezimalen kontingentierten Zulassungssystem für Studienplätze in sogenannten »Numerusclausus-Fächern« (vor allem für Medizin) gedacht war. Als Modell für meinen »*Hamm-Brücher-Plan*« nahm ich das angelsächsische Modell eines in sich gestuften Hochschulsystems. Für den Zugang sollte nicht die letzte Dezimale der Schulnoten und eine bürokratische Zuteilungsbehörde entscheiden, sondern die im Studiensystem erbrachten Leistungen.

Der »*Hamm-Brücher-Plan*« hatte das gleiche Schicksal wie andere Pläne anderer Reformer. Anfangs fand er viel Resonanz, wurde heftig diskutiert, später sogar wiederholt in Vorschlägen des Wissenschaftsrats aufgegriffen ... An der Reform-Kraft zur Umsetzung hat es aber immer gefehlt. Alle Reformpläne verstaubten und wurden zu Staub.

Der H.-B.-Plan war der letzte von vielen (nun im Münchner Institut für Zeitgeschichte archivierten), von mir über einen Zeitraum von zwanzig Jahren erarbeiteten Reformplänen (vgl. Zweiter Teil, III.3.).

Meine ersten Bonner Jahre gingen im April 1972 zu Ende. Äußerer Anlaß für meinen »Rück-Zug« nach Bayern war mein größter, heute legendärer Wahlsieg bei den bayerischen Landtagswahlen im November 1970.

Zu meiner Kandidatur hatte ich mich von dem wegen schlechter Wahlergebnisse in arge Bedrängnis geratenen Bundesvorsitzenden *Walter Scheel* buchstäblich breitschlagen lassen. Die Bildung der Koalition mit den Sozialdemokraten war der FDP nämlich zunächst alles andere als gut bekommen: Parteiaustritte, fast keine Spenden aus der Wirtschaft, Gegner oder mindestens Skeptiker der Ost- und Entspannungspolitik bis in die Parteispitze waren die Folge. Und schlimmer noch: Wir waren im Laufe des Jahres 1970 bei Landtagswahlen aus drei Länderparlamenten wegen der Unterschreitung der Fünf-Prozent-Hürde herausgeflogen.

Für die letzte Landtagswahl des Jahres 1970 in Bayern (wo wir ja, wie berichtet, bereits 1966 gescheitert waren) konnte es nun nur noch darauf ankommen, nicht schlechter abzuschneiden als 1966. Einen »Achtungs(miß)erfolg« zu erringen, war die Devise. Ein Erfolg schien ausgeschlossen. Die bayerische FDP war damals kaum noch existent, und ihre Reste waren total zerstritten.

Der dort zunächst noch amtierende Landesvorsitzende *Dietrich Bahner* war aus der FDP ausgetreten und hatte eine eigene, kurzlebige Rechtspartei gegründet. Landwirtschaftsminister *Joseph Ertl* – populärer Bundestagsabgeordneter aus Bayern, der noch in der Wahlnacht 1969 verkündet hatte, eher solle ihm die Hand verdorren, als daß er sich mit dem »Vaterlandsverräter« *Brandt* in eine Koalition setzen würde (dies dann aber dennoch – und zunehmend gerne – tat und als »Bruder Josef« in die Kabinettsgeschichte der sozial-liberalen Koalition einging) –, er wurde ganz einfach krank und fiel für den scheinbar chancenlosen bayerischen Wahlkampf aus.

In dieser schier hoffnungslosen Situation erinnerte man sich der erfolgreichen Wahlkämpferin und nun auch erfolgreichen Staatssekretärin, des »einzigen Mannes« in der bayerischen FDP: Die H.-B. mußte ran. Ich kandidierte, statt wie bisher in München und Oberbayern, nun im mir fast völlig fremden nordbayerischen, konservativen und protestantischen Mittelfranken. Dort kam es darauf an, die Zehn-Prozent-Hürde zu überspringen, um in den Landtag zurückzukehren.

Kleinanzeigen in mittelfränkischen Zeitungen

Mein Bonner Minister *Leussink* hatte Verständnis für die Misere der FDP und die Notwendigkeit, in Bayern wenigstens einen »Achtungs(miß)erfolg« zu erzielen. So beurlaubte er mich für drei Monate von jeweils Donnerstag abend bis Montag früh. Meine Familie bekam mich kaum noch zu sehen, sie ertrug es aber wie immer – ab und an liebevoll »grantelnd«.

Über diesen unkonventionellsten und engagiertesten aller Wahlkämpfe meines Lebens und den unerwartet sensationellen Wahlsieg ist viel berichtet worden, nicht aber, wem ich diesen Erfolg – abgesehen vom eigenen Engagement – zu verdanken hatte.

Das war ein junger Mann namens *Hildebrecht Braun* (später langjähriger, angesehener Münchner Stadtrat, heute Bundestagsabgeordneter), den ich Jahre zuvor als Schulsprecher des Windsbacher Gymnasiums kennengelernt hatte. Er war der Sproß einer angesehenen und weitverzweigten, urprotestantischen mittelfränkischen Familie, die von ihm – bis zu den entferntesten Verwandten – zur Gründung von Wählerinitiativen »Hamm-Brücher zum Kultusminister« und zum Plakatekleben »Frischer Wind in Bayern« (mit meinem geschönten Konterfei) eingespannt wurde. Sogar Pfarrer halfen mit.

Zu guter Letzt gab es in Mittelfranken an die dreißig solcher H.-B.-Initiativen, die mich auf Radltouren durch Städte und über Land begleiteten, die witzige Kleinanzeigen entwarfen (»Junger Mann, 22 Jahre: Wenn Sie wissen wollen, weshalb ich die H. B. wählen werde, rufen Sie mich an. Tel . . .« – Der Erfolg für den jungen Mann war durchschlagend!), die Knüttelverse schmiedeten, Frauentreffen mit Kinderbetreuung (damals neu) und Infostände auf Straßen und Plätzen (damals auch neu) organisierten.

Außerdem gab es noch eine kleine Mannschaft von Parteifreunden, vor allem Jungdemokraten, die von der in der Koalition erneuerten FDP angelockt, begeisterten Einsatz leisteten. »Hildegard ist unser Mann« lautete eine Parole.

In einem unheizbaren Turmzimmer der Nürnberger Burg wurde auf 10 qm unser Hauptquartier errichtet. Die blutjunge Landesvorsitzende der Jungdemokraten, *Karin Marquart*, war es, die die Idee hatte, Wählerinitiativen »H.-B. zum Kultusminister« auch außerhalb Mittelfrankens zu gründen, was sich zu guter Letzt bayernweit günstig auf das Gesamtwahlergebnis auswirkte.

Der Verlauf dieses Wahlkampfes, der von der Öffentlichkeit zunächst kaum beachtet, nach und nach aber durch Zeitungs- und Fernsehberichte unterstützt wurde, geriet bundesweit zur Sensation. Es standen uns kaum 40.000 DM zur Verfügung, wir hatten kein Wahlprogramm und keine Versprechungen der Art »für jeden etwas« vorzuweisen. – Am Ende gab es noch eine originelle Schlußveranstaltung auf der verschneiten Zugspitze mit einem völlig übermüdeten, aber desto engagierter redenden *Walter Scheel*, der gerade mit Polen den ersten Warschauer Vertrag unterzeichnet hatte, und mit einem Slalom-Wettbewerb

Der Sensationswahlkampf in Bayern 1970

unter Teilnahme der – trotz eines Sturzes am Steilhang – siegreichen Spitzenkandidatin.

Am Wahlsonntag, am 22. November 1970, war ich von den Wahlkampfstrapazen – bis zu acht Auftritte pro Tag – und von gelegentlichen anonymen Drohungen, mir Säure ins Gesicht zu schütten (weshalb ich einen besonders aufmerksamen Leibwächter erhielt, der zur Not auch mal half, Wahlzettel zu verteilen), so total erschöpft, daß ich nicht einmal die Wahlergebnisse abwarten wollte (Hochrechnungen gab es damals noch nicht).

Um 18 Uhr legte ich mich schlafen. Erst als mich mein Mann kurz vor Mitternacht weckte, die Presse rufe dauernd an, wir würden in Mittelfranken über 10 Prozent liegen, sauste ich frisch und munter in den Landtag, den ich ja eigentlich nie mehr hatte wiedersehen wollen. Mehr als 100.000 persönliche Zweitstimmen bei insgesamt etwas über 200.000 FDP-Stimmen hatte ich errungen und damit das 12,6-Prozent-Ergebnis, ein einmaliges »mittelfränkisches Wahlwunder«, bewirkt.

Als ungewollter Wahlhelfer hatte sich übrigens kein Geringerer als *Franz Josef Strauß*, damals Landesvorsitzender der CSU und (noch) nicht Bayerischer Ministerpräsident, erwiesen. Er hatte mich in seinen täglichen Wahlkampfreden süffisant als eine »Krampfhenne« und die FDP als überflüssig »wie einen Kropf« tituliert, die ohne jede Erfolgschance sei, was natürlich in der Presse genüßlich ausgebreitet wurde, mir aber statt Spott Sympathien und zusätzliche Stimmen einbrachte.

Als ich mich nach erfolgreicher Wahl später einmal bei ihm spöttisch-artig für diese ungewollte Wahlhilfe bedankte, bekam ich die frappierende Antwort: »Ich war schon immer dafür, daß die FDP wieder in den Landtag kommt!« Ich war baff: FJS als Wahlhelfer für die von der CSU bestgehaßte H.-B.! Aber so sprach er, ließ jedoch später wiederum ungeniert zu, daß uns das Leben im Landtag als zehnköpfige FDP-Fraktion (nach 1974 als neunköpfige Nicht-Fraktion) seitens der CSU so schwer und schikanös als möglich gemacht wurde. Seine Begeisterung für die liberale Ausprägung der von ihm für die CSU reklamierten »liberalitas Bavariae« hielt sich lebenslang in Grenzen. – Das bekam ich wenige Wochen nach meinem Wahlerfolg auch in Bonn zu spüren:

Bei den Haushaltsberatungen im Februar 1971 beantragte die CDU/CSU-Fraktion, meine Staatssekretärsstelle »ersatzlos« zu streichen, was vom bayerischen CSU-Abgeordneten *Albert Probst* damit begründet wurde, daß Frau Hamm-Brücher nicht »neben ihrer Eigenschaft als Frau und Mutter auch noch die Funktionen einer Staatssekretärin und Landtagsabgeordneten ausüben« könne. Dieser fürsorgliche CSU-christliche Antrag wurde am 11. Februar im Bundestag zu mitternächtlicher Stunde per »Hammelsprung« mit zweihundertsechzehn gegen einhundertsiebenundfünfzig Stimmen abgelehnt.

Das Jahr 1970 hatte für mich und alle Beteiligten also sehr erfolgreich geendet. Die Folgen waren allerdings weniger erfreulich. Mein persönlicher Wahlerfolg war zwar so etwas wie ein Höhepunkt in meinem an Höhen und Tiefen reichen politischen Leben, ich mußte mir aber sehr bald schon auch seiner schmerzlichen Konsequenzen bewußt werden:

Einerseits wollte ich meine Verpflichtungen gegenüber meinen bayerischen Wählerinnen und Wählern, die mich mit Begeisterung und Erwartungen überschütteten, gewissenhaft erfüllen, andererseits aber wollte ich mein Bonner Amt, das mir mittlerweile ans Herz gewachsen war, wenigstens vorläufig nicht aufgeben . . . Beides aber ließ sich auf Dauer nicht durchhalten. Ich mußte mich entscheiden.

In Bonn hatte ich, abgesehen von meinen bildungspolitischen Grabenkämpfen zwischen Bund und SPD/FDP-regierten Ländern einerseits und CDU- und CSU-regierten Ländern andererseits, begonnen, auf der europäischen und internationalen Bühne Fuß zu fassen – Hochschulkooperation im

EG-Bereich, Berufsbildungs- und Erwachsenenbildungsprojekte.

Im Februar 1971 trat ich auf Einladung des Weizmann-Instituts in Rehovot meine erste Israel-Reise an. Es wurden erste Vereinbarungen zur Zusammenarbeit und Kontakte in allen Bereichen getroffen. Höhepunkt: ein Gespräch mit der Premierministerin *Golda Meir.* Hochachtung und Bewunderung meinerseits. Offenes Interesse, am Ende Herzlichkeit ihrerseits.

Bonn – München – Brüssel, Bayerisches – Nationales – Internationales, das konnte auf Dauer nicht gutgehen, wie mein Mann bald feststellte. Damit sollte er recht behalten. Es erwies sich als unmöglich, beide Aufgaben miteinander zu vereinbaren, das bekam ich in den folgenden achtzehn Monaten sowohl in Bonn als auch in München zunehmend schmerzhaft zu spüren. Die ständige Hin- und Herfahrerei zwischen dem Bonner Schreibtisch und Münchner Landtagssitzungen (zumeist im Schlafwagen) hatte Erschöpfung, Nervosität und politischen Vitalitätsverlust zur Folge.

Mit der israelischen Ministerpräsidentin Golda Meir 1971 in Tel Aviv

Zudem wurden in Bonn im Laufe des Jahres 1971 bei unseren Reformvorhaben die ersten Bremsspuren sicht- und spürbar. Ich mußte mir eingestehen, daß ich die Meßlatte hierfür wohl zu hoch gelegt und unsere Regierungserklärung zu wörtlich genommen hatte. Weder die Koalition noch meine Partei, selbst mein Minister fanden unsere Reformen für wichtig genug, um bei Streitpunkten mit der CDU/CSU-Opposition und den von ihr regierten Ländern wirklich »Flagge zu zeigen«. Dabei hätte es schon genügt, uns, den wenigen nach wie vor entschlossenen Reformern, den Rücken freizuhalten und zu stärken. Aber selbst die wurden weniger und zersplitterten sich in »Pragmatiker«, die (wie ich) nicht aufgeben, vielmehr in kleineren Schritten weitermachen wollten, und »Ideologen«, die nun vollends in ideologisch fixierte, utopische linke Positionen abdrifteten.

Beide Reform-Lager zerstritten sich untereinander zum Beispiel über die Frage, ob und wie viele Gesamtschulen per Gesetz oder freiwillig errichtet werden sollten, ob die studentische Mitbestimmung »paritätisch« oder auf 25 Prozent begrenzt werden sollte usw...

Teile unserer Reformpläne, von mir auf demokratischen Konsens angelegt, drohten buchstäblich »Rote Tücher« und damit für konservative Parteien vollends unannehmbar zu werden.

Vor allem aber fehlte es bei den verantwortlichen Regierungs- und Parteispitzen an politischer Entschlossenheit und an Durchstehwillen. So kam es, daß die 1970 neugeschaffenen Beratungsgremien für Bildungsplanung auf »Beamtenebene« dahinschlingerten, die Finanzminister auf den Plan riefen, die kräftig auf die Geldbremse traten, und das öffentliche Interesse angesichts des Hickhacks erlahmte. Minister *Leussink* kungelte zusehends mit den CDU-Ländern.

Bedauerndes Achselzucken rundum wurde zum Symbol, mit dem sich das Ende der Reform-Ära ankündigte. Was hätte ich daran noch ändern können?

Ende 1971 entschied ich mich für die Rückkehr nach Bayern. Mein Abschiedsbesuch bei Bundeskanzler *Willy Brandt* verlief wie ein Trauerfall: Ich war traurig und enttäuscht über das mangelnde Stehvermögen der Koalition und sagte ihm das. Er war aber mit seinen Gedanken offensichtlich ganz woanders.

Auch in der Folgezeit, verstärkt nach der Wende 1982, gab der Bund seine Ende der sechziger Jahre durch die beschriebenen Verfassungsänderungen errungenen Möglichkeiten zu einer fruchtbaren gesamtstaatlichen Zusammenarbeit zwischen Bund und Ländern allmählich wieder preis. Man wollte sich auf diesem scheinbar unfruchtbaren Felde nicht »verkämpfen« und überließ Bildungsplanung wieder den Ländern, sicher sehr zum Nachteil notwendiger gesamtstaatlicher und – zunehmend wichtig – auch europäischer Zusammenarbeit.

Im Januar 1973 versuchte ich nun als Fraktionsvorsitzende im Bayerischen Landtag mit einem Aufruf in der »ZEIT« einen letzten großen Aufschrei gegen den Rückzug des Bundes aus seiner gesamtstaatlichen Verantwortung für die Bildungspolitik. Vergeblich! Die partikularen Eigeninteressen waren und blieben stärker. Eine vernünftige Kooperation blieb auf der Strecke.

Bevor ich mein Bonner Amt im Mai 1972 verließ, gab es noch ein bildungspolitisch bedeutsames und für mein bildungspolitisches Konzept ermutigendes Ereignis: Das sogenannte »Länder-Examen« der OECD für die Bundesrepublik.

Zur Erklärung: Bildungspolitik war seit den sechziger Jahren – anders als heute – auch international ein großes Thema! Sowohl in den westlichen Demokratien als auch im kommunistischen Machtbereich war ein regelrechter Wettstreit um Wachstum und Reformen im Bildungs- und Hochschulbereich entbrannt. Die Entdeckung und Förderung von Begabungsreserven war das Ziel.

Delegationsleitung beim OECD-Länder-Examen durch Hildegard Hamm-Brücher und dem damaligen Ministerpräsidenten von Rheinland-Pfalz, Bernhard Vogel. Rechts neben mir: Min. Dir. Dr. Böning und Prof. H. Becker

Um hierüber einen besseren Einblick und Vergleichsmöglichkeiten zu erhalten, hatten sich die Mitgliedsstaaten der OECD verpflichtet, ihre Bildungssysteme im Hinblick auf Strukturen, Zugänge, Abschlüsse und Inhalte von sachkundigen und neutralen Prüfern »examinieren« zu lassen. 1971 war die Bundesrepublik an der Reihe. Der Prüfungsbericht war alles andere als ein Ruhmesblatt für unser Land. Für uns Reformer aber bedeutete er eine volle Bestätigung für unsere im »*Bildungsbericht '70*« niedergelegten Zielsetzungen.

Alles, was wir uns seit Ende der sechziger Jahre vorgenommen hatten, aber nicht oder nur mühsam verwirklichen konnten, stand nun als Monitum im offiziellen Prüfungsbericht der OECD nachzulesen. In einer zweitägigen Sitzung in Paris am 29. und 30. November 1971 wurde er vor dem Mitgliederforum der OECD verhandelt. Die OECD-Prüfer waren als einschlägige Fachleute die Minister *Alain Peyrefitte* (Frankreich) und *Embling* (England) sowie die Professoren *Husén* (Schweden), *Noah* und *Stern* (USA).

Die deutsche Delegation wurde gleichberechtigt von Kultusminister *Bernhard Vogel* für die Länder und für die deutsche Bundesregierung von mir geleitet. Bei Prüfern und Geprüften (zumindest bei dem Teil Bundesregierung) bestand politisches Einvernehmen darüber, welch enormen quantitativen und qualitativen Nachholbedarf das deutsche Bildungssystem noch hätte und wie sehr es darauf ankäme, die im »*Bildungsbericht '70*« der Bundesregierung niedergelegten Ziele vollständig zu verwirklichen.

Für mich persönlich bedeutete das OECD-Votum zwar Bestätigung und Ermutigung, aber auch Katzenjammer: Wer würde sich, nach meinem Weggang aus Bonn, noch von internationalen Prüfungsberichten beeindrucken lassen? Wer sie politisch offensiv nutzen?

Buchstäblich niemand! Der für uns doch weiterführende OECD-Bericht verstaubte alsbald in den Registraturen von Bund und Ländern, und Minister *Hans Leussink* entschwand Ende 1971 in einen Urlaub, von dem aus er seinen Rücktritt bekanntgab!

Großes Rätselraten über seine wirklichen Gründe. Meines Erachtens war es dem gelernten Tunnelbauer, nunmehr Minister – pensionsberechtigt, angesichts der politischen Realitäten einfach zu mühsam, die harten bildungspolitischen Bretter weiterzubohren. In einem »vertraulichen Vermerk« an die FDP-Führung hatte ich festgestellt:

»Am 25. November 1971 hatte ich von etwa 20.00 bis 22.00 Uhr mit Bundesminister Leussink eine ausführliche Aussprache über die seit Sommer 1971 immer wieder und zunehmend auftretenden Meinungsverschiedenheiten über den von ihm vertretenen bildungspolitischen Kurs.

Ich versuchte zunächst, die Besonderheit meiner Position darzustellen, die sich aus der politischen Konstellation des

Bundesministeriums für Bildung und Wissenschaft mit einem parteilosen Minister, einem SPD-Parlamentarischen Staatssekretär und einem FDP-beamteten Staatssekretär ergibt. In einer solchen Konstellation sei eine vertrauensvolle Zusammenarbeit nur dann und nur so lange gewährleistet, als eine gemeinsame politische Linie gefunden und vertreten werde. Dies sei zunehmend leider nicht mehr der Fall. Daraus resultiere für mich der Konflikt, sowohl dem Minister als auch meiner Partei, die mich in dieses Amt delegiert habe, zur Loyalität verpflichtet zu sein...

Von dieser vereinbarten Linie sei der Minister in den letzten Monaten zusehends abgewichen, ohne dies zuvor oder zwischenzeitlich mit der FDP abzustimmen. Ich sprach von einem klaren ›Kurswechsel‹, während der Minister einen ›Knick in der vereinbarten Linie‹ zugestand. Wie dem auch sei, ich bedauerte, daß es zu einem Grundsatzgespräch mit der FDP bisher nicht gekommen sei.

Ich hätte mich seit Sommer 1971 wiederholt verpflichtet gefühlt, auf die verschiedenen Divergenzpunkte schriftlich und mündlich aufmerksam zu machen. Ich würde heute neuerlich darum bitten, vor einer Entscheidung über die künftige Zusammenarbeit die Grundsatzfrage des bildungspolitischen Kurses mit den führenden Vertretern der FDP zu erörtern. Dies sei auch eine ausdrückliche Bitte von Herrn Scheel vor seiner Abreise in die UdSSR gewesen.

Minister Leussink entgegnete darauf, daß er meine Einstellung bezüglich meiner Position nicht teilen könne. Ein beamteter Staatssekretär habe, grob gesagt, immer ›zu parieren‹ und den Weisungen seines Ministers ›blind‹ zu folgen. Er könne sich nicht bereit erklären, unsere politische Meinungsverschiedenheiten vor der FDP, quasi als vor einem Schiedsgericht, zu diskutieren. Erst wenn wir uns grundsätzlich entweder auf ›Unterwerfung‹ oder auf ›Trennung‹ geeinigt hätten, sei er auch zu einem Gespräch mit der FDP bereit. In unseren politischen Divergenzen habe seine ›Linie‹ die ausdrückliche Zustimmung des Bundeskanzlers gefunden.

Ich bedauerte neuerlich, daß der Minister nicht einverstanden sei, vor einer endgültigen Entscheidung eine Aussprache mit der FDP herbeizuführen. Da Minister Leussink aber formal im Recht sei und ich ein weisungsgebundener Staatssekretär, müsse ich mich fügen und darum bitten, einen Weg zu finden, um mein Ausscheiden aus dem Amt zu ermöglichen – und hierbei im Interesse aller Beteiligten und vor allem der Koalition so wenig als möglich politisches Aufsehen zu erregen. Herr Leussink schloß sich dieser Meinung an.

Wir vereinbarten dann folgendes:

1. Mit der Begründung meiner nicht mehr erträglichen Doppelbelastung als Landtagsabgeordnete und Staatssekretärin und der damit verbundenen körperlichen und zeitlichen Überlastung werde ich am 1. Mai 1972 aus dem BMBW ausscheiden.

2. Diese Entscheidung soll beiläufig – anläßlich einer der häufigen Anfragen bezüglich meiner Rückkehr nach Bayern – in die Presse einsickern und später offiziell bestätigt werden.

3. Nach dieser grundsätzlichen Entscheidung soll ein Spitzengespräch zwischen der FDP stattfinden. Entsprechend einer Vereinbarung mit Herrn Flach informierte ich Herrn Leussink darüber, daß die FDP aller Voraussicht nach keinen Nachfolger für mich vorschlagen würde, was ihm offenkundig nur recht war . . .«

Mein Vermerk blieb tatsächlich »geheim«, aber natürlich sickerte mein Entschluß an die Öffentlichkeit. *Nina Grunenberg* schrieb Anfang 1972 in der »ZEIT«:

»*Hildegard Hamm-Brücher kehrt Bonn den Rücken. Im Mai wird sie ihr Amt als Staatssekretärin im Ministerium für Bildung und Wissenschaft niederlegen. Die FDP, die ein Anrecht auf diesen Staatssekretärsposten hat, wird darauf verzichten, einen Nachfolger zu benennen. Mit dieser Entscheidung distanzieren sich Frau Hamm-Brücher und die Freien Demokraten von der unter der Federführung Hans Leussinks betriebenen Bildungspolitik des Bundes.*

Daß die FDP-Politikerin, als beamtete Staatssekretärin an die Weisungen des Ministers gebunden, in einen Loyalitätskonflikt geraten ist, war schon seit etlichen Monaten kein Geheimnis mehr. Deutlich wurde es während der Haushaltsverhandlungen, als dem Bildungsministerium die Planungsreserven gestrichen und Leussink damit das einzige politische Instrument aus der Hand geschlagen wurde, mit dem er die vor der finanziellen Pleite stehenden Länder noch zur Kooperation hätte reizen können...

Weil sie diese Politik nicht mehr mitverantworten will, tritt Hildegard Hamm-Brücher zurück. Sie hat den großen Konflikt vermieden, um Schaden für die sozial-liberale Koalition zu verhindern.«

Dem ist auch heute nichts hinzuzufügen.

Mittlerweile spitzte sich in der großen Politik die Auseinandersetzung über die Ostverträge zwischen Regierung und Opposition zu. Durch Austritte aus der FDP-Fraktion war die Regierungsmehrheit auf zwei Stimmen zusammengeschmolzen.

Nach dem im April gescheiterten Mißtrauensvotum gegen *Willy Brandt* kam es im November 1972 zu vorzeitigen Wahlen, die von den Koalitionsparteien SPD und FDP haushoch gewonnen wurden.

Auch sonst war es eine politisch unruhige Zeit. Die ersten Terroranschläge der damals sogenannten »Baader-Meinhof-Bande«, später RAF (Rote Armee Fraktion), und die so tragisch endenden Olympischen Spiele in München 1972 erschütterten uns alle.

Das alles ereignete sich rund um meinen Entschluß, von Bonn Abschied zu nehmen und mich ausschließlich für mein

Landtagsmandat in Bayern und den FDP-Fraktionsvorsitz (zum ersten Mal eine Frau in dieser Funktion in der Bundesrepublik) zu entscheiden. Die FDP erhoffte sich davon neuen Auftrieb über Bayerns Grenzen hinaus. Das gelang auch.

Hans Leussinks Amtsnachfolger, *Klaus von Dohnanyi*, versuchte zwar, mich in Bonn zu halten, ich ließ mich aber nicht mehr umstimmen.

Trotz meines »Korbes« berief er mich als Delegationsleiterin zu einer zehntägigen Studienreise hochkarätiger Bildungsexperten in die Sowjetunion vom 16. bis 26. April 1972 und zur UNESCO-Weltkonferenz für Erwachsenenbildung nach Tokio.

Diese zweiwöchige UNESCO-Konferenz in Tokio im Juli 1972 war einmalig in ihrer Art und beseelt von der Hoffnung, daß es gelingen könne, die Geißel Analphabetentum und die »Weltbildungsmisere« durch gemeinsame Anstrengungen der Weltgemeinschaft aller Staaten erfolgreich zu bekämpfen. Damals überwogen noch Optimismus, ansteckende Ermutigung und aufrichtige Solidarität. Diesen Empfindungen verlieh ich auch in meiner französisch gehaltenen, dennoch (oder deshalb?) freundlich aufgenommenen Abschlußrede – stellvertretend für die westeuropäischen Delegationen – Ausdruck.

Aber auch diese Hoffnung sollte sich in der Folgezeit als Illusion erweisen. Die wachsende Politisierung der UNESCO, vor allem die protektionistische Personalpolitik des senegalesischen Generaldirektors *Amadu Mahtar M'Bow*, ließ den Elan der Anfangsjahre und die Solidarität unter den Mitgliedsstaaten zwischen den siebziger und achtziger Jahren versiegen.

Mitte der achtziger Jahre stand die UNESCO kurz vor ihrem politischen und finanziellen Ruin. Damals habe ich als Bundestagsabgeordnete für ihren Erhalt und einen neuen Anfang gekämpft. Ich empfand und empfinde es als sehr bedauerlich, wie wenig es dieser Weltgemeinschaft gelingt, gemeinsame weltkulturpolitische Vorhaben als Instrumente der Verständigung und Vertrauensbildung – also als Welt-Friedenspolitik –

zu begreifen und in der Weltöffentlichkeit bewußtzumachen. Dazu brauchen wir eine UNESCO, die kein Austragungsort weltpolitischer Spannungen sein darf. Leider gelingt das nach wie vor trotz aller Bemühungen des derzeitigen Generalsekretärs *Frederico Mayor*, spanischer Biochemiker und Gelegenheitsdichter, noch nicht ausreichend. Abgesehen vom Geldmangel droht immer wieder die Bürokratisierung und damit Verkrustung der Programmarbeit.

Nach meinem Abschied von Bonn lud mich Bildungsminister *von Dohnanyi* als weiteres Zeichen seiner Anerkennung ein, im Oktober 1972 an seiner vierzehntägigen offiziellen Reise nach China (einer der ersten nach der Aufnahme der diplomatischen Beziehungen) teilzunehmen. Es wurde die wohl politisch interessanteste »Bildungsreise« meines ganzen Lebens.

China, kurz nach der Kulturrevolution, versuchte damals erste Kontakte mit der westlichen Welt neu zu knüpfen. Ich begann zu ahnen, wie entsetzlich der physische und psychische Terror dieser Revolutionsjahre gewesen sein mußte. Alles lag ausgepowert danieder, von der Schulorganisation bis zu den total zusammengebrochenen Universitäten. Lernen und körperliche Arbeit, das wurde von jedem – vom Vorschulkind bis zum Universitätsrektor – täglich verlangt. Selbstkritik bis zur Gehirnwäsche gehörte zum Alltag. Selbst meine liebenswürdige persönliche Dolmetscherin, die mir hingebungsvoll jeden Wunsch von den Augen ablas, übte diese Selbstkritik allabendlich vor mir, quasi als »Beichte«.

Alles war verpönt und unter Strafe gestellt, was auch nur im entferntesten an das China der Zeit vor *Mao* erinnerte. Jeder bespitzelte jeden.

Desungeachtet: Es gab hochinteressante Gespräche, Reisen durchs Riesenreich, Besichtigungen von Kolchosen, Krankenhäusern und Schulen, wo Kinder unter anderem mit Tränen in den Augen Akupunktur am eigenen Leibe oder beim Nachbarn üben mußten oder uns chinesische »Augengymnastik« und Schattenboxen vorführten. Sogar ungeplante Kaufhausbesuche waren möglich. Wir erhielten anschauliche Einblicke in den freudlosen, entpersönlichten chinesischen Alltag.

Ein Gruppenfoto mit *Deng Xiaoping* ist mir eine bleibende Erinnerung. Wir hatten ihn zweimal getroffen, wobei er am Thema Marktwirtschaft besonders interessiert war. Er erinnerte sich freundlich an seine Studienzeit in Heidelberg, zitierte *Hegel* und *Marx* und gab uns einen spannenden Bericht über den Verlauf der Kulturrevolution und sein eigenes Schicksal in der Verbannung als erfolgreicher Schweinezüchter. Was er in diesen Jahren an Demütigungen und Bedrohungen erlebt hatte, war ein schauriger Polit-Thriller.

Die Zähigkeit dieses Mannes, äußerlich von fast mickriger, innerlich aber imponierender Statur, sein Scharfsinn waren eindrucksvoll. Nicht ahnend, welche dominierende Rolle er – nach erneuter Verbannung – noch viele Jahre nach *Maos* Tod in China spielen würde, schrieb ich damals in meinem Abschlußbericht:

»Die Reise und die Gespräche, vor allem mit Deng, hinterließen die Einsicht, wie wenig wir über diesen Teil der Welt, seine Geschichte und Kultur, seine Vitalität und Entwicklungsfähigkeit wissen, und wie wenig wir uns – trotz Fernsehen und Tourismus – bemühen, das so lange Versäumte nachzuholen.«

Daran hat sich trotz florierender Wirtschaftsbeziehungen in den fast fünfundzwanzig Jahren seither kaum etwas geändert. Unser Einfluß ist – Gradmesser Menschenrechtsverletzungen – gleich Null.

China auf dem langen Marsch zur Weltmacht. Damals bekam ich eine erste Ahnung davon. Heute mehren sich die Anzeichen dafür. Aber wir haben es in unserer eurozentrischen Sicht wohl immer noch nicht ausreichend begriffen.

*

Ein Jahr nach der Kulturrevolution Oktober 1972.
Erste Reihe 3. v. l. Bildungsminister von Dohnanyi, Deng Xiaoping,
Frau von Dohnanyi, Staatssekretärin a. D. Hamm-Brücher

Ab Mai 1972 hatte mich der Bayerische Landtag wieder, nun als Staatssekretärin a. D. und Fraktionsvorsitzende der FDP in Bayern, teils freundlich, teils seufzend, teils lauernd begrüßt.

Die folgenden vier Jahre erinnere ich nachträglich als eine Art Verschnaufpause, aber auch als das, was man einen Karriereknick nennt. Denn immerhin war ich nun einundfünfzig Jahre alt, und von München aus konnte man bundespolitisch so gut wie nichts bewegen. In Bonn drängelten jetzt auch Jüngere in die Startlöcher, und es sah für eine eigenwillige Liberale meines Schlages kaum noch nach irgendeinem »Comeback« aus.

Danach stand mir eigentlich auch gar nicht mehr der Sinn, so meinte ich wenigstens. Ich war richtig glücklich, wieder ganz zu Hause zu sein, mehr Zeit für Mann und Kinder, Haus und Garten zu haben. Sohn *Florian* stand kurz vor dem Abitur, die dreizehnjährige *Verena* war zur passionierten Reiterin und bereits sehr selbständig geworden. – Beide bedurften der Mutter weit weniger, als diese es erwartet (erhofft?) hatte.

Machte mich das traurig? Ein wenig schon, und es fiel mir schwer zu akzeptieren, daß sie auch ohne meine ständige Präsenz flügge wurden. Demzufolge kam es zu den normalen Abnabelungs-Spannungen, bei denen mein Mann wesentlich besser abschnitt als ich.

Zwar fand ich nach fünf anstrengenden, auswärtigen Arbeitsjahren zu Hause die erhoffte Ruhe, mußte aber bald erkennen, daß mein Wirkungsbereich als Fraktionsvorsitzende im Bayerischen Landtag alles andere als befriedigend war. Das lag sicher auch an mir. Es waren wohl Wechsel-Jahre, in jeder Hinsicht. Nichts gelang mehr so unbefangen wie früher, auch fehlten die »großen« landespolitischen Kontroversen der sechziger Jahre wie die Konfessionsschulen, soziale Bildungschancen, zweiter Bildungsweg usw. Die jetzt anstehenden Themen waren vergleichsweise kleinkariert, zum Beispiel der ewige Streit über Klassenstärken, den Ausbau des Berufsschulwesens oder das Ausführungsgesetz zum »Hochschulrahmengesetz« des Bundes.

Auch ließen es die meisten meiner Fraktionskollegen – wie ich meinte – an kämpferischem Oppositionsgeist fehlen, und ich vermißte ihre Unterstützung bei unserer immer mühsamer werdenden Oppositionsarbeit und für unser liberales Profil. Das wenig herzliche Einvernehmen beruhte auf Gegenseitigkeit. Nicht, daß es zum großen Krach gekommen wäre, aber kleine Spannungen über Einzelfragen unseres Oppositionsverständnisses schwelten beinahe ständig zwischen uns.

Daß dennoch einige interessante und politisch wichtige Initiativen gelangen, gelegentlich auch Folklore z. B. beim Starkbieranstich, tröstete mich ein wenig darüber hinweg.

Hier ist vor allem das von mir mitinitiierte, im Juli 1972 erfolgreiche Volksbegehren »*Rundfunkfreiheit*« zu nennen. Damit gelang es, nun zum zweitenmal, mit Hilfe großer öffentlicher Bürger-Unterstützung das Übergewicht der politischen Parteien, zuvörderst das der CSU, im Rundfunkrat des

Bayerischen Rundfunks (und damit auf Programm und Personalpolitik des Senders) zu begrenzen.

Die »Münchner Abendzeitung« kommentierte am 12. Juli 1972:
»Es ist geschafft. Das Volksbegehren ›Rundfunkfreiheit‹ hat die schon für unüberwindbar gehaltenen Hürden genommen. Über 1.000.000 bayerische Bürger haben in den vergangenen 14 Tagen ihre Stimme für die Sicherung der Meinungsfreiheit in diesem Lande abgegeben. Sie haben damit einen Sieg der Vernunft errungen . . .

Leider ist zu befürchten, daß die CSU kein guter Verlierer sein wird. Die jetzige Schlappe – bis zuletzt von den führenden Vertretern der Partei nahezu für ausgeschlossen gehalten – hat das Selbstbewußtsein der Christsozialen zutiefst getroffen. Sie werden versuchen, das erfolgreiche Volksbegehren als Beweis einer zunehmenden ›sozialistischen Agitation‹ in diesem Lande hinzustellen. Strauß hat dafür bereits erste Anhaltspunkte geliefert (und sich prompt eine einstweilige Verfügung eingehandelt).

O' zapft is – zum erstenmal von einer Frau,
Eröffnung der Starkbierzeit 1975

Wie absurd dieser Vorwurf ist, zeigt die breite Basis, von der das Volksbegehren getragen wurde. Nicht nur die Initiatoren kamen aus den verschiedensten politischen Lagern, auch die Bevölkerung selbst engagierte sich größtenteils frei vom gewohnten Parteiverhalten. Eine Koalition der Vernunft sorgte dafür, daß der Höhenflug einer sich selbst überschätzenden Partei abgebremst wurde . . .

Das Volksbegehren hat erneut gezeigt, wie bedeutsam dieses Instrument für eine lebendige Demokratie ist . . .«

Weiter ist der FDP-Entwurf für ein *Schulmitbestimmungsgesetz* für Lehrer, Eltern und Schüler zu erwähnen, mit dem wir versuchen wollten, die inneren Schulverhältnisse in Bayern durch echte Beteiligungsrechte bei der Gestaltung des Schullebens zu demokratisieren. Ich hatte es – zusammen mit Lehrern, Eltern und Schülern – erarbeitet, aber es scheiterte im Landtag bereits in der ersten Beratung an der Ablehnung der CSU-Fraktion. Monatelange Arbeit war vergebens.

Gleichfalls aus meiner Feder stammte eine Untersuchung über den damals in Bayern grassierenden »*Schulstreß*«, so wurde die damals zu Recht beklagte Überlastung und Überforderung besonders jüngerer Schüler durch Noten-, Haus- und Prüfungsdruck genannt. Auch der Erwartungsdruck ehrgeiziger Eltern trug zur Überforderung vieler Kinder bei. Hier taten Aufklärung und Abhilfe dringend not.

Meine Untersuchung erzeugte zwar heftigen öffentlichen Wirbel, erbrachte ungezählte Diskussionen und viel Zustimmung, aber keinen grundlegenden pädagogischen Wandel. Auch dieser Einsatz war vergebens.

Vergeblichkeit als liberales Programm, das war mir zu wenig.

Auf anderen Politikfeldern war mir damals vor allem unsere Pionierarbeit im Umweltschutz wichtig. Hier kämpften wir erstmals für »Umweltvorsorge«, das heißt für die Vermeidung von Umweltsünden. Erfolgreich waren wir nach jahrelangen

Kämpfen auch, als der gefährdete »Reichswald« bei Nürnberg unter »Landschaftsschutz« gestellt und damit gerettet wurde.

Von all dem künden die Landtagsprotokolle aus dieser Zeit. Allein für 1976 sind einundsechzig FDP-Initiativen aktenkundig.

Ansonsten versuchte unser kleines Häuflein der zehn beziehungsweise neun Liberalen, so gut es eben ging, bei der Ausschußarbeit und im Plenum des Landtags mitzuhalten. Jeden Monat einmal reisten wir durch die bayerischen Lande zu Sitzungen, Besichtigungen, Begegnungen und Gesprächen, mit dem Ziel – so hatte ich es formuliert –, wirklich als »Partner der Bürger« akzeptiert zu werden.

Kleine Erfolgserlebnisse gab es auch. So berichtet zum Beispiel die »Süddeutsche Zeitung« am 7. April 1973:

»Die kritische Rede von Dr. Hildegard Hamm-Brücher zur Regierungserklärung von Ministerpräsident Goppel am 20. März scheint eine Art Bestseller zu werden. Ihr Kontra unter dem Motto ›Drei Regierungen Goppel sind genug‹, von Rundfunk und Fernsehen live übernommen, fand so lebhafte Zustimmung, daß man die Rede in vieltausendfacher Auflage durch die ›Liberalen Informationen‹ verbreitet.«

Mangels anderer Herausforderungen hatte ich mich in diesen Münchner Jahren verstärkt der internationalen Bildungspolitik verschrieben. So wirkte ich 1975 für fast ein Jahr bei der OECD als »Prüferin« für das kanadische Bildungssystem mit, was mir, abgesehen von unendlich viel Arbeit und einer vierwöchigen Reise kreuz und quer durch dieses großartige Land, viele wichtige Einblicke in die Mentalität des kanadischen Volkes ermöglichte. Ich galt fortan als kundige Expertin des föderalistisch ge- und zergliederten kanadischen Bildungswesens, und der Bericht, den die vier Prüfer (außer mir ein Norweger, ein Franzose und ein Amerikaner) der OECD vorlegten und der vom 9. bis 11. Dezember 1975 in Paris diskutiert wurde, hatte

– anders als der seinerzeitige Bericht über das deutsche Bildungssystem – in Kanada eine starke Resonanz und wurde in der Folgezeit auch berücksichtigt.

An diese Kontakte und Kenntnisse konnte ich dann, nur zwei Jahre später, als Staatsministerin im Auswärtigen Amt, nun mit den auswärtigen Kulturbeziehungen betraut, mühelos wieder anknüpfen. So machte zum Beispiel der damalige kanadische Premierminister *Pierre Trudeau* anläßlich eines Bonn-Besuches bei einem Abendessen seiner Nachbarin zur Rechten respektvolle Komplimente (ich sei wohl der einzige Mensch, der das kanadische Bildungssystem von innen und außen wirklich kenne), was zu hören wiederum seinen linken Tischnachbarn und Freund, Bundeskanzler *Helmut Schmidt*, sichtlich freute.

In diesen vergleichsweise ruhigen Jahren zwischen 1972 und 1976 verstärkte ich auch mein kirchliches Engagement, außer in der eigenen Kirchengemeinde als Mitglied des Kirchenvorstandes auch in der Synode der Evangelischen Landeskirche in Bayern und ab 1975 im Präsidium des Evangelischen Kirchentags. Von 1985 bis 1990 wurde ich noch in die EKD-Synode gewählt.

Dabei habe ich nicht nur viel gelernt, sondern – anders als zumeist in politischen Gremien – Offenheit, Fairneß und Zuwendung erfahren. Ich habe mich dort angenommen und wohl gefühlt. Dieser Rückhalt und das Zusammensein mit gläubigen Menschen hat mir während der letzten zehn Jahre meines politischen Lebens anläßlich so mancher Belastungs- und Bewährungsprobe sehr geholfen und mich mehr als einmal vor Verbitterung oder Verkniffenheit bewahrt.

In der Bayerischen Landessynode konnte ich dazu beitragen, daß 1975 nach drei vergeblichen Anläufen das Theolog*innen*-Gesetz verabschiedet wurde. Das war damals sensationell. Heute ist die Pfarrerin auch auf bayerischen Kanzeln eine allseits akzeptierte Selbstverständlichkeit geworden, damals aber führte dieses Vorhaben zu einer innerkirchlichen Zerreißprobe und zum Rücktritt des von mir im übrigen hochgeschätzten Landesbischofs *Hermann Dietzfelbinger*.

Im Präsidium des Evangelischen Kirchentages, dem ich seit Mitte der siebziger Jahre insgesamt zwölf Jahre angehörte, habe ich vor allem in den spannungsgeladenen friedensbewegten achtziger Jahren eine engagierte, wenn auch nicht immer erfolgreiche Mittlerrolle zwischen kirchlichem und politischem Engagement spielen können. Politisch vertrat ich angesichts der sowjetischen Hochrüstung die Notwendigkeit der Stationierung von Mittelstreckenraketen für den Fall, daß keine Vereinbarung zwischen den beiden Supermächten zustande kommen würde...

Dennoch: Angesichts der großen Gefahren, die mit der atomaren Aufrüstung verbunden waren, fühlte ich mich als Christin der Friedensbewegung nahe. Noch heute denke ich, daß es wichtig war, diese Auseinandersetzung zu führen und die politisch Verantwortlichen immer von neuem argumentativ und emotional zu eben dieser Verantwortung herauszufordern.

Eine weitere wichtige Tätigkeit im Kirchentagspräsidium waren die Kontakte mit dem Evangelischen Kirchenbund der DDR, die in den achtziger Jahren geknüpft werden konnten (vgl. S. 283ff. und Zweiter Teil, II.1.).

Was aber zählte auch die gewissenhafteste und fleißigste Landtagsarbeit und mein sonstiges Engagement im Vergleich zu den Bonner Turbulenzen in diesen Jahren!

Nach den für die FDP sehr erfolgreichen Bundestagswahlen 1972 folgten weitere Fortschritte in der Ost- und Deutschlandpolitik. Noch 1972 trat der »Deutschlandvertrag« mit der DDR in Kraft, 1973 wurden beide deutsche Staaten in die Vereinten Nationen aufgenommen.

Anfang Mai 1974 dann der Rücktritt von Bundeskanzler *Willy Brandt*. Trotz seines Mutes zur Entspannungspolitik und Aussöhnung mit osteuropäischen Staaten, trotz seines nie versiegenden Charismas und seiner Faszination auf Menschen, trotz seiner bis in seine letzten Lebensjahre eindrucksvollen politischen Wirkung und seiner Lebensleistung – nach meiner Einschätzung war er mangels ausreichender Führungsstärke wohl kein überragender Bundeskanzler gewesen. Viele angekündigte Reformvorhaben der sozial-liberalen Koalition blieben einfach liegen, über manche (Fehl-)Entwicklungen wußte er nicht mehr Bescheid. Davon, daß »Schule und Bildung ... an der Spitze der Reformen stand«, konnte keine Rede mehr sein. Dennoch: Die Ostverträge sind und bleiben sein historischer Verdienst. Sein Kniefall vor dem Mahnmal des Warschauer Ghettos ist und bleibt ein bleibendes Vermächtnis für deutsche Politik nach Auschwitz (vgl. Zweiter Teil, II.3.).

Es folgte die Wahl von *Helmut Schmidt* zum Kanzler, der die zuvor vermißte Führungsstärke und seine umfassende Kompetenz entfaltete, und es folgte die Wahl *Walter Scheels* zum Bundespräsidenten, dessen Frohnatur und Willenskraft dem Ansehen dieses höchsten Amtes im Staate guttat.

Hans-Dietrich Genscher rückte vom Innenministerium für achtzehn Jahre ins Außenministerium nach und wurde (für zwölf Jahre) Vorsitzender der FDP. Die zunächst vorherrschende öffentliche Meinung, er sei »nur ein guter zweiter Mann«, erwies sich als grundfalsch.

An all diesen Bonner Entscheidungen hatte ich von München aus wenig Anteil, obgleich ich ja seit 1972 auch stellvertretende Bundesvorsitzende der FDP war (zum ersten Mal eine Frau), was als Anerkennung für meine Bildungspolitik und meinen Wahlsieg in Bayern zu werten war. Wer aber in Bonn mitreden will, muß auch in Bonn präsent sein.

So kam es, daß Parteientscheidungen damals zwischen *Scheel, Genscher* und *Mischnick*, später auch noch *Lambsdorff* getroffen wurden. Wirksame Einmischung von München aus war kaum möglich.

Ich erinnere mich noch an die Episode, als *Walter Scheel* etwa ein halbes Jahr vor seiner Wahl zum Bundespräsidenten seine drei Stellvertreter *Genscher, Mischnick* und *Hamm-Brücher* ins Krankenhaus beorderte, wo er sich einer Nierenstein-Operation unterziehen mußte. Vergnügt wie (fast) immer, zog er aus dem Nachtkastl ein beschriebenes Blatt heraus, übergab es uns, die wir brav auf einem harten Sofa gegenüber seinem Bett Platz genommen hatten, und hinterließ, daß, »wenn er aus der Narkose aufgewacht« sei, »dies vom Bundesvorstand der FDP einstimmig beschlossen sein« müßte. Verdutzt zogen wir von dannen und handelten wie geheißen: Der anschließend tagende Bundesvorstand beschloß einstimmig, *Walter Scheel* vielmals zu bitten, doch für das Amt des Bundespräsidenten zu kandidieren.

Alles weitere ist bekannt: *Walter Scheel* wurde Bundespräsident, und zwar ein ganz ausgezeichneter und außerordentlich beliebter. Hinter seiner Sangesfreude (»Hoch auf dem gelben Wagen«) verbarg er Härte und Kompetenz.

Als ich Ende 1976, vier Jahre nach meinem ersten Abschied, nun als Bundestagsabgeordnete nach Bonn zurückkehrte, fand ich ein sehr verändertes Koalitions- und Parteiklima vor: Es hatte sich zwar kein krasser Kurswechsel vollzogen, wohl aber herrschte kühle Ernüchterung vor. Vom »historischen Bündnis« zwischen SPD und FDP war nicht mehr die Rede, allenfalls von einer »Vernunftehe«. Und auch die persönlichen Bindungen zwischen den Spitzenleuten, vor allem zwischen dem Kanzler und seinem Vize, fingen an sich zu lockern, noch bevor sie sich richtig gefestigt hatten.

Von dem Elan, den ich mir für dieses Bündnis bewahrt und den ich nun auch wieder mitgebracht hatte, war bei den Bonner Führungsliberalen nicht mehr viel zu spüren. Man koalierte zunehmend mit Kalkül und aus Opportunität, was ja im Einzelfall durchaus zweckmäßig ist, auf Dauer aber das notwendige Vertrauensfundament zwischen den Koalitionspartnern schmälerte.

Es sollte noch sechs Jahre dauern, bis es aufgebraucht war und die Koalition 1982 zerbrach. Darüber später mehr.

Auch in der FDP hatten sich seit dem Tod von *Karl-Hermann Flach* (1974) und dem Weggang von *Ralf Dahrendorf* an die London School of Economics Veränderungen bemerkbar gemacht.

Trotz gelegentlicher Lippenbekenntnisse zum »Freiburger Programm« war von dem Willen, dieses auch weiter zur Leitlinie liberaler Politik zu machen, wenig zu verspüren. Selbst der wichtige Anlauf zu einer liberalen Umweltpolitik, der von *Hans-Dietrich Genscher* begonnen und von *Gerhart Rudolf Baum* als Innenminister vorangebracht werden sollte, blieb mangels Interesse bei Kanzler *Helmut Schmidt* (SPD) und seines Wirtschaftsministers *Otto Graf Lambsdorff* (FDP) stecken.

Auch die »Stuttgarter Leitlinien zur Bildungspolitik« wurden – trotz immer neuer Anläufe der Bildungspolitiker – erst gar nicht ernsthaft zur Chefsache gemacht.

Im Rückblick muß ich festhalten, daß alle seit Freiburg »ausgestoßenen« FDP-Programme nicht viel mehr waren als fleißige Tüfteleien, die meist von Funktionären und/oder Ministerialbeamten vorformuliert und dann nicht ausreichend in politisches Handeln umgesetzt wurden. Die Folge war, daß der Elan und die persönliche Identifikation auch in der Mitgliedschaft erlahmte. Die heutige Misere der FDP nahm genaugenommen bereits seit Beginn der achtziger Jahre ihren Anfang (vgl. Zweiter Teil, IV.).

Den anderen politischen Parteien erging es übrigens auch nicht viel anders. Alle »etablierten« Alt-Parteien haben im Laufe der achtziger Jahre an Kraft zu prägender Gestaltung verloren: Sie schrumpfen mehr und mehr zu »Wahlvereinen« und »Karriereschmieden«, begnügen sich mit Jubel- oder

Verdammungsparteitagen, verlieren quantitativ und qualitativ an Mitstreitern (vgl. Zweiter Teil, II.2. und III.1.).

In diese Lücke traten seit Beginn der achtziger Jahre die Impulse von Bürgerinitiativen, von sozialen Bewegungen und Selbsthilfegruppen, die sich im Laufe der Jahre bei den GRÜNEN sammelten, bis sich diese wiederum zu einer neuen Partei mauserten.

VII.

Höhepunkte, Wende und Ende in Bonn

(1976 – 1990)

*Zurück nach Bonn – Staatsministerin im Auswärtigen Amt –
Auf diplomatischem Parkett und –Gipfeln –
Die Regierung Schmidt/Genscher und ihr unrühmliches
Ende – Ausgegrenzt und »dennoch« sagen – Parlaments-
reform – Vor und nach dem 9. November 1989 –
Abschied von der aktiven Politik*

Weshalb eigentlich habe ich 1976 für den Deutschen Bundestag kandidiert? Ein Comeback in der Bildungspolitik war dort kaum zu erwarten, dafür interessierten sich die Bonner Liberalen schon längst nicht mehr. Auch Umweltpolitik, für die ich mich sehr interessierte, galt damals in den oberen Partei-, Fraktions- und Regierungsetagen eher als Romantik denn als hochpolitische Zukunftsaufgabe, bestenfalls noch als »Spielwiese« für Idealisten. Oder Entwicklungspolitik, die seit dem Abgang des inspirierten und inspirierenden *Erhard Eppler* nach Stuttgart konzeptionell verwaist schien?

Auch war ich seit 1972 immer mal wieder für das Amt des Bundesbildungsministers im Gerede gewesen. Die »ZEIT« hatte schon im Dezember 1975 geschrieben:

». . . und manche haben sich fragen müssen, ob im Bundesbildungsministerium nicht einiges besser gelaufen wäre, wenn jemand von ihrer Energie und ihrem Stehvermögen sich zum Beispiel des Hochschulrahmengesetzes angenommen hätte.

Auch dem der ewigen Schul- und Hochschulprobleme müden Koalitionspartner SPD könnte es guttun, wenn sich

die FDP einmal wieder auf eine große Tradition liberaler Bildungspolitiker besänne. Hildegard Hamm-Brücher könnte dazu beitragen, in Bonn mehr als in München.«
Wollte ich mit nun fünfundfünfzig Jahren noch einmal in Bonn von vorne anfangen? Ich hatte Lust dazu.

Nun war ja auch meine Familie vollends »emanzipiert« und selbstbestimmt, mein Mann im Ruhestand, der Sohn junger Lufthansa-Kopilot, und die Tochter stand kurz vor dem Abitur. Zum erstenmal konnte ich meine Kandidatur zum Bundestag im Wahlkreis Erlangen, dem ich bis 1990 die Treue hielt (und er mir!), ohne schlechtes Gewissen wagen.

Außerdem kandidierte ich wohl auch deshalb, weil ich es nicht besonders verlockend fand, daß der Bayerische Landtag zu meinem politischen Austragsstüberl würde. Bei kommenden Landtagswahlen wollte ich nicht abermals und endlos Zugpferd und Aushängeschild für die bayerische FDP spielen, das müßten nun Jüngere übernehmen. Nicht zuletzt hatte ich es einfach satt, mich von der CSU weitere Jahre demütigen zu lassen. Das hatte ich seit 1950 nun lange genug ertragen, verstärkt seit dem knappen Landtagswahlausgang 1974. Da hatte die CSU dem Häuflein der nun nur noch neun liberalen Abgeordneten und ihrer bestgehaßten Chefin den »Fraktionsstatus« verweigert, und damit auch bestimmte parlamentarische Rechte, zum Beispiel die finanziellen Mittel für die Fraktionsarbeit. Die Zusatzarbeit als Vorsitzende der Nicht-Fraktion (täglich mindestens acht Stunden) verrichtete ich zwar gerne, aber anders als andere Vorsitzende um Gottes Lohn mit nur einer einzigen Mitarbeiterin für alles. Selbst das Telefon im Plenarsaal (notwenig zur Kommunikation mit dem Fraktionsbüro während der Sitzungen) wurde mir vor der Nase abmontiert.

Dank der Unterstützung anderer FDP-Landesverbände konnten wir uns später noch einen jungen Mann fürs Grobe, inklusive Pressearbeit leisten.

Wir waren zwar stolz, daß wir uns allen Schikanen zum Trotz nicht unterkriegen ließen (vor allem der junge Mann, *Julian Gyger*, entwickelte sich zum zuverlässigen Sieben-Tage-Arbeiter und politischen Allroundgenie), im übrigen aber erwiesen sich Verbitterung und Wut als keine guten parlamentarischen Ratgeber.

Wir versuchten sogar noch – natürlich vergeblich –, den Status einer Fraktion über das Bayerische Verfassungsgericht einzuklagen. Aber auch bis dorthin schien der lange Arm der Regierungs- sprich Staatspartei CSU zu reichen. Wir waren und blieben Abgeordnete zweiter Klasse. Das einzige, was wir mit Hilfe der Androhung einer Klage beim Bundesverfassungsgericht durchsetzen konnten, war, daß die bayerische »Zehnprozentklausel« auf der Ebene eines Regierungsbezirks abgeschafft und

Einführung der neuen Staatsminister im Auswärtigen Amt
im Dezember 1976
v. l. n. r.: Der ausscheidende Staatsminister Karl Moersch,
Außenminister H.-D. Genscher, der ausscheidende Staatsminister
Hans-Jürgen Wischnewski, die Neuen: Hildegard Hamm-Brücher
und Klaus von Dohnanyi

statt dessen die in der Bundesrepublik Deutschland überall gültige Fünfprozenthürde auf Landesebene eingeführt wurde.

Viel geholfen hat dieser Erfolg der bayerischen FDP allerdings nicht mehr, denn seit 1978 gelang es ihr nur noch einmal – 1990 –, und das nur mit meinem neuerlichen massiven Einsatz, in den Landtag zu kommen.

Im November 1976 wagte ich also den (Flucht-)Sprung vom Zehnmeterbrett und landete mit einem über dem Durchschnitt liegenden Wahlergebnis (im eigenen Wahlkreis Erlangen erhielt ich für die FDP 9,1 Prozent, bundesweit erhielt sie nur 7,6 Prozent – 1980 habe ich mein Wahlergebnis noch einmal auf 11,5 Prozent gesteigert) und nach einem freundlich-versöhnenden Abschied von der bayerischen Landespolitik* in Bonn, und – dank *Hans-Dietrich Genscher* – als Staatsministerin (das ist ein protokollarisch gehobener Parlamentarischer Staatssekretär) im Auswärtigen Amt.

Bedenkzeit hatte ich (fast) keine. Mein neuer Minister hätte ohnehin keine Zeit gehabt, meine Bedenken, die meine für dieses Amt mangelnden Vorkenntnisse betrafen, anzuhören. Ich bekam ihn erst während meiner Amtseinführung vor versam-

---

* Die »Süddeutsche Zeitung« schrieb am 26.11.1976 zum Abschied:
». . . Mit Frau Hamm-Brüchers Verzicht auf das Landtagsmandat sind Regierung und CSU-Fraktion eine unbequeme Mahnerin losgeworden. Alle Versuche, ihren Elan etwa durch die Verweigerung des Fraktionsstatus für die FDP zu bremsen, die sich als nichts anderes denn als kleinlicher Racheakt erwies, oder ihr die Schneid auf andere Weise abzukaufen, waren zur Erfolglosigkeit verurteilt . . .
Die Landtagsopposition trifft der Abschied von ihr zu einem Zeitpunkt, da sie nach einem gelungenen Wechsel an der Spitze der SPD-Fraktion und begünstigt durch die konfuse Verfassung der CSU festen Tritt zu fassen scheint. Gerade in dieser Situation wäre Frau Hamm-Brücher ein wichtiger Part zugefallen . . .
Die kleine Gruppe der FDP-Abgeordneten aber wird es schwer haben, die Position im Landtag zu halten, die sie sich vor allem dank ihrer unermüdlichen Spitzenpolitikerin in den letzten Jahren erkämpft hat.«

melter, neugierig-zweifelnd blickender Diplomaten-Mannschaft zu Gesicht und beschloß, mich daran zu gewöhnen, daß ich ihn selten zu Gesicht bekommen würde und deshalb alleine zurechtkommen müßte. So geschah es ...

Ab 16. Dezember 1976 war ich also Staatsministerin im Auswärtigen Amt. Zum ersten Mal eine Frau in der Chefetage einer elitebewußten Männerdomäne.

Welches waren meine Zuständigkeiten? Im Ministererlaß an das Amt vom 28.12.1976 war darüber nachzulesen:

»*Die Staatsminister unterstützen mich bei der Erfüllung meiner Regierungsaufgaben. Ihnen obliegt die Verbindung zum Bundestag und zum Bundesrat sowie zu deren Ausschüssen, ferner zu den Fraktionen und deren Arbeitskreisen sowie zu den Parteien.*

Wenn ich an der Teilnahme an einer Sitzung der Bundesregierung verhindert bin, so nimmt für mich grundsätzlich Frau Staatsminister Dr. Hamm-Brücher an der Sitzung teil.

Frau Staatsminister Dr. Hamm-Brücher unterstützt mich insbesondere bei der Erfüllung meiner Aufgaben im Ministerkomitee des Europarats und im Rat der Westeuropäischen Union, bei zwischenstaatlichen gesellschaftspolitischen Aufgaben und vor allem im Bereich der Auswärtigen Kulturpolitik.«

Dieser Erlaß konnte im Alltag viel, wenig oder gar nichts bedeuten.

Kein Zweifel: Man wußte mit mir zunächst nichts Rechtes anzufangen. Alles lief »auf Bewährung« auf der diplomatischen »Spielwiese« hinaus.

So durfte ich zum Beispiel Botschafter aus der mittleren Rangordnung empfangen (natürlich nicht zum beliebigen Plausch, sondern mit amtlich verfaßten »Sprechzetteln« und immer in Gegenwart eines »Note-takers«, wie der protokollführende Diplomat genannt wurde), ich durfte bei mittelwichtigen Essen artige Toasts verlesen oder – als Vertreterin der Bundesregierung – bei der Akkreditierung von Botschaftern stocksteif und ohne eine Miene zu verziehen neben dem Bundespräsidenten stehen, ich durfte bei den zahlreichen Empfängen anläßlich von Nationalfeiertagen der rund einhundert akkreditierten Botschafter die »Glückwünsche« der Bundesregierung überbringen. Da trafen sich jedes Mal die gleichen Leute, mit den gleichen Gläsern in den Händen, das eine oder andere Häppchen verzehrend, die jüngsten Bonner Gerüchte kolportierend. Das war selbst für den Neuling auf dem glatten Bonner Diplomaten-Parkett eine eher komische, bald langweilige Pflichtübung, die ich durch unauffälliges Verschwinden durch Küchenausgänge zu verkürzen versuchte.

Auch bekam ich zu lesen! Stapelweise Telegramme, die uns von unseren Vertretungen aus aller Welt täglich erreichen und deren wichtigste Passagen von einem persönlichen Referenten (jetzt hatte ich deren zwei) mit Gelbstift angezeigt wurden. Und ich bekam langatmige Ausarbeitungen der sogenannten Länderreferate zu lesen, Vorlagen für Konferenzen und »Sprechzettel« für auswärtige Besucher. All das wurde täglich durch die Hierarchie des Amtes geschleust. Die wirklich spannenden Papiere waren meist nicht dabei...

Lesen jedenfalls durfte ich soviel ich wollte. Und ich wollte! Damit war ich zunächst voll ausgelastet. Außerdem lernte ich die Namen und Hauptstädte der vielen neugegründeten Staaten, vor allem in Afrika, mit denen ich es nun zu tun haben würde, auswendig und begann mein einst vorzügliches Schul-Französisch aufzufrischen, wofür mir eine kultivierte und reizende Französin, Madame *Dietrich*, für sechs Jahre einmal wöchentlich vor Dienstbeginn zur Verfügung stand. Außerdem nahm ich dreimal an einwöchentlichen Intensivkursen in Nizza und Paris teil. Wir freuten uns gemeinsam über allseits gelobte Fortschritte bei frankophonen Verpflichtungen.

Das Leben und Arbeiten im Dienste der deutschen Außenpolitik war von Anbeginn außerordentlich vielfältig und anstrengend. Zwar hatte ich zeitlebens viel und konzentriert gearbeitet, in den sechs Jahren im Auswärtigen Amt aber waren die Belastungen am größten.

Täglich ließ ich mich – wenn nicht auf Reisen – Punkt 6.45 Uhr von meiner kleinen Wohnung in Muffendorf, hoch über Bad Godesberg mit Blick auf das Siebengebirge und den Petersberg, mit dem Dienstwagen abholen. Den letzten Kilometer vor dem Amt stieg ich aus und ging schnellen Schrittes den Rhein entlang bis zu meinem »Dienstort«. Dabei lernte ich »en passant« die verschiedenen Arten der Flußschiffahrt, ihre Steuerleute, Lasten und Gewohnheiten kennen. Rhein*auf*wärts – rhein*ab*wärts, welche Unterschiede! Genau wie in der Politik: *gegen* den Strom, welche Anstrengungen und wie langsam – *mit* dem Strom, welch sicherer, rascher Transport. Oft winkte ich den Gegenströmern zu, fühlte mich ihnen verwandt und kam frisch und guter Dinge an meinem Schreibtisch an, um anschließend für den Rest des mindestens zwölfstündigen Arbeitstages samt zusätzlichen Abendverpflichtungen ... *mit* dem Strom zu schwimmen.

Auch ohne ausdrückliche »Zuständigkeit« versuchte ich mir für alle Felder auswärtiger Beziehungen Wissen und Kompetenz zu erwerben und die Geheimnisse des Auswärtigen Dienstes von der Pike auf zu ergründen. Hierzu besuchte ich so oft als möglich die allmorgendliche, von einem beamteten Staatssekretär, also Karriere-Diplomaten, geleitete »Direktorenbesprechung«. Ich lauschte aufmerksam, was sich alles hinter den Kulissen des Weltgeschehens zugetragen hatte und welche Stellung das Auswärtige Amt dazu einnahm.

Ich lernte das Konzept unserer damaligen Ost-West-Politik kennen, deren feste Grundlagen die Ostverträge und der unersetzliche »Brief zur deutschen Einheit« waren. Er lautete:

»Im Zusammenhang mit der heutigen Unterzeichnung des Vertrages zwischen der Bundesrepublik Deutschland und der Union der Sozialistischen Sowjetrepubliken beehrt sich die Regierung der Bundesrepublik Deutschland festzustellen,

Akkreditierung des neuen Japanischen Botschafters bei
Bundespräsident Walter Scheel 1978

Vorsitz bei der WEU-Ministerkonferenz 1979

daß dieser Vertrag nicht im Widerspruch zu dem politischen Ziel der Bundesrepublik Deutschland steht, auf einen Zustand des Friedens in Europa hinzuwirken, in dem das deutsche Volk in freier Selbstbestimmung seine Einheit wiedererlangt.«
Dieser Brief war vom seinerzeitigen Außenminister *Walter Scheel* im August 1970 dem Moskauer Vertrag beigefügt worden. Außerdem wurde die West-Ost-Politik laufend durch den sogenannten Harmel-Bericht abgesichert und durch den KSZE-Prozeß millimeterweise vorangebracht. (Im Harmel-Bericht, der im Dezember 1967 als Strategiepapier vom NATO-Rat gebilligt worden war, sind die beiden politischen Eckpfeiler der NATO, Verteidigung *und* Entspannungspolitik, festgeschrieben.) Beide Dokumente erwiesen sich 1989/90 als eine Art »Sesam-öffne-dich« zur Wiedervereinigung.

Auch spitzte ich die Ohren, wenn es um den – bei Diplomaten wenig beliebten – Umgang mit dem Bundestag ging. Dank meiner parlamentarischen Erfahrungen konnte ich mich alsbald vor allem im von AA-Beamten gefürchteten Haushaltsausschuß für die Interessen des Amtes nützlich machen.

Sehr gelegentlich schaute auch der Minister bei der Direktorenbesprechung herein. Dann allerdings wurde es sehr formell, und die Herren Diplomaten spitzten ihrerseits – habtacht! – die Ohren, was der Chef – immer mit leiser Stimme, aber unmißverständlich – zu sagen hatte. Wehe, wenn es nicht beachtet wurde. Dann konnte er – von jedem Fleck der Welt her – sehr ungemütlich werden. Alles und jedes mußte von ihm genehmigt werden.

Dafür hatten die riesigen Aktenkoffer, die, zusammen mit den neuesten Pressemeldungen, stets hinter ihm hergeschleppt wurden, Symbolcharakter. Mit der Pressearbeit hielt er es am penibelsten. Da war und blieb er unerreicht. (Allenfalls annähernd als Verschnitt von seinem langjährigen Schützling *Jürgen W.*

Möllemann, dem es schon in den achtziger und später in den neunziger Jahren immer wieder gelang, seine Karriere durch raffinierte PR-Arbeit förmlich hochzuputschen.)

Die Art, mit der *Hans-Dietrich Genscher* sein außenpolitisches Handwerk im Laufe der Jahre immer akribischer, immer perfekter und immer geistesgegenwärtiger beherrschte (buchstäblich!), ist auch einem Schachspieler vergleichbar, der gleichzeitig an zehn Brettern erfolgreich spielen kann. Seine minutiöse Sach- und Personenkenntnis, seine durchtrainierte Omnipräsenz, alle außenpolitischen Fäden zu jeder Zeit fest in der Hand und unter Kontrolle zu haben, nicht zuletzt sein immenser Fleiß, und das alles über achtzehn Jahre – all diese Fähigkeiten waren eigentlich nur die Einübung für sein krönendes Meisterstück: das scheinbar, aber nur scheinbar reibungslose außenpolitische Gelingen der Wiedervereinigung. Wie schwierig, wie heikel, wie ungewiß diese über Monate bis zur Unterzeichnung der »Zwei-plus-Vier-Vereinbarung« (seine eigene hochpolitische Wortschöpfung) lief, das hat die Öffentlichkeit erst aus seinem im Herbst 1995 erschienenen »Erinnerungen« erfahren!

In den sechs Jahren als Staatsministerin hörte ich nie auf, zwischen Bewunderung und Furcht vor »meinem« Minister zu schwanken. Meine Loyalität war – bis in die letzten zwei Wochen vor dem Sturz von Bundeskanzler *Helmut Schmidt* im Oktober 1982 – grenzenlos, geradezu »rührend«, sagten mir Kollegen. Wirklich nähergekommen sind wir uns wohl nie. Dazu war keine Zeit und fehlte ihm die Disposition. Das aber ging nicht nur mir so.

Mit dem Sturz von *Helmut Schmidt* kam es zwischen uns – leider – auf lange Zeit zum Bruch. Er inszenierte den Kanzlersturz, ich war vehement dagegen. Unsere politischen und persönlichen Wege trennten sich auf viele Jahre, bis sie sich anläßlich seiner Politik vor und während der Wiedervereinigung wieder kreuzten. 1990 erhielt er zusammen mit namhaften Bürgerrechtlern aus meiner Hand den THEODOR-HEUSS-PREIS. Während meiner Bundespräsidenten-Kandidatur 1993/94 hat er mich dann von allen Führungs-Liberalen am nachdrücklichsten unterstützt. Heute begegnen wir uns freundschaftlich und ohne alle (Res)Sentiments.

Mit meinen Bonner »Kollegen« in- und außerhalb des Amtes, mit den Mitgliedern des Auswärtigen Ausschusses und seines Unterausschusses für Auswärtige Kulturpolitik unter dem Vorsitz des liebenswürdigen CSU-Abgeordneten *Hans (Johnny) Klein* kam ich bestens zurecht, was sich für meine Initiativen auf dem Felde der Auswärtigen Kulturpolitik als sehr hilfreich erweisen sollte.

Meinen Kollegen aus alten Bonner Zeiten, *Klaus von Dohnanyi*, traf ich im Auswärtigen Amt wieder. Er war, nachdem er nach seiner nur kurzen Ministertätigkeit im Bildungsministerium jahrelang auf der Hinterbank der Fraktion gesessen hatte, nun für den Koalitionspartner SPD gleich mir Staatsminister im AA, zuständig für die Europäische Gemeinschaft. Wir verstanden uns ganz ausgezeichnet. Er nervte sein Umfeld nun auch weniger mit seiner Brillanz als während seiner ersten Karriere zu Beginn der sozial-liberalen Koalition. 1981 wurde er in Hamburg zum Bürgermeister gewählt und blieb dies bis 1988. Wieder ein unabhängiger Kopf weniger im ganz und gar nicht unerschöpflichen Persönlichkeits-Reservoir der Parteien.

Über Erwarten ungetrübt entwickelten sich auch die Beziehungen zu höherrangigen SPD-»Kollegen«. Stellvertretend seien die damaligen Minister *Hans Apel, Hans-Jochen Vogel, Jürgen Schmude* und *Hans-Jürgen Wischnewski* genannt, wider alle Prognosen auch zum Bundeskanzler.

Man sagt ja immer, *Helmut Schmidt* sei mit Frauen im Kabinett ziemlich ruppig umgegangen. Ich habe diese Erfahrung nur einmal, ganz am Anfang gemacht, als er aus nichtigem

Anlaß – ich weiß nicht mehr welchem – versuchte, mich einzuschüchtern. Da habe ich gegengehalten. Natürlich mußte man auf allerhand penetrante Fragen und gelegentlich auch auf schlechte Laune gefaßt sein, aber *Helmut Schmidt* war ganz und gar kein Machtmensch. Er konnte sehr gut zuhören, und ausgesessen hat er Probleme nie. Bei Kabinettssitzungen war er bestens vorbereitet, oft besser als seine Ressortchefs, und selbst »bei dicker Luft« ermutigte er zu sachlicher und offener Diskussion. Natürlich war er seiner Partei verpflichtet, ihr aber niemals untertan, immer abwägend und verantwortungsbereit.

Er interessierte sich einfach für alles und wollte über alles genauestens Bescheid wissen. Einmal – und das war typisch –, als er sich im Frühjahr 1979 anläßlich einer UN-Sondergeneralversammlung in New York von mir als Vertreterin des Außenministers ins dortige Goethe-Institut schleppen ließ, stürzte er ohne Gruß an den zur Begrüßung feierlich aufgereihten Mitarbeitern des Hauses vorbei und rief, nein blaffte: »Was heißt

Nach einem Scherz während einer Kabinettssitzung unter Vorsitz von Bundeskanzler Helmut Schmidt

eigentlich ›Holocaust‹ *genau*?« Gerade erst war die gleichnamige Fernsehserie gelaufen, und wir wußten es damals alle noch nicht »genau«. Die Mitarbeiter stürzten zu den Lexika, und er ließ nicht locker, bis wir es alle »genau« wußten.

Meine lebenslange Hochachtung, ja meine Verbundenheit mit *Helmut Schmidt* rührt aus der Zeit der Entführung des Arbeitgeberpräsidenten *Hanns-Martin Schleyer* und der Lufthansamaschine »Landshut« nach Mogadischu, bis zum schrecklichen Ende der einen und dem glorreichen Ende der anderen Bewährungsprobe. Damals, im September/Oktober 1977 lernte ich (weil ich den abwesenden Außenminister häufig vertreten mußte) sein Verantwortungsgefühl, seine Führungskraft und seine ... Demut in verzweifelten, aber auch in glücklichen Augenblicken kennen – unvergeßlich für immer. Den physischen, psychischen und intellektuellen Belastungen, denen *Helmut Schmidt* in diesen Wochen ausgesetzt war, hat er – nicht ohne Erschütterungen – mit Bravour standgehalten. Und diesem Manne hätte ich am 1. Oktober 1982 das Mißtrauen aussprechen sollen?

Besonders lehrreich und interessant war es für mich, wenn ich zu Gesprächen des Bundeskanzlers mit hochrangigen auswärtigen Gästen hinzugezogen wurde, sei es, weil ich das Land des Gastes zuvor offiziell besucht hatte oder damit »von Amts wegen« befaßt war. Dann amtete ich als politische Stellvertreterin des deutschen Außenministers.

Wiederholt mußte ich – in gleicher Funktion – Bundespräsident *Karl Carstens* auf Staatsbesuchen, zum Beispiel nach Lateinamerika, nach Nord- und Südeuropa, begleiten. Bei diesen Gelegenheiten lernte ich trotz allem protokollarischem Brimborium weltpolitische Zusammenhänge durch eigene Anschauungen kennen und besser verstehen als durch Bücher und Telegramme.

So wurde ich mit der Zeit durch »learning by practising« vermutlich eine ganz gute Außenpolitikerin, jedenfalls wurde

Auf Staatsbesuch in Spanien mit Bundespräsident Karl Carstens und König Juan Carlos 1982

mir dies von allen Seiten attestiert. Zu meinem fünften »Dienstjubiläum« schrieb mir Minister *Genscher* am 14. 12. 1981:

»... *am 16. Dezember 1981 werden Sie fünf Jahre als Staatsminister im Auswärtigen Amt gewirkt haben. Dieser Tag ist zwar kein Dienstjubiläum herkömmlicher Art, wohl aber eine Wegmarke unserer Zusammenarbeit im Auswärtigen Amt, die Anlaß zur Rückschau und zum Dank gibt.*

Sie haben in das Amt des Staatsministers die Erfahrung einer reichen politischen und parlamentarischen Laufbahn eingebracht. Dies und Ihre große Bereitschaft zum Engagement, Ihr Ideenreichtum und Ihre Initiativfreude haben es Ihnen erlaubt, in dem neuen verantwortungsvollen Aufgabenbereich rasch heimisch zu werden. Ich nenne an erster Stelle Ihr Auftreten im Deutschen Bundestag und in seinen Ausschüssen, denen Sie den Standpunkt der Bundesregierung zu Fragen der auswärtigen Politik beredt und überzeu-

gend darzulegen wissen. Ich denke weiterhin an Ihren Beitrag zur Intensivierung unserer Beziehungen zur Dritten Welt...

Ihr besonderes Engagement gilt unserer Auswärtigen Kulturpolitik, der Sie wichtige Impulse gegeben haben. Ich erinnere in diesem Zusammenhang an die von Ihnen verfaßte Stellungnahme der Bundesregierung zum Enquete-Bericht des Deutschen Bundestages zur Auswärtigen Kulturpolitik, den Rahmenplan für die Auswärtige Kulturpolitik im Schulwesen und die Neukonzeption für Kulturbeziehungen mit Ländern der Dritten Welt...

Schließlich nenne ich einen Aufgabenbereich, den Sie gerade jetzt übernommen haben und mit großem Einsatz auszufüllen beginnen: die Koordinierung der Arbeiten an einem Konzept zur Vertiefung des deutsch-amerikanischen Verständnisses.

Ich danke Ihnen für die gute Zusammenarbeit, Ihren wertvollen Rat und Ihre aktive Unterstützung auf diesem Stück des gemeinsamen Weges im Auswärtigen Amt. Ich wünsche Ihnen in Ihrem Amt auch künftig allen Erfolg.

In freundschaftlicher Verbundenheit grüße ich Sie herzlich
Ihr Hans-Dietrich Genscher«
Diese Anerkennung freute mich sehr! 1981 fielen noch keine Schatten auf unsere Beziehungen.

Das außenpolitische Feld, auf dem ich von allem Anfang an sicheren Boden unter den Füßen spürte, auf dem ich mich sofort nützlich machen und am meisten bewirken konnte, waren die *auswärtigen Kulturbeziehungen*. Zwar hatte mein oberster Dienstherr *Hans-Dietrich Genscher* bei unserem ersten (Kurz-)Gespräch warnend gesagt: »Werden Sie nur keine Kulturtante!« – genau dies aber wurde ich, neben allen anderen Aufgaben, aus Überzeugung und Leidenschaft, und weil es sich um eine wirklich lohnende Aufgabe handelte.

Damals genossen nämlich die internationalen Kulturbeziehungen im allgemeinen und die Kulturabteilung des Auswärtigen Amtes im besonderen auf dem Felde der Außenpolitik keine besondere Priorität. Nur wenige der Diplomaten, die in die Kulturabteilung versetzt wurden, waren für die dort ressortierenden Aufgaben (z. B. Auslandsschulen, Goethe-Institute, wissenschaftliche- und kulturelle Programme, Musik- und Kunstförderung) fachlich qualifiziert und danach ausgewählt, neue Konzeptionen für neue Wege zu neuen Zielen zu entwickeln.

Der Politik unserer weltweiten Kulturbeziehungen fehlten Inspiration, attraktive Programme und engagierte Fachleute. Es fehlte die *Idee*, weshalb wir das alles förderten und zu welchem Ziele. So dümpelten sie mehr oder weniger erfolgreich vor sich hin, genauer gesagt nebeneinander her. Jedes der zehn Fachreferate der Kulturabteilung hegte seinen eigenen Schrebergarten. Das Ganze war ein zufällig zusammengewachsener Fleckerlteppich.

Deshalb hatte der Bundestag schon 1971 eine »Enquete-Kommission Auswärtige Kulturpolitik« eingesetzt, deren Ergebnisse in Form von fünfhundert Empfehlungen nun vorlagen. Eine Stellungnahme der Bundesregierung sollte bis Frühjahr 1977 erfolgen.

Was ich im Amt dazu vorfand, war zwar nicht besonders ermutigend, dennoch eine Aufgabe, die mich von Anbeginn faszinierte.

Als erstes versuchte ich, mir einen Durchblick zu verschaffen, sodann eigene Kompetenz zu erwerben und schließlich anhand der Empfehlungen der Enquete-Kommission des Bundestages ein regierungsamtliches Konzept zu modellieren.

Denn das war meine Aufgabe: die offizielle Antwort der Bundesregierung zum Enquete-Bericht des Bundestags zu entwerfen, auf den Weg zu bringen und anschließend umzusetzen. Neuland, wohin ich blickte und dachte.

Zum zweiten Mal wurde ich mit meinem Einstand in ein Bonner Regierungsamt mit dem Entwurf eines offiziellen Regierungskonzepts betraut und mußte dabei mein Durchsetzungsvermögen beweisen.

Als der erste Teil meiner Aufgabe nach mehrmonatiger harter Arbeit geschafft und die Stellungnahme vom Kabinett zustimmend verabschiedet war, und als dann auch noch die damalige Opposition (CDU/CSU!!) Zustimmung signalisierte, fielen mir etliche Steine vom Herzen.

Denn mein Minister fürchtete nichts mehr als Krach mit der Opposition, während die Koalitions-Fraktionen – zu Recht – eine konsequente Abkehr von dem seit *Kaiser Wilhelms* Zeiten überlieferten Konzept des einseitigen Exports deutscher Kultur in alle Welt verlangten (vgl. Zweiter Teil, III. 4.).

Hierzu hatte *Ralf Dahrendorf* bereits Anfang der siebziger Jahre, als er für wenige Monate Staatssekretär im Auswärtigen Amt war, zusammen mit dem Konstanzer Soziologen *Hansgert Peisert* inspirierende Vorarbeit geleistet. Auch ich war von seiner These überzeugt, daß unsere Kulturbeziehungen immer und überall in der Welt auf partnerschaftliche Zusammenarbeit aufbauen müßten, auf Kulturaustausch, auf »freudiges Geben und Nehmen«, wie es *Theodor Heuss* in den fünfziger Jahren einmal formuliert hatte. – Und auch das war Konsens: Wir sollten unseren Partnern in der Welt in Wort und Schrift, in Personen und Themen kein »regierungsamtliches«, kein selbstgefälliges, kein geschöntes »Deutschland-Bild« vermitteln, sondern ein vielfältiges, auch selbstkritisches, mit allen Licht- und Schattenseiten – und dies alles möglichst »ausgewogen«.

Um dieses Konzept glaubhaft zu machen, durfte die auswärtige Kulturpolitik nicht länger das »fünfte Rad der Außenpolitik« sein, sondern mußte zu einer unabhängigen »*dritten Säule*« aufgebaut werden. So hatte es *Willy Brandt* bereits in der großen Koalition postuliert.

Mir schien eine »dritte Säule« eher eine Zierde als eine statische Notwendigkeit zu sein, deshalb bevorzugte ich für die auswärtigen Kulturbeziehungen den Begriff der »*dritten Dimension*« unserer Außenpolitik: zur Diplomatie und Wirtschaft sollte nun auch die Vertiefung, die Beständigkeit..., eben die *dritte* Dimension hinzukommen. Ein Begriff, der zwar einleuchtete, sich aber leider nicht recht einbürgerte.

Mit diesem Konzept wollte ich nun auch in der Praxis Ernst machen, selbst gegen gelegentlichen, meist leisen und immer höflichen Widerstand im Amt. Um so wichtiger wurde mir die Unterstützung seitens der mehr oder weniger regierungsunabhängigen »Mittlerorganisationen«, zu denen zum Beispiel das »Goethe-Institut«, der »Deutsche Akademische Austauschdienst«, die »Alexander-von-Humboldt-Stiftung«, das »Stuttgarter Institut für Auslandsbeziehungen« und »INTERNATIONES« zählen.

Nach der Fertigstellung der »Stellungnahme der Bundesregierung zum Enquete-Bericht des Deutschen Bundestages« stand ich Mitte 1977 erst am Anfang meiner Reformarbeit. Denn nun mußte das für alle Felder kultureller Außenpolitik postulierte Konzept partnerschaftlicher Zusammenarbeit Parzelle für Parzelle verwirklicht werden. Die größte und traditionsreichste Parzelle waren unsere Auslandsschulen, etwa fünfhundert höchst unterschiedlicher Ausprägung und ohne durchgängiges Konzept. Deshalb ließ ich der Gesamtstellungnahme bereits wenige Monate später den »*Rahmenplan für die deutschen Schulen im Ausland*« folgen, dann einen »*Sprachatlas*« mit der Übersicht der Verbreitung der deutschen Sprache in der Welt und 1981 auch noch »*Zehn Thesen zu den Kulturbeziehungen mit Entwicklungsländern*«.

Letztere hatten eine ziemlich turbulente Vorgeschichte. Nachdem ich auf meinen vielen Reisen in Entwicklungsländer immer wieder beobachtet hatte, welche nachteiligen, ja kulturell oft verheerenden Folgen das »Überstülpen« westlichen »Knowhows« auf fremde Kulturen und Lebensformen hatte, war ich ähnlich irritiert wie einige Jahre später meine engagierte Kollegin *Brigitte Erler*, zeitweilig Staatssekretärin im Entwicklungsministerium, die nach der Veröffentlichung ihrer Streitschrift »*Tödliche Hilfe*« die Konsequenzen zog und zurücktrat. Sie leitete später mit großem Engagement viele Jahre die deutsche Sektion von »Amnesty International«, und ich unterstützte sie, wann immer es mir möglich war.

Anfang 1981 verfaßte ich also meine *zehn Thesen*, schlug sie zwar nicht an die Tür des Bundeskanzleramtes an, schickte sie aber »vertraulich« an interessierte Kollegen in- und außerhalb des Auswärtigen Amtes. So blieben sie nicht »vertraulich«, erzeugten vielmehr einigen Wirbel, aber auch Zustimmung und Unterstützung. Nach mehrfacher Überarbeitung und »Glättung« wurden sie sogar zum »offiziellen« Papier des Amtes, was wiederum die Spitze des Bundesministeriums für wirtschaftliche Zusammenarbeit (BMZ) wurmte (Ressort-Eifersüchteleien gehören in Bonn zum täglichen Ärgernis, sie verhindern oft, daß es auf wichtigen Feldern – z. B. im Kultur- und Wissenschaftsbereich – zu nutzbringenden Kooperationen kommt). Aber: Meine Thesen waren in der Welt und haben zumindest einiges Umdenken bewirkt.

Heute sind die jahrzehntelangen Irrtümer und Fehler der westlichen Entwicklungshilfe zwar längst erkannt, werden aber leider immer noch nicht konsequent überwunden, was nicht allein Schuld der Geberländer ist. Auch in den Entwicklungsländern fehlt es immer noch und immer wieder an vielen Voraussetzungen zu dauerhafter »Entwicklung«. Ich nenne nur: politische und administrative Mißwirtschaft, Korruption, Landflucht, Übervölkerung, Bürger- und Stammeskriege, Analphabetentum.

Für die Umsetzung unserer neuen Konzepte mußte ich damals noch viele weitere Voraussetzungen schaffen. Denn gute Programme und ausreichende Mittel allein garantieren noch keinen Erfolg. Dazu gehören dann auch noch qualifizierte und engagierte »Kulturmittler«, also Mitarbeiter in unseren Botschaften, die mit dieser Aufgabe vor Ort betraut werden konnten. Auch hierzu machte ich große Anstrengungen, um Auswahlverfahren, Vorbereitung und Fortbildung unserer Kulturreferenten zu verbessern. Zu diesem Zweck beteiligte ich mich an Konferenzen unserer Auslandsvertretungen, forderte ausführliche Jahresberichte über die Tätigkeit der Kulturreferenten an und schlug vor, sie im Amt sorgfältiger auszuwerten.

Auch bemühte ich mich um eine bessere Koordinierung und Zusammenarbeit der kulturellen Mittlerorganisationen und der beteiligten Ministerien mit- und untereinander, was leider ziemlich im argen lag und heute eher schlechter als besser geworden ist. Im übrigen lag und liegt mir die immer mal wieder bedrohte Unabhängigkeit und Selbstverantwortung der Mittlerorganisationen besonders am liberalen Herzen (vgl. Zweiter Teil, III. 4.).

Besonders erfolgreich war ich bei der Beschaffung zusätzlicher finanzieller Mittel: Der Haushalt der Kulturabteilung des Auswärtigen Amtes stieg während meiner Amtszeit um über 50 Prozent, also weit über die durchschnittlichen Steigerungsraten hinaus, um seit 1983 prozentual leider wieder abzusacken. Wem solche finanziellen »Zuwächse« gelingen, der hat Durchsetzungsvermögen bewiesen und sich Respekt verschafft.

Unsere *Auslandsschulen*, die damals etwa die Hälfte unseres Kultur-Etats von knapp 700 Millionen DM verschlangen, machten mir – trotz oder wegen des nun gültigen Rahmenplans – viele sorgenvolle Gedanken. Sie sollten (laut Rahmenplan) »Stätten der Begegnung« zwischen Jugendlichen verschiedener Sprachen und Kulturen, also Begegnungsschulen sein und waren es in Wirklichkeit fast nie.

»Begegnung« fand oft nicht einmal im Lehrerzimmer, in den Pausen oder bei gemeinsamen Festen statt. Die sogenannten »Ortslehrkräfte«, die die Hauptlast des Unterrichts zu tragen hatten, wurden sehr viel schlechter besoldet als die aus Deutschland »entsandten« Lehrer, so daß es fast immer Spannungen gab. Auch waren die meisten Schulen so konservativ, daß neue Angebote wie zum Beispiel mittlere Bildungsabschlüsse oder berufliche und handwerklich ausgerichtete Mittelstufen kaum durchzusetzen waren. Vor allem fehlte es zumeist an jedweden Formen demokratischer Mitwirkung von Schülern!

Ein wirkliches Ärgernis waren unsere strikt auf Apartheid beharrenden deutschen Schulen in Südafrika. Als von Bonn die von mir forcierte Forderung nach Öffnung der Schulen auch für nicht-weiße Kinder amtlich erhoben wurde, war ein rassistisch tönender Elternboykott gegen unseren Botschafter die Antwort.

Später dann, als es gar nicht mehr anders ging, wurden zweimal in der Woche nachmittags Kinder aus Soweto zum deutschen Sprachunterricht in unsere Schule nach Johannesburg transportiert – vom normalen Schulbetrieb aber blieben sie auch weiterhin schamhaft und beschämend isoliert.

»Elitär« waren unsere deutschen Schulen aber auch anderenorts. Zum Beispiel in Kairo, wo zwar Kinder der reichen ägyptischen Oberschicht gegen entsprechendes Schulgeld aufgenommen, die ägyptischen Ortslehrkräfte aber in einem eigenen Lehrerzimmer von den deutschen Lehrkräften ab- und ausgegrenzt wurden – angeblich wegen der krassen Unterschiede in der Besoldung. Ähnlich sieht es in deutschen Schulen in Griechenland aus, wo sogar die griechischen Schüler in eigenen Schultrakten und Klassen unterrichtet werden. Von »Begegnungen« war nichts zu sehen und zu spüren.

Es gab aber auch erfreuliche Kontakte mit »Begegnungsschulen«, die diesen Namen wirklich verdienten. Stellvertretend nenne ich unsere deutschen Schulen in Den Haag, Kopenhagen, New York und einige Schulen in Lateinamerika.

Ein Lob auch für die kirchlichen Auslandsschulen, vor allem für die katholischen, in denen man sich um Gleichbehandlung und volle Integration aller Schüler und Lehrer erfolgreich bemühte.

Zur Information für alle Auslandsschulen initiierte ich 1978 eine kleine, zweimal jährlich erscheinende Zeitschrift »DIE BEGEGNUNG«, die es sogar heute noch gibt.

Außerdem konnten die Programme und Mittel zum *Schüler- und Studentenaustausch* vervielfacht werden. – Ein Sonderprogramm zur Entsendung von einhundert arbeitslosen deutschen Lehrern in Auslandsschulen machte zwar Furore, die Durchführung erwies sich aber wegen bürokratischer Hürden als sehr mühsam. Immerhin aber gewannen wir damit einige besonders engagierte junge Auslandslehrer.

Auch ließ ich – nach französischem Vorbild – einen *Fernunterricht* für deutsche Grund- und Mittelschüler im Ausland, die keine unserer Schulen besuchen können, entwickeln.

Gelegentlich betrat ich mit meinen Kulturprojekten auch außenpolitisch vermintes Gelände. Zum Beispiel bei den langwierigen Vorbereitungen und der Durchführung der ersten *Kulturwochen* in Budapest, Bukarest, Sofia und Warschau, damals eine aufregende, immer hochpolitische Angelegenheit. Mit diesen »Wochen« gelang es aber oft, mehr Breschen zwischen West und Ost zu schlagen, mehr Kontakte zu schaffen und vor allem: mehr Regimegegnern zu helfen als mit allen diplomatischen Bemühungen.

Für Entwicklungsländer initiierte ich spezielle Fonds zur Rettung und Erhaltung ihres vom Verfall bedrohten Kulturerbes, zum Beispiel zur Restaurierung von Kultstätten, zur Rettung und Darstellung alter Schriften, historischer Dokumente, künstlerischer und musikalischer Traditionen, als Hilfe bei der Gründung von Museen, Verlagen und der Ausbildung von

Fachleuten, zur Förderung junger Künstler und Schriftsteller, samt Ausstellungs- und Übersetzungsmöglichkeiten.

Begonnen hatte ich dieses Programm Ende der siebziger Jahre mit einer Million D-Mark, die alljährlich gesteigert werden konnten. Es sind Programme, die bis heute laufen und so manche kulturelle Kostbarkeit zu retten und zu bewahren halfen und manchem jungen schöpferischen Menschen den Weg zur Ausbildung ebneten (vgl. Zweiter Teil, III.4.).

Bei all diesen Bemühungen gab es auch unvergeßliche, persönliche Erfolgserlebnisse. Zwei Höhepunkte: Einmal war es die Verleihung der Ehrendoktorwürde der staatlichen (katholischen!) Universität Peru in einer prächtigen Feierstunde im Mai 1982 in Lima. In der Urkunde heißt es:

». . . Zum ersten Mal überträgt die Universidad Católica den Ehrendoktortitel einer Frau, die zudem sich besonders durch ihre politische Tätigkeit ausgezeichnet hat . . . Wir finden selten Frauen, die am politischen Leben ihres Landes so tätigen Anteil nehmen . . . Frau Dr. Hildegard Hamm-Brücher verkörpert eine beispielhafte Auffassung des politischen Lebens. Sie sieht in ihrer politischen Aufgabe und im Regierungshandeln eine entscheidende Möglichkeit der Selbstverwirklichung. Die daraus erwachsende Verantwortung nimmt sie auf sich, ohne darüber ihre Aufgabe als Frau, Gattin und Mutter zu vernachlässigen. Gerade hierin sehen wir einen der Gründe für unsere Hochachtung ihr gegenüber.«

Der zweite Höhepunkt war das Bonner »*Symposium '80: Kulturbeziehungen – Brücke über Grenzen*«, das über vierhundert Partner aus vierundfünfzig Staaten Anfang Juni 1980 für vier arbeits- und erfahrungsreiche Tage zusammenführte. Über ein Jahr hatte ich an seiner sorgfältigen Vorbereitung mitgewirkt. Die »FAZ« berichtete:

». . . Die deutsche Auswärtige Kulturpolitik hat in den bis-

herigen Etappen Wichtiges für das Land getan. Nach dem Krieg begann sie, eng und verschreckt, das verunstaltete Bild von Deutschland draußen wiederherzustellen...

... Inzwischen hat sie sich an anderen Prinzipien orientiert. Sie richtete sich um so mehr nach den Bedürfnissen der Dritten Welt, je stärker und selbständiger diese hervortrat. Die Zeit, da Kulturpolitik die Präsentation höchster deutscher Kunstleistungen war, ging in den sechziger Jahren zu Ende. Ein partnerschaftliches Denken begann, das auch in den europäischen Hauptstädten unsere Kulturpolitik in Zusammenarbeit umwandelte... mit den Dahrendorf-Thesen, dem Enquete-Bericht, der Stellungnahme der Bundesregierung, der Verdoppelung des Etats auf 600 Millionen Mark. Man spürte die neue Energie, die die Staatsministerin Hamm-Brücher in die Kulturpolitik einbrachte. Sie patronierte jetzt – eine Art neuer Minerva – auch die Bonner Diskussionen.

In Bonn wurden zum erstenmal Aspekte der achtziger Jahre entworfen, der Schritte über die nationalen Bedingungen von Kulturpolitik hinaus versucht. Die Praxis des Kulturaustauschs, der, alles in allem, unzureichend ist, wurde neu dimensioniert. Dieser Versuch war so imponierend wie von Unsicherheit bestimmt. Er rückte die deutsche Initiationskraft wieder – bedenklich – in den Vordergrund und wußte sie zugleich zu objektivieren. Immer wieder war die Rede von der ›waffenstarrenden Welt‹, in der Wege zu dauerhafter Verständigung gesucht werden müßten. Die Kulturpolitik soll eine Funktion dieser Politik werden.

... So war der Refrain denn in den meisten Reden gleich. Die Kennwörter: Einander respektieren, kennenlernen, Dialog, Austausch, Partnerschaft, Völkerverständigung und – als Arbeitsprinzip: Weg mit dem Einbahnstraßenverkehr, der Deutsches nach draußen, aber kaum etwas von fremder Kultur zu uns hereinbringt...

Im ganzen war es auch ein Willensakt und Selbststimulation. Jetzt liegen Anregungen und Papiere genug auf dem Tisch. Man wird filtern müssen, was in allem utopisch ist, was über die Kräfte geht, was praktikabel ist, wo nun Prioritäten zu setzen sind.

War der Kongreß selbst riskant (das Risiko wurde bestanden), so sind es auch seine Folgen. Erwartungen sind geweckt. Man wird sehen, ob er eine Seifenblase, ein lügnerisches Gebilde war oder ob er realisierbare Grundlagen schuf. Jenes wäre schlimmer, als wenn er nicht stattgefunden hätte. Daß er stattgefunden hat, ist gut. Nicht nur, weil er die Tendenzen der Zeit für sich hat. Auch, weil er der deutschen Außenpolitik einen neuen, humanistischen Zug gibt und innenpolitisch die Weltoffenheit vergrößern will. – Kulturpolitik ist Politik der langen Fristen.«

Alle Verantwortlichen freuten sich über den erfolgreichen Verlauf, und noch heute wird bei uns und bei unseren Partnern in der Welt bedauert, daß dieses erste Symposium nach dem Ende der sozial-liberalen Koalition leider keine Fortsetzung fand.

Trotz *Genschers* Warnung war ich also doch so etwas wie eine »Kulturtante« geworden. Dessen ungeachtet aber versuchte ich, auch allen anderen außenpolitischen Aufgaben gerecht zu werden, zum Beispiel meinen Reiseverpflichtungen. Meine erste »Mission« ging 1977 nach Prag, wo ich die wiederhergestellte deutsche Botschaft – das Palais Lobkowic – in Vertretung des Außenministers eröffnete und zum ersten Mal – natürlich mit genau vorgegebenen Themen – »offizielle Gespräche« mit dem tschechischen Außenminister *Bohuslav Chňoupek* und anderen hochrangigen Würdenträgern führen durfte. Weitere Missionen folgten in Europarats-Staaten, nach Afrika und zu den fünf ASEAN-Staaten (Malaysia, Thailand, Philippinen, Singapur, Indonesien) nach Südostasien, damals noch ganz in den Anfängen, heute eine aufstrebende Weltwirtschaftsmacht. Ich mauserte mich zur Spezialistin für diese Regionen und wurde zu allen Gesprächen und Planungen hinzugezogen.

Etwa zwanzigmal in sechs Jahren reiste ich in afrikanische, achtmal in asiatische Länder, ungezählte Male in europäische Staaten und in die USA: Immer gab es minutiös komponierte Programme, immer mußte von mir bis ins Detail die notwendige »Garderobe« zusammengestellt werden, immer mußten offizielle Gespräche vorbereitet, ungezählte Empfänge und Essen, Tischreden und Besichtigungen durchgestanden werden.

Reisen als Staatsministerin im Dienste der Bundesrepublik sind also alles andere als Vergnügungs- oder Erholungsreisen. Im Gegenteil: Sie werden nach außenpolitischen Erwägungen »angeordnet«, vorbereitet und generalstabsmäßig durchgeführt.

Anfangs dachte ich, für solche vorprogrammierten Dienstreisen brauchte man eigentlich keinen Staatsminister samt Gefolge in Marsch zu setzen, immer wieder wurde ich aber eines anderen belehrt: Innerhalb des vorgegebenen Rahmens entwickelte sich fast immer Unvorhergesehenes, für unsere außenpolitischen Beziehungen Wichtiges, Merkens- und Bemerkenswertes. Das war der eigentliche »Ertrag« solcher Reisen: die persönlich geknüpften Kontakte, die Gespräche, die Einsichten, die ich nach Hause brachte und in ungezählten Berichten an den Minister niederlegte, an interessierte Organisationen, Personen und Institutionen weitergab. Ich erntete dafür viel Anerkennung und . . . neue Reiseanforderungen.

Manchmal mußte ich auch schrecklichen Diktatoren wie Zaires Diktator *Mobutu* und Haitis Potentaten *»Baby Doc«* meine offizielle Aufwartung machen und die »Besorgnisse« der Bundesregierung über Menschenrechtsverletzungen übermitteln. Überaus pompös-diktatorisch ging es auch am »Hofe« von *Ferdinando* und *Imelda Marcos* in Manila zu, wo ich einen Scheck für die Opfer eines Hurrikans zu übergeben hatte. Ob diese von unserem Geld wohl je etwas erhalten haben?

Meine drastischen Berichte über meine Eindrücke in Zaire und Haiti haben sicher dazu beigetragen, daß wir diese »Besorgnisse« nicht nur verbal äußerten, sondern in unseren jeweiligen diplomatischen Beziehungen deutlich machten.

Auf meinen Reisen in Entwicklungsländer habe ich sowohl hingebungsvollen Einsatz und Opferbereitschaft erlebt (eindrucksvollstes Beispiel: *Mutter Teresa* und ihr schlichtes, mich tief bewegendes Sterbe-Hospital in Kalkutta), aber auch skrupellose Kolonialmethoden in Südost-Asien (Beispiel: Kinder- und Frauenarbeit) in angeblich postkolonialen Zeiten, oder blutige Stammesfehden in Uganda, Burundi und Ruanda, in deren Verlauf alle Fortschritte wieder zerstört wurden.

Einige Male schrammte ich haarscharf an amtsinternen Kontroversen vorbei, auch einmal mit Herrn *Genscher* persönlich, als es um Leopard-Panzer-Lieferungen nach Saudi-Arabien ging, desgleichen in gleicher Sache mit Bundeskanzler *Schmidt*. Erst angesichts gravierender Einwände aus Parlament und Öffentlichkeit wurde die deutsche Zustimmung zurückgestellt. Bundeskanzler *Kohl* versuchte es 1983 neuerlich. Auch vergebens.

Vor allem gab es Ärger, als ich die Halbherzigkeit unserer *Südafrika-Politik* kritisierte. Nachdem ich die (seitens der dortigen Lehrer und Eltern) fanatisch verteidigte Apartheid in unseren deutschen Schulen mehrfach angeprangert und gefordert hatte, den »Geldhahn aus Bonn zuzudrehen«, falls unsere Schulen nicht auch für nicht-weiße Schüler geöffnet würden, und dabei seitens des Amtes nicht entschlossen, allenfalls halbherzig unterstützt wurde. Im August 1979 machte ich als Abgeordnete, nicht als Staatsministerin, im Pressedienst der FDP-Fraktion meiner Empörung Luft:

»... *Nach einem zweitägigen privaten Besuch in der Republik Südafrika möchte ich nicht wiederholen, was Hunderte*

Auf siebenundzwanzig Afrika-Reisen immer wieder Begegnungen mit afrikanischen Frauen

von Besuchern dieses Landes – zwischen Empörung und Verzweiflung schwankend – gesagt haben. Ich möchte es nur bestätigen und hinzufügen, daß die unverändert praktizierte Politik der Apartheid einem Teufelskreis gleicht, der Gegenhaß und Gegenterror erzeugt, aus dem ein friedliches Ausbrechen kaum noch möglich erscheint. Was läßt sich dennoch tun?

. . . Ich meine, daß wir deutlicher Flagge zeigen und neue Ansätze zur direkten und unmittelbaren Zusammenarbeit mit der schwarzen Bevölkerung Südafrikas suchen sollten genau so, wie das auch in allen anderen Ländern Afrikas geschieht. Ich schlage hierzu vor, Mittel aus dem Bereich der Entwicklungspolitik zu mobilisieren. Der niedrige Lebensstandard der schwarzen Bevölkerung rechtfertigt das! Während für einen weißen Schüler pro Jahr 708 Rand ausgegeben werden, sind es für einen schwarzen nur 42 Rand, also etwa ein Zwanzigstel. Nur 2,4 Prozent der Lehrer haben Abitur,

und für einen geregelten Schulbetrieb fehlen über 87.000 Lehrer.

Wir brauchen also gezielte Projekte der Zusammenarbeit mit der nicht-weißen Bevölkerung Südafrikas in den Bereichen Erziehungs- und Gesundheitswesen, der Städteplanung und der Gemeinwesenarbeit, vor allem in »townships« und »homelands«. Unsere Mittel sollen ausschließlich der schwarzen Bevölkerung zugute kommen, und sie müssen mindestens ebenso hoch sein wie alle übrigen kulturellen Leistungen für Südafrika. Großbritannien ist dabei, einen ähnlichen Weg zu gehen.

Wir sollten eher auf unsere Kulturbeziehungen mit der weißen Bevölkerung Südafrikas verzichten, als beim Ausbau unserer ebenbürtigen Zusammenarbeit mit der nicht-weißen Mehrheit weiter Konzessionen zu machen. Im Gegenteil, wir sollten aktiv und initiativ werden! Wir sind das unserem eigenen Gewissen – und falls dieses kein politisches Argument ist –, wir sind dies der politischen Vernunft schuldig. Wir müssen alles versuchen, um dazu beizutragen, den schrecklichen und verhängnisvollen Teufelskreis der Apartheidspolitik, und sei es auch zunächst nur an kleinen Stellen, zu unterbrechen. Denn: Die Zukunft unserer und Europas Beziehungen zu Afrika entscheidet sich in Südafrika.«

Natürlich wurde ich für das Apartheidsregime zur »persona non grata«.

Nur sehr allmählich und zögerlich wurde unsere Gangart härter. Bis das erste nicht-weiße Kind endlich in unsere Schulen aufgenommen wurde, vergingen noch Jahre. Immerhin gelang es mir noch – im Sinne meiner Presseerklärung –, ein »Sonderprogramm Südliches Afrika« zugunsten der »nicht-weißen« Bevölkerung durchzusetzen und mit Bundesmitteln zu finanzieren. Auch beteiligte ich mich mit meiner Unterschrift an Aktionen zur Freilassung von *Nelson Mandela*, dessen Vorbild für Mut, Opfer- und Versöhnungsbereitschaft ich bis heute bewundere.

Auch anläßlich der schrecklichen *Menschenrechtsverletzungen* in Chile und Argentinien, die auf diplomatischen Kanälen gleichfalls oft nur sehr halbherzig angeprangert wurden, vertrat ich als Politikerin entschiedenere Positionen als das Amt. So hatte ich anläßlich eines Besuchs in Argentinien die um ihre verschollenen Männer und Söhne mutig kämpfenden Frauen des »Plaza di Mayo« getroffen und mich an ihre Seite gestellt.

Schließlich war mir – abgesehen von dem Fall Saudi-Arabien – die Diskrepanz zwischen unserer offiziell als »restriktiv« erklärten *Waffenexportpolitik* und der realen Macht der einschlägigen Lobby und ihrer Sympathisanten in der Regierung schon damals ein Ärgernis. Nach dem Machtwechsel 1982 wurde das allerdings noch viel schlimmer und eskalierte in zahlreichen Skandalen wie dem Bau der Chemiewaffenfabrik im libyschen Rabta oder des U-Boot-Baus und -Exports nach Südafrika. Heute »boomt« der deutsche Waffenexport, häufig unter dem Deckmantel »europäischer Gemeinschaftsproduktion«. Wir sind die zweitgrößten Kriegswaffen-Exporteure der Welt! Kein Rekord, auf den wir stolz sein sollten.

Trotz solcherlei Trübungen: Geblieben sind die guten Erinnerungen und Ergebnisse an diese sechs Jahre im Auswärtigen Amt. Hierbei denke ich vor allem auch an die wohltuende zwischenmenschliche Atmosphäre. Noch heute bin ich vielen meiner damaligen Mitarbeiter(innen), Staatssekretären und Abteilungsleitern für ihre loyale, später freundschaftliche Unterstützung der »Außenseiterin« dankbar. Das gilt auch für den damaligen Leiter des Ministerbüros, *Klaus Kinkel*, der mir damals so manchen nützlichen Tip zum Umgang mit dem Minister gab.

Von den »Großen« dieser Welt habe ich eigentlich alle kennengelernt, die in diesen Jahren nach Bonn kamen oder denen ich auf Reisen begegnete. In meinem ganz persönlichen

Botanik-Kunde mit Loki Schmidt

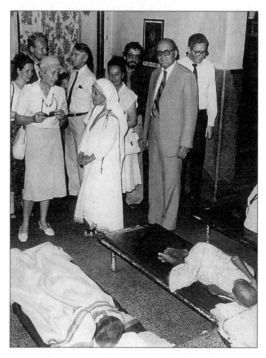

Bei Mutter Teresa in Kalkutta 1981

Erinnerungsbuch stehen viele bedeutende Namen. Stellvertretend nenne ich die amerikanischen Präsidenten *Jimmy Carter* und *Ronald Reagan* und ihre jeweiligen Vizepräsidenten, die indische Ministerpräsidentin *Indira Gandhi*, den ägyptischen Präsidenten *Anwar as-Sadat*, den senegalesischen Präsidenten *Leopold Senghor*, den französischen Präsidenten *Valéry Giscard d'Estaing*, den kanadischen Ministerpräsidenten *Pierre Trudeau* sowie die israelischen Politiker *Moshe Dayan*, *Golda Meir*, *Menachem Begin* und *Shimon Peres*. Ende der achtziger Jahre kamen *Michail Gorbatschow* und *Václav Havel* dazu, die mich tief beeindruckten.

Nicht zu vergessen: *Papst Johannes Paul II.*, dem ich zusammen mit meinem Mann und dem ganzen Kabinett anläßlich seines ersten Deutschlandbesuches im November 1980 vom Bundeskanzler vorgestellt wurde. Den gütig-scharfen Blick auf meinen Mann und mich gerichtet, fragte er: »Haben Sie Kinder?«- »Ja«, antwortete ich, »zwei erwachsene.« – Pause – »*Dann* können Sie ja dieses Amt ausüben, ohne ihre Kinder zu vernachlässigen«, nickte er freundlich und wandte sich dem nächsten Regierungsmitglied zu . . .

Trotz aller protestantischen und liberalen Vorbehalte gegen päpstliche Unfehlbarkeit: Dieser Papst hatte das jahrelange Dilemma meiner politischen Karriere mit einem Blick erkannt und mit einem Satz entschärft.

Während meiner Amtszeit hatte ich auch meine »Sorgenkinder«, zum Beispiel waren das die immer wieder labilen Beziehungen zu Israel, die mir besonders am Herzen lagen, und mit Beginn der Nachrüstungsdebatten Anfang der achtziger Jahre auch die mit den USA.

Hierzu wurde mir im April 1981 vom Bundeskanzler meine letzte wichtige Zusatzaufgabe als Staatsministerin anvertraut. Ich sollte – zusammen mit meinem amerikanischen »Counterpart«, Unterstaatssekretär *Lawrence (Larry) Eagleburger* (später zeitweise Secretary of State) und seinem Nachfolger *Richard Burt* (später Botschafter in Bonn) – die unterhalb der Regierungsebene darniederliegenden deutsch-amerikanischen Beziehungen mit neuem Leben und neuen Ideen erfüllen. Das war eine Aufgabe, die mir – seit jenem ersten Amerika-Aufenthalt 1949 – Herzens- und Verstandessache war.

Zur neuen Aufgabe gehörten viele USA-Trips, vollgepackt mit Gesprächen über neue Kooperationsprogramme, Vorträge, Essen mit »Dinner-speeches«, gesellschaftliche Verpflichtungen etc., Wiedersehen mit alten Freunden wie den *McCloys* und neuen, wie mit jener Familie *Gustav Stolper*, die seit 1920 bis zu ihrer Emigration zum engsten Freundeskreis der Familie *Heuss* gehört hatte.

Die fast neunzigjährige *Toni Stolper* (Empfängerin und Herausgeberin der hochinteressanten »Tagebuchbriefe« von *Theodor Heuss* [1955-63]) wurde mir eine mütterliche Freundin bis zu ihrem Tod 1987*. Noch bis in ihr letztes Lebensjahr las sie – fast hundertjährig – alle Veröffentlichungen über *Heuss* und nahm klugen Anteil an meinem eigenen politischen Schicksal.

Heuss hatte mich in seinen »Tagebuchbriefen« an *Toni Stolper* immer mal wieder erwähnt und angeregt, daß wir uns kennenlernen sollten, was 1974 geschah und zum Besten geriet.

Mit meiner Berufung durch Kabinettsbeschluß im Juni 1981, die im Januar 1982 durch ein offizielles Regierungs-Communiqué zwischen Präsident *Reagan* und Kanzler *Schmidt* ergänzt wurde, hatte ich als »Koordinatorin der deutsch-amerikani-

---

* *Toni Stolper*, Tochter eines bekannten jüdischen Wiener Kinderarztes, hatte als eine der ersten Frauen während des Ersten Weltkrieges in Berlin in Nationalökonomie promoviert, später mit ihrem Mann, der Ende der zwanziger Jahre zeitweise auch Reichstagsabgeordneter der DDP (Linksliberale) war, die liberale Wochenzeitung »Der Volkswirt« herausgegeben. Nach seinem Tod schrieb sie seine bemerkenswerte Biographie »Ein Leben in den Brennpunkten unserer Zeit«. Sie wurde nach dem Tod von *Elly Heuss* zur engsten Vertrauten von *Theodor Heuss*.

schen Beziehungen« eine zusätzliche Aufgabe von großer Bedeutung übertragen bekommen. In kürzester Zeit – und dank der fruchtbaren Zusammenarbeit mit »*Larry*« – entstand ein vielfältiges Programm, zum Beispiel das vom Bundestag und dem US-Kongreß gemeinsam durchgeführte Schüleraustauschprogramm, das in Form persönlicher »Patenschaften« interessierter Abgeordneter und Kongreßmitglieder mit ausgewählten Stipendiaten aus beiden Ländern bis heute alljährlich einigen hundert jungen Menschen einen einjährigen Aufenthalt im Gastland ermöglicht.

Vier neue Goethe-Institute konnten in den USA gegründet werden, zusätzliche Vortragsreisen prominenter Deutscher in US-Universitäten wurden organisiert, die Förderung von Sprachprogrammen verstärkt. Der Finanzminister erwies sich als spendabel, und im Bundestag wurde ich von einer Allparteien-Koalition unterstützt.

(Nach der »Wende« und meinem Ausscheiden aus dem Amt hat mir Minister *Genscher* dieses Amt des »Koordinators« zweimal neuerlich angetragen. Meine Entscheidung, dies nicht zu tun, hat sich jedoch mangels persönlichen Rückhalts in Fraktion und Koalition als richtig erwiesen ...)

*

>»Wag zu sein wie Daniel,
> wage es, allein zu stehn.
> Wage es, ein Ziel zu haben,
> wage es und laß es sehn.«
> *(altes englisches Kirchenlied)*

Niemals in meinem Leben sind mir sechs Jahre so im Fluge vergangen wie meine Zeit als Staatsministerin im Auswärtigen Amt. In diesen sechs Jahren hatte meine persönliche Emanzipation, so denke ich heute, einen entscheidenden abschließenden Schub erfahren. Ich hatte mir und den »Herren der Schöpfung« bewiesen, daß ich ein völlig neues Aufgabengebiet meistern und dabei manches besser zustande gebracht hatte als die Herr-Schaften vor und nach mir.

Ohne dieses Selbstbewußtsein, das ich mir in über dreißig Jahren politischer Kärrnerarbeit erworben und mehrfach bewiesen hatte (und dies zugleich für nachrückende Frauen), hätte ich die nun folgenden Bewährungsproben und Rückschläge wohl kaum durchgestanden. Weder hätte ich mein »dissenting vote« zum Mißtrauensvotum gegen *Helmut Schmidt* am 1. Oktober 1982 abgegeben, noch die dann folgenden acht Jahre im liberalen »Strafvollzug« meiner Fraktion verkraftet.

Wie die Wende damals abgelaufen ist, möchte ich nun aus meiner Sicht darstellen und schon vorab hinzufügen: Es gibt sehr unterschiedliche Versionen der unmittelbar Beteiligten. Das hier ist die meine:

Die ersten konkreten Anzeichen dafür, daß sich politische Umbrüche anbahnten, gab es vor der Sommerpause 1982, als *Hans-Dietrich Genscher, Otto Graf Lambsdorff* und Sprecher des sogenannten »Wurbs-Kreises« (*Richard Wurbs*, FDP-MdB, Repräsentant des mittelständischen Handwerks) einen ersten Versuch machten, die FDP-Fraktion argumentativ (Haushaltslage und SPD-Parteitagsbeschlüsse gegen den NATO-Doppelbeschluß) auf einen möglichen Koalitionsbruch einzustimmen. In der Fraktion überwog jedoch die Ablehnung. Auch der Fraktionsvorsitzende *Wolfgang Mischnick* gehörte damals (noch) zu den Nein-Sagern.

An dieser Stelle noch ein persönlicher Einschub über ein Gespräch mit dem FDP-Fraktionsvorsitzenden *Wolfgang Mischnick*, das später half, eine böse Verleumdung gegen mich glaubhaft zu widerlegen:

Noch kurz vor der Sommerpause 1982 hatte ich ihm mitgeteilt, daß ich – unabhängig vom Fortgang der Koalitionskrise – Ende des Jahres 1982 nach sechsjähriger Amtszeit aus persönlichen Gründen und »ohne Eklat« aus dem Auswärtigen Amt ausscheiden wollte. Er zeigte Verständnis und versprach mir seine Unterstützung.

Als nach meiner »Wenderede« am 1. Oktober 1982 professionell das Gerücht ausgestreut wurde, ich hätte Herrn *Genscher* telefonisch gebeten, auch in der neuen Koalition im Amt bleiben zu dürfen, konnte ich dieses Gerücht mit *Mischnicks* Hilfe (er bestätigte das Gespräch) erfolgreich widerlegen. Seither wurde die Verleumdung öffentlich nicht mehr wiederholt, wohl aber hinter vorgehaltener Hand weiter kolportiert. *Rolf Zundel* nannte diese häßliche Geschichte in der »ZEIT« vom 5. November 1982 »den gescheiterten Versuch einer öffentlichen Hinrichtung«.

Doch zurück zur Zeit nach der Sommerpause, als sich die Lage durch provozierende Aussagen, später durch ein Papier des Wirtschaftsministers *Graf Lambsdorff* verschärfte.

Dennoch war in der FDP-Fraktion bis weit in den September hinein noch keine Mehrheit für einen Koalitionswechsel auszumachen. Dann überstürzten sich jedoch die Ereignisse: Die Drohgebärden nahmen von beiden Seiten zu, und die Lancierung besagten »Lambsdorff-Papiers« in die Öffentlichkeit galt zu Recht als »Scheidungsgrund«.

Klärende Gespräche zwischen den Verantwortlichen in FDP und SPD gab es schon lange nicht mehr, nicht einmal mehr innerhalb der FDP. Selbst Präsidiumsmitglieder erhielten bis zuletzt keine klaren Auskünfte, wie ein Brief von *Liselotte Funcke* an den Parteivorsitzenden *Genscher* vom 4. September 1982 ausweist. Mit ihrer Erlaubnis zitiere ich daraus:

». . . Ich habe in der Präsidiumssitzung vom letzten Montag nicht ohne Grund meine Sorge um die weitere Entwicklung in der FDP sowie über die strategischen Ziele und taktischen Maßnahmen in ihrer gegenwärtigen Politik geäußert . . .

In dieser Auffassung sehe ich mich von vielen Parteifreunden unaufgefordert bestätigt, mit denen ich in den letzten Tagen Gespräche führte . . .

Ich frage mich, ob es vertreten werden kann, daß im Präsidium diese Fragen ausgeklammert werden. Für mich wächst das Mißtrauen, daß gehandelt wird, ohne daß im engsten Führungsgremium der Partei mit offenen Karten gespielt wird. Das wird die Partei nicht verstehen und ertragen, und auch nicht der Wähler, der ein feines Gespür für Redlichkeit hat.

Deshalb bitte ich, im Führungsgremium der Partei eine offene Diskussion über die beabsichtigten Schritte herbeizuführen . . .«

In gleicher Weise wurden wir in Fraktionssitzungen bis zuletzt im unklaren gelassen.

Schließlich blieb Bundeskanzler *Schmidt* wohl keine andere Möglichkeit, als die FDP-Minister am 17. September 1982 zu entlassen. So erhielt auch ich wenige Tage später aus der Hand des nun amtierenden Außenministers *Helmut Schmidt* meine Entlassungsurkunde mit einer langen, lobenden und dankenden Abschiedsrede. Alle Beteiligten gingen traurig auseinander. So hatten wir uns das Ende einer dreizehnjährigen, alles in allem erfolgreichen Koalition nicht vorgestellt.

Eine Woche später, am 1. Oktober 1982, wurde dann im Bundestag das Mißtrauensvotum und damit der Kanzlersturz inszeniert. Die Wende-Gegner in der Fraktion waren massiv unter Druck gesetzt worden; *Wolfgang Mischnick*, ein Politiker von untadeligem Ruf, wand sich in seiner Bundestagsrede noch ein wenig, stimmte aber schließlich zu.

Einige Fraktionskollegen kippten erst in letzter Minute vor der entscheidenden Abstimmung. Dennoch blieb eine standhafte Gruppe von etwa zwanzig (von fünfundvierzig) MdBs (darunter sechs Frauen, alle, bis auf *Irmgard Adam-Schwaetzer*) übrig, die sich weder durch Zuckerbrot noch durch Peitsche zur Unterstützung des Mißtrauensvotums hatten umstimmen lassen. Ihre Gründe wurden in einer eindrucksvollen Rede von *Gerhart Rudolf Baum* vorgetragen. Diese Rede ist ein Ruhmesblatt für liberale Zivilcourage und

Loyalität, was seither in der FDP nicht mehr besonders hoch im Kurs stand, was auch eine Ursache für ihren Kursverfall ist (vgl. Zweiter Teil, IV.).

Meinen persönlichen Gewissenskonflikt, um den ich tagelang schwer gerungen hatte, trug ich unter Berufung auf den Artikel 38 des Grundgesetzes (»Die Abgeordneten ... sind an Aufträge und Weisungen nicht gebunden und *nur* ihrem Gewissen unterworfen.«) in Form einer Persönlichen Erklärung zur Abstimmung vor. Hier noch einmal die mir wichtigsten Passagen aus dem Protokoll des 2.10.1982:

> *»... Es geht um die Grundfrage, ob die Abgeordneten einer Fraktion – insoweit sind nur wir betroffen –, die mit einer klaren Aussage für eine Koalition und gegen eine andere ein hohes Wahlergebnis erzielt hat, nach zwei Jahren entgegen*

Rechenschaft über die »Wende«-Rede am 1. Oktober 1982 im Bundestag

diesem Versprechen einen Machtwechsel ohne vorheriges Wählervotum herbeiführen dürfen.

Für mich persönlich muß ich diese Frage nach langer und schwerer Gewissensprüfung mit einem klaren Nein beantworten.

Ich habe dies . . . von allem Anfang an so gesehen und auch in meiner Fraktion vertreten . . .

So gesehen, ist der Regierungswechsel für uns, die Liberalen, ein schmerzhafter Gewissenskonflikt. Partei- und Fraktionssolidarität, die Loyalität zu dem Vorsitzenden, für mich persönlich vielleicht auch der freiwillige Verzicht auf ein sehr schönes und sehr wichtiges Amt, dies alles steht versus persönliche und politische Verantwortung, Zuverlässigkeit, Glaubwürdigkeit.

Ich bedaure zutiefst, daß der politische Liberalismus, dem ich wie Wolfgang Mischnick seit fast fünfunddreißig Jahren mit Kopf und Herz verbunden bin, über diesen Konflikt in eine so schwere Existenzkrise geraten ist, und ich werde alles in meinen Kräften Stehende versuchen, daß wir diese Krise überstehen. Auch deshalb stehe ich heute hier.

Aber nicht nur das. Der Vorgang, den heute jeder Bürger vor dem Fernsehschirm miterleben kann, ist mehr als nur ein liberaler Familienkrach für oder gegen einen Machtwechsel. Er betrifft das Ansehen unseres Parlaments, der parlamentarischen Demokratie überhaupt . . . Wir alle beklagen ja gemeinsam den Vertrauensschwund, vor allem bei der jungen Generation, und wir alle denken darüber nach, wie wir das ändern können, und wir alle haben die Pflicht, daraus dann auch Konsequenzen zu ziehen . . .

Aus diesem Grund möchte ich stellvertretend für viele Freunde und Mitbürger erklären, daß nach meiner Überzeugung der Weg über das Mißtrauensvotum zwar neue Mehrheiten, aber kein neues Vertrauen in diese Mehrheiten schafft.

Dies wird sich, so fürchte ich, um so abträglicher auswirken, als das, wie sich herausstellt, ungeprüft gegebene Wahl-

versprechen für den Monat März nächsten Jahres offenbar nicht eingehalten werden kann.

Der dritte Grund für meine Wortmeldung ist ein offener Protest gegen das, was man da von mir verlangt. Ich würde es übrigens auch im umgekehrten Verhalten, Herr Kollege Kohl, nicht anders halten. Ganz gewiß sind Koalitionen für mich kein Dogma und ganz sicher auch nicht die Koalition zwischen Sozial- und Freien Demokraten, die während dreizehn Jahren der Zusammenarbeit unbestritten heute auch Verschleißerscheinungen und Defizite aufweist. Die Diskussion hat das ja offenkundig gemacht.

Dennoch vermag ich dem Kanzler dieser Koalitionsregierung nicht das Mißtrauen aussprechen, nachdem ich ihm doch erst vor ganz wenigen Monaten das Vertrauen ausgesprochen habe.

Auch kann ich doch nicht ihm allein das Mißtrauen für seine Regierungstätigkeit aussprechen und unsere eigenen vier Minister, ja mich selber dabei aussparen.

Ich kann dem Bundeskanzler nicht mein Mißtrauen aussprechen, nachdem ich noch bis vor vier Wochen mit ihm und seinen Ministern, mit meinen Kollegen uneingeschränkt, loyal und vertrauensvoll zusammengearbeitet habe, wofür ich mich bei ihm in diesem Augenblick noch einmal persönlich sehr herzlich bedanken möchte.

Ich möchte Sie – damit möchte ich schließen – um Verständnis für diese Position bitten.

Ich finde, daß beide dies nicht verdient haben: Helmut Schmidt, ohne Wählervotum gestürzt zu werden, und Sie, Helmut Kohl, ohne Wählervotum zur Kanzlerschaft zu gelangen.

Zweifellos sind die beiden sich bedingenden Vorgänge verfassungskonform. Aber sie haben nach meinem Empfinden doch das Odium des verletzten demokratischen Anstands...

Diese beiden Vorgänge haben nach meinem Empfinden also das Odium des verletzten demokratischen Anstands. Sie beschädigen quasi die moralisch-sittliche Integrität von Machtwechseln . . .

Mit beidem sollten wir sehr behutsam umgehen, meine Damen und Herren, angesichts unserer immer noch schwach entwickelten politischen Kultur.

Vor gerade zwei Jahren hat der Wähler eindeutig zugunsten der sozial-liberalen Koalition entschieden. Deshalb müssen wir ihn fragen, bevor wir dies ändern.«

Nach meiner Erklärung gab ich dem (noch) auf der Regierungsbank sitzenden *Helmut Schmidt* die Hand und setzte mich ziemlich erschöpft auf meinen Platz (geweint habe ich – wie manchmal kolportiert wird – nicht!). Es gab frenetischen Beifall, Mißfallen-Buhs und einige Augenblicke der Verwirrung. Dann warf mir *Heiner Geißler* von der CDU – damals deren Generalsekretär – »einen Anschlag auf unsere Verfassung« vor, der Noch-Oppositionsführer *Helmut Kohl* tobte mit Zwischenrufen. *Helmut Schmidt* ergriff noch einmal das Wort und warnte vor Pressionen auf Abgeordnete.

Rolf Zundel kommentierte die »Szene« und meine Rede am 8. Oktober 1982 in der »ZEIT« wie folgt:

». . . Im Beifall der SPD und von den Abgeordneten der FDP wurde der Zwischenruf des Kanzlerkandidaten hörbar: ›Das ist ein Skandal!‹ – Wahrscheinlich war dies die wirkungsvollste und gefährlichste Rede gegen die neue Regierung. Nicht zufällig wurde darauf in den Wandelgängen des Parlaments das giftige Gerücht verbreitet, die Abgeordnete sei durchaus bereit gewesen, unter gewissen, möglicherweise für sie günstigen Konditionen ihr Ja zur Koalition zu geben. Alle Indizien aus Gesprächen mit Fraktionskollegen und sogar schriftliche Festlegungen sprechen dagegen.«

In namentlicher Abstimmung erhielt *Helmut Kohl* von vierhundertfünfundneunzig möglichen Stimmen (drei MdBs fehlten) zweihundertsechsundfünfzig Stimmen (plus elf Berliner), gegen ihn stimmten zweihundertfünfunddreißig (plus zehn Berliner). Vier MdBs enthielten sich.

Da die CDU/CSU über zweihundertsiebenunddreißig Stimmen verfügte, die FDP über vierundfünfzig, konnte der neue Kanzler höchstens vierunddreißig Stimmen aus der FDP-Fraktion erhalten haben, also etwa sechzig Prozent. In Anbetracht des Drucks auf die FDP-Abgeordneten war das erstaunlich.

Das unrühmliche Ende der sozial-liberalen Koalition, die fast dreizehn Jahre zusammengehalten und – vor allem außenpolitisch – historische Leistungen vollbracht hatte, hat viele Menschen in unserem Land und mich persönlich tief und dauerhaft getroffen.

Die Turbulenzen inner- und außerhalb der FDP hielten an. Der quantitative, mehr noch der qualitative Aderlaß in der Partei hat bis heute Spuren und Narben hinterlassen. Abgesehen von einigen wenigen Zwischenhochs ist die FDP aus dem damaligen Tief nie mehr herausgekommen. Vor allem hat sie das verloren, was man bei einem lebenden Körper die Seele nennt (vgl. Zweiter Teil, IV.).

Noch heute, fast fünfzehn Jahre später, sprechen mich immer wieder mal fremde Menschen auf meine Rede vom 1. Oktober 1982 an, erwähnen sie in Briefen (es waren in den ersten Wochen weit über 4.000), bedauern das Ende der Kanzlerschaft von *Helmut Schmidt* noch heute.

Über die wahren Ursachen für seinen Sturz durch die FDP gibt es immer noch und immer mal wieder alte und neue Spekulationen und Versionen.

Nach meiner Überzeugung lagen sie nur sehr vordergründig in den damals vorgeschobenen wirtschaftspolitischen Begründungen, sondern vor allem in der von der Wirtschaft immer nachdrücklicher angemahnten »Umorientierung« der FDP (die Spenden flossen nur noch spärlich).

Darüber aber hätte man auch schon zwei Jahre vorher anläßlich der Bundestagswahlen 1980 nachdenken und die Koalitionsaussage ändern können. Oder man hätte die kurze Zeit bis zu den bevorstehenden Bundestagswahlen 1984 abwarten können, diese eventuell vorziehen und hierfür ein Verfahren mit dem Koalitionspartner und der Opposition vereinbaren können.

Weshalb also wurde der Kanzlersturz im Herbst 1982 inszeniert?

Ich hatte den Eindruck, daß das heillos zerrüttete persönliche Verhältnis zwischen dem Kanzler und seinem Außenminister dabei eine nicht zu unterschätzende Rolle gespielt hat. Ich hatte das ja auch immer wieder mal mitbekommen: Man wurde mißtrauischer, reizbarer gegeneinander, mied die offene Aussprache. Und das sicher von beiden Seiten. Ich weiß nicht, ob dieses Zerwürfnis den Ausschlag gegeben hat, sicher weiß ich nur, daß der Bruch anders vollzogen worden und anders verlaufen wäre, vielleicht sogar hätte vermieden werden können, wenn es so etwas wie eine »Männerfreundschaft«, zumindest offene Gespräche zwischen den beiden Hauptpersonen gegeben hätte. Ich empfand das als Armutszeugnis.

Aber da gab es auch noch ganz andere Mutmaßungen und Gerüchte über den überstürzten Koalitionswechsel, die ich hier nicht ausklammern möchte:

Sie rankten sich um den seit Anfang 1982 öffentlich werdenden Flick-Parteispendenskandal – dem größten und spektakulärsten in der Geschichte der BRD, in den alle Bundestagsparteien, vor allem aber die »bürgerlichen«, tief verstrickt und kompromittiert waren. Als 1981 immer mehr belastende Aufzeichnungen des Flick-Beauftragten *Eberhard von Brauchitsch* über Geld- und sonstige Zuwendungen »zur Pflege der Bonner Landschaft« auftauchten, wurden die Bonner Parteien in Angst und Schrecken versetzt. Mit Anklageerhebungen gegen führende Politiker und Konzernmanager war zu rechnen.

Um dies zu verhindern, war bereits Ende 1981 – noch in der sozial-liberalen Koalition – im kleinsten Allparteienkreis versucht worden, ein Amnestiegesetz für alle Parteispendensünder auf den Weg zu bringen. Dieser Vorstoß war am Widerstand der SPD-Fraktion und einiger liberalen Abgeordneten gescheitert. Fest stand: Mit der SPD war das Amnestiegesetz also nicht zu haben. Vielleicht aber mit der CDU?

Wurde beim Kanzlersturz auch – tief hinter den Kulissen – an das Amnestiegesetz gedacht? Darüber gab es nur Gerüchte und Vermutungen. Der nachfolgend skizzierte Ablauf der Ereignisse gab ihnen jedoch neue Nahrung:

Nach den für die neue Koalition erfolgreichen Bundestagswahlen am 6. März 1983 begannen Ende März die Ermittlungsverfahren gegen *von Brauchitsch*, den früheren FDP-Wirtschaftsminister *Hans Friderichs* und den amtierenden Wirtschaftsminister *Graf Lambsdorff*. Am 29. November 1983 kam es zur Anklageerhebung gegen *Graf Lambsdorff*. Seine Abgeordneten-Immunität wurde aufgehoben, am 26. Juni 1984 trat er als Minister zurück. Im Herbst wurde der Prozeß eröffnet.

In dieser prekären Situation planten die Befürworter einer Amnestie einen neuen Vorstoß: Am 4. Mai 1984 – also knapp zwei Jahre nach dem ersten Vorstoß – wurden beide Koalitionsfraktionen in »geheimen Sitzungen« (also unter Ausschluß aller Mitarbeiter) darüber informiert, daß mit Hilfe eines in einem Steuergesetz schamhaft versteckten Paragraphen eine Amnestie für Spender, Spendenvermittler und Spendenempfänger erlassen werden sollte. Wir müßten dem zustimmen. Es war eine der makabersten Fraktionssitzungen, die ich je erlebt habe. Die wenigen vorher Eingeweihten, darunter auch der Parteivorsitzende, zogen alle Register . . . vom Appell an die Parteiloyalität bis zum drohenden »Wehe dem, der aufmuckt!«.

Nur drei Fraktionsmitglieder wagten aufzumucken: *Gerhart R. Baum*, *Burkhard Hirsch* und ich. Wir enthielten uns der Stimme.

Im Bonner »General-Anzeiger« war am nächsten Tag unter der Überschrift »Fader Nachgeschmack« zu lesen:

»Wenn die für Bonner Verhältnisse höchst seltene Verschwiegenheit und Schnelligkeit bei der politischen Beratung eines Gesetzes als Indiz für das schlechte Gewissen der beteiligten Politiker gelten würde, dann dürften sich nicht wenige Koalitionsabgeordnete eigentlich nur noch bei Dunkelheit in ihre Wahlkreise trauen. In aller Heimlichkeit bastelten sich CDU/ CSU und FDP ein Amnestiegesetz für Parteispender zusammen, das bestens geeignet ist, den GRÜNEN weitere Wähler zuzutreiben. Es drängt sich der Eindruck auf, daß hier Ankläger, Verteidiger und Richter in einer Person tätig waren. Die Staatsanwaltschaften können die Akten von über 1000 Verfahren wegen Steuerhinterziehung in den Reißwolf werfen. Bonn hat den ›Weißmacher‹ in einen Gesetzentwurf gesteckt, und überall in den Parteibüros verschwinden die Flecken auf den Westen der Spendensammler.

Um sie geht es nämlich in Wirklichkeit. Da hilft alles Gerede von den braven Spendern nichts, die – wie vielfach vorgegeben wird – ohne jedes Unrechtsbewußtsein und allein aus staatspolitischer Verantwortung den Parteien ihr Scherflein zukommen ließen, um sich dann quasi über Nacht einem mißtrauischen Staatsanwalt gegenüberzusehen. Plötzlich nennt man Steuerhinterziehung ›Entreicherung‹, denn der Spender hat ja Geld gegeben und nicht genommen. Daß dabei Geld an der Kasse des Fiskus vorbeigeleitet wurde, wird flugs zum Kavaliersdelikt wie eine leichte Übertretung der Geschwindigkeitsbegrenzung. Die Rechtssicherheit im Lande soll durch die seit Jahren anhaltenden Ermittlungsverfahren bedroht gewesen sein, hieß es gestern in der Erklärung der Koalitionspartner. Wie bedroht diese Rechtssicherheit war, zeigen schon die Zahlen der Staatsanwaltschaft. Rund 700 der ursprünglich 1805 Fälle wurden eingestellt, oder ein Verschulden war nicht nachweisbar.

Bedroht war der Geldfluß in die Kassen der Parteien. Und bedroht war der Ruf nicht weniger Politiker und mit ihm der Ruf des Parteiensystems. Ihm aber erweist die Koalition einen Bärendienst, wenn sie wie geplant die Straffreiheit bis zur Sommerpause durch Bundestag und Bundesrat durchpaukt. Dem tatsächlich unrechtsunbewußten Spender sei die Amnestie gegönnt. Was aber ist mit jenen Spendensammlern, die jahrelang die krummen Wege über mysteriöse Organisationen gegangen sind? Auch sie kommen in den Genuß der Amnestie, weil sie Beihilfe zur mutmaßlichen Steuerhinterziehung geleistet haben. Man kann sich also vorstellen, wie viele große und kleine Schatzmeister gestern aufatmeten, als sie vom Bonner Großreinemachen hörten...«

Natürlich wurde ich von der Presse über die Vorgänge in der Fraktionssitzung ausgefragt und hielt mit meiner ablehnenden Meinung nicht hinter dem Berg. Dem Kölner »Express« gab ich am 5. Mai 1984 folgendes Interview:

»Frage: Sie haben sich der Stimme enthalten, als die FDP-Fraktion die Amnestie für Parteispenden beschloß. Warum?
Antwort: Ich dachte, mich rührt der Schlag. Ich war so belastet, so kaputt, und bin's auch heute noch, über das, was man uns da wieder zumutet.
Frage: Wenn Herr Genscher jetzt zungenfertig in der Fraktion argumentiert, die Amnestie sei ein Stück geistiger Liberalität...
Antwort:... dann muß ich sagen: So verstehe ich geistige Liberalität allerdings nicht. Ich habe in der Fraktion laut und energisch gegen das Verfahren protestiert, daß wir so etwas vorgelegt bekommen und uns innerhalb von wenigen Minuten zu entscheiden haben, und zwar unter eindeutigem Druck. Ich möchte eine Güterabwägung vornehmen zwischen den in der Tat unangenehmen Situationen, in die Leute gekommen sein mögen, die Spenden gegeben oder

gesammelt haben. Aber in meine Güterabwägung beziehe ich auch mit ein, welchen Schaden das Ansehen der Parteien und der Demokratie im besonderen davontragen, wenn wir so was machen.
Frage: Sind Sie nun gegen eine Amnestie?
Antwort: Bei einer solchen Güterabwägung muß ich mich gegen eine solche Vorlage aussprechen. Ich sage absolut nein! Mein Protest und meine Ablehnung sind eindeutig. Ich glaube, daß alle daran Schaden nehmen, die für diese Demokratie verantwortlich sind.
Frage: Können Sie sagen, wie das Verfahren in der FDP gelaufen ist?
Antwort: Wir haben erst einen Bericht über die Steuerreform bekommen. Dann hat Herr Genscher mit feierlicher Miene das Wort ergriffen und uns mitgeteilt, daß dies im Rahmen der Bußgeld-Gesetzesnovelle angehängt werden soll. Und Herr Genscher betonte, das sei eine sehr schöne und harmlose Sache und durchaus zu verantworten. Denn Amnestien hätte es ja früher auch schon gegeben. Er erinnerte uns an unsere armen Schatzmeister, die das alles für die Partei gemacht hätten und nun drinhängen würden. Er appellierte an uns alle, da mitzumachen.
Frage: Wer war dagegen?
Antwort: Ich war die erste, die sich vor der völlig perplexen Mannschaft zu Wort gemeldet hatte, dann haben sowohl Gerhart R. Baum und Burkhard Hirsch sich distanziert . . .«
Mein Verhalten brachte mir in der Fraktion großen Ärger. Am liebsten hätte man mich wohl ausgeschlossen. Nur die breite Unterstützung seitens der Parteibasis und die Empörung in der Öffentlichkeit bewahrten mich davor. Denn der Druck auf die Fraktion nahm seitens der Partei und der Öffentlichkeit so stark zu, daß nur vierzehn Tage später, am 17. Mai 1984, das ganze Vorhaben einer Amnestiegesetzgebung seitens der FDP zurückgezogen werden mußte. Nur ganz wenige FDP-Abge-

ordnete blieben bei ihrer ursprünglichen Zustimmung, was ich mehr respektierte als die Mehrheit der »Fähnchen-nach-dem-Wind-Dreher«.

Die »Süddeutsche Zeitung« kommentierte am 17. Mai unter der Überschrift »Das Ende eines sträflichen Versuchs«:

»Gewiß, zunächst empfindet man Genugtuung darüber, daß der aberwitzige ›Amnestie‹-Entwurf so schnell von der parlamentarischen Tagesordnung abgesetzt wurde. Doch für Triumphgefühle besteht nicht der geringste Anlaß. Schon gar nicht kann das Ende dieses Gesetzentwurfes als moralischer Sieg der öffentlichen Meinung und der Presse betrachtet werden. Noch im Rückzug beschimpft der Bundeskanzler (während er die Steuerhinterzieher und deren Anstifter als die wahren Demokraten schmeichelt) die Kritiker des unzüchtigen Projekts, an dem er – tief innerlich – weiter festhält. Nur einer ›Druckkulisse‹ will, nein: muß er sich (leider) beugen, und auch dies nur, weil der – Originalton Kohl! – heftig stürmende Zeitgeist einige seiner Komplizen als ›Umfaller‹ niederwehte. Im Strafrecht, dies zur Erinnerung, bleibt der Versuch nur straffrei, sofern er freiwillig abgebrochen wird. Aber freiwillig wurde dieses Gesetz nicht aufgegeben, sondern allein nach der Formel: Wollen täten wir schon, aber lassen tut man uns nicht . . .«

In der Folgezeit und unter dem Eindruck seiner partei- und innenpolitischen Niederlagen gab *Hans-Dietrich Genscher* seinen Rücktritt vom Amt des Parteivorsitzenden bekannt. Für nur zweieinhalb Jahre, von Februar 1985 bis Oktober 1988, folgte *Martin Bangemann* als FDP-Vorsitzender und Bundeswirtschaftsminister. Dann wurde er als Kommissar nach Brüssel fortgelobt und *Otto Graf Lambsdorff* für vier Jahre sein Nachfolger als Parteivorsitzender.

Zwischenzeitlich hatten die Prozesse gegen *Eberhard von Brauchitsch* und *Otto Graf Lambsdorff*, später gegen den

CDU-Schatzmeister *Walter Leisler-Kiep* ihren Lauf genommen und mit hohen Geldstrafen wegen Steuerhinterziehung geendet.

Während die CDU und ihr Vorsitzender *Helmut Kohl* diesen und viele andere Skandale locker wegsteckten, bedeuteten sie für die FDP einen weiteren Verlust ihrer Integrität und ihres Ansehens.

Erst Historiker werden die tatsächlichen Zusammenhänge, Hintergründe und Rollenverteilungen zwischen Koalitionswechsel und Parteispendenaffäre vom ersten Versuch der Selbstamnestie 1982 bis zum Scheitern des letzten 1984 ergründen können. Denn natürlich gibt es auch zahlreiche andere Versionen. Wie überhaupt: Jeder der Hauptakteure, von *Helmut Schmidt* zu *Hans-Dietrich Genscher* (bis zu mir), jeder hat eine völlig andere »Wende« erlebt, jeder kämpfte auf seine Weise um das Überleben vor sich selbst.

Der vergleichsweise kleine Part, der mir im dramatischen Schlußakt der sozial-liberalen Koalition zugewachsen war, spielt in meiner Lebensbilanz nicht nur deshalb eine besondere Rolle, weil meine Widerspruchsrede am 1. Oktober 1982 das jähe Ende meiner politischen Karriere bedeutete – das habe ich gut verkraftet –, sondern weil mir dafür so viel öffentlicher Respekt und Anerkennung zuteil wurde, wie ich gar nicht »verdient« hatte. Der leibhaftige »Daniel« mußte weit mehr »wagen«.

Einerseits freute ich mich darüber, andererseits ängstigten mich Erwartungen, denen ich mich nicht gewachsen fühlte. War nicht alles, wofür ich eingestanden war, selbstverständlich und ganz und gar nicht besonders mutig? – Was konnte mir in einer Demokratie denn passieren? Ich frage mich immer wieder, weshalb so selbstverständliche Dinge wie ein wenig Zivilcourage, Treue zum Grundgesetz und Inanspruchnahme der Gewissensfreiheit des Abgeordneten in unserem Gemeinwesen als Ausnahme und nicht als Selbstverständlichkeit empfunden werden? Bedurfte das »Wagnis des Alleinstehens« wirklich des Mutes? Insofern irritierten mich Lobes- und Anerkennungshymnen.

Nicht aus gequältem Trotz wollte ich »dennoch« sagen, sondern aus Treue zu mir selbst und zu meinen Überzeugungen, so wie es in dem diesem Abschnitt vorangestellten schlichten Verslein heißt, das ich von meiner Großmutter gelernt hatte: ein Ziel zu haben, es nicht zu verstecken und, wenn nötig, wagen, dafür auch allein zu stehen.

Das also waren die gemischten Gefühle, mit denen ich nach dem Regierungswechsel Anfang Oktober 1982 auf Dutzenden, überstürzt gepackten Kisten in einem winzigen Zimmerchen saß, durch dessen dünne Wand die daneben liegende Toilette rauschte (Büro konnte ich es beim besten Willen nicht nennen). Es befand sich in einem kleinen, für Abgeordnete umgestalteten ehemaligen Professoren-Einfamilienhaus in der Görresstraße 34, in dem ich für die nächsten acht Jahre meiner Bonner Endzeit (bald allerdings in einem der größeren Zimmer) mein Arbeitsdomizil aufschlug. Auch zwei weitere »Dissidenten«, *Gerhart R. Baum* und *Olaf Feldmann*, wurden dort einquartiert, und wir fühlten uns recht bald familiär-liberal.

Wie sollte es nun weitergehen? Sollte ich das Handtuch werfen? Die vorgezogene Auflösung des Bundestages hätte mir die Möglichkeit dazu gegeben.

Immerhin hatte ich die Schwelle zum sechzigsten Lebensjahr überschritten. Wäre aber Resignation das richtige Signal gewesen? Trotz ungezählter Parteiaustritte, Übertritte und der kurzlebigen Neugründung einer liberalen Partei wollte eine beträchtliche Zahl von mit mir befreundeten »Wende-Gegnern« nicht »von der liberalen Fahne« gehen. Konnte, durfte ich sie im Stich lassen? Ich wurde beschworen, noch einmal für den Bundestag zu kandidieren. Tatsächlich wurde ich im

Wahlkreis Erlangen und auf der bayerischen Landesliste (Platz 3) wieder aufgestellt und im März 1983 gewählt.

Die folgenden vier Jahre waren für mich in der FDP-Fraktion eine schlimme Zeit, sie wurden zur schlimmsten meines politischen Lebens. Die wenigen wiedergewählten »Wende-Gegner« wurden ausgegrenzt und von angemessenen Aufgaben ferngehalten. So etwas hätte ich mir unter Liberalen nicht in Alpträumen vorstellen können. Mir ging es dabei am schlimmsten, weil ich weder Spuren von Reue noch Zeichen von Anpassung zeigte. Ich erhielt keinen Sitz in einem Ausschuß (nicht einmal im Auswärtigen Ausschuß, wo unsere beiden regulären Vertreter entweder gar nicht oder nur ausnahmsweise anwesend waren), und als ich mich um die Position einer »entwicklungspolitischen Sprecherin« der Fraktion bewarb, fiel ich gegen einen unbedarften Mitbewerber durch. Wenn ich mich in der Fraktion zu Wort meldete, schlug mir eisige Ablehnung entgegen. Heute nennt man das »mobbing«.

Nur wenige Freunde wie *Burkhard Hirsch, Gerhart R. Baum, Helmut Haussmann* (später zeitweise Generalsekretär der FDP und Wirtschaftsminister), *Olaf Feldmann*, der Berliner *Wolfgang Lüder* und *Helmut Schäfer* (später Staatsminister im Auswärtigen Amt) und einige andere (die sechs Frauen waren ja alle aus- oder nicht wieder angetreten) standen weiter zu mir. Viele Kollegen beteiligten sich zwar nicht aktiv am »Strafvollzug«, schauten aber weg. Im Grunde empfand ich das alles nur als schäbig und kleinkariert, aber es hatte Methode. Man wollte mich offensichtlich zum Austreten oder Aufgeben provozieren. Ich hielt dagegen.

Meinen Frust habe ich mir 1983 mit einer Streitschrift »*Der Politiker und sein Gewissen*« von der Seele geschrieben. Sie hatte erhebliche Resonanz und eine erfreulich hohe Auflage. Im Gefolge wurde auch das Thema Gewissensfreiheit versus Fraktionszwang erstmals öffentlich diskutiert.

Alles in allem: Für 1986 dachte ich ans Aufhören. Dann aber ereignete sich eine typisch liberale Überraschung: Die Parteibasis und die Delegierten auf den Parteitagen 1984, 1986 und 1988 machten dem Bonner Strafvollzug einen dicken Strich durch die Rechnung, indem sie mich erstmals auf dem Bundesparteitag in Münster im Juni 1984 auf Vorschlag der »Jungen Liberalen« mit dem zweitbesten Stimmenergebnis in den Bundesvorstand wählten. Damit wurde mir in aller Öffentlichkeit – zum Ärger der Parteispitze – der Rücken gestärkt. 1988 wurde ich sogar gegen zwei potente Mitbewerber noch einmal als »Beisitzerin« ins Parteipräsidium – also in den engsten Führungskreis der Partei – gewählt.

Wieder und immer wieder habe ich seit 1982 das verlorene Profil der Liberalen beklagt und Forderungen für ihre Erneuerung gestellt (vgl. Zweiter Teil, IV.).

Trotz aller aufrichtigen Bemühungen, wieder Tritt zu fassen: Seit der »82er-Wende« und der nachfolgenden Aus-Zeit habe ich nie wieder zu meiner früheren, unbefangenen Identifikation mit der jeweiligen Parteispitze und Fraktion zurückgefunden. Ich verstand mich als »loyale Dissidentin« (DIE ZEIT), die – neben den anfallenden Routineaufgaben – von nun an politische Themen anpackte, die nicht in die von oben reglementierte Fraktions- und Koalitionsagenda paßten, die mir aber seit eh und je wichtig waren.

So engagierte ich mich beispielsweise interfraktionell für die versäumte *Wiedergutmachung an den Opfern sozialer Verfolgung im Dritten Reich* (Zwangssterilisierte, Euthanasieopfer, Hinterbliebene, Zigeuner, Deserteure, Homosexuelle). Dafür haben wir einen langen, mühsamen Kampf gegen eine hartnäckig gegenhaltende Finanzbürokratie geführt und am Ende für diese lebenslang stigmatisierten Opfer der Nazis immerhin ein kleines Stück Rehabilitation und materielle Entschädigung erreicht (vgl. Zweiter Teil, II.3.).

Ein weiterer Einsatz galt der Kampfansage gegen *Menschen-*

rechtsverletzungen an Frauen, die ich in einer interfraktionellen Fraueninitiative 1987/88 auf den Weg brachte. Unsere in fast einjähriger Vorarbeit verfaßte »Große Anfrage« an die Bundesregierung vom 8. März 1988 wurde – bis auf zwei – von allen fünfundsechzig weiblichen Abgeordneten von »schwarz« bis »grün« unterzeichnet und mitgetragen. Immerhin errangen wir einen Achtungserfolg: Die Bundesregierung erklärte sich in ihrer Antwort vom 2. November bereit, unsere Vorschläge für regierungsamtliche Interventionen zu übernehmen. Aber erst am 9. März 1989 (Weltfrauentag) gab es hierzu die von den Antragstellerinnen geforderte Bundestagsdebatte.

Anläßlich der seit 1984 grassierenden afrikanischen Hungerkatastrophen organisierte ich zusammen mit Gleichgesinnten »Aktuelle Stunden«, bei denen wir mit großer öffentlicher Resonanz zur humanitären Hilfe für die Hungernden aufriefen.

Als im Februar 1986 empörende antisemitische Äußerungen bekannt wurden, initiierte ich interfraktionell (nur die CDU/CSU beteiligte sich nicht) eine »Aktuelle Stunde« und erzwang damit erstmals eine Aussprache über den damals in der BRD neu erwachenden Antisemitismus und Rechtsextremismus (vgl. Zweiter Teil, II.3.).

Diese und andere parlamentarische Initiativen erbrachten zwar keine dicken Schlagzeilen, wohl aber – auch ohne Fraktions-Protektion – Zustimmung und Unterstützung vieler Bürgerinnen und Bürger. Sie schenkten mir das Gefühl, manchmal die Gewißheit, doch noch Nützliches und Wichtiges bewirken zu können. Meine Fraktion konnte nichts dagegen haben, hatte aber auch nichts dafür übrig. So mauserte ich mich zu einer »freischaffenden Liberalen« und fühlte mich dabei in meiner politischen Haut wieder wohl.

Zum Wohlfühlen trug auch meine Tätigkeit im Präsidium des Deutschen Evangelischen Kirchentages bei. Dabei beteiligte ich mich – zusammen mit *Erhard Eppler* und bis 1984 auch

Als »außenpolitische Sprecherin« am Rednerpult

Richard von Weizsäcker – so oft wie möglich an Reisen in die DDR. Auf gemeinsamen Sitzungen mit dem Kirchentagspräsidium der DDR und auf regionalen Kirchentagen in Wittenberg, Rostock und Leipzig habe ich schon damals viele unserer »Brüder und Schwestern« (damals empfanden wir das wirklich so!), wie *Friedrich Schorlemmer, Jochen Gauck, Annemarie Schönherr* und *Konrad Weiß*, die später zu namhaften Bürgerrechtlern wurden, kennen, bewundern und verstehen gelernt. Sie nutzten den »Freiraum« der Kirche, der der »Staatsmacht« von Männern wie *Manfred Stolpe* und *Albrecht Schönherr* in mühsamen Verhandlungen abgerungen worden war.

Am Beispiel *Manfred Stolpes*, der an unseren Begegnungen teilnahm und uns die prekäre Situation in der DDR-Kirche zu vermitteln versuchte, wurde mir seine Gratwanderung frühzeitig bewußt. Ich lernte, dies zu respektieren. Aus unserer westlichen Sicht war es damals und ist es heute selbstgerecht, darüber zu richten.

Kirchentag im Juni 1987 in Rostock mit Bundeskanzler a. D. Helmut Schmidt. Vorne links Oberkonsistorialrat Manfred Stolpe

Ich spürte aber noch etwas anderes: nämlich die tiefe Entfremdung, die sich in den vierzig Jahren der Teilung und des Lebens in konträren Staats- und Gesellschaftsformen – trotz aller christlichen Geschwisterlichkeit – zwischen Deutschen in Ost und West zwangsläufig entwickelt hatte.

Auch lernte ich die fragwürdige »Steigbügelhalter«-Rolle kennen, die die sogenannten Blockparteien – meiner eigenen inbegriffen – und ihre damals führenden Funktionäre spielten. Zu ihnen suchte ich keinen Kontakt.

Aufgrund meiner damaligen Wahrnehmungen und Erkenntnisse habe ich nach der Öffnung der Mauer im November 1989 (auch mit meinem kleinen Taschenbuch »Wider die Selbstgerechtigkeit«) – leider vergeblich – wiederholt davor gewarnt, das Ausmaß des Fremdseins nach über vierzigjähriger Teilung zu unterschätzen. Heute wissen wir, daß es diese unsere Fehleinschätzung der Bedingungen für das (Über-)Leben in der SED-Diktatur war, die nach der staatlichen Vereinigung zu einer zweiten Entfremdung zwischen »Wessis« und »Ossis«, zu unsensibler westlicher Selbstgerechtigkeit und Überheblichkeit und zum Erstarken der PDS geführt hat (vgl. Zweiter Teil, II.1.).

Der Bericht über meine letzten Jahre im Deutschen Bundestag wäre unvollständig ohne die Erwähnung meines mir seinerzeit (und noch heute) wichtigsten Engagements für *innerparlamentarische Reformen*. Begonnen habe ich diese Initiative Anfang 1984 und durchgehalten bis Ende 1990, als ich aus dem Bundestag ausschied (vgl. Zweiter Teil, III.1.). Eine Dokumentation über diesen Donna-Quichotte-Kampf habe ich in einem 1990 erschienenen Taschenbuch »Der freie Volksvertreter – Eine Legende. Erfahrungen mit parlamentarischer Macht und Ohnmacht« veröffentlicht. Im Abstand mehrerer Jahre möchte ich nur noch hinzufügen:

Heute ist es – angesichts des beängstigend zunehmenden Funktions-, Ansehens- und Vertrauensverlustes von Parlamenten, Parteien und Politikern – offenkundiger denn je, wie wichtig eine rechtzeitige Parlamentsreform gewesen wäre, um dem seither unaufhaltsamen Niedergang unserer Parlamentskultur entgegenzuwirken. Seit Herbst 1995 gibt es einige zaghafte neue Ansätze, und ich kann nur hoffen, daß es nicht bereits zu spät ist für die Überwindung der gravierenden Funktionsstörungen im Regelwerk unserer parlamentarisch verfaßten Demokratie.

Auch im »Ruhestand« habe ich durch Aufsätze, Vorträge und endlose Diskussionen immer wieder versucht, die versäumten Reformen in unserer Demokratie in Erinnerung und voranzubringen.

Alles in allem erlebte ich die Jahre nach der Wende bis zur Vereinigung als Tiefstand unserer demokratischen Kultur. Statt der von Bundeskanzler *Helmut Kohl* proklamierten »geistigmoralischen Erneuerung« rollte in den achtziger Jahren ein häßlicher Skandal nach dem anderen über die Bürgerinnen und Bürger hinweg und erschütterten das Vertrauen in die moralischen Fundamente unseres Staates, der Parteien und der Politiker.

Schon damals erhielten rechtsextremistische Gruppierungen Zulauf, nahm der Anteil der Nicht(mehr)wähler zu, desgleichen Feindseligkeit, ja Haß auf Ausländer und Minderheiten. Die wachsende Arbeitslosigkeit tat ihr übriges, um Resignation und – vor allem unter jungen Menschen – »No-future«-Mentalität zu verbreiten. Spätestens 1989 wurde das seither zählebige Phänomen der Politik(er)verdrossenheit offenkundig – 1992 wurde es sogar zum Unwort des Jahres erklärt.

Wenn ich an die vielen klugen, mahnenden und warnenden Stimmen zur Thematik Politik(er)- und Parteienverdrossenheit denke – von *Richard von Weizsäcker* über *Marion Gräfin Dönhoff, Gunter Hofmann* bis *Siegfried Unseld, Edzard Reuter* und anderer –, an die ungezählten einschlägigen Buch-, Zeitschriften- und Zeitungsartikel (an einigen habe ich mitgewirkt), dann frage ich mich zornig und sorgenvoll zugleich, was eigentlich noch passieren muß, damit in Bonn etwas gegen die (im folgenden Zweiten Teil beschriebenen) Fehlentwicklungen und Versäumnisse geschieht. Zumindest müßte doch der Versuch gemacht werden, der weiter um sich greifenden Politik(er)verdrossenheit der Bürgerinnen und Bürger Paroli zu bieten. Auch davon wird im Zweiten Teil (II.3. und III.1.,2.) noch ausführlicher die Rede sein . . .

*

». . . denn jedem Abschied wohnt ein Zauber inne, der uns beschützt
und der uns hilft zu leben.«
aus »Stufen« von Hermann Hesse

Aus den letzten Jahren meiner parlamentarischen Tätigkeit ist noch nachzutragen, daß ich nach der Bundestagswahl 1987 immerhin noch zur außenpolitischen Sprecherin der Fraktion avancierte und zu fast allen außenpolitischen Themen aufs Rednerpult »durfte«. Immerhin!

Wie überhaupt: Die Außenpolitik der Glasnost und Perestroika, das beginnende Tauwetter, mit dem sich das Ende des Kalten Krieges ankündigte, und der atemberaubende politische Mut von *Michail Gorbatschow* – da war ich noch einmal voll dabei. Mit dieser Kohl/Genscher-Politik konnte ich mich identifizieren, weil *Hans-Dietrich Genscher* nach der Wende 1982 entschlossen dafür gesorgt hatte, daß kein Jota vom bis dahin gültigen Kurs abgewichen wurde. Dabei unterstützte ich ihn auch als »einfaches« Mitglied der Fraktion nach Kräften. Alle außenpolitischen Kampfansagen seitens der CSU, gelegentlich auch der sogenannten »Stahlhelmer« in der CDU, konnten abgewehrt und unsere bewährten sozial-liberalen Positionen verteidigt werden. Das war ein bemerkenswertes Meisterstück des alten und neuen Außenministers.

Noch vor der Öffnung der Mauer und den nachfolgenden bewegenden Ereignissen hatte ich Mitte 1989 meinen Abschied von der aktiven Politik angekündigt. Am 20. September 1990 hielt ich im Deutschen Bundestag meine sogenannte Abschiedsrede. Es waren Gedanken einer freien Demokratin anläßlich der Verabschiedung des Vertrages über die Herstellung der Einheit Deutschlands. Meine Empfindungen faßte ich wie folgt zusammen:

»Die Verabschiedung des Vertrages über die ›Herstellung der Einheit Deutschlands‹ bedeutet Abschied und Neuanfang zugleich...

Abschied von der Nachkriegsepoche in Deutschland und Europa...

Abschied von der Nachkriegsdemokratie, die Männer (und wenige Frauen) der sogenannten Ersten Stunde vor fünfundvierzig Jahren auf den materiellen und geistigen

Trümmern des nationalsozialistischen Unrechtsstaates zu errichten begannen . . .

Abschied auch für viele von uns – hier im Deutschen Bundestag und drüben in der Volkskammer.

Ich zähle auch zu denen, die von der aktiven Politik Abschied nehmen, und da ich eine der ganz wenigen Politikerinnen der Ersten Stunde bin, sei es mir gestattet, in diesen letzten Stunden meines parlamentarischen Mandats einige Gedanken auszusprechen, die mich in diesem Augenblick des Abschieds und des Neuanfangs bewegen . . .

Mein politisches Denken ist von den Erfahrungen meiner Jugend- und Studentenzeit geprägt, von der Schreckensherrschaft der Nazis, der Ächtung, Verfolgung und Vernichtung Andersdenkender, Andersglaubender, anderer Rassen und Kulturen, aber auch von der Erfahrung weitgehender Zustimmung, die der Nationalsozialismus in weiten Teilen unseres Volkes gefunden hat . . .

So erklärt es sich, daß ich nicht aufhören kann, für eine gelebte und glaubwürdige Demokratie zu streiten, und daß ich mit vielen Defiziten, Versäumnissen und Schwächen in ihrer Entwicklung nicht zufrieden war (und bin).

So erklärt es sich schließlich auch, daß sich in meine Freude und Dankbarkeit über die Vereinigung der beiden Deutschlands Besorgnisse mischen, ja Zweifel, ob die überstürzten Abläufe der letzten Wochen und Monate im Strudel parteipolitischer Machtkämpfe einem wirklich neuen Anfang zuträglich sind.

. . . Ich sorge mich, ob auch wir die Chance dieses Neubeginns begreifen und sie auch auf unsere Seite für eine Bestandsaufnahme der äußeren und inneren Verfassung unseres demokratischen Gemeinwesens nutzen, statt nur selbstzufrieden fortzuschreiben, was bisher war.

Ich erinnere an den – noch vor kurzem beklagten – Ansehensverlust von Parteien und Parlamenten, an die Entfremdung zwischen Politikern und Bürgern, an die vielen Anzeichen für die Verwilderung unserer demokratischen Kultur, an die offenkundige Schwäche des parlamentarischen Systems (siehe Staatsvertrag!), an das Wiedererstarken des Rechtsradikalismus und in jüngster Zeit erst wieder an die mit Hakenkreuzen geschändeten Friedhöfe.

Ich denke, daß diese Sachverhalte auch heute noch gelten und nicht einfach unter den »Vereinigungs-Teppich« gekehrt werden dürfen.

... Mit Staatsverträgen allein, die wir hier absegnen dürfen, wird es keinen neuen Anfang geben und auch nicht mit einer einmaligen Wahlentscheidung am 2. Dezember 1990, bei der es ja um den Machtanteil der Parteien geht, nicht aber um die Grundlagen und Grundwerte einer gemeinsamen deutschen Verfassung.

Deshalb möchte ich dafür plädieren, daß wir die Chance nutzen, die die Vereinigung für einen neuen gemeinsamen Anfang eröffnet.

Dazu gehört auch, daß wir nicht vergessen und verdrängen dürfen, was zum militärischen, staatlichen, politischen und gesellschaftlichen Zusammenbruch 1945 – und in der Folgezeit zur deutschen Teilung – geführt hat.

›Erinnern heißt‹ – und jetzt zitiere ich Richard von Weizsäcker anläßlich des 8. Mai 1985:

›Erinnern heißt, eines Geschehens so ehrlich und rein zu gedenken, daß es zu einem Teil des eigenen Innern wird. Das stellt große Anforderungen an unsere Wahrhaftigkeit ...‹

... So gesehen halte ich die Präambel zum Einigungsvertrag und die entsprechenden Passagen in der dazugehörigen ›Denkschrift‹ allerdings für völlig ungenügend. Hier hätte – statt im verschwommenen Beamtendeutsch – nur mit einem klaren moralischen Bekenntnis zu unserer geschichtlichen Erblast ein guter neuer Anfang gemacht werden können. Das ist leider versäumt worden, und ich bedauere das ...

... Wie begeistert waren wir doch alle über den zehntausendfachen Ruf der Oktober-/Novembertage 1989: ›*Wir sind das Volk*‹ *und wenig später:* ›*Wir sind ein Volk*‹.

Wenn wir diese Begeisterung nicht auf Sonntagsreden reduzieren wollen, dann gehört folgerichtig beides zusammen:

– Das deutsche Volk soll sich durch seine frei gewählten Vertreter die Verfassung für unser freiheitliches Gemeinwesen geben,

– und ein vereintes Volk soll durch ein Votum darüber befinden.

Daraus kann Gewißheit für ein neues Zusammenleben und seine Rechte und Pflichten erwachsen. Soll der Beitritt der DDR nach Artikel 23 Grundgesetz mehr sein als ein ›*Anschluß*‹*, dann brauchen wir hierfür* ›*Geduld und langen Atem*‹ *(Landesbischof Werner Leich, einer jener tapferen Repräsentanten des Protestantismus in der DDR, wie wir ihn auf Kirchentagen erleben durften, vor wenigen Tagen in Bonn).*

Für diesen notwendigen Prozeß des Zusammenwachsens sind Wahlen kein Ersatz und kein Äquivalent...

Aus all diesen Gründen fände ich es nicht nur bedauerlich, sondern verhängnisvoll, wenn der Ruf nach einer Weiterentwicklung des Grundgesetzes (über technische Veränderungen hinaus) und einem Volksentscheid nur eine Forderung der sogenannten Linken bliebe...

Abschied und Neuanfang... als persönliche Erfahrung – Hermann Hesse hat sie in seinem Gedicht ›*Stufen*‹ *so beschrieben:*

›*Es muß das Herz bei jedem Lebensrufe*
bereit zum Abschied sein und Neubeginne,
um sich in Tapferkeit und ohne Trauern
in andre neue Bindungen zu begeben.
Und jedem Anfang wohnt ein Zauber inne,
der uns beschützt und der uns hilft zu leben.‹ *–*

Diesen ›Zauber des Neuanfangs‹ – das ist es, was ich Ihnen, liebe Kolleginnen und Kollegen, in Dankbarkeit zum Abschied wünsche.«
Der nachfolgende Abschiedsapplaus im »Hohen Hause« war höflich bis sehr herzlich . . .

*

Am 1. Januar 1991 kehrte ich endgültig nach München zurück. Für den »Ruhestand« hatte ich mir vorgenommen, nur noch das zu tun, was mir wichtig ist und/oder was mir Spaß macht. Das klang verheißungsvoll und versprach Zeiten der Muße. Leider erwies es sich schon bald nach meiner Rückkehr, daß mir noch viel zu viel wichtig ist und viel zu viel Spaß macht. Darüber mehr im nächsten Kapitel.

Hier sei nur noch mein neuerlich erfolgreicher Einsatz für die Rückkehr der bayerischen FDP in den Landtag im September 1990 erwähnt.

Nachdem es uns dort seit 1982 – also über zwei Legislaturperioden – als Folge der anbiederischen Politik des damaligen Landesvorsitzenden *Manfred Brunner* (Intimus des CSU-Rechten *Peter Gauweiler* und des FPÖ-Führers *Jörg Haider*, Gründer und Vorsitzender des bei allen 1994er Wahlen erfolglosen rechtskonservativen »Bundes Freier Bürger«) an die CSU nicht mehr gelungen war, die Fünfprozenthürde zu überspringen, sollte die nun fast siebzigjährige H.-B. noch mal als Zugpferd ins Geschirr . . .

Eine dritte Rückkehr in den Bayerischen Landtag? Ausgeschlossen!

Aber dabei zu helfen, dazu erklärte ich mich bereit. Zusammen mit dem schwäbischen Abgeordneten *Josef Grünbeck* übernahm ich für zwei Jahre die Führung der bayerischen FDP, und dank einer arbeitsteiligen, vertrauensvollen Zusammenarbeit und unendlich fleißiger Vorarbeiten zur Wiederbelebung liberaler Schul- und Hochschulpolitik sowie ungezählter Wahlkampfveranstaltungen schafften wir es tatsächlich! Im Oktober 1990 kehrte die FDP mit sieben Abgeordneten in den Bayerischen Landtag zurück.

1994, vier Jahre später, hatte sie dann das neugewonnene Kapital – mangels liberalen Kampfgeistes in der Landtagsarbeit – wieder verspielt. Nun fiel sie zum vierten Mal unter die Fünfprozenthürde. Wird sie sich je wieder aufrappeln können? Ich wünsche es sehr, dazu beizutragen vermag ich nun nicht mehr.

VIII.

Leben in wachsenden Ringen

(1991 – 1996)

Zurück in München – das Neun-Monats-Comeback: Protokoll meiner Kandidatur zum Bundespräsidentenamt – Leben nach der Politik

»Altwerden ist ein köstlich Ding, wenn man nicht verlernt, was anfangen heißt.«
Martin Buber

Ja, es gibt ein Leben nach der Politik – ein erfülltes, befriedigendes und zunehmend befriedetes Leben, trotz aller täglichen Unruhe. So lassen sich die fünf Jahre seit meinem Abschied von Bonn und meinem Neuanfang zu Hause in München pauschal überschreiben.

Ausnahme war die turbulente Zeit meines Neun-Monats-Comebacks in die große Politik von September 1993 bis Mai 1994 – die Zeit meiner Kandidatur zum Amt des Bundespräsidenten. Von dieser möchte ich nun etwas ausführlicher berichten.

Bis zum Sommer 1993 führte ich ein vergleichsweise privates Leben, kümmerte mich um vernachlässigte Freundschaften, Aufgaben und Interessen, fühlte mich frischer und munterer als in Bonner Zeiten.

Ich hatte mir mit Hilfe meiner früheren Bonner Mitarbeiterin *Marion Mayer* im Keller ein kleines Büro mit Registratur, Fax, Telefon, Kopierer und neu erworbenem Computer (mit ihm umzugehen, hatte ich zum Glück noch in Bonn gelernt) eingerichtet und kam mit Post und Anfragen, Manuskripten und Verpflichtungen einigermaßen zurecht.

Da begann im Sommer 1993, ich hatte gerade mit den ersten Überlegungen zu diesem Buch begonnen, die Diskussion um die Nachfolge des seit zehn Jahren amtierenden Bundespräsidenten *Richard von Weizsäcker.*

Unser Favorit war *Hans-Dietrich Genscher!* Wer sonst? Bis Ende September war die Parteiführung davon ausgegangen, daß er schließlich zusagen würde, und hatte versucht, ihn mit ungezählten Resolutionen, Erklärungen und Flehappellen dazu zu bewegen. *Hans-Dietrich Genscher* aber blieb dabei, daß er »nicht zur Verfügung« stünde. Viele von uns (vielleicht er selber?) hatten ein Signal des Bundeskanzlers zu seiner Unterstützung erwartet. Es war ausgeblieben.

Schon während der Wartezeit hatte es Überlegungen für mögliche Alternativen gegeben und hatten mich diesbezügliche Anfragen erreicht. Vor allem *Wolfgang Weng*, einer der drei stellvertretenden Vorsitzenden der Bonner FDP-Fraktion, kundiger Haushaltsexperte und gewiefter Mitmischer in allen Partei-Gremien, machte sich Gedanken und wollte »erste Gespräche« führen, ob ich »unter Umständen« bereit sei, zu kandidieren.

Diese Anfrage gab er mir in die Sommerferien ins langjährige Feriendomizil der Hamms nach Klosters mit. Der Vorschlag sei so irreal, daß ich mit Nachdenken darüber keine Zeit verschwenden wollte, war meine spontane Antwort.

Doch *Wolfgang Weng* ließ nicht locker. Ob er nicht wenigstens meinen Namen bei einem Gespräch mit unserem Vorsitzenden *Klaus Kinkel* nennen dürfe? Das müsse er auf eigene Faust tun, war meine Antwort.

Mein Mann und ich amüsierten uns köstlich über »unser Sommertheater«. Es war übrigens nicht das erste Mal, daß mein Name für dieses Amt genannt wurde. Bereits 1969 hatte es anläßlich der Lübke-Nachfolge diesbezügliche Leserbriefe gegeben, und fünf Jahre später, 1974, hatten beide *Heinemanns* ihre Sympathie für mich als Nachfolgerin zu erkennen gegeben. Kandidiert hatte und gewählt wurde *Walter Scheel*.

Als aber der sächsische Justizminister *Steffen Heitmann* im Frühherbst 1993 plötzlich und ohne Vorinformation der FDP von Bundeskanzler *Kohl* im Alleingang nominiert worden war und *Hans-Dietrich Genscher* neuerlich abgesagt hatte, verging uns das Urlaubs-Amüsement. In der FDP begann es zu grummeln, und *Wolfgang Weng* berichtete mir, daß »an meiner Nominierung kein Weg vorbeiführe«. Ich sei die einzige *Alternative* und eine Frau ...

Nach München zurückgekehrt, meldete sich bei mir *Jutta Limbach*, damals noch Justizsenatorin in Berlin, und berichtete mir von Überlegungen eines überparteilichen Frauenkreises, daß es an der Zeit sei, für das höchste Amt im Staate eine qualifizierte Frau vorzuschlagen. Dabei sei man mit »einhelliger Zustimmung« auf mich gekommen, und sie habe es nun übernommen, mich zu fragen, ob ich einverstanden wäre, daß ein solcher Vorschlag mit Unterschriften von Frauen »aus allen politischen und gesellschaftlichen Lagern« veröffentlicht würde. Nach kurzer Bedenkzeit sagte ich zu, weil mir eine parteienübergreifende Fraueninitiative in jedem Fall besser gefiel als die Männerkungelei um dieses Amt. Zumindest durfte ich nicht kneifen. Das hätte mich zeitlebens gewurmt.

Und so lautete die Presseerklärung zur Begründung des Vorschlags der Fraueninitiative:

»*... Es ist an der Zeit, daß in unserer Republik eine Frau Bundespräsidentin wird – unter diesem Motto hat eine unabhängige, von Frauen aus Politik, Wissenschaft und Kultur getragene parteiübergreifende Initiative am 23. September Frau Hildegard Hamm-Brücher als Kandidatin für das Amt der Bundespräsidentin vorgeschlagen.*

Unabhängig von allem Kalkül der Parteien, setzen wir uns dafür ein, daß Frau Hamm-Brücher zur gemeinsamen Kandidatin aller Parteien ernannt wird.

Besorgt um die demokratische Entwicklung und politische Kultur in unserem Land sehen wir in ihr, die als Politikerin und als Person für Liberalität und Toleranz steht, die weitaus geeigneteste und qualifizierteste Kandidatin für das höchste Amt der Bundesrepublik. Seit Veröffentlichung unserer Initiative haben wir überwältigende Zeichen der Zustimmung aus allen Schichten der Bevölkerung in Ost und West, unabhängig von Parteizugehörigkeit, Alter und Geschlecht, erhalten.

Neben einer großen Zahl von Einzelpersonen wird unsere Initiative mittlerweile von großen Frauenorganisationen in Deutschland bis hin zu europäischen Frauenorganisationen unterstützt. Das bestärkt uns in unserer Einschätzung, daß viele Menschen in diesem Land das Gerangel um die Bundespräsidenten-Kandidatur für unwürdig halten, daß sie endlich eine kompetente und erfahrene Politikerin in diesem Amt sehen wollen, die mit Frau Hamm-Brücher in hervorragender Weise zur Verfügung steht . . .

. . . Statt die – mittlerweile zum Verdruß vieler Frauen und Männer – abgenutzte Tradition des Versorgens farbloser männlicher Politiker weiter zu bedienen, brauchen wir Mut und Initiative, die politische Kultur in unserem Land weiter zu demokratisieren, sie lebendiger werden zu lassen.

Dazu trüge die Präsenz einer Frau im höchsten Amt der Republik, zumal einer Frau mit dem persönlichen und politischen Format von Frau Hamm-Brücher, die sich nicht zuletzt in den vergangenen Jahrzehnten als streitbare Demokratin bewiesen hat, in hohem Maße bei . . .«

Zu den Erstunterzeichnerinnen zählten u. a. die Schauspielerin *Senta Berger*, die Malerin *Gisela Breitling*, die Politikerinnen *Waltraud Schoppe*, *Renate Künast* und *Heide Pfarr*, die Journalistinnen *Alice Schwarzer*, *Wibke Bruns* und *Georgia Tornow*, die Sängerin *Ulla Meinecke* und die Karikaturistin *Marie Marcks* sowie zahlreiche Universitätsprofessorinnen, Unternehmerinnen und Medizinerinnen.

Diese und weitere Frauen-Erklärungen erregten gewaltig Aufsehen, landauf, landab meldeten sich Befürworterinnen. Bis zu 10.000 spontane Unterschriften sollen allein bei der FDP und den Fraktionen des Bundestages eingegangen sein. Unabhängig davon erschienen in vielen Zeitungen und Zeitschriften Leserbriefe, die meine Kandidatur befürworteten. Auch innerhalb der FDP wurden immer mehr Stimmen laut, vor allem aus meinem eigenen Landesverband Bayern, aber auch aus Baden-Württemberg und Rheinland-Pfalz.

Die Parteiführung schwieg, sie wollte Zeit gewinnen und sich erst einmal vom Genscher-Absageschock erholen, die neue Lage bedenken.

Als aber Ende September 1993 die Rufe nach meiner Nominierung lauter und der Trubel hektischer wurden, begann sich auch die Parteiführung mit diesem Gedanken zu befassen. *Klaus Kinkel* meinte zwar: »Wir haben ja noch viel Zeit«; und der Fraktionsvorsitzende *Hermann Otto Solms* war strikt gegen meine Nominierung, desgleichen viele Mitglieder der Fraktion. Diese Meinungsverschiedenheiten wurden auf offenem Markte ausgetragen. In diesem Kuddelmuddel sah sich *Klaus Kinkel* schließlich zum Handeln gezwungen.

In München war ich zwar vom Bonner Gerangel ziemlich abgekoppelt, daß sich aber die Lage auf eine Entscheidung hin zuspitzte, merkte ich daran, daß Ende September ein nicht enden wollender Ansturm der Presse auf mein Telefon und Fax begann. Ich verweigerte jede Stellungnahme, bevor ich nicht vom Bundesvorsitzenden offiziell gefragt worden wäre, ob ich zu einer Kandidatur bereit sei . . . *Wenn* ich aber gefragt würde, was würde ich dann antworten? – Keine Antwort auf hypothetische Fragen . . .

In den letzten Septembertagen rief *Klaus Kinkel* an und teilte mir mit, daß er vom Präsidium beauftragt sei, bei mir »zu sondieren«. Er sei zwar nach wie vor der Meinung, man solle die Sache nicht überstürzen, aber nun stünde die Partei zunehmend »unter Druck«. (»Unter Druck stehen« heißt im Politikerjargon, daß sich Probleme und Konstellationen verknäulen und zu Macht- und/oder Prestigefragen auswachsen.) In diesem Fall hieß das: Sollte die FDP zu Kreuze kriechen und *Steffen Heitmann* unterstützen? Hierfür gab es nur wenige, aber einflußreiche Stimmen. Oder sollte man »liberale Flagge« zeigen?

Hatten wir überhaupt noch eine liberale Flagge? – Vielleicht aber könnte ich mit meiner Kandidatur ein Scherflein dazu beitragen, liberales Selbstbewußtsein neu zu beleben. Darin erkannte ich eine große Chance. Vielleicht könnte es mir auch nach all den Kontroversen und Dissensen der Jahre seit 1982 mit einer Kandidatur gelingen, im Verhältnis zu meiner Partei zu einem versöhnlichen Ausklang beizutragen. Auch daran lag mir viel.

Also entschloß ich mich, auch noch diesen Sprung vom Zehnmeterbrett in unbekanntes Gewässer zu wagen, und willigte in meine Kandidatur ein. Es war ein Wagnis, über dessen Ausgang ich mir keine Illusionen machte.

Auf dem Bundeshauptausschuß der FDP in Magdeburg am 15. Oktober 1993 wurde ich von Präsidium und Bundesvorstand einstimmig nominiert, was anschließend von den Delegierten per Akklamation und großem Beifall bestätigt wurde. Ich dankte dafür und begründete meine Bereitschaft u. a. wie folgt:

»Ich bin überzeugt, daß die FDP in der derzeitigen Konstellation einen eigenen Kandidaten präsentieren muß! Der Umgang bzw. der Nichtumgang des Koalitionspartners bei der Findung eines gemeinsamen Kandidaten hat für unsere Selbstachtung die Schmerzgrenze überschritten.

Allen Versuchen, nun nachträglich mit Drohgebärden eine Revision unserer Entscheidung zu erzwingen, sollten wir deshalb eine, im Ton koalitionsfreundliche, in der Sache klare Absage erteilen.

... Der Respekt vor den Mitbewerbern kann uns nicht auferlegen, zu verschweigen, wo wir stehen und wofür wir stehen.

Es wird oft gesagt, aber es ist uns noch nicht ausreichend bewußt geworden, daß das vereinte Deutschland am Ende eines längeren Prozesses des Zusammenwachsens, der uns derzeit zu schaffen macht, keine nur vergrößerte Bundesrepublik sein wird, sondern eine – zumindest potentielle – Neugründung. Wenn das so ist, und davon bin ich überzeugt, dann scheint es mir entscheidend wichtig, darüber nachzudenken, ob diese neue Bundesrepublik auf längst überwunden geglaubten Positionen zurückfallen soll oder sich zum ersten Mal in unserer Geschichte – und eingedenk dieser leidvollen Geschichte – aus eigener Kraft als ein nach innen und außen demokratisch zuverlässiges, weltoffenes und urbanes Gemeinwesen verstehen will. Mit antiquierten Beschwörungsformeln und neonationalistischer Geisterbeschwörung wird das nicht gelingen, sondern nur mit der von Theodor Heuss begründeten Absage an jedwede Schwarmgeisterei und Hybris. Statt dessen müssen wir ein für allemal zu demokratischem ›Maß und Mitte‹ finden. Diese Tradition verbürgen wir Liberale, verbürge ich persönlich ...

Darin erkenne ich auch heute noch unseren Auftrag für das vereinte Deutschland ... Dazu kann und muß der künftige Bundespräsident ermutigen. Darum habe ich mich in jedem Abschnitt meines langen politischen Lebens bemüht, und dazu möchte ich, unabhängig von meiner Kandidatur, beitragen, so lange ich es vermag ...

Mein langer politischer Weg von der jungen Trümmerstadträtin 1948 zur alten Dame 1993 dokumentiert die Geschichte der Durchsetzung der Gleichberechtigung von Mann und Frau in der männlich geprägten Welt der Politik. Wir sind dabei zwar ein großes Stück weitergekommen, dennoch glaube ich, daß es höchste Zeit ist, daß auch eine Frau für das höchste Amt im Staate kandidiert. Unter gleichen Bedingungen wie Männer natürlich, den gleichen Wechselbädern öffentlichen Lobs und Tadels ausgesetzt. Aber auch das gehört zur Gleichberechtigung: Es sollte für beide – für Männer und Frauen – einigermaßen fair geschehen. Für Herrn Heitmann und für mich.

Der lange Weg der Frauen zur Gleichberechtigung war und ist zumeist nicht mit Rosen gepflastert. Oft überwogen und überwiegen Dornen. Ich weiß, wovon ich spreche! Freunde und Gegner haben mich bis heute begleitet. Ich wünschte, wir könnten in den kommenden Monaten frühere wechselseitige Verletzungen vergessen, neue vermeiden, statt dessen an einem Strang ziehen, wenn es darum geht, für unsere liberalen Überzeugungen einzustehen, und noch einmal ein Stück Weges gemeinsam zurücklegen. Wenn wir uns das fest vornehmen, dann nehme ich die mir angetragene Kandidatur beherzt und dankbar an.«

Nun ging der Pressetrubel erst richtig los. Ein Interview jagte das nächste; Fernsehauftritte, Talkshows, Anfragen für Reden und Auftritte überschwemmten mich. Täglich erhielt ich mindestens zwanzig bis dreißig Briefe, und das ging so über acht Monate bis zur Bundesversammlung.

Die Hamburger Frauenforscherin Dr. *Brigitta Huhnke* hat in einer größeren, im »Jahrbuch 1995 der Arbeitskreise Politik und Kommunikation« veröffentlichten Arbeit untersucht, in welchem Umfang und mit welchen Methoden seitens vor allem konservativer Medien, aber auch in einem ARD-Interview von *Jürgen Fuchs* und *Fritz Pleitgen* versucht wurde, mich auf politisches Glatteis zu führen und/oder vor allem als Frau politisch zu diskreditieren. Das wurde von ihr mit der Methodik des Vorgehens und mit Zitaten ausführlich belegt. Ich wußte mich zwar meiner Haut zu wehren, aber dennoch: Nie habe ich die Skrupellosigkeit und Unfairneß von Männern (z. B. im FOCUS) gegen Politikerinnen so zu spüren bekommen, wie während dieser Kandidatur.

Auch sonst wurde ich nicht gerade verwöhnt...

Zwar bewilligte mir die Bundespartei einen Mitarbeiter und versprach ihrerseits jedwede Unterstützung, diese funktionierte aber in der Folgezeit nicht so, wie ich es gebraucht hätte.

So war es fast unerträglich, unter welchen Bedingungen ich die folgenden acht Monate durchstehen mußte: kein eigenes Büro, keine organisatorische Infrastruktur – fast jedes Telefongespräch – oft Dutzende am Tag – gingen über meine Privatleitung, keinen »Dienstwagen«, keine Vollzeitsekretärin. Alles lief auf kleinster Flamme, inklusive der Versorgung mit Informationen von Bonn nach München. Allein meiner langjährigen früheren Mitarbeiterin *Marion Mayer* verdankte ich die Übersendung von wichtigen Agentur- und Pressemeldungen per Fax, ohne die ich bei Interviews oder Reden in so manche Falle getappt wäre.

Mein Terminkalender dieser acht Monate konnte mit dem jedes sogenannten Spitzenpolitikers jüngerer Jahrgänge konkurrieren. Irgendwie aber schaffte ich es. Belastungsproben dieser Art hatte ich ja schon früher zu bestehen gehabt.

Dabei ging der Machtpoker um die Präsidentenwahlen vor und hinter den Kulissen verbissen und erbarmungslos weiter. Mehr als einmal knirschte ich mit den Zähnen, um nicht zu explodieren. Vor allem nach dem Rücktritt von *Steffen Heitmann* tönte es aus Bonn, nun könne (und solle) die FDP ihre Kandidatin zurückziehen. Besonders die CSU übertraf sich wieder einmal mit besonders liebenswürdigen Aperçus...

Aber ich explodierte nicht, sondern bemühte mich während der gefährlichen achtmonatigen Gratwanderung nach Kräften, alle Anforderungen und Bewährungsproben »klaglos« zu bestehen.

Und ich bestand sie: Ich gewann an öffentlicher Zustimmung, wehrte mich gegen Verleumdungen und Falschmeldungen und stand bei der letzten Emnid-Umfrage vor der Bundesversammlung im Ansehen mit *Roman Herzog* gleichauf.

In diesen Monaten ließ *Klaus Kinkel* (noch) keinen Zweifel daran, daß die FDP meine Kandidatur aufrechterhalten würde. Er lobte die Vorzüge der Kandidatin in höchsten Tönen. Um dies kundzutun, wurde ich bei zahlreichen Parteianlässen, zum Beispiel beim Dreikönigstreffen 1994 in Stuttgart, mit »standing ovations« gefeiert. Die Parteispitze sonnte sich in der allgemeinen Zustimmung für meine Kandidatur.

Ich dachte damals – und möchte es bis heute denken –, daß dies nicht nur als Schau, vielmehr, zumindest zeitweise, aufrichtig gemeint war. Rückhaltlos und aufrichtig unterstützt wurde ich aus der Parteiführung vor allem von der damaligen Bauministerin *Irmgard Schwaetzer* und von *Hans-Dietrich Genscher*.

In den letzten Wochen vor dem 23. Mai 1994 kursierten eine Menge Gerüchte, die vom Rückzug von meiner Kandidatur schon nach dem ersten Wahlgang bis zum Einschwenken der SPD auf meine Kandidatur im dritten Wahlgang reichten.

In den letzten Wochen vor der Bundesversammlung entstanden in zahlreichen Städten Traueninitiativen, die zur Unterstützung meiner Kandidatur Unterschriften sammelten und in persönlichen Briefen Abgeordnete der FDP und der SPD zu einem gemeinsamen Vorgehen aufforderten. Der Ruf nach »Volkswahl« des Bundespräsidenten wurde lauter.

Eine praktische Auswirkung hatten diese und andere Aktionen natürlich nicht, aber sie bewirkten doch, daß meine Kandidatur in der öffentlichen Meinung ernster genommen wurde, als die Bonner Parteistrategen das kalkuliert hatten.

Schließlich rückte der 23. Mai heran, der mit dem 45. Jahrestag der Verabschiedung des Bonner Grundgesetzes zusammenfiel. Außerdem war es die erste gesamtdeutsche Präsidentenwahl, und daran mußte erinnert werden.

Die Gespräche und Sitzungen am Vortag verliefen freundlich und entspannt. In der Fraktionssitzung unserer einhundert-

Kandidatenbefragung im Januar 1994 für die Bundespräsidentenwahl in Weimar, v. l. n. r.: Roman Herzog, Hildegard Hamm-Brücher, Jens Reich

undelf liberalen Delegierten (alle Fraktionsmitglieder und Vertreter der Länderparlamente) legte ich noch einmal sehr offen meine Gründe für meine Kandidatur dar und erhielt dafür – dies allerdings nun zum vorletzten Mal – aufrichtigen und einstimmigen Beifall. *Klaus Kinkel* versicherte mir, daß nach jedem Wahlgang neu beraten würde, ob und wie es weitergehen sollte.

In der Nacht vom 22. auf den 23. Mai schlief ich vorzüglich, frühstückte fröhlich mit meiner Familie, und wir fuhren alle zusammen zunächst in den Berliner Dom zu einem schönen Gottesdienst, der mir zusätzlich innere Ruhe gab, und dann ging's in den Reichstag.

Nach einem »Zählappell« der Fraktionsmitglieder – keines fehlte – und wechselseitigen freundlichen Ermunterungen nahmen wir unsere Plätze im Plenarsaal ein, nicht ohne viele herzliche Wiedersehensbegrüßungen, aber auch säuerlichem Kopfnicken. Nachdem mich *Helmut Kohl* seit meiner »Wende-Rede« am 1. Oktober 1982 nicht mehr gegrüßt hatte, erwartete ich es auch diesmal nicht. So geschah es!

Ich war in der ersten Reihe zwischen *Klaus Kinkel* und dem Bayerischen Ministerpräsidenten *Stoiber* plaziert. Nach einem kurzen festlichen Auftakt begann der Namensaufruf zum ersten Wahlgang und ließ mir einige Stunden Zeit, mir selber den Daumen zu halten.

Alle Stimmen der FDP-Delegierten zu erhalten – also einhundertelf –, das war mein Traumziel, und als ich statt dessen einhundertzweiunddreißig Stimmen erhielt, konnte ich es kaum fassen. Allseits Begeisterung und Glückwünsche.

Hatte der Kanzler zunächst gewünscht, ich sollte schon nach dem ersten Wahlgang zurückgezogen und *Roman Herzog* bereits im zweiten Wahlgang mit absoluter Mehrheit von der FDP mitgewählt werden, so war man in der FDP nun einhellig der Meinung, meine Kandidatur auch für den zweiten Wahlgang aufrechtzuerhalten.

Als sich nach dem zweiten Wahlgang herausstellte, daß es bereits sechs »Überläufer« aus der FDP-Fraktion zu *Roman Herzog* gab, war das Signal deutlich. Zwar hatte ich immerhin noch respektable einhundertsechsundzwanzig Stimmen erhalten, das heißt fünfzehn Stimmen mehr, als die FDP Delegierte hatte, aber nun sollte die Kohl-Regie klappen.

In der Pause zwischen dem zweiten und dritten Wahlgang erklärte ich *Klaus Kinkel* in einem Vier-Augen-Gespräch meine Bereitschaft, auch im dritten Wahlgang zu kandidieren, nicht aus persönlichem Geltungsbedürfnis, meine Ergebnisse seien viel besser als erwartet, vielmehr um damit die Eigenständigkeit der FDP zu demonstrieren und eben »liberale Flagge« zu zeigen. Sehr rasch aber mußte ich erkennen, daß der Parteivorsitzende beim Bundeskanzler im Worte stand und deshalb auf eine neuerliche Kandidatur von mir verzichtet werden mußte. Ich versuchte eindringlich, aber vergebens, *Klaus Kinkel* auf die Folgen eines solchen »Einknickens« aufmerksam zu machen. Nun aber wich bei ihm alle Freundlichkeit und Verbindlichkeit: Der Verzicht auf meine Kandidatur wurde knallhart »durchgezogen«.

Etwa vierzig Kolleginnen und Kollegen (von einhundertelf) sprachen sich in der Fraktion *gegen* einen Verzicht aus. Eisig und rücksichtslos sollte ich sogar an einer persönlichen Erklärung in der Fraktion gehindert werden.

Diese letzten Minuten in der Fraktionssitzung am 23. Mai 1994 vor dem dritten Wahlgang werde ich nie vergessen! Sie überschatten meine Erinnerungen an viele gute, auch menschlich wohltuende Erfahrungen in den Monaten meiner Kandidatur.

Michaela Blunk, eine aufrichtige und mutige Bundestagsabgeordnete der FDP, hat den Verlauf dieser Stunden unter der Überschrift »Zum Heulen« am 26. Mai 1994 in der »ZEIT« korrekt so beschrieben:

»Rita Süssmuth bewies auch während der Wahl des Bundespräsidenten im Berliner Reichstag am Pfingstmontag Fin-

gerspitzengefühl. Während des dritten Wahlgangs sah sich die Bundestagspräsidentin die Reihen der Liberalen an und sagte zu mir: ›Man sieht, daß bei einigen von Ihnen die Enttäuschung groß ist.‹ Mit dem folgenden Satz kam sie auf das eigentliche Problem: ›Wir haben viel zu spät darüber geredet – eigentlich erst hier.‹ Meine Antwort: ›Wir haben nicht einmal hier darüber geredet.‹ Nämlich über die Wahl des Bundespräsidenten . . .

Vor dem Wahltag hat es in der Bundestagsfraktion keine Diskussion gegeben. Nach meinem Empfinden hatte die Spitze der Bonner FDP durch allzu frühe Rückzugsgedanken signalisiert, daß sie ihre eigene Kandidatin Hildegard Hamm-Brücher nur zu einem Zweck gekürt hatte: um Steffen Heitmann zu kippen. Als ich das Thema auf der letzten Fraktionssitzung vor dem 23. Mai unter ›Verschiedenes‹ ansprechen wollte – es stand überhaupt nicht auf der Tagesordnung! –, waren die entscheidenden Personen und die meisten Abgeordneten nicht mehr im Raum.

Und am Tag der Wahl? An seinem Ende blieb nur festzustellen: erneut keine Diskussion über die Präsidentenwahl, dafür aber bei einer beachtlichen Minderheit in der liberalen Fraktion der Bundesversammlung Zorn, Enttäuschung, Verbitterung und allergrößte Sorge um die Zukunft der FDP.

Das erfreuliche Ergebnis für Hildegard Hamm-Brücher im ersten Wahlgang ließ die Kandidatin und den Parteivorsitzenden Klaus Kinkel unter vier Augen schnell zu der Entscheidung für eine zweite Bewerbung kommen. Nach Jens Reichs Verzicht konnte eigentlich ein noch besseres Abschneiden erwartet werden. Aber bereits jetzt votierten die Liberalen nicht mehr geschlossen.

Nach dem zweiten Wahlgang ließen uns Frau Hamm-Brücher und Herr Kinkel länger warten. Das Wort von der ›hartnäckigen alten Dame‹ machte halb belustigt, halb bedenklich die Runde. Nachdem der Vorsitzende die lange Wartezeit mit einem Anruf von Herrn Scharping erklärt hatte, teilte er mit, daß er Frau Hamm-Brücher empfohlen habe, im dritten Wahlgang nicht mehr anzutreten. Eine Wortmeldung, in der gefordert wurde, Frau Hamm-Brücher antreten zu lassen, wurde kurzerhand vom Tisch gewischt. Als die Kandidatin um eine Abstimmung in der Fraktion bat, forderte ein Delegierter sie unverblümt auf, ihre Kandidatur ohne Abstimmung zurückzuziehen. Er werde in jedem Fall Roman Herzog wählen. Er wolle seine Stimme nicht unpolitisch einer chancenlosen Kandidatur opfern, und die FDP dürfe ihren Einfluß nicht vertun. Eine Mehrheit der Fraktion dachte offensichtlich genauso. Die Abstimmung kam nur zustande, weil Hans-Dietrich Genscher sie als verständlich und völlig legitim bezeichnet hatte.

Nachdem ein erheblicher Teil der neunzigminütigen Unterbrechung der Bundesversammlung (absichtlich?) verstrichen war, konnte endlich die Diskussion beginnen. Nach zwei Beiträgen zugunsten Johannes Raus und knapp zehn weiteren Meldungen auf der Rednerliste zog der Parteivorsitzende den Vorschlag aus dem Zylinder, nur noch zwei Redebeiträge ›aus der anderen Richtung‹ zuzulassen und die Diskussion damit zu beenden. Die Mehrheit der liberalen Fraktion stimmte diesem ›Ausdruck von Führungsstärke‹ zu. Somit wurde die Frage nach dem neuen Bundespräsidenten nach vier kurzen Beiträgen in Pro- und Contra-Manier entschieden.

Wäre es allein nach dem Gerechtigkeitssinn des Parteivorsitzenden gegangen, hätte auch die in diesen Minuten zur Exkandidatin gewordene Frau Hamm-Brücher nicht mehr das Wort ergreifen dürfen. Mit Hilfe eines Teils der Fraktion erkämpfte sie sich aber eine letzte Redemöglichkeit. Sie verwies auf die Gefahr, daß die sich anbahnende Entscheidung zugunsten von Roman Herzog weder in der Partei noch bei der Wählerschaft Verständnis finden wird ...

Um die Zukunft der FDP mache ich mir Sorgen, weil nach meinem Empfinden die innerparteiliche Demokratie weiteren Schaden genommen hat.«
Michaela Blunk sollte mehr als recht behalten: Der FDP ist der von der Parteispitze verordnete und durchgezogene Koalitionskonformismus nicht gut bekommen. Das Europawahlergebnis zwei Wochen später kündigte dies an. Auch das bis dahin gute Ansehen des Vorsitzenden *Klaus Kinkel* trug einen dauerhaften Knacks davon. Die öffentliche Kritik an seinem »Kanzler-Schmusekurs« war einhellig, hat zum Verlust von elf nachfolgenden Landtagswahlen, einem schwachen Bundestagswahlergebnis und zum Niedergang des Ansehens der Partei beigetragen (vgl. Zweiter Teil, IV.).

Dennoch: Ich bereue meine Kandidatur nicht einen Augenblick. Ich betrachte sie – auch in der Rückschau von fast zwei Jahren – als große Ehre und krönenden Abschluß meines langen politischen Lebens: als die vielleicht wichtigste, wenn auch schmerzende Erfahrung des »Dennoch-Sagens«.

Für meine Bereitschaft zum Rückzug war ausschlaggebend gewesen, daß ich seit meiner Nominierung immer wieder versichert hatte, daß ich mich »ohne mit der Wimper zu zucken« einem Partei- beziehungsweise Fraktionsvotum fügen würde, weil es ja nicht um mich ginge, sondern um ein wichtiges Politikum für die FDP. Dabei blieb es auch, trotz des für mich enttäuschenden Ausganges.

Zur Illustration wählte ich folgenden Vergleich: Als gute Geräteturnerin in jungen Jahren wüßte ich, daß beim Turnwettkampf nicht nur die Leistung am Reck oder Barren benotet würde, sondern auch der Abgang vom Gerät und die Haltung im Stand . . . Und so hielt ich es auch bei diesem, meinem letzten Abgang, inklusive meiner ehrlich gemeinten Gratulation für den nun mit 696 Stimmen gewählten neuen Bundespräsidenten *Roman Herzog*. P.S. Er macht seine Sache ausgezeichnet!

Noch ein Nachwort über die Beweggründe für meine Kandidatur: Einmal hoffte ich, daß ich für künftige Frauenkandidaturen um das höchste Amt im Staate eine gewisse Bresche schlagen könnte. Hierfür wünsche ich Frauen allerdings bessere Bedingungen und weniger machtpolitische Kungeleien, als ich sie erfahren habe. Auch plädiere ich, nach sorgfältiger Abwägung des Für und Wider, für die Volkswahl künftiger deutscher Staatsoberhäupter. Dann erübrigen sich auch »Deals« wie jener, der erst Wochen nach meiner Kandidatur gerüchteweise bekannt wurde: Die FDP-Stimmen für *Herzog* sollen seitens der CDU mit der Zusage zur Wiederbenennung von *Martin Bangemann* als EU-Kommissar in Brüssel verknüpft worden sein . . .

Nachzutragen ist auch, daß ich nicht nur Kandidatin der FDP war, sondern auch stimmberechtigte »Wahlfrau«. Als solche votierte ich im dritten Wahlgang für den SPD-Kandidaten *Johannes Rau*.

Nachdem die FDP Anfang Mai eine klare Koalitionsaussage zugunsten der CDU gemacht hatte, hielt ich das politisch für richtig. Nicht nur weil seine Integrität und Eignung unbestritten und unsere wechselseitige persönliche Freundschaft in vielen Jahren gewachsen war, sondern weil ich der Meinung war (und bin), daß es im Interesse der Ausgewogenheit unserer demokratischen Kultur an der Zeit gewesen wäre, dieses Amt mit einer qualifizierten, angesehenen und beliebten Persönlichkeit (*Raus* Kandidatur fand bei allen Umfragen die bei weitem höchste Zustimmung) aus der SPD zu besetzen. In fünfundvierzig Jahren war dies ja nur einmal für fünf Jahre mit *Gustav Heinemann* geschehen. Deshalb habe ich nach der Beendigung meiner Kandidatur in der Fraktion die Wahl *Johannes Raus* unterstützt . . . Auch dies war vergeblich.

Aber auch *Johannes Rau* hatte vergeblich auf die ihm zugesagten Dissidentenstimmen aus der CDU gebaut. So endete auch für die SPD der dritte Wahlgang mit einem Scherbenhaufen. (Nachträglich gab es auch bei der SPD noch so manchen Nachtarok: Oh, hätten wir doch vor dem dritten Wahlgang politisch nachgedacht, ob eine Unterstützung der Hamm-Brücher-Kandidatur ein Signal hätte setzen können ... Dazu kann man nur mit *Gorbatschow* sagen: »Wer zu spät kommt, den bestraft das Leben!« – Damals glaubte die SPD noch fest an einen Rot-Grünen Wahlsieg bei den Bundestagswahlen und an den Erfolg ihres Kandidaten. Welch ein doppelter Irrtum!)

Der große Triumphator war allein *Helmut Kohl*. Er ist nie zu spät gekommen. Von Stund' an schnellten bei Meinungsumfragen die für die CDU/CSU Anfang 1994 noch schlechten Prognosen nach oben – und die für die FDP ins Tief.

Um Legendenbildungen vorzubeugen, schrieb ich *Klaus Kinkel* zwei Tage nach der Wahl, am 25. Mai, einen Brief, in dem ich meine Position noch einmal darlegte:

». . . Ich bleibe dabei, daß ich mit meiner Kandidatur dazu beitragen wollte, unserer Partei zu mehr Eigenständigkeit und liberalen Konturen zu verhelfen und unserem demokratischen Gemeinwesen neue Impulse zu geben.

Nun mußte ich erkennen, daß die Parteiführung daran wenig Interesse hatte. Statt dessen tut sich – kaum sind die Blumen verwelkt und die Lobesworte verklungen – eine tiefe Kluft auf, die – stünden wir nicht in einem schwierigen Wahljahr – zu einer offenen Kontroverse über das Selbstverständnis und den Kurs der FDP führen müßte . . .

Meine Besorgnisse über den Kurs der FDP: Sie und Herr Solms haben sich vom Bundeskanzler verleiten lassen, die Bundespräsidentenfrage einzig und allein unter koalitionspolitischem Machtkalkül zu entscheiden, statt unter demokratiepolitisch übergeordneten Gesichtspunkten. Das mag vielleicht im Augenblick Entlastung schaffen, vielleicht sogar über die Wahlrunde helfen; daß dieser Kurs aber die innere Existenzberechti-

gung der FDP aufs Spiel setzen, zu Gesichts- und Ansehensverlust führen und außerdem das Ansehen der Parteiendemokratie weiter beschädigen könnte, das alles haben Sie dabei – für mich beängstigend – außer acht gelassen.

Daß Sie, sehr geehrter Herr Kinkel, diese Zusammenhänge offenbar nicht erkennen, daß sie eine vertiefte Diskussion darüber erst gar nicht zulassen und jede abweichende Meinung als persönlichen Affront empfinden, das ist für mich die eigentliche Ursache für meine tiefe Enttäuschung nach den Gesprächen und Fraktionssitzungen in Berlin...«
Eine Antwort habe ich auf diesen Brief nie erhalten...

Auf dem am 3. Juni nachfolgenden Bundesparteitag in Rostock wiederholte ich nach freundlichen Dankessprüchen des Vorsitzenden meine Besorgnisse über die Zukunft der FDP und versuchte noch einmal – vergebens – das Ruder herumzureißen. Ich sagte:
»... Ob wir die Bewährungsprobe des Superwahljahres 1994 bestehen, hängt meiner Überzeugung nach davon ab, ob es uns gelingt – abgesehen von Sachaussagen –, den politischen Liberalismus als oberstes und unentbehrliches Demokratieprinzip in allen Bereichen und bei allen Entscheidungen bei Bürgern und Wählern glaubhaft zu machen.

Ein Prinzip, das weder auf Altären der Opportunität noch der Koalitonsräson geopfert werden darf. Und vor Kanzlerthronen schon gar nicht.

Ich weiß sehr wohl, daß es oft schwer ist, mit einem übermächtigen Partner zu koalieren und um den Verschleiß an Kräften dabei; aber ich weiß auch, daß Koalitionen alleine nicht die Existenzberechtigung einer Partei ausmachen und begründen.

Und damit bin ich wieder bei unserer Botschaft:
Wir sind keine dritte Volkspartei! Wir hängen uns weder ein christliches noch ein atheistisches Mäntelchen um.

Wir sind auch keine ›Partei der Besserverdienenden‹ (diese Irritation war wirklich ein böses Eigentor!).

Ich möchte es so sagen: Wir müssen die Partei auf der Suche nach einer liberalen Bürgergesellschaft sein, in der nicht ›Besserverdienende‹ per se die besseren Bürger sind, sondern die ›Besserdienenden‹,

– die sich besser Bemühenden (d. h. die Zugreifenden, die Nichtwegsehenden),

– die besser Gestaltenden (d. h. die Innovativen, die Kreativen),

– die besser Verwaltenden (d. h. die Unbürokratischen),

– die sich besser Verhaltenden (d.h. die Toleranten, die Verantwortungsbewußten, die Solidarischen).

Und das kann der junge Klassensprecher ebenso sein wie der Seniorenbeirat in einem Altenheim. – Das kann der an der Studienreform arbeitende Professor wie der auch wirtschaftlich denkende Betriebsrat ebenso sein wie Frauen, die sich zeitweise ausschließlich der Familie widmen, oder Frauen, die auf dem zweiten Bildungsweg beruflich wieder Anschluß suchen.

Dazu zähle ich beispielhaft jenen couragierten Busfahrer, der ausländische Mitbürger vor tätlichen Angriffen von Neonazis schützt, und Eltern und Lehrer, die mit Projekten gegen die alltägliche Gewalt unter Jugendlichen vorgehen.

Und das sind gewiß jene ungezählten Bürgerinnen und Bürger aus allen Schichten – ›Besserverdienender‹ oder nicht –, die nicht verdrossen zu- oder (schlimmer noch) wegschauen, sondern sich da engagieren, wo Parteien, Institutionen und Bürokratien versagen.

Wenn wir schon eine Partei sein wollen, die nach ›Zielgruppen‹ Ausschau hält: Hier sind sie, und hier liegt das Potential zur Überwindung von Fehlentwicklungen und Defiziten in Staat, Gesellschaft, Parteien und der institutionellen Demokratie . . .«

Großer Beifall bei den Delegierten, Aufatmen bei der FDP-Spitze. Es hätte für sie peinlicher kommen können.

Unbeeindruckt schlingerte die FDP in die Wahlniederlagen des Jahres 1994/95. Meine Befürchtungen bestätigten sich.

Nach den Bundestagswahlen 1994 habe ich mir von der FDP ein »Sabbatjahr« genommen . . .

*

»Ich lebe mein Leben in wachsenden Ringen,
die sich über die Dinge ziehen.
Der letzte wird mir vielleicht nicht gelingen,
aber versuchen werde ich ihn.«
Rainer Maria Rilke

So heißt es in einem schönen Gedicht von *Rainer Maria Rilke*. Mein Leben verläuft nun in »wachsenden Ringen« allmählich in ruhigen Bahnen. Dafür ist es auch Zeit geworden nach fünfundsiebzig, überwiegend stürmisch bewegten Jahren.

Die Ringe ziehen sich über Erlebtes und Erfahrenes, wachsen und schließen sich. Wann und wo der letzte auf mich wartet, ob und wie ich ihn vollbringen werde, das liegt in Gottes Hand:

Aber versuchen möchte ich ihn.

ZWEITER TEIL
FREIHEIT IST MEHR
ALS EIN WORT

Berichte über mein politisches
Denken und Handeln

»*Anstatt nach einem verborgenen Sinn der Geschichte zu fragen, müssen wir der Geschichte einen Sinn geben. – Wir müssen aus den Irrtümern unserer Geschichte lernen und dabei auch die Irrtümer anderer als Schritte zur Wahrheit erkennen. Diese Aufgabe müssen wir unserer politischen Geschichte stellen – und damit uns selbst . . .*

Wir müssen versuchen, sie nicht nur unserem individuellen Leben zu stellen, sondern auch als politisch denkende Menschen, die die sinnlose Tragik der Geschichte . . . als eine Aufforderung empfinden, unser Bestes zu tun, um die künftige Geschichte sinnvoller zu machen . . .

(Solche) Selbstkritik und Selbstbefreiung ist nur in einer pluralistischen Atmosphäre, das heißt in einer offenen Gesellschaft möglich . . .«

Karl Popper[19]

Prolog

Aus den Irrtümern der Geschichte lernen

Die dem Zweiten Teil vorangestellte Sentenz des österreichisch-deutsch-jüdisch-britischen Philosophen *Karl Popper* benennt die *drei* »Essentials«, auf die sich – nach meiner Überzeugung – alle Politik in Deutschland und für Deutschland nach 1945 gründen mußte:

Aus den Irrtümern unserer Geschichte zu lernen, das heißt, ihre scheinbar sinnlose Tragik als Aufforderung zu begreifen, politisch und als Deutsche »unser Bestes« zu tun, um unsere künftige Geschichte sinnvoller zu gestalten – und darauf zu achten, daß dies nur in einer freien und offenen, also pluralistischen Gesellschaft gelingen kann – also: in Freiheit, die mehr sein muß als nur ein Postulat – vielmehr tägliche Erfahrung.

Um diese drei »Essentials« ging es mir bei meinem nun fast fünfzigjährigen politischen Engagement.

»Aus den Irrtümern unserer Geschichte lernen«, das setzte voraus, die Ursachen für unsere nationalen Katastrophen zu erkennen, sie nicht zu verdrängen oder gar zu leugnen, wie es seit einiger Zeit rund um eine neo-nationalistische Geschichts(um-)schreiber-Schule samt ihren Ausläufern ins rechtsextremistische Lager vertreten wird.

Ich meinte und meine: Nur, wenn wir bereit und fähig sind, die Lehren aus den Irrtümern und Katastrophen unserer Geschichte zu begreifen und nicht rückfällig werden, nur dann können wir unsere politische Gegenwart, unserer selbst bewußt, das heißt *selbstbewußt*, normalisieren.

So verstand ich die Lehren, die wir aus den Irrtümern und Katastrophen unserer Geschichte zu ziehen hatten, von Anfang an als eine Art Dauerauftrag gegen das Vergessen – das

»ceterum censeo« bei Wiederholungsgefahr mit eingeschlossen. Auch wollte ich mein politisches Engagement immer daran messen, ob es dazu beitrüge, unsere »künftige Geschichte sinnvoller zu machen«.

Zu diesem Ziele versuchte ich, mein politisches Denken und Handeln im Prinzip und im Einzelfall an geschichtlichen Erkenntnissen, an geistesgeschichtlichen Zusammenhängen und moralischen Kategorien zu orientieren und nicht an Parteidoktrinen oder -opportunitäten, was immer mal wieder mit der geforderten Parteiräson kollidierte.

Dieses Politikverständnis stempelte mich nicht selten zur idealistischen »Gesinnungspolitikerin«.

War das »Gesinnungsethik« im Sinne *Max Webers*? Wohl kaum. Ich verstehe mein grundsätzliches Politikverständnis eher als eine Art angewandter Karl-Popper-Ethik, einer Ethik, die sich von der politischen Wirklichkeit und der realen Verantwortung nicht abheben, sondern an ihr festmachen will.

Auf welchen Feldern und mit welchen Einsätzen dies im einzelnen geschah, davon berichte ich in den nun folgenden Kapiteln. Sie beschreiben – zusammenhängend und thematisch geordnet – Beispiele meines politischen Denkens und Handelns. Am Ende ergeben sie so etwas wie *politische Rechenschaftsberichte*.

Nach dem chronologisch berichtenden Ersten Teil ist dieser Zweite Teil sicher schwerere Lesekost, weil sie dem Leser, der Leserin, vor allem den jüngeren, trotz allem Bemühen um Gegenwartsnähe auch zurückliegende Zusammenhänge zumutet, die ihnen heute vielleicht nicht mehr relevant oder gar veraltet erscheinen. Sie gehören aber zu dieser »Rechenschaft«, wollen zudem Einblicke in unsere Zeitgeschichte vermitteln und damit auch zum besseren Verständnis politischer Gegenwartsprobleme beitragen.

Zur Übersicht: Ich beginne mit einem Kapitel über »Politik als Frauenberuf« und über »Erblasten unserer politischen Geschichte«. Beide Themen konstituieren mein politisches Denken im Popperschen Sinne: Sie handeln von Politik und Gesellschaft nach Auschwitz, von der freiheitlichen Gestaltung unserer Demokratie, von Fragen nach Nation und Vaterland, das ich bewußt mein Mutterland nenne.

Die übrigen Kapitel, zum Beispiel die über »Erkämpfte und unvollendete Reformen« und über »Auftrag und Versagen des politischen Liberalismus« leiten sich aus diesem Grundverständnis ab.

Im Spannungsfeld zwischen dem von *Popper* formulierten hohen Anspruch und dem alltäglichen politischen »business as usual« habe ich Erfolge und Niederlagen, Zustimmung und Ablehnung erfahren – Politik also im Wechsel der Zeiten und Gezeiten als Passion im doppelten Wortsinn erlebt. Auch davon berichte ich im Zweiten Teil dieses Buches.

I.

Über Politik als Frauenberuf

*Frauen und Politik – Skizzen zur deutschen Frauenbewegung –
Emanzipationen, ihre Bedingungen, Erfahrungen,
Reflexionen – Mein eigener Weg:
lernen, »dennoch« zu sagen – Ausblicke*

»Die Politik bedeutet ein starkes, geduldiges Bohren von harten Brettern mit Leidenschaft und Augenmaß zugleich. Es ist ja durchaus richtig und alle geschichtliche Erfahrung bestätigt es, daß man das Mögliche nicht erreichte, wenn nicht immer wieder in der Welt nach dem Unmöglichen gegriffen worden wäre . . .
Aber auch die, welche beides nicht sind (Führer oder Helden), müssen sich wappnen mit jener Festigkeit des Herzens, die auch dem Scheitern aller Hoffnungen gewachsen ist . . .
Nur wer sicher ist, daß er daran nicht zerbricht, wenn die Welt von seinem Standpunkt aus gesehen zu dumm oder zu gemein ist, für das, was er ihr bieten will, daß er all dem gegenüber ›dennoch‹ zu sagen vermag, nur der hat den Beruf zur Politik.« *Max Weber* (1919)[20]

Es war *Theodor Heuss*, der den Mitgliedern des ersten Kabinett *Adenauers* Weihnachten 1950 den Essay »Politik als Beruf« mit guten Wünschen zuschickte. – *Thomas Dehler*, damals Justizminister, hat mir dies erzählt, als er ihn mir seinerseits ans Herz legte. Das war damals Ende der fünfziger Jahre, als er mitbekam, mit welcher Leidenschaft ich mich in den politischen Kampf stürzte: ungeduldig, ohne Augenmaß, schnell entflammt, schnell enttäuscht . . .

Der Webersche Text hat mein Verständnis für das, was Politik so schwer, aber auch so reizvoll macht, sehr gefördert. Das Bretterbohren habe ich immer von neuem erprobt, seine Warnung vor zu hochgesteckten Hoffnungen und vor angemaßtem Sendungsbewußtsein beherzigt. Den Rat also, sich einerseits nicht zu überschätzen, sich nicht zu wichtig zu nehmen, doch andererseits auch sich treu zu bleiben – und das zunächst »unmöglich« erscheinende »dennoch« zu versuchen, um wenigstens das »Mögliche« zu erreichen. Diesen Rat gebe ich gerne weiter, vor allem an Frauen.

Dabei hat *Max Weber*, als er diesen Essay 1919 kurz vor seinem Tode schrieb, nicht ahnen können, ob, wann und wie seine Erkenntnisse auch für Frauen in der Politik gelten könnten. Gerade erst hatten sie das aktive und passive Wahlrecht erhalten. Zwar hatte es schon lange zuvor einzelne Frauen gegeben, die nach dem politisch scheinbar »Unmöglichen« gegriffen hatten, um das »Mögliche« zu erreichen. Als Politikerinnen hatten sie sich dabei jedoch (noch) nicht verstanden.

Ich denke dabei beispielhaft an Frauen wie *Louise Otto-Peters* (1819-1895), die man als Schöpferin der deutschen Frauenbewegung bezeichnen darf, oder an *Helene Lange* (1848-1930), die für die Frauen den Zugang zum Abitur und damit auch zum akademischen Studium erkämpfte: Erst 1896 konnten – dank ihres Engagements – einige wenige Frauen zum erstenmal ihr Abitur in Deutschland ablegen. Studieren mußten sie . . . in der Schweiz! Erst im Verlauf des ersten Jahrzehnts des zwanzigsten Jahrhunderts öffneten die Universitäten nach und nach ihre Pforten für Frauen. *Katja Pringsheim*, die spätere Frau von *Thomas Mann*, zählte zu den allerersten Münchner Studentinnen.

Louise Otto-Peters wagte den ersten Schritt. Jene vergilbte Zeichnung, auf der sie – nur von zwei Kerzen beleuchtet – in aufrechter Haltung hinter einem Tisch stehend zu wenigen zu ihr aufblickenden einfachen Frauen spricht, macht diesen heute noch anrührenden, aber doch wenig verheißungsvollen Anfang deutlich. Sie spricht zu »Dienstmädchen« und versucht, sie über ihre (minimalen) Rechte aufzuklären. Um so bemerkenswerter ist die Persönlichkeit und Leistung dieser Frau: Tochter »aus gutem Hause«, die frühzeitig auf soziale Mißstän-

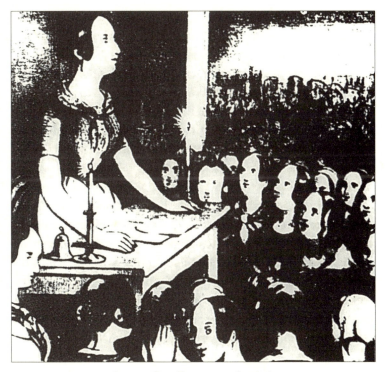

Louise Otto-Peters spricht 1848
auf der Versammlung des Dienstmädchenvereins

de im Verlauf der ersten industriellen Revolution aufmerksam machte. Eine junge Dichterin und Schriftstellerin des Vormärz, die sich zu einer engagierten Sozialkritikerin und 1848 zu einer begeisterten Revolutionärin entwickelte:

So korrespondierte sie mit dem sächsischen Innenminister, der eine »Kommission zur Erörterung der Gewerbe- und Arbeitsverhältnisse« einberufen hatte, und veröffentlichte die Denkschrift »Das Recht der Frauen auf Erwerb«, in der sie darlegt, daß Frauenarbeit nicht eine vorübergehende Phase, sondern ein andauernder Teil der Arbeiterfrage sein würde. Deshalb verband *Louise Otto-Peters* ihr soziales Engagement und ihren Kampf um gerechtere Entlohnung von Frauen immer auch mit der Forderung nach besserer Schul- und Berufsausbildung für Frauen und Mädchen. – Sie war also eine überaus weitblickende und vorurteilsfreie Frau.

1851 verlobte sie sich mit dem aus politischen Gründen eingekerkerten Dichter und Freiheitskämpfer *August Peters* (einem Arbeitersohn aus dem Erzgebirge), den sie erst sieben Jahre später, nach seiner Begnadigung, heiraten konnte ...

*

Hier ist einzufügen, daß die bürgerliche Frauenbewegung aus den Wurzeln der Freiheitsideen der Aufklärung hervorgegangen ist. Der Liberalismus des neunzehnten Jahrhunderts war per definitionem eine emanzipatorische Bewegung – und die Frauenbewegung war es auch. Beide Bewegungen waren von den Idealen der Menschen- und Bürgerrechte, von Optimismus und Fortschrittsglauben beseelt. Als sich die Frauenbewegung jedoch zu organisieren begann, reagierte der von Männern vertretene politische Liberalismus mit Unverständnis und Ablehnung. Erst sehr viel später und nur zögernd haben sich die liberalen Parteien, die damals entstanden, für Frauenrechte bis hin zum Wahlrecht eingesetzt. *Theodor Heuss* und seine Frau *Elly* gehörten zu den ersten Vorkämpfern.

Das Frauenwahlrecht verdanken wir jedoch eindeutig den Sozialdemokrat(inn)en (1918), desgleichen – dreißig Jahre später – die Verankerung der uneingeschränkten Gleichberechtigung in das Grundgesetz (*Elisabeth Selbert*). Darüber wird noch berichtet werden.

Zunächst etwas über die Anfänge der »Frauenfrage« im Rahmen der *Arbeiterbewegung*, die sich ja frühzeitig von den Strömungen des politischen Liberalismus getrennt und eigene kämpferische Wege gegen soziale Mißstände, Ausbeutung etc. eingeschlagen hatte.

Als Vorkämpferinnen für Fraueninteressen sind hier vor allem *Clara Zetkin, Othilie Baader, Marie Juchacz* und *Lily Braun* zu nennen.

Obgleich – laut preußischem Vereinsrecht – bis 1908 »Frauenspersonen, Schülern, Lehrlingen und Geisteskranken« die Mitgliedschaft in politischen Parteien verboten war, schlossen sich Arbeiterinnen schon frühzeitig der SPD an und gründeten ihre eigene Organisation innerhalb der Partei. Als sich 1894 anläßlich der Gründung des »Bundes Deutscher Frauenvereine« die Frage der Aufnahme dieser sozialdemokratischen Organisation ergab, wurden sie abgewiesen, weil es sie nach dem Vereinsrecht gar nicht geben durfte. So trennten sich die Wege.

Dennoch hat sich auch die bürgerliche Frauenbewegung immer auch für die Interessen und den Schutz der Arbeiterinnen mit dem Schwerpunkt Heimarbeiterinnen eingesetzt. Es gab zahlreiche Kommissionen für Arbeiterinnenfragen (*Elly Heuss-Knapp*), Aktivitäten, Schriften, Aufrufe ... Die abgrundtiefe Feindseligkeit und Abgrenzung der damaligen bürgerlichen Parteien gegenüber Sozialdemokraten hat es – jedenfalls in den progressiven Teilen der bürgerlichen Frauenbewegung – nicht gegeben.

Bereits 1879 war *August Bebels* aufrüttelndes Buch »Die Frau und der Sozialismus« erschienen, in dem er der deutschen Männergesellschaft ins Stammbuch schrieb:

»Der Einwand, sie (die Frau) verstehe nichts von öffentlichen Angelegenheiten, trifft sie nicht mehr als Millionen Männer, welche die vornehmste Pflicht eines Staatsbürgers, sich um dieselben zu bekümmern, vernachlässigen ...

Mit der Gewährung von Rechten kommt das Interesse, mit der Übung der Rechte die Einsicht. Um schwimmen zu lernen, muß ich ins Wasser gehen können, sonst lerne ich es nicht.«
Damit war (und ist) eigentlich alles gesagt. Aber *Bebel* traf (auch in seiner Partei) zunächst auf taube Ohren, von politi-

scher Umsetzung seiner Einsichten ganz zu schweigen. Erst 1891 wurde die Forderung des Frauenwahlrechts im Erfurter Programm der SPD zum Beschluß erhoben.

Damals machten sich auch die bürgerlichen Frauenverbände die Forderung nach dem Frauenwahlrecht noch nicht zu eigen. Erst 1902 wurde der »Deutsche Verein für das Frauenstimmrecht« ins Leben gerufen, in dem auch einige wenige, recht radikale Vorkämpferinnen gegen »Sexismus« Mitglied waren. Im breiten Spektrum der bürgerlichen Frauenbewegung vertraten sie jedoch nur eine kleine Minderheit und wurden mehrheitlich als »zu frauenrechtlerisch« abgelehnt.

Die Frauenverbände der politischen Rechten haben sich sogar noch bis 1917 dezidiert gegen das Frauenwahlrecht ausgesprochen, weil sie befürchteten, daß ihre Stimmen primär den Linksparteien zugute kommen könnten. Dem war dann aber nicht so: Als es 1918 soweit war, wählten Frauen überwiegend konservativ.

Nach dem verlorenen Krieg und im Zuge der November-Revolution 1918 wurde allen Frauen das Wahlrecht zugestanden.* Bei den Wahlen zur verfassungsgebenden Nationalversammlung wurden siebenunddreißig Frauen (plus vier spätere Nachrückerinnen) – darunter als stärkste Gruppe neunzehn der SPD und der »Unabhängigen Sozialdemokraten« – gewählt. Die liberalen Parteien entsandten sieben Frauen, die konservativen insgesamt nur acht.

Immerhin hatten 9,6 Prozent Frauen ein Reichstagsmandat errungen. Bis 1933 fiel ihr Anteil auf 3,1 Prozent zurück.

Von den ersten weiblichen SPD-Abgeordneten hatten fast alle nur Volksschulbildung, waren Arbeiterinnen, Näherinnen, Dienstmädchen. Die bürgerlichen Frauen waren zumeist Lehrerinnen oder Hausfrauen.

---

* Artikel 109 der Weimarer Verfassung lautete: »Männer und Frauen haben grundsätzlich dieselben staatsbürgerlichen Rechte und Pflichten.«

Marie-Elisabeth Lüders, Reichstagsabgeordnete von 1920 bis 1930, Bundestagsabgeordnete von 1953 bis 1961, erinnert sich in ihren Memoiren:

»Unser Einzug in das Parlament entbehrte nicht der Komik. Je näher die Möglichkeit rückte, durch die Aufstellung von Kandidatinnen Stimmen für die Wahl und damit Mandate für die Männer zu gewinnen, um so werbekräftiger wurden Reden, Zeitungsartikel, Aufrufe usw. Man konnte sich nicht genug tun in Versicherungen, schon lange die hohe Bedeutung der Frau für das politische Leben erkannt zu haben . . .« [21]

Kein Zweifel, von Politik als Frauenberuf konnte damals und in der Folgezeit noch niemand träumen. In den fünfzehn Jahren Weimarer Republik errangen Frauen keine einzige herausragende Position, weder in den Fraktionen noch in der Parlamentsarbeit – und in der Regierung schon gar nicht. Wenn Frauen – selten genug – im Plenum des Reichstags sprachen, dann fast ausschließlich zu sozialen Frauenfragen.

Wiederum beschreibt *Marie-Elisabeth Lüders* die Schwierigkeiten dieser Anfänge wie folgt:

Die Frauen hatten, von wenigen abgesehen, keine genügende Vorstellung von der grundlegenden staatspolitischen Bedeutung von Forderungen: zum Beispiel durch die notwendige Änderung des Familien-, Ehe- und Güterrechts, oder im Bildungs- und Schulwesen, einschließlich des Berufsschulwesens . . .

Nur zu viele waren geneigt, dem alten Wort ›das Weib schweige in der Gemeinde‹ widerspruchslos zuzustimmen . . .

Es war natürlich schwer für die Frauen, sich aus dieser ›gottgewollten Abhängigkeit‹ zu lösen und plötzlich fordernd und handelnd öffentlich aufzutreten. Das war um so schwieriger, weil die meisten Frauen auch keine genügende rednerische Übung besaßen und sich deshalb scheuten, öffentlich zu sprechen! . . .

Für die meisten ohne parlamentarische Erfahrung tätigen weiblichen Abgeordneten war es überaus schwer, einen festen Standpunkt für ihre Forderungen zu gewinnen und diese mit Erfolg den ›Kollegen‹ gegenüber zu vertreten, von denen die meisten nur zu geneigt waren, unsere Wünsche im Vergleich zur ›großen‹ Politik als Bagatellen zu betrachten. Diese Neigung entsprach der traditionellen männlichen Einstellung gegen die gleichberechtigte Anerkennung der Frauen überhaupt und alles dessen, was die Männer im weitesten Sinne als ›Weiberkram‹ betrachteten...

Das Urteil über die Arbeit der Kolleginnen war keineswegs korrekt und gerecht. Man stellte an sie, genau wie heute, mit dem billigen Hinweis darauf, ›Ihr habt ja nun alle politischen Rechte‹, höchste Anforderungen, war aber äußerst beleidigt, wenn man an den totalen Zusammenbruch der jahrzehntelangen politischen Alleinherrschaft der Männer erinnerte. Die Frauen konnten nur, abgesehen von der gewissenhaften Arbeit in den verschiedenen Ausschüssen, durch wohlüberlegte Einzelvorstöße allmählich Fuß fassen. Diese Vorstöße waren letztlich alle auf die Hebung der wirtschaftlichen, gesellschaftlichen und beruflichen Lage der Frauen gerichtet und auf ihre Anerkennung ganz allgemein als Staatsbürger. Gerade die letzteren Bemühungen stießen immer wieder auf die ablehnende Haltung der Kollegen und Behörden... Deshalb galt ihre parlamentarische Tätigkeit vornehmlich der nach außen weniger erkennbaren Arbeit in den Fraktionen und Ausschüssen, in denen sie sich erst nach und nach die Voraussetzungen aneigneten, um sich auch im Parlament zu Wort zu melden...«[22]

Welches waren die charakteristischen Themen, zu denen sich Frauen zwischen 1920 und 1933 im Deutschen Reichstag zu Wort meldeten:

– Zulassung von Frauen zu Kaufmanns- und Gewerbegerichten,

– Zulassung von Frauen zu Betriebsräten,

– bessere Entlohnung, Gleichstellung weiblicher Erwerbsloser,

- Jugendwohlfahrtsgesetz und Fürsorgeeinrichtungen,
- Besserstellung unehelicher Kinder (wurde nicht durchgesetzt),
- Gesetz zur Bekämpfung von Geschlechtskrankheiten,
- Hausgehilfengesetz, Fortbildungsschulgesetz,
- Rechte der Beamtinnen (»Abbau-Verordnung« bei Verheiratung etc.),
- Eherechtsreform (Zerrüttungsprinzip – wurde nicht durchgesetzt);
- erste vergebliche Vorstöße zur Änderung des § 218 gab es bereits 1920, 1925 und 1926.

Zusammengefaßt läßt sich feststellen: Von Selbstbewußtsein, Durchsetzungsvermögen und Eigenständigkeit – von Politik als Frauenberuf konnte damals in der ersten deutschen Republik nicht die Rede sein.

Und wie verhielten sich die Wählerinnen in den dreißiger Jahren? Sie wählten zwar überwiegend konservativ und/oder konfessionell (Zentrum), aber es trifft nicht zu, daß es überwiegend die Wählerinnen waren, die Hitler an die Macht brachten.

Untersuchungen von *Joachim Hofmann-Göttig* haben ergeben, daß bei den letzten freien Wahlen vor Hitlers Machtergreifung am 5. März 1933 zwar evangelische Frauen deutlich mehr NSDAP wählten als Männer, katholische Frauen aber weit unter dem Männerprozentsatz lagen. Insgesamt wurde die Mehrheit der sogenannten »Nationalen Koalition« (NSDAP/DNVP*) 1933 von Frauenstimmen zwar kräftig gefördert, den Ausschlag gaben sie aber nicht.

Charakteristisch für das kollektive, wenig entwickelte politische Frauenbewußtsein bleibt das damalige Wählerinnenverhalten allemal, handelte es sich bei der NSDAP doch um eine

---

* Deutschnationale Volkspartei

Partei, deren ablehnende Haltung gegenüber Frauen in der Politik nicht zuletzt im absoluten Verzicht auf weibliche Kandidaten demonstrativ kundgetan wurde: Nicht ein einziges Mal durfte eine Frau für die NSDAP kandidieren.

Hitler hatte 1933 leichtes Spiel, die Frauen aus dem politischen und öffentlichen Leben neuerlich zu verbannen. *Joseph Goebbels* beschrieb die Rolle der Frau im NS-Staat 1935 wie folgt:

»Ein Minimum an Intellekt und ein Höchstmaß an physischer Eignung machen die Frau erst zu dem, was sie werden soll: Fruchtschoß des Dritten Reiches. Sie hat die höhere Mission, die Entrassung zu hemmen. Sie dient Zwecken der Zucht und Aufforstung des Deutschen.«[23]

Hitler drückte sich 1934 noch drastischer aus:

»Das Wort von der Frauenemanzipation ist nur ein vom jüdischen Intellekt erfundenes Wort, und der Inhalt ist von demselben Geist geprägt ...

Ihre (der Frau) Welt ist ihr Mann, ihre Familie, ihre Kinder und ihr Haus ..., deshalb enthält das Programm unserer nationalsozialistischen Frauenbewegung nur einen Punkt, und dieser Punkt heißt ›Das Kind‹.«[24]

Ab 1933 kehrten die meisten Frauen klaglos und unpolitisch (rühmliche Ausnahme waren Sozialdemokratinnen und Kommunistinnen, die in Verfolgung, Emigration und Ächtung Schlimmes durchmachten, und einige wenige liberale Frauen) zu Küche und Kindern zurück – weniger zur Kirche. Auch jubelten sie Hitler begeistert zu, trugen stolz das »Mutterkreuz« und später »in stolzer Trauer« den Tod ihrer Söhne »auf dem Feld der Ehre«.

Weiterführende Frauenbildung wurde nicht gefördert. Studienplätze für Abiturientinnen gab es bis Kriegsbeginn nur kontingentiert. Dann wurden Akademikerinnen wieder gebraucht, mit Vorbehalten: Ich erinnere mich noch gut, als Anfang 1943 alle Münchner Studentinnen vom NS-Gauleiter *Giesler* »angedonnert« wurden, wir sollten statt zu studieren dem Führer Söhne gebären. Wir empörten uns ... hinter vorgehaltener Hand.

Gegen Ende des Krieges war es dann endgültig vorbei mit der »höheren Frauen-Mission«. Da wurden Frauen neuerlich zu schwerer und schwerster körperlicher Arbeit verpflichtet. An der »Heimatfront« und in der Rüstungsproduktion trugen sie die Hauptlast, dienten u. a. als Flakhelferinnen und standen nach dem Zusammenbruch als alleinerziehende Trümmerfrauen »ihren Mann«.

Nach 1945 begann der Kampf um politische Gleichberechtigung wieder ganz von vorne. Diesmal wurde er jedoch von den Repräsentantinnen der Frauen entschlossener und politischer geführt, weil sie erkannten, daß wiederum die Frauen die Leidtragenden des von Männern verschuldeten Krieges waren.

Diesmal wollten sie nicht klein beigeben – Dank sei dafür vor allem *Elisabeth Selbert*, Kasseler Rechtsanwältin, SPD-Mitglied im Parlamentarischen Rat, die es gegen den Widerstand (fast aller) Männer während der Zweiten Lesung und in der Dritten Lesung schaffte, in Artikel 3 Absatz 2 des Grundgesetzes die uneingeschränkte Gleichberechtigung von Frauen und Männern durchzusetzen.

Zum ersten Mal kam es zu solidarischen Protestaktionen der Frauen – Waschkörbe mit Postkarten trafen zwischen den Lesungen in Bonn zur Unterstützung von *Elisabeth Selbert* ein.

Auch ich organisierte und kämpfte mit. Als jüngste Stadträtin in München (vgl. Erster Teil, V.) hatte ich – wie frühe Stadtratsprotokolle ausweisen – genau da angefangen, wo die erste politische Frauengeneration 1933 aufgehört hatte: bei Frauenangelegenheiten!

So kämpfte ich zum Beispiel dafür, daß Frauen aus dem »mittleren« Dienst zum »Amtmann« – also in den »gehobenen« Verwaltungsdienst befördert werden konnten. Ich scheiterte damit ebenso wie mit meinen Bemühungen, Frauen Zugang zu weiterführenden Verwaltungslehrgängen, Schulleiter- oder anderen Aufstiegspositionen zu verschaffen. 1950 gründete ich nach amerikanischem Vorbild eine überparteiliche »Liga der Wählerinnen« zur Unterstützung von Frauen-Kandidaturen (was leider nicht funktionierte).

Erfolgreich kämpfte ich für das erste Apartmenthaus für berufstätige Frauen und Wohnungen für »ledige« Mütter mit Kindern.

Als in Bayern an Bestimmungen gegen »Doppelverdiener« im öffentlichen Dienst gebastelt wurde, zum Beispiel auch gegen »Töchter von sozial günstig gestellten Eltern«, wie es damals hieß, und gegen Frauen, die entlassen wurden, wenn ihre Männer in ihren Beruf zurückkehrten, da erkannte ich zum ersten Mal die ganze Härte des männlichen Widerstandes, anfänglich aber auch die Unsicherheit der Frauen, die sich noch nicht trauten, lautstark dagegen aufzubegehren.

Unvergessen auch mein Kampf, Frauen Zutritt ins Münchner Philharmonische Orchester zu verschaffen, indem ich durchsetzte, daß das »Vorspielen« aller Bewerber hinter einem Vorhang stattfinden mußte. Dann dauerte es nicht mehr lange, bis es die ersten Frauen geschafft hatten und gleichberechtigte Orchestermitglieder waren . . .

Im Bayerischen Landtag war es dann noch viel schwerer, die Chancen für Frauen zu verbessern. Im staatlichen Volksschuldienst gab es für sie keine Aufstiegspositionen, und sehr viel besser ist das bis heute auch nicht geworden. In den Höheren Schuldienst wurden sie erst gar nicht aufgenommen.

Bastion für Bastion mußte erkämpft werden. Eine meiner letzten, schließlich erfolgreichen Kämpfe war der für die Ordination von Frauen zum evangelischen Pfarramt, die ich als

Mitglied der Bayerischen Landessynode Mitte der siebziger Jahren in drei Anläufen leidenschaftlich miterkämpfte.

Auch in Bonn verlief die Umsetzung des Verfassungsgebotes nach Artikel 3 Absatz 2 bis weit in die sechziger Jahre wie eine »Echternacher Springprozession«: mal zwei Schritte vor, dann wieder eineinhalb zurück. Und das ging so:

Nachdem die Gleichberechtigung im Grundgesetz verankert und die Anpassungsfrist für Gesetzesänderungen bis 1. April 1953 festgelegt war, hatten sich überall in der neugegründeten Bundesrepublik sachkundige Frauen an die Arbeit gemacht, um dazu beizutragen, die Umsetzung in die Gesetzgebung rechtzeitig auf den Weg zu bringen.

Dr. Erna Scheffler, die später die erste Bundesverfassungsrichterin wurde, war damals Vorsitzende des Rechtsausschusses des Deutschen Frauenringes, in dem auch der Verein der Juristinnen und Volkswirte mitarbeitete. Leider fehlte es noch überall an rechtskundigen Frauen, nachdem im Dritten Reich Frauen als Richter oder Rechtsanwälte nicht neu zugelassen werden durften. So gab es zum Beispiel in München zwar bald nach Kriegsende wieder dreißig Rechtsanwältinnen, aber in ganz Bayern nur zwei amtierende Richterinnen!

Nach der ersten Bundestagswahl im August 1949 saßen nur einunddreißig Frauen neben dreihundertachtundsiebzig Männern im Bundestag, mit etwas über 8 Prozent also weniger als im ersten Reichstag. Keine Frau wurde ins Präsidium des Deutschen Bundestages gewählt, keine in Fraktionsführungen, von einem weiblichen Kabinettsmitglied ganz zu schweigen.

Erst 1961 wurde die erste Frau als (Familien-)Ministerin berufen: die evangelische Oberkirchenrätin *Elisabeth Schwarzhaupt*.

In seiner ersten Regierungserklärung erwähnte Bundeskanzler *Adenauer* die Konsequenzen des Gleichberechtigungsartikels für die Gesetzgebung erst gar nicht. Seine einzige Neuigkeit: die Einrichtung eines Frauenreferates im Innenministerium – das war kaum ein Trostpreis.

Frauen in und außerhalb des Parlaments empörten sich über diese »Abfindung«. Nur der damalige Justizminister Dr. *Thomas Dehler* (FDP) fand weibliche Zustimmung, als er sagte, er beabsichtige, für die Ausführungsgesetze zum Artikel 3 Absatz 2 GG eine Frau als Referentin zu berufen. Er berief Frau Dr. *Maria Hagemeyer*, deren Referentenentwurf zwei Jahre später, als sich die deutschen Bischöfe vehement dagegen aussprachen, von ihm zur »Privatstudie« erklärt werden mußte.

Als böser (Anti-Frauen-)Geist erwies sich der spätere Familienminister Dr. *Franz-Josef Wuermeling*, der bereits als Haushaltsexperte der CDU die nötige Änderung des Beamtengesetzes blockierte, indem er durchsetzte, daß im »131er-Gesetz« die sogenannte »Zölibatsklausel« für weibliche Beamte beibehalten wurde, nach der die Eheschließung für Beamtinnen weiterhin ein Entlassungsgrund blieb. Zu dieser Thematik gab es im März 1950 im Bundestag heftige Debatten, bei der seitens der Abgeordneten die schrecklichsten Reminiszenzen ausgegraben wurden. Der Schlagabtausch wurde so heftig, daß der amtierende Parlamentspräsident Dr. *Köhler* das »Hohe Haus« mit folgenden Worten zu beruhigen versuchte:

»Meine Herren, ich darf Sie auf eines aufmerksam machen: Unbeschadet auf Anerkennung des Grundsatzes der Gleichberechtigung – über allem bleibt das Gesetz der Ritterlichkeit des Mannes gegenüber der Frau bestehen . . .«

Allen Frauenprotesten zum Trotz: Die Ungleichbehandlung der Beamtin wurde am 17. Mai 1950 gegen den heftigen Widerstand der Frauenverbände als »vorläufiges Gesetz« verabschiedet, scheiterte aber zwei Jahre später vor dem Bundesverfassungsgericht. Erst im Juni 1953 wurde es – nun »verfassungskonform« – novelliert.

Auch der überfälligen Reform des Ehe- und Familienrechts erging es nicht besser.

Im Frühjahr 1951 hatte das Bundesjustizministerium eine erste Denkschrift über die vorgesehene Anpassung des Eherechts veröffentlicht. Sie sollte als Diskussionsgrundlage dienen. Im Bundestag aber wurden die Beratungen verschleppt, so als gäbe es keine Anpassungsfristen. Die SPD-Opposition protestierte, aber ohne Erfolg.

Schließlich ging die erste Legislaturperiode 1952 ihrem Ende zu, und damit rückte auch die Anpassungsfrist (1. April 1953) näher. Der Entwurf eines neuen Familienrechtsgesetzes war im Sommer 1952 zwar fertiggestellt worden, konnte aber wegen Erkrankung des Justizministers im Kabinett nicht beraten werden.

Hauptstreitpunkt war die Abschaffung des Entscheidungsrechtes des Ehemannes in allen die Kinder betreffenden Angelegenheiten. Dagegen vor allem hatten beide christlichen Kirchen starke Einwände erhoben. In einem Schreiben des Vorsitzenden der Fuldaer Bischofskonferenz, Kardinal *Frings*, vom 15. April 1952 heißt es:

». . . So sehr ich die Schwierigkeiten rechtlicher wie politischer Art anerkenne . . ., so habe ich doch schwere Bedenken gegenüber den Vorschlägen des Justizministers anzumelden.«[25]

Dieser Einspruch bedeutete das vorläufige Ende der Familienrechtsreform. Was zuvor oft genug beschworen worden war, am 1. April 1953 trat es ein: der gesetzlose Zustand und damit womöglich ein »Rechtschaos«. Um dieses zu vermeiden, hatte die Bundesregierung das Bundesverfassungsgericht ersucht, die Frist für die Anpassung des Gleichberechtigungsgebots auf unbestimmte Zeit zurückzustellen. Das Gericht lehnte ab! Es bekräftigte im Dezember 1953, daß Artikel 3 Absatz 2 des Grundgesetzes eine gültige Rechtsnorm sei und somit nach dem 1. April 1953 geltendes Recht. Es verneinte eine »unerträgliche Rechtsunsicherheit«, und ich erinnere mich noch gut, wie begeistert wir Politikerinnen jeder Parteicouleur über dieses Urteil waren. Das Bundesverfassungsgericht hatte sich von Anfang an als zuverlässiger Interpret des Gleichberechtigungsartikels erwiesen.

Politisch gewonnen war der Kampf aber noch lange nicht! In den am 6. September 1953 gewählten zweiten Deutschen Bundestag zogen neben den bisherigen Kämpferinnen nun auch die fünfundsiebzigjährige *Marie-Elisabeth Lüders* und die eine Generation jüngere hessische CDU-Abgeordnete, Oberkirchenrätin Dr. *Elisabeth Schwarzhaupt*, ein.

Beide spielten als Mitglieder des Rechtsausschusses des Bundestages innerhalb der damaligen Koalition in den folgenden Kämpfen und Auseinandersetzungen eine ausschlaggebende Rolle. Das Hin und Her und Auf und Ab dauerte noch bis zum 3. Mai 1957, also noch einmal fast vier Jahre. Dann wurde das neue Ehe- und Familienrecht vom Bundestag verabschiedet und... landete alsbald beim Bundesverfassungsgericht, das es zwei Jahre später wiederum als »verfassungswidrig« verwarf. So erging es auch vier weiteren einschlägigen Gesetzen.

Mindestens ebenso wichtig wie die gesetzlichen Konsequenzen der Verwirklichung des Artikels 3 Absatz 2 des Grundgesetzes wurde in den fünfziger und sechziger Jahren seine praktische Anwendung in ungezählten Einzelfällen im politischen und gesellschaftlichen Umfeld.

Erfreulicherweise entwickelte sich in diesen Jahren die Stimmung in der Bevölkerung zugunsten der Gleichberechtigung. Während sich 1954 nur 48 Prozent dafür aussprachen, daß Mann und Frau gleiche Rechte in Ehe, Beruf und Gesellschaft haben sollten, waren es 1955 bereits 55 Prozent und 1966 immerhin 64 Prozent (heute über 90 Prozent). Dennoch ging es im Alltag nur mühsam voran.

Hierzu gäbe es ebensoviel Kurioses wie Haarsträubendes zu berichten. Fünfmal haben wir zum Beispiel im Bayerischen Landtag im »Hammelsprung« darüber abgestimmt, ob Frauen in die ehrwürdige bayerische Stipendienstiftung für Hochbegabte, das Maximilianeum, aufgenommen werden können. – Koedukation in weiterführenden Schulen war in Bayern verpönt, entsprechend niedrig lag dort der Anteil der Mädchen unter Bayerns Abiturienten. Auch die am besten benoteten Studienassessorinnen wurden erst dann in den Staatsdienst übernommen, nachdem der am schlechtesten benotete Mann eingerückt war.

Erst seit Ende der sechziger Jahre, mit den Studentenunruhen und der sozial-liberalen Koalition, besserten sich die Chancen der Frauen im öffentlichen Leben zusehends. Seither bewähren sich immer mehr Ministerinnen und Staatssekretärinnen, Bürgermeisterinnen auf allen Ebenen und machen Frauen zusehends Karriere, weil sie sich das nun (endlich) zutrauen.

Heute ist das alles – in westlichen Demokratien – selbstverständlich geworden: Parlamentspräsidentinnen, Bundesverfassungsrichterinnen, Bundesrechnungshofpräsidentinnen und sogar eine Frau als Wehrbeauftragte!

Der Anteil der weiblichen Abgeordneten im Deutschen Bundestag stieg von 5,7 Prozent im Parlamentarischen Rat auf 8,1 Prozent in der ersten Legislaturperiode bis heute auf über 25 Prozent (Tiefpunkt war die siebte Wahlperiode mit nur 5,8 Prozent Frauen).

Kein Zweifel: In den letzten zwei Jahrzehnten haben wir Frauen – politisch, gesellschaftlich und vor allem in der Bewußtseinsänderung – einen Riesensprung nach vorn getan.

In den knapp achtzig Jahren seit Erhalt des Frauenstimmrechts (minus zwölf Jahre der NS-Zeit) – von denen ich fast fünfzig Jahre aktiv mitgestaltet habe – haben wir uns aus völliger männlicher Abhängigkeit über das Stadium mehr oder weniger geduldeter Einzelkämpferinnen zu realer Gleichberechtigung und nun auch Mitverantwortung in und für die res publica freigekämpft. Wir sind ins Wasser gesprungen und haben schwimmen gelernt. Politik ist ein akzeptierter Frauenberuf geworden, ein schwerer und anspruchsvoller zwar, aber auch ein zunehmend selbstverständlicher. Nun müssen weitere Sprünge (quantitativer, vor allem qualitativer Art) folgen, wobei ich mir von Quoten kein Allheilmittel verspreche, sondern mehr von Einsicht, Vernunft und beharrlichem Bretterbohren.

Denn die Schwierigkeiten und Probleme, die Frauen bis heute in der Politik vorfinden, haben sie mehr oder weniger auch in jedem anderen Beruf immer dann, wenn sie den Mut zum eigenen Weg – also zur individuellen Emanzipation – aufbringen. Diesen Mut haben einzelne Frauen zu allen Zeiten immer dann aufgebracht, wenn sie, wie beispielsweise *Antigone* und *Johanna von Orléans, Hildegard von Bingen, Christine von Schweden, Florence Nightingale, Rahel Varnhagen, Bertha von Suttner, Sophie Scholl* oder *Golda Meir* einem hohen Ideal verpflichtet, die Fähigkeit entwickelten, ihr Leben für dieses Ideal mit Mut, Klugheit und Stehvermögen einzusetzen – ja, sogar bereit waren, es zu opfern.

Den hier genannten Frauen ist gemeinsam, daß sie ihr Leben in den Dienst einer Idee und einer Aufgabe gestellt haben, deren Verwirklichung zunächst unmöglich schien, die für sie persönlich aber so wichtig war, daß sie dafür die Konventionen und Geborgenheiten ihres vorgegebenen Lebens hinter sich ließen und ihren Lebensweg eigenständig suchten. Allen Enttäuschungen zum Trotz – wappneten sie sich mit der »Festigkeit des Herzens«, lernten »dennoch« zu sagen und »allein zu stehen«.

Solche Frauen haben uns beispielhaft vorgelebt, worauf wir auch heute noch im Zeitalter der für alle Frauen garantierten Emanzipation – nach meiner Überzeugung – nicht verzichten können: nämlich auf unsere individuelle Emanzipation.

Zwar hat es den Anschein, als ob es für uns Frauen in der westlichen Welt heute keines besonderen Mutes mehr bedarf, aus überlieferten Konventionen und Verhaltensmustern auszubrechen und sich für den eigenen Weg zu entscheiden. Dazu werden Frauen ermutigt und ermutigen wir uns gegenseitig. Dennoch, so meine ich, bedarf es auch heute und künftig noch des Mutes zum ersten Schritt auf dem eigenen Wege. Ja, dieser Mut ist unverzichtbar, wenn Frauen nicht nur »mitlaufen« und sich an die männlich »beherrschten« Verhältnisse anpassen wollen. Dazu brauchen sie – wie ich oft beobachtet und selber erfahren habe – vielleicht nicht mehr den einmaligen großen Mut, wohl aber eine schier endlose Summe vieler kleiner, oft alltäglicher »Mütchen«.

Denn zweifellos war und ist es für eine Frau auch heute noch ziemlich schwer, sich im herkömmlichen politischen Geflecht männlicher Macht- und Interessenkämpfe zu orientieren und die dort vorherrschenden Spannungen auszuhalten. Noch schwerer aber ist es für sie, dieses Geflecht nicht als gottgegeben hinzunehmen, sondern immer von neuem zu versuchen, sich darin zu behaupten, ohne die eigenen Vorstellungen und Überzeugungen preiszugeben oder sich mit stiller Anpassung und männlicher Gnade zu begnügen.

Und das ist für Frauen nach wie vor das größte Handikap für den Start und den Rückhalt in der Politik: ihre Abhängigkeit von der »Gunst« der männlichen Kollegen, und zwar bei allem und jedem. Ob es die ersten Sprossen der Erfolgsleiter oder die höchsten sind: unbequeme, das heißt, sachkundige *und* selbständig urteilsfähige Frauen haben es noch immer schwerer als etwa gleich unbequeme Männer.

Hierzu konnte ich in den vielen Jahren, in denen ich Führungsaufgaben in reinen Männergremien ausgeübt habe, ein gerüttelt Maß an Erfahrungen sammeln. Als erste weibliche Fraktionsvorsitzende im Bayerischen Landtag hatte ich es – wie im Ersten Teil (VI.) berichtet – auch mit Männern in meiner Fraktion unglaublich schwer, weil sie sich nur ungern an mein (zugegebenermaßen unbequemes) parlamentarisches Oppositionsverständnis gewöhnten und ich mich an ihre von mir so empfundene »Leisetreterei«.

Ob als erste beamtete Staatssekretärin im hessischen Kultusministerium, später im Bundesministerium für Bildung und Wissenschaft oder als erste Staatsministerin im Auswärtigen Amt, immer war es dasselbe: An eine Frau als »Vorgesetzte« mußte Mann sich gewöhnen und im zweiten Schritt bereit sein, dies nicht als diskriminierend zu empfinden. Voraussetzung dafür: In der täglichen (Zusammen)Arbeit mußten auf beiden Seiten Vorbehalte und Vorurteile abgebaut werden.

Noch etwas über das eher Handwerkliche des Politikerinnenberufs:

Politik ist kein Beruf wie irgendein anderer und für Frauen schon gar nicht. Man kann ihn nicht theoretisch erlernen, weder aus Büchern noch aus Vorlesungen. Er kennt keine Laufbahn, keine Arbeitsplatzbeschreibung, keinen Kündigungsschutz. Er erfordert eine bunte Mischung aus Qualifikationen, die vom Fachwissen über ständige Lernbereitschaft bis zur Kontaktfähigkeit, politischem Gespür und Beredsamkeit reichen. Erfolgsrezepte gibt es nicht. Darin liegt wohl das eigentlich Herausfordernde, das Attraktive dieses Berufes, der eigentlich gar keiner ist und dennoch mindestens einen oder mehrere andere voraussetzt.

Zwei Fähigkeiten vor allem sind auch für Politikerinnen, die mit ihren Ansichten und Überzeugungen weiter wirken und Erfolg haben wollen, unverzichtbar: reden – und schreiben können.

Letzteres war mir von Jugend an eine Lust und ein großes Vergnügen. *Schreiben* gehört auch heute noch zu meinen liebsten Beschäftigungen. Etwa ein Dutzend »eigene« Bücher – meist Sammlungen von Beiträgen zu politischen Themen (siehe

Anhang) und etwa das Dreifache an Beiträgen für Bücher, von nicht gezählten größeren Aufsätzen ganz zu schweigen.

Anders ging es mir mit dem *Reden*: Das hat mir, wie wohl den meisten Frauen, über Jahrzehnte Qualen und Ängste bereitet. Zwar habe ich mich im Laufe der Jahre – nolens-volens – einigermaßen frei geredet, und es gibt Leute, die sagen, ich könne es gut . . . Oft zweifle ich. Woran liegt's? Vielleicht daran, daß es im Rollenverständnis für Frauen meiner Generation sehr ungewöhnlich war, ja als ungehörig galt, den eigenen Standpunkt, die eigene Überzeugung (zumal den Widerspruch) öffentlich auszusprechen, die eigenen Gedanken in verständlichen Sätzen zu formulieren und an unbekannte Zuhörer zu vermitteln. –

Politik als Frauenberuf erfolgreich auszuüben, das erfordert also neben anderen, von Frauen früher nicht erprobten Talenten, auch die Einübung in Rhetorik. Aber selbst dann sind Frauen männlicher Polemik zumeist schon akustisch unterlegen. Spricht eine Frau erregt, dann kippt ihre höhere Stimmlage leicht ins Schrille, was ihren Argumenten – zumindest akustisch – Selbstsicherheit und Überzeugungskraft nimmt. An der Überwindung dieser und anderer erkennbarer Handikaps werden Politikerinnen auch in Zukunft noch viel arbeiten müssen.

Zum Vorteil gereicht Frauen im Politikberuf (stärker als Männern) das, was man als Glaubwürdigkeit bezeichnet: Zuhörbereitschaft, Spontaneität, menschliches Verständnis, Zuverlässigkeit. Dies alles spielt für ihre wachsende Akzeptanz bei den Bürgern eine ausschlaggebende Rolle.

Die eigentliche Stärke von Politikerinnen liegt in ihrer (noch?) unverbrauchten und ungebrocheneren Identität zwischen Denken und Reden, zwischen Reden und Verhalten. Wenn es Frauen gelingt, sich diese Identität zu bewahren, und dennoch in die eigentlichen politischen Macht- und Entscheidungszentren vorzudringen (ohne dabei männliche »Standards« zu kopieren), dann und erst dann wird das eigentliche Ziel einer von Frauen und Männern gemeinsam gestalteten – also partnerschaftlichen – Politik erreichbar sein.

Doch bis dahin ist noch ein weiter Weg. Noch sind die Hindernisse und Widerstände auf dem Wege zu *partnerschaftlicher Politik* von Mann und Frau nicht überwunden. Das Ungenügen überwiegt. Noch fehlt es an wechselseitigem Verständnis und an Verständigung, wie partnerschaftliche Politik überhaupt aussehen könnte.

Noch sind es nach wie vor ausschließlich männliche Prinzipien und Gesetzmäßigkeiten, mit denen Politik gemacht und umgesetzt wird, um Macht gekämpft und diese erhalten wird. Die von Männern geschaffenen Gesetzmäßigkeiten wirken in Politik und Verwaltung zumeist reglementierend statt sinnvoll ordnend, formalisierend statt innovativ. Sie schaffen zwar hierarchisch organisierte Zuständigkeiten, aber keine wirklichen Verantwortlichkeiten, sie ermöglichen soziale Anrechte, sichern aber keine Zuwendung.

Alles in allem: Es ist das männlich geprägte bürokratische Prinzip, das dem emanzipatorisch gestaltenden weiblichen Prinzip kaum Chancen gibt. Oft scheint es mir, als seien die männlichen Repräsentanten staatlicher und politischer Macht gar nicht mehr imstande, aus den von ihnen selbst geschaffenen Zwängen auszubrechen und neue Impulse aufzunehmen. Von »Partnerschaft« ist da allenfalls sonntags die Rede.

Deshalb würde ich mir für die Vollendung des Emanzipationsprozesses der Frauen wünschen, daß er in einen von Frauen *und* Männern begehbaren Weg einmündet, der auch zur Veränderung der einseitig männlichen Macht- und Entscheidungsstrukturen hinführt.

Konkret: Damit beiden Geschlechtern Zeit und Energie verbleibt, sich in Politik einzumischen, ist es erforderlich, das alltägliche Zusammenleben beider Geschlechter und ihre Beteiligung an allen Verpflichtungen (Kinder, Familienleben, Fürsorge für kranke und alte Familienmitglieder) ausgeglichener als bisher von Männern und Frauen zu gestalten.

Meine Vision von *Emanzipation* habe ich deshalb nie als einen nur auf Frauen bezogenen Schlachtruf verstanden.

Ich plädiere dafür, den Begriff »Emanzipation« aus seiner Verengung auf die eigene ich-zentrierte Selbstverwirklichung herauszuführen und – im Sinne seiner ursprünglichen Bedeutung (Entlassung des erwachsengewordenen Kindes aus der Vormundschaft des Vaters) – in den Plural zu setzen und *Emanzipationen* für jede Menschwerdung als Chance und als Aufgabe zu verstehen: die Emanzipation des einzelnen – gleich ob Mann oder Frau – mit dem Ziel, hierarchisches Getrenntsein zu überwinden und partnerschaftliche Verantwortung für sich und für den Mit-Menschen anderen Geschlechts zu übernehmen. Mit den Worten von *Erich Fromm* ausgedrückt:

»... *Wenn Lieben so viel heißt, wie in der Zuwendung zum Nächsten das Getrenntsein zu überwinden* ..., *dann muß sie notwendigerweise nicht nur in unseren Beziehungen zu unserer Familie und zu unseren Freunden, sondern auch in den Beziehungen zu all jenen geübt werden, mit denen wir durch unsere Arbeit, unser Geschäft oder unseren Beruf in Kontakt kommen* ...«[26]

Das könnte, so meine ich, der Weg sein, um zu einem gedeihlichen »Prinzip Partnerschaft« zu finden.

Das möchte ich mit dem Plural »Emanzipationen« signalisieren: Es handelt sich nicht mehr um ein Frauenthema, sondern um ein Menschen-, um ein Menschheitsthema.

Wenn wir unsere freiheitlichen Demokratien auch unter veränderten Bedingungen erhalten wollen, dann müssen nach meinem Verständnis *Emanzipationen* als Prozesse gewollt und mit dem Ziel in Gang gesetzt werden, ein Mehr an Aufklärung, Vernunft und Einsicht für Mitverantwortung und damit an Zuwendung zu den Mitmenschen zu bewirken. Vielleicht gelänge es damit auch, den Einzelnen und die Gesellschaft gegen alte und neue Manipulationen resistenter zu machen.

Emanzipationen für beide Geschlechter, das ist die Voraussetzung für ein gedeihlicheres Zusammenleben in und außerhalb der Grenzen der nationalen (bis hin zur weltweiten) »Polis«.

Politik als *mein* Frauenberuf, dazu möchte ich schließlich noch einige persönliche Erfahrungen und Einsichten hinzufügen: Von den Anfängen und meinen ersten »Emanzipationsschüben« habe ich ab Kapitel IV des Ersten Teils berichtet.

Je älter ich wurde, um so nüchterner habe ich den politischen Männlichkeitswahn durchschaut und mich bemüht, mich davon nicht »unterkriegen« zu lassen, indem ich immer von neuem versucht habe, nach einem eigenen Verständnis für meine politischen Aufgaben und nach Möglichkeiten zu ihrer Lösung zu suchen.

Dazu gehört auch, neben der Erfüllung von Sachaufgaben, den Stil, die Integrität und die Qualität demokratischer Politik zu verändern. Auch damit könnten, so meine ich, Frauen dem Vertrauensschwund in die Glaubwürdigkeit »der« Politiker entgegenwirken.

Oft wurde und werde ich gefragt, wie ich mein so verstandenes, über vierzigjähriges politisches Engagement überhaupt durchgehalten habe. Ob und wie ich es geschafft hätte, in allen Fährnissen weiterzumachen, ohne zu resignieren, zu verbittern oder aufzugeben.

Bei mir war es so: Abgesehen von meinen politischen und religiösen Grundüberzeugungen hat mir vor allem meine physisch und psychisch belastbare Konstitution, also eine tüchtige Portion Robustheit, gepaart mit Lebensfreude und Menschenliebe, beim Durchhalten geholfen. Und weiter: Ohne die mit den Aufgaben wachsende Leidenschaft für unsere »res publica«, also für öffentliche Angelegenheiten – ohne die Begeisterung und Einsatzfreude für unser immer noch und immer wieder labiles freiheitliches Gemeinwesen hätte ich tatsächlich mehr als einmal aufgegeben. Die Lust war (fast) immer stärker als der Frust – meine Leidenschaft für Freiheit stärker als alle leidvollen Erfahrungen.

Dabei habe ich immer wieder versucht, meinen Überzeugungen und Grundpositionen treu zu bleiben und mich – auch durch noch so gutgemeinte Überredungskünste, manchmal trotz handfester Pressionen – nicht verbiegen zu lassen. Das hat zwar vielleicht nicht immer meine Karriere gefördert, aber ich konnte – und wollte – eben nicht aus meiner, mir von Gott geschenkten Haut. Ich wollte mit mir im reinen bleiben. Daß ich dabei immer wieder mal Standfestigkeit mit politischer Klugheit verwechselte, davon war schon die Rede.

Manchmal half mir in Entscheidungskrisen das Gebet des alten *Freiherrn von Oettingen*, der sich von Gott »Gelassenheit« erbat »für Dinge, die er nicht ändern« könne, »Mut für die Dinge, die er ändern kann«, und die »Weisheit, das eine von dem anderen zu unterscheiden«.

Um diese »Weisheit« habe ich mehr als einmal vergeblich gerungen. Denn wo finde ich in den meisten Fällen der geforderte Parteiräson die »Weisheit«, um zu unterscheiden zwischen Gewissenhaftigkeit, Wahrhaftigkeit und Stehvermögen einerseits und erforderlicher »Gelassenheit«, Dinge hinzunehmen – also zu kuschen und sich anzupassen – andererseits? Und wo bleibt bei zuviel »Weisheit« die Zivilcourage? Ist Zivilcourage nur eine von Politikern für andere geforderte Bürgertugend oder vor allem oberstes Gebot für ihn selbst?

Zivilcourage war und ist mir als Bedingung des Politikberufes so wichtig, weil sie so etwas wie das Lebenselixier der Demokratie ist, ohne das die Freiheit zur Verantwortung für unser Tun und Lassen verkümmert. Ihr Fehlen kann zu einer Art Immunschwäche des freiheitlichen Systems führen.

Zivilcourage als Bürgertugend ist uns Deutschen in Zeiten des Obrigkeitsstaates und der Diktatur aberzogen und in der

Demokratie immer noch und immer wieder nicht ausreichend vorgelebt worden. Der Mangel an Zivilcourage läßt persönliches Verantwortungsgefühl nach und nach verkümmern (nicht nur bei Politikern, sondern auch in der Gesellschaft), hat Duckmäusertum, Wegsehen und Wegstecken zur Folge, er schwächt demokratische Vitalität und Moralität. Diesem Mangel abzuhelfen, dabei sollten vor allem Frauen mit ihrem eigenen Beispiel vorangehen. Das habe ich versucht.

Es mag ja sein, daß all diese Ideale – angesichts der unerbittlich harten Bedingungen des Politiker-Berufs – wie Illusionen klingen. Das sollen sie aber nicht. Dies ist nicht mehr als ein Erklärungsmuster für mein Durchhalten, für Erfolge und Mißerfolge während meines langen politischen Berufslebens.

Zwar habe ich auf Visionen nie verzichtet, immer aber auch versucht, den Boden politischer Realitäten nicht unter den Füßen zu verlieren. Am meisten habe ich darunter gelitten, daß zwischenmenschliche Beziehungen in der Politik arg strapaziert werden. Dies bekommt jeder noch nicht vollends Abgehärtete – und das sind die meisten Frauen – schmerzhaft zu spüren: statt Freundschaft, zumindest Loyalität, erlebt man/frau im Krisenfall Schulterzucken, Kälte, Intrigen, ja Verleumdungen. So ist es auch mir ergangen, bis hin zu meiner Bundespräsidenten-Kandidatur. Wenn es um Macht und Kalkül geht, hört jede Freundschaft auf.

Dennoch: Wenn ich heute Frauenfotos aus der Generation meiner Mutter und Großmutter anschaue, wenn ich meinen eigenen Werdegang zurückverfolge und die Veränderungen allein am äußeren Erscheinungsbild der Frauen ermesse, dann bin ich immer wieder völlig frappiert über die emanzipatorischen »Quantensprünge«, die wir Frauen innerhalb dieses Jahrhunderts vollbracht haben.

Aus dem schwachen, zumeist von Vätern oder Ehemännern behüteten (und beherrschten) Geschlecht ist das starke, selbstbestimmte und selbstbewußte geworden. Und dieser Prozeß ist noch lange nicht abgeschlossen.

Begonnen hatte er vor rund einhundert Jahren mit dem Drang nach besseren Bildungsmöglichkeiten für einige wenige Frauen. Fortgesetzt wurde er seit den sechziger Jahren mit dem Sturm auf gleiche Bildungschancen in Schulen und Hochschulen – beschleunigt wurde er durch den Verlust aller Geborgenheit während des Zweiten Weltkrieges, durch die das Frauenleben revolutionierende »Pille« und im Gefolge die Befreiung ihrer Sexualität. Das ist das zentrale Thema ihrer individuellen, aber auch gesamtgesellschaftlichen Emanzipation. Es hier abzuhandeln, würde den Rahmen dieses Kapitels sprengen.

Ich empfinde es als meine beglückendste Lebensleistung, an dieser revolutionierenden Entwicklung fast ein halbes Jahrhundert fordernd und fördernd teilgehabt, dabei das »Dennoch-Sagen« gelernt und den »aufrechten Gang« nicht verlernt zu haben.

Daß ich darüber nicht zur erklärten »Feministin« wurde und mich auch nie als »nur« Frauen-Politikerin verstanden habe, liegt wohl an meiner eingefleischten Normalität und Nüchternheit: Ich kann mir die Welt und mein (persönliches und politisches) Leben ohne den (Wider-)Part(ner) Mann nicht vorstellen, würde es mir auch nicht wünschen. Deshalb war und ist alle Politik für mich immer zugleich Männer- *und* Frauenpolitik.

Ich wünsche nichts mehr, als daß Männer und Frauen die Bedeutung gemeinsamer Emanzipationsprozesse erkennen und bei der Gestaltung des Zusammenlebens und der öffentlichen Angelegenheiten, im Kleinen und im Großen – ohne Hierarchisierung, ohne Männlichkeits- oder Weiblichkeitswahn – zusammenwirken!

Dies ist meine Hoffnung, die ich an jüngere Frauen und Männer weitergeben möchte.

II.
Erblasten unserer politischen Geschichte

II.1.

Die verspätete Nation und ihre Folgen

Wie es zur Teilung Deutschlands kam und die Wiedervereinigung gelang – Versuch über meine deutsche Identität als europäische Weltbürgerin

»Zur Nation Euch zu bilden, Ihr hoffet es Deutsche, vergebens.
Bildet, Ihr könnt es, dafür freier zu Menschen Euch aus.«
J. W. von Goethe

Unter politischen Erblasten verstehe ich drei historische Rahmenbedingungen, die uns nach dem Zusammenbruch der Naziherrschaft für unseren staatlichen und gesellschaftlichen Neuanfang vorgegeben waren: Deutschland als verspätete und gescheiterte Nation, als verspätete und gescheiterte Demokratie, und Auschwitz als Synonym für alle im deutschen Namen von Deutschen während der Nazizeit begangenen Verbrechen und Greuel.

*

Wie war es zu diesen Erblasten gekommen?

Als *Otto von Bismarck* 1871 das Deutsche Reich schmiedete, ohne es gleichzeitig zu demokratisieren, war Deutschland, im Vergleich zu den Nationalstaaten seiner Nachbarn, spät dran. Es versuchte deshalb auf der nationalistischen Überholspur aufzuholen, was es über Jahrhunderte erträumt, aber nicht geschafft hatte. Der Nationalstaat wurde überhöht, ein überzogenes Nationalgefühl gezüchtet, mit dem Säbel gerasselt, im Nachholbedarf Kolonien – wenn auch weniger lukrative als andere europäische Staaten – in Besitz genommen, imperialistisch gedacht und gehandelt, wozu insbesondere auch die Aufrüstung zur Seemacht gehörte.

Im jungen Deutschen Reich machte zwar die Industrialisierung rasante Fortschritte, nicht aber seine Demokratisierung. Im Gegenteil: Demokraten galten a priori als »Linke«. Der junge *Theodor Heuss* hatte bereits 1909 vorsorglich an seine Brieffreundin *Lulu von Strauss und Torney* geschrieben:

»Ich bin Demokrat nicht aus Haß auf die Junker, sondern weil ich glaube, daß Deutschland, das industriell werdende sechzig Millionenvolk, die Demokratie braucht wie das tägliche Brot, wenn es in der Weltgeschichte vorwärtskommen will . . .«[27]

In diesem Sinne kämpfte er auch gegen das preußische Dreiklassenwahlrecht (»das elendste aller Wahlrechte«, so *Heuss*). Aber es galt bis 1918. Das neugegründete Kaiserreich – mit seinem großsprecherischen *Kaiser Wilhelm II.* an der Spitze – verstand sich als Weltmacht und mußte dafür teuer bezahlen. Es verlor seine Freunde, den Ersten Weltkrieg und ging zugrunde.

Der bedeutende deutsche Sozialphilosoph *Helmuth Plessner* hat die Wurzeln für diese nationalistisch aufgeheizten Ambitionen in seinem (bereits 1935 geschriebenen) 1956 neu aufgelegten, heute noch lesenswerten Essay »*Die verspätete Nation – Über die politische Verführbarkeit des bürgerlichen Geistes*« aufgespürt und wie folgt interpretiert:

»Ein Volk, das nicht in seiner Gegenwart ruhen kann, gesichert durch eine starke, stetige Tradition, wie sie die alten westlichen Nationen haben, ist gezwungen, diesen Mangel bewußt auszugleichen. Es ist darauf verwiesen, seinem Dasein einen Sinn aus den Quellen des eigenen Werdens zu erarbeiten.

Seitdem Deutschland sich ein Nationalbewußtsein formt, bedeutsamerweise im Kampf gegen den Vorrang Frankreichs, gegen den revolutionären, rationalen und insofern

ahistorischen Geist der Aufklärung, geschieht es im Zeichen der Geschichte und der Philosophie . . . Die Grundschicht hierfür bildet das kontrarevolutionäre Interesse der Restauration. Es gehört zum Bilde der politischen Romantik. Erneuerung aus den bodenständigen Mächten des eigenen Volkstums verlangt Rückwendung zur Vergangenheit . . .«[28]
Eine knappere Erklärung für die Ursachen und verhängnisvollen Folgen unserer bis heute nachwirkenden verspäteten Nationwerdung kenne ich nicht.

Plessner wollte – wie er 1959 im Vorwort zu einer Neuauflage schreibt – mit seiner Analyse »*die Wurzeln der Ideologie des Dritten Reiches aufdecken und die Gründe benennen, weshalb sie ihre demagogische Wirkung entfalten konnten*«[29].

Natürlich sind seine Thesen nicht unumstritten, aber sie sind zumindest nachdenkenswert. Wenn man heute die Schriften der neuen/alten Rechten liest, zum Beispiel Beiträge über »Die selbstbewußte Nation« (Ullstein Verlag) mit schwulstigen Titeln wie »Erde und Heimat – Über das Ende der Ära des Unheils« – »Eigenes und Fremdes« – »Über den Verlust des Tragischen« – »Dekadenz und Kampf« – »Über den Irrtum der Gewaltlosigkeit« mit entsprechend schwulstigen Texten, dann findet man dort die von *Plessner* apostrophierten Denkkategorien wieder.

Und weil dieser neuerlich zeitgemäß drapierte Blut-und-Boden-Schwulst bereits zweimal in diesem Jahrhundert dazu beigetragen hat, uns in nationale Katastrophen zu stürzen, müssen wir wachsam sein, daß dieser nicht noch einmal auf scheinbar immer noch und immer wieder fruchtbaren Boden fällt und dort aufgeht. So verständlich es sein mag, daß sich jedes Volk seine nationale Identität sucht, in der sich ihre Bürger geborgen fühlen sollen, so wenig dürfen wir nun, nach der Wiedergewinnung der deutschen Einheit, rückfällig werden und neuerlich der Versuchung erliegen, nationale Erneuerung aus den »bodenständigen Mächten des eigenen Volkstums« zu fordern.

Ich warne davor, weil ich die Stationen der Irrungen und Wirrungen nationalistischen Denkens – später der Indoktrination – von Jugend auf bis zur totalen Katastrophe kennen- und fürchten gelernt habe. Ich erinnere mich:

Die Anfänge eines nach dem Ersten Weltkrieg neuentfachten Nationalismus waren vergleichsweise harmlos: Im Elternhaus, das sich als »gut deutsch« verstand, wurde – zumindest vor den Kindern – nie über Politik gesprochen. Wie viele Familien des gehobenen Bildungsbürgertums waren auch meine Eltern nicht sonderlich politisch und wählten wahrscheinlich national-liberal.

In den Sommerferien am Ostseestrand wurde auf unsere Sandburg als milder Kontrast zu den zunehmenden Hakenkreuzen eine kleine Reichskriegsflagge gesteckt (mein Vater war im Ersten Weltkrieg hochdekorierter Offizier gewesen) – zu Hause gab es keine Fahnen.

Hindenburg wurde, um *Hitler* zu verhindern, zum Reichspräsidenten gewählt; und in der Bibliothek standen, neben kostbar gebundenen Klassikern und Erbauungsliteratur (»Das Herz ist wach«), auch idealistische Kriegsbücher wie *Walter Flexs* »Wanderer zwischen beiden Welten« – »Rein bleiben und reif werden, das ist die höchste und schwerste Menschenkunst« – dies war das Ideal der bündisch organisierten Nachkriegsjugend, die zumeist – früher oder später – zur Hitler-Jugend überlief; es rührte auch mein Backfischherz.

Außerhalb des Elternhauses erfuhr ich, daß wir zwar den Weltkrieg und unseren Kaiser verloren hätten, dennoch auf dem Schlachtfeld unbesiegt, aber von Juden verraten und einem Schand-Friedensdiktat unterworfen worden seien. Wir Deutschen seien die tapfersten, gebildetsten Menschen der Welt und den Siegern in allem überlegen. Diese hätten uns nun auch noch »Neger« zur Besetzung des Rheinlandes geschickt, und die »dreckigen Polacken« wollten uns Schlesien nehmen. Aber die eigentlichen Ausbeuter Deutschlands, das seien eben die Juden . . . sie seien unser Unglück.

Das war damals – soviel ich davon zu hören bekam – »Volkes Stimme«. Mit ganz wenigen Ausnahmen, wie die unseres Chauffeurs Herrn *Hand* und unserer Köchin *Minna*, die sich zu den Sozialdemokraten bekannten.

Vom Deutschen Reichstag als unserer parlamentarischen »Volksvertretung« habe ich erst etwas erfahren, als er – angeblich von einem kommunistischen »Untermenschen« – angezündet wurde, über *Hitler*, als nach seiner »Machtergreifung« in unserem schönen und wohlhabenden Vorort Dahlem die ersten Hakenkreuzfahnen flatterten.

Weil im Elternhaus und später auch bei der Großmutter nicht über Politik gesprochen wurde, begann ich mich auf eigene Faust dafür zu interessieren, so gut es eben ging. Als Zwölfjährige begann ich Zeitung zu lesen – zumindest Überschriften. Das war etwa zur gleichen Zeit, als *Hitler* an die Macht gekommen war und dem deutschen Volk die Wiederherstellung seiner Ehre und Stärke versprach. Dazu schuf er gegen alle Übel der Welt und die deutsche Alltagsmisere ein Feindbild: die Juden, denen er ab sofort und zunächst verbal und durch Boykott ihrer Geschäfte: – Deutsche kauft nicht bei Juden! – den »Krieg« erklärte.

Auf dem Schulweg radelte ich an einer Parteidienststelle der NSDAP vorbei und studierte den in einem Glaskasten zur Lektüre ausgehängten »Stürmer«. Da war es nun schwarz auf weiß zu lesen, daß die Juden unser Unglück seien, daß sie deutsche Mädchen »schändeten« und deshalb »auszumerzen« seien wie Ungeziefer. Ich traute mich nicht zu fragen, was das bedeuten sollte. Gott sei Dank war ich aber ein frommes Kind, das für seine Kindergottesdienst- und später Konfirmandenpfarrer schwärmte, die uns Kinder spüren ließen, daß *Hitler* nicht der Größte war.

Die Lektüre des »Stürmer«-Aushangs stärkte und bestärkte meine Abneigung gegen alles, was »braun« und also primitiv und anti-christlich war. Zum Beispiel begann man damals in den Kindergärten zu beten: »*Händchen falten, Köpfchen senken, immer an den Führer denken. Er gibt uns das täglich Brot, er hilft uns aus aller Not*«. In der Schule wurde überhaupt nicht mehr gebetet.

Zu meiner Abneigung hatte auch der Schock beigetragen, als ich erfuhr, man habe bei der Bücherverbrennung im Mai 1933 auch Bücher des Lieblingsautors meiner Kindertage, *Erich Kästner*, auf den Scheiterhaufen geworfen – dann konnte das bestimmt keine gute Sache sein, der man da zujubelte. Da hielt ich lieber *Kästner* die Treue.

Kurz und gut, ich erwärmte mich allenfalls eine sehr kurze Weile für die Verheißungen der »neuen Zeit«, zum Beispiel als viel mehr Unterricht ausfiel als früher und es mehr Turnstunden und Sportangebote gab. Als uns aber unser Vormund (der Bruder meiner verstorbenen Mutter) – wie berichtet – Ende 1935 eröffnete, wir Brücher-Kinder fielen unter die sogenannten Nürnberger Rassengesetze und hätten Schwierigkeiten zu erwarten, reagierte ich endgültig trotzig. Fortan wollte ich von jedweden NS-Parolen »Ein Volk – ein Reich – ein Führer: Siegheil« oder »Wir werden weiter marschieren, bis alles in Scherben fällt, denn heute gehört uns Deutschland und morgen die ganze Welt« – nichts mehr wissen. So wurde ich zur Außenseiterin und schloß mich – später auch während der Studienzeit in München – nur noch dann Gleichaltrigen an, wenn sie eindeutige »Antinazis« waren, bei denen man sich nicht verstellen mußte. Ich verschanzte mich – wie im biographischen Teil berichtet – hinter schöngeistiger und historischer Literatur und emigrierte in die Traumwelt eines Deutschlands ohne Nürnberger Rassengesetze, ohne Ariernachweis und Hetzpropaganda.

Meine nächste Erfahrung war, daß die von rassistischen und völkischen Parolen durchtränkten nationalistischen Verheißungen, getragen von der begeisterten Zustimmung der großen Mehrheit des deutschen Volkes, unaufhaltsam zum Krieg, zum Holocaust, zur Vernichtung »unwerten Lebens« und zum Untergang Deutschlands führten. Dies stürzte mich in Angst und ohnmächtige Verzweiflung.

Solange der Krieg aus Siegen und Sondermeldungen bestand, vor allem nach dem Sieg über Frankreich, erreichte der nationalistische Taumel und der von früh bis spät verbreitete deutsche Größenwahn noch einmal nie gekannte Höhen. Ab 1943 wurde er dann mit immer makabreren Durchhalteparolen angeheizt bis zum Sturz in den totalen Untergang der »verspäteten Nation«.

»Finis Germaniae«. Das war die Endstation nationalistischer Hybris.

1945 waren seit der Gründung des Deutschen Reiches nur vierundsiebzig Jahre vergangen, davon fast zehn Jahre Kriege, zwölf Jahre NS-Diktatur, fünfzehn Jahre einer ungeliebten Republik. *Goethes* Sentenz »*Zur Nation Euch zu bilden, Ihr hoffet es Deutsche, vergebens. Bildet, Ihr könnt es, dafür freier zu Menschen Euch aus*« konnte, mußte als Auftrag verstanden werden.

So jedenfalls empfand ich es mit vielen Deutschen: Die deutsche Nation war aus eigenem Verschulden untergegangen und mit ihr der pervertierte Nationalismus und Patriotismus. Nationalistische Gefühlsregungen waren unter den Nullpunkt gefallen. Nun suchten wir Rat bei *Goethe*.

Ja, das wollten wir: zu »freien Menschen« uns bilden, eine freiheitliche Ordnung aufbauen, als Deutsche eine europäische Identität suchen. Das waren große, lohnende Ziele, für die auch ich mich nach 1945 mit ungezählten Deutschen – zutiefst überzeugt – eingesetzt habe. Unsere »Identität« neu zu bilden, indem wir an die Stelle des »Volksgenossen«, des Herrenmenschen und Untertanen den »freien Menschen«, den Bürger (den Citoyen), die Bürgerin (die Citoyenne) in den Mittelpunkt eines freien Gemeinwesens in einem freien Europa stellen wollten.

Ein neuer deutscher Konsens sollte sich auf zwei Einsichten gründen: aus unseren verhängnisvollen Irrtümern zu lernen und entschlossen dafür einzutreten, sie niemals zu wiederholen.

Über diese Zeit des Schocks, die der bedingungslosen Kapitulation Hitler-Deutschlands folgte, nachdem der Traum vom Endsieg in einem Alptraum geendet hatte, möchte ich noch einen Augenblick zurückschauend berichten.

Deutschland war nun viergeteilt – (aus der 1938 »befreiten« und Großdeutschland jubelnd einverleibten »Ostmark« war wieder die ach so harmlose Republik Österreich geworden). Für viele Wochen war es nicht möglich, ohne »Passierschein« auch nur von einem Ort zum anderen, geschweige denn in eine andere »Besatzungszone« zu reisen, wobei reisen hieß, auf die abenteuerlichste Weise von Ort zu Ort zu vagabundieren, per Anhalter oder per überfüllten Zufallszügen zu trampen, sich irgendwie durch und voran zu mogeln. Man kennt die vergilbten Fotos von Menschentrauben in und auf ramponierten Zügen, von heillos verstopften Bahnhöfen, Nachtquartieren in Häuserruinen ...

Auf solche »Reisen« habe ich mich mehrfach gemacht, um nach dem Schicksal von Familienmitgliedern und Freunden zu fahnden. Dabei habe ich die Folgen unseres nationalen Größenwahns noch einmal hautnah erlebt.

Da werden Erinnerungen wach an total erschöpfte, aber (über-)lebensstarke Frauen, an ausgemergelte, dem Tod oder der Gefangenschaft entronnene Heimkehrer, an Flüchtlingsströme, an verängstigte Kinderaugen, an in Häftlingskleidung herumirrende, halbverhungerte ehemalige KZler.

Ja, Deutschland war viergeteilt und wir Deutschen quasi gevierteilt: aller Illusionen auf den bis zuletzt vorgegaukelten »Endsieg« beraubt, vom NS-Größenwahn zwangsgeheilt, einer ungewissen Zukunft ausgeliefert, unserer deutschen Identität verlustig und von den Siegern in Kollektivhaftung genommen.

Die Vierteilung des geschlagenen und zerschlagenen Deutschlands währte etwa ein Jahr. Dann wurde die Zonengrenze zwischen der amerikanischen und der britischen Zone zunächst gelockert, im Januar 1947 aufgehoben – die zur französischen erst 1948. Damit wurde aus »Bizonien« »Trizonien« und ein Jahr später die Bundesrepublik Deutschland.

Wenige Tage nach unserer Währungsreform am 20. Juni 1948 folgte die Währungsumstellung in der sowjetischen Besatzungszone (SBZ) und wurden die Zufahrtswege nach und von Berlin von der sowjetischen Besatzungsmacht gesperrt (Berlin-Blockade). Mit der Gründung der DDR eskalierte der »Kalte Krieg« und nahm die endgültige Teilung Deutschlands und Europas in zwei Macht- und Bündnisblöcke für vierzig Jahre ihren bekannten Verlauf.

Mit der Währungsreform wurde aus der wertlosen »Dreckmark« die wunderwirkende D-Mark; im September folgte die Einberufung des fünfundsechzigköpfigen »Parlamentarischen Rates« durch die westlichen Siegermächte, gedacht als »Verfassungsgebende Versammlung« zur Gründung eines »Weststaates«.

Schon am 24. Mai 1949 trat das »Grundgesetz« als »Provisorium« in Kraft, wurde die Bundesrepublik Deutschland gegründet und der erste Deutsche Bundestag gewählt.

Folgerichtig mutierte die sowjetisch besetzte »Ostzone« am 7. Oktober zur DDR. Damit war die Teilung Deutschlands, aber auch Europas vollzogen, und dabei blieb es – trotz aller politischen und diplomatischen Bemühungen – bis zu jenen sagenhaften November-Tagen des Jahres 1989, als das Wunder der Vereinigung geschah: dank *Gorbatschow* und jenem revolutionären Aufbruch mutiger Bürgerrechtler, der mit Montagsgebeten und Montagsdemonstrationen »Wir sind das Volk« begonnen und schließlich zur Öffnung der Mauer geführt hatte. Die Teilung Deutschlands und Europas konnte friedlich überwunden werden.

Doch dazwischen lagen vierzig Jahre, die für die meisten Deutschen einen langen, oft schmerzlichen, letztlich aber heilsamen Lernprozeß bedeuteten. Auch für mich.

Wir mußten lernen, die politischen Folgen unseres zum Größenwahn pervertierten Nationalismus zu (er)tragen und daraus dauerhaft politische Konsequenzen zu ziehen. Daß dies gelang – zunächst unter dem Schutz und der Anleitung, nach und nach in vertrauensvoller Zusammenarbeit mit den »Siegermächten«, dann zunehmend aus eigenen Kräften –, empfand und empfinde ich als unsere größte politische Leistung. Sie war das Verdienst einsichtiger Politiker in allen Parteien und aller Deutschen, die die Folgen unserer Niederlage mittrugen und diesen Weg mitgingen.

Im Laufe dieser Jahre und Jahrzehnte mußten wir lernen, uns an die Teilung Deutschlands zu gewöhnen, aber dennoch versuchen, »menschliche Erleichterungen« zu schaffen, Kontakte zu halten, Päckchen zu schicken, und schließlich, nach Jahren der Konfrontation, Schritte zu mehr Begegnungen und zur Kooperation zu vereinbaren.

Trotz aller Bemühungen und Beschwörungen: Von den politischen Folgen der Teilung abgesehen, es gab auch die menschlichen, und auch die wirken bis heute nach: Die geteilten Deutschen haben sich im Laufe der Jahrzehnte wechselseitig entfremdet. In der DDR wurde das Zerrbild des kriegslüsternen, kapitalistischen, neofaschistischen Westdeutschen als Feindbild und Staatsideologie indoktriniert, aber auch in der

Bundesrepublik wurden, zumindest zeitweise, ideologische Ängste und Feindbilder geschürt, die zur wechselseitigen Entfremdung beitrugen.

Trotz aller politischen und psychologischen Belastungen: Machtpolitisch wurde der »status quo« der Teilung auch während des Kalten Krieges von keiner Seite ernsthaft in Frage gestellt.

Zwar hinterließen der Arbeiteraufstand des 17. Juni 1953 und die späteren Aufstände in Ungarn, Polen und der Tschechoslowakei im Westen Wut und Ohnmachtsgefühle, an den – auf der Konferenz in Potsdam 1945 geschaffenen – Machtkonstellationen wurde jedoch auf beiden Seiten festgehalten. Trotz beschleunigter atomarer und »konventioneller« Aufrüstung dachte (Gott sei Lob und Dank) keine Seite ernstlich daran, das Ost-West-Kräfteverhältnis mit militärischen Mitteln aus dem äußerst labilen Gleichgewicht zu bringen.

Im Gegenteil: Mit der in den siebziger Jahren beginnenden Entspannungs- und Vertragspolitik – und den Vereinbarungen über wirtschaftliche und kulturelle Zusammenarbeit im Rahmen der Schlußakte von Helsinki (1975) – wurde der hochgerüstete Frieden sicherer.

Diese Politik, die von der Konfrontation schrittweise zur Kooperation führte, ermöglichte auch das Entstehen erster Dissidenten-Gruppierungen in Polen, Ungarn, der Tschechoslowakei und in der Sowjetunion – ab Mitte der achtziger Jahre auch in der DDR.

Ich war vom »Realismus« dieser Politik der Entspannung und Vertrauensbildung sowohl gegenüber der DDR als auch gegenüber allen »Ostblockstaaten« voll und ganz überzeugt und wollte den Menschen im kommunistischen Machtbereich, wo immer es möglich war, helfen.

Meine Möglichkeiten entfaltete ich – ab 1976 als Staatsministerin im Auswärtigen Amt – sowohl im Bereich bilateraler

Kultur- und Wissenschaftskontakte als auch im Rahmen der Vereinbarungen von Helsinki, des sogenannten KSZE-Prozesses, und in den beginnenden achtziger Jahren als Mitglied des Präsidiums des Evangelischen Kirchentages, als Kontakte mit »DDR-Christen« möglich wurden.

Im europäischen Bereich half ich, die ersten westdeutschen Kulturwochen in Warschau, Budapest, Bukarest, Sofia und Prag auf den Weg zu bringen. Heute kann man wohl kaum noch ermessen, welch eine Wirkung zum Beispiel eine (west-)deutsche Filmwoche zu Beginn der achtziger Jahre in der Sowjetunion hatte. Als ich sie in einem riesigen, überfüllten Kinopalast in Moskau mit einigen bewegten, dennoch behutsamen Worten eröffnete, brach spontan ein so enthusiastischer Beifall aus, wie ich ihn kaum je zuvor oder seither erlebt hatte. – Oder anläßlich der Eröffnung des ersten Goethe-Instituts in Bukarest, als die ersten Besucher mit Tränen in den Augen vor den Bücherregalen mit (west-)deutscher Literatur standen. – Oder bei der Übergabe wissenschaftlicher Literatur an der Budapester Universität vor versammelter Professorenschaft im Ornat.

Diese behutsamen kleinen Schritte der Vertrauensbildung waren es, die schließlich zur friedlichen Überwindung der Teilung Europas und zur Vereinigung Deutschlands führten.

Ohne die friedliche Überwindung der Teilung Europas wäre die friedliche Überwindung der Teilung Deutschlands nicht möglich geworden, und dies konnte, wenn überhaupt, nur im Einvernehmen mit *allen* früheren Alliierten und mit Geduld und Beharrlichkeit gelingen.

Meinen bescheidenen Beitrag hierzu verstand ich immer als eine realistische Gratwanderung: Weder war ich eine blauäugig enthusiastische Ostpolitikerin mit getrübter Sehschärfe auf dem linken Auge wie manche SPD-Politiker, und schon gar nicht war ich eine muskelspielende kalte Kriegerin, wie sie in der CDU – vor allem aber in der CSU – in ihrer fanatischen Ablehnung der Entspannungspolitik der sozial-liberalen Koalition und der hierfür nötigen Verträge den Ton angaben. Ich baute auf die Langzeitwirkung vertrauensbildender Maßnahmen, auf Vernunft und Einsicht und langfristig – wie schon in der Nazizeit erfahren – auf die Überlegenheit freiheitlicher Systeme.

Mit Blick auf das andere Deutschland und seine so viel härter als wir mit den Folgen des verlorenen Krieges gestraften Menschen ging es mir aber noch um etwas anderes. Ich wollte, so weit als möglich, versuchen, ihre Lage und ihre Lebensbedingungen kennenzulernen, in Einzelfällen zu helfen.

So hatte ich mir – im Rahmen meiner »Bildungsreisen« (vgl. Erster Teil, V., ab S. 151) – bereits 1964 eine erste Reiseerlaubnis in die DDR zum Studium des Schul- und Bildungssystems erkämpft, dabei die Lage der Lehrer und Schüler und das Übermaß an ideologischer Indoktrination kennengelernt. Über meine Eindrücke berichtete ich dann in der »ZEIT« und bemühte mich, die weitere schulpolitische Entwicklung nicht aus den Augen zu verlieren.

Deshalb habe ich nach dem Fall der Mauer den totalen Oktroy unseres westlichen Bildungssystems samt seinen Verkrustungen und seinen Mängeln bedauert und kritisiert. Wir hätten auch uns von einigen positiven Ansätzen im DDR-Bildungssystem – zum Beispiel der Verbindung und der Gleichwertigkeit von allgemeinbildenden und berufsbildenden Schullaufbahnen, vom Verzicht auf frühzeitige Auslese und den positiven Wirkungen des sozialen Zusammenlebens – dies alles entideologisiert – durchaus etwas abgucken können. Aber wir wollten es nicht, und so haben wir die Chance für von West und Ost gemeinsam getragene Bildungsreformen verpaßt (vgl. Zweiter Teil, III.3.).

Nach meinen ersten DDR-Kontakten in den sechziger Jahren dauerte es dann fast zwanzig Jahre, bis ich in den achtziger Jahren – diesmal als Mitglied des Präsidiums des Deutschen Evangelischen Kirchentages – zu regionalen Kirchentagen oder zu Treffen mit den entsprechenden Gremien des Evangelischen Kirchenbundes wieder in die DDR reisen konnte.

Bei diesen Gelegenheiten lernte ich fast alle späteren Bürgerrechtler und Pfarrer kennen und – schon damals – bewundern.

Zum Beispiel den Wittenberger Pfarrer *Friedrich Schorlemmer* auf dem regionalen Kirchentag in Wittenberg 1984, der unter den Argusaugen der STASI zuließ, daß im Luther-Hof von jungen Christen »Schwerter zu Pflugscharen« umgeschmiedet wurden. Oder Pfarrer *Jochen Gauck*, als er während des regionalen Kirchentages in Rostock 1987 sehr mutig »Fragestunden« mit Politikern aus West und Ost moderierte (u. a. mit *Helmut Schmidt* und mir) – und *Konrad Weiß*, als er auf dem Kirchentag in Berlin-West couragiert über neuen Rechtsextremismus in der DDR referierte, und nicht zuletzt die unbeirrbare Pfarrerin *Annemarie Schönherr*, die nicht müde wurde, Christen und Nichtchristen Mut zum Durchhalten zu machen.

Uns »Brüder und Schwestern« zu nennen, das empfanden wir damals nicht als Floskel. Ich erlebte die wohltuende Hilfsbereitschaft und Verbundenheit mit Menschen, die sich auch im »real-existierenden Sozialismus« zu ihrem Christsein bekannten. Ich bewunderte ihre Leidens-, aber auch ihre Freudensfähigkeit. Dennoch konnte ich meine Betroffenheit über das Ausmaß der Kluft zwischen unserer Freiheit und der Unfreiheit und Einschüchterung der Deutschen (Ost) kaum unterdrücken.

Als ich nach Rückkehr von solchen DDR-Reisen im FDP-Parteipräsidium und in der Bundestagsfraktion von meinen Begegnungen und über die Dimension der Entfremdung berichten wollte, stieß ich auf ziemlich unverhohlenes Desinteresse.

Damals, in den 80er Jahren, war dies (noch) kein Partei-Thema. Aber für mich! Ich ärgerte mich – wie so oft – über politische Lippenbekenntnisse, die ohne konsequentes Handeln blieben, und verstärkte meine Kontakte zu DDR-Kirchen und Dissidenten. Abgesehen von einigen GRÜNEN und SPD-Leuten wie *Erhard Eppler* und *Helmut Schmidt* hielten das westdeutsche Politiker für nicht der Mühe wert.

Letzter Höhepunkt unserer Verbundenheit, nun aber auch Hoffnung, war ein erstes Treffen auf westdeutschem Boden im Februar 1990 in der Evangelischen Akademie Tutzing mit hochrangiger Besetzung Ost und West und schließlich meine Wahlkampfunterstützung für das neugegründete Bündnis '90 in Schwerin, zusammen mit *Jens Reich* und *Jochen Gauck* vor den ersten (und letzten) freien Volkskammerwahlen am 18. März 1990.

Weshalb komme ich auf diese Ereignisse und Erfahrungen zurück? Weil die wahrhaftige Erinnerung an das Schicksal unserer zerstörten, geteilten und im europäischen Kontext wieder vereinten Nation nicht verdrängt werden darf.

Nach der Öffnung der Mauer überstürzten sich die Ereignisse, und die staatliche Vereinigung nahm im Sturmschritt ihren Lauf. Schluß mit Bürgerrechtlern, Schluß mit »runden Tischen« und Träumen von einer gemeinsam gestalteten deutschen Verfassung: Der Glanz der Bundesrepublik Deutschland wurde über alles DDR-Elend gestülpt. Aus Brüdern und Schwestern wurden bald nach der Vereinigung (Jammer-)Ossis und (Besser-)Wessis.

Sehr bald schon spürte ich, daß unsererseits schwere politische und menschliche Fehler gemacht wurden, daß vieles, zu vieles nicht gelang, ja sogar schieflief.

Nach dem Abklingen der ersten Euphorie stellten sich auf beiden Seiten Ernüchterung und Enttäuschung ein. *Friedrich Schorlemmer* beschrieb 1991 die damalige Befindlichkeit der »Ossis« so:

»Es ist nicht Zeit gewesen. Wir haben uns nicht Zeit gelassen. Jetzt wird erst einmal böse Zeit zwischen uns sein. Aber die

Zeit heilt auch Wunden. Gestatten wir uns zu sagen, wo es uns weh tut. Lernen wir zu reden miteinander und nicht übereinander. Versuchen wir zu verstehen, was eigentlich nicht zu begreifen ist. Wir sind noch lange nicht ein Volk. Wir sprechen noch lange nicht die gleiche Sprache. Wir sind noch lange nicht gleichberechtigt, wenn Gleichberechtigung weiter aus der Gleichbemittelung kommt.

Die letzten Zeitungen und Verlage verschwinden, Rundfunksender verstummen, Fernsehprogramme verflimmern. Wissenschaftliche Institute und Kultureinrichtungen können sich nicht halten oder werden ›abgewickelt‹. Da werden nicht bloß Arbeitsplätze vernichtet – da werden geistige Ressourcen stillgelegt, da wird Eigenständigkeit verhindert, ein Lernprozeß unterbrochen, eine Erfahrung für null und nichtig erklärt, da werden Existenzen zerstört, die einen Namen haben. ›Knete machen‹ ist alles. ›Was sich nicht rechnen läßt‹, ist nichts. So geht es einem, wenn man nichts aufzuweisen hat als den kurzen Lichtblick einer Selbstbefreiung.

Aus dem historischen Stillstand wurde ein historischer Strom und nun ein Strudel. Wer in den Strudel gerissen wird, kann mit einigem Glück, ohne Angst und mit Geistesgegenwart wieder auftauchen. Oder er säuft ab . . .

Es läuft nicht gut in der ›erweitert verschlechterten Bundesrepublik‹«.[30]

Solcherlei Fehlentwicklungen hatte ich schon frühzeitig gespürt. Bereits in meiner »Abschiedsrede« im Bundestag anläßlich der Verabschiedung des »Vertrags über die Herstellung der Einheit Deutschlands« am 20. September 1990 hatte ich sie befürchtet (vgl. Erster Teil, S. 287).

Meine von der Mehrheit abweichende Beurteilung der Fehler und Fehlentwicklungen während und nach der staatlichen Vereinigung ist in meiner schon 1991 erschienenen Streitschrift »*Wider die Selbstgerechtigkeit*« nachzulesen, in der ich versuchte, mich in die Lage unserer »Ossis« zu versetzen. Darin heißt es:

»Eigentlich ist es ja keine Überraschung, daß sich die durch Mauer und Stacheldraht über vierzig Jahre getrennten Deutschen auseinandergelebt haben. Überraschend ist allenfalls das Ausmaß dieses Auseinanderlebens, das nach dem Abklingen des ersten Freudentaumels in den realen Unterschieden der Befindlichkeiten und Einstellungen offenbar geworden ist.

Berührungsängste, ja wechselseitige Vorbehalte erzeugen nun statt Mauern Gräben, die erfahrungsgemäß nicht weniger trennen. Anfangs ersehnte und gesuchte Begegnungen werden rarer und enden nicht selten in Enttäuschungen.

Politische Vorbehalte werden kaum noch artikuliert. In gemeinsamen Gremien beäugt man sich zurückhaltend, und es dauert nicht lange, bis Wessis den Ton angeben und Ossis sich übergangen oder benachteiligt fühlen.

Hier also erweist sich die deutsche Teilung alles andere als überwunden, und hier sind die Folgen für eine gemeinsame demokratische Entwicklung noch gar nicht abzusehen. Noch gibt es keine Ansatzpunkte, ja nicht einmal ein gemeinsames Nachdenken, wie diesen Langzeitfolgen der Teilung begegnet werden kann, wie sie aufgearbeitet und überwunden werden können . . .«[31]

Nun liegen diese Anfänge des wiedervereinten Deutschlands schon wieder über fünf Jahre zurück. In der ehemaligen DDR wird zwar in der Außenansicht mächtig aufgeholt, in der Innenansicht jedoch sieht es eher ernüchternd aus:

Arbeitslosigkeit und soziale Entwurzelung treffen vor allem Frauen. Junge Menschen schwanken zwischen Anpassung, aggressiver Neonazi-Randale oder nostalgischer Hinwendung zu neosozialistischen Verheißungen.

Von all dem profitiert die SED-Nachfolgepartei PDS mit zweistelligen Wahlerfolgen.

Nach einer Allensbach-Umfrage vom Oktober 1995 nimmt die »DDR-Nostalgie« kräftig zu. Arbeitslosigkeit, Kriminalität, die Kehrseiten des Kapitalismus tragen dazu bei. Eine Mehrheit der Befragten fanden dies und anderes zu DDR-Zeiten besser: 59 Prozent der Befragten waren der Meinung, daß »der Kommunismus« eine »gute Idee« gewesen sei – nur schlecht ausgeführt. 21 Prozent waren nicht dieser Meinung. Die gleiche Frage in puncto »Sozialismus« ergab sogar 67 Prozent Zustimmung (17 Prozent waren nicht dieser Meinung).

*

Die über vierzig Jahre geteilte Nation hat das Geschenk der Wiedervereinigung nicht mit dem Pakt einer gemeinsamen Verfassung besiegelt. Angesichts des Wiedererstarkens alter Erbübel wie Nationalismus, Rassismus, Antisemitismus steht die abermals verspätete Nation in Gefahr, neuerlich rückfällig zu werden, und es stellt sich die bange Frage, ob sich unsere – für sechzehn Millionen Ostdeutsche abermals – verspätete Demokratie diesmal bewähren wird?

Nach wie vor versuche ich bei »West-Ost/Ost-West«-Projekten mit Rat und Tat zur »Normalisierung und Entkrampfung« beizutragen. Zum Beispiel vergebe ich über die THEODOR-HEUSS-STIFTUNG Schülerstipendien, engagiere mich mit unserem Förderprogramm DEMOKRATISCH HANDELN für Schulen und Schüler, fördere Modelle wie die vor drei Jahren gegründete FRAUENBRÜCKE OST/WEST finanziell und ideell.

Noch sieht es so aus, als würde das innere Zusammenwachsen in der vereinten Nation (ich meine damit nicht einen verordneten Einheits-Eintopf) mindestens eine Generation dauern. – Einige, noch nicht einmal andiskutierte deutsch-

deutsche Vergangenheitsthemen wie Faschismus, Antisemitismus, Rassismus liegen unaufgearbeitet auf dem Weg zur »inneren Einheit«.

Und ich denke auch, daß die eigentliche Aufarbeitung der politischen Geschichte der DDR frühestens in einem Jahrzehnt beginnen wird, ähnlich verspätet wie seinerzeit nach 1945 die Aufarbeitung der NS-Zeit im westlichen Deutschland.

Die verspätete Nation, in die wir Deutschen seit über einhundert Jahren hineingeboren werden, hat nach über vierzigjähriger Teilung wieder zusammengefunden. Ist sie »geläutert«? Haben wir aus den Irrtümern unserer nationalistischen Hybris gelernt?

Da beginnen allerorten Diskussionen darüber, wie wir es mit unserer »nationalen Identität«, mit einem »gesunden Nationalgefühl«, mit dem »Vaterland« und der »Liebe« zu ihm halten wollen. Wie mit unserem »europäischen Bewußtsein«?

Diese Diskussion, die nach alter Tradition nur von Männern geführt wird, ist mir unheimlich! Deshalb mische ich mich bewußt ein. Wie halte ich es mit meiner »Identität als Deutsche«? Als deutsche Europäerin?

Nachdem unser zur (Un-)Heilslehre entartetes Verständnis von Nation und Deutschsein so total zu Bruch gegangen und gescheitert ist, begegne ich jedem nationalistischen Wiederbelebungsversuch in traditionellen Kategorien mit äußerster Skepsis, ja mit Argwohn. Da dieses Denken ausschließlich männlich geprägt ist, sollten vor allem die Frauen wachsam sein. Sie waren es ja, die auf dem »Altar des Vaterlandes« immer die größten Opfer bringen mußten.

Die Frage, wie wir Deutschen es nach allen Katastrophen, Verspätungen, schmerzlichen Lernprozessen und Erfahrungen mit unserer »Identität«, mit »Vaterlandsliebe« und »Patriotismus« halten wollen, ist für mich keine Glaubensfrage. Ich halte dafür, unsere nationale Identität nicht mit nationalistischer Geisterbeschwörung zu restaurieren, sondern aus der Bindekraft unserer wechselvollen Geschichte und der geschriebenen Verfassung wachsen zu lassen.

Ich halte es mit *Goethe* und identifiziere mich mit dem Auftrag, uns und nachfolgende Generationen zu freien, verantwortungsbewußten, weltoffenen Menschen deutscher Sprache und europäischer Kultur zu bilden und im gleichberechtigten Zusammenleben unter uns und mit unseren Nachbarn zu bewähren. Das ist für mich die wichtigste Lektion unserer Geschichte, aus der wir so schmerzlich lernen mußten.

Wenn im vereinten Deutschland ein neues »Wir-Gefühl« wachsen soll, dann darf es nicht wieder »von oben« verordnet werden, nicht an eine krampfhafte Restauration überlebter Traditionen und Symbole anknüpfen, keine unsere Nachbarn erschreckenden »Wir-sind-wieder-Wer«-Parolen zulassen.

Unsere Identität muß an den seit 1945 erworbenen Einsichten anknüpfen, sie muß sich zur Tradition des Widerstandes gegen die Hitler- und die SED-Diktatur bekennen und an den humanistischen und vor allem aufgeklärten Zeugnissen unserer europäischen Geistesgeschichte orientieren. Sie muß aus (immer noch nicht endgültig gefestigten) demokratischen Wurzeln weiter wachsen.

»Liebe zum Vaterland«, zu blinder Gefolgschaft verpflichtend, diese Art Liebe vermag ich nicht zu empfinden.

Da geht es mir ähnlich wie unserem dritten Bundespräsidenten *Gustav Heinemann*, der auf die Frage nach seiner »Liebe zum Vaterland« mit seiner Antwort »ich liebe meine Frau« etwas Ähnliches zum Ausdruck bringen wollte. Auch für mich ist »Liebe« für ganz persönliche Gefühle reserviert. Mit kollektiv verordneter Vaterlands-Liebe ist in Deutschland – und nicht nur in Deutschland – mehr als genug Schindluder getrieben worden.

Auf Reanimationsversuche, mögen sie noch so rechtschaffen gemeint sein, sollten wir deshalb bewußt verzichten. Ich jedenfalls tue es und bekenne mich, wenn ich an »Deutschland, das ich meine« denke, zu meinem *Mutterland*, weil mir der Begriff »Mutterland« einen unverkrampfteren Zugang und eine neue Identifikation ermöglicht:

Alle Menschen werden von Müttern geboren, behütet und in den ersten Lebensjahren aufgezogen. Mütter erleben in sich die Freuden und Schmerzen der Menschwerdung, sind deshalb zumeist solidarischer mit Schwachen und Hilfsbedürftigen, vermitteln im Umgang mit ihren Kindern eher Geborgenheit und Lebensklugheit. Mütter zetteln keine Kriege an . . .

Weshalb also sollte ich den Begriff des Mutterlandes nicht zum Symbol meiner Identität und Verbundenheit mit der Nation wählen, in die ich hineingeboren wurde, meine Muttersprache erlernt habe, im achten Jahrzehnt lebe und mich gleichgewichtig der europäischen Großfamilie zugehörig fühle.

Meine Passion gilt nicht der Wiedergewinnung nationaler Größe. Meine Passion galt und gilt der Idee und Wirklichkeit eines freiheitlich und demokratisch zuverlässigen Deutschlands in einem demokratisch verfaßten Europa, einem Deutschland, das bei seinen Nachbarn keine neuen Zweifel und Ängste weckt.

Dazu gehört zuerst und vor allem das konsequente Frontmachen gegen jede Form des Rechtsextremismus, des Fremdenhasses und Rassismus, und dazu gehört der wahrhaftige Umgang mit unserer leidvollen politischen Geschichte.

Dazu gehört aber auch die Warnung vor dem Wiedererstarken neo-deutschnationaler Tendenzen, Hurra-Patriotismus und deutscher Schwarmgeisterei, wie sie im rechtskonservativen Lager – verstärkt seit der Vereinigung Deutschlands – verbreitet werden.

Wir Frauen haben bisher versäumt, solcherlei Rückfall-Tendenzen sozusagen kooperativ entgegenzutreten, uns zu Wort zu melden und vor neuer nationalistischer Träumerei und Überheblichkeit zu warnen.

Zwar haben wir einige Bewährungsproben bestanden (zum Beispiel im vielfältigen Bürgerengagement gegen Ausländerhaß und Rassismus), über den Berg sind wir aber noch lange nicht.

Deshalb würde ich mir sehr wünschen, daß sich Frauen aus allen politischen Lagern jedem neuen nationalen Männlichkeitswahn widersetzen.

»Lieb Mutterland magst ruhig sein . . .«, das klingt doch ganz »normal« und natürlich und ganz und gar nicht martialisch. Das würde mir, ganz ohne »Wacht am Rhein« und sonstigem vaterländischen Wortgeklingel, gefallen. Zu einem solchen Mutterland Deutschland möchte ich als freie Bürgerin gehören und Verantwortungen tragen, könnte ich Vertrauen haben, am Ende sogar lieben, wenn ich aus der großen, weiten Welt zu ihm zurückkehre.

II.2.

Die verspätete Demokratie

Ihre Geschichte und Gegenwart – Das kleine Demokratiewunder: Bonn wurde nicht Weimar, aber es wurde Bonn – Verfassung und Verfassungswirklichkeit – Parteien und Bürger – Defizite und Politik(er)verdrossenheit – Bilanz

»Es ist das geschichtliche Leid der Deutschen, daß die Demokratie nicht von ihnen erkämpft wurde, sondern als letzte, als einzige Möglichkeit der Legitimierung kam, wenn der Staat in Katastrophen zusammengebrochen war. Dies war die Last, in der der Beginn 1918 stand, in der der Beginn heute vor uns steht: das Fertigwerden mit den Vergangenheiten . . .«
Theodor Heuss, am 12. September 1949,
nach seiner Wahl zum ersten Bundespräsidenten
der Bundesrepublik Deutschland

Nation *und* Demokratie – nach 1945 waren das zwei Seiten der gleichen zerbrochenen Medaille. Wie konnte es im viergeteilten Deutschland – in unserer gescheiterten Nation – gelingen, eine zweimal – 1848 und 1933 – gescheiterte Demokratie neu zu begründen?

Mit seinem untrüglichen Gespür für die Zusammenhänge zwischen Politik und Geschichte hat *Theodor Heuss* das doppelte Dilemma deutscher Verspätungen von Anbeginn erkannt und immer wieder benannt.

Das wird zum Beispiel in den beiden Reden nach seiner Wahl zum ersten Bundespräsidenten am 12. September 1949 deutlich. Vor dem noch keine zehn Tage alten Bundestag sprach er – wie diesem Kapitel vorangestellt – von der »nicht erkämpften Demokratie«, und später auf dem Bonner Marktplatz beschwor er Bürger, Parteien und Politiker:

»Wenn unsere Verfassung nicht im Bewußtsein und der Freude des Volkes lebendig ist, dann bleibt sie eine Machtgeschichte von Parteikämpfen, die wohl notwendig sind, aber nicht den inneren Sinn erfüllen . . .«
Beide Ansprachen sind nicht nur interessante zeitgeschichtliche Dokumente, sondern auch heute noch, heute wieder, von erstaunlicher Aktualität. Immer wieder stellt sich uns nämlich die Frage nach dem Stellenwert unserer geschriebenen Verfassung im Kontext mit der Verfaßtheit unseres Gemeinwesens. Die Frage nämlich, ob unsere zwar einigermaßen funktionierende Parteiendemokratie im »Bewußtsein und in der Freude des Volkes« so fest verwurzelt ist, daß sie auch möglichen Stürmen standhält? Hier plagen mich – immer mal und immer mal wieder – Zweifel.

Doch zunächst zurück zum Auftakt für einen demokratischen Neuanfang vor fünfzig Jahren. Worauf sollte er sich gründen? Wer sollte daran teilhaben?

Wir Jüngeren wußten nichts über Demokratie oder nur das, was wir von *Hitlers* Haßgesängen behalten hatten. Den Älteren, selbst wenn sie keine Nazis gewesen waren, saß das Trauma von Weimar und sein damals wachsendes antidemokratisches Denken noch tief in den Knochen.

Denn schon die Weimarer Demokratie war ja ein verspäteter Versuch gewesen, auf den Trümmern des von *Bismarck* gegründeten deutschen Kaiserreichs die politischen und gesellschaftlichen Versäumnisse seit den Anfängen des Industriezeitalters nachzuholen. Doch dieser Versuch war bereits nach wenigen Jahren gescheitert, weil die Weimarer Republik von der Mehrheit der Deutschen nicht ausreichend bejaht wurde.

Woran war sie gescheitert? An den Lasten des Diktatfriedens von Versailles? An Arbeitslosigkeit und Weltwirtschaftskrise? An politischer Unerfahrenheit der Parteien? Oder an allen mißlichen Begleitumständen zusammen?

Emotional ist sie ganz sicher an der mangelnden Akzeptanz ihrer Bürger gescheitert, an ihrer Ablehnung der politischen Parteien und des parlamentarischen Systems.

Denn auch Weimar war eine nicht erkämpfte, eine nicht wirklich gewollte Demokratie und infolgedessen ohne ausreichenden Rückhalt im Volk, das die parlamentarische Demokratie verachtete und *Hitler* in seiner überwiegenden Mehrheit auch deshalb zujubelte, weil er versprach, dem ungeliebten, von rechts und links gehaßten »System« den Garaus zu machen.

Formell ist Weimar an der legalen parlamentarischen Selbstentmachtung gescheitert. *Hitler* war am 30. Januar 1933 vom Reichspräsidenten per Notverordnung zum Reichskanzler berufen worden, um eine Koalition mit den Deutsch-Nationalen zu bilden. Nur mit ihrer Hilfe war *Hitler* legal mehrheitsfähig geworden. – Und dann billigte der Deutsche Reichstag am 23. März 1933 – zusätzlich mit den Stimmen der bürgerlichen demokratischen Parteien (zum Beispiel des Zentrums und der beiden zu 3,9 Prozent geschrumpften liberalen Parteien) – das Ermächtigungsgesetz (rühmliche Ausnahme die Sozialdemokraten*).

Damit waren die parlamentarische Gesetzgebung und Kontrolle freiwillig außer Kraft gesetzt, wie zuvor schon die Pressefreiheit. Aus diesem Anlaß erfuhren wir damals jungen Deutschen, daß parlamentarische Demokratie »undeutsch« sei und eine »jüdische Erfindung«.

Wer wollte nach diesen Erfahrungen des Scheiterns von Weimar nach 1945 neuerlich Demokratie wagen? Und wie könnte es gelingen? Es waren drei Glücksfälle, die uns dabei halfen:

---

* Die kommunistischen Reichstagsabgeordneten waren bereits vor der Sitzung ausgeschlossen und verhaftet worden.

– *Erstens*: die Entschlossenheit und strikte Anleitung der westlichen Siegermächte während unserer ersten demokratischen Lehr- und Lernjahre, inklusive Ermutigung und Korrektur,
 – *zweitens*: unsere rasche wirtschaftliche Erholung mit Hilfe des Marshallplans und deutscher Energie, und
 – *drittens*: daß es den Siegern gelang, die drei westlichen Besatzungszonen nach einer dreijährigen Übergangszeit als einen demokratisch verfaßten Staat in die Souveränität zu entlassen, diesen aber gleichzeitig in eine westeuropäische und atlantische Zusammenarbeit einzubinden.

Zum Glücksfall Nummer eins gehörte auch, daß die westlichen Siegermächte überzeugte Antinazis und überlebende Demokraten aus der Weimarer Zeit im Sommer 1948 mit der Schaffung unseres »Grundgesetzes« betrauten und daß dieses vorzüglich gelang.
 Für uns damals junge Menschen war dieses Grundgesetz zunächst tatsächlich nicht mehr als ein »Paragraphengespinst« von 146 Artikeln, das nach seinem Inkrafttreten »mit Leben erfüllt werden mußte«. So hatte es uns *Theodor Heuss* anläßlich seiner Wahl zum Bundespräsidenten ans Herz gelegt.
 Die Mehrheit der Deutschen erlebte das damals willig, aber ohne besondere Begeisterung. Ich konnte die Enttäuschung über den Zusammenbruch aller Ideale – vor allem bei der Kriegsgeneration – zwar verstehen, aber nicht teilen, und begrüßte das Geschenk der Freiheit als unverdient große (Über-)Lebenschance. Freiheit war für mich von Anbeginn nicht nur ein Wort, sondern ein täglich überschäumendes Glücksgefühl.
 Dennoch: Bis Ende der fünfziger Jahre gab es bei uns Westdeutschen noch keine eindeutige Bejahung der Demokratie. Noch 1959 gaben – laut Allensbach – 40 Prozent der Befragten an, daß ihnen das Grundgesetz »gleichgültig« sei. Nur etwa 20 Prozent waren interessiert. Noch hielten 57 Prozent den Nationalsozialismus »für eine gute Idee«, die nur »schlecht ausge-

führt« gewesen wäre. Erstaunt hatte mich das nicht, aber doch beunruhigt.

Erst ab Mitte der sechziger Jahre änderte sich diese Einstellung zum Grundgesetz und zum Nationalsozialismus, als sich der wirtschaftliche Aufschwung einstellte.

Bei alldem darf nicht vergessen werden: Die älteren Deutschen hatten damals zu ihren Lebzeiten mindestens vier Staats- und Gesellschaftsformen (die ehemaligen DDR-Deutschen bis heute sogar fünf) durchlebt: das Kaiserreich – die Weimarer Republik – das Dritte Reich – und die Bundesrepublik, und jede dieser Staatsformen war der »Feind« des vorhergehenden gewesen und hatte seinen Untertanen, Volksgenossen oder nur noch Genossen absolute Loyalität abgefordert. Zu freien Menschen waren sie nie gebildet worden.

Gustav Heinemann, unser dritter Bundespräsident (1969-1974) – während der Nazizeit mutig »Bekennender Christ«, der auch von der ersten nach 1945 herangewachsenen Generation anerkannt, ja verehrt wurde – pflegte, wenn er den obrigkeitsstaatlichen Untertanengeist der Deutschen freundlich ironisch charakterisieren wollte, ein Verslein zu zitieren, das ein braves Schneiderlein zu Beginn dieses Jahrhunderts anläßlich des Besuches seines Landesherrn über der Tür seiner Werkstatt angebracht haben soll. Es lautete:

»Lieber Landesvater, unter Deinen Flügeln,
kann ich ruhig bügeln!«

Ja, der fleißige, gehorsame und freiwillige Untertan war das deutsche Ideal des Bürgers.

War es also ein Wunder, daß die Generation, die den Ersten Weltkrieg, die Inflation, Weimar und das Dritte Reich erlebt hatte, nach 1945 wenig Lust und Vertrauen verspürte, sich neuerlich mit einer Staatsform zu befreunden, die schon einmal gescheitert war, geschweige denn, sich mit ihr zu identifizieren?

Diese Unlust ist es, die in den vorher zitierten ersten demoskopischen Untersuchungen zum Ausdruck kommt.

Wenn ich an die Mühsal unserer Demokratiewerdung erinnere und an die Wandlung von einer fanatisch und autoritär dem Führerprinzip huldigenden Gesellschaft zu einem freiheitlichen Gemeinwesen, dann rekapituliere ich auch meinen eigenen Werdegang zur leidenschaftlichen Demokratin.

Dabei hat mich eine bildhafte Sentenz begleitet. Sie stammt von *Georg Christoph Lichtenberg*, einem der bedeutendsten deutschen Denker der Aufklärung. Ich entdeckte sie Anfang 1950 in der Bibliothek der Harvard-Universität, schrieb sie ab und adaptierte sie fortan auf unsere Situation nach dem Ende der Nazidiktatur. Sie lautet:

»Eine Republik zu bauen auf den Trümmern einer niedergerissenen Monarchie ist freilich ein schweres Problem. Es geht nicht, ohne bis daß erst jeder Stein neu behauen ist – und dazu gehört Zeit.«

Ja, dieser Aufbau auf den Trümmern der Nazidiktatur würde ohne »Steine-neu-Behauen« nicht gelingen, und hierzu bedurfte es nicht nur der Zeit, sondern des Mutes und der Ausdauer. Die Aufgabe lautete: *Bonn* durfte nicht *Weimar* werden! – Das war es, worauf es im Großen, aber auch im Kleinen ankommen würde.

Dem großen Wirtschaftswunder folgte schließlich das kleine Demokratiewunder: *Bonn* wurde nicht *Weimar*! – Es wurde aber Bonn. Bonn mit all seinen Licht-, aber auch all seinen Schattenseiten, die nicht selten an Weimar gemahnen.

Zum Beispiel angesichts des heute grassierenden Vertrauensverlustes in Parteien und Politiker und in die Funktionsfähigkeit der repräsentativen Demokratie überhaupt – »Politik(er)verdrossenheit« genannt. Oder im Hinblick auf die Verwilderung unserer demokratischen Streitkultur. Auch zeigen sich die Schatten von Weimar immer dann, wenn Parteien und Regierungen dem Wiederaufleben von Rassismus und Antisemitismus, von Naziparolen und ihren verbalen Vorläufern beim Schüren von Fremdenfeindlichkeit nicht von allem

Anfang an konsequent Paroli bieten. Zwar wäre es übertrieben, zu behaupten, die derzeitige Bonner Regierung sei auf dem rechten Auge blind, angesichts fremdenfeindlicher und rechtsextremistischer Umtriebe hat sie sich jedoch wiederholt als kurzsichtig erwiesen.

Daß *Bonn* nicht *Weimar* wurde, das verdanken wir, abgesehen von den genannten glücklichen Umständen, vor allem einigen wenigen überragenden Vordenkern wie *Theodor Heuss*, *Carlo Schmid* im Parlamentarischen Rat und *Konrad Adenauer*, dem ersten Bundeskanzler, der dies durch sein europapolitisches Handeln unter Beweis stellte.

Vor allem *Theodor Heuss*: Er hatte ein klares Gespür dafür, wie hauchdünn das Fundament war, auf dem die Steine neu behauen und daraus unsere Demokratie gebaut werden mußte.

Ich erinnere mich noch, als er – wie im Ersten Teil (V., S. 118) berichtet – im ersten Bundestagswahlkampf 1949, damals noch Bundesvorsitzender der FDP, an einem heißen Juliabend im überfüllten Münchner Sophiensaal über eine Stunde lang über das im Mai (ohne Zustimmung Bayerns!) in Kraft getretene Grundgesetz sprach. Da wurde mir zum ersten Mal wirklich bewußt, daß wir von nun an selber verantwortlich sein würden, ob und wie wir die politischen und ideellen Trümmer wegräumen, die Steine behauen und daraus ein neues, freies Gemeinwesen bauen würden.

Heuss beschwor seine Zuhörer, die Lehren des Scheiterns der Weimarer Republik zu beherzigen, Zutrauen zu diesem Grundgesetz zu haben, die darin garantierten Rechte zu nutzen, seine Pflichten zu erfüllen, die vorgesehene demokratische Gewaltenteilung zu praktizieren und wachsam zu sein gegen neue Fehlentwicklungen. Auch mahnte er die politischen Parteien (die eigene mit eingeschlossen), bei allem notwendigen Streit immer auch für das Ganze, nämlich für eine noch lange nicht gefestigte Demokratie Verantwortung zu tragen.

Heute nennen wir das »*Verfassungspatriotismus*«, und viele wissen nicht so recht, was das eigentlich meint. *Heuss* war für mich im klassischen Sinn ein unserer Geschichte bewußter »Verfassungspatriot« mit Bildung, Geist und Witz. Vor allem wirkte er jedoch durch sein persönliches Vorbild. Als beispielsweise am Ende seiner zweiten Amtsperiode 1959 der Ruf laut wurde, man sollte zur Ermöglichung einer dritten Amtszeit das Grundgesetz zu seinen Gunsten ändern, konterte er:

»Was den Ausgang meiner Amtszeit betrifft, so habe ich schon im vergangenen Herbst einigen führenden Leuten der CDU wie der SPD den Entschluß mitgeteilt, daß ich eine ›lex Heuss‹ zur Änderung des Grundgesetzes nicht akzeptieren werde, weil es mir als unmöglicher Präzedenzfall erscheint, ad personam eine verfassungsrechtliche Änderung vorzunehmen, weil gerade ein ›netter Mann‹ auf dem Markt ist . . .«[32]

Dieser »nette Mann« war für unsere junge Demokratie wirklich ein Glücksfall. Leider kennen die meisten jüngeren Deutschen den Namen *Heuss* heute allenfalls noch von Straßen und Plätzen, von seiner entscheidenden Bedeutung für das Gelingen unserer demokratischen Anfänge wissen sie nur noch wenig. Vor allem hat er für unsere gelebte politische Kultur Maßstäbe gesetzt, die heute wieder auf der Verlustliste stehen, wie zum Beispiel: Glaubwürdigkeit unserer weit aus dem Ruder ihres Verfassungsauftrags gelaufenen Parteiendemokratie. Nicht einmal vor einer Grundgesetzänderung in eigener Sache – zur Diätenselbstbewilligung – schreckte die Mehrheit des Bundestages im September 1995 zurück. Dank des Bundesrates wurde dies gottlob verhindert.

Und es gibt noch andere *Heus'sche* Vorgaben, an die ich erinnern möchte: sein »ceterum censeo«, daß Demokratie vor allem auch eine Lebensform sei, an der der Bürger teilhaben muß. Ich zitiere:

»Demokratie ist keine Glücksversicherung, sondern das Er-

gebnis politisch (geschichtlicher) Bildung und demokratischer Gesinnung.«

Oder folgender Satz, gleichfalls aus seiner Ansprache nach seiner Wahl zum ersten Bundespräsidenten:

»Seltsames deutsches Volk, voll der größten Spannungen, wo das Subalterne neben dem genial spekulativ Schweifenden, das Spießerhafte neben der großen Romantik steht! Wir haben die Aufgabe im politischen Raum, uns zum Maß, zum Gemäßen zurückzufinden und in ihm unsere Würde neu zu bilden, die wir im Innern der Seele nie verloren . . .«[33]

Wie zutreffend war diese Mahnung damals, wie gültig ist sie auch heute noch!

Heuss vor allem ist zu verdanken, daß sich in der jungen Bundesrepublik neben dem großartigen Wirtschaftswunder auch noch ein kleines Demokratiewunder ereignete.

Das kleine Demokratiewunder hatte natürlich noch andere Väter . . .

Zum Beispiel zählten, wie bereits erwähnt, unsere westlichen Siegermächte dazu. Es war eine glückliche Konstellation: Wir Deutschen wollten aus den Fehlern von Weimar lernen, und die Siegermächte waren entschlossen, die Fehler von Versailles nicht zu wiederholen.

Unter Kanzler *Adenauer* und Bundespräsident *Heuss* begann unsere Demokratie innen- und außenpolitisch auf eigenen Füßen zu stehen und erste Bewährungsproben zu bestehen. Unter schlechteren Startbedingungen – das heißt, als eine auf unabsehbare Zeit international ausgegrenzte, gedemütigte und isolierte Bundesrepublik – wäre unsere zweite Demokratie mit dem Odium eines zweiten Versailles behaftet gewesen . . ., wäre die Bundesrepublik kein gleichberechtigtes Mitglied der westlichen Gemeinschaften geworden, wäre vierzig Jahre später eine friedliche Wiedervereinigung und schließlich der Truppenabzug der Siegermächte kaum möglich geworden. Das war das dritte Wunder der Nach-Hitler-Zeit.

Trotz dieser günstigen äußeren Rahmenbedingungen dauerte es in der Innenansicht mehr als zehn Jahre, bis die geschenkte Demokratie im geteilten Nachkriegsdeutschland »heimisch« wurde und erste Wurzeln schlug, bis sich bei der heranwachsenden Nachkriegsgeneration die Bereitschaft zum eigenen Engagement bemerkbar machte.

Mit Beginn der sechziger Jahre gab es erste Anzeichen für demokratische Aufmüpfigkeit und wenige Jahre später, beginnend 1967, Proteste gegen neuerlich verfestigte obrigkeitsstaatliche Strukturen und Verhaltensweisen (»unter den Talaren, Muff von tausend Jahren« skandierten muntere Studenten), gegen restaurative Entwicklungen in der Innen- und Außenpolitik und gegen neonazistische Umtriebe, die sich damals in der NPD organisierten und ausbreiteten.

Gleichzeitig brach auch so etwas wie eine *zweite Demokratisierungswelle* an, die nicht nur Universitäten und Schulen, Kirchen, Verwaltungen und Betriebe erfaßte, sondern auch die politischen Parteien, soweit ihre Mitglieder »Gespür« für die eigenen Versäumnisse hatten. In der FDP gab es einen Innovationsschub wie nie zuvor und nie danach (vgl. Kapitel IV.).

Damals entstanden auch die ersten *Bürgerinitiativen*, die für bessere Bildungschancen warben oder gegen Umweltverschmutzung, Zerstörung von Baudenkmälern und atomare Gefahren kämpften.

Auch wir Frauen entdeckten, wie weit wir noch von der Verwirklichung der Gleichberechtigung – wie in Artikel 3 des Grundgesetzes postuliert – entfernt waren, und wurden endlich politischer, aufmüpfiger, unbequemer.

Es war die Zeit der mit vielen guten Gründen beginnenden Studentenunruhen. Leider eskalierten die Formen der Auseinandersetzung später bis hin zum Terrorismus der RAF, der die

Bundesrepublik bis in ihre rechtsstaatlichen Grundfesten erschütterte (zum Beispiel: Radikalenerlaß, Beschneidung von Verteidigerrechten). Die begonnenen Reformen kamen ins Stocken, blieben unvollendet.

Hier geht es um die Resultate dieser ersten Herausforderung und Bewährungsprobe unserer Demokratie, die uns, so denke ich, trotz aller Turbulenzen immerhin ein Stück weitergebracht haben.

Als Speerspitze der neuen sozialen und gesellschaftlichen Bewegungen – zunächst als außerparlamentarische Opposition – erwiesen sich die GRÜNEN, die ab der zweiten Hälfte der siebziger Jahre nach und nach in die Länderparlamente einzogen (1983 in den Bundestag) und dort Fuß faßten. Im Bundestag wurden sie von den eingesessenen Parteien zunächst über Jahre nach Kräften ausgegrenzt, was ich nie vernünftig und oft sehr unfair fand und deshalb nicht mitgemacht habe.

Seit den Bundestagswahlen 1994 hat sich der Umgang mit den GRÜNEN erfreulicherweise »normalisiert«. Auch haben sich die traditionellen Parteien hinsichtlich der beschleunigten Verwirklichung der Gleichberechtigung und der Bedeutung der Ökologiepolitik als lernfähig erwiesen. So manche Verspätungen wurden aufgeholt, neue politische Aufgaben eroberten sich im Parteienspektrum einen festen Platz.

Mit Beginn der achtziger Jahre zeigten sich im Gefüge unserer strukturell scheinbar gefestigten Demokratie neuerlich erhebliche Krisensymptome, die in Affären und Skandalen aufbrachen und ihr Ansehen dauerhaft beschädigten. Im Ersten Teil habe ich in Kapitel VII. besonders gravierende Fälle beschrieben, die in der Öffentlichkeit – zu Recht – heftiges Ärgernis erregt und zahlreiche Politiker ins Zwielicht, manche ins Abseits gebracht haben.

Hier geht es mir um die Langzeitwirkung dieser Ereignisse für das Ansehen unserer Demokratie und der sie prägenden

Parteien. Was damals über illegale Praktiken bei der Mittelbeschaffung der Parteien ans Tageslicht kam und wie trickreich versucht wurde, das ganze Ausmaß der ungesetzlichen Praktiken durch eine »Spendensünder-Amnestie« unter den Teppich zu kehren (vgl. S. 273 ff.), das hat seither zu anhaltenden Erschütterungen des Ansehens der ganzen Politikerzunft geführt.

Leider hat dies bis heute, abgesehen von gelegentlich öffentlich gemachter Zerknirschung, nie zu radikalen und dauerhaften Konsequenzen geführt. Da mag das Bundesverfassungsgericht mit seinen Urteilen noch so viele Riegel vorschieben, in allen Parteien finden die Verantwortlichen in seltener Eintracht immer wieder neue Schlupflöcher zur »Selbstbedienung«. Das gleiche gilt auch für die dauerhaft Ärgernis erregende »Selbstbewilligung« bei Diäten und sonstigen Vergünstigungen der Volksvertreter.

Ist es ein Wunder, daß der Verlust an moralischer Integrität, an Gesetzes- und Verfassungstreue in eigener Sache von der Politik auf alle öffentlichen und gesellschaftlichen Bereiche abfärbt?

Meßbar wird der Ansehensverlust auch an Vergleichszahlen: »Vertrauten« 1977 noch 57 Prozent der Bürger den Politikern, so waren es 1982 noch 44 Prozent. 1992 sank das Vertrauen auf nur noch 27 Prozent. Nur noch etwa jeder vierte Bürger hat Vertrauen zu seinen politischen Repräsentanten (Allensbach).

Hinzu kommt die – im Verlauf der achtziger Jahre immer spürbarer werdende – Verwilderung demokratischer Umgangsformen, wozu der Verlust von Fairneß und Wahrhaftigkeit im politischen Streit ebenso zählt wie das wenig überzeugende öffentliche Erscheinungsbild der Volksvertretungen und ihrer Repräsentanten.

»Alle Politiker lügen!« Diesem erschreckenden Votum stimmten zu Beginn der neunziger Jahre über 70 Prozent der Bürger zu.

Für mich waren diese alarmierenden Zahlen – wie ich im nächsten Abschnitt über »Reformen« berichten werde – ein

Grund mehr, diese Fehlentwicklungen nicht achselzuckend hinzunehmen.

Von den weitgehend selbstverschuldeten Fehlentwicklungen, die in den achtziger Jahren zu wachsender Distanz zwischen Wählern und Gewählten und zum Vertrauens- und Ansehensverlust der parlamentarischen Demokratie geführt haben, profitierten rechtsextremistische Gruppierungen. Sie rückten 1988/89 bei Wahlen in Bremen, Berlin und bei den Kommunalwahlen in Hessen neuerlich in Parlamente ein.

Außerdem wuchs der Anteil der Nicht(mehr)- oder Denkzettelwähler in die Größenordnung einer imaginären zweitstärksten »Partei«.

Seit Mitte der achtziger Jahre warf die Erinnerung an »Weimar« erste dunkle Schatten, und es bahnte sich eine veritable Akzeptanzkrise der Parteiendemokratie an, ohne daß sie von den (partei-)politisch Verantwortlichen wirklich ernstgenommen worden wäre.

Selbst die in Frageform gekleidete Mahnung des damaligen Bundespräsidenten *Richard von Weizsäcker* anläßlich seiner Ansprache zum vierzigsten Geburtstag des Grundgesetzes am 23. Mai 1989:

»Wir haben eine gute Verfassung, sind wir aber auch in guter Verfassung?«

blieb seitens der angesprochenen Parteien und Parlamente ohne hör- oder spürbare Resonanz. Und weiter:

»Wenn die Parteien die Lösung der Probleme dem Streit gegen die Konkurrenz unterordnen, wenn sie die Fragen der Zeit zu Instrumenten im Kampf um die Macht entwerten, ja dann leidet ihre Glaubwürdigkeit. Das aber schadet nicht nur ihnen, sondern uns allen. Denn einen Ersatz für sie gibt es nicht.«

Diese und andere Passagen in dieser heute noch lesenswerten Rede enthalten wichtige Hinweise auf die – schon vor der

Vereinigung – aufbrechende Malaise unserer demokratischen Verfassung.

Verdeutlicht hat *Weizsäcker* seine Kritik 1992 in seinem aufsehenerregenden »Interviewbuch« mit *Gunter Hofmann* und *Werner Perger*. Da heißt es:

»*Wenn man im Grundgesetzartikel 21 den Kernsatz liest:* ›*Die Parteien wirken bei der politischen Willensbildung des Volkes mit*‹, *und dies mit der tatsächlich eingetretenen Wirklichkeit unseres Verfassungslebens vergleicht, dann kommen dem einen die Tränen der Rührung, und bei anderen schwellen die Zornesadern. Und das bekommt auf die Dauer unserer Demokratie gerade deshalb nicht gut, weil wir die Parteien brauchen. Die Parteien haben sich zu einem ungeschriebenen sechsten Verfassungsorgan entwickelt, das auf die anderen fünf einen immer weitergehenden, zum Teil völlig beherrschenden Einfluß entwickelt hat...*

Ich rede nicht darüber, welches Ausmaß ihres Einflusses notwendig und wünschenswert ist und wie die Gesellschaft auf sie reagiert. Was ich hier nur meine, ist dies: Die fünf Organe, von denen das Grundgesetz spricht, müssen sich nach klaren Verfassungsrichtlinien orientieren. Damit werden Ausmaß und Kontrolle ihrer Machtbefugnisse bestimmt. Vergleichbare Vorschriften gibt es aber für die mächtigste Institution in unserem staatlich-gesellschaftlichen Leben, nämlich für die Parteien, nicht...

... Mit dem Parteiengesetz verfügen die Parteien auf dem Umweg über den Gesetzgeber über sich selbst. Von ihren Rechten ist ziemlich eindrucksvoll die Rede, wenn auch der tatsächliche Umfang ihres Einflusses bei weitem nicht erfaßt ist. Die festgelegten Pflichten sind dürftig genug und beziehen sich im wesentlichen auf organisatorische Verfahrensfragen...

Es ist symptomatisch, daß ein Thema zum meist diskutier-

ten geworden ist, obwohl es nicht die Ursache, sondern nur eine Folge des Unbehagens ist: die Parteienfinanzierung. Also die Wahlkampfkostenerstattung und die Spendenregelungen, die Gemeinnützigkeit, welche sich die Parteien selber bescheinigen, die Diäten und Pensionen, die Ausstattung von Fraktionen und Parteistiftungen. Das Verfassungsgericht hat jetzt deutlich eingegriffen. Dennoch leben die Parteien bei uns im Vergleich zu anderen westlichen Demokratien in ihrer materiellen Ausstattung immer noch im Schlaraffenland.«[34]

Eine harte, unbequeme Kritik, gewiß, aber eine berechtigte und damals überfällig. Sie fand in weiten Kreisen der Bürgerschaft Zustimmung. War sie deshalb »populistisch«?

Es ist ziemlich billig, Kritik an Mißständen in unserer Parteien-Demokratie als »populistisch« zu verunglimpfen, statt sie aufzunehmen, so wie sie gemeint ist: als Ausdruck der Sorge vor Weimarer Demokratieverdrossenheit.

Statt sich also mit dieser aus Sorge formulierten Kritik auseinanderzusetzen, hierzu ernsthaft einen Dialog zu suchen, wurde *Richard von Weizsäcker*, ebenso wie andere Parteienkritiker (zum Beispiel die Professoren *Hans Herbert von Arnim*, *Ute* und *Erwin Scheuch*), von den Parteien und ihren Wortführern verunglimpft und diffamiert. So wurde die Chance vertan, offenkundige Fehlentwicklungen rechtzeitig zu korrigieren. 1992 wurde der Begriff »Politik(er)verdrossenheit« zum Unwort des Jahres gekürt.

Seither ist es um diese Kontroverse zwar stiller, in der Sache jedoch alles andere als besser geworden. Die Krise unserer Parteiendemokratie schwelt weiter (vgl. Zweiter Teil, III.1. und III.2.).

Da ich mich in den achtziger und neunziger Jahren wiederholt an der teilweise im doppelten Wortsinn anstößigen – letztlich leider wenig fruchtbaren – Debatte um die Gegenwart und

Zukunft unserer Parteiendemokratie beteiligt habe, möchte ich meine Positionen an dieser Stelle zusammenfassen.

Um Mißverständnissen vorzubeugen: Es geht mir bei meiner Kritik keinesfalls um das Infragestellen unserer parlamentarisch verfaßten Demokratie und der hierfür unverzichtbaren politischen Parteien und Institutionen. Im Gegenteil: Über vierzig Jahre habe ich in vielen Ämtern und Positionen parlamentarische und parteipolitische Verantwortung getragen, ich identifiziere mich mit unserem Parteiensystem und weiß um seine Verdienste beim Aufbau unserer Demokratie. Ich kenne und schätze ungezählte selbstlos engagierte Mitglieder und untadlige Repräsentanten in allen Parteien.

Desungeachtet besorgt es mich, muß es meines Erachtens uns alle besorgen, wenn das Ansehen unserer Demokratie von immer mehr – vor allem von immer mehr jungen – Menschen in Frage gestellt wird, wenn immer weniger – vor allem junge – Menschen bereit sind, sich in einer Partei zu engagieren, und wenn die wechselseitige Entfremdung zwischen Parteien und Bürgergesellschaft zu Anti-Parteien-Affekten eskaliert.

Eben deshalb scheint es mir so wichtig, die wechselseitig grassierende Entfremdung und Verdrossenheit nicht zu ignorieren, zu bagatellisieren oder zu verdrängen, es auch nicht bei unfruchtbaren Schuldzuweisungen zu belassen, vielmehr die Probleme zu benennen, sie aufzuarbeiten und daraus Konsequenzen zu ziehen, um schließlich aus der Krise wieder herauszufinden.

Welches sind die gravierendsten Kritikpunkte?

– Zuerst einmal der Verlust an Ehrlichkeit und Wahrhaftigkeit im Umgang zwischen Politikern und Bürgern: Ankündigungen und nicht eingehaltene Wahlversprechen sind es, die bei den Bürgern zu erschreckenden Glaubwürdigkeits- und Vertrauensverlusten geführt haben.

– Da wird zweitens notwendiger Streit um Sachfragen in und zwischen den Parteien zu Machtfragen instrumentalisiert.

– Da entsteht drittens Entfremdung zwischen Politikern und Befindlichkeiten der Bürger, wenn von diesen Opfer und Verzichte verlangt, die aber seitens der Politiker nicht vorgeleistet werden. Oft geschieht das Gegenteil, wie die jüngste – im Vergleich zur allgemeinen Einkommensentwicklung – unverhältnismäßig hohe Diätensteigerung der Bundestagsabgeordneten im Dezember 1995 erst wieder gezeigt hat.

– Wenn dazu viertens noch Affären und Skandale von Ministern und Politikern kommen, die zwar gelegentlich aufgebauscht und generalisiert werden, insgesamt aber den Eindruck verfestigen, daß Begünstigungen, Vorteilnahme, finanzielle Selbstbedienung, Postenschachern und Ämterpatronage in und zwischen den Parteien an der Tagesordnung sind . . .

Dann, ja dann besteht die Gefahr, daß diese zunächst diffuse Parteien- und Politik(er)verdrossenheit zu einem Sprengstoff wird, der unsere Demokratie in ihren Grundfesten erschüttern könnte.

Die genannten Kritikpunkte wiegen um so schwerer, als nur vier Prozent der Wahlbevölkerung Mitglieder politischer Parteien sind. 96 Prozent sind es nicht, was keineswegs mit politischem Desinteresse identisch ist, vielmehr die wachsende Distanz zur fortschreitenden Deformation der Parteiendemokratie anzeigt.

Reformen sind also überfällig. Reformen, die sich nicht nur auf Status und Machtbegrenzung der Parteien beschränken dürfen, sondern die tiefgreifende Veränderungen im Gefüge unserer repräsentativen Demokratie mit einbeziehen und berücksichtigen müssen (vgl. Zweiter Teil, III.1. und III.2.).

Hinzu kommt, daß das Selbstverständnis unserer politischen Parteien wenig Tradition besitzt.

Bis 1918 spielten sie in Deutschland keine machtpolitische Rolle. Sie waren ausschließlich ideologisch geprägt. Regierungen wurden von den jeweils herrschenden Fürsten eingesetzt,

Parlamente hatten (abgesehen vom Budgetrecht) keinerlei Kontroll- und Initiativfunktionen.

Das Wahlrecht schloß die Frauen aus, und in Preußen galt zudem bis 1918 das Dreiklassenwahlrecht.

Opposition galt als »vaterlandslos«, zumindest nicht »staatstragend«. Dieses Verständnis ist bis heute – zumindest unterschwellig – immer mal wieder virulent.

Erst nach dem Ersten Weltkrieg, mit dem Zusammenbruch der Monarchie und mit der Einführung der repräsentativen Demokratie, wurden die politischen Parteien auch Träger, Inhaber und Vollstrecker politischer Macht. In der Weimarer Verfassung fanden sie jedoch keine Erwähnung. Sie mußten in schwerster Zeit plötzlich die ganze politische Verantwortung übernehmen, ohne hierfür ausreichende Erfahrungen und einen »Status« mitzubringen.

Die sogenannte Weimarer Koalition aus Sozialdemokraten, Zentrum und Linksliberalen geriet alsbald in gefährliche Strudel. Sie rettete Deutschland vor der Anarchie und mußte die ganze Verantwortung für die Folgen des Diktatfriedens von Versailles übernehmen. Beides wurde ihr nicht gedankt. Bereits nach den ersten »regulären« Reichstagswahlen 1924 verloren sie ihre Mehrheit, und das sollte sich als der Anfang vom Ende der Weimarer Republik erweisen, nämlich den Verlust einer mehrheitsfähigen politischen Mitte.

Was den Parteien der Weimarer Republik vor allem fehlte, war, abgesehen von jeder Regierungserfahrung und -bewährung, auch ein klarer Verfassungsauftrag. Die Mehrheit der konservativen Deutschen verachtete politische Parteien im allgemeinen und das sogenannte Parteiengezänk im besonderen. Sie konnte sich mit der republikanisch parlamentarischen Staatsform nicht befreunden. Politik galt als schmutziges Geschäft, und daran wollte sich das Bildungsbürgertum nicht die Hände schmutzig machen. Das Ergebnis ist bekannt: Nach 1933 machte es sich die Hände um so schmutziger.

Die Renaissance der demokratischen Parteien nach ihrem kläglichen Versagen am Ende der Weimarer Republik (ausgenommen Sozialdemokraten) verdanken wir nach 1945 zunächst den westlichen Siegermächten. Sie »lizenzierten« sie schon sehr bald, wenn ausgewiesene Antinazis als zuverlässige Gründungsväter dafür bürgten. Sie ermutigten damit ein neues Selbstverständnis der politischen Parteien für unser neu entstehendes demokratisches Gemeinwesen.

Die Erfahrung des Scheiterns von Weimar und seine Folgen nach Hitlers legaler Machtergreifung – das war die Lektion, die die wenigen überlebenden Demokraten in allen lizenzierten Parteien nach 1945 beherzigen wollten, und deshalb war es wichtig, ihnen in Artikel 21 des Grundgesetzes* auch Verfassungsrang zuzuerkennen. Eben deshalb ermahnte *Theodor Heuss* sie aber auch bei jeder Gelegenheit, über dem Parteienstreit, »der nötig sei und dazugehöre«, nicht die für alle demokratischen Parteien verpflichtende gemeinsame Verantwortung für das zarte Pflänzchen Demokratie zu vergessen.

Doch in der Folgezeit haben wir erlebt, daß die politischen Parteien die im Grundgesetz gebotene Zurückhaltung in der politischen Verfassungswirklichkeit nach und nach aufgegeben und ihre Ansprüche und Anrechte weit über Buchstaben und Geist dieser Bestimmung ausgedehnt haben.

Kurz und nicht gut: Hauptursache der heute schwelenden Vertrauens- und Akzeptanzkrise zwischen Bürgern und demokratischen Institutionen sind die politischen Parteien und ihre Repräsentanten, die zu wenig vorleben, was für das Gedeihen jeder demokratischen Kultur unverzichtbar ist:

Verfassungstreue, auch und vor allem in eigener Sache. Fairneß, Toleranz, Glaubwürdigkeit im Reden, Handeln, im eigenen

---

* Art. 21 Abs. 1 GG: »Die Parteien wirken bei der politischen Willensbildung des Volkes mit ... Sie müssen über die Herkunft und Verwendung ihrer Mittel sowie über ihr Vermögen öffentlich Rechenschaft geben.«

Verhalten und vor allem ein Bewußtsein für die Grenzen der eigenen Macht und Funktion im Verfassungssystem.

Angesichts der realen Machtverhältnisse ist es zutreffend festzustellen, daß sich unsere Demokratie weg von einer Bürgerdemokratie hin zu einer oligarchischen Parteiendemokratie entwickelt hat und daß sich diese Tendenz weiter verstärkt. Tatsache ist auch, daß dies weder dem Buchstaben noch dem Geist des Grundgesetzes entspricht, und es stellt sich die Frage, ob und wie das – zumindest in Ansätzen – geändert werden kann. Denn hier liegen die Hauptursachen für die Frustrationen der Bürger und für ihre Ohnmachtsgefühle, mit der gefährlichen Folge des Niedergangs hin zur *Zuschauerdemokratie*.

Über aller berechtigten Parteienkritik darf jedoch nicht vergessen werden, daß demokratische Parteien für unser repräsentatives System unverzichtbar sind. Mündige und unverdrossene Bürger sind es aber auch!

Deshalb muß ihre grassierende »Verdrossenheit« sehr ernstgenommen und in konstruktive Formen möglicher »Einmischung« gewandelt werden (vgl. Zweiter Teil, III.1. und 2.).

Hinzu kommt, daß es uns noch nicht ausreichend gelungen ist, die Bürgerinnen und Bürger der ehemaligen DDR mit den Bedingungen unserer westlichen Parteiendemokratie zu befreunden. Wir haben versäumt, die Chance der Wiedervereinigung für einen demokratischen Innovationsschub in beiden Teilen Deutschlands zu nutzen.

Zusammengefaßt: Meine Kritik speist sich nicht aus Anti-Parteien- oder Anti-Parlamentarismus-Affekten, sondern aus Pro-Demokratie-Überzeugungen und der Sorge über das Erscheinungsbild der Parteien und ihrer Repräsentanten in den Parlamenten.

Wenn die Parteien sich nicht öffnen, wenn sie nicht die Notwendigkeit und das berechtigte Bedürfnis nach mehr Partizipationsmöglichkeiten des Bürgers erkennen, wenn sie nicht darauf verzichten, die Felle der Bären nach Parteigesichtspunkten unter sich zu verteilen, wenn sie als Folge schlechter Beispiele ihre Vorbildfunktion endgültig verlieren, wenn sie nicht bereit sind, der Bürgergesellschaft mehr Raum zur Entfaltung zu eröffnen, dann wird der Niedergang der Parteiendemokratie und eine weitere Entfremdung zwischen Parteien und Bürgern, Wählern und Gewählten nach meiner Überzeugung unaufhaltsam sein.

Zum Kreislauf einer funktionsfähigen repräsentativen Demokratie gehört neben der Volkssouveränität nach Artikel 20 des Grundgesetzes* und der Garantie der bei der Willensbildung mitwirkenden Parteien nach Artikel 21 aber noch ein dritter Eckpfeiler, und das ist jener Artikel 38 Absatz 1 des Grundgesetzes, mit dem das »*freie Mandat*« des gewählten Volksvertreters konstituiert wird. Er lautet:
»Abgeordnete (...) sind Vertreter des ganzen Volkes, an Aufträge und Weisungen nicht gebunden und nur ihrem Gewissen unterworfen.«
Dies ist der Grundgesetz-Artikel, gegen den im parlamentarischen Alltag so eklatant und permanent verstoßen wird, daß man ihn entweder ganz abschaffen oder seine Einhaltung durch ein Bürgerbegehren erzwingen sollte.

Zu meiner Diagnose über den gestörten Kreislauf im Regelwerk unserer repräsentativen Demokratie gehört auch dieses dritte Ärgernis, weil der an Fraktionszwänge gefesselte Abgeordnete eben kein freier Volks-, sondern ein weisungsgebundener Parteivertreter ist, womit das Prinzip einer wirksamen parlamentarischen Kontrollfunktion und der offenen politischen Auseinandersetzung dauerhaft geschwächt wird, ja

---

* Artikel 20 Abs. 2 GG: »Alle Staatsgewalt geht vom Volke aus. Sie wird vom Volke in Wahlen und Abstimmungen und durch besondere Organe der Gesetzgebung, der vollziehenden Gewalt und der Rechtsprechung ausgeübt.«

verkommt. Aus Volksvertretungen, die im demokratischen Staat die *Erste Gewalt* sein müssen, sind im Laufe der letzten Jahrzehnte (mehr oder weniger) nachgeordnete Dienststellen von Regierungen und Parteizentralen geworden – mit der Folge, daß die Gewaltenteilung nicht oder nicht ausreichend funktioniert (vgl. Zweiter Teil, III.2.).

Hier mein Petitum: Solange dieses deformierte Gleichgewicht zwischen demokratischer Machterteilung, Machtverteilung und Macht*balance* nicht ins Lot kommt und wieder funktionsfähig wird, kann die Malaise unserer repräsentativen Demokratie nicht überwunden werden, wird es kein neues Vertrauen zwischen Wählern und Gewählten geben und wird demzufolge die repräsentative Parteiendemokratie in ihrer heutigen Verfassung ihren Gegenwarts- und Zukunftsaufgaben nicht gerecht werden können (vgl. III.1.).

Das Resümee:

Unsere nach 1945 neugeschaffene Demokratie ist – wie könnte es anders sein – nicht vollkommen. Sie ist aber nicht gescheitert. Wir haben einen funktionierenden Rechtsstaat, stabile Regierungen, vergleichsweise immer noch gute Wahlbeteiligungen und keine wirklich bedrohlichen rechts- oder linksextremistischen Gruppierungen: *Bonn* wurde nicht *Weimar*!

Dennoch: Unsere Demokratie zeigt auch krisenhafte Funktionsstörungen und Entwicklungen (nicht nur bei uns ist das so, das aber ist kein Trost oder Gegenargument), und die stellen uns vor neue Bewährungsproben. Wir haben die Chance, unsere *Bonner* zur *Berliner* Demokratie fortzuentwickeln, das hieße, das Grundgesetz »im Bewußtsein und in der Freude des Volkes lebendig« zu machen, Fehlentwicklungen zu korrigieren, den Reformstau abzutragen und neue Verspätungen zu vermeiden. Diese Chance haben wir, aber haben wir auch die Kraft, sie zu nutzen?

Halten wir uns dabei an den urdemokratischen Rat: niemals auf Lorbeeren und Selbstlob auszuruhen.

II.3.

Deutsche Existenz nach Auschwitz

Markierungspunkte der Bewährung, des Versagens und neuer Gefährdungen – Was Auschwitz als Synonym für alle Untaten, alles Unrecht, alle Menschenrechtsverletzungen, die während der NS-Zeit im deutschen Namen begangen wurden, für meine politische Biographie bedeutet

> »Die mit den Tränen säen,
> werden mit Freuden ernten.
> Sie gehen hin und weinen . . .
> und kommen mit Freuden
> und bringen ihre Garben.«
> *aus dem 126. Psalm*
> *(Erlösung der Gefangenen Zions)*

Auch heute noch, nach fünfzig Jahren, sind die quälenden Fragen nicht verstummt: Wie wurde *Auschwitz* möglich, und was bedeutet es auch noch nach fünfzig Jahren für uns Deutsche, für unsere politische und gesellschaftliche, vielleicht sogar für unsere persönliche Existenz?

Das (Er-)Schreckenswort *Auschwitz* habe ich hier nicht nur für den Mord an vielen Millionen jüdischen Männern, Frauen und Kindern gewählt, sondern als Synonym für alle Gewalttaten, alles Unrecht, alle Menschenrechtsverletzungen, die im deutschen Namen von Deutschen an Deutschen und Nicht-Deutschen während der Nazidiktatur begangen wurden.

So verstanden, ist *Auschwitz* für mich *die* Erblast, die unsere deutsche Existenz nach 1945 bewußt oder unbewußt am meisten gequält hat, quälen mußte und weiter quälen wird. Gleich, ob wir sie annehmen, vergessen, verdrängen, relativieren oder leugnen, gleich mit welchen Argumenten der laute und der

leise Kampf für und gegen das Erinnern ausgetragen wird ...
Der Umgang mit dieser Erblast läßt sich am ehesten in Worte fassen, indem wir uns an die Weisheit des vorangestellten 126. Psalms erinnern, des Psalms, der von der Erlösung der Gefangenen Zions handelt:

Nur wenn wir es vermögen, »mit Tränen zu säen«, das heißt, uns wahrhaftig zu erinnern, wird es auch gelingen, mit Freuden zu ernten und unsere Garben darzubringen, das heißt, bei konkreten neuen Bewährungsproben das Richtige und das Gute zu tun.

Das Geschehen »*Auschwitz*« überlagert all mein politisches Denken und Handeln und begründet – oft unbewußt – eine Trauer, die sich nicht verdrängen läßt.

Dieser Zusammenhang ist mir heute klarer als vor fünfzig Jahren: Das dunkelste Kapitel unserer deutschen Geschichte ist nur durch trauerndes und tätiges Erinnern, das heißt, im kongruenten Denken und Handeln verkraftbar. Die jahrtausendealte jüdische Weisheit, daß Erinnerung das Geheimnis befreiender Entlastung ist, Vergessen jedoch das Exil verlängert, bewahrheitet sich im Umgang mit dieser unserer schwersten Erblast. In diesem Sinne bitte ich auch meine Leserinnen und Leser, dieses Kapitel und seine Autorin zu verstehen.

Dabei stimmt es mich zuversichtlich, daß der in jüngerer Zeit immer lautstarker geführte Kampf *gegen* das Erinnern eher das Gegenteil bewirkt hat. Er hat nämlich die Diskussion darüber neu entfacht, was es mit dieser unserer schwersten Erblast auf sich hat.

Noch nie haben so viele Schülerdiskussionen, Veranstaltungen, Projekte und Begegnungen zur *Auschwitz*-Thematik im weitesten Sinn stattgefunden, wurde seitens junger Menschen so viel Engagement für Erinnerungs-Projekte entwickelt wie im Gedenkjahr 1995 (vgl. III.2.).

Erinnern oder *Vergessen*, diese Kontroverse durchzieht immer wieder herausfordernd die fünfzigjährige Geschichte der Nach-Hitler-Zeit.

Bereits am Tag nach der bedingungslosen Kapitulation, am 9. Mai 1945, notierte der spätere Bundespräsident *Theodor Heuss* in seinem Mansarden-Notquartier in Handschuhsheim bei Heidelberg:

> »*Es wird eines ungeheuren seelischen Prozesses bedürfen, um die Elemente (der Hitler-Ideologie) aus dem Wesen der Deutschen wieder auszuscheiden . . . Mit der Flucht in Illusionen und mit Ausreden vor der deutschen Vergangenheit und Zukunft ist es nicht getan . . .*«[35]

Und wenige Wochen später, am 30. Mai 1945, ergänzte er:

> »*. . . die geistige Auseinandersetzung mit den Folgen der nationalsozialistischen Herrschaft muß von den Deutschen selber mitgetragen werden . . . Wir müssen jetzt schon den Kampf gegen eine irgendeinmal aufwuchernde Hitler-Legende vorbereiten . . .*«[36]

Diese Absätze präzisieren geradezu hellsichtig die Aufgabe, die uns für einen politischen und moralischen Neubeginn gestellt war und bis heute gültig ist: Der »seelische Prozeß« ist nicht abgeschlossen, »Flucht in Illusionen und Ausreden« sind uns nicht erlaubt, und der Kampf gegen neuerlich »aufwuchernde Hitler-Legenden« darf nicht erlahmen.

Vierzig Jahre später, am 8. Mai 1985, hat der damalige Bundespräsident *Richard von Weizsäcker* die Bedeutung des Erinnerns für das eigene Verhalten erneut beschworen:

> »*Erinnern heißt, eines Geschehens so ehrlich und rein zu gedenken, daß es zu einem Teil des eigenen Innern wird. Gerade deshalb müssen wir verstehen, daß es Versöhnen ohne Erinnerung gar nicht geben kann . . .*
>
> *Wir alle, ob schuldig oder nicht, ob alt oder jung, müssen die Vergangenheit annehmen. Wir alle sind von ihren Folgen betroffen und für sie in Haftung genommen . . .*

Wer vor der Vergangenheit die Augen verschließt, wird blind für die Gegenwart. Wer sich der Unmenschlichkeit nicht erinnern will, der wird wieder anfällig für neue Ansteckungsgefahren . . .«[37]

Erinnern, aber auch Fragen stellen, Rechenschaft *und* Zeugnis ablegen, das sind die Prüfsteine für unsere Existenz nach *Auschwitz*.

– Wie wurde *Auschwitz* möglich, und was hat es seit 1945 für Politik und Gesellschaft in Deutschland bedeutet?

– Gibt es für uns so etwas wie ein »Vermächtnis« der Opfer des Widerstandes und der Verfolgung?

– Hat ein solches Vermächtnis unser politisches und moralisches Bewußtsein verändert oder nur sporadisch mit »Betroffenheit« überzogen?

– Haben wir »mit Tränen gesät«, und welche »Garben« sind es, die wir »mit Freuden« gebracht haben?

– Und schließlich: Was bedeutet *Auschwitz* für meine eigene politische Biographie?

Die Auseinandersetzung mit diesen Fragen wäre Stoff für ein eigenes Buch. Hier muß ich mich auf fragmentarische Berichte, Erfahrungen und Eindrücke beschränken.

Wie also wurde *Auschwitz* – gemeint als Synonym für alle Untaten der von der großen Mehrheit der Deutschen begeistert mitgetragenen NS-Diktatur – möglich? Wie wurde es exekutiert?

Nach den ersten zwei Nachkriegsjahrzehnten des Verdrängens wissen wir heute unendlich viel über Ursachen und Ausführung: Die wissenschaftliche und die erinnernde Literatur ist unübersehbar, filmische Darstellungen erschüttern Betrachter – vor allem junge Menschen. Die Stätten des Grauens und Leidens, die Vernichtungs- und Konzentrationslager samt Hinrichtungs- und Folterstätten können besichtigt, an Ort und Stelle die Qualen ihrer Opfer erahnt werden . . .

Trotz aller Informationen aber können wir es immer noch nicht begreifen – und junge Menschen können es immer weniger –, daß und wie *Auschwitz* im Volk der »Dichter und Denker« möglich wurde, daß Buchenwald so nahe bei Weimar liegt. Auch ich habe nie eine vollständige Antwort darauf gefunden. Erst allmählich wurde mir klar, daß es vielleicht gerade dieses »Unfaßbare«, das »Unerklärbare« ist, was uns das Erinnern so lästig, also zu einer Last macht.

Vielleicht (wahrscheinlich) war es eine Illusion, zu erwarten, daß es gleich nach dem Zusammenbruch der NS-Herrschaft eine ehrliche und umfassende Aufklärung über die Geschehnisse, im besten Fall eine kollektive *Katharsis* geben würde. Die Täter waren dazu – bis auf wenige Ausnahmen – weder bereit noch fähig, die Mehrheit der Deutschen hatte »nur ihre Pflicht getan«, und die Millionen Opfer waren, selbst wenn sie der physischen Vernichtung entronnen waren, zur Aufarbeitung psychisch nicht in der Lage. Es hat Jahrzehnte gedauert, bis sie imstande waren, über das Erlebte zu sprechen, und noch länger hat es gedauert, bis sie darüber schreiben konnten.

Hier lassen sich Erfahrungen aus der Psychoanalyse – *Alexander* und *Margarete Mitscherlich* haben uns das in ihrem Buch »Über die Unfähigkeit zu trauern« eindrucksvoll vermittelt – vom einzelnen Menschen auch auf Gruppen und Völker übertragen: daß nämlich Verdrängen und Vergessen von Schuld und Angst, von Konflikten und Versagen nur scheinbar befreit. Daß das Verdrängte vielmehr unausweichlich und oft verstärkt mit verheerenden Folgen zurückkehrt und es deshalb nicht ausreicht, die Irrtümer, Versäumnisse und schuldhaften Verstrickungen unserer Geschichte mehr oder weniger verlegen an Gedenktagen zu artikulieren, daß es vielmehr in unserem politischen Denken, Handeln und Verhalten darauf ankommt, uns auch mit dieser Erblast auseinanderzusetzen und zu begreifen, daß ihre Folgen auch in unsere Gegenwart und Zukunft hineinwirken.

Wo kann, wo soll diese Auseinandersetzung ansetzen? Wie findet man Zugang zum Geschehen und zu den Opfern des Naziterrors? Was haben sie uns als ihr Vermächtnis überliefert, und was fangen wir damit an?

Die in den letzten Jahrzehnten veröffentlichten Texte, Dokumente, Briefe und Berichte sind so zahlreich geworden, daß Überblick und Orientierung kaum noch möglich sind. Deshalb beschränke ich mich hier auf drei Texte, die ich nach 1945 sozusagen als Schlüsselbotschaft an uns, die Überlebenden, verstanden und bewahrt habe. Es handelt sich um Passagen aus den Flugblättern der Studenten der WEISSEN ROSE, um Texte von *Dietrich Bonhoeffer* und um Strophen aus den Moabiter Sonetten von *Albrecht Haushofer*.

Im fünften Flugblatt der WEISSEN ROSE Anfang 1943 heißt es:

>». . . *Trennt Euch von dem nationalsozialistischen Untermenschentum! Beweist durch die Tat, daß Ihr anders denkt! Ein neuer Befreiungskrieg bricht an. Der bessere Teil des Volkes kämpft auf unserer Seite. Zerreißt den Mantel der Gleichgültigkeit, den Ihr um Euer Herz gelegt habt! Entscheidet Euch, ehe es zu spät ist!*«[38]

Andere Passagen weisen gedanklich in die Nach-Hitler-Zeit. Ich zitiere aus dem vierten Flugblatt:

>». . . *aus Liebe zu kommenden Generationen muß (deshalb) nach Beendigung des Krieges ein Exempel statuiert werden, daß niemand auch nur die geringste Lust verspüren sollte, Ähnliches aufs neue zu versuchen.*«[39]

Und auch von *Albrecht Haushofer* gibt es aus seiner Todeszelle in Moabit ein Sonett, das an uns gerichtet war:

>»*Daß dieses Volk die Siege nicht ertrug –*
>*die Mühlen Gottes haben schnell gemahlen.*
>*Wie furchtbar muß es nun den Rausch bezahlen.*
>*Es war so hart, als es die andern schlug,*

so taub für seiner Opfer Todesklagen.
Wie mag es nun das Opfer-Sein ertragen...«[40]

»Den Mantel der Gleichgültigkeit zerreißen«, »Sühne leisten...«, »Exempel statuieren...«, »das Opfer-Sein ertragen...« – wie sah es damit aus, als der Krieg zu Ende und Deutschland materiell und ideell zerstört war?

Wer hat diese Vermächtnisse aufgenommen, wer seine Schuld oder doch Mitschuld bekannt?

Aus dem Jahr 1945 kenne ich nur zwei Dokumente:

Einmal war es das »*Stuttgarter Schuldbekenntnis*« der Evangelischen Kirche, das anläßlich der ersten Begegnung mit Vertretern ökumenischer Kirchen im Oktober 1945 von Männern wie *Martin Niemöller, Helmut Gollwitzer, Hanns Lilje* u. a. – allesamt Männer der »Bekennenden Kirche« – abgefaßt worden war. Sie bekennen:

»Durch uns ist unendliches Leid über die Völker und Länder gebracht worden... Wir klagen uns an, daß wir nicht mutiger bekannt, nicht treuer gebetet, nicht fröhlicher geglaubt und nicht brennender geliebt haben.«

Nachträglich bedacht, war das ein »mageres« Bekenntnis, aber selbst dafür wurden die Verfasser damals – auch innerkirchlich – ziemlich angefeindet. Ich erinnere mich:

Als ich das »Schuldbekenntnis« erstmals las, war ich geradezu elektrisiert, den Namen meines Kindergottesdienstpfarrers *Martin Niemöller* darunter zu finden. Nun klagte sich dieser Mann, der für seine Überzeugungen fast zehn Jahre im KZ Dachau inhaftiert gewesen war, an, nicht »mutiger bekannt« zu haben, daß er Mitschuld trüge an dem »unendlichen Leid«, das von uns Deutschen über Europa und die Welt gebracht worden war...

Wie aber reagierten wir als Christen, die wir uns nun wirklich nicht wie *Martin Niemöller*, wie *Dietrich Bonhoeffer*, wie andere Christen zu unserem Christsein »mutig bekannt«

hatten? Wie wollten wir es mit unserem überfälligen Schuldbekenntnis halten?

Noch heute bin ich beschämt und empört, wenn ich mich daran erinnere, daß sich damals nicht einmal eine starke Minderheit evangelischer Christen zu diesem Schuldbekenntnis bekannt hat, daß in unseren Kirchen keine Unterschriftenlisten auslagen, keine Diskussionen stattfanden, nicht einmal die Amtskirche zur Auseinandersetzung ermutigte. Bestenfalls wurde es einfach totgeschwiegen.

Von dem mitverschuldeten »unendlichen Leid« wollten die nun ihrerseits vom eigenen Leid geprüften Deutschen zu allermeist nichts wissen. Statt dessen übten sie sich – Christen und Nichtchristen gleichermaßen – in Ausflüchten und Unschuldsbeteuerungen, verstanden nicht oder wollten nicht verstehen, worum es für die Mehrheit der Deutschen ging:

Nicht um Schuld im strafrechtlichen Sinne, wohl aber um die eigene Mitverantwortung (nicht nur für das eigene Tun, vielmehr auch für das eigene Nicht-Tun, das Wegsehen) – um die persönliche Einsicht und um die Konsequenzen für das eigene Christsein – aber auch um das Selbstverständnis der Kirche im Staat, in welchem auch immer!

Das zweite Dokument stammt von *Theodor Heuss*, damals Kult(us)minister in Württemberg-Baden. Schon am ersten Volkstrauertag nach Kriegsende, im November 1945, bekannte und forderte er:

»Das deutsche Volk hat es sich zu leicht gemacht in seiner Masse, sich in die Fesseln des Nationalsozialismus zu geben. Nun darf es sich nicht leichtmachen, diese Fesseln . . ., von denen es sich nicht selbst hat lösen können, es darf es sich nicht leichtmachen, die bösen Dinge wie einen wüsten Traum hinter sich zu werfen . . . Wir dürfen das nicht um unserer moralischen Volkszukunft willen.«[41]

Eindringlicher, ja beschwörender hat es damals kein in Deutschland lebender Deutscher ausgesprochen, als *Heuss* an jenem düsteren ersten Volkstrauertag nach Kriegsende in Stuttgart. Er erinnerte an alle Opfer des Naziterrors, sprach vom 20. Juli, nannte Namen, gedachte jüdischer Mitbürger und würdigte die Solidarität unter den Verfolgten. Dieses »Memento« war – neben seinen Ansprachen zum 20. Juli (1954) und zur Einweihung des Mahnmals im ehemaligen KZ Bergen-Belsen (1952) – sein bewegendstes, eindringlichstes, damals als besonders mutig empfundenes Bekenntnis zur Schuld und Scham der Deutschen, ein beschwörender Aufruf zur moralischen und politischen Katharsis des deutschen Volkes ... um seiner Zukunft willen.

Bekenntnis, Mahnung und Aufruf, wie wurden sie aufgenommen? Damals, 1945, und in den fünfzig Jahren seither? Haben wir es uns abermals »zu leicht gemacht« und unsere Vergangenheit wie einen »wüsten Traum« hinter uns geworfen?

Seit jenem Volkstrauertag 1945 sind fünfzig Jahre vergangen. Dazwischen liegt eine beinahe endlose, wechselvolle Geschichte der Auseinandersetzung und Aufarbeitung, der Besinnung und Verdrängung, des Kampfes gegen Vergessen und Verdrängen, liegen Zeiten des Redens und Schweigens ...

Ich wage kein abschließendes Urteil, versuche im folgenden nur eine Bestandsaufnahme:

1. Wie bereits im biographischen Teil (Kapitel IV. und V.) berichtet, empfand ich die sogenannte *Entnazifizierung* als Fehlschlag. Zunächst war sie uns ja von den Siegern abgenommen worden. Sie entfernten Nazis nach formalen Kriterien aus ihren Ämtern, verhafteten »Goldfasane« (hochrangige NS-Funktionäre), führten Kriegsverbrecherprozesse durch, verteilten Fragebögen, versuchten (oft vergebens), die tiefbraune Spreu vom hellbraunen Weizen zu trennen.

Außerdem verfügten sie in ihren jeweiligen Besatzungszonen erste *Wiedergutmachungsverordnungen* für überlebende

Opfer der Verfolgung, die nach der Gründung der Bundesrepublik Deutschland vom neuen Staat übernommen werden mußten und nur sehr zögerlich in eigene Gesetzgebung übergeleitet wurden.

Wir Nachkriegsdeutschen waren so voller Selbstmitleid, so ausschließlich mit unserer eigenen Not und deren Überwindung beschäftigt, daß wir für Wiedergutmachungsleistungen an Verfolgte und überlebende Opfer der Hitler-Zeit zunächst wenig bis kein Verständnis aufbrachten.

Wir waren kein Volk von Widerstandskämpfern gewesen! Wir waren – abgesehen von der Minderheit echter Nazis – überwiegend Mitläufer, Wegseher, traditionell gehorsame Untertanen, die nur ihre von der Obrigkeit angeordnete Pflicht getan hatten. Wir hatten »es uns zu leicht gemacht, uns in die Fesseln des Nationalsozialismus zu begeben«, so wie es *Theodor Heuss* formuliert und mahnend hinzugefügt hatte:

»Nun dürfen wir es uns nicht zu leicht machen, dies alles wie einen wüsten Traum hinter uns zu werfen.«

Wie haben wir es damit gehalten? Wie stand es damals um die persönliche Bereitschaft, die Zusammenhänge zwischen eigenem und kollektivem Verhalten während der NS-Zeit zu erkennen?

Eine einschlägige Dokumentation hierzu trägt den Titel »Niemand war dabei, und keiner hat's gewußt«. Das war es!

Umfragen aus der ersten Nachkriegszeit sprechen hierfür eine ebenso deutliche wie erschütternde Sprache. Widerstand gegen Hitler war und blieb für sehr viele Deutsche bis weit in die fünfziger und sechziger Jahre »Vaterlandsverrat«.

Noch 1964 sprachen sich ein Drittel der Befragten in diesem Sinne gegen die Widerstandskämpfer des 20. Juli aus, 39 Prozent waren unentschieden. Nur etwa ein gutes Viertel der Deutschen bekannte sich positiv zum Recht auf Widerstand gegen die Naziherrschaft.

Erst in den Folgejahren gab es hierzu positive Veränderungen. Während 1969 noch 66 Prozent der Befragten dafür waren, einen Schlußstrich unter die Vergangenheit zu ziehen, fiel dieser Anteil 1979 auf 47 Prozent. Die Aufklärungsarbeit, die vielen Diskussionen und Fernsehsendungen hatten dazu sicher entscheidend beigetragen.

Dennoch: Bis heute sind Gedenktage an die Opfer der NS-Untaten oft eher verordnete Pflichtübungen als eine überzeugende Verpflichtung. Fünfzig Jahre hat es gedauert, bis ein bayerischer (CSU-)Ministerpräsident zum erstenmal an einer Gedenkveranstaltung im ehemaligen KZ Dachau teilnahm.

Immer wieder erleben wir auch heute die Anfänge der Primitivität und Banalität des Bösen. Sie springt uns in jeder Variante von Fremdenhaß, Antisemitismus, martialischen Sprüchen, Gewalt gegen Schwächere entgegen. Heute kennen wir die Vorläufer dieser Exzesse; wehren wir aber wirklich entschieden genug »neuen Anfängen«?

2. Forderten wir nach 1945 Rechenschaft und leisteten wir »Sühne«? Auch das überließen wir lieber den Siegern. Sie führten die ersten großen Kriegsverbrecherprozesse durch.

So seltsam es heute klingen mag, weder die grauenhaften Enthüllungen während der Nürnberger Prozesse gegen hohe Nazis und Militärs, später gegen Diplomaten, Wirtschaftsführer und Ärzte, noch die Schreckensberichte und Bilder aus KZs und Vernichtungslagern (die Begriffe »Holocaust« und »Shoa« kamen erst in den siebziger Jahren auf) haben die deutsche Seele in den ersten Nachkriegsjahren kollektiv aufgewühlt. Vielleicht waren die meisten Deutschen ja wirklich zu kaputt und deshalb persönlicher Betroffenheit für andere nicht mehr fähig. Oder man begann zur eigenen Entlastung »aufzurechnen«: unsere Untaten gegen Unrecht der Sieger – eine »schäbige Ausflucht, die uns nicht erlaubt« sei, so mahnte *Heuss*. Aber wir können von der Aufrechnerei nicht lassen . . . bis heute.

Wie es Opfern der Nazidiktatur und deren Angehörigen erging, das kümmerte wenig. Für die sollten die Sieger sorgen. Nach der Gründung der Bundesrepublik 1949 mußten diese Opfer und ihre Angehörigen noch jahrelang von Sozialhilfe leben, während Naziwitwen bereits hohe Renten bezogen.

Nein, was Gewissenserforschung, Einsicht und Umkehr betrifft, dies war in den ersten Jahren nach 1945 kein Ruhmesblatt der Nach-Hitler-Zeit.

Bald nach der Gründung der Bundesrepublik gab es fast nur noch »Mitläufer« oder »Nicht-Betroffene«. Mit Hilfe einer Amnestie für jüngere Jahrgänge und mit dem 1953 in Kraft getretenen sogenannten 131er-Gesetz, das formal weniger belasteten ehemaligen Nazis eine Rückkehr in den öffentlichen Dienst ermöglichte, wurde auch dieser »Schlußstrich« gezogen.

Im ersten Deutschen Bundestag saßen – trotz einiger restriktiver Bestimmungen – unter vierhundertzehn Abgeordneten über fünfzig MdBs (etwa 12 Prozent), die NS-Belastungen hatten.

3. Die deutschen Befindlichkeiten sind und bleiben vertrackt. Mehrmals innerhalb dieses Jahrhunderts haben wir Deutschen (oder doch jeweils ihre große Mehrheit) im Gefolge politischer Umwälzungen auch ihre politischen Gesinnungen gewechselt (»oder wechseln müssen«) – »wie die Hemden«: vom Kaiserreich in die Weimarer Republik, von der Republik in den NS-Staat, von dort in die zweite Republik oder in die SED-Herrschaft und nun wieder glücklich vereint in der »Bonner Republik«.

Bei diesen Umwälzungen sind die, die »mitgemacht« haben, überwiegend ungeschoren davongekommen, gelegentlich sogar reüssiert, während diejenigen, die nicht mitgemacht, die widerstanden haben, zweimal ins Hintertreffen und neuerlich in die Minderheit geraten sind.

4. Die Fähigkeit zu aufrichtiger Trauer, das heißt zum Bedau-

ern, zu politischer Selbsterkenntnis und Reue, hielt sich – wie im Ersten Teil des Buches berichtet – nach beiden Diktaturen in Grenzen. Damit war und blieb das moralische Fundament der Bundesrepublik unsicher und verkrampft. Dennoch: Es hat auch viele aufrichtige Bemühungen und auch Einsicht und Reue gegeben.

Waren diese Bemühungen falsch oder gar unehrenhaft? Was bedeutet die beinahe drohend erhobene Forderung, das »Büßergewand« endlich abzulegen und eine »selbstbewußte Nation« zu werden? Heißt das, daß der mühsame Weg der Erkenntnis nach 1945 falsch war? Wenn ja: Was war an ihm falsch?

Im folgenden möchte ich an *zehn politischen Prüfsteinen* darstellen, ob und wie wir die Auseinandersetzung mit der Erblast *»Auschwitz«* bestanden haben.

Es sind dies neben den schon erwähnten Schuldbekenntnissen:
- der Staatsvertrag mit Israel (1953),
- die Wiedergutmachungsgesetzgebung der fünfziger Jahre,
- der Prozeß gegen den Alt- und Neonazi *Otto Ernst Remer* (1954),
- die Auschwitzprozesse der sechziger Jahre,
- die Entspannungspolitik und »Taten der Versöhnung« (am Beispiel der Denkschrift der Evangelischen Kirche zur Lage der Vertriebenen und der Anerkennung der »Oder-Neiße-Grenze«),
- die Debatten und Entscheidungen über die Verjährung von NS-Verbrechen (1960, 1965, 1969, 1979),
- der »sperrige« 8. Mai 1985 und
- die »Auschwitzlüge«,
- das Ringen um »Wiedergutmachung« an den Opfern sozialer Verfolgung,

- der »Historikerstreit« und sein schleichendes Gift (1987 ff.).

1.

Der *Staatsvertrag mit Israel*, dessen Zustandekommen dem entschlossenen Einsatz *Konrad Adenauers* und der geschlossenen Unterstützung durch die SPD zu verdanken ist, wurde im Deutschen Bundestag am 18. März 1953 beschlossen. In ihm werden kollektive Wiedergutmachungsleistungen an den Staat Israel in Höhe von 3,450 Milliarden DM vereinbart.

Dieser Staatsvertrag gilt zu Recht als die erste innen- und außenpolitische Bewährungsprobe für den Willen und die Bereitschaft der Bundesrepublik Deutschland, materielle Wiedergutmachung zu leisten.

Der Beratungsverlauf und das wenig rühmliche parlamentarische Abstimmungsergebnis dokumentieren allerdings den erschreckend hohen Anteil offener oder versteckter Ablehnung dieser Bereitschaft gerade im bürgerlichen Lager. In der Bevölkerung dürfte dieser Anteil noch wesentlich höher gewesen sein. 1953 stand man kurz vor den zweiten Bundestagswahlen und wollte auf diese Stimmung Rücksicht nehmen. Auch so erklärt sich nachfolgendes, für die Koalitionsparteien wenig rühmliches Abstimmungsergebnis, wie es im Bundestagsprotokoll vom 18. März 1953 auf S. 12282 ff. festgehalten ist.

In der einhundertsechsundvierzigköpfigen CDU/CSU-Fraktion stimmten nur vierundachtzig Abgeordnete mit Ja – fünf mit Nein – vierzig enthielten sich und achtzehn Abgeordnete fehlten.

Bei der neunundvierzigköpfigen FDP-Fraktion sah das Ergebnis noch schlechter aus: nur siebzehn Ja-Stimmen, fünf Nein-Stimmen, neunzehn Enthaltungen, acht Abgeordnete fehlten.

Von der zwanzig Mitglieder zählenden Fraktion der rechtskonservativen Deutschen Partei (DP) stimmten gar nur fünf

Abgeordnete mit Ja. Zehn MdBs enthielten sich. In den anderen kleinen Fraktionen sah es ähnlich aus.

Ohne die geschlossene Zustimmung der SPD-Fraktion wäre der Vertrag gescheitert.

In der Debatte über diesen Vertrag gab es laut Sitzungsprotokoll vom 18. März 1953 – ausgenommen Bundeskanzler *Adenauer* (CDU), die Redner der SPD und der CDU-Abgeordnete Dr. *Eugen Gerstenmaier* – keinen weiteren Beitrag, in dem die Verpflichtung zur Wiedergutmachung gegenüber dem Staat Israel aus wirklicher Überzeugung zum Ausdruck gebracht worden wäre. Verklemmung herrschte vor.

Hier Auszüge aus einigen charakteristischen Erklärungen:
»*Ich stimme gegen dieses Gesetz, weil ich individuelle Wiedergutmachung befürworte. Angesichts der Notlage von Millionen deutscher Heimatvertriebener, denen ähnliches Unrecht wie dem Judentum widerfuhr, halte ich es nicht für vertretbar, dem Staat Israel Milliardenbeträge zuzuwenden. Weiterhin halte ich die Einwendungen der arabischen Staaten gegen den Gesetzentwurf für berechtigt. Das deutsche Volk darf die Freundschaft der arabischen Völker nicht verlieren...*«

»*... Eine Wiedergutmachung an den Staat Israel lehne ich ab, da dieser Staat noch nicht bestand, als die Juden in Deutschland verfolgt und vertrieben wurden.*

Es ist eine Illusion, wenn angenommen wird, daß durch die Zahlung von 3.450.000.000 DM an den Staat Israel dieser der Bundesrepublik gegenüber eine Haltung einnehmen könnte, wie sie im internationalen Verkehr der freien Völker üblich und völkerrechtlich gefordert werden muß...«

»*... Nach dem Kriege hat dieselbe Welt, die für das Recht zu kämpfen erklärt hatte, an Deutschen, die aus ihrer Heimat vertrieben wurden, so viel gleiches Unrecht verübt oder geduldet, daß die erreichbaren Mittel des deutschen Volkes für wirksame Hilfe auch an die deutschen Heimatvertrie-*

benen bereitgestellt werden müßten. Angesichts der sonst immer betonten Finanznot der Bundesrepublik erscheint daher die Zuwendung von Milliarden von D-Mark an Israel nicht zu verantworten. Ich stimme deshalb gegen das Gesetz.«

So wurden die Debatte und das Abstimmungsergebnis über diesen ersten »Wiedergutmachungs«-Vertrag zu einem enttäuschenden Kapitel unserer ersten Nachkriegsbewährung. Ich jedenfalls war damals traurig und beschämt.

Anerkennung gebührt noch heute dem damaligen Bundeskanzler *Adenauer*, der diesen Vertrag gewollt und ihn – dank der geschlossenen Unterstützung der SPD – mit einem passablen Gesamtergebnis durchgesetzt hat.

2:

Auch die Geschichte der *Wiedergutmachungsgesetzgebung* für Verfolgte der NS-Zeit und des – zumindest in den ersten Jahren – skandalösen Vollzugs dieses Gesetzes ist kein Ruhmesblatt der fünfziger Jahre.

Das *erste* Wiedergutmachungsgesetz war buchstäblich in den letzten Stunden der ersten Legislaturperiode im Bundestag am 8. Juli 1953 »durchgepeitscht« worden.

Es erwies sich als so unzulänglich, daß man bereits zwei Jahre später in Novellierungsverhandlungen eintreten mußte, als bei seiner Durchführung »böse Verwaltungspraktiken«, die oft an »passiven Widerstand« grenzten, bekanntgeworden waren. Im offiziellen Bericht des zuständigen Bundestagsausschusses vom 6. Juli 1956 lesen sich diese Praktiken so:

»Der Ausschuß hat mit Erschrecken und Entsetzen Entscheidungen von Entschädigungsbehörden und -gerichten zur Kenntnis genommen, in denen eine Art des Denkens zum Ausdruck kommt, die zu völligem Versagen, ja zum Teil in das Gegenteil der Wiedergutmachungsgesetzgebung führen muß.

Es sind uns Fälle bekannt geworden, von denen wir gar nicht angenommen haben, daß sie je bei den Behörden Bedenken hervorrufen würden.

Da ist der Fall einer Jüdin, der es, nachdem sie im Jahre 1940 in Polen ins Ghetto gebracht worden war, gelang, sich aus dem Ghetto zu befreien und als Christin und als Polin zu leben, die aber dann von den deutschen Behörden, nun zwar nicht als Jüdin, die sie in Wirklichkeit war und auch heute noch ist, sondern als christliche Polin verfolgt und neuerlich ins Konzentrationslager verschleppt wurde.

Hier sind die Behörden auf den Gedanken gekommen, daß sie, da sie nicht als Jüdin, sondern als christliche Polin gelebt habe und deswegen ins Konzentrationslager gekommen sei, keinen Anspruch auf Schadensersatz wegen Freiheitsentzug habe...«

In der Debatte zur Verabschiedung des dritten Wiedergutmachungsgesetzes im Juni 1956 beschwor der SPD-Abgeordnete Dr. *Eugen Greve* das Parlament:

»*Es ist immer davon gesprochen worden, daß es auf den Geist ankommt, den derjenige hat, der das Gesetz in der Praxis anwenden muß. Es kommt aber auch darauf an, in welchem Geist wir dieses Gesetz verabschieden, ob wir das unlustig und unwillig tun, oder ob wir wirklich mit innerer Anteilnahme an die Verabschiedung dieses Gesetzes herangehen.*

Die Öffentlichkeit – nicht nur die deutsche, sondern auch die Weltöffentlichkeit – spürt ganz genau, wie man hier in dieser Stunde sich zu den Fragen der Wiedergutmachung und der Wiederherstellung des verletzten Rechts stellt. Das sind die Dinge, die wir nicht übersehen sollten...

An uns ist es, diese Rechtsgrundlage zu schaffen. Wenn wir wollen, können wir die Rechtsgrundlage dafür schaffen, daß die Opfer der nationalsozialistischen Verfolgung wenigstens in gleicher Weise versorgt werden wie diejenigen, die sie verfolgt haben...

Es wird die Aufgabe dieses Hauses sein, wenn sich in der Zukunft herausstellt, daß hier noch etwas getan werden muß, dies auch zu tun. Wenn heute schon wieder zur Diskussion steht, für die sogenannten 131er 180 oder 200 Millionen DM auszugeben, heute, wo dieses Bundesentschädigungsgesetz noch nicht verabschiedet ist, dann habe ich dafür kein Verständnis.

Wir wissen nur zu genau, daß ein Betrag von 150 DM Rente überhaupt keine Entschädigung, überhaupt keine Leistung im eigentlichen Sinne für denjenigen ist, der dafür einen Monat im Konzentrationslager zubringen mußte. Wir wissen genau, daß Schäden, die an Körper und Gesundheit eingetreten sind, teilweise nur unzulänglich ausgeglichen werden . . .

Ich glaube, es wäre ein Verhängnis, wenn wir uns nicht mit aller Deutlichkeit von den Untaten, von den Unrechtstaten absetzen, die Deutsche begangen haben. Nicht das Vergessenwollen, sondern das Nichtvergessenwollen ist es, was überhaupt dazu beitragen kann, dem deutschen Namen wieder das Ansehen von einst zu geben, damit wir wieder aufrecht durch alle Länder der Erde schreiten können . . .«

Schließlich wurde dieses dritte Wiedergutmachungsgesetz – gültig für »aus politischen, rassischen oder religiösen Gründen Verfolgte« (beziehungsweise ihrer Hinterbliebenen) – am 6. 6. 1956 verabschiedet. 1965 wurde es noch einmal novelliert (zwecks Verlängerung der Anmeldefrist) und dieses zum »Wiedergutmachungs-Schlußgesetz« erklärt.

Abschließend soll noch eine Beurteilung dieser Gesetze festgehalten werden, die anläßlich einer Anhörung im Deutschen Bundestag am 24. Juni 1987 von einem anerkannten Fachmann abgegeben wurde:

»Obwohl in der Präambel des Bundesentschädigungsgesetzes ausdrücklich festgestellt wurde, daß der ›. . . aus Überzeugung oder um des Glaubens oder um des Gewissens willen gegen die

nationalsozialistische Gewaltherrschaft geleistete Widerstand ein Verdienst um das Wohl des deutschen Volkes und des Staates war‹, gab es bei den Wiedergutmachungsleistungen sehr viele Verzögerungen und Ungerechtigkeiten.

Die Entschädigungen waren besonders vor 1956 im Vergleich zu Leistungen, die die Angehörigen von Kriegsgeschädigten erhielten, gering. Die Forderung, Nachweise einer aktiven Oppositionshaltung zu erbringen, war oft beschämend.

Aufgrund der geringen materiellen Wiedergutmachung der Widerstandskämpfer (für einen Monat KZ gab es 150 DM Rente, also 5 DM pro Tag Leiden, Hunger, Folter) läßt sich ablesen, welche geringe offizielle Bedeutung ihnen in der Anfangsphase der Bundesrepublik beigemessen wurde...«

Trotz aller beklagenswerten Begleitumstände: Aus dem Gesetz wurden beträchtliche finanzielle Leistungen erbracht (etwa 70 Milliarden DM). Das lag aber nicht an der Höhe der Einzelleistungen, sondern an der großen Zahl der »Berechtigten«. Ein »Schlußstrichgesetz« wurde es allerdings nicht. In den achtziger Jahren wurde – wie später berichtet wird – offenkundig, daß viele weitere Opfer von Verfolgungen von jeder finanziellen Wiedergutmachung ausgeschlossen waren. Dazu gehörten auch die erst Anfang 1996 endlich mit einer Rente bedachten deutschsprachigen Juden in Osteuropa.

3.

Der *Prozeß gegen Otto Ernst Remer* war der erste Versuch, gegen die öffentliche Diffamierung des Widerstandes gegen Hitler gerichtlich vorzugehen. Der Prozeß wurde 1952 auf Betreiben des mutigen hessischen Staatsanwaltes *Fritz Bauer* gegen den ehemaligen Berliner Stadtkommandanten Major *Remer*, der am 20. Juli 1944 die Pläne der Verschwörer an *Goebbels* verraten hatte, durchgeführt.

Remer hatte Anfang der fünfziger Jahre die erste rechtsradikale Partei (SRP) mitbegründet, in der der Nationalsozialismus verklärt und die Aktion des 20. Juli 1944 als »Hochverrat« denunziert und diffamiert wurde.

Dieser schleichenden Dolchstoßlegende wollte Staatsanwalt *Fritz Bauer* durch ein Gerichtsurteil entgegenwirken. Er erhob Anklage nach den Paragraphen 186 und 189 des Strafgesetzbuches wegen »übler Nachrede und Verunglimpfung des Andenkens Verstorbener« und begründete dies im Prozeß wie folgt:

»Ich glaube, im Namen des Deutschen Volkes sollten wir dagegen protestieren und uns klar und deutlich und mit Stolz zu unseren Widerstandskämpfern bekennen, die seit dem Jahre 1933 durch die Konzentrationslager gingen und mit eisernem Willen und heißem Herzen für die Wiederherstellung der Freiheitsrechte, für die Grundrechte und Menschenrechte in Deutschland gekämpft haben.«[42]

Bis zu diesem Zeitpunkt war vor einer breiten Öffentlichkeit noch kein so eindeutiges Bekenntnis zum Widerstand abgelegt worden.

Das Ergebnis: Das Braunschweiger Oberlandesgericht folgte dem Plädoyer *Fritz Bauers* und stellte ausdrücklich fest, daß die Männer des 20. Juli 1944 »aus heißer Vaterlandsliebe und selbstlosem, bis zur bedenkenlosen Selbstaufopferung gehendem Verantwortungsbewußtsein gegenüber dem Volk gehandelt« hätten. *Remer* wurde am 15. 3. 1952 zu drei Monaten Gefängnis verurteilt.

Damit war *Bauers* Ziel erreicht: Per Gerichtsurteil war einer neuen Hochverrats-Legende wenigstens ein juristischer Riegel vorgeschoben worden.

Die Bedeutung dieses Prozesses für den allfälligen Klärungsprozeß im politischen Bewußtsein der Nach-Hitler-Deutschen ist, nachträglich gesehen, gar nicht zu überschätzen.

4.

Ende 1958 wurde – nun bereits reichlich verspätet und von Anfang an personell unterbesetzt – eine *Zentrale Erfassungs-*

und *Aufklärungsstelle von NS-Verbrechen* in Ludwigsburg errichtet, und in den sechziger Jahren begannen zahlreiche Mammutprozesse gegen ehemaliges Personal in KZs und Vernichtungslagern.

Im Zeitabstand zur Tatzeit von bis zu zwei Jahrzehnten wurden es mühsame, für Zeugen, die überlebt hatten, qualvolle Prozesse, die mit meist unbefriedigenden Urteilen endeten. Mehr als einmal sind Zeugen unter der Last der Konfrontation mit ihren braunen Folterknechten zusammengebrochen.

Besonders makaber schleppten sich die sechs Auschwitz-Prozesse in Frankfurt über die Jahre. Zwanzig KZ-Aufseher waren wegen Mordes, gemeinschaftlichen Mordes und Beihilfe zum Mord angeklagt, und obwohl die Anklage für sechzehnmal »lebenslänglich« plädiert hatte, wurden nur sechs Angeklagte dazu verurteilt, zehn zu Zuchthausstrafen bis zu vierzehn Jahren, es gab drei Freisprüche. Wie konnte es zu diesen milden Urteilen kommen?

Eine gute Bekannte, *Emmi Bonhoeffer* (eine Schwester der beiden hingerichteten *Bonhoeffer*-Brüder), hatte zusammen mit anderen Frauen und Männern einen »Helferkreis« zur Betreuung von über dreihundert Zeugen (meist Russen, Polen etc.) ins Leben gerufen. Anläßlich der Verleihung der *Theodor-Heuss-Medaille* im Jahr 1968 berichtete sie über die neuerlichen Qualen der Zeugen.

». . . Offenbar hatte es sich bis dahin niemand überlegt, was es für diese Menschen bedeutet, nach zwanzig Jahren jenes grauenhafte Leiden, das sie vielleicht einigermaßen überwunden glaubten, nun wieder ausgraben, bis ins Detail zurückrufen zu müssen und damit allein zu sein im Land, das sie nur von seiner abscheulichsten Seite kennengelernt hatten. Gleich am nächsten Tag hörte ich einer Gerichtsverhandlung des Auschwitz-Prozesses zu, um dem Sachverhalt und der Atmosphäre näherzukommen, in der die Menschen, denen wir zur Seite stehen wollten, Zeugendienst zu leisten hatten . . .

... Die Hilfe am Verhandlungstage bestand zunächst darin, den oft sehr erregten Menschen Beruhigungsmittel zu geben und dann den nach der Vernehmung eintretenden Erschöpfungszustand aufzufangen ...

Wir hören oft die bange kritische Frage: Haben diese KZ-Prozesse denn noch einen Sinn?«

Frau *Bonhoeffer* gibt darauf eine ebenso einfache wie unbequeme Antwort:

»... daß Auschwitz in einem Kulturvolk möglich war, das zu 95 Prozent aus getauften Christen bestand, sollte uns aufrütteln und zur Umkehr bewegen. Darin sehe ich den Sinn dieser Prozesse ...«

Diese Hoffnung erfüllte sich – zumindest in Ansätzen: Die Prozesse und ihre vergleichsweise milden Urteile schreckten die demokratische Öffentlichkeit auf. Das ganze Ausmaß der nicht aufgearbeiteten NS-Vergangenheit wurde offenbar. Wieviel war versäumt und verschleppt worden: die Verstrickung der NS-Justiz, die ungesühnten Bluturteile des Volksgerichtshofes (fünftausend zwischen 1942 und 1945), keiner der hierfür verantwortlichen Richter wurde je zur Rechenschaft gezogen, die braune Vergangenheit von Wissenschaft und Hochschulen, von KZ- und Euthanasie-Ärzten, Wirtschaftskonzernen, die zur millionenfachen Menschenvernichtung »durch Arbeit« beitrugen ...

Es waren grauenhafte Kapitel, die nun endlich aufgeschlagen, wenn auch in keinem Fall befriedigend abgeschlossen wurden.

Einen weiteren Anstoß hierzu hatte der im Mai 1960 in Jerusalem begonnene Prozeß gegen den für die Durchführung der »Endlösung« verantwortlichen SS-Obersturmbannführer *Adolf Eichmann* gegeben und die ausführlichen Prozeßberichte der deutsch-jüdischen *Jaspers*-Schülerin *Hannah Arendt*. Nun endlich kamen bei uns energischere Nachforschungen in Gang.

Hart am Rande der Verjährungsfristen für Mord (damals nach zwanzig Jahren) gab es eine Welle von etwa fünfhundert Prozessen, darunter gegen frei herumlaufende, hochrangige Naziverbrecher wie *Richard Baer* (Kommandant in Auschwitz nach *Höss*), *Otto Hunsche, Franz Nowak, Hermann Krumrey* (alle Mitglieder des »Eichmann-Kommandos«) oder gegen jenen unsäglichen Dr. *Otto Bradfisch*, dem fünfzehntausend Morde an Juden und zweiundzwanzigtausend Fälle von »Beihilfe zum Mord« nachgewiesen wurden . . .

Es war eine nicht endenwollende Liste ungesühnter Verbrechen.

5.

In die sechziger Jahre fielen auch die ersten Debatten und Entscheidungen über die *Verjährung von NS-Verbrechen:*

Bis zur endgültig gelungenen Aufhebung der im deutschen Strafrecht vorgesehenen Verjährungsfristen für Mord – inklusive der zahllosen ungesühnten NS-Morde – hat es vier Anläufe gegeben: 1960, 1965, 1969 und 1979.

Nachdem ich alle zugänglichen Bundestagsprotokolle über diese Debatten noch einmal nachgelesen habe, möchte ich hier festhalten: Bei allen vier Gelegenheiten hat es sich die Mehrzahl der Redner aller Fraktionen nicht leichtgemacht. Das »Für« und »Wider« für Verjährung bei Mord, insbesondere bei NS-Massenmorden wurde fair und mit gewichtigen Argumenten erörtert. Die Debattenbeiträge (stellvertretend für das Pro seien *Ernst Benda* und *Adolf Arndt*, für das Contra *Thomas Dehler* genannt) fanden auf einem hohen Niveau statt, von dem heutige Bundestage nur träumen können. Am Ende kam – trotz wüster anonymer Schmähungen aus dem braunen Untergrund – eine mutige und richtige Entscheidung heraus: Am 3. Juli 1979 wurde die Verjährungsfrist für Mord endgültig aufgehoben.

In dieser letzten Bundestagsdebatte konnte ich dazu einen kleinen Beitrag leisten. Hier einige Protokollauszüge:

»... *Der Ausgangspunkt dieser Debatte über eine uns alle bewegende Gewissensentscheidung fällt mit der dreißigsten Wiederkehr der Verabschiedung des Grundgesetzes, mit dem dreißigsten Geburtstag der Bundesrepublik Deutschland schlechthin zusammen. Ich meine, diese Daten fallen nicht zufällig zusammen, und vielleicht ist es gut, auch in dieser Stunde daran zu erinnern, daß das eine eng mit dem anderen zusammenhängt...*

Wir haben uns an die Anfänge unserer Demokratiewerdung auf den Trümmern unseres Unrechtsstaates erinnert, und ich glaube, wir alle haben gute Gründe, auf das in diesen dreißig Jahren Erreichte stolz zu sein...

Ich sehe wichtige politische und auch moralische Zusammenhänge zwischen der dreißigsten Wiederkehr des Gründungstages der Bundesrepublik Deutschland und der Verjährungsentscheidung. Ich meine, wir sollten uns als Abgeordnete bei dieser Gelegenheit diesen Zusammenhängen auch öffentlich stellen...

... Ich sage das vor allem mit Blick auf unsere junge Generation, die den mühevollen Prozeß deutscher Demokratiewerdung nach 1945 doch überhaupt nur dann verstehen kann, wenn wir ihr die Hypotheken nicht verschweigen, mit denen sie von Anfang an belastet war. Ich sage das auch zu uns Älteren, die wir sehr wohl um diese Hypotheken wissen, die unsere demokratische Ordnung 1945 und danach belastet haben...

Für meine Person möchte ich mich dazu bekennen, daß es politische, wenn Sie wollen: politisch-moralische Gründe sind, die bei mir den Ausschlag geben, daß ich für eine generelle Aufhebung der Verjährung für jeden gemeinen Mord votieren werde.

Wer, wie ich, die Nachkriegszeit als junger Mensch sehr bewußt als Nach-Hitler-Zeit im Sinne der Umkehr, der Buße und des neuen Anfangs verstehen wollte, der wurde doch wohl zunächst tief enttäuscht. Ich habe darunter gelitten, daß wir nach 1945, unabhängig von einer falsch angelegten vordergründig-formalen Entnazifizierung, nicht entschieden genug an die Wurzeln des Übels herangegangen sind und daß der rasche materielle Aufbau den mühsamen und schmerzlichen Prozeß der überfälligen Katharsis unerlaubt abgekürzt, ja verdrängt hat...

Erst während des letzten Jahrzehnts haben wir schrittweise begonnen, uns mit den Wurzeln des nationalsozialistischen Unrechts zu beschäftigen, hierbei auch die steigende Anteilnahme der Bevölkerung gefunden...

Damit bin ich noch einmal bei der jungen Generation: Ist es schon schwer, das Phänomen der Faszination des Nationalsozialismus für die meisten Deutschen der dreißiger Jahre dieser jungen Generation zu erklären, so erweist sich die Rechtfertigung der Nachkriegsmentalität – des Vergessenwollens, des Verdrängens, der ausschließlich materiellen Befriedigung und der offenkundigen Unfähigkeit zu trauern – als noch schwieriger. Der ohnehin natürliche und immer wieder notwendige Generationskonflikt wird hier zu einer Zerreißprobe. Während früher die Söhne den oft aufgeputzten Erzählungen ihrer Väter über deren Heldentaten atemlos gelauscht haben, erzählen heute die Väter ihren Söhnen kaum noch etwas. Sie schweigen, weil sie vieles einfach nicht erklären können. Ich meine deshalb: Wir sollten weder idealisieren noch verschweigen, wie es nach 1945 gelaufen ist und warum es wohl auch nicht anders laufen konnte. Wir sollten der jungen Generation reinen Wein über die Bedingungen einschenken, unter denen wir damals anfangen mußten. Wir sollten offen über unsere Bemühungen, Erfahrungen und Enttäuschungen Rechenschaft ablegen...

Deshalb müssen wir heute ein deutliches Zeichen setzen, einen kategorischen, einen moralischen Imperativ: Mord darf in der Welt zunehmender Menschenverachtung nicht mehr verjähren...«

Dieser Debattenbeitrag hat mir eine Flut von Briefen eingebracht. Leider überwogen Schmähungen (zumeist anonym).

6.

Das wichtigste, anstößigste und mutigste Dokument der mittsechziger Jahre war die Denkschrift der Evangelischen Kirche »Zur Lage der Heimatvertriebenen«, in der das bis dahin tabuisierte »heiße Eisen« der »*Anerkennung*« der *Oder-Neiße-Grenze* verständnisvoll verpackt, aber doch unmißverständlich deutlich angefaßt wurde. Darüber und über die politischen Auswirkungen dieser Denkschrift habe ich im biographischen Teil (vgl. Erster Teil, V. und VI.) berichtet.

Zweifellos war die uns gestellte Aufgabe der Aussöhnung mit unseren östlichen Nachbarn ein viel schwererer, innenpolitisch umstrittenerer Weg als die Aussöhnung mit den westlichen Nachbarn.

Aber er mußte Ende der sechziger Jahre gewagt und politisch beschritten werden. Daß er gewagt wurde und daß er nach einer zwanzigjährigen, mit Fortschritten und Rückschlägen gepflasterten Übergangszeit zur Überwindung der Teilung Deutschlands und Europas geführt hat, das ist auch das historische Verdienst dieser bahnbrechenden Denkschrift, gefolgt von deutschen Politikern und Parteien, die ab 1969 den Anfang dazu gemacht haben.

Unvergessenes Symbol für die erste Etappe dieses Weges: Jener 7. Dezember 1970, als *Willy Brandt* vor dem Mahnmal des Warschauer Ghettos kniete. Das war für mich mehr als eine bewegende Geste. Es war ein historisches Bekenntnis, mit dem er sich – stellvertretend für alle Deutschen guten Willens – zur Verantwortung für die deutsche Vergangenheit, Gegenwart und Zukunft bekannte.

7.

Am *vierzigsten Jahrestag des Kriegsendes und der Befreiung*, am 8. Mai 1985, offenbarte sich neuerlich die Gespaltenheit unseres Umgangs mit unserer Geschichte.

Während der deutsche Bundeskanzler *Helmut Kohl* mit dem amerikanischen Präsidenten *Ronald Reagan* den Gang über den Bitburger Soldaten- und SS-Friedhof bevorzugte, hielt der damalige Bundespräsident *Richard von Weizsäcker* im Deutschen Bundestag die für den Umgang mit unserer Erblast bedeutendste Rede. Sie gehört in jedes Schulbuch. Einige Passagen daraus gehören hierher:

»Wir alle, ob schuldig oder nicht, ob alt oder jung, müssen die Vergangenheit annehmen. Wir alle sind von ihren Folgen betroffen und für sie in Haftung genommen.

Jüngere und Ältere müssen und können sich gegenseitig helfen, zu verstehen, warum es lebenswichtig ist, die Erinnerung wachzuhalten...

Es geht nicht darum, Vergangenheit zu bewältigen. Das kann man gar nicht. Sie läßt sich ja nicht nachträglich ändern oder ungeschehen machen. Wer aber vor der Vergangenheit die Augen verschließt, wird blind für die Gegenwart. Wer sich der Unmenschlichkeit nicht erinnern will, der wird wieder anfällig für neue Ansteckungsgefahren.

Wir suchen als Menschen Versöhnung. Gerade deshalb müssen wir verstehen, daß es Versöhnung ohne Erinnerung nicht gehen kann...«[43]

Meinen vierzigsten Jahrestag der Befreiung erlebte ich zusammen mit deutschen und amerikanischen und jüdischen Freunden am Grabe der Opfer des studentischen Widerstandes auf dem Münchner Perlacher Friedhof, wenige Schritte von ihren Hinrichtungsstätten entfernt.

Jener und noch jeder Jahrestag des 8. Mai 1945 hat es von neuem offenbart: Es gibt keinen nationalen Konsens über seine Bedeutung. Zuletzt war es der fünfzigste Jahrestag 1995, der – trotz mancher gelungenen Manifestationen – neuerlich ergeben hat, daß dieser 8. Mai nicht für alle Deutschen ein Tag der Befreiung ist. Dies haben nicht nur die Unterzeichner jenes ominösen Aufrufs der vereinten Rechten zum 8. Mai 1995, in dem eigenes Unrecht mit Kriegsfolgen-Unrecht »verrechnet« wurde, bekundet, auch in der Bevölkerung ist das Potential der Apologeten und Aufrechner wohl leider nicht kleiner geworden.

8.

So gesehen ist es kein Zufall, daß im gleichen Jahr 1985 die schwierige Diskussion um die Strafbarkeit der sogenannten *»Auschwitzlüge«* mit einem Gesetz beendet wurde, das in der CDU/CSU-Fraktion nur und erst dann eine Mehrheit gefunden hatte, als neben der Strafbarkeit der Leugnung der Judenvernichtung auch andere »Tatbestände« (wie die Vertreibung von etwa zehn Millionen Deutschen nach Kriegsende) erfaßt werden sollten. Gegen diese, meines Erachtens unstatthafte Vermischung und Aufrechnerei wandte ich mich am 25. April 1985 mit einer persönlichen Erklärung an den Deutschen Bundestag, in der ich unter anderem sagte:

». . . Wie viele von uns treibt mich die Sorge um die glaubwürdige Gemeinsamkeit aller Demokraten, und dies gerade im Vorfeld des Datums 8. Mai.

Deshalb habe ich mich entschlossen, und zwar nicht leichten Herzens, am Rednerpult zu erklären, weshalb ich dem Koalitionskompromiß nicht zustimmen kann, sondern dem ursprünglichen Regierungsentwurf – trotz seiner Schwächen – zustimmen werde.

Im ursprünglichen, vom Bundeskanzler Helmut Kohl unterzeichneten Regierungsentwurf ging es klar und unmißverständlich um einen einzigen Straftatbestand: die Leugnung von Naziverbrechen und die Beleidigung und Verunglimpfung ihrer Opfer. Allein davon – und von nichts anderem – ist auch in der Begründung dieses Entwurfes die Rede. Konkret geht es um einen staatlichen Schutz der Opfer des Nationalsozialismus und ihrer Nachkommen und um die gebotene vorbeugende Wachsamkeit, neuerlichen Anfängen zu wehren.

Dies ist angesichts der abstoßenden und alarmierenden Beispiele von Neonazismus dringend geboten.

Um so bedauerlicher und widersprüchlicher finde ich es, daß der ursprüngliche Regierungsentwurf innerhalb der CDU/CSU-Fraktion keine Mehrheit gefunden hat.

Statt dessen wird nun den Abgeordneten der Koalition – ich frage: auf Drängen welcher Kreise eigentlich? – ein mir unverständlich verklausulierter, in seiner Zielsetzung diffus erscheinender Kompromiß abverlangt.

Damit wird das eigentliche Anliegen relativiert und leider auch seiner Glaubwürdigkeit entkleidet.

Beides empfinde ich als schwer zumutbar... Deshalb stimme ich für den ursprünglich vorgelegten Regierungsentwurf.«

Nur wenige Mitglieder meiner Fraktion »trauten« sich wie ich, zuzustimmen, obgleich sie meiner Meinung waren. Der verwässerte Entwurf wurde angenommen.

9.

Eine langwierige Auseinandersetzung um vergessene Naziopfer begann im vierzigsten Jahr nach dem Ende des Dritten Reiches:

Es handelte sich um die noch lebenden *Opfer sozialer Verfolgung*, beispielsweise um noch etwa einhunderttausend unter Hitler – oft bereits als Kinder – zwangssterilisierter Menschen, um Hinterbliebene der fünfzig- bis einhunderttausend Euthanasie-Opfer, um verfolgte Zigeuner (Sinti und Roma), um Homosexuelle und die Opfer grauenhafter pseudo-medizinischer Versuche, um siebeneinhalb Millionen Zwangsarbeiter in der Rüstungsindustrie und viele andere mehr. Ihre Schicksale während der Zeit der Verfolgung, aber auch in der Folgezeit, hatten einige wenige Abgeordnete aus allen Fraktionen zutiefst erschüttert und zu einer fraktionsübergreifenden Initiative angespornt.

Die Ausgangslage schien hoffnungslos: Die Wiedergutmachungsgesetzgebung war abgeschlossen. Sie galt nur für »politisch, rassisch oder religiös«, nicht aber für aus »sozialen Gründen« Verfolgte. In den Fraktionsführungen gab es wenig Neigung für eine Wiederaufnahme der Gesetzgebung.

Für diese Sachverhalte gab es mehr oder weniger plausible, jedoch betroffen machende Erklärungen.

Einmal war das ganze Ausmaß der Verbrechen an den Opfern »sozialer Verfolgung« nicht oder nicht ausreichend bekannt. Zum anderen war es eine traurige Tatsache, daß Vorurteile und der von Hitler geschürte Rassendünkel gegen die Betroffenen weiterwirkten. Auch galten die einschlägigen »Erbgesundheitsgesetze« aus dem Jahre 1933 offiziell nicht als »NS-Unrechts-Gesetze«, schon deshalb sei an »Wiedergutmachung« nicht zu denken.

Da hatte es zum Beispiel ein Urteil des Bundesgerichtshofes aus dem Jahr 1956 gegeben, in dem der Antrag von Zigeunern auf Anerkennung rassischer Verfolgung mit der Begründung »ihrer Neigung zur Kriminalität, besonders zu Diebstählen und zu Betrügereien« generell abgelehnt wurde. Dieses Urteil wurde zwar 1961 revidiert – dennoch blieb die grundsätzliche Anerkennung der Sinti und Roma als »rassisch Verfolgte« und damit materielle Wiedergutmachung aus.

1981 war, nach beträchtlichem hinhaltenden Widerstand des Finanzministers, wenigstens ein »Härtefonds« für Euthanasie-Opfer und Zwangssterilisierte geschaffen worden, aus dem Betroffene auf Antrag mit einer einmaligen Leistung von 5.000 DM für all ihre Leiden abgespeist wurden. Voraussetzung für diese »milde Gabe« war neuerliches Spießrutenlaufen der Opfer beim Amtsarzt (z. B. mußten Operationsnarben nachgewiesen werden!) und neue bürokratische Hindernisse.

In dieser schier hoffnungslosen Situation ergriffen eine Handvoll Abgeordnete Mitte 1985 die Initiative:

Wir waren Vertreter aus allen Fraktionen des Deutschen Bundestages (mit Ausnahme der CSU-Vertreter, die es rundweg ablehnten, Probleme der Wiedergutmachung überhaupt noch einmal zu diskutieren), die nicht lockerließen, bis es – nach vielen vergeblichen Vorstößen – 1987 endlich gelang, im Bundestag zunächst eine sorgfältig vorbereitete öffentliche Anhörung von Sachverständigen, Betroffenen und Verfolgtenverbänden durchzuführen, bei der über die Situation und die Leiden dieser Gruppen NS-Verfolgter Material gesammelt und Zeugnis abgelegt wurde.

An dieser Anhörung am 24. Juni 1987 habe ich als Zuhörerin teilgenommen und während der nachfolgenden Sommerpause das dreihundertseitige Protokoll nachgelesen, um mir einen umfassenden Überblick über das in diesem Bereich der Wiedergutmachung Nicht-Geleistete und Versäumte zu verschaffen. Dann stand mein Urteil fest: Hier handelte es sich um ein schweres, vielleicht das hartherzigste Versäumnis der Nach-Hitler-Zeit, weil die Opfer sozialer Verfolgung unter allen Opfern die schwächsten und hilflosesten und weil sie ohne jede »Lobby« waren. Deshalb mußte dieses Versäumnis dringend korrigiert werden.

Ich teilte die Meinung eines Sachverständigen, der am Ende der Anhörung festgestellt hatte:

»Die Leistung der Wiedergutmachung wird sich insgesamt letztlich nicht an der Zahl der positiv entschiedenen Verfahren und auch nicht an der Höhe der Mittel, die dafür aufgewendet wurden, messen lassen, sondern nicht zuletzt an der Zahl derer, die dennoch durch die Maschen gefallen sind . . .«

Und durch eben diese Maschen waren gerade die sozial und gesellschaftlich schwächsten Gruppen der Verfolgten gefallen.

Von den zahllosen Beispielen des »Durch-die-Maschen-Fallens« soll hier das Schicksal eines Zwangssterilisierten festgehalten werden:

»Ich bin 1936 als Unmündiger zwangssterilisiert worden und anschließend . . . als Arbeitskraft mißbraucht und ausgenutzt worden . . .

Eines Tages landete ich dann in dem berüchtigten Tötungslager Meseritz-Operawalde, in dem in wenigen Jahren bis zu achtzehntausend Menschen ermordet wurden. Hier mußten wir von morgens früh bis abends spät alle vorkommenden Arbeiten machen: In der Kiesgrube Waggons mit Kohlen entladen . . .

Es war Schwerstarbeit und Hungern. Wir bekamen Wassersuppen mit Kartoffelschalen . . .

Laufend kamen Transporte aus dem übrigen Deutschland, und immer wurden Plätze für diese Transporte geschaffen. Die Selektionen fanden dann regelmäßig statt . . . Jedem drohte das Schicksal . . . Vielleicht schon, wenn man auf dem Feld eine Rübe gestohlen hatte, konnte das Anlaß für eine Tötung sein . . .

Ich habe nie eine Entschädigung erhalten . . .«

Die Anhörung hatte zweierlei ergeben:

Erstens: Die Zahl und der Grad der Verfolgung durch Hitler'sche »Endlösungsprogramme der sozialen Frage« (Gutachter Professor *Dörner*), deren Ziel die Vernichtung aller nicht hinreichend Leistungsfähigen und Gesunden war, um eine industriell vollständig leistungsfähige Gesellschaft zu erzeugen, die Zahl dieser Opfer war bis dahin so gut wie nicht erfaßt. Sie ging in die Millionen.

Zweitens: Ihre Verfolgung war nicht minder grausam und menschenunwürdig wie die der anderen, bisher wenigstens gesetzlich und finanziell berücksichtigten »Wiedergutmachungs-Kategorien«. Die meisten Opfer sozialer Verfolgung mußten seit 1945 von der Sozialhilfe leben.

Wieder dauerte es Monate, bis es nach weiteren endlosen Debatten, Bemühungen, Vorstößen und Auseinandersetzungen endlich gelang, den »Hilfsfonds« für sozial-verfolgte Opfer der NS-Zeit auf mehrere hundert Millionen DM aufzustocken. Damit wurden auch für gesundheitliche Maßnahmen wesentlich großzügigere Zuwendungen möglich.

Ein kleiner, engagierter Unterausschuß des Bundestages tat sein möglichstes, um weiterzuhelfen, desgleichen Kirchen und Hilfsorganisationen. Dennoch ist eine wirklich befriedigende Lösung bis heute nicht gefunden worden. Die Regierung weiß, daß der Tod der Betroffenen das Problem in absehbarer Zeit lösen wird...

Ja, es gibt in der Geschichte der Nach-Hitler-Zeit so etwas wie eine »zweite Schuld«, und die Opfer sozialer Verfolgung sind ein beschämendes Beispiel dafür.

10.

Schließlich ist auch der 1987 entbrannte »*Historikerstreit*« um die »Singularität« oder »Relativität« der Naziverbrechen z. B. im Vergleich mit denen Stalins zu einem wichtigen, wenn auch dubiosen Markierungspunkt geworden.

Die Kontroverse lautete: Wie ist die Ermordung von Millionen Juden geschichtlich einzuordnen – als ein Verbrechen, wie es vergleichbar in der Geschichte auch anderswo und zu anderen Zeiten stattgefunden hat, oder als einzigartiges, unvergleichbares Geschehen?

An der Auseinandersetzung beteiligten sich so gut wie alle namhaften Historiker, Publizisten und Intellektuelle. Am Ende überwog zwar die Meinung, daß die Verbrechen der Naziepoche »singulär« gewesen sind und weder »relativiert« noch »entsorgt« werden dürfen, aber die Kontroverse schwelt weiter.

Worauf die Initiatoren des »Streits« längerfristig abzielten, hat sich seither in Etappen und diffusen Schattierungen entpuppt. »Normalität« im deutschen Geschichtsverständnis –

also auch hinsichtlich der Naziverbrechen – wird von der »Nationalzeitung« über die »Junge Freiheit« bis gelegentlich zur »FAZ« als Synonym für den endgültigen Schlußstrich unter jedwede »Vergangenheitsbewältigung« verwendet.

Ich frage mich immer wieder, was eigentlich an unserem heutigen deutschen Selbstverständnis so besonders »unnormal« sein soll, daß der Ruf nach »Normalität« zur politischen Kampfparole der Rechten hochstilisiert werden kann?

Wenn unter »Normalität« der Ruf nach einer neuen demokratischen Rechten verstanden wird, frage ich mich, ob wir dafür nicht schon die CDU, ganz sicher aber die CSU haben. Falls diese Parteien für »Normalität« nicht ausreichen, ist über Inhalte zu debattieren. Falls »Normalität« als Codewort für Verharmlosung und Leugnen von Naziverbrechen verstanden werden soll, wenn Rassismus, Fremdenhaß, Naziparolen, nationalistischer Männlichkeits- und Machtwahn (wieder) zur neuen »Normalität« zählen sollen, dann allerdings kann vor solcher »Normalität« nicht frühzeitig und entschieden genug gewarnt, falls nötig, Widerstand angesagt werden.

Ich denke, da liegt der Prüfstein unserer zweiten Republik: Was »Normalität« ist, darf nicht vom rechten Rand des demokratischen Spektrums definiert und verordnet werden, Normalität muß – wie bisher – aus der Mitte wachsen, und sie muß kräftig genug sein, um den »anschwellenden Bocksgesängen« von rechts entgegenzutreten.

Umberto Eco, dem italienischen Schriftsteller und Denker, verdanken wir eine beinahe klassische Zusammenschau dessen, was er »Ur-Faschismus« nennt, gegen den auch demokratische Gesellschaften bis heute nicht gefeit seien. Er zählt dazu zum Beispiel Rassismus in jeder Form, Elitedenken in Form von Verachtung der Schwächeren, Kultivierung von Feindbildern zur Stärkung des Nationalismus-Kults, Instrumentierung von Ängsten und Irrationalismus, Verherrlichung von Krieg und Gewalt, wenn dies der nationalen Überhöhung dient. *Eco* nennt dies »machismo«, zu dem er übrigens auch »Frauenunterwerfung« zählt.

So interpretiert, riecht es wohl in allen Gesellschaften, auch in unserer, immer mal wieder verdächtig nach »Ur-Faschismus«.

*

Deutsche Existenz nach Auschwitz, die Markierungspunkte hierfür führen also weit über die Politik hinaus in gesellschaftliche, religiöse und ganz persönliche Bereiche hinein. Das gilt vor allem für die sensiblen Themen *Antisemitismus* nach Hitler und Neuanfang im deutsch-jüdischen Verhältnis.

Im Umgang mit dieser Tabu-Thematik haben wir uns, trotz vielfältiger und engagierter Bemühungen, schwergetan. Dennoch, so meine ich, gab es auch spürbare Schritte nach vorn. Die eindringliche Forderung der studentischen Widerstandskämpfer der WEISSEN ROSE, »Zerreißt den Mantel der Gleichgültigkeit«, wurde von vielen Gruppen und einzelnen aufgenommen. Ich erinnere mich an wichtige Stationen auf dem Weg zur Einsicht, Erkenntnis, Begegnung und Verständigung zwischen Christen und Juden.

Für mich wurde gerade dieses Engagement zu einer menschlichen und politischen Lebensaufgabe. Ob Landtags- oder Bundestagsabgeordnete, ob Staatsministerin oder in kirchlichen Ämtern, ob in Wort und Schrift, im Tun und Lassen: Es war ein nimmermüdes Engagement, selbst dann und gerade dann, wenn ich dafür gelegentlich scheel angesehen wurde oder gar ins politische Abseits geriet. Deshalb war es für mich ein sehr bewegender Augenblick, als mir im März 1992 für dieses Engagement von den »Christlich-Jüdischen-Gesellschaften« in Deutschland die »*Buber-Rosenzweig-Medaille*« verliehen wurde.

Wieder und immer wieder habe ich mich mit der Schuldfrage und den Möglichkeiten der Sühne beschäftigt...

In Theresienstadt hatte meine spätere Freundin *Gerty Spies* auf einen Fetzen Packpapier notiert:
»*Was ist der Unschuldigen Schuld?*
Wo beginnt sie?
Sie beginnt da, wo man mit hängenden Armen,
schulterzuckend danebensteht,
den Mantel zugeknöpft,
die Zigarette angezündet und spricht:
Da kann man nichts machen.
Seht, da beginnt der Unschuldigen Schuld.«[44]
Nach ihrer Rückkehr aus Theresienstadt begann sie über ihre Erfahrungen zu schreiben und das Geschriebene vorzulesen und uns damit das Bild von des »Unschuldigen Schuld« (ohne jede Selbstgerechtigkeit) so einzuprägen, wie es sonst niemandem gelang. Mehr als einmal habe ich die tiefe Betroffenheit ihrer Zuhörer(innen) gespürt.

Wenn dieses Buch erscheint, wird *Gerty Spies*, so Gott will, neunundneunzig Jahre sein, umsorgt im Jüdischen Altersheim in München von vielen, vielen Freund(inn)en, unendlich erschöpft, aber, wenn sie von Fremdenhaß oder Antisemitismus hört, immer noch fähig ist zu Sätzen wie diesem: »Da muß man doch etwas dagegen tun!« – Die »Lichterketten« im Dezember 1993, als Zehntausende Münchner mit Kerzen gegen Fremdenhaß demonstrierten, hat sie begeistert mitverfolgt.

Einen weiteren Beitrag zu dieser Thematik möchte ich in dieses Kapitel aufnehmen, weil er mein Bemühen besser wiedergibt als heute neu erdachte und formulierte Beteuerungen. Er hatte einen ziemlich makabren Hintergrund:

Da hatte der CSU-Abgeordnete *Hermann Fellner* Anfang Februar 1986 – unter massenhaftem Beifall von rechts – davon gesprochen, daß sich Juden immer sofort zu Wort melden, wenn »in deutschen Kassen irgendwo das Geld klingelt«. Und der CDU-Bürgermeister der niederrheinischen Stadt

Korschenbroich, *Graf von Spee*, hatte erklärt, wenn man den städtischen Haushalt ausgleichen wolle, müsse man schon »einige reiche Juden erschlagen«.

Zwar hatte sich ersterer entschuldigt und mußte letzterer von seinem Bürgermeisteramt zurücktreten, die öffentliche Resonanz aber war in jeder Hinsicht kontrovers und beträchtlich.

Nachdem es mir angesichts dieser Auseinandersetzung nicht gelungen war, meine Fraktion zu einer »Aktuellen Stunde« im Bundestag zu bewegen, sammelte ich über vierzig Unterschriften von Abgeordneten aus allen Fraktionen (bis auf die CDU/CSU, die nicht mitmachen wollte) und initiierte so auf eigenes Risiko hin eine »Aktuelle Stunde« im Bundestag, die am 27. Februar 1986 stattfand.

Das war das erste und blieb meines Wissens das einzige Mal, daß der Deutsche Bundestag über das Tabu-Thema »Antisemitismus in Deutschland« debattiert hat. Hier Auszüge aus meinem Debattenbeitrag, mit dem die »Aktuelle Stunde« eingeleitet wurde:

». . . Etwa fünfundvierzig Kollegen haben diese Aktuelle Stunde, gleichsam als Stunde der Besinnung, aus Anlaß der am Sonntag beginnenden ›Woche der Brüderlichkeit‹ unter dem Motto ›Die Bewährung liegt noch vor uns‹ beantragt; nicht, um über beklagenswerte antisemitische Äußerungen zu richten. Die Entschuldigungen hierfür werden von uns respektiert. Aber wir meinen, daß uns der nun gar nicht mehr klammheimliche Beifall für solche Äußerungen zu erhöhter Wachsamkeit zwingt.

Es gibt wohl keinen alarmierenden Antisemitismus in der Bundesrepublik. Aber es gibt sehr alarmierende Tendenzen. Es gibt diese ›provozierende Gedankenlosigkeit‹, die unsere politische und moralische Sensibilität herausfordert und die von uns, dem Parlament, nicht widerspruchslos hingenommen werden darf.

Worin bestehen diese Tendenzen? Einmal in der Wiederverwendung und Verbreitung der gleichen generalisierenden Vorurteile und Sündenbockklischees, mit denen wir in unserer Jugend vergiftet wurden und die bisher nur neonazistischen Denk- und Sprachkategorien vorbehalten waren. Wenn das innerhalb der demokratischen Parteien Schule machen sollte, dann zerbräche mehr als nur ein Tabu!

Das würde den Bruch eines gemeinsamen Grundkonsenses aller antinazistischen Demokraten bedeuten und eine folgenschwere Beschädigung der Grundsubstanz unserer demokratischen Kultur. Deshalb müssen wir auch den Anfängen solcher Tendenzen offen und entschieden entgegentreten. ›Wir dürfen es uns nicht abermals zu leicht machen‹, wie es Theodor Heuss schon 1946 gefordert hat.

Wir dürfen Wachsamkeit und Sensibilität hierfür nicht allein den Betroffenen überlassen. Wir dürfen es auch nicht nur dem Bundespräsidenten überlassen oder den Kirchentagen, oder einmal im Jahr der ›Woche der Brüderlichkeit‹ darüber zu sprechen. Nein, wir sind zuständig und verantwortlich für die strikte Beachtung der Grundwerte unserer demokratischen Kultur.

Nach Hitler, nach Auschwitz, nach Kirchenkampf und Morden an Geisteskranken, nach all den unsäglichen Greueln an politisch Andersdenkenden, an Juden und Polen, an Russen, Sinti und Roma, Homosexuellen, sozial Verfolgten, nach alldem zählt jede Beschädigung oder Gefährdung dieser Werte vielfach.

So gesehen ist es eine weitere provozierende Gedankenlosigkeit, im Umgang mit jüdischen Mitbürgern ›Normalität‹ zu fordern.

Denn, wann hätte es in der deutschen jüdischen Geschichte der letzten hundert Jahre je Normalität gegeben, liebe Kollegen?

So tönt das nun nicht nur von den Stammtischen: Schluß mit der Schonzeit für Juden, sie haben genug Geld bekommen!

Abgesehen von der ungeheuren Geschmacklosigkeit: Das muß doch von jüdischen Mitbürgern als unverhüllte Drohung verstanden werden, zumindest als eine Vorstufe eines neuerlich Neid und Aggression freisetzenden Antisemitismus.

Je trotziger man hierzulande nach Normalität ruft, desto deutlicher tritt doch das Gegenteil hervor. Mögen Antisemitismus, Rassismus, Fremdenhaß in anderen Staaten ›normal‹ sein, bei uns sind sie es ganz bestimmt nicht!

Nach dem Dritten Reich ist bei uns noch auf lange Sicht kein normaler Staat zu machen. Das mag eine bittere Einsicht sein, aber sie sollte für alle demokratischen Politiker verbindlich sein, vom Bundeskanzler bis zum Jungpolitiker.

Deshalb wollen wir in dieser Aktuellen Stunde vor allen falschen Zungenschlägen warnen, mit Einsicht und Vernunft, aber auch mit Nachdruck. Deshalb wollen wir hier und heute unseren jüdischen Mitbürgern danken, daß sie unter uns leben und mit uns zusammen leben wollen; denn darauf kommt es so entscheidend an.

Ein Zeichen des Dankes auch an alle, vor allem an die jungen Mitbürger und Gruppen, die sich dieser Verpflichtung bewußt sind, die stellvertretend für uns alle den mühsamen Weg des Erinnerns und der Aussöhnung gehen.

Die Mahnungen Richard von Weizsäckers am 8. Mai 1985 haben seither einen unerwarteten Realitätsbezug erhalten. Sie stehen sozusagen auf dem Prüfstand der Tagespolitik, der Parteien, Politiker, von uns allen. Daran müssen wir uns messen, und daran müssen wir uns messen lassen!

Es liegt in unserer gemeinsamen Verantwortung, daß wir neuen Antisemitismus-Ansteckungsgefahren bereits im Aufkeimen widerstehen . . .«

Diese »Aktuelle Stunde«, zu der die CDU/CSU »keinen Bedarf erkennen« konnte, in der Bundeskanzler *Helmut Kohl* aber höchst persönlich das Wort ergriff, brachte – auch im Ausland – viel Zustimmung und Anerkennung.

Weniger erfreulich war die Briefflut, die mich nachträglich erreichte, aus der ich einige »Kostproben« dokumentieren möchte:

». . . Wenn nach vierzig Jahren schandvoller Vergangenheitsbewältigung bisweilen ein Mann aufsteht und ohnedies nicht allzu lautstark bedeutet, daß jetzt genug an Wiedergutmachung getan worden sei, dann schreit das ganze, wie mir scheint, bezahlte Pack auf. Was ist aus unserem stolzen, aufrechten Volk in den letzten vierzig Jahren geworden?

O. S., Unterdach«

»Wer Sie kennt, braucht sich über Ihren weinerlichen Auftritt im Bundestag nicht zu wundern, gehören Sie doch in Ihrer Partei zu dem tonangebenden Judenklüngel um Genscher, Hirsch und Baum. Aber allmählich dringt die Wahrheit immer mehr ans Licht und vor allen Dingen: Wir jungen Menschen gehen der geschichtlichen Wahrheit auf den Grund.

Dr. V. H., Würzburg«

»Von Jahr zu Jahr verfällt die reine Substanz des deutschen Volkes. Das, was in dreißig, vierzig Jahren noch übrigbleibt, ist eine Mischlingsmasse, die zu keiner Leistung mehr fähig ist, auch nicht der des Hasses gegen die Juden.

C. A., Spaichingen«

»Das beste wäre es, wenn Sie sich freiwillig aus Deutschland zurückzögen. Sie haben doch einen freien Staat Israel, dort gibt es genug Platz für alle Israeli, und wir wären die Schmarotzer bei uns los. So denken viele Bürger in unserem Bekanntenkreis.

T. K., Frankfurt«

»Das Thema hängt uns Deutschen schon zum Hals raus. Je mehr davon geredet wird, desto lächerlicher werden die Aussagen dazu. Im Grunde genommen ist es uns wurscht, was die Juden oder andere Völker machen, Hauptsache, sie lassen uns in Ruhe.   *W. I., Frankfurt«*

Antisemitismus heute – im fünfzigsten Jahr nach dem Untergang der Hitler-Diktatur – nach der Befreiung von *Auschwitz*, wie steht es damit? Ich würde sagen: unverändert. Mit dem Unterschied, daß der bis Ende der achtziger Jahre meist hinter vorgehaltener Hand oder verklausuliert artikulierte Antisemitismus heute wieder ziemlich unverblümt geäußert wird.

Der erfrischend offene und unverkrampfte Mittler zwischen Deutschen und jüdischen Deutschen, *Ignatz Bubis*, begrüßt den Wegfall von Tabus. Das erleichtere die öffentliche Auseinandersetzung: »Wer antisemitisch denkt, soll es auch sagen!« Ich gebe ihm recht; die verdruckte Heuchelei hat vieles verschleiert. Deshalb sollte die Auseinandersetzung mit offenem Visier geführt werden. Dazu gehört aber, daß die Verbreitung der sogenannten »Auschwitz-Lüge« weiterhin geahndet wird, die Schändung jüdischer Friedhöfe (es waren in fünf Jahren mehr als während der fünfzehn Jahre Weimarer Republik) nicht ungesühnt bleibt, und die Einsicht, daß das nach wie vor distanzierte »Klima« zwischen Deutschen und Juden besonderer Pflege bedarf.

Selbst wenn der Anteil mehr oder weniger antisemitisch denkender Deutscher über Jahrzehnte bei etwa gleichbleibend 20 bis 25 Prozent liegt, wächst der Anteil der Gleichgültigen. Angesichts neuen Elends, neuer Verfolgungen und Unmenschlichkeiten wird der »Mantel der Gleichgültigkeit« immer seltener »zerrissen«, statt dessen wird er von übersättigten Fernsehkonsumenten hochgeschlagen und mit den Schultern gezuckt.

Der Friedensnobelpreisträger *Élie Wiesel* hat nur zu recht, wenn er feststellt, daß die Welt im gleichen Maße vom Fanatismus der Massen und von der Gleichgültigkeit des einzelnen bedroht würde.

Beides verhindert ein humanes Zusammenleben unterschiedlicher Rassen, Religionen und Kulturen.

*

Auch mit der *Rezeption des Widerstandes* gegen Hitler hatten wir über fünfzig Jahre unsere Last. Ein Gradmesser hierfür war und ist der »Mut zum Erinnern« (*Richard von Weizsäcker*) am Beispiel des gescheiterten Umsturzversuches der Männer des 20. Juli 1944.

Die offiziellen Reden, die zu diesem Anlaß seit 1954 – also erstmals zehn Jahre nach dem Geschehen – alljährlich von namhaften politischen Repräsentanten gehalten wurden, legen hierfür Zeugnis ab. Es lohnt sich, sie auszuwerten, selbst wenn sie die Erinnerung und Rezeption des Widerstandes zumeist auf den militärischen Widerstand gegen Hitler verkürzen. Ich versuche es mit einigen »Stichproben«.

In seiner ersten Ansprache zum zehnten Jahrestag des 20. Juli 1954 legte *Heuss* als Staatsoberhaupt öffentlich »Dank und Bekenntnis zum Widerstand« ab, als er – damals äußerst mutig – feststellte:

»Das Bekenntnis gilt nicht nur den inneren Motiven, sondern es umfaßt auch das geschichtliche Recht zu ihrem Denken und Handeln. Der Dank aber weiß darum, daß die Erfolglosigkeit ihres Unternehmens dem Symbolcharakter des Opferganges nichts von seiner Würde raubt: Hier wurde in einer Zeit, da die Ehrlosigkeit und der kleine feige und brutale Machtsinn den deutschen Namen besudelt und verschmiert hatten, der reine Wille sichtbar, im Wissen um die Gefährdung des eigenen Lebens den Staat der mörderischen Bosheit zu entreißen und ... das Vaterland vor der Vernichtung zu retten ...

... Wir werden nicht verhindern können, daß in Hinterstuben diese oder diese Schmährede das Gedächtnis an diese Männer verletzt ... Diese Stunde aber soll Bekenntnis und Dank sein: Bekenntnis zur Gesinnung dieser Männer und Dank für ein Vermächtnis, das durch das stolze Sterben dem Leben der Nation geschenkt wurde ... Ihr Vermächtnis ist noch in Wirksamkeit, die Verpflichtung noch nicht eingelöst.«[45]
Ich kann mich noch gut erinnern, daß dieses Bekenntnis zum Widerstand *Theodor Heuss* tatsächlich nicht nur aus den »Hinterstuben« Kritik eingebracht hat. Aber sie wurde nicht offen ausgetragen, von einer wirklich ernsthaften allgemeinen Auseinandersetzung mit dem Widerstand gegen die Naziherrschaft konnte damals noch nicht die Rede sein.

Diese Auseinandersetzung war (verständlicherweise) besonders für das Traditionsbewußtsein und Selbstverständnis der neugeschaffenen Bundeswehr heikel und kontrovers. Dies äußerte sich im Streit um die Konzeption der »inneren Führung« des »Bürgers in Uniform« und bis heute bei der Namensgebung von Kasernen usw.

Daß sich in der Bundeswehr im Laufe der Jahre eine positive Einstellung zum demokratischen Staat und umgekehrt auch bei skeptischen Bürgern Vertrauen zu dieser durchsetzten, halte ich für eines der ganz positiven Leistungen der Nach-Hitler-Zeit. Wir verdanken sie der Einsicht führender Männer, wie dem Schöpfer des Soldaten als »Bürger in Uniform«, *Wolf Graf Baudissin*, dessen Reform und Vorbild dieses doppelte Wunder vollbracht hat.

Fünfzehn Jahre nach jener Rede von *Theodor Heuss* zum 20. Juli 1954 hat mich die Ansprache des dritten Bundespräsidenten *Gustav Heinemann* zum 20. Juli 1969 neuerlich angerührt, und zwar vor allem wegen seines persönlichen Schuldbekenntnisses. *Heinemann*, der ja zu den mutigen Repräsentanten der Bekennenden Kirche gehört hatte und durch alle Zeitläufe immer ein kompromißloser Gegner des Nationalsozialismus geblieben war, bekannte:

»*Mich läßt die Frage nicht los, warum ich im Dritten Reich nicht mehr widerstanden habe. Aus dieser Frage heraus habe ich als führendes Mitglied des Rates der Evangelischen Kirche Deutschlands die ›Stuttgarter Erklärung‹ vom Oktober 1945 auch persönlich mitgesprochen . . . Ich klage mich an, weshalb ich nicht mutiger bekannt, nicht treuer gebetet, nicht fröhlicher geglaubt und nicht brennender geliebt habe.*«[46]

Persönliche Schuldbekenntnisse von solch ungeschützter Offenheit waren und blieben bei Politikern die Ausnahme. Dennoch wirkten sie »*subkutan*« weiter, wie man aus späteren Gedenkreden zum 20. Juli oder bei anderen Gelegenheiten spüren konnte: Der Umgang mit dem 20. Juli entkrampfte sich, löste sich aus der Isolierung der Betroffenen und des jeweiligen »Gedenkredners«.

Über ein Jahrzehnt später, am 20. Juli 1980, nahm der damalige Regierende Bürgermeister von Berlin, *Richard von Weizsäcker*, die Kontroverse um das Vermächtnis des 20. Juli neuerlich auf. Alle kleinlichen Interpretationen über Motive und Absichten der Verschwörer schob er beiseite und bekannte absichtsvoll:

»*Was fortwirkt, sind nicht historische Zusammenhänge oder politische Berechnungen bei den Verschwörern, sondern ihr Charakter, ihr Gewissen und ihre Tat.*«[47]

Die erste offene, politisch noch nicht ausgestandene Kontroverse über die Würdigung des deutschen Widerstands in all seinen unterschiedlichen politischen Ausprägungen bahnte sich im Gefolge der deutschen Vereinigung an.

Anläßlich der fünfzigsten Wiederkehr des Aufstandes vom 20. Juli brach sie 1994 – von rechtskonservativer Seite angezettelt – an der Frage auf, ob auch kommunistischer Widerstand erwähnt und gewürdigt werden dürfte und sollte. Initiator und

Wortführer der Kontroverse war der Sohn von *Claus Graf Schenk von Stauffenberg*, der dies kategorisch verneinte und dafür öffentliche und publizistische Unterstützung (vor allem in der »FAZ«) fand.

Der 20. Juli als parteipolitischer Zankapfel? Das Ende des Konsenses, noch ehe er wirklich verbindend und verbindlich war?

Der Widerspruch gegen jede Parteipolitisierung des Widerstands war leidenschaftlich und wurde auf hohem Niveau formuliert. Schließlich wurde die Kontroverse in der Kurzformel »Das Gedenken an den 20. Juli darf nicht zum Kult der Selbstgerechten mißraten« zusammengefaßt – und fürs erste zugunsten der Würdigung aller Widerstandskämpfer vertagt.

Geben wir uns aber keinen Illusionen hin: Ich vermute, daß Neo-Rechtsnationalisten nichts unversucht lassen werden, das Thema Widerstand im Dritten Reich so umzuinterpretieren, bis es zur »Entsorgung« tauglich ist. Das aber ist nach meiner Einsicht und Erfahrung weder historisch noch politisch, vor allem aber moralisch erlaubt. – Endlich – nach über fünfzig Jahren – soll nun der 27. Januar ein Gedenktag für alle Opfer des Nationalsozialismus werden. Dafür ist Bundespräsident *Roman Herzog* sehr zu danken.

Oft wird vergessen, daß es ja nicht nur den Widerstand des 20. Juli gab, vielmehr vom Tage der Machtergreifung 1933 an politisch, weltanschaulich oder religiös begründeten, vielfältigen Widerstand.

Ich erinnere an die Widerstandskämpfer aus vielen Bereichen des geistigen, politischen und kulturellen Deutschlands, an *Kurt Tucholsky, Carl von Ossietzky*, an die katholischen und evangelischen Märtyrer, vor allem an Sozialdemokraten und auch an die vielen Kommunisten, die zur Leidensgemeinschaft gehörten und gezählt wurden. Was Hunderttausende von politischen Häftlingen aller politischen Richtungen in zweiund-

In der Jugendbegegnungsstätte in Dachau mit Anneliese Knoop-Graf, die Schwester des 1943 hingerichteten Willi Graf, und Inge Aicher-Scholl, die Schwester von Hans und Sophie Scholl (v. l. n. r.)

zwanzig Konzentrationslagern mit über eintausendzweihundert Nebenlagern und sechs Vernichtungslagern mit mehreren Nebenlagern erduldet, wie viele ihre Überzeugung mit dem Tod besiegelt haben, das heute noch zu ermessen, übersteigt unser »normales« Fassungsvermögen. Um so wichtiger war und ist es, kollektive Verbrechen an konkreten Einzelbeispielen erfahrbar zu machen und weiterzuvermitteln, wie es in ungezählten Bericht-Büchern gelungen ist.

Ich nenne hier vor allem die Berichte von Frauen: *Cordelia Edwardson, Ruth Elias, Lisa Fittkow, Ruth Klüger, Gerty Spies, Ruth Liepman* oder die Editionen von *Inge Aicher-Scholl, Inge Jens* und *Anneliese Knoop-Graf* über ihre Geschwister, *Freya Gräfin Moltke* über ihren Mann und den Kreisauer Kreis. Zu einem der wichtigsten und eindrucksvollsten Dokumente dieser düsteren Epochen zählen die im AUFBAU Verlag 1995 posthum herausgegebenen Tagebücher

1933-45 des Dresdner Romanisten *Victor Klemperer:* »Ich will Zeugnis ablegen bis zum Letzten.«

Meine persönliche Identifikation liegt, wie aus meiner Biographie unschwer zu verstehen ist, bei den Studenten der WEISSEN ROSE und bei den christlichen Widerstandskämpfern.

In der »WEISSE-ROSE-STIFTUNG« arbeitete ich von Anfang an im Vorstand mit, helfe bei Vorträgen, Gedenktagen, vor allem in Schulen und Jugendorganisationen. In der Kirche fühle ich mich den Nachfahren der Bekennenden Kirche im Geiste *Dietrich Bonhoeffers* zugehörig: Schuld erkennen, auch eigene Mitschuld, politische Sühne (soweit möglich) leisten (zum Beispiel Anerkennung der Oder-Neiße-Grenze), Unterstützung von Organisationen wie »Aktion Sühnezeichen«, »Amnesty International« usw., neuen Gefährdungen widerstehen bei Fremdenhaß und Rassismus, Aufklärung, nicht wegsehen, Vorbild geben, und immer wieder: den Mantel der Gleichgültigkeit zerreißen. So, wie es *Sophie Scholl* auf die brüllende Frage des Blutrichters *Freisler*, weshalb sie die Flugblätter verteilt habe, ganz schlicht ausdrückte: »Einer mußte den Anfang machen.«

So verstehe ich auch den kühnen und unvorstellbar einsamen Attentatsversuch, den der Münchner Schreiner *Georg Elsner* mit einer nächtelang selbstgebastelten und eingebauten Bombe am 9. November 1939 im Hofbräukeller auf Hitler versucht hatte, der allerdings den Saal vorzeitig verlassen hatte. Für *Georg Elsner* endete der Versuch am 5. April 1945 im KZ Dachau in einem grausamen Tod. – Auch er wollte den Anfang machen.

Schließlich möchte ich hinzufügen, in welcher Weise nicht so sehr die Politik, sondern Literatur und Medien, Kirchen und gesellschaftliche Kräfte, Wissenschaft und Forschung zur Aufklärung, Bewußtseinsbildung und Besinnung beigetragen haben.

Auf diesen Feldern gab es große Anstrengungen und großartige Leistungen. Oft waren sie wirkungsvoller und überzeugender, als die Politik es je versuchte und vermochte.

Das Schrifttum über die Zeit und die Ereignisse ist schier unübersehbar geworden.

Da es unmöglich ist, auch nur die wichtigsten Veröffentlichungen und Fernsehsendungen aufzuzählen und zu würdigen, beschränke ich mich auf die, die für mich in den ersten Nachkriegsjahren und später besonders wichtig waren:

Es waren dies *Eugen Kogon*: »Der SS-Staat«; *Inge Aicher-Scholl*: »Die Weiße Rose«; *Günther Weisenborn*: »Der lautlose Aufstand«; *Annedore Leber*: »Das Gewissen steht auf«; *Eberhard Zeller*: »Geist der Freiheit«; *Eberhard Baethge*: »*Dietrich Bonhoeffer*«; außerdem natürlich das »Tagebuch der *Anne Frank*« und das vielgespielte *Zuckmayer*-Stück »Des Teufels General«. Später waren es *Sebastian Haffners* »Anmerkungen zu Hitler«, *Joachim Fest*: »Das Gesicht des Dritten Reiches« und *Heidecker/Leeb*: »Der Nürnberger Prozeß«.*

Oft werden junge Menschen mehr noch als durch das gedruckte Wort von Ausstellungen und Dokumentationen beeindruckt, wie dies beispielsweise in der Berliner »Gedenkstätte Deutscher Widerstand« in der Stauffenbergstraße und der »Topographie des Grauens« am Ort des ehemaligen Hauptquartiers der Gestapo in Berlin in der Prinz-Albrecht-Straße und seinen freigelegten Gefängniskatakomben eindrucksvoll gelungen ist.

In der deutschen zeitgeschichtlichen Forschung waren und sind es vor allem die Arbeiten und Veröffentlichungen des Münchner »Instituts für Zeitgeschichte«, das von namhaften Historikern wie *Hans Rothfels* (»Deutsche Opposition gegen Hitler«), *Gerhard Ritter* (»*Carl Goerdeler* und die deutsche Widerstandsbewegung«) gegründet und von *Herman Mau*,

---

* siehe Literaturliste im Anhang.

Helmut Krausnick, *Martin Broszat* und *Horst Möller* ausgebaut wurden.

Auch möchte ich den Historiker und Leiter der »Gedenkstätte Deutscher Widerstand« in Berlin, Professor *Peter Steinbach*, nennen, der sich um die Rezeption des Widerstands in Deutschland (West *und* Ost) große Verdienste erworben hat, und im gleichen Atemzug Professor *Wolfgang Benz* (»Dimension des Völkermords«) und die Herausgeberin der »Dachauer Hefte«, *Barbara Diestel*.

Seit etwa Mitte der siebziger Jahre kommt dem Fernsehen mit seinen großen Dokumentar- und Spielfilmen über die Hitler-Zeit eine besonders verdienstvolle Aufklärungsfunktion zu. Stellvertretend nenne ich die amerikanische Serie »Holocaust« von *Gerald Green*, mit der in den endsiebziger Jahren erstmals der emotionale Einbruch in die Wohnstuben deutscher Familien gelang.

Die dreiteilige Serie über den Majdanek-Prozeß von *Eberhard Fechner*; die bewegenden Gespräche mit Hinterbliebenen von Widerstandskämpfern des 20. Juli, die *Irmgard von zur Mühlen* führte, und nicht zuletzt den aufwühlenden Film des polnisch-französischen Regisseurs *Claude Landsman* »Shoa« und in jüngster Zeit »Schindlers Liste« von *Steven Spielberg*.

Auch Schicksale von Emigranten wurden – beispielsweise in der Spielfilm-Dokumentation des eigenen leidvollen Erlebens von *Stefan G. Troller* (»Wohin und zurück«) – einfühlsam dargestellt. *Guido Knoop* (ZDF) und *Henri C. Wuermeling* (BR) gestalteten verdienstvolle zeitgeschichtliche Dokumentationen.

Ich erwähne all diese sehr unterschiedlichen Formen der Aufklärungs- und Erinnerungsarbeit, weil sie zusammengenommen entscheidend dazu beigetragen haben, daß das Bewußtsein vieler Deutscher – auch gerade junger Deutscher – heute sehr viel sensibler geworden ist, als das in der ersten Nachkriegszeit der Fall war, in der Vergessen- und Verdrängenwollen überwogen.

Zum Schluß noch ein Blick auf den Bereich Erziehung und Bildung nach *Auschwitz*:

Was ist über die Jahrzehnte in unseren Schulen und in der Jugendarbeit geschehen, um die dunkelsten Kapitel deutscher Zeitgeschichte nicht nur als Lernwissen zu vermitteln, sondern als Geschichte der eigenen Vorfahren erfahrbar zu machen und für die eigene Orientierung daraus zu lernen?

Obwohl das Gespräch zwischen Eltern und Kindern, zwischen Lehrern und Schülern über das Geschehen während der NS-Zeit nach 1945 zunächst nur sehr zögernd und quälend in Gang kam, hat sich das, wie berichtet, etwa seit Mitte der sechziger Jahre gebessert. Oft glaubten und glauben junge Deutsche, den von ihren Eltern oder Großeltern versäumten oder unterlassenen Widerstand nachholen zu müssen, zivilen Ungehorsam leisten zu müssen gegen atomare Bewaffnung, Raketenstationierung, Kernenergie, Zivilisationsschäden . . .

Dies ist ein Widerstand, der zwar gelegentlich Zivilcourage erfordert, dennoch aber ohne jedes existentielle Risiko ist.

Die Diskussion über den fundamentalen Unterschied zwischen dem mit dem Tode bedrohten Widerstand damals und friedlichen Protestaktionen heute ist mir wichtig und muß von uns Älteren gewissenhaft geführt werden.

Auf jeden Fall und in jedem Fall ist eine für ihre Anliegen demokratisch engagierte Jugend unverzichtbar, selbst wenn uns Älteren das eine oder andere Engagement nicht gefällt. Dann müssen wir uns eben damit auseinandersetzen und einer kritischen Diskussion stellen.

Besorgniserregender als uns Älteren nicht zusagendes jugendliches Engagement ist auch hier politische Gleichgültigkeit, zeitgeschichtliches Nichtwissen und Desinteresse. Deshalb ist es so wichtig, Initiativen und Vorhaben zu unterstützen, die sich mit dem Geschehen in der NS-Zeit auseinandersetzen und daraus eigene Initiativen entwickeln. Hierfür gibt es immer wieder sehr ermutigende Projekte:

Zum Beispiel: Häufig erarbeiten Schüler die eigene Stadtgeschichte während der Nazizeit und spüren dem Schicksal damaliger politischer Gegner und jüdischer Mitbürger nach. Da werden Dokumente gesammelt und gesichtet, ehemalige Bürger eingeladen, Diskussionen und Ausstellungen veranstaltet und vieles mehr.

An Orten früherer Rüstungsproduktion wird dem Schicksal von Zwangsarbeiterinnen aus besetzten Gebieten nachgegangen, um auch daran über Gewalt und Unmenschlichkeit zu lernen und über die Einstellung zu ausländischen »Arbeitskräften« heute nachzudenken.

Kinder und Kindeskinder von Widerstandskämpfern engagieren sich zunehmend gegen neu erwachte antisemitische und pro-nazistische Tendenzen.

Ein anderes Beispiel ist die – nur durch jahrelangen zähen Einsatz durchgesetzte – *Jugendbegegnungsstätte* im ehemaligen Vernichtungslager *Auschwitz*. Sie ist das Verdienst der *Aktion Sühnezeichen* und ihrer jungen Mitstreiter in Organisationen und Schulen.

Ähnliches wird – lange Zeit vergeblich – gegen massiven örtlichen Protest für das ehemalige *KZ Dachau* versucht. Auch dort soll nun endlich eine internationale Jugendbegegnungsstätte entstehen. Auch in *Kryzyzowa* (Kreisau), dem ehemaligen Familiensitz des Widerstandskämpfers *Helmuth Graf von Moltke*, ist als deutsch-polnische Initiative eine europäische Jugendbegegnungsstätte im Aufbau.

Schüler organisieren Lichterketten gegen neue Formen der Unmenschlichkeit wie Fremdenhaß, helfen in Asylheimen oder arbeiten in Hilfsprojekten, zum Beispiel in Bosnien (»Schüler helfen leben«). Alles in allem wurde und wird, trotz vieler Rückschläge, alt-neuer Gleichgültigkeit und nachwachsender Unbelehrbarkeit in unserer Gesellschaft von einzelnen und von Gruppen ein hoher Einsatz gegen Verdrängen und Vergessen, gegen neues Unrecht und die Wiederkehr des Verdrängten geleistet.

In den Nachfolgegenerationen der Opfer, aber auch der Täter tun sich ganz neue Probleme auf. Die Erblast *Auschwitz* wirkt traumatisch auf Kinder und Kindeskinder weiter, und es stellt sich die Frage, was diese davon an ihre Kinder und Kindeskinder weitergegeben haben. Gab es, gibt es, wie Psychologen und Therapeuten berichten, innerhalb derart belasteter Familien so etwas wie ein »inneres Drama« zwischen Eltern und Kindern und wirkt dieses auf die Befindlichkeit der Gesellschaft?

Und außerdem – da es ja nicht nur Täter und Opfer gegeben hat, sondern vor allem Mitläufer, die die eigentlichen Garanten der NS-Diktatur waren: Wird auch Mitläufermentalität an Kinder und Kindeskinder weitergegeben?

*

Mein politisches Denken und Handeln war seit 1945 durch die Jahrzehnte vom weiterwirkenden Vermächtnis des Widerstandes und der Opfer von Terror und Verfolgung geprägt. Mit beidem habe ich mich immer von neuem auseinandergesetzt, in diesbezügliche Kontroversen immer wieder eingemischt und ungezählte Initiativen angeregt, unterstützt und begleitet.

Es begann 1945 mit jener emotional aufgeheizten Kontroverse, ob es denn eine *Kollektivschuld* aller Deutschen für die Verbrechen, die in ihrem Namen (von Deutschen!) begangen wurden, gäbe oder nicht.

Ich war zwar noch ein politischer Grünschnabel, mischte mich aber in Wort und Schrift ein: Sicher sei doch, daß es auch keine *Kollektiv-Unschuld* aller Deutschen gegeben habe. Denn auch Wegsehen, Verdrängen, Achselzucken, Leugnen können Mitschuld begründen.

Was mich damals betroffen gemacht hat, tut es auch heute noch.

Einerseits habe ich deutsche Jugendliche in Israel auf Kirchentagen, bei Veranstaltungen während der »Woche der Brüderlichkeit« usw. kennengelernt; ich weiß um ihr Engagement, geschändete jüdische Friedhöfe in Ordnung zu bringen oder das Schicksal ehemaliger Bürger ihrer Heimatstadt zu ergründen, wenn sie gegen neuen Rassismus und Fremdenhaß demonstrieren, wenn sie Flüchtlingen und Asylbewerbern helfen... Diese und andere Beispiele sind für mich schöne Zeichen der Hoffnung.

Andererseits gibt es am anderen Ende der Skala (auch unter jungen Menschen) wüsten, unverbesserlichen, zu allem fähigen Antisemitismus, dessen Verfechter zynisch jede Judenvernichtung leugnen (im geschlossenen Kreis sogar gutheißen), die bereit sind, jüdische Kultstätten und Friedhöfe zu zerstören, und jedem applaudieren, der behauptet, nicht Hitler sei schuld am verlorenen Krieg, sondern allein das »Weltjudentum«. In diese Kategorie gehören auch jene, die laut oder leise applaudieren, wenn ein Republikaner sich scheinbar arglos, in Wirklichkeit politisch perfid brüstet: Er getraue sich auszusprechen, daß er einen prominenten Juden »unsympathisch« finde. Für solche und ähnliche Anspielungen konnte er zeitweise über 10 Prozent Wählerstimmen einheimsen.

Zwischen beiden Polen – zahlenmäßig sind sie schätzungsweise etwa gleichgewichtig – steht in allen Generationen die große Mehrheit der Gleichgültigen, der Gedankenlosen, derer, die mal mehr nach der einen, mal mehr nach der anderen Seite tendieren.

Was meine ich mit »Gedankenlosigkeit«? Dafür drei Beispiele:

Ich erinnere mich an jenen unbescholtenen Mitbürger, nebenamtlich Dozent an der Münchner Bundeswehrhochschule, der nach einem bekannten (dem einzigen) jüdischen Mitglied des Lehrkörpers gefragt, achselzuckend antwortet: »Ich habe nichts gegen Juden. Aber ein Jude gehört nicht als Lehrer in eine deutsche Bundeswehrhochschule.« – »Weshalb eigentlich nicht?« wurde er gefragt. Er wurde rot und stotterte ein wenig, er habe es wirklich »nicht bös« gemeint . . .

Ein zweites Beispiel: In München gibt es eine »Literaturhandlung«, die von der klugen und couragierten Jüdin *Rachel Salamander* gegründet wurde und mit ihren Autorenlesungen zu einem interessanten und frequentierten kulturellen Mittelpunkt geworden ist. Nach einer Veranstaltung hörte ich zwei Frauen anerkennend über das Gebotene sprechen und dann die eine seufzen: »Weshalb nur muß sie denn das Jüdische immer so heraushängen?« – »Was verstehen Sie denn unter ›das Jüdische‹«, wollte ich zurückfragen, da war sie schon im Gewimmel verschwunden. Auch sie ist sicher nicht bewußt antisemitisch.

Und drittens: Eine Umfrage hat ergeben, daß ein Drittel der Befragten, obgleich sie »nichts gegen Juden haben«, nicht neben einem Juden wohnen wollen . . . Wie würden wir reagieren, wenn ein ähnliches Ergebnis, sagen wir in Holland, gegen die Deutschen herauskäme?

Was ich mit diesen Beispielen (und es gäbe mehr davon) nicht beweisen, wohl aber zur Beurteilung weitergeben möchte, ist meine These: Von einem »normalen« Zusammenleben von Deutschen und deutschen (oder nichtdeutschen) jüdischen Mitbürgern kann bei uns, auch nach fünfzig Jahren, keine Rede sein. Wahrscheinlich von beiden Seiten. Was aber dann?

Es ist das große Verdienst des Vorsitzenden des »Zentralrats der Juden in Deutschland«, *Ignatz Bubis*, daß er um den heißen Brei, was denn eigentlich »normales« Zusammenleben heißen könnte, nicht herumredet. Wann wäre denn das gleichberechtigte Zusammenleben von Deutschen mit jüdischen Deutschen je »normal« gewesen? Nicht einmal um den Preis totaler Assimilation und Anpassung, nicht einmal um den Preis des »Heldentodes« von über siebzigtausend jüdischen Soldaten im Ersten Weltkrieg wurde das erreicht. Deshalb al-

Bei der Einweihung der Jugendbegegnungsstätte Auschwitz 1986, v. l. n. r. neben Hildegard Hamm-Brücher: Hans-Jochen Vogel, Heinz Galinski, Heinz Westphal und Rita Süssmuth

so: Rückkehr zur »Normalität«, das dürfte doch nicht heißen, zu einem früheren, unbefriedigenden Zustand zurückzukehren. Das käme einem Herumdrücken um die Wahrheitsfindung über die Ursachen des traditionellen deutschen Antisemitismus gleich.

Was aber dann? *Ignatz Bubis* nennt es nicht »Normalität«, sondern »Versuche mit weniger Befangenheit«, und ich denke, das könnte für den Umgang miteinander ein weiterführender Rat sein. Mitmenschen jüdischen Glaubens »unbefangener« zu begegnen, daß hieße zuerst und vor allem, sie nicht gleich als jüdische Mitbürger zu deklarieren und das eigene Verhalten entsprechend zu verkrampfen.

Ich gestehe, daß dies auch meinem Wunsch entspricht, manchmal aber nicht durchzuhalten ist, zum Beispiel, wenn man mit dem Ausmaß jüdischen Be- und Getroffenseins konfrontiert wird und einfach nicht mehr »unbefangen« sein kann. Das habe ich mehr als einmal erlebt. Von einem dieser Anlässe möchte ich berichten, um damit verständlich zu machen, was ich meine:

Als ich im Herbst 1986 mit einer Bundestagsdelegation an der Einweihung der Jugendbegegnungsstätte in Auschwitz teilnahm, standen wir auch an der berüchtigten »Rampe« in Birkenau, an der brüllende SS-Schergen die Selektion der Angekommenen zwischen Tötung und Gnadenfrist vornahmen. Zufällig stand ich neben *Heinz Galinski*, dem damaligen Vorsitzenden des Zentralrats der Juden, der zum erstenmal nach Auschwitz zurückgekehrt war. Totenblaß zitterte er am ganzen Leib, wie ich noch nie einen Menschen zittern gesehen habe – dem Wieder-Erleben schutzlos preisgegeben, von Wieder-Er-Schrecken nahezu überwältigt.

Ich hatte mit ihm über die Jahre ungezählte Mal respektvoll, aber ohne besondere Befangenheit gesprochen, manchmal gestritten, gelacht ... Seit diesem Augenblick gelang es mir nicht mehr.

Seither scheue ich mich, Normalität und Unbefangenheit im Zusammenleben von Deutschen und Juden als Regel zu empfehlen. Noch werden viele Jahre des geduldigen Säens unserer Tränen vergehen, bevor wir gemeinsam mit Freuden ernten können.

*

Fünfzig Jahre deutsche Existenz nach *Auschwitz*: Wir haben einen langen und beschwerlichen Weg zurückgelegt. Viele – Deutsche und Juden – sind ihn mitgegangen. Erst die Zukunft wird erweisen, ob wir Deutschen aus diesem uns am schwersten und auf Dauer belastenden Irrtum unserer Geschichte ein für allemal gelernt haben. Dank sei allen, die sich auch weiterhin darum bemühen.

III.
Über erkämpfte und unvollendete Reformen
(Werkstattberichte)

Dieses Kapitel handelt von Reformvorhaben, die ich auf den Weg gebracht habe, die teilweise gelungen, teilweise unvollendet geblieben, gelegentlich gescheitert sind, und auch davon, wie es mit ihnen weitergehen könnte.

In jedem Fall habe ich viele Ideen, Zeit und Kräfte, wohl den Löwenanteil meiner Lebensarbeitszeit in gesellschaftspolitische, bildungspolitische und politische Reformen investiert und dabei mehr als einmal seufzend *Bert Brecht* umgereimt: Ja mach nur einen Plan – doch sei kein großes Licht, und mach noch einen zweiten, dritten, vierten ... Plan, am Ende geh'n sie alle nicht!

Denn so ist es: Reformen sollen sein in Deutschland. Aber ändern darf sich bei den Betroffenen nichts! Wie oft wurden Reformen postuliert, angekündigt und begonnen, dann aber wieder aufgegeben, oder sie versandeten, sobald damit beim Wähler »keine Blumentöpfe« mehr zu gewinnen waren.

Meine Passion für notwendige politische Reformen war die logische Folge meines Entschlusses zur Politik, samt dem Vorsatz, dazu beizutragen, daß Deutschland – nach seinen schrecklichen Irrtümern und Katastrophen – ein für allemal zu einer Demokratie westlicher Prägung werden müßte und daß Freiheit zur Losung des Neuanfangs würde.

Dafür gab es nach 1945 einen immensen Reformbedarf – nichts als Reformbedarf. Nirgendwo durfte es weitergehen wie zuvor, überall mußte ganz von vorne angefangen werden, wenn es im politischen Denken und Handeln, im Staatsaufbau und in seinen Institutionen, in den Amtsstuben und in den Köpfen der Amtsträger um die Ausschaltung der NS-Hinterlassenschaft ging, um Veränderung und Erneuerung.

Und nicht nur das: Vor allem ging es um die Menschen! Um uns! Wie war es um uns bestellt? Waren wir die gleichen geblieben? Vom eigenen und kollektiven Schicksal gebeutelt – gewiß –, wie aber stand es um unsere Einsicht und Bereitschaft, Veränderung und Erneuerung, Ent-Nazifizierung auch ganz persönlich zu wagen? Um die Einsicht also: Damit sich unser kollektives Schicksal nicht wiederholen kann, muß der einzelne – muß ich selber – zur Umkehr bereit sein.

Ich war 1945 noch sehr jung, aber doch alt genug, um die scheinbar schlichte Sentenz des weisen *Lao-tse* (was so viel wie »alter Meister« heißt) zu begreifen, die er sechshundert Jahre vor Christus aufgezeichnet hat:

»*Verantwortlich ist man nicht nur für das, was man tut.*
Verantwortlich ist man auch für das, was man nicht tut.«
Am Beispiel des Opferganges der Studenten der WEISSEN ROSE und unseres Abseitsstehens hatte ich erkannt, daß es nicht nur im persönlichen, sondern auch im politischen Leben jedes Menschen zweierlei Verantwortlichkeiten gibt: die für sein *Tun* und die für sein (*Unter-*)*Lassen*, die für das Bekennen und Eintreten, aber auch die für sein Wegsehen und Schulterzucken.

Das Doppelgebot des *Lao-tse* wirkte auf mich wie eine Art politischer Herzschrittmacher: Werde nicht müde, auch das zu tun, was politisch nicht unterlassen werden darf, und ermutige auch andere dazu. Verlasse hierfür, wenn nötig, die abgesicherte Rollbahn der Mehrheit und schlage die unübersichtlichen Trampelpfade in Richtung Erneuerung, also Reformen ein.

Und das waren – in chronologischer Reihenfolge – die mir wichtigsten Reformprojekte:

– Über vierzig Jahre währte mein Engagement für *Bildungsreformen* mit dem Ziel, in allen Bildungsbereichen offene Strukturen, Chancengerechtigkeit, Entfaltung individueller Begabungen und Einübung demokratischer Tugenden zu ermöglichen.

– Seit über fünfunddreißig Jahren arbeite ich an der Entwicklung und Förderung *demokratischer Lebensformen* mit dem Ziel, eine *mündige Bürgergesellschaft* zu stärken und der Verwilderung unserer demokratischen Kultur Paroli zu bieten ...

– Sechs Jahre (1984-90) habe ich – zusammen mit Abgeordneten aus allen Bundestagsfraktionen – für *innerparlamentarische Reformen* gekämpft, für die Stärkung von *Rechten und Pflichten des Parlaments* gegenüber Regierung und Exekutive. – Lebenslang habe ich mich für die Behebung der »Kreislaufstörungen« im Regelwerk der Verfassung unserer repräsentativen Demokratie engagiert. Bis heute nehme ich an diesen unerledigten Reformen Anteil...

– Sechs Jahre (1976-82) war ich für die Reform der *Auswärtigen Kulturpolitik* verantwortlich mit dem Ziel, neue Wege zu internationaler Verständigung zu suchen und zu beschreiten. – Heute sorge ich mich um den schleichenden Rückfall in »verjährte Gesinnungen«.

Auf allen vier Reform-Pfaden war *Lao-tse*'s Imperativ mein Richtungsweiser und Schrittmacher.

III.1.

Demokratie als Staatsform

*Über Parlaments- und andere Demokratiereformen
und ein Plädoyer zur Überwindung der Malaise
unserer repräsentativen Demokratie*

»Ich bin überzeugt, daß wir weder einen Rechtsstaat noch einen demokratischen Staat (also auch kein Europa) bauen werden, wenn wir nicht gleichzeitig einen menschlichen, sittlichen, geistigen und kulturellen Staat bauen.«
Václav Havel, 1990

Verantwortung tragen auch für das (Unter-)Lassen, das galt für mich in besonderer Weise seit 1950 für den Parlamentsbetrieb und meine parlamentarische Arbeit. Das galt für das Verhältnis zwischen Wählern und Gewählten, zwischen Volk und Volksvertretung: nicht wegzusehen, was da alles nicht mit den Postulaten der Verfassung übereinstimmte, nicht zuzulassen, daß sich unsere repräsentative Demokratie – scheinbar unabänderlich – von ihrem Verfassungsauftrag entfernte, daß dieser gelegentlich zur Makulatur geworden ist.

Der Wortlaut der drei Gebote und Aufträge unseres Grundgesetzes ist eindeutig:

Artikel 20: »*Alle Staatsgewalt geht vom Volke aus. Sie wird in Wahlen und Abstimmungen . . . ausgeübt.*«

Artikel 21: »*Die Parteien wirken bei der politischen Willensbildung mit.*«

Artikel 38 Absatz 1: »*Der Abgeordnete ist Vertreter des ganzen Volkes. Er ist an Aufträge und Weisungen nicht gebunden und nur seinem Gewissen unterworfen.*«

Mit diesen *drei Geboten* wird das »Regelwerk« unserer repräsentativen Demokratie beschrieben, und ich fand und finde es wichtig, daß dieses Regelwerk auch und vor allem in der Verfassungswirklichkeit praktiziert und für Bürger erlebbar wird.

Nicht mehr und nicht weniger als das: Das Volk ist der Souverän, *seine* Vertretung ist die erste Gewalt im Staate, und *seine* Vertreter tragen – nach bestem Wissen und Gewissen – Verantwortung für das Ganze. Die Parteien »wirken bei der Willensbildung mit«.

In der politischen Wirklichkeit haben sich die Gewichte dieser drei Gebote jedoch spürbar verschoben: Das Volk tritt die »Staatsgewalt« mit einem Kreuzchen auf dem Stimmzettel an politische Parteien ab, deren stärkste die Staatsgewalt dann mit Hilfe von »auftrags- und weisungsgebundenen« Abgeordneten ausübt. – Das Parlament wird von der »Ersten Gewalt« zur Vollzugsagentur der Regierung degradiert, die von der oder den Regierungsparteien gestellt wird. Die entscheidende Kontrollfunktion übt – wenn überhaupt – nur die oppositionelle Minderheit aus. Ihre Initiativen sind jedoch von vornherein zum Scheitern verurteilt . . .

Meine ersten Bedenklichkeiten über »Kreislaufstörungen« im Regelwerk unserer repräsentativen Demokratie und am Ungenügen unserer parlamentarischen Wirklichkeit hatten sich schon in den fünfziger Jahren eingestellt, anläßlich meiner ersten Lektionen, die ich als junge FDP-Landtagsabgeordnete in Bayern durchpauken mußte: Den Pseudo-Parlamentarismus unter dem Regiment einer Quasi-Staatspartei mit christ-katholischer Firmierung (CSU), ihr verächtlicher Umgang mit der Opposition im allgemeinen und deren weiblicher Repräsentantin im besonderen, die Gängelei und Unmündighaltung der eigenen Gefolgschaft. Diese Diskrepanz zwischen Verfassungsauftrag und parlamentarischer Wirklichkeit hat bei mir erstes Unbehagen erzeugt.

Als ich 1950, mit neunundzwanzig Jahren, in diese Volksvertretung gewählt worden war, schickte mir ein Gratulant folgendes Gedicht des bayerischen Nationaldichters *Ludwig Thoma:*

»Eröffnungshymne
Was ist schwärzer als die Kohle?
Als die Tinte, als der Ruß?
Schwärzer noch als Rab' und Dohle?
Und des Negers Vorderfuß?
Sag' mir doch, wer dieses kennt –
Bayerns neues Parlament!«

Zuerst habe ich darüber gelacht, nach und nach habe ich aber das Lachen verlernt, schließlich klang es bitter: Sollte dieses »schwarze Parlament« das Beispiel und Vorbild einer demokratischen Volksvertretung sein? Sollte so die Verwirklichung des Postulates der Gewaltenteilung aussehen?

War das unabänderlich? Was konnte, was sollte eine liberale Opposition dagegen tun?

Darüber habe ich im biographischen Teil vieles berichtet.

Über das Selbstverständnis einer konservativ-klerikalen Staatspartei und ihrer Repräsentanten habe ich in langen Jahren viel erfahren. Darüber geben nicht nur die literarischen Hauptfiguren in *Lion Feuchtwangers* Tatsachenroman »Erfolg« Aufschluß, sondern auch die handelnden Personen aus Fleisch und Blut, wie wir sie in Gestalt der sogenannten »Amigo-Affären« auch seit der, nun nicht mehr klerikalen, dafür aber mindestens ebenso machtzentrierten Ära *Strauß* bis heute kennengelernt haben: Das Alleinbestimmungsrecht der CSU-Allmächtigen sowohl über das eigene »Wohl« als auch über das »Wehe« gegen die, die dagegen aufbegehren. Dieses »Wehe« habe ich – wie berichtet – über zweiundzwanzig Jahre zu spüren bekommen.

Bereits am 27. September 1963 habe ich meinem Herzen über Bayerns »schwarzes Parlament« in der »Süddeutschen Zeitung« Luft gemacht. Ich klagte an:

»Unsere Parlamente tun, was ihres Amtes nicht ist!« schrieb kürzlich eine angesehene Wochenzeitung in einer Untersuchung über den westdeutschen Parlamentarismus. Die

Dementis folgten dieser Bemerkung auf dem Fuße, und die Diskussion erstarb, bevor sie noch eigentlich begonnen hatte. Nun ist aber die Frage nach dem Was und dem Wie der Tätigkeit unserer Parlamente meiner Ansicht nach nicht mit Dementis zu erledigen; sie fordert vielmehr eine redliche Diskussion zwischen Wählern und Gewählten heraus.

Wäre es nicht vielleicht doch möglich, daß in der Behauptung, unsere Parlamente täten, was ihres Amtes nicht ist, ein Körnchen Wahrheit steckte, wenn man an ihre verfassungsmäßigen Aufgaben einen strengen Maßstab anlegen würde? Denn ›ihres Amtes‹ ist, Gesetze zu machen, die öffentlichen Haushalte zu beschließen, zu überwachen und die Exekutive zu kontrollieren – alles Dinge, von denen man zwar oft hört und liest. Aber ich frage mich, ob es im Bayerischen Landtag wohl noch Abgeordnete gibt, die sich diesen Aufgaben guten Gewissens noch voll und ganz gewachsen fühlen. Zumindest gibt es darüber ein schwer definierbares Unbehagen.

Der Bayerische Landtag ist kaum noch in der Lage, Gesetze wirklich selber zu machen. Einmal, weil das technische, organisatorische und vor allem fachmännische Angebot der Exekutive gewaltig ist, und zum anderen, weil das Parlament sich zusätzlich durch seine vergleichsweise dürftige und primitive Ausrüstung freiwillig außer Konkurrenz setzt. Das entmutigt, und man gibt sich damit zufrieden, die weitgehend vorfabrizierten Gesetze – mehr oder weniger gründlich – durchzuarbeiten und hin und wieder durch Abänderungen (partei-)politische Akzente anders zu setzen; aber im Grunde ändert sich nichts daran, daß fast alles und alle wichtigen Gesetze von den gleichen Leuten und denselben Ämtern konzipiert und formuliert werden, die sie später auch durchzuführen haben. Kein Wunder, daß gerade die Gesetze, welche die Beziehungen zwischen dem einzelnen und der Obrigkeit ordnen (wie zum Beispiel Bau-, Polizei- und Verwaltungsgesetze), schon von der Grundauffassung ihrer ›bürokratischen‹ Väter her eher zugunsten der Obrigkeit gestimmt sind und mehr reglementieren, als es dem Bürger lieb sein sollte.

Kann man das ändern? Nur, indem man, wie zum Beispiel in Amerika, den Abgeordneten zur Gesetzgebungsarbeit die gleichen Hilfsmöglichkeiten an die Hand gibt, wie sie bisher allein das Vorrecht der Exekutive waren, aber auch durch die Einführung öffentlicher ›Hearings‹ (der Anhörung von sachverständigen Bürgern, die weder dem Parlament noch der Exekutive angehören) zu allen Gesetzen und wichtigen Parlamentsbeschlüssen. Besonders von der Einführung solcher ›Hearings‹ würde ich mir eine wesentliche Stärkung der Parlamentsarbeit und ihres Ansehens in der Öffentlichkeit versprechen.

Der Bayerische Landtag ist von Jahr zu Jahr weniger imstande, den Staatshaushalt wirklich unter Kontrolle zu bekommen. Einmal, weil er quantitativ enorm angewachsen ist, zum anderen, weil er qualitativ immer weniger durchschaubar wird (Subventionen, Sammelansätze mit Millionenbeträgen, Staatsbeteiligungen usw.). Hinzu kommt die von Jahr zu Jahr kürzer bemessene Beratungszeit.

Als ich im Jahre 1951 zum ersten Male im Haushaltsausschuß an der Durchberatung des etwa fünfhundert Seiten umfassenden Etats des Kultusministeriums teilnahm, dauerten diese Beratungen etwa vier bis fünf Arbeitswochen. Obgleich mir schon das damalige Verfahren ziemlich oberflächlich erschien und nicht mit der notwendigen Gründlichkeit vonstatten ging, so war es doch, verglichen mit der Praxis der sechziger Jahre, geradezu vorbildlich. Zwar waren die erbetenen Auskünfte von Seiten der Regierung nicht gerade immer kristallklar und erschöpfend, aber immerhin mußte sich die Exekutive doch beobachtet, kontrolliert und kritisiert fühlen . . .

Dann wurde der ›Zeitdruck‹ erfunden, der mittlerweile zum beherrschenden Faktor aller Parlamentsarbeit gewor-

den ist. Ihm fiel auch die vergleichsweise Gründlichkeit früherer Haushaltsberatungen zum Opfer.

Ein anerkannter Haushaltsexperte bemerkte dazu kürzlich, daß er bei den letztjährigen Beratungen gar nicht so schnell umblättern konnte, wie die Ansätze im Haushaltsplan beschlossen wurden. Etwaige Wünsche der Regierungsparteien waren bereits in Vorbesprechungen ›abgeklärt‹ worden, und bestenfalls wurden bei den öffentlichen Beratungen noch ein paar Scheingefechte geliefert. Anträge der Opposition wurden grundsätzlich abgelehnt. Es gab mehr Sammelansätze denn je; das sind meist hohe Beträge für einen allgemeinen Zweck, deren Verteilung im einzelnen der Exekutive überlassen bleibt. Die Verteilung der Gelder ist praktisch unkontrollierbar und ermöglicht der Exekutive, auf eigene Faust Politik zu machen . . .

Wenn man bedenkt, daß es ursprünglich die Forderung nach öffentlicher Ausgabenkontrolle war, an der sich der parlamentarische Gedanke entwickelte, so bedeutet die heutige Entwicklung zweifellos eine Verarmung demokratischer Möglichkeiten . . .

Wie steht es mit der parlamentarischen Kontrolle?

Die Unzulänglichkeiten, wie sie bei den Haushaltsberatungen und bei der Ausübung des Budgetrechts offenbar werden, sind nur ein Anzeichen dafür, daß sich bei uns jenes Gleichgewicht des ›check and balance‹ zwischen Legislative und Exekutive nicht einstellt – oder immer noch nicht eingestellt hat. Es gibt aber noch andere: So verlaufen zum Beispiel die demokratischen ›Fronten‹ im Parlament nicht mehr klar zwischen Exekutive und Legislative, sondern verschieben sich von Abgeordneten der Regierungsparteien plus Exekutive auf der einen – und Abgeordneten der Opposition auf der anderen Seite, und zwar so, daß Abgeordnete der Regierungsparteien grundsätzlich geneigt sind, sich schützend vor die Exekutive zu stellen, und die öffentliche Kontrolle und Kritik den Abgeordneten der Opposition mit ihrer zahlenmäßigen Minderheit überlassen bleibt. Etwaige eigene Kritik findet hinter verschlossenen Türen, sozusagen ›unter sich‹ statt, während der Wähler doch ein Interesse (und auch ein Anrecht) auf öffentliche Kontrolle und Kritik hätte.

So könnte es geschehen, daß nach und nach das natürliche und notwendige Spannungsverhältnis zwischen den beiden großen demokratischen Gewalten verlorengeht, und es erhebt sich neben der Frage, ob die Abgeordneten die Exekutive noch überwachen können, die andere, ob sie es überhaupt noch wollen..., vor allem dann, wenn sich die ursprünglich auf Zeit gewählte Regierungspartei mittlerweile als Quasi-Staatspartei in allen exekutiven Schlüsselpositionen fest etabliert hat...

Aber damit nicht genug. Ein weiteres Unbehagen stellt sich ein, wenn man an die zunehmende Zahl von Beamten denkt, die in unserem bayerischen Parlament sitzen, ja sogar in einigen Fällen parlamentarische Schlüsselpositionen einnehmen. Es ist mehr als eine Frage des politischen Stils, wenn es erlaubt ist, daß ein Beamter im gleichen Parlamentsausschuß sitzt – oder ihm gar vorsitzt –, der die Fachkontrolle über sein Ministerium oder seine Behörde ausübt...

Nun werden diese und andere Mängel zwar seit Jahren kritisiert, aber niemand traut sich recht, sie zu beseitigen... Wackere und zivilcouragierte Vorstöße einzelner Abgeordneter sind noch immer wie das Hornberger Schießen ausgegangen und haben den Initiatoren solche Nachteile und Erschwerungen gebracht, daß sie, wenn sie Wert auf ihre Wiederwahl legten, solche ›selbstmörderischen‹ Vorstöße nicht ein zweitesmal unternahmen...

Weshalb, zum Beispiel, engt der Bayerische Landtag – selbst im Vergleich zum Bundestag – die parlamentarische Fragestunde so ein, als handle es sich um eine gehobene Schülermitverwaltung und nicht um die höchste Präsenta-

tion der politisch mündigen Staatsbürger? Weshalb, zum Beispiel, werden die alljährlichen Debatten zu den Haushaltsplänen der Ministerien in Minutenfahrpläne von Redezeiten und Rednerfolgen (mit druckfertigen Manuskripten statt freien Argumenten) eingezwängt, die jede politische Auseinandersetzung ›Auge in Auge‹ im Keime ersticken?

Ein Redner nach dem anderen schnurrt in vorbestimmter Reihenfolge sein Manuskript herunter, während die Präsidiumsmitglieder die Minuten zählen und in Tabellen eintragen. Ganz natürlich, daß die Abgeordnetenbänke leer sind; denn jeder weiß, daß wirkliche Auseinandersetzungen, belebende Dispute gar nicht entfesselt werden können, weil sich jeder Redner seine kostbare Zeit von vornherein mit der Stoppuhr genau einteilen muß.

›Demokratie ist Regierung durch Diskussion‹, so definiert und praktiziert ganz undogmatisch der Engländer, während bei uns die Demokratie in einen Paragraphenwald von Verfassungs- und Geschäftsordnungsbestimmungen eingezwängt ist, die nicht nur die Bürger, sondern, wie man sieht, auch das Parlament zu Passivität oder Routine verleiten ...

Weshalb lassen es sich Abgeordnete und Fraktionen gefallen, daß Auskünfte der Regierung gelegentlich immer dürftiger und ungenauer ausfallen oder gar verweigert werden? Wenn man bedenkt, welchem Hagel unerbittlicher und unvorbereiteter Fragen Regierungsmitglieder in anderen parlamentarischen Demokratien ausgesetzt sind, dann kann man von den Auseinandersetzungen im bayerischen Parlament – von gelegentlichen Kurz-Explosionen abgesehen – bestenfalls von Scheingefechten sprechen. Josef Filser (für Nichtbayern: Ein vom bayerischen Nationaldichter Ludwig Thoma erfundener Landtagsabgeordneter, der in Form von Briefen an seine Frau ›Mari‹ oder an einen ›Schbezi‹ (Spezi) über seine Landtagstätigkeit berichtet) beschreibt das so:

›Inser barlamendarisches Leben ist schtil, intem mir eine so schtarke Bardei sind das mir ahles one schtreiten thun was mir mögen und sahgen mir heumlich das es schade ist.‹ . . .
Wie kann man das ändern? Wenn der Bayerische Landtag ein wirklich unbequemer Partner von Regierung und Exekutive werden wollte, dann setzte das voraus, daß das Abgeordneten-Dasein wieder unbequemer würde und sich nicht bereits im außerparlamentarischen Konkurrenzkampf ums Dabeisein erschöpfte . . . Es ist nicht unbedenklich, daß der Strudel meist pseudopolitischer Geschäftigkeit, daß Repräsentations- und Prestigeverpflichtungen im Tagesablauf des Abgeordneten immer mehr Zeit und Kraft beanspruchen und daß darüber die parlamentarische Arbeit zu kurz kommt . . .
Zusammengefaßt bedrängt mich die Frage: Ist die klassisch-demokratische Gewaltenteilung überholt und läßt sich nicht mehr praktizieren, dann müßten neue Formen demokratischer Kontrolle und des Machtausgleichs entwikkelt werden, oder sie ist es nicht, dann allerdings reichen geringfügige Reformen nicht aus, sondern nur eine herzhafte Reformation der Parlamentsarbeit an Haupt und Gliedern.«
Damit war eigentlich schon vor dreißig Jahren alles gesagt, was auch heute noch die Schwächen und Defizite unseres parlamentarischen Systems ausmacht.

Im Deutschen Bundestag erlebte ich – erstmals von 1969 bis 1972, dann wiederum von 1976 bis 1990 – eine zwar andere Konstellation und etwas mehr Niveau, die parlamentarischen Strukturen und Abläufe aber hatten sich in ähnlicher Weise vom Verfassungsauftrag abgekoppelt wie in Bayern.
Durch Geschäftsordnung und Praxis war die parlamentarische Arbeit im Laufe der Jahrzehnte so eingeengt und verreglementiert worden, daß weder in Debatten noch bei der

Wahrnehmung parlamentarischer Rechte Eigeninitiative, Lebendigkeit und Spontaneität aufkommen konnte.

Nach der Pfeife der Fraktionsführung zu tanzen, das war (und ist) die erste (Abgeordneten-)Pflicht und seine einzige Chance zu reüssieren. Andernfalls droht schrittweise Liebes- und Protektionsentzug, drohen keine oder kürzere Redezeiten, gibt es keine Vergünstigungen... Die Zuchtmeister in den Fraktionen, die ihrerseits »von oben« unter Erfolgsdruck gesetzt werden, üben ihr Amt höflich, aber beinhart aus.

Im Ergebnis hat das auch in Bonn zu einer erheblichen Diskrepanz zwischen Verfassungsauftrag und parlamentarischer Wirklichkeit geführt. Zwar hetzt der Abgeordnete in den wenigen Sitzungswochen des Parlaments (1995 waren es zweiundzwanzig von zweiundfünfzig Wochen) in Ausschüsse, Arbeitskreise, Fraktionssitzungen, zu Empfängen und Parlamentsabenden – an Fleiß und Geschäftigkeit fehlt es gewiß nicht –, zur verantwortlichen Mitsprache, Kontrolle und Mitgestaltung (entsprechend dem Artikel 38 des Grundgesetzes) hat er jedoch (laut Geschäftsordnung und Fraktionsreglement) weder Zeit noch Möglichkeiten, also kaum eine Chance.

Das im Artikel 38 des Grundgesetzes postulierte »freie Mandat« des selbstverantwortlichen Abgeordneten ist bestenfalls eine Legende: Im parlamentarischen Alltag hat der »Vertreter des ganzen Volkes« genau das zu tun und zu lassen, was ihm von Fraktionsführung und damit von der Partei aufgetragen wird. Und dies vor allem bei Abstimmungen, beim Reden oder auch im Schweigen. Diese »Faustregel« wird von ihm vielleicht nicht von Anbeginn gutgeheißen, im Laufe der Zeit jedoch verinnerlicht.

Eine erfolgversprechende parlamentarische »Lauf-Bahn« verlangt von dem, der Sprinter werden will, bestimmte Konditionen: nützlichen Fleiß, geschmeidige Anpassung, keine Extratouren und ja keine Aufmüpfigkeit im Fraktionsgefüge in Gestalt von eigenen Initiativen oder abweichenden Positionen.

Ist es eigentlich ein Wunder, daß selbständige, in Leben und Beruf erfolgreiche Menschen wenig Lust und noch weniger Neigung verspüren, in einem solcherart verreglementierten Parlamentsbetrieb über die »Ochsentour« Abgeordneter zu werden? Die berechtigte Klage über den Verlust an »Persönlichkeiten« in den Parteien, über profillose Berufspolitiker und Berufsparlamentarier – hier liegen ihre Ursachen: Der quasi verbeamtete, weisungsgebundene und pensionsberechtigte Berufsparlamentarier bedeutet das Aus für das Verfassungsgebot des »freien Mandats«.

Wer aber wagt sich an diese Reform? 1984 hat es eine Handvoll Abgeordneter versucht.

Zur Vorgeschichte: Von den vielen selbstgeschaffenen oder zugelassenen Restriktionen und Ärgernissen in der Parlamentsarbeit möchte ich nur diejenigen beispielhaft skizzieren, die uns damals ein besonderes Ärgernis waren:

Erstes Beispiel: In den sogenannten »*Fragestunden*«, die in Sitzungswochen im Bundestag an zwei Tagen je eine Stunde abgehalten werden, darf der Abgeordnete – das ist eines seiner raren Rechte – die von einem parlamentarischen Staatssekretär verlesenen, von der Ministerialbürokratie sorgfältig präparierten Antworten auf seine eine Woche zuvor eingereichten Fragen (zwei sind ihm gestattet) stehend entgegennehmen. Dann darf er zwei Zusatzfragen stellen, die in der Regel gleichfalls, meist wenig erhellend, statt dessen ausweichend beantwortet werden.

Die Position des Volksvertreters gegenüber dem Regierungsvertreter ist – so habe ich es wiederholt beschrieben – der eines Hündchens vergleichbar, das den Mond anbellt. Dies habe ich auf beiden Seiten der parlamentarischen Schaubühne hautnah erlebt: sechs Jahre als Staatsministerin und Vertreterin des Außenministers auf der Regierungsbank beim Verlesen – oft mit ungutem Gewissen – von nichts- oder wenig sagenden Antworten auf Abgeordnetenfragen, und umgekehrt weitere acht Jahre als Abgeordnete, die nun ihrerseits mit Antworten abgespeist wurde, deren Wahrheitsgehalt nachzuprüfen ich keine Rechte hatte ... Jetzt bekam ich die Schwäche und Ohnmacht unserer verkehrten Gewaltenteilung am eigenen Leib zu spüren.

Zweites Beispiel: die *Redemöglichkeit* im Parlament. Es beginnt damit, daß sich ein freier Volksvertreter in einer Bundestagsdebatte nicht einfach zu Wort melden kann; nur von der Fraktionsführung genehmigte, mit der Stoppuhr zugeteilte Redezeiten werden zugelassen. Keine Chance also, auf Argumente der Vorredner einzugehen, einen sachbezogenen Disput zu suchen, spontan zu reagieren – während Regierungsvertreter zu jeder Zeit und in beliebiger Dauer zu Worte kommen. Von »Waffengleichheit« zwischen Volksvertretung und Regierung kann ebensowenig die Rede sein wie von einer stilbildenden parlamentarischen Streitkultur.

Symbol für die politische Bedeutungslosigkeit der Plenardebatte und ihre geistige Verödung ist der, bis auf seltene Ausnahmen (Präsenzpflicht der Abgeordneten oder angekündigte »namentliche Abstimmungen«, andernfalls drohen deftige Bußgelder) leere Plenarsaal. Nicht etwa wegen angeblicher anderweitiger Sitzungsverpflichtungen der MdBs ist er leer, sondern weil die Verlesung von bereits abgelieferten Redetexten, zu denen man nicht Stellung nehmen darf, zu Recht weder Interesse noch Zulauf findet. So kommt es, daß die Debatte im Plenum, die ja das einzige »Fenster« von der Volksvertretung zum Volk ist – von wenigen »Sternstunden« abgesehen – zumeist Schaukämpfe, eine wenig vorbildhafte Streitkultur und allzuoft auch unverständliches Fachchinesisch vermittelt.

Das dritte Beispiel betrifft das im Grundgesetz garantierte *»freie Mandat«* des Abgeordneten. Wenn er davon Gebrauch machen und »im Reden und Handeln, bei Wahlen und Abstimmungen seiner (möglicherweise abweichenden) Überzeugung und seinem Gewissen« folgen will, dann ist das keine selbstverständliche Angelegenheit, dazu bedarf es einer gehörigen Portion Unabhängigkeit und Schneid samt einem geschärften Bewußtsein für mögliche Folgen, die von milden Ermahnungen über Nichtberücksichtigung bei attraktiven und/oder lukrativen Posten bis zu Ausgrenzungen verschiedener Grade reichen. Am Ende kann dies bis zum Karrierestop durch schlechte Plazierung bei der Kandidatenaufstellung gehen.

Nein, der im Grundgesetz geforderte und garantierte »*freie*« Volksvertreter ist nicht die allseits respektierte und akzeptierte Regel, sondern in der Innenansicht des Deutschen Bundestages die unwillkommene, in der Außenansicht die viel bestaunte Ausnahme. Beides haben alle Abgeordneten erfahren, die es je versucht haben. Deshalb werden es auch immer weniger.

Aber auch für den »normalen« Abgeordneten guten Willens, anerkannt durch Fachwissen und Fleiß, aber ohne besondere Karriereambitionen, bringt das Abgeordnetenleben früher oder später Ernüchterung, Frustrationen, Resignation ... Das haben wir 1984 in einer (anonymen!) Umfrage bei allen MdBs (Beteiligung etwa 30 Prozent) bestätigt gefunden:
– Mehr persönliche Rechte als Abgeordneter wünschten sich 89 Prozent (nur 6 Prozent nicht – 22 Prozent Enthaltungen),
– ein freies Rederecht wünschten sich 80 Prozent,
– ein verbessertes Fragerecht 75 Prozent,
– mehr Kontrollrechte 74 Prozent,
– Verschärfung der Auskunftspflicht der Regierung 65 Prozent.[48]

Dazu kam das Atmosphärische, unter dem das »Betriebsklima« im Parlament leidet:

Unter einer dünnen Decke »kollegialer« Umgangsformen lauert ein übergerüttelt Maß an Rivalitäten, Kalkül, Verstellung, Unaufrichtigkeit – Ausnahmen bestätigen (nur selten) die Regeln.

In meiner 1983 erschienenen Streitschrift »Der Politiker und sein Gewissen« habe ich diesen Aspekt des Abgeordneten-Daseins wie folgt beschrieben:

»Irgendwie ist er immer berufstätig, arbeitet immer. Selbst wenn er scheinbar nicht arbeitet – beim Bier, in der Familie, im Urlaub –, arbeitet, rotiert, rumort in ihm das Politiker-Sein. Es sind nicht nur die Aufgaben im engeren Sinne, die er pausenlos in Bonn und in seinem Wahlkreis zu erfüllen hat (gerade die Wahlkreistätigkeit des Abgeordneten, ihr Umfang und ihre Bewertung durch die Wähler wird leider außerordentlich unterschätzt), es sind die dauernd veränderten Bedingungen und Konstellationen des Politiker-Daseins, die ihn umtreiben – die ihn sozusagen in dauernder Alarmbereitschaft halten. Das permanente Blättern in Zeitungen und Papierbergen ist hierfür ebenso symptomatisch wie der Drang zum dauernden Herumtelefonieren, die Ungewißheit, etwas für ihn Wichtiges nicht zu erfahren, oder irgendwo nicht ausreichend beachtet zu werden. Die ständige Unruhe darüber, ob und wie sich diese oder jene Entwicklung anläßt, worauf man reagieren müßte, ob diese oder jene Konstellation ungemütlich werden könnte, solche Getriebenheit macht das Leben des Abgeordneten aus. Hinzu kommt die Angst, den Anforderungen nicht gerecht werden zu können: Reden sollen vorbereitet, Informationen aufgearbeitet, Briefe und Anfragen erledigt werden. Immer soll man fit, fröhlich und gelassen sein, nie soll man sich Frustration, Überforderung und Überanstrengung anmerken lassen. Das Wissen, daß man stets zu wenig Wissen hat, und das schlechte Gewissen, daß dauernd etwas zu kurz kommt, plagen den Abgeordneten unaufhörlich.

Ich meine das alles keineswegs abschätzig oder wehleidig, da ich selbst lange genug Abgeordnete bin und weiß, wovon ich rede.

So ist zu erklären, daß schon jeder Nur-Abgeordnete total überfordert ist und nicht mehr zur Ruhe kommt. Er verlernt es geradezu, zu sich selbst zu kommen, er ist – in einer äußerlich meist beherrschten Form – innerlich ständig ›außer sich‹. Gelegentlich habe ich das Gefühl, Politiker brauchten nichts nötiger als Leib- und Seelsorger, denn sie treiben nicht nur an ihrer Gesundheit, sondern vor allem an Seele und Gewissen Raubbau.

Die geschilderte Situation bringt auch ständige Belastungen des Ehe- und Familienlebens mit sich, die man nicht einfach abtun darf. Die Bonner Ersatzmöglichkeiten sind schal. Eine feuchtfröhliche Spätabendrunde, die Skatbrüder und die Flucht an den ständig unaufgeräumten Schreibtisch – damit versucht man, die nicht verarbeitete Hektik des Tages kurzfristig zu kompensieren...

Auch an ernstzunehmenden warnenden Stimmen ehemaliger und aktiver Politiker aus allen politischen Lagern fehlt es nicht. Die anschaulichen Schilderungen, die im ›Spiegel‹-Report von Jürgen Leinemann über den politischen Alltag eines Hinterbänklers nachzulesen sind, enthalten viele bittere Wahrheiten über ungewissenhafte Politik und das weitverbreitete, meist aber unter die Fraktionsteppiche gekehrte Unbehagen daran:

Etwa so: ›Du wirst Teil eines Mechanismus, in dem du verlorengehst, wenn du dich nicht auf deine Individualität besinnst...‹ – ›Immer träger habe ich funktioniert, während ich mich immer gehetzter fühlte...‹ (neun Kilo hatte der Kollege angesetzt und zentnerschweren Seelenspeck nach innen). Vorgenommen hatte er sich, als ›Willensbildner‹ zu wirken, volksvertretend aufzunehmen, was sich in der Gesellschaft ändert, und es in Politik umzugießen. Er wollte darauf achten, daß Grundsätze und Tugenden wie mehr Menschlichkeit, Glaubwürdigkeit und Verläßlichkeit nicht als Phrasen im politischen Alltagsgeschäft verbraucht würden... Aber: ›So etwas sagt man nicht in Bonn, will man sich nicht dem Gespött aussetzen oder dem Argwohn...‹

Unbehagen beschleicht ihn und viele Abgeordnete beim Gedanken, in der dumpfen Routine zu versacken. Unwohl ist ihm aber auch bei der Vorstellung, sich zu weit vom Trampelpfad wegzuwagen . . . Nicht gefragt seien im Parlament politische Phantasie, Spontaneität, Herzensergießungen. Und ganz gewiß nicht gefragt ist ernsthaftes Pochen auf jenen Verfassungsartikel, der den Abgeordneten bescheinigt, Vertreter des ganzen Volkes zu sein . . . das ist in mancher Abgeordnetenrunde längst der abgegriffenste Bonner Witz geworden, Anlaß für zynische, resignierte, gelangweilte Sottisen . . .«[49]
Mit meinen damaligen, ziemlich realistischen Schilderungen hatte ich ein Tabu gebrochen. Denn über das parlamentarische Innenleben schreibt man vorsichtshalber frühestens, wenn man nicht mehr dazugehört, wie zum Beispiel *Hans Apel* und *Dieter Lattmann* (beide SPD), *Rainer Barzel* und *Hans Dichgans* (beide CDU) in ihren Memoiren.

Ich wollte aber dazugehören, und ich wollte weiter parlamentarische Verantwortung tragen, es dabei dennoch nicht unterlassen, mir und den Bürgern Rechenschaft abzulegen über das, was ich dringlich als nicht verfassungskonforme Zumutungen, was ich dringlich als änderungsbedürftig empfand.

Mit der Veröffentlichung der zitierten »Streitschrift« »Der Politiker und sein Gewissen« hatte ich nicht nur ein Tabu gebrochen und damit Anstoß erregt, sondern auch Anstoß zur Einsicht und Veränderung gegeben. Kolleginnen und Kollegen (vor allem erstere), und zwar aus allen Fraktionen, ließen mich nämlich wissen, wie recht ich mit meiner (Selbst-)Kritik hätte und daß man etwas tun müsse . . .

»Etwas«, ja! – Aber was? – Seit Anfang 1984 trafen wir uns nach »Feierabend« und diskutierten im kleinen, von Mal zu Mal etwas größer werdenden Kreis, faßten – über Fraktionsgrenzen hinweg (welch eine Erfahrung!) – Vertrauen zueinander und verfaßten schließlich im April 1984 eine von sechsundfünfzig Abge-

ordneten aller Fraktionen (ausgenommen der CSU) unterzeichnete Vorschlagsliste für Verbesserungen der parlamentarischen Arbeit. In diesem Entschließungsantrag heißt es:
»Der Deutsche Bundestag hält es . . . für erforderlich, daß seine Arbeitsweise und öffentliche Wirksamkeit als unmittelbar vom Volk gewähltem Verfassungsorgan, wie es sich aus Artikel 38 Absatz 1 Satz 2 GG ergibt, gestärkt werden . . .

Insbesondere soll erreicht werden:
– eine lebendigere und offenere Gestaltung von Plenardebatten,
– ein verstärktes und wirksameres Kontrollrecht des Parlaments, zum Beispiel durch eine Verbesserung des Frage- und Informationsrechtes, eine aktuellere Befassung des Parlaments mit Kabinettsentscheidungen,
– weitere Maßnahmen zur Verbesserung der Wirkungsmöglichkeiten und zur Stärkung des Ansehens des Parlaments und seiner Abgeordneten. Hierzu gehören auch weitere Vorschläge zur Verbesserung der Arbeitsmöglichkeiten des einzelnen Abgeordneten.

Wir schlagen die Einsetzung einer vom Präsidenten geleiteten Ad-hoc-Kommission ›Parlamentsreform‹ vor. Diese Kommission soll bis zum Frühjahr 1985 die vorliegenden Initiativen und Vorschläge prüfen und daraus konkrete Vorschläge zur Verbesserung der parlamentarischen Arbeit entwickeln.«[50]

Diese Vorschlagsliste sandten wir Mitte April mit nachfolgendem Brief an den damaligen Bundestagspräsidenten *Rainer Barzel*:

». . . die Mitunterzeichner beigefügter ›Erster Überlegungen und Vorschläge zur Berücksichtigung des Artikels 38 Absatz 1 GG in der parlamentarischen Arbeit‹ haben mich beauftragt, Ihnen, sehr geehrter Herr Präsident, dieses Papier zuzuleiten . . .

Wir möchten unsere Vorschläge als Anregungen und Denkanstöße verstehen, die zur Verbesserung unserer parlamen-

tarischen Arbeit und zur Ausformung des Selbstverständnisses des einzelnen Abgeordneten führen sollen.

Für ein baldiges Gespräch über das weitere Verfahren wären wir Ihnen außerordentlich dankbar...«[51]

Bereits am 20. April 1984 hielt ich eine positive Antwort des Bundestagspräsidenten in Händen.

Wir fühlten uns sehr ermutigt, und deshalb schrieb ich am 26. April 1984 einen Brief an alle (damals noch) fünfhundertneunzehn Mitglieder des Deutschen Bundestages und lud sie ein, sich an unserer Initiative zu beteiligen. Ergebnis: einhundertacht Unterschriften. Das waren immerhin 20 Prozent aller Abgeordneten.

Am 21. Mai schrieb *Rainer Barzel* ein weiteres Mal.

»*... es tut mir leid, daß wir in dieser Woche nun doch nicht zusammenkommen können.*

Ich weiß Ihre ›Überlegungen und Vorschläge‹ sehr zu schätzen. Sie kommen meinen eigenen Vorstellungen zur Verbesserung unserer Arbeit entgegen.

Im Ältestenrat ist verabredet, im September anläßlich der Ersten Lesung des Haushalts des Deutschen Bundestages eine Debatte über unsere Arbeit abzuhalten. Ich hoffe, daß keiner länger als zehn Minuten reden wird, und werde selbst mit einem solchen Debattenbeitrag die Aussprache eröffnen. Ich nehme an, daß Sie und andere sich auch an dieser Debatte beteiligen werden. Ich will dann alle Anregungen im Ältestenrat behandeln, um zu sehen, welche Konsequenzen zu ziehen sind. Ich halte diesen Weg für richtig, weil es so allen um die Sache geht und nicht irgendwelche ›Sieger‹ und ›Besiegte‹ entstehen...«[52]

Es war wie ein Wunder! *Rainer Barzel* wollte unseren Vorschlag zur Durchführung einer »Selbstverständnisdebatte« der Abgeordneten des Deutschen Bundestages aufgreifen und setzte die Premiere für den 20. September 1984 fest. Nach fünfunddreißig Jahren seiner Existenz debattierte der Deutsche Bundestag zum erstenmal nicht über Gott und die Welt, sondern über sich selbst! Zwei weitere Male hat er dies, dank unserer Initiativen, in den Folgejahren noch gewagt, seit 1989 nicht mehr.

Die erste Selbstverständnis-Debatte dauerte vier Stunden, fünfundvierzig Redner kamen zu Wort, jeder »durfte« sich melden, frei reden, und es kamen dabei eine Menge vernünftiger Vorschläge, viel Frust, aber auch guter Wille zutage.

Auch wurde unser Antrag, eine Kommission zur Sichtung und Erarbeitung von Reformvorschlägen beim Bundestagspräsidenten zu berufen, angenommen und schon zwei Wochen später zur ersten Sitzung der so benannten »Ad-hoc-Kommission Parlamentsreform« geladen. Vertreter unserer Gruppe, die sich nun »INTERFRAKTIONELLE INITIATIVE PARLAMENTSREFORM« nannte, gehörten dazu, und wir begannen an die Reformfähigkeit in eigener Sache zu glauben.

Das demonstrative Desinteresse der Fraktionsgeschäftsführer, das sie durch Fernbleiben von den Sitzungen zeigten, belehrte uns allerdings alsbald eines Schlechteren.

Die »Ad-hoc-Kommission Parlamentsreform«, die sich aus den Mitgliedern des Ältestenrats und des Geschäftsordnungsausschusses sowie drei Vertretern aus unserer Initiative zusammensetzte, tagte noch zweimal unter *Rainer Barzel* – in so schlechter Besetzung, daß die Kommission formal gar nicht beschlußfähig gewesen wäre.

Die Herren Fraktionsgeschäftsführer hielten es nicht für nötig, zu erscheinen, schickten allenfalls einen Vertreter oder gaben nur ein kurzes Gastspiel. (Weitere Einzelheiten sind nachzulesen in: »Der Freie Volksvertreter – eine Legende?«*)

Dann passierte die folgenschwere »Affäre Barzel«. Mit einem bekannt gewordenen Beratervertrag in Höhe von 1,8

---

* siehe Literaturliste im Anhang.

Millionen DM war *Rainer Barzel* zutiefst in die Flick-Spenden-Affäre verwickelt und mußte Mitte Oktober als Bundestagspräsident zurücktreten. Wir trauerten ihm nach, denn er war und blieb der einzige Parlamentspräsident, der die Überwindung der Miseren und Schwächen der Parlamentsarbeit zu seiner eigenen Sache machen wollte. Unter seiner Präsidentschaft wären die Vorschläge unserer Initiative nicht über Jahre verschleppt und schließlich 1990 mit Bagatell-Beschlüssen abgespeist worden.

Sein Nachfolger *Philipp Jenninger*, der, als er sich gerade vom Reform-Saulus zum Reform-Paulus gemausert und mit moderaten, aber brauchbaren eigenen Vorschlägen zu profilieren begann, mußte nach seiner verunglückten Gedenkrede zum 9. November 1988 gleichfalls unfreiwillig zurücktreten. Seiner Nachfolgerin *Rita Süssmuth* ist es trotz guten Willens und unserer brauchbaren Vorarbeit, trotz anhaltender öffentlicher Kritik und viel beklagtem Ansehensverlust erst im Sommer 1995 gelungen, erste zaghafte Schritte zu innerparlamentarischen Reformen auf den Weg zu bringen.

Ich wage zu behaupten: Zaghaft begonnene »Reformen«, die nur von oben verordnet und nicht auch von den Abgeordneten gewollt, wenn nötig erstritten werden, führen ganz sicher nicht zum Ziel einer gestärkten, unabhängigen und seinem Verfassungsauftrag gerecht werdenden Volksvertretung! Solange nicht auch die Mitwirkungsrechte und Verantwortlichkeiten des einzelnen Volksvertreters – und damit die Position des Parlaments gegenüber Regierung und Exekutive – gestärkt werden, bleiben sie Reform-Kosmetik.

Solange es darüber hinaus nicht gelingt, zwei innerparlamentarischen Mächten – der Macht der allmächtigen Fraktionsgeschäftsführer und der Macht der Gewohnheit des eingeschliffenen und in Routine erstarrten Parlamentsbetriebs und seiner wuchernden Bürokratie – durch verantwortungs- und initiativbereite Volksvertreter Paroli zu bieten und diese

Aufgabe in Permanenz in Angriff zu nehmen, so lange wird jede »Reform« im Vordergründigen, im Organisatorischen und in der Schaustellung steckenbleiben.

Die Geschichte der sechsjährigen Reformbemühungen unserer kleinen Gruppe von zwanzig bis dreißig engagierten Abgeordneten (feder- und wortführend seien stellvertretend – in alphabetischer Reihenfolge – genannt: *Kurt Biedenkopf*, CDU – *Olaf Feldmann*, FDP – *Rose Götte*, SPD – *Gerald Häfner*, Die Grünen – *Liesel Hartenstein*, SPD – *Alois Graf von Waldburg-Zeil*, CDU), die zeitweise zwar Unterstützung von bis zu zweihundert (von damals fünfhundertneunzehn) Abgeordneten fand, jedoch im Ernstfall (der Abstimmung) meist allein auf weiter Flur stand – diese Geschichte ist alles andere als ein Ruhmesblatt des deutschen Parlamentarismus...

Wenn ich heute neuerlich nachlese, in welch raffinierter Weise über sechs Jahre immer wieder versucht wurde, unsere Initiative in die Resignation zu treiben, die Reformer einzuschüchtern, unsere ungezählten Anträge und Vorschläge – manchmal über Jahre – zu verschleppen, überfällige Debatten und Entscheidungen zu vertagen und am Ende einfach »abzuschmettern«, dann packt mich noch heute – rund ein Jahrzehnt später – Zorn und Verzweiflung über die Unfähigkeit und die Unwilligkeit des Parlaments zur Selbstreform. Denn: Wie kann man als Gesetzgeber anderen permanent Reformen verordnen, den eigenen Reformbedarf aber ständig übersehen und im Falle von Initiativen kläglich versagen?

Dennoch: Die Ergebnisse unserer sechsjährigen Bemühungen waren vergleichsweise und angesichts widriger Arbeitsbedingungen beachtlich. Ich nenne die wichtigsten:

– Die Einführung einer Regierungsbefragung nach angelsächsischem Muster, leider unterdessen zur langweiligen Pflichtübung heruntergewirtschaftet,

– die Möglichkeit zur Ansetzung »freier« Debatten, von der kaum je Gebrauch gemacht wird,

– die Zulassung von »Kurzinterventionen«, das heißt, von freien Wortmeldungen mit zwei Minuten Redezeit in ansonsten verreglementierten Debatten,

– die Empfehlung, Ausschußsitzungen öffentlich durchzuführen, der so gut wie kein Ausschuß nachkommt,

– die Zulassung von je einem Mitarbeiter pro Fraktion in Ausschußsitzungen, um dem Übergewicht der Regierungsvertreter – eher symbolisch als faktisch – entgegenzutreten.

Im Vergleich zum Reformbedarf könnte man diese Ergebnisse als »Peanuts« bezeichnen, im Vergleich zu den Schwierigkeiten, die wieder und immer wieder zu überwinden waren, war es immerhin ein Anfang, der, wenn er intensiv fortgesetzt worden wäre, dem Ansehen des Deutschen Bundestages sehr genützt hätte. Dem war aber leider nicht so.

Lao-tse läßt warnend grüßen!

Welche Langzeitfolgen diese und viele andere Versäumnisse und Ärgernisse für das Ansehen und die Glaubwürdigkeit unserer parlamentarischen Demokratie gehabt haben, ist nicht nur durch Umfragen erwiesen (vgl. II.2.), sondern zeigt sich auch im Anwachsen der Politik(er)verdrossenheit, des Anteils der Nicht(mehr)-Wähler und der fortschreitenden Entfremdung zwischen Wählern und Gewählten.

Im Laufe der Sisyphus-Arbeit an innerparlamentarischen Reformen wurde mir bewußt: Diese allein würden nicht genügen, um die Kreislaufstörungen im Regelwerk unserer repräsentativen Demokratie zu beheben. Um alle Funktionsstörungen zu erfassen, müßte der ganze »Kreislauf« des Systems einer Art TÜV unterzogen werden.

Ist das realistisch? Für mich war es ein typischer Fall von Verantwortung *gegen* das Unterlassen. Ohne die Ursachen und Zusammenhänge für die »Kreislaufstörungen« im System unserer repräsentativen Demokratie zu erkennen und zu benennen, werden wir sie nicht beheben können.

Auch hierzu habe ich über viele Jahre Leitz-Ordner füllende Überlegungen angestellt und Reformvorschläge gemacht, die zwar oft Zustimmung und Unterstützung, bis heute aber keine Umsetzung fanden.

Sie reichen von Vorschlägen zur Parteienrefom über das Wahlrecht und verstärkten Partizipationsrechten der Bürger bis zur strikten Gewaltenteilung im Parlament, ergänzt durch einen »Ehrenkodex« für Abgeordnete und Vorschlägen zur Beendigung jeder Form finanzieller »Selbstbewilligung« von Parteien und Politikern.

Zweifellos sind, wie im vorigen Kapitel (II.2.) beschrieben, die *politischen Parteien* Hauptverursacher der »Kreislaufstörungen« im System. Ob sie zur Einsicht und Korrektur aus eigener Kraft fähig sind, beurteile ich aus meiner demnächst fünfzigjährigen Parteierfahrung und meiner Kenntnis auch des Innenlebens anderer Parteien eher skeptisch und ebenso kritisch wie seinerzeit *Richard von Weizsäcker*, als er den Parteien (vielleicht etwas überspitzt) »Machtbessenheit« und »Machtvergessenheit« vorwarf und beklagte, daß sie sich den Staat zur Beute machten.

Diese Kritik ist an den Betroffenen bisher ziemlich spurlos vorübergegangen. Sie reagierten empört statt nachdenklich und dialogbereit. Ich vermute, daß sich in unserem verfestigten »Parteienstaat« nur dann etwas bewegen läßt, wenn neue Elemente der Kontrolle und Korrektur, zum Beispiel durch Volksinitiativen, Volksbegehren und Volksentscheid schrittweise eingeführt werden und sich eine aktive Bürgergesellschaft von Fall zu Fall einmischt.

Natürlich ist es mit Parteienschelte von außen nicht getan. Entscheidend wäre die Bereitschaft zur Selbstkritik und der Wille zur Selbstreform bei den Parteien selber.

Dazu gehörte die Rückbesinnung auf ihren Verfassungsauftrag nach Artikel 21 Grundgesetz und auch darauf, daß der Name »Partei« vom lateinischen »pars« (Teil) kommt, daß Parteien also nur ein Teil der Demokratie sind und diese nicht in Alleinbesitz nehmen dürfen.

Ich denke, daß die Zukunft der politischen Parteien, ihr Ansehen und ihre Akzeptanz entscheidend davon abhängen wird, ob sie sich im Tun und Lassen sowie in ihren Ansprüchen bescheiden, daß sie es mit der Wahrheit genauer nehmen, dem Bürger reineren Wein einschenken ... Allein aus solcher Einsicht könnte vieles besser werden.

Ich füge noch einige Prüfsteine hinzu: Die Unterbindung der skrupellosen Ämterpatronage und die ständige Vermischung von Partei- und Staatsinteressen. Gewiß, dies alles gibt es auch in anderen Staats- und Gesellschaftsformen, das aber kann kein Trost sein. – Bedenklich ist auch, daß sich handfeste und subtile Korruption bis in öffentliche Verwaltungen hinein mehrt. Sie hat, wie in seriösen Berichten nachgewiesen, ein ziemlich erschreckendes Ausmaß erreicht. Sind wir uns wirklich bewußt, wie schwerwiegend dieser Krebsschaden wirkt, daß Korruption *im* Staat am Ende zur Korruption *des* Staates führt?

Welche unserer Parteien greift dieses superheiße Eisen an und geht gegen diese Entwicklungen mit dem eigenen Beispiel voran?

Václav Havel – einst im Westen gefeierter Dissident, heute Präsident der Tschechischen Republik –, der in der Diktatur versuchte, politisch wahrhaftig zu handeln und dies auch in der Demokratie so hält, hat uns die eingangs zitierte Warnung ins demokratische Stammbuch geschrieben: Es ist unverzichtbar, auch den sittlichen, den geistigen und kulturellen Staat zu bauen und zu erhalten. Versäumen wir aber nicht gerade dies, wenn wir diese Werte verkommen lassen?

Zur Erneuerung und Stärkung des repräsentativen Demokratiesystems gehören noch weitere Vorschläge: Zum Beispiel auch eine Reform des *Bundestagswahlrechts* zugunsten des Wählers. Mit einer »freien« Zweitstimme, die nicht – wie bisher – der unveränderbaren Kandidatenliste einer Partei zukommt, die vielmehr auf der Liste der bevorzugten Partei für einen Kandidaten seiner persönlichen Wahl abgegeben werden kann, würde die Wählerbeteiligung und der Bezug zu »seinem« Volksvertreter gestärkt und damit der alleinigen Macht der Parteienapparate bei der Auswahl und Reihung der Kandidaten Schranken gesetzt werden. Kandidaten könnten auf der Liste vorrücken, was vor allem Frauen zugute käme, oder Kandidaten könnten zurückfallen, was so manchen Volksvertreter zu mehr Bürgernähe anspornen würde.

Apropos Bürgernähe: Um diese zu fördern und damit Buchstaben und Geist der vorher zitierten Artikel 20 und 38 des Grundgesetzes in der Verfassungswirklichkeit erfahrbar zu machen, habe ich wiederholt eine *alljährliche öffentliche Rechenschaftspflicht* des Abgeordneten gegenüber seinen Wählern vorgeschlagen. Damit würde verdeutlicht, daß er, der Abgeordnete, »Vertreter des ganzen Volkes« ist, von dem »alle Staatsgewalt« ausgeht, und daß er an »Aufträge und Weisungen nicht gebunden«, seinen »Überzeugungen und seinem Gewissen« folgt, dafür aber auch dem Volk in Gestalt der Wähler »gewissenhaft« Rechenschaft schuldet.

Zur Wiederbelebung des »Kreislaufs« zwischen Volk und Volksvertretung würde auch eine Erweiterung des in Artikel 17 des Grundgesetzes garantierten »*Petitionsrechtes*« des Bürgers zur »*Volksinitiative*« beitragen.

»Volksinitiativen«, das sind »Massenpetitionen«, also Eingaben, die von mehreren tausend Bürgern unterzeichnet, an die gewählte Volksvertretung gerichtet sind und unter Beteiligung der Petenten im zuständigen Ausschuß öffentlich beraten und entschieden werden müssen. Das wäre ein erster Einstieg in mehr partizipatorische Mitwirkungsmöglichkeiten des Bürgers.

Nach und nach könnten und müßten Volksinitiativen schrittweise zu Volksbegehren und Volksentscheiden weiterentwickelt werden.

Solche und ähnliche Reformvorschläge zielen sowohl auf die Vitalisierung des Kreislaufes demokratischer Prozesse als auch auf die Verbesserung der Funktionstüchtigkeit und des Ansehens der repräsentativen Demokratie. Im Sinne zweifacher Verantwortlichkeit für das eigene politische Tun und gegen das Unterlassen müssen wir an der Behebung ihrer offenkundigen Schwächen, Defizite und Fehlentwicklungen weiterarbeiten. Dazu gibt es keine Alternative.

Heute mehren sich nicht nur bei uns die Stimmen, die das Ende der repräsentativen Demokratie, wie sie uns seit dem neunzehnten Jahrhundert überliefert ist, mangels Funktionstüchtigkeit voraussagen. Was aber dann und wie dann unsere Freiheit garantieren?

Ich gebe der parlamentarisch verfaßten Demokratie dann gute Chancen, wenn ihre verantwortlichen Repräsentanten endlich begreifen, daß tiefgreifende Reformen überfällig sind. Andernfalls tragen sie die Verantwortung für ihren weiteren Niedergang.

III.2.

Demokratie als Lebensform

Über Demokratiefähigkeit – Meine Vision von einer mündigen Bürgergesellschaft und Beispiele für viele kleine Schritte zu ihrer Verwirklichung

»Wer an den Angelegenheiten seiner Stadt keinen Anteil nimmt, ist nicht ein stiller, sondern ein schlechter Bürger.«
Perikles, 500 vor Chr.

»Demokratie ist keine Glücksversicherung, sondern das Ergebnis politischer Bildung und demokratischer Gesinnung.«
Theodor Heuss, 1950 nach Chr.

Was Demokratie als *Staatsform* bedeutet, ist jedermann ziemlich leicht zu erklären. Zum Beispiel: klare Gewaltenteilung, garantierte Grundrechte, freie, gleiche und geheime Wahlen, rechtsstaatliche Garantien und eine freie Presse.

Kein Zweifel, wir haben seit fünfzig Jahren eine in der Außenansicht stabile demokratische Staatsform aufgebaut. Von ihren Fehlentwicklungen, Schwächen und Defiziten handelte das vorige Kapitel.

Nun geht es um die »Innenansicht« – um unsere Demokratie als Lebensform, als Gestaltungsprinzip für das Leben und Zusammenleben ihrer Bürgerinnen und Bürger. Denn solange Demokratie nicht auch eine durchgängige *Lebensform* ist, die den Kreislauf zwischen geschriebener, gelebter und erlebter Demokratie in Gang setzt und hält, bleibt sie existentiell ungesichert.

Was Demokratie als Lebensform ausmacht, welche Kriterien erfüllt sein müssen, damit der Kreislauf zwischen geschriebener und gelebter Verfassung pulsieren kann, das läßt sich demzufolge sehr viel schwerer definieren und schon gar nicht in Paragraphen festschreiben:

Demokratie als Lebensform entsteht im Laufe demokratischer Erfahrung als eine gewachsene »Lebensart«, als »way of life«. Das ist ein Ziel, das sich nicht von »oben« verschreiben läßt.

Mit der Hinwendung zu dieser »Lebensart« haben wir uns nach 1945 schwergetan, und bis heute bleibt bei ihrer Ausgestaltung vieles zu wünschen übrig. Ich weiß sehr wohl, daß auch in anderen Demokratien nicht alles demokratisches Gold ist, was scheinbar glänzt, das aber kann für uns kein Grund sein, unsere eigenen Probleme zu bagatellisieren, statt nach Verbesserungen zu suchen.

Davon handelt dieser zweite Werkstattbericht: von meiner Vision einer demokratischen *Bürgergesellschaft* und den Versuchen, sie auf den Weg zu bringen.

Dabei verpflichtet uns unsere verspätete Demokratie zu doppelter Wachsamkeit und Verantwortung. Davon hat mich *Theodor Heuss* überzeugt, und ich habe wieder und wieder versucht, diese Überzeugung weiterzugeben: Demokratie muß zugleich als Staatsform *und* als Lebensform verwurzelt werden. Das mag eine Vision sein, manche »Realisten« sagen: eine Illusion. Ich hielt und halte es aber dennoch für unverzichtbar, an ihrer Verwirklichung zu arbeiten.

Zur Theorie dieser Vision: Schon *Montesquieu*, der Vater der demokratischen Gewaltenteilung, hat 1748 in seinem klassischen Werk »Vom Geist der Gesetze« festgestellt, daß zu jeder Staatsform auch ein bestimmtes »Lebensprinzip«, eine bestimmte »Triebkraft des Handelns« gehöre. Besonders in der Demokratie, in der das Volk als Ganzes die oberste Gewalt innehätte, bedürfe es bestimmter »Haltungen« und »Einstellungen«, die er als »Vertus«, als Tugenden, als Kräfte bezeichnet. Er zählt dazu Verhaltensweisen, die auf das Gemeinwohl gerichtet sind, wie Gesetzestreue, Liebe zur Republik, zur Gleichheit und Gerechtigkeit . . . In angelsächsischen Demokratien nennt man sie »civil virtues«.

Damit tun wir uns schwer. Die Münchner Psychologin und Therapeutin *Thea Bauriedl* hat uns in Aufsätzen und Vorträgen verständlich gemacht, weshalb:

»Eine demokratische Verfassung ist Ausdruck des Willens zur Demokratie. Sie ist nicht Ausdruck der Demokratiefähigkeit eines Volkes.

Wenn die Demokratiefähigkeit eines Volkes, sein demokratisches Bewußtsein, längere Zeit hinter der freiheitlichen Form der demokratischen Verfassung zurückbleibt, gerät auch die Verfassung in Gefahr. Es droht ihr in zunehmendem Maße Uminterpretation zu machtpolitischen Zwecken, und es droht ihr die Außerkraftsetzung spätestens bei Gelegenheit einer Destabilisierung (z. B. einer sozialen, wirtschaftlichen, kriegerischen oder ökologischen Katastrophe) . . .

Im Prozeß der Demokratisierung geht das Lebendigwerden des einzelnen mit dem der Gesellschaft Hand in Hand . . .

Das Erleben des persönlichen Betroffenseins von Gefahren und Lebensmöglichkeiten bringt die innere Notwendigkeit zur Veränderung mit sich, die zugleich eine Veränderung der eigenen Person und der Umwelt ist.

Leben ist Veränderung. Deshalb bedeutet die Teilnahme an der Veränderung auch Teilnahme am Leben . . .

Wir sind gewöhnt daran, daß das Böse jeweils von den anderen, den ›Bösen‹ ausgeht und ausgeführt wird, während wir selbst nur auf diese anderen reagieren.

Mit dieser Leugnung der eigenen Verantwortung für das Tun der anderen entsteht das Gefühl der Ohnmacht diesen anderen gegenüber, und daraus resultiert die Phantasie, die anderen nur durch eigene Übermacht ändern zu können. So setzt sich das Spiel der Verwandlung von Ohnmachtsgefüh-

len in Machtphantasien weiter fort. Es scheint keinen anderen Ausweg aus der Ohnmacht zu geben als den der Machtentwicklung.

Wenn aber jeder einzelne seine Beteiligung am Zustand des Ganzen erkennt, dann glaubt er nicht mehr, erst eine irgendwie geartete Machtposition im System erreicht haben zu müssen (z. B. Ministeramt, Mehrheit im Parlament etc.), um Veränderungen in Gang zu setzen. Lebendige Veränderungen können mehr bewirkt werden, wenn man an dem Platz, an dem man sich befindet, zu verstehen versucht, was dieser Platz politisch bedeutet und welche Möglichkeiten es gibt, hier mündiger zu werden, hier abgebrochene, eventuell schwierige, auch ängstigende Kontakte wieder aufzunehmen, hier scheinbar selbstverständliche Loyalitäten in Frage zu stellen u. a ...

Demokratisches Bewußtsein als Grundlage demokratischen Verhaltens hat nichts mit einer abgehobenen Moral zu tun. Es besteht vielmehr im Erkennen und Ergreifen von Chancen, an jeder Stelle des Systems, des Lebens des einzelnen, und damit gleichzeitig das Leben der Gemeinschaft befriedigender und sicherer zu gestalten ...

Es besteht in der Bevölkerung ein großes Bedürfnis nach Demokratisierung, das für friedliche Veränderungen genützt werden kann. Es geht nicht mehr um eine ›politische Stärke, die durch Schulterschluß und Gleichschritt erreicht wird‹. Immer mehr Menschen begreifen auch, daß Demokratie nicht mit Wahlen oder anderen Abstimmungen nach dem Mehrheitsprinzip gleichzusetzen ist ...

Demokratie und Machtkonzentrationen werden immer deutlicher als einander ausschließende Strukturprinzipien der Gesellschaft erkannt.

Demokratisierung ist ein unendlicher Prozeß. Er kann weder von außen noch von oben vorgeschrieben werden. Er kann nur spontan aus dem Lebenswillen jedes einzelnen ent-

stehen und durch Ansteckung zwischen den einzelnen und zwischen den Völkern verbreitet werden.«[53]

Thea Bauriedls Erkenntnisse sind überzeugend – wie aber lassen sie sich verwirklichen? Dafür gibt es kein schlüsselfertiges Erfolgsrezept. »Demokratiefähigkeit« fällt nicht vom Himmel und kann auch von der besten Verfassung nicht verbrieft werden. Sie ist vielmehr das »Ergebnis politischer Bildung und demokratischer Gesinnung«, also sowohl der Sachkunde und Information des Bürgers als auch seiner Einsicht, seines Engagements und seiner Zivilcourage – des ansteckenden Beispiels des einzelnen, vieler einzelner für andere.

Demokratiefähig werden Bürger, die aus freiem Entschluß an öffentlichen Angelegenheiten teilhaben und die Staatsform Demokratie durch ihre Kompetenz und ihr Engagement zu einem lebendigen Kreislauf ergänzen.

In diesem Sinne Demokratiefähigkeit zu initiieren und zu kultivieren, Demokratie also wetter- und krisenfest zu verwurzeln, das war für mich, nach dem Scheitern der Weimarer Republik und dem Erleben unserer politischen Katastrophen, von allem Anfang an eine Art »idée fixe«.

Ob es meine ganz frühen Initiativen bei der Gründung einer überparteilichen »Liga der Wählerinnen« nach amerikanischem Vorbild zur Stärkung der Frauen-»Power« (1950) waren oder die »Erfindung« einer damals noch unbekannten politischen Jugenddiskussionsrunde im Bayerischen Rundfunk (1951), die Errichtung der ersten (und wohl einzigen) »Akademie für Politische Bildung« für Lehrer und Erzieher (1957) oder die Gründung der »THEODOR-HEUSS-STIFTUNG« (1964) für politische Bildung und Kultur mitsamt ihres »Förderprogramms für Schulen und Schüler: DEMOKRATISCH HANDELN« (seit 1988), der bundesweite Wettbewerb »Wege aus der Politik(er)verdrossenheit« mit etwa vierhundert, teilweise respektablen Einsendungen (1993),

Erste politische Jugendfunk-Diskussion im Bayerischen Rundfunk 1952

oder die Münchner »BÜRGER-AKTION VERFASSUNG '93 – WIR MISCHEN UNS EIN«, oder meine ungezählten gesprochenen, geschriebenen Buch- und Aktionsbeiträge in der Jugend- und Erwachsenenbildung (eine vollständige Berichterstattung ergäbe ein eigenes Buch) – immer war und ist es die gleiche Motivation, der gleiche Impetus, die gleiche Erfahrung, wie sie *Perikles* vor zweitausendfünfhundert Jahren, wie sie *Montesquieu* vor zweihundertfünfzig Jahren und *Theodor Heuss* fast zweitausendfünfhundert Jahre nach *Perikles* auf den Punkt gebracht haben: Demokratie als Staatsform ist keine »Glücksversicherung« – erst im Zusammenwirken und Zusammenwachsen mit einer demokratiefähigen, das heißt, politisch gebildeten und »civil virtues« praktizierenden Bürgergesellschaft wird sie lebens- und überlebensfähig.

Nun, zu keiner Zeit hatte ich Illusionen über die Welten, die zwischen idealtypischen Theorien und realpolitischen

Möglichkeiten liegen. Das gilt für beide Felder, auf denen Bürgergesellschaft kultiviert und Demokratiefähigkeit wachsen können: der politischen Bildung und der demokratischen Gesinnung.

Zum ersten Feld: Die *Vermittlung und Verbreitung politischer Bildung* ist – trotz vieler, in Einzelfällen bemerkenswerter Anstrengungen und auch mancher beispielhafter Ansätze – im Gesamtergebnis eine nach wie vor sträflich unterentwickelte Dimension unserer Bildungspolitik geblieben, und dies sowohl hinsichtlich der Vermittlung von Kenntnissen und Wissen über Politik und Demokratie als auch bei der Einübung demokratischer Verfahrensweisen, Haltungen, Spielregeln ... also der Kultivierung von »civil virtues« – und dies von Jugend auf.

Für beides fehlt es in unseren Schulen sowohl an Unterrichtsstunden als auch an Zeit zum praktischen sozialen Lernen, es fehlt an Motivationen für junge Bürger, an Übungsfeldern und Bewährungsproben.

Noch unbefriedigender wird die Bilanz, wenn man das gesellschaftliche Umfeld mit einbezieht, in dem junge Menschen heranwachsen. Es ist ein Umfeld, das ihnen – auch in Sachen Demokratie – Werteorientierung weitgehend vorenthält und statt dessen eiskalten Pragmatismus und Opportunismus vermittelt, mit der Folge von Ohnmachtsgefühlen und Entsolidarisierung, selbst bei motivierbaren jungen Menschen.

Wenn wir diese wenig förderlichen Umfeldbedingungen nicht einfach achselzuckend hinnehmen wollen, dann müssen wir uns – so dachte und denke ich – um Abhilfe bemühen.

»Wir«, damit meine ich Politiker, Lehrer, Eltern, Schüler, Kirchen, Frauenverbände, Gewerkschaften, Presse. Sie sollten die Versäumnisse politischer Bildungs- und Erziehungsarbeit nicht nur anprangern, vielmehr zur Eigeninitiative ermutigen, Vorschläge machen, Forderungen stellen. Das nur auf den ersten Blick wenig attraktive Thema muß zum Politikum werden

– ehe es wieder einmal zu spät ist. Gelegentlich hatte ich mit solchen Initiativen Erfolg, aber er reichte nicht aus, und heute ist es – angesichts der sehr veränderten und höchst komplexen Bedingungen und Probleme postmoderner Industriegesellschaften – schwieriger denn je, dieser Aufgabe gerecht zu werden.

Neben der Wissensvermittlung über Funktionieren, Bedingungen und Spielregeln der eigenen Demokratie gehört heute zum Beispiel auch das Wissen über unsere – nationale Grenzen überschreitenden – politischen, ökonomischen, ökologischen und technologischen Existenzbedingungen dazu, das heißt, das Verständnis für die zunehmende Europäisierung und Globalisierung nationaler Politiken sowie das geschärfte Bewußtsein und Verantwortungsgefühl für diese Zusammenhänge. Folgerichtig müßten also sowohl die Inhalte politischer Bildungsarbeit als auch die Übungsfelder ihrer praktischen Anwendung erweitert werden.

Kann das alles in den alten Strukturen unseres Bildungssystems überhaupt geleistet werden? Ist das in einer im Überfluß an Freiheit und Beliebigkeit lebenden Wohlstandsgesellschaft überhaupt noch vermittelbar? Hier stellen sich viele Fragen, die an dieser Stelle nicht erschöpfend beantwortet werden können (vgl. auch III.3.).

Nur soviel: Weil sich alles politische Denken, Handeln und Verhalten seit den Anfängen unserer zweiten Demokratiewerdung vor fünfzig Jahren quantitativ und qualitativ vollständig verändert haben und weil früher taugliche Zielbestimmungen nicht mehr ausreichen, deshalb muß in Sachen »politischer Bildung« und »demokratischer Erziehung« ein neuer Anlauf versucht werden. Und da »Vater Staat« hierfür offenbar keine Initiative ergreift, müssen gesellschaftliche Kräfte aktiviert werden. Denn: Ohne ausreichende politische Bildung wird eine Gesellschaft demokratieunfähig.

*

Nun zum zweiten Feld unserer demokratischen Kultur, der »demokratischen Bürgergesinnung«.

Hier lautet die Gretchenfrage: Wie läßt sich die Idee einer zwar oft beschworenen, noch aber reichlich fiktiven »Bürgergesellschaft« schrittweise »mit Augenmaß und Leidenschaft« konkretisieren? – Ich meine, alleine dadurch, daß Bürgerinnen und Bürger an der Gestaltung unseres Gemeinwesens verantwortungsbewußt mitwirken können und dies auch tun.

Denn ohne Bürgerbeteiligung, ohne legale Versuche der Einflußnahme auf das öffentliche Geschehen, ohne mehr Mitwirkung und Mitsprache muß unsere Demokratie zwangsläufig zur Zuschauerdemokratie verkümmern, zur Untertanenmentalität der Bürger und zum Verlust von Verantwortungsbereitschaft führen.

Wir Politiker beklagen das zwar oft, haben es aber auch mitverschuldet, weil der »stille Bürger« für uns eben auch der bequemere ist.

Unsere Gesellschaft bietet heute ein diffuses Bild. Die Bandbreite reicht vom rücksichts- und verantwortungslosen Zeitgenossen, der weder des Mitleids noch der Toleranz oder der Einhaltung moralischer Mindeststandards fähig ist, über den durchschnittlichen Zuschauerdemokraten, der auf »die da oben« kräftig schimpft, schließlich aber doch brav wählt – im Zweifel das Bestehende –, bis zu jener hochmotivierten Minderheit, die sich für Angelegenheiten des Gemeinwohls mit Zeit, Energie, Phantasie und – wie am Beispiel gemeinnütziger Stiftungen nachzuweisen – auch mit Geld einbringt.

Diese Minderheit ist es, bei der wir jenes große und kleine Bürgerengagement finden, das in den letzten zwei Jahrzehnten quantitativ und – wichtiger noch – qualitativ erstaunlich zugenommen hat. Es reicht vom Einsatz für Umweltprobleme, gegen Fremden- und Rassenhaß oder für Schwache und

Minderheiten bis zum Kampf gegen die scheinbar hoffnungslose Übermacht von Institutionen, Bürokratien und politischen Mächten bis zum Engagement in weltinnenpolitischen Bereichen wie die Verhinderung von Atomwaffentests, gegen globale Umweltkriminalität und für humanitäre Einsätze.

Solcherlei Bürgerengagement bekämpft Gleichgültigkeit, Gedankenlosigkeit, Mißbrauch und Resignation, es stärkt Stehvermögen, Eigenverantwortung, vertieft die politische Auseinandersetzung und erfordert Zivilcourage, die die wohl wichtigste Bürgertugend ist. Kurz und gut: Hier wird die Demokratiefähigkeit einer freiheitlichen Gesellschaft zur erfahrbaren Wirklichkeit.

Denn wie wäre es um das Ökologie-Bewußtsein der Bürger bestellt ohne die – von »oben« anfangs belächelten, oft verhöhnten, gelegentlich niedergemachten – Bürgerinitiativen? Wie hätte sich das Bewußtsein für Frauen- und für Minderheitenrechte durchgesetzt, für Möglichkeiten der Einflußnahme auf den atomaren Rüstungswettlauf, gegen falsch gesteuerte Entwicklungshilfe und sinnlose materielle Verschwendung unserer Ressourcen? Wo anders wäre Solidarität und Hilfe für Nöte und Leiden in weiten Teilen der Welt initiiert und praktiziert worden . . .?

Tatsache ist, daß es engagierte Minderheiten sind, die für notwendige Veränderungen in unserer Gesellschaft oft mehr angestoßen, bewirkt und verändert haben als Parteien, Regierungen, Großorganisationen und Unsummen aus öffentlichen Haushalten zusammen.

In vielen großen und kleinen Gruppen entstehen Projekte einer »generativen Politik«, so hat es der französische Soziologe *Bourdieu* formuliert, und es wird Zeit, daß sie in losen Kontakten voneinander wissen, daß sie vielleicht sogar zusammenfinden – womöglich im übernationalen Verbund zusammenwirken. Wenn diese Dimension unserer Demokratie nicht im Entstehen wäre, ich könnte den Glauben an ihre (Über-)Lebensfähigkeit verlieren. Hier entsteht das Kontrastbild und

Gegenmodell zu einer Zuschauerdemokratie, in der jeder nur Forderungen und Ansprüche an den Staat stellt, ihn als »Melkkuh« mißversteht.

Dieses Gegenmodell zu fördern und zu ermutigen, habe ich mir Zeit meines politischen Lebens zur Aufgabe gemacht. Viele kleine Modelle aufzuspüren und zu stärken, damit wollte und will ich helfen, demokratische Lebensformen, Bürgerengagement und Mitverantwortung beispielhaft weiter zu verbreiten. Dabei weiß ich sehr wohl, daß die sogenannten Realitäten, daß Macht und Mehrheiten der »großen Politik« nur sehr schwer zu erschüttern und zu verändern sind.

Gelegentlich gelingt das aber doch, und dann konstatiere ich hoffnungsvoll, daß in unserer Gesellschaft auch erfreuliche Entwicklungen stattgefunden haben. Es kommt darauf an, diese – als Gegengewicht zu den unerfreulichen – zu stärken.

Zu den ausgesprochen unerfreulichen Entwicklungen zähle ich, daß bei nicht wenigen Bürgern der Pegelstand für das, was *Montesquieu* die Bürgertugend »Liebe zu den Gesetzen«, also Gesetzesmoral, genannt hat, unter den Nullpunkt gesunken ist. Das gilt beispielsweise für Steuer-, Verkehrs- und Eigentumsdelikte ebenso wie für alte und neue Formen der Bestechung und Bestechlichkeit, der Wirtschaftskriminalität, inklusive der Verstöße gegen Waffenexportverbote.

Ähnliches gilt leider auch für Verwilderung und Rücksichtslosigkeit im persönlichen und gesellschaftlichen Zusammenleben, im Straßenverkehr, im Umgang mit Fremden, Andersgläubigen, Minderheiten, kurz: für den jeglicher Solidarität spottenden »EGO-TRIP« als Lebensprinzip.

Ich denke, wir müssen dem negativen Trend in Politik, Wirtschaft und Gesellschaft, nicht zu vergessen in den elektronischen Medien, mit einer Politik der Ermutigung dieser neuen Ansätze »generativer Politik« entgegenwirken.

*

Auf Grund solcher Überlegungen habe ich vor dreiunddreißig Jahren die THEODOR-HEUSS-STIFTUNG gegründet, sie ist mein ganz eigener Beitrag zur Entdeckung und Förderung der demokratischen Bürgergesellschaft.

Ihre Gründung war – wie vieles in meinem politischen Leben – die Folge einer spontanen Idee, die mir nach dem von allen demokratischen Deutschen aufrichtig betrauerten Tod von *Theodor Heuss* am 12. Dezember 1963 durch den Kopf und das Herz gegangen ist.

Auf einer Gedenkveranstaltung der bayerischen FDP hatte ich im Januar 1964 vorgeschlagen,

»alles zu tun, um in einer Zeit, in der sich alles in rasender Eile wandelt und Menschen und Ereignisse im Handumdrehen vergessen sind, der Persönlichkeit und dem Wirken unseres ersten Bundespräsidenten ein bleibendes Denkmal zu setzen«.[54]

Zu diesem Ziele sollte ein Preis gestiftet werden, der dazu beitragen wollte, »*den demokratischen Staat*« im Sinne von *Heuss* »*mit demokratischem Leben zu erfüllen*«.

Gesagt, getan: Meine kleine Rede wurde gedruckt, und ich verschickte sie an Freunde von *Heuss* in allen politischen und kulturellen Lagern.

Die Reaktion war spontan und ermutigend, und wenn ich heute im allerersten Leitz-Ordner der THEODOR-HEUSS-STIFTUNG blättere, dann staune ich über die einhellige, geradezu begeisterte Resonanz und die Bereitschaft, die Gründung einer nicht-parteigebundenen Stiftung zu unterstützen. Von der Familie *Heuss* bis zu den Nobelpreisträgern *Otto Hahn* und *Werner Heisenberg*, den Schriftstellern *Carl Zuckmayer* und *Golo Mann* und den persönlichen Freunden *Georg Hohmann* und *Toni Stolper*: alle sagten zu, und es verging nicht einmal ein halbes Jahr, dann hatten wir ein kleines überparteiliches Kuratorium mit bekannten Namen beisammen, war eine Satzung beschlossen und ich zur Vorsitzenden gewählt worden, die ich bis heute geblieben bin.

In der Satzung der Stiftung heißt es:
»*Ziel der Stiftung ist es, vorbildlich demokratisches Verhalten, bemerkenswerte Zivilcourage und beispielhaften Einsatz für das Allgemeinwohl zu fördern und anzuregen.*

In Erfüllung dieser Aufgabe wird alljährlich, mindestens jedoch alle zwei Jahre, der THEODOR-HEUSS-PREIS *an Einzelpersonen oder Personengruppen, die sich in diesem Sinne besonders verdient gemacht haben, verliehen . . .*

THEODOR-HEUSS-PREIS *und* THEODOR-HEUSS-MEDAILLEN *sind ebenbürtig. Die Zuerkennung des Preises ist vorwiegend am politischen, die der Medaillen am gesellschaftlichen Engagement orientiert.*«

In den Anfangsjahren übte ich – mangels Geld – zugleich die Tätigkeit einer Geschäftsführerin, Pressereferentin, Sekretärin, Allround-Gastgeberin und -Betreuerin aus. Was ich auch immer tat: »Meine« Demokratie-Stiftung auf den Weg zu bringen hat mir von Anfang an bis heute unendlich viel Freude gemacht und gebracht.

Schon die erste Auswahl der Preisträger war ein interessanter und langwieriger Vorgang. Unter zahlreichen Vorschlägen wurde schließlich der Philosoph und Bildungsreformer *Georg Picht* und die »*Aktion Sühnezeichen*« mit dem Preis, die engagierten Schülerredakteure *Peter Löser-Gutjahr* (heute Kanzler der Universität Leipzig) und *Heinrich Sievers* sowie die Evangelische Volksschule Berchtesgaden für ihren Schüleraustausch mit einer dänischen Schule (damals noch sehr selten!) mit Theodor-Heuss-Medaillen ausgezeichnet.

Trotz des sehr bescheidenen und improvisierten Anfangs: Bereits die erste Verleihung war ein großer Erfolg. Vergilbte Zeitungsberichte künden davon.

Der damalige Oberbürgermeister von München, *Hans-Jochen Vogel*, begrüßte die Gründung der Stiftung mit herzlichen

Bei der zweiten Verleihung des Theodor-Heuss-Preises an
Marion Gräfin Dönhoff 1966, in der Mitte Dr. Ernst-Ludwig Heuss,
Theodor Heuss' Sohn

Theodor-Heuss-Preisverleihung an
Bundesjustizminister Gustav Heinemann 1968

Worten und lud Preisträger und Ehrengäste anschließend zum Mittagessen ein.

Nach diesem ermutigenden Auftakt ging die Arbeit der Stiftung – mehr als bescheiden, aber stetig – voran. Unser Startkapital hatte sage und schreibe 5.000 DM betragen, das nur langsam auf 12.000 DM anstieg.

Unsere zweite Preisträgerin war die damals noch wenig bekannte Journalistin *Marion Gräfin Dönhoff*. In den folgenden Jahren erhielten 1967 der »Schöpfer« des »Bürgers in Uniform«, *Wolf Graf Baudissin*, und 1968 der damalige Justizminister *Gustav Heinemann* den Theodor-Heuss-Preis. Unter den ersten Gruppen, denen Theodor-Heuss-Medaillen zuerkannt wurden, waren z. B. der Bamberger Jugendring, der einen geschändeten jüdischen Friedhof wieder instand gesetzt hatte, die Studenteninitiative »Student aufs Land« und der Helferkreis zur Betreuung ausländischer Zeugen in den Frankfurter KZ-Prozessen.

Im vierten Jahr der jungen Stiftung, Anfang 1967, wurde ich als Staatssekretärin ins Hessische Kultusministerium berufen und mußte versuchen, die Fäden von Wiesbaden aus zusammenzuhalten. Dieses Erschwernis dauerte an, als ich 1969 ins Bonner Wissenschaftsministerium überwechselte, und später noch einmal für fast vierzehn Jahre während meiner zweiten Bonner Zeit (1976-90).

Dennoch gelang es immer wieder, entsprechend den Bestimmungen unserer Satzung hervorragende Preisträger und interessante Themen vorzustellen. Das Ansehen des Preises und der Stiftung wuchs von Jahr zu Jahr. Höhepunkte waren die Verleihungen an *Helmut Schmidt* und *Manfred Rommel* (1978), an *Horst-Eberhard Richter* (1980), an *Richard von Weizsäcker* (1984) und an *Carl Friedrich von Weizsäcker* (1989).

Auch im dritten Jahrzehnt der Stiftungsgeschichte gab es unvergeßliche Höhepunkte, als wir 1990 *Hans-Dietrich Genscher*, 1991 die Bürgerrechtler *Christian Führer* (Leipziger Pfarrer der

Der fünfundzwanzigste Theodor-Heuss-Preis ging 1989 an
Carl Friedrich von Weizsäcker,
Ehrengast Bundespräsident Richard von Weizsäcker

Nikolaikirche), *Joachim Gauck, David Gill, Anetta Kahane, Ulrike Poppe* und *Jens Reich* aus der ehemaligen DDR – 1993 den aufrechten Dissidenten, heute Präsident der tschechischen Republik, *Václav Havel*, und 1995 den beispielhaft für Gerechtigkeit und Humanität engagierten Demokraten *Hans Koschnick* für seinen Einsatz beim Wiederaufbau von Mostar auszeichneten.

Die bekannten Namen der Preisträger helfen uns immer, die unbekannteren, aber beispielhaften Empfänger von THEODOR-HEUSS-MEDAILLEN in der Öffentlichkeit vorzustellen und sie auf jede Weise in ihrem Engagement zu unterstützen. Hier einige Beispiele für THEODOR-HEUSS-MEDAILLEN aus den letzten drei Jahren:

1992 – die Initiative: Brandenburger Schülerinnen und Schüler sagen Nein zu Gewalt und Rechtsextremismus,
 – die Initiative: »VIA REGIA« (Görlitz) für deutsch-polnische Begegnung und Aussöhnung.
1993 – die Europäische Stiftung Kreisau/Krzyzowa, am Sitz des Widerstandskämpfers *Helmuth Graf von Moltke,*
 – der Initiator *Frédéric Delouche* und die zwölf Autoren des ersten Europäischen Geschichtsbuches,
 – die (vormalige) Klasse 12b und ihr Lehrer *Anton Winter* der Freien Waldorfschule Mannheim für ihr humanitäres Rumänienprojekt.
1994/95 – die Frauenbrücke Ost-West Sinsheim-Rohrbach,
 – die 8. Klasse der Gesamtschule Cottbus »Multikulturelle Stadtteilschule« Sachsendorf-Madlow,
 – die Schülerinitiative »Schüler helfen leben« für ihr humanitäres Engagement in Bosnien,
 – die Initiative »Christen für Europa« mit ihrem Projekt »Freiwillige Soziale Dienste Europa«.

Schon an diesen wenigen Beispielen läßt sich die Vielfalt des demokratischen Engagements, die beispielhafte Zivilcourage der von uns Ausgezeichneten – zumeist junge Menschen – und die Bedeutung der öffentlichen Ermutigung für die Weiterarbeit der Initiativen ermessen.

Unsere Erfahrung ist es, daß gerade junge Menschen nach solchem Engagement Ausschau halten. Es muß allerdings »Sinn machen«, dann steigen sie ein, wie eh und je.

In der Innenansicht der Stiftung gab es durch alle drei Jahrzehnte hindurch immer auch wieder mal Schwierigkeiten und Spannungen, die ausgehalten und ausgetragen werden mußten. Sie konnten nicht ausbleiben, weil wir den parteiübergreifenden Charakter der Stiftung um jeden Preis und bei jedem Preis erhalten wollten. Überparteilichkeit spiegelt sich auch in der Zusammensetzung des Vorstands wider: Neben den Familienmitgliedern *Ursula* und Dr. *Ludwig Heuss* sind es zwei namhafte Wirtschaftler – *Hermann Freudenberg* (Weinheim) und *Marcus Bierich* (Bosch) –, der Politologie-Professor *Paul Noack* und Repräsentanten aller politischen Parteien. Für die Liberalen bin ich im Vorstand, für die CDU ist es *Manfred Rommel*, für die SPD *Hans-Jochen Vogel* und für das Bündnis 90/DIE GRÜNEN *Jens Reich*. – Vorsitzender des Kuratoriums ist *Richard von Weizsäcker*.

Die Gestaltung der Verleihungsfeiern haben wir nie zu einem sich alljährlich wiederholenden Ritual werden lassen. Sie wurden immer möglichst abwechslungsreich und unkonventionell gestaltet und – statt mit steifen Festreden – mit Diskussionen und Befragungen aufgelockert. Da gab es unvergeßliche Augenblicke: Als die Präsidenten *Richard von Weizsäcker* und *Václav Havel* über Europa diskutierten, oder als der Leiter der Stuttgarter Bachakademie, *Helmuth Rilling*, zur Thematik »Taten der Versöhnung« die Bachkantate »Brich' den Hungrigen dein Brot« interpretierte, oder als die zwölf Autoren des ersten gemeinsamen europäischen Schul-Geschichtsbuches über die Schwierigkeiten ihrer vieljährigen Arbeit berichteten ...

Heute gilt der THEODOR-HEUSS-PREIS – neben dem älteren »Friedenspreis des deutschen Buchhandels« – als der angesehenste politische Preis der Bundesrepublik. Aber das ist mir nicht das Wichtigste. Das Wichtigste ist mir, was er bewirken kann, und das ist – im Sinne unseres Namenspatrons – die Kultivierung der leider immer noch unterentwickelten Demokratie als Lebensform und die Begründung einer demokratischen Bürgergesellschaft.

Neben der alljährlichen Auswahl der Preisträger und der Preisverleihung sowie der Betreuung und Unterstützung kleinerer verwandter Projekte möchte ich noch über zwei weitere Arbeitsschwerpunkte der Stiftung berichten, die in den letzten Jahren herangewachsen sind.

Da ist einmal das Förderprogramm für Schulen und Schüler »DEMOKRATISCH HANDELN«, das wir zusammen mit der »Tübinger Akademie für Bildungsreform« (jetzt in Jena) mit den Professoren *Andreas Flitner* und *Peter Fauser* aufgebaut haben.

Wie der Name des Programms sagt, geht es darum, in unseren Schulen – hier besonders in den neuen Bundesländern – mehr als bisher zu verantwortlichem demokratischen Engagement zu ermutigen. Hierzu werden alljährlich Schulen, Schüler und Lehrer, die sich innerhalb und außerhalb des Unterrichts für Belange des Gemeinwesens engagieren, eingeladen, über ihr Engagement zu berichten.

In den sechs Jahren seit dem Start des Programms ist sowohl die Zahl der Bewerber (1996 waren es über 270) als auch die Qualität der Vorschläge erheblich gewachsen. Aus den Bewerbungen werden durch eine Jury die dreißig interessantesten und besten ausgewählt und für vier Tage zu einer »*Lernstatt Demokratie*« eingeladen. Bei dieser Begegnung werden die schuleigenen Beiträge vorgestellt, Diskussionen geführt und die Öffentlichkeit in das Programm miteinbezogen. Das ist noch jedesmal ereignis- und lehrreich zugleich verlaufen. Demokratie in der Schule macht allen Beteiligten Spaß, fördert Kreativität und Einsatzfreude. Hier einige Beispiele aus der »Lernstatt« 1995:

1. Sechs Schüler rekonstruieren zusammen mit ihren Lehrern die Geschichte der jüdischen Gemeinde ihrer Heimatstadt. Fast lückenlos können sie das Schicksal der nach 1937 aus Heiligenstadt vertriebenen jüdischen Bürger nachvollziehen.

2. *Ausländer in Jena*: Eine Schülergruppe erkundet die Situation von Ausländern in Jena. Sie sprechen mit Politikern sowie Vertretern öffentlicher Einrichtungen und verschaffen sich vor Ort in Asylbewerberunterkünften einen unmittelbaren Eindruck.

3. *Flüchtlingspatenschaften*: Dreiundzwanzig Schüler des Gemeinschaftskunde-Leistungskurses bauen Patenschaften

zu rund einhundert Flüchtlingen auf. Sie betreuen Kinder, halten Sprachkurse für Erwachsene, veranstalten gemeinsame Sportaktivitäten und anderes mehr. Nach einem halben Jahr führen die Schüler das Projekt in eigener Regie fort.

4. *»Gemeinsam geht es besser!«* Voneinander lernen, gemeinsam erleben, miteinander tolerant umgehen. Das sind die erklärten Ziele der Schülerpatenschaften zwischen Kindern der vierten und der ersten Klasse. Im Laufe eines Schuljahres finden eine Reihe geplanter und zufälliger Begegnungen und gemeinsamer Aktionen statt, die die Patenschaften mit Leben füllen ...

Schließlich vergibt die Stiftung alljährlich *Schülerstipendien* (auch hier wieder vor allem an junge Menschen aus den neuen Bundesländern) an solche Internatsschulen, die sich in besonderer Weise der Erziehung zu demokratischer Verantwortung widmen. Ich beteilige mich persönlich an der alljährlichen Auswahl unserer Stipendiaten und freue mich über die zahlreichen Bewerber(innen) und ihre Entwicklung zu verantwortungsbewußten jungen Bürgern. »Heuss-Stipendiat(in)« gewesen zu sein, das soll in der Zukunft ein Ausweis sein für tatkräftigen Einsatz zum Gedeihen einer freiheitlichen Gesellschaft, also für »civil virtues«.

Die jüngste Initiative der Stiftung war das erste, dreitägige »Diskussionsforum zwischen Bürgern, Parteien und Politikern: Ist unsere Demokratie in guter Verfassung?« im November 1995. Drei Tage Gespräche und Diskussionen an großen und kleinen »Runden Tischen« erbrachten, daß es im Meinungsaustausch mit Berufspolitikern erschreckende Defizite gibt. Zudem offenbarten sich Denkblockaden und Tabus.

Die Bilanz: Die Forderung nach mehr partizipatorischen Bürgerrechten – auch vertreten von der Präsidentin des Bundesverfassungsgerichts, *Jutta Limbach*, – muß von den politisch Verantwortlichen alsbald aufgegriffen werden. Andernfalls würde die Bürgergesellschaft vollends zur Zuschauerdemokratie verkümmern ...

Vielleicht gelingt es, aus diesem ersten Forum einen parteien- und gruppenübergreifenden »demokratischen Aufbruch« zu entwickeln. Das wäre ein neues, lohnendes Ziel für die THEODOR-HEUSS-STIFTUNG.

Eine überparteiliche Stiftung, die es sich zur Aufgabe gemacht hat, auf dem weiten, oft noch wenig kultivierten Felde der gelebten Demokratie tätig zu werden, kann natürlich keine Wunder bewirken. Wohl aber kann sie »zum rechten Gebrauch der Freiheit« anstiften. (So lautete das Thema unserer ersten Verleihung 1965.) Sie kann mit ihren Preisträgern, ihren Gremien, ihren Freunden und Förderern ein Netzwerk »demokratischer Gesinnung und Gesittung« knüpfen.

Nicht zuletzt kann sie immer wieder ausfindig- und öffentlich bekanntmachen, welche vielfältigen Beiträge in unserer Gesellschaft zur Humanisierung, Zivilisierung und Kultivierung geleistet werden.

Unsere Philosophie ist es, gute und positive Beispiele zu ermutigen, damit die schlechten und negativen unsere kostbare Freiheit nicht zerstören können. Also in Umkehrung des Sprichwortes: mit *guten* Beispielen *böse* Sitten verderben.

Dabei kann eine kleine Stiftung allenfalls ein Versuchsfeld bestellen. Das aber ist wichtig, denn alle Demokratien brauchen neben funktionsfähigen Parteien und Parlamenten, Regierungen und Verwaltungen, heute mehr denn je auch die verantwortliche Mitwirkung von Bürgerinnen und Bürgern, die als Bürgergesellschaft so etwas wie eine Art »Vierte Gewalt« in der Demokratie konstituieren müssen. Eine »Vierte Gewalt«, die nicht nur zur Mitsprache berechtigt, sondern hierfür auch mit Mitwirkungsrechten ausgestattet ist.

III.3.

Die Schule der Demokratie ist die Schule

Über Glanz und Elend der Bildungsreformen

»Education in democracy has the aim to be equal and excellent too.«
John F. Kennedy, 1960

Als Krieg und Nazidiktatur 1945 vorüber waren, da waren sich Sieger und Besiegte (soweit einsichtsfähig) in einem Punkte einig: Eine Demokratie in Deutschland würde ohne ein von Grund auf demokratisch verfaßtes, gestaltetes und verwaltetes Bildungs- und Erziehungssystem keine Wurzeln schlagen.

Da im staatlichen Schulsystem der Weimarer Zeit – mit Ausnahme in der damals so genannten »Reformpädagogik« – keine wirklich demokratischen Ansätze geschaffen worden waren und weil diese traditionellen Strukturen in der Nazizeit weiter funktioniert hatten, sollte nun ein radikaler Neuanfang gemacht und ein von Grund auf demokratisches Bildungssystem geschaffen werden.

Welch eine faszinierende und lohnende Aufgabe! Davon war ich in meiner taufrischen Demokratie-Begeisterung sofort überzeugt. Wie aber könnte ich, eine journalistisch tätige Nicht-Fachfrau, die ich damals war, daran mitwirken?

Ich begann mich zu informieren, bei Diskussionen zuzuhören und über die Reformvorstellungen der westlichen Alliierten in der NEUEN ZEITUNG zu berichten.

Diese stellten sehr dezidierte Forderungen – z. B. sollte die Grundschule für alle Kinder auf sechs Jahre verlängert werden – »höhere« Schulen sollten für Kinder aus allen sozialen Schichten durch Schulgeldfreiheit und Chancengleichheit geöffnet werden – die Gleichwertigkeit allgemeinbildender und berufsbildender Schulen sollte durch eine akademische Lehrerbildung für Lehrer aller Schularten hergestellt werden...

Sehr bald schon meldeten sich reformfreudige deutsche Professoren, Lehrer und Erzieher zu Wort, die sich, allen Nachkriegs-Mißlichkeiten zum Trotz, für einen solchen neuen bildungspolitischen Anfang engagieren wollten. Und so begannen alsbald zwischen amerikanischen und unbelasteten deutschen »Experten« gemeinsame Diskussionen, bei denen sich in den Kernfragen weitgehende Übereinstimmung ergab.

Doch auch hier sollte sich die Chance des Neubeginns nach der »Stunde Null« als Illusion herausstellen: Es gab nämlich viel zu wenig aktive Reformer, um in der Sache entscheidenden Einfluß zu gewinnen und die eigenen Vorstellungen gegen die starke Mehrheit der Bedenkenträger, Reformgegner, Halbherzigen und der alsbald auf den Plan tretenden konservativen Parteien durchzusetzen.

Selbst die Siegermächte, die sich - wie im Ersten Teil berichtet - in den ersten Jahren zum Beispiel in Bayern in heftige schulpolitische Auseinandersetzungen mit dem CSU-»Papst« *Alois Hundhammer* verstrickt hatten, zogen sich, als sie mit ihren Forderungen auf hinhaltenden Widerstand stießen, schrittweise von diesem Kampfplatz zurück.

So kam es, daß sich die anfänglichen Hoffnungen auf einen entschlossenen bildungspolitischen Neuanfang leider nicht oder nur teilweise erfüllten, und dies nur in den Ländern der westlichen Besatzungszonen, die sozialdemokratische Mehrheiten hatten.

Es sollte noch fast zwanzig Jahre dauern, bis die von den Amerikanern anfangs geforderten, dann abgeblockten Reformen endlich doch noch auf den Weg kamen.

Das Rollback begann nach der Beendigung der Besatzungszeit. Vieles, was im Schulsystem - nicht nur nach Meinung der

Siegermächte – ein für allemal ausgemustert gehört hätte, hatte überlebt und etablierte sich wieder.

Zum Beispiel: Die strikte Zwei-Klassen-Teilung des Schulsystems in die achtjährige Volksschule für über 90 Prozent aller Schüler (meist nach Konfessionen getrennt) und die pädagogisch verfrühte »Selektion« Zehnjähriger in die höhere Schule, dem Reservat des Bildungsbürgertums. Dies vollzog sich unter besonderer Benachteiligung von Mädchen im allgemeinen und von Mädchen aus ländlichem und/oder katholischem Milieu sowie von »Arbeiterkindern« im besonderen.

Außerdem feierten die schier unverwüstlichen obrigkeitsstaatlichen Strukturen sowohl im Schulleben als auch in der Schulverwaltung makabre Auferstehung, vom kaum noch gebremsten Comeback vieler mehr oder weniger überzeugter NS-Lehrer ganz zu schweigen.

Folgerichtig blieb es entsprechend der Gliederung des Schulaufbaus auch bei der strikten »Zweiklassen«-Teilung der Lehrerbildung in eine (meist nach Konfessionen getrennte) »seminaristische« Berufsausbildung an »Schmalspur«-Fachhochschulen für die Lehrer der Volksschule und eine wissenschaftliche Ausbildung an Universitäten für Lehrer an höheren Schulen ohne jeden schulpraktischen Bezug. Analog zählten berufsbildende Schulen zur »Volksbildung«. Ihren Schülern und Lehrern war der Bildungsaufstieg in die prestigeträchtige Etage des »Akademischen« versagt.

Kurz und nicht gut: Bildungspolitik wurde so ziemlich das genaue Gegenteil von dem, was sowohl deutsche Reformer als auch die westlichen Sieger zur Einführung eines demokratisch verfaßten Bildungssystems gewollt hatten.

Bis auf die zwangsweise eingeführte Schulgeldfreiheit und die sechsjährige gemeinsame Grundschule in Berlin wurden alle anfänglich geforderten Reformen nach und nach zu den Akten gelegt. Dort verstaubten sie bis zu Beginn der sechziger Jahre, als die Bildungspolitiker vom sogenannten »Sputnik-

Schock« (die Sowjetunion hatte als erste Weltmacht mit der Raumfahrt begonnen) und vom Alarmruf des Altphilologen *Georg Picht* (1964) über die drohende »Bildungskatastrophe« aufgeschreckt wurden.

Parallel zum »roll-back« in der Schulpolitik verlief das Scheitern des Konzeptes zur *Hochschulreform*, das reformfreudige deutsche Hochschullehrer im sogenannten »Blauen Buch« niedergelegt hatten, mit dem Ziel, die sogenannte Ordinarien-Universität zu einer kollegial verwalteten und gestalteten Stätte der Lehrenden und Lernenden zu reformieren.

Vom Wirtschaftswunder, das seit Mitte der fünfziger Jahre florierte, bekam das westdeutsche Bildungssystem über lange Zeit so gut wie nichts ab. Statt dessen wuchsen quantitative und qualitative Defizite.

Zwanzig Jahre nach Kriegsende sah es in den pädagogischen Provinzen der Bundesrepublik trostlos aus: Landauf, landab fehlte es an Schulräumen, Turnhallen, Fachräumen und moderner Ausstattung. Klassen mit über vierzig Schülern waren die Regel, die Lehrer (vor allem an Volksschulen) waren – im Vergleich zu heute – schlecht bezahlt, mußten viel mehr Pflichtstunden geben und hatten so gut wie keine Aufstiegschancen.

In Bayern waren – als Folge der konfessionellen Trennung der Volksschulen – in ländlichen Regionen bis zu zehntausend einklassige Zwergschulen entstanden, staatliche Gymnasien gab es auf dem Lande so gut wie keine und wenn, nur für »Knaben«. Die weiterführenden Schulen waren überwiegend den Kindern des Bildungsbürgertums vorbehalten. Vollends unterentwickelt war das höhere Mädchenschulwesen. Koedukation war – vor allem in katholischen Landesteilen – verpönt; auf dem Land gab es für Mädchen, von nicht-staatlichen katholischen Realschulen abgesehen, kaum weiterführende Bildungsangebote in erreichbarer Nähe.

Von Demokratie in der Schule oder Erziehung zur Demokratie war nicht die Rede. Einen »zweiten Bildungsweg« für begabte Erwachsene gab es nicht.

In den Universitäten, ihren Instituten und Bibliotheken sah es fast noch hoffnungsloser aus. In der ganzen Bundesrepublik gab es 1975 neunundvierzig Universitäten mit etwa 410.000 Studenten und vierundneunzig Fach(hoch)schulen mit 90.000 Studierenden, das waren insgesamt nur 4,2 Prozent der gleichaltrigen Bevölkerung*. Demzufolge war in allen Lehr-, technischen- und naturwissenschaftlichen Berufen ein katastrophaler Mangel an Nachwuchs abzusehen.

Alles in allem: Unser Bildungssystem war quantitativ und qualitativ zum Stiefkind des Wirtschaftswunderlandes und seiner öffentlichen Haushalte geworden. »Unsere Kinder haben den Krieg verloren«, lautete ein gängiger Klageruf von Eltern und Lehrern. Das Gespenst der »Bildungskatastrophe« geisterte für viele Jahre durch die Diskussionen und wurde zum Politikum Nummer eins.

Zur gleichen Zeit waren überall in West und Ost Bildungsreformen das große politische Thema, nur nicht bei uns. *John F. Kennedy* hatte das Ziel präzisiert: Ein demokratisches Bildungssystem muß beides sein: »equal *and* excellent too« – es muß gleiche Chancen garantieren und zugleich leistungsfähig sein.

Der große Aufbruch gelang erst, als *Georg Picht* 1964 mit seiner Artikelserie über »Die deutsche Bildungskatastrophe« in der Wochenzeitung »Christ und Welt« die westdeutsche Öffentlichkeit aufschreckte.

Ihm, dem renommierten Altphilologen und Philosophen,

---

* Zahlen herausgegeben vom Bundesministerium für Bildung und Wissenschaft, 1990.

gelang es, die bildungspolitischen Versäumnisse und Defizite so fakten- und sachkundig, so schonungslos und überzeugend darzulegen, wie ich es »als Frau« und »Jungpolitikerin« nicht geschafft hatte. Ich schrieb ihm sofort und fütterte ihn mit bayerischen Zahlen und Statistiken, die seine Prognosen bestätigten und erhärteten. Wir schlossen Bekanntschaft – später Freundschaft.

Nun endlich wurden die langjährigen Versäumnisse in der Bildungspolitik ernstgenommen, und es begann eine fünfzehn Jahre währende quantitative »Bildungsexpansion«, die in der Geschichte der Bundesrepublik nicht ihresgleichen kennt.

Rückblickend waren es vor allem drei Gründe, die den Aufbruch in den sechziger und den Durchbruch in den siebziger Jahren möglich und schließlich erfolgreich machten:

Erstens waren die Versäumnisse (vor allem im internationalen Vergleich) und der gesellschaftspolitische Reformstau – selbst im konservativsten Lager – nicht länger abzustreiten und wurde der Ruf nach Reformen, vor allem seitens einer politisch engagierter werdenden Jugend, immer lauter.

Zweitens: Mit der Schaffung des »Wissenschaftsrates« (1957) und des »Deutschen Bildungsrates« (1965) – Nachfolger des von *Heuss* schon 1953 gegründeten »Deutschen Ausschusses für das Erziehungs- und Bildungswesen« – gelang es, erstmals eine neuartige und im ganzen erfolgreiche Kooperation zwischen Politik, Verwaltung und hervorragenden Kapazitäten aus Wissenschaft und Gesellschaft zu institutionalisieren.

Stellvertretend seien der Historiker *Karl Dietrich Erdmann*, der Philosoph *Hermann Krings*, der Leiter des damals neugegründeten Max-Planck-Instituts für Bildungsforschung *Hellmut Becker*, der überzeugendste und wohl einflußreichste Reformer, und *Friedrich Edding*, der großartige Bildungsökonom, wie auch die kreativen Pädagogen *Hartmut von Hentig*, *Heinrich Roth* und *Andreas Flitner* genannt.

In diese Zusammenarbeit wurde auch die Reformen oft verhindernde allmächtige Kultusbürokratie zumindest teil- und zeitweise eingebunden, was sich als sehr nützlich erwies.

Der *dritte Grund* lag in der ersten und bisher einmaligen Politisierung der Ziele für die überfälligen Reformen: Die Forderung »*Bildung ist Bürgerrecht*« (und das vom Kindergarten bis zur Erwachsenenbildung) sowie das demokratische Gebot der *Chancengleichheit* begeisterten und überzeugten breite Wählerschichten. Zu guter Letzt versprachen alle Parteien, dem westdeutschen Bildungssystem endlich ein demokratisches Fundament, demokratische Strukturen und eine entsprechende Infrastruktur zu geben und die dafür notwendige Finanzierung durchzusetzen.

Damals entstand auch eine zumeist von Eltern getragene Bürgerbewegung bis dahin nicht gekannten Ausmaßes. Überall organisierten sie sich und forderten bessere Schulen für ihre Kinder, auch engagierten sich Studenten gegen soziale Benachteiligungen, gründeten Aktionen wie »Student aufs Land«, boten Vorbereitungskurse zum Übertritt in weiterführende Schulen an und Informationsdienste für Eltern.

Dieses Bürgerengagement habe ich auch über die THEODOR-HEUSS-STIFTUNG ermutigt und unterstützt.

Soziologen – an der Spitze der Liberale *Ralf Dahrendorf* mit seinem Mitarbeiter *Hansgert Peisert* – unterfütterten und bestätigten die politischen Argumente mit ihren Untersuchungen über die vernachlässigten und brachliegenden »Begabungsreserven«.

Der Jesuitenpater *Karl Erlinghagen* bestätigte dies für die besonders eklatanten katholischen Bildungsdefizite (»Katholisches Bildungsdefizit in Deutschland«, Herder Taschenbuch 1965) und nahm damit der konfessionell verengten Politik der bayerischen CSU und ihren klerikalen Kulturpolitikern den Wind aus den Segeln: Ja, wenn Reformen selbst von seiten der Katholischen Kirche gefordert werden, so hieß es nun, dann

Bildungspolitische Reformdiskussion in der FDP mit Ralf Dahrendorf

müssen wir einlenken. Den Namen *Erlinghagen* auch nur zu nennen, genügte mir, um aus der jahrelang hoffnungslosen Minderheit herauszukommen und mit meinen Reformvorstellungen mehrheitsfähig zu werden.

Landauf, landab herrschte bildungspolitische Aufbruchsstimmung. Bildungspolitik wurde ab 1968 zum Wahlkampfthema Nummer eins.

Mit der Bildung der sozial-liberalen Koalition im Spätherbst 1969 bekamen Bildungspolitik und Bildungspolitiker endlich auch in Bonn Hochkonjunktur: »Bildung und Ausbildung, Wissenschaft und Forschung stehen an der Spitze der Reformen«, so hatte es Bundeskanzler *Willy Brandt* in seiner Regierungserklärung formuliert. Und knapp fünf Jahre standen sie da auch. Dann fielen sie nach und nach zurück, bis sie schließlich seit den achtziger Jahren wieder Schlußlicht wurden und bis heute blieben...

Damals gab es übrigens – anders als heute – in *allen* Parteien bundesweit bekannte und namhafte Bildungsreformer, u. a. in der CDU die Minister *Paul Mikat* in NRW, in Baden-Württemberg *Wilhelm Hahn* und in Rheinland-Pfalz *Bernhard Vogel.*

In der SPD waren es der Berliner Kultusminister *Hans-Heinz Ewers*, in Hessen *Ernst Schütte*, in NRW der junge Wissenschaftsminister *Johannes Rau* und *Klaus von Dohnanyi* in Bonn.

Im liberalen Lager waren es der Reform-Theoretiker *Ralf Dahrendorf* und der Hochschulpolitiker *Werner Maihofer*, und in der praktischen Politik war ich es, die nun, als Staatssekretärin nach Bonn berufen, in allen Bund-Länder-Gremien saß und die Umsetzung aller Konzepte und Pläne – den *Bildungsbericht der Bundesregierung 1970*, die Schaffung der »*Bund-Länder-Kommission für Bildungsplanung*« und den Entwurf eines für alle Bundesländer verbindlichen *Hochschulrahmengesetzes* – verantwortlich mitgestaltete (vgl. Erster Teil, V., VI.).

Nun endlich konnte ich mein bildungspolitisches Credo verwirklichen, das ich seit meinen Münchner Oppositionsjahren auf scheinbar verlorenem Posten verkündet hatte:

Wenn Bildung ein »Bürgerrecht« ist, dann müssen *alle* Bildungseinrichtungen auf Offenheit und Chancengleichheit für Mädchen und Jungen, für Stadt- und Landkinder, unabhängig von ihrer sozialen, kulturellen oder landsmannschaftlichen Herkunft angelegt werden. Dann müssen auch verpaßte Bildungschancen lebenslang korrigierbar sein und müssen Hochbegabte in allen Bereichen besonders gefördert werden. Dann müssen alle Einrichtungen demokratische Strukturen und alle Beteiligten und Betroffenen Mitwirkungsrechte erhalten . . .

*

Diese Ziele, für die ich mich in Theorie und Praxis mit Leib, Seele und Kopf vom großen Konzept bis zum kleinsten Projekt engagierte – wurden sie je erreicht?

Zwar haben wir seit etwa Mitte der siebziger Jahre den Durchbruch zu einem einigermaßen chancengerechten Bildungssystem geschafft und ist unser weiterführendes Bildungssystem quantitativ enorm expandiert. Diese Expansion wurde aber weder finanziell noch in qualitativer und organisatorischer Hinsicht ausreichend abgesichert. Viele gemeinsame Beschlüsse von damals wurden nicht umgesetzt. Hierfür einige Beispiele.

– Obgleich Bund und Länder schon im ersten gemeinsamen »Bildungsgesamtplan« 1971 beschlossen hatten, jedem Vorschulkind einen *Kindergartenplatz* zu garantieren, wurde dieses Ziel bis heute nicht erreicht.

– Außerdem bestand Einvernehmen, daß *Ganztagsschulen* bundesweit und je nach Bedarf »flächendeckend« eingerichtet werden sollten – ein wichtiges gesellschaftliches und pädagogisches Vorhaben, das kläglich versandet ist.

– Ferner sollten *Bildungsabschlüsse* der Mittelstufe (Sekundarstufe 1) nach zehnjähriger Schulzeit zwischen allgemeinbildenden- und berufsbildenden Schulen als »gleichwertig« anerkannt werden, was bis heute nicht konsequent verwirklicht wurde.

– Pädagogisch begründete und vom »Bildungsrat« empfohlene *Schulversuche* zur Erprobung neuer schulorganisatorischer und pädagogischer Konzepte sollten in großem Umfang von Bund und Ländern gemeinsam finanziert werden; auch dieses wichtige Vorhaben wurde wieder aufgegeben.

– Vor allem aber wurden auch die gemeinsam gesetzten Ziele für die *Bildungsfinanzierung* nicht nur nicht erreicht, im nationalen und internationalen Vergleich stehen wir heute sogar schlechter da als damals:

Der neuesten OECD-Statistik von 1993 zufolge schneidet die Bundesrepublik beim Vergleich des Anteils ihrer Bildungsausgaben an allen öffentlichen Ausgaben mit nur 8 Prozent unter allen Mitgliedsstaaten am schlechtesten ab, gefolgt von Belgien und den Niederlanden mit 9,8 Prozent. Am besten schneiden die Schweiz mit 15,9 Prozent und Finnland und Norwegen mit 14,7 respektive 12,1 Prozent ab.

Am eigenen Bruttosozialprodukt (BSP) gemessen ist der Anteil der Bildungsausgaben – nach einer vorübergehenden Steigerung 1980 – zwischen 1970 und 1990 fast gleichgeblieben (4,11 und 4,20 Prozent des BSP), und das trotz einer enormen Steigerung der Studentenzahlen an Universitäten von 410.000 auf 1,2 Millionen und an Fachhochschulen von 90.000 auf 372.000 – zusammen also um mehr als das Dreifache!

Hier offenbart sich das meines Erachtens folgenschwerste Versäumnis: Die Bildungsexpansion vollzog sich ohne ausreichende Finanzierung und ohne die erforderlichen Strukturreformen im Aufbau und der Gliederung von Schulen und Hochschulen. Die Hauptschule ist heute »ausgepowert«, die weiterführenden Schulen sind überfüllt. Unsere Studienzeiten sind die längsten in der Welt, die meisten Studienpläne sind veraltet und überfrachtet. Die Lehre wird vernachlässigt, und die Nutzung der Räume über das Jahr ist ungenügend. Daran erkenne ich die *zweite Bildungskatastrophe*, und sie wird unabsehbare Langzeitfolgen haben.

Wo bleiben heute Politiker, Medien, wissenschaftliche Experten, um den überfälligen Alarm zu schlagen?

In der Chronologie des neuerlichen bildungspolitischen Versagens ist noch nachzutragen, daß die zunächst fruchtbare Zusammenarbeit zwischen dem Bund und den Bundesländern bereits in der zweiten Hälfte der siebziger Jahre zu bröckeln begann.

Nach dem Ende der sozial-liberalen Koalition 1982 zog sich der Bund schrittweise wieder aus seiner gesamtstaatlichen Verantwortung zurück, und alle Versuche, diesen Rückzug durch lautstark angekündigte »Bildungsgipfel« des Kanzlers mit den Länderministerpräsidenten zu kompensieren, sind sang- und klanglos gescheitert. Auch der Deutsche Bildungsrat – für Konservative wegen seiner Innovationsfreude ohnehin ein Ärgernis – wurde 1985 ersatzlos aufgelöst. Gesamtstaatliche Bildungsberatung findet seither nicht mehr statt, und die deutsche Bildungspolitik dümpelt im föderalen Provinzialismus hinter den verschlossenen Türen der Kultusministerkonferenz (KMK), ohne ausreichende gesamtstaatliche Zusammenarbeit, ohne überfällige europäische Perspektiven, ohne internationale Repräsentanz vor sich hin.

Nicht einmal in den eigentlich zuständigen Landtagen und Landtagswahlkämpfen ist Bildungspolitik noch ein Spitzenthema. Dabei brennen neue Probleme an allen Ecken und Enden.

Obgleich die Jahre des bildungspolitischen Aufbruchs auch bleibende positive Spuren hinterlassen haben – vor allem durch den seither unaufhaltsamen Bildungsaufstieg der Frauen und durch eine Verdoppelung des Anteils der Kinder aus »bildungsfernen« Familien –, insgesamt empfand und empfinde ich den politischen Gewichtsverlust und die Stagnation der Bildungspolitik als eine schwere Zukunftshypothek.

Deshalb habe ich auch während der Jahre, in denen ich mit anderen Aufgaben betraut war, immer wieder versucht, gegen die Resignation in der Reformpolitik anzukämpfen und den einstigen Elan in der eigenen Partei, im Parlament und in der Öffentlichkeit neu zu beleben. Das versuchte ich mit einschlägigen Büchern, Vorschlägen und Ausarbeitungen:

So schlug ich 1970 vor, die quantitative Expansion der Schüler- und Studentenzahlen, vor allem im Hochschulbereich – analog dem angelsächsischen System – in gestufte Ausbildungsgänge zu leiten: in ein vierjähriges, berufsqualifizierendes Grundstudium, gefolgt von einem Graduiertenstudium für etwa zwanzig Prozent und schließlich einem Postgraduiertenstudium für den wissenschaftlichen Nachwuchs (»Hamm-Brücher-Plan für ein offenes und gestuftes Schul- und Hochschulsystem«). In Buchform veröffentlicht, beschrieb ich mein Konzept als »*Reform der Reformen*«.

1976 forderte ich in einem Plädoyer gegen die Resignation in der Bildungspolitik mit dem Titel »*Bildung ist kein Luxus*« eine Fortführung der abgebrochenen Reformen, und schließlich erarbeitete ich anläßlich der Landtagswahlen 1990 in Bayern zusammen mit Fachleuten noch einmal ein umfassendes »*Schul- und hochschulpolitisches Konzept für die neunziger Jahre*«. – Alle Bemühungen waren vergebens.

Dennoch liegt mir daran, hier noch einmal festzuhalten, was mir damals, vor genau zwanzig Jahren, bildungspolitisch wichtig war, und zwar mit den Worten von damals und nicht mit den Erkenntnissen von heute. Hier folgen einige Passagen aus meinem damaligen Resümee, das auch heute noch gültig ist:

»*I. Wider die Resignation*
Die Bundesrepublik zählt zu den reichsten Industriestaaten der Welt. Wir, ihre Bürger, erfreuen uns des höchsten Lebensstandards. Trotz Wirtschaftsflaute steigt der private Konsum und wachsen die Sparquoten der Bürger. Das Netz sozialer Sicherheiten ist eng und fest geknüpft. Neujahr 1975, an dem ich diese Zeilen schreibe, rollen wie an allen Wochenenden, Feiertagen und Ferien die Blechlawinen durch Stadt und Land. Zeitungen berichten, daß für viele hundert Millionen Mark bunter Nichtsnutz in die Luft geknallt wurde.
    Alles in allem: Trotz Wirtschaftsflaute können wir uns immer noch (fast) alles leisten, was wir uns leisten wollen. Vor durchaus zumutbaren, aber unpopulären Sparmaßnahmen scheuen wir zurück. Nur in ganz wenigen Bereichen glauben wir, ohne öffentliches Ärgernis zu erregen, sparen zu können.

Ausgerechnet unser Bildungswesen ist so ein Bereich. Hier wird der Rotstift ohne besondere Skrupel angesetzt. Offenbar fürchtet man weder der Sache zu schaden noch Wähler zu verdrießen ...

So paradox es klingen mag: Ausgerechnet zuallererst bei Bildungsausgaben entdeckt die Überflußgesellschaft störenden und daher verzichtbaren Überfluß!

... Man könnte diese Einstellung noch verstehen, wenn wir in allen öffentlichen und privaten Bereichen gleich arm dran wären, wenn wir uns überall einschränken müßten. Solange wir aber nicht bereit sind, auch nur eine einzige kostspielige ›Errungenschaft‹ des letzten Jahrzehnts in Frage zu stellen oder einzuschränken – seien es z. B. Zweitautos, Zweiturlaube, Zweitwohnungen, Arbeitszeitverkürzungen, aufgeblähte Verwaltungen oder jedwede andere Verschwendung –, so lange ist es jedoch beschämend und blamabel, ausgerechnet an Lehrern, Schülern und Studenten unser Spar-Exempel zu statuieren. Von der Idee der ›Zweitbildung‹ wagt man kaum zu träumen ...

II. Wider das Berechtigungswesen
Wenn ich dafür plädiere, daß mehr Bildung für mehr Menschen kein Luxus sein darf und sein kann und folgerichtig steigende Bildungsausgaben unvermeidbar sind, dann möchte ich schon an dieser Stelle ... vor einer Fehlentwicklung warnen:

... Als Fehlentwicklung, der nicht kräftig genug entgegengesteuert werden kann, möchte ich die zunehmende ›Verzunftung‹ unseres starren, an Bildungsabschlüsse gekoppelten Berechtigungswesens bezeichnen. Mehr Bildung für mehr Menschen darf nicht zu einer Ausbreitung des Berechtigungs- und Laufbahnwesens, des Prestige- und Besoldungsdenkens führen. Abitur und Hochschulbildung können keine lebenslang privilegierenden Platzkarten für

Berufspositionen garantieren, die allen anderen vorenthalten werden. Mehr Bildung konstituiert keine Ansprüche, sondern eröffnet Chancen. Eine demokratische Leistungsgesellschaft kann nicht dadurch kaputtgehen, daß mehr Menschen bessere Bildungsmöglichkeiten und damit bessere Lebenschancen erhalten, sondern dadurch, daß inflationiertes Anspruchs- und Berechtigungsdenken damit gekoppelt wird...

Statt jungen Menschen kontingentierte ›Reifen‹ auf Lebenszeit zuzuteilen (Hauptschul-, Fachschul-, Mittlere-, Fachhochschul-, Hochschulreife etc.), muß die Offenheit und Gleichwertigkeit aller Bildungswege hergestellt werden. Bildungs- und Ausbildungswege können in Zukunft nicht mehr die einmalige, unabänderliche Sicherheit für Berufs- und Sozialchancen garantieren, sie müssen vielmehr lebenslang offen, nachholbar, ergänzbar sein...

III. Über gesamtstaatliche Verantwortung
...Sicher waren die ersten Erwartungen in die Möglichkeiten des Bundes nach 1969 zu hochgeschraubt und hat sich die sozial-liberale Regierung anfangs zu viel auf einmal vorgenommen. Seine tatsächliche Schwäche aber ist meines Erachtens doch hausgemacht und größer, als sie sein müßte. Nicht nur, daß der Bund bisher vermieden hat, seine vorhandenen Kompetenzen voll auszuloten (das kann man im Hinblick auf den Bundesrat noch verstehen), er hat außerdem auch allzu rasch wieder darauf verzichtet, seine gesamtstaatliche Verantwortung politisch deutlich zu vertreten.

Diese Verantwortung muß sich nicht in einem Führungsanspruch mit Weisungsbefugnis manifestieren. Sie besteht aber sehr wohl in der Verpflichtung, gesamtstaatliche Probleme aufzuzeigen, überföderale Tatbestände und Zusammenhänge deutlich zu machen, Warnungen auszusprechen, Entwicklungen zu beeinflussen, Vorschläge zu machen,

Kooperation mit und zwischen den Ländern zu fördern, internationale Orientierung und Zusammenarbeit zu gewähren. Überdies: Das ›Laut-Denken‹ des Bundes kann ihm keine Verfassung verbieten.

Alles in allem: Der Bund, seine Regierung und sein Parlament haben nicht nur für die wirtschaftliche und soziale Wohlfahrt des Gesamtstaates Verantwortung zu tragen, sondern auch für seine nicht unmittelbar materiellen Bedürfnisse, die ich seine geistige und kulturelle Verfassung nennen möchte. Leider ist das Desinteresse der deutschen Politik an allen nicht unmittelbar materiellen Bedürfnissen des Bürgers erschreckend, und ich finde es bedauerlich, daß der Bund, statt ... seine Chance zur Bewußtseinsbildung der Öffentlichkeit zu nutzen, sich im Grabenkrieg der Gremien und in den sogenannten grauen Zonen zwischen Bund und Ländern verzettelt ...

Mein Fazit: Solange die bildungspolitischen Zuständigkeiten des Bundes nicht verstärkt werden können, müssen die vorhandenen voll ausgeschöpft und muß von der ungeschriebenen Verantwortungskompetenz mehr als bisher Gebrauch gemacht werden. Ein ›Passen‹ oder gar ein Rückzug des Bundes wären verhängnisvoll ...

IV. Für lebenslange Bildungschancen
Hinter uns liegt ein Jahrzehnt der Bildungsexpansion ohne flankierende Reformmaßnahmen ...

Was uns nach wie vor fehlt, ist die grundsätzliche Übereinstimmung zwischen allen demokratischen Kräften unseres Landes über die Zuordnung und Funktion des Bildungssystems in einer demokratischen Gesellschaft. Hier liegt die eigentliche Ursache für unsere Bildungsmisere, für die Halbherzigkeit und das Stolpern von einer Krise in die andere. Anders als in anderen demokratischen Gesellschaftssystemen haben wir es bisher nicht geschafft, gemeinsame Vorstellungen zu entwickeln, in welcher Weise demokratisch-freiheit-

liche Wertvorstellungen im Bildungssystem, seiner Gliederung, seinen Inhalten, Abschlüssen und Berechtigungen konkretisiert werden müssen. Hierzu fehlt der Grundkonsens. In dreißig Nachkriegsjahren haben wir es nicht geschafft, diesen Konsens herzustellen. Für mich ist die Leidensgeschichte der Nicht-Reformen ein Alarmzeichen dafür, auf wie wackligen Füßen unsere demokratische Ordnung immer noch steht.

Deshalb müssen wir die Kernfrage, die sich derzeit wieder einmal hinter aktuellen Widrigkeiten versteckt, erneut stellen: Ist ein demokratisches Bildungssystem ein Zuteilungsamt für Sozialchancen, oder ist es eine Institution, die für jedermann (und ich möchte hinzufügen: auf Lebenszeit) ein größtmöglichstes Maß an Bildungschancen (die allerdings auch Pflichten und Verantwortung mit sich bringen) gewährt? Ist Bildung und Lernen ein Domestizierungsinstrument für Unmündige oder eine gesellschaftspolitisch bedeutsame Dimension menschlicher Lebenstätigkeit?

... Es geht um den entscheidenden sozialen Auslesemechanismus in unserer Gesellschaft. Kinder, die langsamer lernen, die schwerer an die Sprach- und Denknormen des Mittelstandes anzupassen sind (es sind immerhin mehr als die Hälfte), Kinder, die andere Interessen und Begabungen haben als im Bildungskanon der Gymnasien vorgesehen, kommen eben nicht auf die ›höhere‹, die ›weiterführende‹ Schule. Sie bleiben folgerichtig auf der ›niederen‹ Schule. Mit dieser Entscheidung – meist auch noch quasi pädagogisch verbrämt und vom betroffenen Kind in seinen Folgen gar nicht erfaßbar – werden seine weiteren Lebenschancen ganz erheblich festgelegt und eingeengt. Und wenn sich Erwachsene bemühen, in der Kindheit versäumte Bildungschancen unter erschwerten Bedingungen nachzuholen, ist ihr Wunsch in unserer Gesellschaft wirklich willkommen?

V. Für Offenheit und Kreativität
Solange ich mich mit Schulfragen beschäftige, so lange bin ich ein entschiedener Gegner jeder Ideologisierung von Kindern gewesen. Für mich bedeuten Lehrpläne, Curricula, Lernziele nur einen ›Rahmen‹: Was nützen sie dem einzelnen Kind? Was fördert es, regt es an, hilft ihm zu seiner eigenen Identität? Was macht Freude, regt zum selbständigen Denken an, womit und wodurch lernt es lernen? Was weckt und fördert seine Spontaneität und Kreativität? Was legt den Keim zur Kritikfähigkeit, zum Konfliktlösen, zur Solidarität? Und all das in der rechten Mischung!

Die Welt verändern, indem der einzelne lernt, sich selber zu verändern durch lebenslange Lernbereitschaft, Zuhören, Handeln, Vergleichen, Entscheiden, Zurücknehmen ... Und damit sind wir beim Lernen und Einüben demokratischer Lebensformen, ein Bildungspensum besonderer Art, häufig immer noch unterentwickelt, beargwöhnt, rationiert. Auch hier müssen Defizite erkannt und abgetragen werden.

VI. Bildungschancen sind Lebenschancen
für die Zukunft der Menschheit
Was ist es also, was für mich den Sinn allen Bildungsbemühens ausmacht? Selbstwerdung des einzelnen Menschen, Glücks- und Glaubensfähigkeit, Mündigkeit, Selbstbestimmung, Verantwortung, Mut und Demut, Solidarität ...

Man könnte dieses Register auch knapp zusammenfassen: mehr Lebenschancen für mehr selbstverantwortliche Menschen und die Erhaltung einer menschenwürdigen freiheitlichen Ordnung.

Aber ist das alles? Müssen wir nicht dringend auch geistige und moralische Erziehungswerte, ohne die eine freiheitliche Lebensbewältigung nicht denkbar ist, aktualisieren und stärken? Müssen wir nicht den Begriff der ›Lebenschancen‹ neu überdenken, neu definieren und konkretisieren? Das heute so viel gepriesene ›Know-how‹ technischen, wissenschaftlichen und technologischen Wissens, an das wir uns klammern, weil es rohstoffarme Industrienationen, wie wir es nun einmal sind, vor dem Absteigerschicksal bewahren soll – wird die gedankenlose Mehrung des ›Know-how‹ nicht, selbst wenn es unsere eigenen Lebenschancen noch verbessern sollte, spätestens die unserer Enkel verschlechtern bis vernichten? Wird unser ›Know-how‹ den Völkern der Dritten und Vierten Welt wirklich aus ihrer Misere heraushelfen? Oder wird es nicht vielmehr den Auspowerungsprozeß unseres Planeten beschleunigen?

Deshalb sollten wir beginnen, zu lehren und zu lernen, wie wir unsere Welt für künftige Generationen materiell und ideell bewohnbar erhalten können. Hier – und nicht im egoistischen Gerangel nach immer mehr und immer noch Besserem – beginnt die Suche nach besseren Lebenschancen für mehr Menschen: Oberstes Ziel einer fortschrittlichen Bildungspolitik muß es sein, dazu beizutragen, die aktuelle Gefährdung der Überlebenschancen der Menschen ernst zu nehmen und dieser Gefährdung entgegenzuwirken . . .«[55]

Genau zwanzig Jahre sind vergangen, seit ich dieses »Plädoyer« niedergeschrieben habe. Es ist immer noch aktuell, bedarf jedoch einiger Zusätze:

1) Seit den achtziger Jahren hat es nicht nur in allen technologisch-wissenschaftlichen Bereichen tiefgreifende Umwälzungen gegeben, sondern auch in allen wirtschaftlichen und politischen Konstellationen. Unsere Kinder und Enkel müssen sich in einer völlig veränderten Welt bewähren, ohne daß daraus bisher bildungspolitische Konsequenzen gezogen wurden. Strukturen, Unterrichtsorganisation und Lehrpläne des Bildungssystems geben hierfür wenig oder keine Flexibilität her.

2) Hinzu kommt das Phänomen der für Kinder nicht mehr verkraftbaren täglichen Informationsflut, die sich als eigentliche Erziehungsmacht und als »Trendsetter« durchsetzt. Eltern und

Erzieher stehen ratlos vor all dem, was tagtäglich an Scheußlichkeiten, Gewaltorgien, Perversitäten, echten und produzierten Sensationen über die Bildschirme in die Köpfe und Gemüter ihrer Kinder hereinbricht und dort Kurzzeit- und Langzeitfolgen hinterläßt, die durch herkömmliche Vorstellungen von Erziehung und Geborgenheit weder von der Schule noch vom Elternhaus aufgefangen, geschweige denn verkraftet werden können. Diese Einflüsse sind es, die den Verlust sittlich-moralischer Mindestwerte in unserer Gesellschaft beschleunigen, die zum Abbau personaler und religiöser Werte beitragen und besonders jungen Zuschauern Gewaltbereitschaft, Vandalismus, Brutalität und Rücksichtslosigkeit suggerieren. Zum »Tatort« wird der Schulhof, das Klassenzimmer, die Jugendszene, oft leider auch das Elternhaus.»Chaostage« und »-nächte« gibt es nicht nur einmal im Jahr in Hannover...

Die allgemeine Ratlosigkeit der Erzieher führt zur politischen und gesellschaftlichen Orientierungslosigkeit von immer mehr jungen Menschen und könnte in Verbindung mit dem Vertrauens- und Ansehensverlust demokratischer Institutionen und ihrer Repräsentanten sowie den wachsenden beruflichen oder ökologisch begründeten Zukunftsängsten schließlich zur pauschalen Ablehnung des politischen »Systems« führen.

3) Auch droht die Suche junger Menschen nach Maßstäben und Vorbildern sich in sporadischen und unbeständigen Fan-Kulten oder pseudo-religiösen Sekten zu verirren.

All diese Einflüsse zusammengenommen, überfordern sowohl den Bildungs- als auch den Erziehungsauftrag von Elternhaus und Schule.

Das ist der Hintergrund, auf dem eine neue bildungspolitische Diskussion in Gang kommen müßte – in Gang kommen muß!

Weil ich immer wieder danach gefragt werde, ob und wie wir aus dem skizzierten Teufelskreis herausfinden könnten, möchte ich an dieser Stelle ein paar Rat- und Vorschläge wiederholen, die ich 1995 im *Schulforum des Evangelischen Kirchentages* in Hamburg im Kreis kundiger und engagierter Fachleute gemacht habe. Die Vorschläge beziehen sich nur auf den Schulbereich und sind bewußt pragmatisch abgefaßt:

1. Da in den heute von Bildungsbürokratie und Parteipolitik vorgegebenen Strukturen und Reglementierungen des Bildungssystems Erneuerung, Erprobung und Veränderung nicht gelingen können, fordere ich *»Deregulierung«, zumindest Lockerung des staatlichen Schulmonopols!* Das heißt, alle Bildungseinrichtungen müssen in- und außerhalb des Unterrichts Freiräume erhalten, um zu versuchen, die genannten krisenhaften Belastungen, die Kinder in die Schule mitbringen, aufzufangen und dafür neue Formen des Lernens, Zusammenlebens, der Kreativität, des Konflikte- und Problemelösens zu erproben. Dafür muß jede Schule, deren Lehrer und Eltern dieses Mehr an Autonomie und Verantwortung wünschen, neue Rechte und Gestaltungsmöglichkeiten erhalten, inklusive eines hierfür frei verfügbaren Schuletats.

2. *Stärkung der Selbstverwaltung und Selbstgestaltung der Schule erfordert mehr Selbstverantwortung bei der Erfüllung des Erziehungsauftrages.* Das heißt, die pädagogische Verantwortung der Schule und ihrer Lehrer darf sich nicht hinter Lehrplänen und Vorschriften verschanzen, sie muß vielmehr in Unterricht und Erziehung situationsbedingt wahrgenommen und praktiziert werden. Ermutigung zur Eigenverantwortung, Zusammenarbeit und Erprobung neu-alter zwischenmenschlicher Verhaltensformen dürfen keine Lippenbekenntnisse bleiben, sondern müssen täglich erfahrbar werden. Hierzu gehören auch reale Möglichkeiten zu demokratischer Partizipation und Einübung demokratischer Spielregeln (vgl. Zweiter Teil, III.2.).

3. *Lehrende und Lernende müssen sich ihrer Schule zugehörig und in ihr wohl fühlen können, damit sie Vereinzelung, Konflikte und Ängste besser verkraften können.* Dazu gehören personale Akzeptanz und individuelle Erfolgserlebnisse.

4. *Interkulturelles Lernen und Leben muß heute zum Erlebnis- und Erfahrungsbereich aller jungen Menschen werden.* Lernort hierfür werden Begegnungen mit Menschen und Lebensformen fremder Kulturen im eigenen Land, Schulpartnerschaften, Schüleraustausch usw.

5. *Zur Entwicklung und Erprobung all dieser neuen Aufgaben sind Schulversuche und pädagogisch vielfältiger Wettbewerb* zwischen staatlichen sowie zwischen staatlichen und freien Schulen unverzichtbar.

6. *Gesucht wird ein neues Verständnis vom Lehrerberuf.* Jeder Lehrer soll in- und außerhalb des Unterrichts vor allem Erzieher und Mitgestalter des schulischen Lebens sein. Dafür braucht er Zeit und Gelegenheit zur Vorbereitung, Fort- und Weiterbildung.

7. *Kein Schulabschluß darf in einer Sackgasse enden.* Das heißt, Berufs- und Laufbahnberechtigungen sowie das Besoldungsrecht müssen von Schulabschlüssen abgekoppelt werden.

8. *Schulverwaltungen und Schulaufsicht sollen sich* nicht länger als bürokratische Kontrollinstanzen, sondern als Servicestationen verstehen. Sie sollen zu Initiativen anregen und ermutigen und nicht gängeln oder gar behindern.

9. *Die Höhe der Finanzierung des deutschen Bildungssystems muß im oberen Drittel* vergleichbarer demokratischer Industriestaaten liegen.

10. *Der weiteren Provinzialisierung des Kulturföderalismus und seine Abschottung vor der Fachöffentlichkeit,* die zur Stagnation, Unübersichtlichkeit und fehlenden Vergleichbarkeit geführt hat, muß Einhalt geboten werden durch Wiederbelebung von überregionalen regierungs- und bürokratieunabhängigen Beratungsgremien und einer gesamtstaatlichen, nach Europa offenen Zusammenarbeit.

*

Eine Bildungspolitik, die den Bedürfnissen und Anforderungen der Bürger in einer *freiheitlichen Gesellschaft gerecht wird*, das war meine erste politische Passion. Sie ist es bis heute geblieben.

Es gibt ein Zitat des berühmten europäischen Theologen und Pädagogen *Johann Amos Comenius* (1592-1670), mit dem sich die Begründung für diese Passion in einem Satz zusammenfassen läßt:

> *»Grundlage aller menschlichen Erziehung ist es, den Willen zu stärken, von der Freiheit Gebrauch zu machen, das Gute zu wählen.«*

Diesen Willen zu stärken, das ist es, worauf es in jedem Erziehungs- und Bildungsprozeß ankommt – und heute mehr denn je!

III.4.

Über das Deutschlandbild in der Welt

Kulturbeziehungen weltweit versus einseitigem Kulturexport – Ein Plädoyer gegen den Rotstift und für die Fortsetzung des Reformkurses

»Kulturbeziehungen zwischen Völkern und Kulturen, das heißt ein freudiges Geben und Nehmen.«
Theodor Heuss

Im biographischen Teil (Kapitel VII.) habe ich über mein Engagement zur Reform der Auswärtigen Kulturpolitik ausführlich berichtet. Hier geht es nun um eine Zusammenfassung meiner konzeptionellen Vorstellungen und Ziele und um meine Besorgnisse wegen eines in der Bonner Politik spürbar werdenden Rückfalls in das deutsche Traditions-Konzept, dem wir doch in den siebziger Jahren mit vielen überzeugenden Gründen und über Parteigrenzen hinweg abgeschworen hatten.

Abgeschworen hatten wir der Vorstellung, daß auswärtige Kulturbeziehungen *»die Magd der Außenpolitik«*, sozusagen nur ein *»fünftes Rad«* an ihrem Wagen sein soll, auch kein Exportartikel, vor allem kein Instrument einer regierungsamtlich zensierten Kulturpropaganda.

Statt dessen wollten wir einen neuen Weg einschlagen. Dafür hatten wir ein Konzept entwickelt, das, beginnend mit den Thesen *Ralf Dahrendorfs* Anfang der siebziger Jahre, gefolgt vom einstimmigen(!) Votum einer Enquete-Kommission des Deutschen Bundestages 1976 – schließlich von mir gestaltet und in sechsjähriger systematischer Groß- und Kleinarbeit in Taten umgesetzt wurde.

Wiederum war es *Theodor Heuss* gewesen, der diese Neuorientierung anläßlich eines Besuches im »Institut für Auslandsbeziehungen« in Stuttgart bereits in den fünfziger Jahren vorausgedacht und auf die Formel gebracht hatte: Kulturbeziehungen zwischen Völkern und Kulturen, »das heißt freudiges Geben *und* Nehmen«. Als ich dieses Zitat fast fünfundzwanzig Jahre später entdeckte, nutzte ich es »freudig« als Wegweisung: Auf Austausch und Zusammenarbeit kam es an, auf partnerschaftliches »Geben und Nehmen«, auf eine umfassende, auch (selbst-)kritische Darstellung und Vermittlung des »Deutschlandbildes«, aber auch auf Unabhängigkeit der Mittlerorganisationen von regierungsamtlichen Weisungen.

Für die Gestaltung, Vermittlung und Verwirklichung unserer neuen Vorstellungen hatten wir seinerzeit einen »*erweiterten Kulturbegriff*« definiert. Mit ihm sollten unsere Programme nicht nur die klassischen Kulturbereiche (Sprache, Musik, Kunst, Wissenschaft) umfassen, vielmehr alle Felder kultureller und zivilisatorischer Entwicklungen, wie zum Beispiel Alltagskultur, Medien, Umweltschutz, Städtebau, Erhaltung des kostbaren kulturellen Erbes in den sogenannten Entwicklungsländern. Und so weiter...

Auf all diesen Feldern sollte statt »Verkündigung« Begegnung, Austausch und Zusammenarbeit praktiziert werden. Auch darüber habe ich im biographischen Teil berichtet, desgleichen darüber, daß dieses Konzept damals, in den siebziger und achtziger Jahren, bei allen politischen Parteien im Bundestag sowie innerhalb der Regierung und des federführenden Auswärtigen Amtes und – nicht zu vergessen – auch bei den »Mittlerorganisationen« freudig-engagierte Zustimmung gefunden und bei der konkreten Umsetzung erste, verheißungsvolle Früchte getragen hatte (vgl. Erster Teil, VII.).

Diese Früchte waren erstmals auf dem international hochrangig besetzten »*Symposium '80: Kulturbeziehungen – Brücke über Grenzen*« gereift, und sie wurden von jungen Diplomaten und Mitarbeitern in den Mittlerorganisationen, die an der Verwirklichung dieses Konzeptes mitarbeiteten, engagiert weitergetragen.

Der damalige Bundesaußenminister *Hans-Dietrich Genscher* hatte meine Tätigkeit so beurteilt:

»*Hildegard Hamm-Brücher hat die außenpolitische Dimension einer modernen, auf Austausch und Begegnung beruhenden Auswärtigen Kulturpolitik ... als erste konsequent in die Tat umgesetzt ... Rückblickend können wir feststellen, daß wir durch dieses neue Verständnis der Kulturpolitik ein großes Vertrauenskapital angesammelt haben.*

Dankbar erinnern sich Menschen in Portugal, in Spanien, in vielen Ländern Lateinamerikas, Asiens und Afrikas, in denen vormals Diktaturen herrschten, der Tatsache, daß sie in deutschen Kulturinstituten lebendige Demokratie und das heißt vor allem: die Freiheit des Wortes erfahren konnten ...

Nicht mehr die Konzentration auf die eigene Kultur, sondern die Achtung und der Respekt vor anderen Kulturen war nunmehr die Grundlage unserer Auswärtigen Kulturpolitik. ... Die Außenpolitik verdankt ihrer Arbeit sehr viel, und alle, die sich um das Ansehen unseres Landes in der Welt bemühen, haben Anlaß, ihr dankbar zu sein ...«[56]

An diese erfolgversprechenden Anfänge tiefgreifender Reformen als neue Schritte auf dem Wege zur Vertrauensbildung und Verständigung in einer zu einem »globalen Dorf« zusammenwachsenden, aber immer noch und immer wieder unfriedlichen Weltgesellschaft habe ich nicht aus Nostalgie oder zum Selbstlob erinnert, sondern weil sich heute, kaum zwei Jahrzehnte später, unter allen in diesem Bereich Kundigen und Tätigen die Besorgnis über ein offenkundig werdendes »Roll-Back« in altbackene Konzeptionen breitmacht.

Nachzulesen sind diese Besorgnisse in dem vom Präsidenten des Goethe-Instituts, *Hilmar Hoffmann*, und *Kurt-Jürgen Maaß*, einem leitenden Mitarbeiter der Alexander-von-Humboldt-Stiftung, 1994 herausgegebenen Buch mit dem Titel

»Freund oder Fratze – das Bild von Deutschland in der Welt und die Aufgaben der Kulturpolitik«.

Hilmar Hoffmann schreibt:

»Die Auswärtige Kulturpolitik der Bundesrepublik Deutschland steckt in einer Sackgasse. Fünf Jahre nach der Öffnung der Mauer und dem Wegfall des ›Eisernen Vorhangs‹ gibt es mehr Fragen als überzeugende Antworten. Das Bild von Deutschland in der Welt hat manche Schatten, ist vielfach aber sicher auch ein Zerrbild. Auf der anderen Seite ist das Interesse im Ausland an Deutschland wie auch an einer Zusammenarbeit mit deutschen Partnern größer denn je . . .

Die politische Unterstützung für die Auswärtige Kulturpolitik änderte sich schlagartig mit der Neugestaltung der Weltkarte. Sie ist nicht mehr ›dritte Säule‹ der Außenpolitik. Es gibt weder in der Bundesregierung noch in der Opposition einen Politiker, der sich profiliert zu Fragen der Auswärtigen Kulturpolitik äußert, geschweige denn ihre Belange aktiv wahrnimmt. Sie ist politisch zur Zeit ohne Belang, und die bisherigen Programme und Projekte werden als ›Steinbruch‹ für den Aufbau einer verstärkten kulturellen Zusammenarbeit mit relativ kurzfristigen Zielen und eher quantitativen als qualitativen Meßlatten . . .

Für das Bild von Deutschland hat dies fatale Folgen, erst recht angesichts rationaler Ängste und Einstellungen gegenüber einem wirtschaftlich starken und damit politisch dominanten Deutschland wie auch gegenüber einem Land, aus dem immer wieder Nachrichten über Ausländerfeindlichkeiten und Fremdenhaß kommen . . .

Das Bild von Deutschland in der Welt ist vielerorts tatsächlich ein Zerrbild. Nur mit einer vielfältigen, flexiblen, einfallsreichen Kulturpolitik kann es verbessert werden.«

Und später:

». . . Zur Kultur in Deutschland (gehört) die Pluralität der Auffassungen und Formen, und eingeschlossen in sie sind

auch die Beiträge der Zuwanderer anderer Kulturen in unserem Land.
All das muß sich auch im Austausch wiederfinden. Deshalb ist es für einen neuen Aufbruch der Auswärtigen Kulturpolitik unabdingbar, jene Standards der Autonomie zu bestätigen, die in den Kontroversen der utopiegetränkten siebziger Jahre in der Auswärtigen Kulturpolitik gewachsen und gesichert wurden und die heute noch unverzichtbarer geworden sind: Das Wissen um die Zensurfreiheit ist es, das zum Beispiel für die Klientel der Goethe-Institute zum Qualitätsmerkmal ihrer Arbeit gehört . . .
Kulturelle Beziehungen zwischen Staaten und Kulturen sind am interessantesten, wenn sie nicht als Hilfsfunktionen für andere Zwecke mißbraucht werden. Weder das Prinzip ›Der Gegner meines Feindes ist mein Freund‹ noch das Prinzip ›Wer deutsch lernt, denkt auch deutsch‹ können Leitlinien der Kulturbeziehungen sein. Zu den Formulierungen, mit denen die Auswärtige Kulturpolitik angemessen interpretiert werden kann, zählt für mich immer noch ganz zentral die von der Auswärtigen Kulturpolitik als der ›dritten Säule‹ der Außenpolitik . . .«[57]

In meinem eigenen Beitrag im gleichen Buch ging es mir nicht darum, »meinen« Reformen nachzutrauern, die ich seit nun schon fast fünfzehn Jahren nur noch aus der Ferne und durch gelegentliche Zwischenrufe begleitet hatte, das wäre unergiebig gewesen und könnte zu Bitterkeit verführen. Ich wollte meine Betrachtungen auch nicht als »Mäkelei«, sondern als Anstoß, als ein Plädoyer für eine überfällige politische Diskussion verstehen.

Heute, über ein Jahr nach Erscheinen des Buches, ist zu fragen, ob solche moderaten Anmahnungen bei den Adressaten überhaupt angekommen sind. Ich zweifle und beginne auch zu verzweifeln.

Deshalb greife ich den damaligen Anstoß hier neuerlich auf

und dies insbesondere, weil meine seinerzeitigen Vermutungen nun zu konkreten Ärgernissen geworden sind und alarmierende Nachrichten über Zugriffe auf die Regierungsunabhängigkeit der Mittlerorganisationen unüberhörbar sind.

Zwar ist es (noch!) nicht so, daß dem zu meiner Zeit von Regierung und Parlament besiegelten Konzept offiziell abgeschworen worden wäre, auch heute gibt es auf dem weiten Feld internationaler Kulturbeziehungen noch bemerkenswerte Projekte und großartiges Engagement. Dennoch werden subtile Kursänderungen und Verengungen beklagt und das offenkundige Desinteresse der in Regierung und Parlament eigentlich Verantwortlichen bedauert. Kein Zweifel: Hinter den Kulissen wird schrittweise »umgeschichtet«, und bei den im In- und Ausland Tätigen beginnt die Schere im Kopf zu funktionieren.

Subtile Kursänderungen sind mir zum ersten Mal bewußt geworden, als ich die Antwort der Bundesregierung auf die einschlägige Große Anfrage der Koalitionsfraktionen vom 22. Dezember 1993 gelesen hatte. Man findet darin fleißige Auflistungen von Tätigkeitsbereichen, unreflektierte Aneinanderreihungen von mehr oder weniger bedeutsamen Einzelprojekten, jedoch keinerlei politische Gewichtung oder Evaluierung. Unser ursprüngliches, tragendes Grundkonzept läßt sich gerade noch in homöopathischen Dosen oder mit der Lupe entdecken.

Die Mittel für die Auswärtige Kulturpolitik – insgesamt fast zwei Milliarden DM, davon weniger als die Hälfte im Etat des Auswärtigen Amtes – verzetteln sich ohne Koordinierung zwischen den beteiligten Ressorts – dem Auswärtigen Amt, dem Entwicklungs- und dem Wissenschaftsministerium und anderen außenkulturpolitisch ambitionierten Häusern. Von der »Federführung«, das heißt einer »interministeriellen Gestaltung« des Auswärtigen Amtes ist wenig zu spüren. Diese scheint ins Finanzministerium abgewandert zu sein, gelegentlich ins Bundeskanzleramt.

Kurz und nicht gut, bei dieser letzten regierungsamtlichen Stellungnahme aus dem Jahr 1993 handelte es sich um eine ziemlich blutleere Pflichtübung, die weder im Positiven noch im Negativen zu Zustimmung oder Widerspruch provoziert.

Auf diese Weise wurde versucht, die Auswärtige Kulturpolitik vordergründig administrativ zu entpolitisieren und damit dem öffentlichen Disput zu entziehen. Hintergründig aber werden seither durch parteipolitisch gesteuerte Personalentscheidungen und vor allem durch die rigide Kürzungspolitik des CSU-Finanzministers *Theo Waigel* mittelfristig gravierende Kursänderungen auf den Weg gebracht. Er entscheidet, wieviel eingespart werden muß, er ist es, der damit über das Wohl und Wehe unserer Auswärtigen Kulturpolitik befindet, und nicht der hierfür eigentlich zuständige Außenminister.

Diese Kürzungspolitik trifft – mangels eines politisch begründeten Vetos seitens des Parlaments – genau in die Kerben, die so manchem konservativen Kritiker des liberalen Kurses seit eh und je ein Dorn im Auge waren: zum Beispiel in die Programmarbeit der Goethe-Institute, die Begegnungs- und Austauschprogramme, in die Kulturhilfe für Entwicklungsländer. Mit Hilfe des Rotstifts lassen sich so manche ungeliebten Ansätze nach und nach aushungern, neue – zum Beispiel in Richtung gemeinsamer europäischer Projekte in Drittländern – werden erst gar nicht mehr möglich.

Ein anderes Beispiel betrifft die ursprüngliche Absicht der Bundesregierung, als »Sparmaßnahme« dreiundzwanzig Bibliotheken der Goethe-Institute zu schließen. Diese Absicht zeugte nicht nur von Ignoranz gegenüber der – neben der Vermittlung der deutschen Sprache – wohl wichtigsten Aufgabe der Goethe-Institute überhaupt – nämlich deutsche Literatur im Ausland zugänglich zu machen, und zwar möglichst vielfältig und vielseitig. Dies mußte auch als Vorform von Zensur verstanden werden. Unter Büchern und Schriften könnten ja auch regierungs-, parteien- oder gesellschaftskritische Beiträge sein, die zu einem regierungsamtlich geschönten Deutschlandbild kontrastieren! Hier also kann gespart werden, und das nicht ohne Hintergedanken.

Diese engstirnige Kürzungsideologie verkennt, daß gerade ein breitgefächertes Bibliotheksangebot im Gastland für deutsche Vielfalt und Meinungsfreiheit zeugt und dies bei unseren Partnern respektvoll anerkannt wird.

Ein anderes Beispiel: Neue Goethe-Institute müssen fast immer aus der Substanz der bestehenden herausgeschnitten werden, was vor Ort in jedem Einzelfall einem Aderlaß bei Begegnungs- und Austauschprogrammen gleichkommt.

Diese und andere Fehlentwicklungen lassen den Schluß zu: Dem Auswärtigen Amt ist nicht nur die »Federführung« hinsichtlich einer besseren Koordinierung und Kooperation mit anderen außenkulturpolitisch ambitionierten Ressorts entglitten, dies droht ihm nun auch für wichtige Programmentscheidungen, vor allem bei den Mittlerorganisationen. Es fehlt dem Amt und seinem verantwortlichen Minister – leider muß ich das folgern – an sachkundiger Beratung, an politischem Rückhalt im Bundestag und wohl auch am ausreichenden Verständnis für die Bedeutung seiner dritten außenpolitischen Dimension, die immerhin über die Hälfte des eigenen Etats beansprucht und inhaltlich ein riesiges Arbeitsspektrum bi- und multilateraler Beziehungen umfaßt.

Dies alles ist besonders schade wegen der »liberalen Duftnote«, die unserem gemeinsamen Konzept seit den siebziger Jahre anhaftete und die nun verloren zu gehen droht.

Seit Sommer 1995 ist über diese Entwicklung eine öffentliche Diskussion in Gang gekommen. Wird es nun auch einen neuen Anlauf geben? Hoffnungsvoll hierfür stimmt mich die Berufung meines einstigen Persönlichen Referenten *Joachim*

Sartorius – (hochqualifiziert und motiviert in allen internationalen Kulturfragen) – zum neuen Generalsekretär des *Goethe-Instituts*. Hoffentlich gelingt es ihm, der das Konzept des »freudigen Gebens und Nehmens« intellektuell wie kaum ein anderer verkörpert, der Auswärtigen Kulturpolitik insgesamt die überfälligen neuen Impulse zu geben.

Dazu müßte allerdings auch der Deutsche Bundestag Signale geben. Denn ohne neue politische Impulse seitens des Parlaments wird es bei der derzeitigen konservativen Regierungslastigkeit und dem Diktat des Rotstifts bleiben. Ein endgültiges Zurück zur regierungsamtlich gesteuerten und verwalteten Auswärtigen Kulturpolitik wäre die Folge.

Statt dessen wäre die Weiterentwicklung der kulturellen Zusammenarbeit zu einem weltinnenpolitischen Konzept dringend notwendig und geboten. Angesichts schrecklicher neuer Formen inhumaner Verfolgung und Vernichtung religiöser, ethnischer oder kultureller Minderheiten, angesichts der Verfolgungen und Vernichtungen politisch unbequemer Dissidenten könnten und müßten seitens der deutschen Kulturpolitik weltweit gespannte kulturelle Gegen-Initiativen zur Vertrauensbildung, zur gegenseitigen Toleranz und Verständigung auf den Weg gebracht werden.

Diese wären auch deshalb von Bedeutung, weil das Deutschlandbild in der Welt nicht frei ist von alten und neuerlichen Trübungen, verursacht durch Rechtsradikalismus, Rassismus und Ausländerfeindlichkeit, die in weiten Teilen der zivilisierten Welt die Erinnerung an die finstersten Zeiten unserer Geschichte neu wecken.

Aus all diesen Gründen hoffe ich, daß die gewichtigen Stimmen, die vor einem – mit oder ohne Rotstift angezettelten – Kurswechsel in der Auswärtigen Kulturpolitik warnen, gehört werden, bevor es zu spät ist.

IV.

Auftrag und Versagen des politischen Liberalismus

Über seine historische Bedeutung und seine Verdienste, seine Gefährdungen und seine künftigen Aufgaben – weshalb ich dazukam und dabeiblieb – was heißt heute liberal? – Liebeserklärung und Philippika

»Liberalismus hat dann eine Chance, wenn er nicht als die Freiheit und Gleichheit einer Schicht verstanden und praktiziert wird, sondern als persönliche Freiheit, Menschenwürde und Gleichheit aller Chancen der größtmöglichen Zahl aller Bürger.«

Karl-Hermann Flach, 1971

Was heißt heute liberal? – Diese Frage zu stellen und sich zum fünfundachtzigsten Geburtstag Antworten darauf zu wünschen, das konnte nur einer Frau einfallen...

Die Rede ist von *Marion Gräfin Dönhoff*, Herausgeberin der liberalen Wochenzeitung »DIE ZEIT«, und auch davon, wie ihr dieser Wunsch am Ende des Superwahljahres 1994 mit einem zweitägigen Symposium zu ihren Ehren erfüllt wurde.

Es war eine höchst ungewöhnliche Geburtstagsparty. Geladen waren etwa dreißig hochkarätige deutsche und europäische Repräsentanten liberaler Denkungsart, sogenannte »Verhaltens-Liberale« aus Politik, Wirtschaft, Wissenschaft und Gesellschaft (darunter sechs Frauen und fünf als »Querdenker« firmierende FDP-Mitglieder). Als Moderator und Katalysator sorgte der Ex-Parteiliberale *Ralf Dahrendorf*, nunmehr Lord Ihrer Majestät der britischen Königin, für eine exquisite und reichhaltige, wenn auch nicht abschließende Erfüllung des Geburtstagswunsches.

Denn es wurde zwar angeregt über liberale Positionen, Herausforderungen und Möglichkeiten auf allen politischen, wirtschaftlichen und sozialen Feldern von der Innen- bis zur globalen Politik diskutiert, die Meinungen im einzelnen aber waren so unterschiedlich, daß sie nur dank *Dahrendorf* unter einen ZEIT-losen Hut paßten und dort auch nachzulesen sind.

Und natürlich und nicht zuletzt wurde auch über die Lage, die Verdienste, aber auch das Schlingern der Partei diskutiert, die das Menschheitsfanal »*Freiheit*« in ihrem Namen trägt. Diese Partei, meine Partei, der ich seit bald fünfzig Jahren angehöre, hatte gerade fünf Landtagswahlniederlagen in Folge erlebt und war bei den Bundestagswahlen, dank einer mitleiderregenden Zweitstimmen-Kampagne, gerade noch über die Runden gekommen. Wieder einmal sahen ihre Zukunftsprognosen ziemlich düster aus.

In einem jedoch stimmten alle am Krankenbett des deutschen Liberalismus versammelten Teilnehmer des Symposiums überein: Ohne die Grundwerte liberalen Denkens und Verhaltens hätte es keine deutsche Demokratie und 1918 und 1949 keine freiheitlichen Verfassungen gegeben, könnten sich diese nicht weiterentwickeln und wäre eine menschenwürdige Weltordnung nicht denkbar.

Einig war man sich auch darüber, daß es angesichts neuartiger Gefährdungen und Herausforderungen der Freiheit nicht mehr ausreiche, altehrwürdige liberale Formeln immer von neuem zu repetieren. An Beispielen wie Genforschung, irreparabler Umweltzerstörung, Drogengefährdung, Vereinzelung und Entsolidarisierung in permissiven Gesellschaften, gigantischen Machtkonzentrationen im Bereich elektronischer Massenmedien, die Informationsfreiheit und -vielfalt bedrohen, wurde deutlich, daß klassische liberale Antworten nicht mehr ausreichen, um solchen neuartigen Gefährdungen der Freiheit Paroli zu bieten. Hier stünde liberales Denken und Handeln vor existenziellen Bewährungsproben.

So weit, so gut. Die überwiegend vagen und tastenden Antworten offenbaren jedoch, daß die scheinbar so harmlose Frage: was heißt heute – also unter total veränderten Bedingungen – liberal, sehr viel schwieriger zu beantworten ist als noch gestern.

Immerhin wurde zugestanden, daß sich auch die »Parteiliberalen« bemühen würden, hierfür Antworten und Gestaltungsmuster zu finden, solche liberalen Positionen gäbe es heute aber auch in anderen politischen Lagern. Die Partei-Liberalen seien kein Unikat mehr, und solange die Partei des politischen Liberalismus nicht mehr und etwas anderes sei als »Mehrheitsbeschaffer« für konservative Regierungen, so lange würde sie auch in Zukunft von einer Krise in die andere stolpern . . . So etwa lautete die Prognose.

Ich erlebte diese beiden Tage – abgesehen vom Wohlgefühl, unter menschlich und politisch harmonisierenden Wahlverwandten durchatmen zu können – wie eine Zusammenfassung aller unterschiedlichen Befindlichkeiten, die mich während meiner fast fünfzigjährigen wechselvollen liberalen Wanderjahre immer mal wieder verunsichert hatten:

Läßt sich liberales Denken, läßt sich individuell eingefleischter *Freisinn* überhaupt auf einen gemeinsamen Parteinenner bringen, läßt er sich parteipolitisch organisieren? – Hat der politische Liberalismus in einer total liberalisierten Gesellschaft überhaupt noch eine Chance zur Originalität? Was will er mehr oder anderes?

Sollten nicht statt dessen liberal denkende Menschen aus allen Lagern in Fällen der Bedrohung von Freiheit und Menschenwürde, von Vernunft und Toleranz, eine Art Allianz, eine Avant-Garde bilden, um neuen Gefährdungen der Freiheit über Parteigrenzen hinweg den Kampf anzusagen? Und außerdem: Wozu soll man(frau) sich überhaupt noch einer Partei verschreiben, wenn diese samt und sonders politisch nur noch von der Hand in den Mund leben und kaum mehr sind als Wahlkampfmaschinen und/oder Karriereschmieden? Wenn Verpackung wichtiger ist als Inhalte, Medienauftritte mehr zählen als kreatives Arbeiten am Problem – als Bretterbohren und Steine neu behauen!

Auf dem Rückflug von Hamburg nach München ertappte mich ein mitfliegender Teilnehmer des Symposiums bei meinen trüben Gedanken: »Wie haben *Sie* es eigentlich so lange in *dieser* FDP ausgehalten?« Ich war müde und konterte: »Können Sie mich nicht etwas Leichteres fragen?«

So endete das Gespräch, noch ehe es eigentlich begonnen hatte. Die Nachfrage aber war und blieb nicht nur im (Luft)-Raum, sondern steht nun auch für das letzte Kapitel meiner Lebensbilanz zur Beantwortung an.

Wie oft hatte ich mir während meiner seit 1948 andauernden Mitgliedschaft die Frage gestellt: Warum FDP? und allen Zweifeln zum Trotz am Ende immer wieder positiv beantwortet. Weshalb konnte und wollte ich nicht »von der liberalen Fahne gehen«?

Weshalb war ich nach über vier Jahrzehnten Mitgliedschaft in der FDP – davon zwanzig Jahre (von 1964 bis 1976 und von 1984 bis 1990) Mitglied des Bundesvorstandes dieser Partei, davon vier Jahre (von 1972 bis 1976) als stellvertretende Bundesvorsitzende und weitere zwei Jahre (1988 bis 1990) Beisitzerin im Parteipräsidium, von meinen ungezählten Parteiämtern in Bayern ganz abgesehen – immer wieder mal als »Dissidentin« an den Parteirand geraten?

Weshalb habe ich dennoch in über hundert Wahlkämpfen und wohl Tausenden von strapaziösen Wahlkampfeinsätzen auf Bundes-, Landes- und kommunaler Ebene kreuz und quer durch die Bundesrepublik vor fünf bis tausend Zuhörern FDP-Politik mit aufrichtiger Überzeugung vertreten, deren Programme auf Parteitagen mitgestaltet, in ungezählten Reden und Schriften interpretiert und dafür mehr als einmal große Zustimmung gefunden? Weshalb galt ich bis in die achtziger Jahre neben dem Männertrio *Scheel, Genscher, Mischnick* sogar als eine Art Zugpferd der FDP?

Weshalb also? Meine Beweggründe für dieses Engagement in der liberalen Partei und für die liberale Sache sind eindeutig und unkompliziert. Meine Sehnsucht nach Freiheit und nach einem selbstbestimmten und -verantworteten Leben hatte mich, wie im Ersten Teil berichtet, 1948 in die FDP geführt. Ein für allemal und lebenslang hatte ich genug von politischen Heilslehren (ob National(sozial)ismus oder Marxismus), ich glaubte (und glaube) an die Vernunft und nicht an absolute und alleinseligmachende Wahrheiten. Ich liebte (und liebe) die Vielfalt und wollte (und will) dazu beitragen, daß sie allen Mitmenschen zugestanden wird. Ich wollte (und will), daß gleiche Rechte (vor allem für uns Frauen) und gleiche gesellschaftliche Chancen (dito) für möglichst viele Menschen verwirklicht und nie wieder Menschen wegen ihres Glaubens, ihrer Rasse oder ihres Geschlechts benachteiligt oder gar verfolgt werden.

Nach der Erfahrung der Unfreiheit und als Folge meiner Erkenntnisse über die Ursprünge und Folgen totalitärer Herrschaft habe ich meine politischen Überzeugungen an den Ideen der (politisch versäumten) Aufklärung, vor allem ihres deutschen Philosophen *Immanuel Kant*, orientiert. Nachdem wir vom Nazi-Bazillus befreit waren, galt es, uns ein für allemal aus der »selbstverschuldeten Unmündigkeit« zu befreien und gegen jede Form eines »Comeback« resistent zu werden. Das konnte nicht in einem einmaligen Kraftakt gelingen, das bedurfte (und bedarf) nicht enden wollender und andauernder emanzipatorischer Prozesse. Das war (und ist) ein Dauerauftrag, der nur in einer offenen, pluralistischen, veränderungsfähigen, kurz einer liberalen Gesellschaft im Sinne *Karl Poppers* unter dem Vorzeichen verantworteter Freiheit erfüllt werden kann.

Dieses Prinzip »verantworteter Freiheit« im Großen und Kleinen, im Prinzipiellen und im Einzelfall zu praktizieren, das ist für mich das kostbarste, aber auch gefährdetste Gut und das Gütesiegel jeder Demokratie, die diesen Namen verdient.

Für dieses Prinzip, seine Anwendung und Einhaltung habe ich mich eingesetzt, wenn nötig, gekämpft – anfangs nichts ahnend von der Mühsal des Weges, seinen Durststrecken und Stolpersteinen.

Somit ist, wie ich hoffe, überzeugend begründet, weshalb ich nach der ersten Begegnung mit *Theodor Heuss* zur FDP stieß – und nicht zu den Sozialdemokraten oder Konservativen – und weshalb ich – trotz aller Krisen – bis heute nie mit einem Parteiwechsel geliebäugelt habe.

Hinzuzufügen ist noch, daß ich politisch so etwas wie eine liberale Blutgruppe habe, wie sie – zumindest theoretisch – nur mit dem parteipolitisch organisierten Liberalismus verträglich ist, nicht aber mit der ehrenwerten SPD, die, trotz vieler Gemeinsamkeiten im Demokratieverständnis, im Zweifel eben doch ein Mehr an regelungsgläubiger »Egalité« und eine durch die gesellschaftliche Entwicklung überholte Gleichmacher-Mentalität verkörpert, oder – noch weniger verträglich – mit der Partei der Konservativen, mit ihrem nach wie vor gebrochenen Verhältnis zur deutsch-nationalen Tradition und zur nationalistischen Rechten, die Deutschland zweimal ins Unglück gestürzt hatten. Außerdem hat mich das große »C« im Parteinamen von Anfang an skeptisch gemacht und bis heute immer wieder einmal irritiert. Entweder müßte sie mit diesem Signum ja eine wirklich fundamentalistisch-christliche Partei sein wollen, dies ist jedoch nicht der Fall, oder aber das »C« verführt zur Überheblichkeit, gelegentlich zur Heuchelei: Wir sind die Christlichen, die anderen nicht ... (siehe wieder in jüngster Zeit die regierungsamtlichen CSU-Reaktionen auf das sogenannte Kruzifix-Urteil des Bundesverfassungsgerichts).

Blieb also die FDP, der ich, nicht aus Gewohnheit oder Sentimentalität, sondern aus Einsicht und Überzeugung und trotz aller Beziehungsschwankungen nun seit fast fünfzig Jahren zugehöre. Dabei hat es – mit Ausnahme der sechziger und siebziger Jahre – immer auch Spannungen, Auseinandersetzungen und Zerwürfnisse gegeben, an denen ich, zugegeben, oft auch selber ein gerüttelt Maß Schuld trug.

Irgendwie tauge ich nicht zur »right-or-wrong-it's-my-party«-Frau, interessierte mich zu wenig für den innerparteilichen Hickhack, der so unendlich viel wichtiger genommen wird und viel mehr Zeit und Kraft kostet als vertiefte Diskussionen über liberale Grundsatz- und Sachentscheidungen. Auch bin ich viel zu ungeduldig, um mich geduldig anzupassen, zu spontan, um mich zu verstellen. Nach Ansicht meiner parteiinternen Gegner (manchmal sogar meiner Freunde) galt und gelte ich als schwer »integrabel«, hin und wieder als »parteischädigend«. Das, was man eine »Parteisoldatin« nennt, war ich also nie.

Unter den Folgen habe ich zwar so manches Mal gelitten, aber nicht resigniert. Wiederholt hätte ich zwar um ein Haar das Handtuch oder sonst ein Wurfgeschoß geworfen, aber ich konnte einfach nicht aus meiner liberalen (Partei-)Haut, und deshalb habe ich der FDP die Treue gehalten und sie mir.

Die Geschichte der Parteien des politischen Liberalismus kannte ich damals, als ich der FDP beitrat, noch nicht.

Ich entdeckte sie erst 1949 während meines amerikanischen Studienjahres in der Bibliothek der Harvard-Universität. Zwei Grunderkenntnisse nahm ich mit nach Hause.

Einmal: Eine deutsche Demokratie freiheitlicher Ausprägung hätte es ohne liberale Parteien nie oder noch verspäteter gegeben. Das ist ihr bleibendes geschichtliches Verdienst. Und zum anderen: Ihre Glanzzeiten im 19. Jahrhundert und bis 1933 waren immer nur kurz, gefolgt von Niederlagen und Spaltungen. Immer wieder wurde sie totgesagt. Auf Nummer Sicher ging es mit ihr nie.

Das alles gilt für die Nachfolgepartei FDP auch heute noch: für ihre historischen Verdienste bei der Ausformung des Grundgesetzes und im Verlauf unserer Demokratiewerdung nach 1945, aber auch für ihre Krisen und Desaster.

Jeder, der sich heute über die Zukunft des organisierten politischen Liberalismus in Deutschland den Kopf zerbricht, tut gut daran, sich auch mit seiner wechselvollen, über hundertfünfzigjährigen Geschichte zu befassen (darüber habe ich oft und gerne Referate gehalten): mit seiner befreienden Botschaft von Verfassung, Gewaltenteilung und Bürgerrechten gegen absolutistische Monarchien und obrigkeitsstaatliche Hierarchien, mit dem Aufbruch und Scheitern der Paulskirchen-Bewegung, mit den Spaltungen im Sog Bismarckscher konservativer Übermacht in »konformistische« und »fortschrittliche« Liberale, – mit dem seit Anfang des 20. Jahrhunderts wachsenden bürgerlich links-liberalen Lager um *Friedrich Naumann* und seiner Wochenzeitschrift »Die Hilfe«, mit dem Untertitel »Selbsthilfe – Bruderhilfe – Gotteshilfe«, – mit dem allmählichen Bewußtwerden der deutschen Demokratiedefizite, beispielsweise im Wahlrecht, in den parlamentarischen und bei den Bürgerrechten, – mit dem verheißungsvollen Aufschwung des politischen Liberalismus zu Beginn der Weimarer Republik nach dem verlorenen Ersten Weltkrieg und dem kläglichen Zusammenbruch der Monarchie, – mit seinen historischen Beiträgen zur Weimarer Verfassung und den Leistungen seiner hervorragenden Repräsentanten in den zwanziger Jahren: *Friedrich Naumann, Hugo Preuß, Walter Rathenau, Gustav Stresemann* und dem jungen Reichstagsabgeordneten *Theodor Heuss*, dem Schulreformer *C. H. Becker* und dem »Vater« unseres Berufsschulwesens, *Georg Kerschensteiner*, dem bedeutenden Wirtschaftsliberalen *Gustav Stolper* und nicht zuletzt den ersten liberalen Frauenrechtlerinnen *Helene Lange* und *Gertrud Bäumer*.

Gerade aus diesem Abschnitt der Geschichte des deutschen Liberalismus läßt sich noch heute viel lernen. Denn dem großen Aufschwung beider liberalen Parteien (DDP = Deutsche Demokratische Partei und DVP = Deutsche Volkspartei) zu Beginn der zwanziger Jahre (mit Reichstags-Wahlergebnissen von zusammen über 20 Prozent, von denen die Liberalen heute nicht einmal mehr träumen) folgte wenige Jahre später der Niedergang von Wahl zu Wahl und 1933 das klägliche und beschämende Ende mit einem Wahlergebnis für beide liberalen Parteien zusammen von insgesamt nur noch knapp 4 Prozent und der Zustimmung ihrer Reichtagsabgeordneten zu *Hitlers* Ermächtigungsgesetz am 23. März 1933.

Aus dieser überwiegend selbstverschuldeten »Tragödie« kann und muß nicht nur die immer wieder von Spaltungen bedrohte FDP lernen, sondern auch – ganz prinzipiell – unsere Parteiendemokratie hinsichtlich ihrer heutigen Anfälligkeiten: *Hitler* kam vor allem auch deshalb an die Macht, weil die Verachtung der bürgerlichen Wähler für politische Parteien und ihr »schmutziges Geschäft« Schritt für Schritt zur emotional geschürten Ablehnung des »Systems« geführt hatte, das *Hitler* abzuschaffen versprach, was ihm auch postwendend und ohne bürgerlichen Widerstand gelang. Diese Parteienverachtung ist es, die nicht ohne Mitverschulden der Parteien auch heute wieder virulent ist.

Das Versagen beider liberalen Parteien vor und nach der Machtergreifung *Adolf Hitlers* war exemplarisch für das Versagen aller bürgerlichen Parteien: Da liefen nämlich nicht nur die nationalliberalen Mitglieder der DVP zumeist mit fliegenden Fahnen zu *Hitler* über (der Vorsitzende der DVP-Reichstagsfraktion *Dingeldey* hatte sogar bereits das Parteibuch der NSDAP in der Tasche), sondern nach und nach, zumindest pro forma, auch die Reste der Linksliberalen und ungezählte Mitglieder aus allen bürgerlichen demokratischen Parteien. Überzeugte Demokraten – wie *Theodor Heuss* – erhielten Lehr-,

Schreib- und Publikationsverbot und »überwinterten« irgendwie, sehnten das Ende und die Befreiung herbei, trugen aber nicht aktiv dazu bei.

Fast alle prominenten Linksliberalen emigrierten, etwa zwanzig starben in KZs, Gefängnissen oder durch Freitod, darunter der ehemalige Reichswirtschaftsminister *Eduard Hamm*, der Berliner Bürgermeister *Fritz Elsass* und der Chefredakteur des »Berliner Tageblatts«, *Theodor Wolff*.

Nur zahlenmäßig sehr kleine Gruppen um den Hamburger Liberalen *Hans Robinsohn*, dem es Ende 1938 in letzter Minute gelang, nach Dänemark zu emigrieren, und ebenso kleine Gruppen in verschiedenen Städten um den Berliner Liberalen *Ernst Strassmann* können – im weitesten Sinn – als nennenswerte liberale Opposition bezeichnet werden.

Das, was wir heute über Vertreibung, Verfolgung und Widerstand Liberaler in der NS-Zeit wissen, verdanken wir nicht etwa dem Interesse der Nachfolgepartei FDP, die hat für die Aufarbeitung dieses düsteren, mit nur wenigen Lichtblicken aufgehellten Kapitels liberaler Vergangenheit wenig bis nichts getan, sondern vor allem einem jungen Historiker, Lehrer von Beruf, *Horst R. Sassin*. Dankenswerterweise konnte der Ertrag seiner Arbeit mit Unterstützung der Friedrich-Naumann-Stiftung in den achtziger Jahren in einer kleinen Ausstellung öffentlich vorgestellt werden, deren »Schirmherrschaft« ich übernommen und um deren Finanzierung und Verbreitung ich mich sehr bemüht habe. Das Ergebnis seiner verdienstvollen Forschungsarbeit ergibt, im Vergleich zum politischen Widerstand insgesamt, kein herausragendes Ruhmesblatt für den politischen Liberalismus.

Friedrich Sell hat dieses sich wiederholende Versagen liberaler Parteien die »Tragödie des deutschen Liberalismus«* genannt und in seinem gleichnamigen Buch eindrucksvoll

---

* Siehe Literaturverzeichnis im Anhang.

beschrieben. Als Ursache nennt er den immer von neuem aufbrechenden Riß zwischen konservativ-nationalliberalen und linksliberal-freisinnigen Positionen. Beide »Lager« hätten gegenüber den Feinden der Weimarer Demokratie versagt und vor *Hitler* kapituliert.

Diese »Tragödie« und ihre Ursache hat in anderen Konstellationen und Dimensionen nach 1945 weitergewirkt. Zwar zeugt der Entschluß der (Neu-)Gründungsväter, den politischen Liberalismus erstmals in seiner Geschichte in *einer* Partei zu vereinen, von Einsicht und Vernunft, die inhärente »Tragödie« aber war damit nicht aus der Welt geschafft.

Zwar haben sich die Liberalen, von kleineren Abspaltungen abgesehen, nicht neuerlich in zwei rivalisierende liberale Parteien getrennt, an parteiinternen Krisen mit Ausläufern in das äußere Erscheinungsbild hat es jedoch bis heute nicht gefehlt. Mehr als einmal – wie erst jüngst wieder anläßlich der Mitgliederbefragung zum sogenannten »Großen Lauschangriff« – erwies sich der innere und äußere Zusammenhalt als überaus gefährdet.

Bereits kurz nach der Neugründung der FDP nach 1945 brach der Dauerkonflikt neuerlich auf und aus. Er entzündete sich am »Standort« der FDP im Parteienspektrum.

Mit nicht verjährtem Schaudern erinnere ich mich an die schon Anfang der fünfziger Jahre einsetzenden Zerreißproben zwischen einem militanten rechten Flügel, darunter nicht wenige ehemalige Nazis, die die FDP als Sammelbecken dieser »Versprengten« und politisch »Heimatlosen« rechts von der CDU/CSU ansiedeln wollten (FDP: die Pflicht nach Rechts, lautete ihre Parole), und den Resten ehemaliger Linksliberaler um den schwäbischen Ministerpräsidenten *Reinhold Maier*, unterstützt von Hamburger, Berliner und einigen bayerischen Liberalen wie *Thomas Dehler*, die das partout nicht wollten und sich als demokratische »Mitte« verstanden.

Auf dem Freiburger Parteitag 1972 mit dem Bundesvorsitzenden Walter Scheel und dem Generalsekretär Karl-Hermann Flach

Auf dem legendären »Emser Parteitag« im November 1952 kam es zum Eklat: DEUTSCHES PROGRAMM der Rechten versus LIBERALES MANIFEST der Mitte. Es war mein erster Bundesparteitag, und ich dachte, es würde auch mein letzter werden. Da bekämpften sich zwei zutiefst verfeindete Lager fast bis aufs Messer, und als der wackere *Reinhold Maier* den militanten Verfechtern des »Deutschen Programms« lautstark den »schwäbischen Gruß« (*Götz von Berlichingen*) entbot, tobte die liberale Männerversammlung im Für und Wider, schien der Bruch perfekt.

Irgendwie aber wurde er über die Jahre immer wieder vermieden, bis mit dem Wechsel im Bundesvorsitz von *Erich Mende* zu *Walter Scheel* (1968) und dem Aus- oder Übertritt mehr oder weniger angebräunter Rechts-Konservativer zur CDU oder ihren Rückzug Anfang der siebziger Jahre ein neues Kapitel der FDP-Geschichte aufgeschlagen wurde.

Mit seiner Streitschrift »Noch eine Chance für die Liberalen« hatte der nach *Theodor Heuss* und mit *Ralf Dahrendorf* wichtigste Liberalismus-Theoretiker der FDP, *Karl-Hermann Flach*, die neuen Zeichen gesetzt. Mit dem Zitat aus seiner Streitschrift, das ich diesem Kapitel vorangestellt habe, läßt sich der Richtungsstreit umreißen, um den es im politischen Liberalismus auch nach dem Auszug der »ganz Rechten« ging und bis heute immer wieder geht: FDP als »Klientelpartei . . . einer Schicht« (Wirtschaftspartei der Besserverdienenden mit leichtem oder deutlichem Rechtsdrall in Richtung des österreichischen Rechts-Populisten *Jörg Haider*) oder, in der Mittelinks-Tradition, als Verfechterin der persönlichen Freiheit, der Menschenwürde und Chancengleichheit für die größtmögliche Zahl aller Bürger.

Unter dem Vorsitz des wagemutigen *Walter Scheel* hatte seit 1968 eine Phase der Neubesinnung und programmatischen Erneuerung des politischen Liberalismus begonnen, die mit den »Freiburger Thesen« vom Oktober 1971 besiegelt und verkündet wurde. Diese »Thesen« enthalten das liberale Bekenntnis zu »Menschenrechten durch Selbstbestimmung«, zu neuen »Bürgerrechten durch Demokratisierung der Gesellschaft«, zur »Reform des Kapitalismus durch Mitbestimmung und Vermögensbildung in Arbeitnehmerhand«, zur Verpflichtung zum Umweltschutz . . .

Mit den Freiburger Thesen bekannten sich die Liberalen zu einem sozial verantwortlichen Liberalismus-Verständnis und öffneten damit – zum erstenmal seit der »Weimarer Koalition« – die Möglichkeit eines Regierungsbündnisses mit den durch das »Godesberger Programm« reformierten Sozialdemokraten . . .

(Nach 1982 sind die Freiburger Thesen – trotz mancher Reanimationsversuche – niemals mehr als Gesamtkonzept und Standortbeschreibung der Partei überzeugend vertreten, vorgezeigt und fortgeschrieben worden.)

Die Führung der Liberalen Anfang 1974, v. l. n. r.: Werner Maihofer (Sonderminister), Wolfgang Mischnick (Fraktionsvorsitzender), Walter Scheel (Bundesvorsitzender), Hildegard Hamm-Brücher und Hans-Dietrich Genscher (Stellv. Bundesvorsitzende)

Mit der sozial-liberalen Koalition wurden die damals überfälligen Reformen in der Innen-, Gesellschafts- und Außenpolitik möglich. Dieser nach 1949 erste und bisher einzige demokratisch legitimierte »Machtwechsel« in unserem Land ist der Entwicklung unserer Demokratie gut bekommen und hat ein weiteres Abdriften einer ganzen Generation politisch engagierter junger Menschen ins außer- oder antiparlamentarische Lager verhindert.

(Auch heute, 30 Jahre später, bedürfte unsere verfestigte [Parteien-]Demokratie dringend neuer Impulse, nur hat die regierungsgewohnte und -verwöhnte FDP dies [noch?] nicht erkannt, will es, kann es wohl auch nicht. Auch fehlt es ihr wohl an Liberalen vom damaligen Schrot und Korn.)

Die Aufbruchsphase der endsechziger Jahre hat etwa ein Jahrzehnt angehalten, dann begann schrittweise die Rückwendung der FDP zu konservativen Ankerplätzen, von denen sie seither nicht mehr losgekommen ist. Zwar hat sie die 1982er Wende überlebt, aber um welchen Preis?

Weder im eigenen Selbstverständnis noch im öffentlichen Ansehen hat sie ihre »Unverwechselbarkeit« wiedergefunden und zudem einen Gutteil ihres begabten Nachwuchses verloren. Seit 1995 ist sie bei Umfragen bundesweit unter fünf Prozent abgesackt, in den neuen Bundesländern ist sie, nach einer kurzen Blütezeit, praktisch nicht mehr existent.

An diesem Niedergang trägt übrigens nicht der integre, parteipolitisch und in seinem Liberalismus-Verständnis jedoch unprofilierte Interimsvorsitzende *Klaus Kinkel* die Schuld. Er war und er konnte deshalb nicht der couragierte Steuermann sein, das Ruder herumzureißen. Nein, der Niedergang der FDP hat schon sehr viel früher, bereits mit dem »fliegenden« Koalitionswechsel 1982 und dem nachfolgenden, nie wieder aufgefüllten Aderlaß von Mitgliedern und Wählern begonnen.

Bereits 1984 war *Hans-Dietrich Genscher* als Parteivorsitzender am Ende, und sein Nachfolger *Martin Bangemann* war es nur zwei Jahre später auch.

In den zehn Jahren seither habe ich nichts unversucht gelassen, um in Wort und Schrift vor dem weiteren Niedergang zu warnen, erstmals auf dem Bundesparteitag in Saarbrücken im Februar 1985 (vgl. Erster Teil, VII).

Auch alle weiteren Vorstöße, die ich zusammen mit Gleichgesinnten sehr zum Mißvergnügen der jeweiligen Führungsmannschaft bis nach den Bundestagswahlen 1994 immer wieder versuchte, (ver-)endeten in Ausschüssen und Leitz-Ordnern. Man hielt sich lieber an die Konzeptionen von Werbeagenturen und erlitt damit (beinahe) liberalen Schiffbruch.

Seit Mitte 1995 versucht die FDP nun mit *Wolfgang Gerhardt* als Vorsitzendem und *Guido Westerwelle* als Generalsekretär einen neuen Anlauf. Er könnte gelingen, wenn sich die FDP endlich aus ihrer Vasallenrolle innerhalb der Koalition zumindest partiell emanzipiert und die vielbeschworene Eigenständigkeit und das verlorene Profil zurückgewinnt.

Weder Gesundbeten oder PR-Akrobatik noch das Aufblasen jedes Hoffnungsstrohhalms zum Rettungsbalken kann ihr dauerhaft auf die Beine helfen. Der erste Schritt zur Besserung hieße Selbsterkenntnis, und der zweite, der dann zur Gesundung führen könnte, erforderte – unabhängig von Koalitionsrücksichten – eine überzeugende programmatische und strategische Kursbestimmung auf allen Politikfeldern.

Diese letzte Passage habe ich in den Konjunktiv umgeschrieben, nachdem das Ergebnis der Mitgliederbefragung über den sogenannten »Großen Lauschangriff« Mitte Dezember 1995 bekannt wurde und dieses Ergebnis (zugunsten seiner Einführung) dann von der Parteiführung als »kein Kurswechsel« der FDP interpretiert worden ist...

Kein Kurswechsel? Obgleich es doch das genaue Gegenteil von dem ist, was zuvor auf zwei Parteitagen sowie im Bundestagswahlprogramm 1994 mit klaren Mehrheiten beschlossen worden war? Zornig und traurig zugleich frage ich mich, was, wenn nicht dies, ein Kurswechsel in liberalen Grundpositionen wäre und welcher Kurs künftig für die Partei des politischen Liberalismus verbindlich sein wird: der auf Parteitagen nach gründlichen Diskussionen beschlossene oder der durch *nachträgliche* Befragungen herbeigewünschte?...

Wenn ich zehn Jahre jünger wäre, ich glaube, ich hätte es nicht bei dieser Philippika belassen, sondern einen Scheidebrief geschrieben. Heute beschränke ich mich auf verbalen Widerspruch und auf eine Art »parteiinterner Emigration«, so schmerzlich dies für mich ist...

Von diesem jüngsten hausgemachten Desaster abgesehen, gibt es nach meinem Liberalismusverständnis aber auch grundsätzliche Versäumnisse und allgemeine Defizite, die im

Überlebenskampf der FDP langfristig noch weit schwerer wiegen werden. Zur Konkretisierung greife ich auf den »*Versäumniskatalog*« zurück, den ich im Wahljahr 1994 aufgestellt und parteiintern zur Diskussion gestellt hatte.

– Versagen der Liberalen bei der *Verfassungsreform*, die die große Chance zur Überwindung der inneren Teilung Deutschlands gewesen wäre (vgl. Zweiter Teil, II.2.).

– Versagen bei einer rechtzeitigen *Parlamentsreform*, die die große Chance bei der Überwindung der weitverbreiteten Politik(er)verdrossenheit wäre (vgl. Zweiter Teil, III.1.).

– Versagen bei der Stärkung der *Bürgergesellschaft*, die die große Chance zur Überwindung der Zuschauerdemokratie wäre (vgl. Zweiter Teil, III.2.).

– Versagen bei der Durchsetzung der schrittweise einzuführenden *doppelten Staatsbürgerschaft*, die einen Ausweg aus dem veralteten Abstammungsprinzip eröffnen würde.

– Versagen bei der *Erneuerung des Schul- und Bildungssystems* als Chance zur Freisetzung von Reformkräften, zur Überwindung des antiquierten *Laufbahn- und Berechtigungswesens* und zur Förderung der Demokratiefähigkeit junger Menschen (vgl. Zweiter Teil, lII.2. und 3.).

– Vernachlässigung der Bedeutung *überstaatlicher und globaler Verflechtungen und Abhängigkeiten* zur Überwindung nationalstaatlichen Denkens.

– Versäumnisse beim rechtzeitigen Erkennen von Fehlentwicklungen und *Gefährdungen der Freiheit durch ihren Mißbrauch.*

Begründungen zu den *sieben Punkten* habe ich in diesem Buch bei einschlägigen Zusammenhängen bereits gegeben. Nur den letzten Punkt, der von neuen Gefährdungen der Freiheit handelt, möchte ich ergänzen, weil hier, nach meiner Überzeugung, besonders schwere Versäumnisse vorliegen, die nicht nur die Zukunft des politischen Liberalismus betreffen, sondern die aller freiheitlichen Gesellschaften. Sie könnten sie über kurz oder lang aufs Spiel setzen, wenn gerade wir Liberale vor ihnen die Augen verschlössen. Deshalb ist es mir besonders wichtig, Stellung zu beziehen, wohl wissend, daß ich mit meiner kritischen Einschätzung an tabuisierten liberalen Grundfesten rüttele.

In allen westlichen Demokratien wird – so scheint es mir, einer Erzliberalen – die Freiheit, also *unser* aller Freiheit, heute nicht primär durch Unterdrückung, Zensur, polizeistaatliche Reglementierung oder staatliche Eingriffe bedroht, vielmehr durch ihren skrupel- und verantwortungslosen Mißbrauch, durch den Verlust moralisch verbindlicher Werte und Bindungen (*Dahrendorf* nennt sie »Ligaturen«), des Rechtsgefühls für allgemeinverpflichtende Regeln und Gesetze, durch Korruption in vielerlei Gestalt. Dadurch wird unsere vergleichsweise immer noch junge deutsche Demokratie in besonderer Weise gefährdet. Nicht nur, daß unsere Parteien, Politiker und Parlamente in keiner guten Verfassung sind, auch die Verfassung der Gesellschaft ist höchst beunruhigend (vgl. III.2.). Ihre Gefährdungen dürfen wir ebensowenig ignorieren wie die in und zwischen den politischen Institutionen.

Nach meiner Überzeugung ist der Verlust an Selbstverantwortung im Umgang mit persönlichen und kollektiven Freiheitsrechten in zweifacher Hinsicht alarmierend. Einmal weil dies den Feinden der Freiheit Auftrieb gibt, ihnen Zulauf verschafft und willkommene Vorwände für die Einschränkung oder den Entzug von Freiheitsrechten liefert, und zum anderen, weil das mehr oder weniger hilflose Gewährenlassen schrankenloser Mißbräuche schließlich zur Zerstörung moralischer Mindestnormen, zum Faustrecht des jeweils Stärkeren, schließlich zur totalen Korrumpierung, Entsolidarisierung und Flucht in neue Götzendienste (von Neonazi-Gangs bis Scientology-Sekte, von Ecstasy bis zum Selbstruin durch harte Drogen) führt.

Zu diesen Fehlentwicklungen trägt die via elektronische Medien bereits jedem Kleinkind zugängliche Verherrlichung von Gewalt und Brutalität ebenso bei wie die gnadenlose Kommerzialisierung auch der letzten Perversitäten, Abstrusitäten und Horrorszenarien in Medien, Druckerzeugnissen und in der Werbung. Da Liberale diese »Deregulierung« zunächst mit guten Gründen vorangetrieben haben, dürfen sie nun zu folgenschweren Fehlentwicklungen nicht schweigen. Im Einzelfall mag das zu Zielkonflikten führen, die müssen jedoch ausgetragen werden.

Doch »die Medien« sind nicht die einzigen Sündenböcke. Zu den Fehlentwicklungen trägt auch oft das miserable Beispiel der Erwachsenen in puncto Rücksichtslosigkeit im Straßenverkehr, Steuermoral, bei alltäglichen, zu »Kavaliersdelikten« verharmlosten Eigentumsdelikten und Betrügereien ebenso bei wie Bestechung und Bestechlichkeit im öffentlichen Leben, organisierte Wirtschaftskriminalität, Selbstbedienung mit Steuergeldern von Parteien und Parlamenten, Verleumdung und Diffamierung im immer raffinierter geführten politischen Machtkampf...

Was ist zu tun? Was ist im besonderen für die Partei des politischen Liberalismus zu tun? Ist für sie die Gefährdung der Freiheit durch ihren stillschweigend einkalkulierten Mißbrauch überhaupt ein Thema? Kalkulieren die, die das politische und gesellschaftliche Leben und Zusammenleben in der *Hauptsache* im Namen der Freiheit gestalten wollen, den Mißbrauch der Freiheit mit ein, sozusagen als Abfallprodukt der Hauptsache?

Was aber, wenn das Abfallprodukt zur Hauptsache wird und damit den sinnvollen Gebrauch der Freiheit zur Nebensache entwertet? Wenn das Ausmaß des Mißbrauchs überhand nimmt?

Überläßt der politische Liberalismus dieses Feld dann den Konservativen oder gar neuen rechten (Un-)Heilbringern? Er sollte das nicht tun. Gerade Liberale müssen die großen Gefahren für die Zukunft der Freiheit erkennen, die in ihrer Entgrenzung und im Mißbrauch in ihrem Namen liegt.

Sie müssen nach Wegen aus diesen Gefahren suchen, ohne daß Bürgerrechte dabei auf der Strecke bleiben. Hier erkenne ich seine zweite historische Bewährungsprobe.

Als Liberale glaube ich weder an Heilung durch drakonische Strafen und Verbote noch an die freiwillige Einsicht der Verursacher und Anstifter dieser ausufernden Formen von Freiheits-Mißbrauch. Natürlich brauchen wir auch abschreckende Gesetze, vor allem aber kommt es darauf an, den Teufelskreis der Freiheitszerstörung durch Stärkung und Ermutigung positiver Einsichten und Ansätze, also durch gesellschaftliche Selbsthilfe zu durchbrechen (vgl. III.2.).

Wir kennen heute viele neue Formen von Bürgerbewegungen, die dann entstehen, wenn etwas im argen liegt und die eigentlich Verantwortlichen versagen. Sie reichen von Elterninitiativen, Selbsthilfegruppen aller Art bis zum Engagement gegen Rassismus und Fremdenhaß, vom Einsatz für Umwelt- und Zukunftsverantwortung vor Ort und weltweit bis Greenpeace und Amnesty International. Diese positiven Ansätze haben im kleinen und großen schon viel bewirkt (vgl. III.2.).

Weshalb verstehen sich Liberale nicht als Promotoren einer Bürgergesellschaft, die durch ihr *Pro-Freiheits-Engagement* Dämme gegen die Zerstörung unserer Freiheit durch ihren Mißbrauch errichtet? Weshalb verstehen sich die Liberalen nicht selber als eine solche Bürgerbewegung?

Der organisierte und der nicht organisierte Liberalismus, alle Verfechter und Hüter der Freiheit also – und nicht ihre Feinde –, sollten sich an die Spitze dieser Bürgerbewegung setzen. Wir brauchen so etwas wie einen politischen Greenpeace, eine Demokratie-watch-Bewegung, einen demokratischen Aufbruch, eben eine verantwortungsbereite, aktive Bürgergesellschaft. Folgerichtig müßte sie dafür mit mehr Mitwirkungs- und mehr Mitbestimmungsmöglichkeiten ausgestattet werden (vgl. III.1. und 2.).

Auf diesen und den genannten anderen Feldern gäbe es für die Partei des politischen Liberalismus viel zu tun und könnte sie ihre Existenzberechtigung neu begründen und festigen. Voraussetzung ist allerdings – und hier beginnt meine zweite Philippika –, daß sie sich nicht weiterhin durch permanentes Anpassen beim Mitregieren erschöpft, auslaugt und darüber programmatisch verkümmert. Sie muß konstruktive Ideen auf den Markt freiheitlicher Möglichkeiten bringen und dazu wieder bürgernäher – menschennäher werden. Und sie muß den Fehlentwicklungen und Gefahren unserer Parteiendemokratie, sprich ihrer Funktionärs-Oligarchie in Kumpanei mit einer Menschen und Meinungen manipulierenden »Mediokratie« entgegentreten, weil beides zur ferngesteuerten Zuschauerdemokratie führt.

Sie darf nicht zulassen, daß das Prinzip und die Bedingungen der Freiheit von ihren Feinden unterminiert werden.

Zusammengefaßt: worin liegen in Theorie und Praxis die Bewährungsproben für den parteipolitisch organisierten Liberalismus?

1. Die FDP muß zu einem umfassenden Liberalismusverständnis zurückfinden, das nicht auf einem Auge blind ist. Sie muß über den Tellerrand partei- und koalitionspolitischer Opportunitäten hinaus denken und handeln. Sie muß benennen, was die Freiheit heute bedroht. Von einer Gefahr habe ich gerade gesprochen, aber es gibt auch noch andere Gefahren, von denen zuvor schon die Rede war.

2. Da unsere immer noch junge deutsche Demokratie immer noch und immer wieder von offenbar erblichen, a- und antiliberalen Anfechtungen heimgesucht wird, zumeist von rechts, aber auch von unstillbarer Regelungs- und damit Reglementie-

rungssucht, einem deutschen Erbübel, das seit eh und je von rechts bis links reicht, müssen die Liberalen nicht nur wirtschaftlich, sondern auch politisch zur »Deregulierungs-Partei mit Augenmaß« werden. Dazu gehört zum Beispiel die Ent-Staatlichung des Bildungswesens, von der Grundschule bis zur Universität, von der De-Reglementierung ihrer Strukturen bis zu Lehrplänen, Unterrichtsorganisation – wie überhaupt gegen alle Trends zu neuem Protektionismus, ob in Gestalt regierungsamtlicher, sprich parteipolitischer Bevormundung oder Überlegenheitsdünkel.

3. Menschenrechtspolitik muß für Liberale auf allen Feldern der Politik zum Leitthema werden, auch dann und selbst dann, wenn dies zu exportwirtschaftlichen Zielkonflikten führt (z. B. China, Iran). Menschenrechtspolitik ist mehr als nur der Aufschrei bei krassen Verstößen. Umfassende Menschenrechtspolitik gedeiht nur unter den Bedingungen der Aufklärung und der Freiheit! Beide großen freiheitsfeindlichen Ideologien dieses Jahrhunderts, die faschistische und die kommunistische, haben schreckliche Saatkörner elementarer Menschenrechtsverachtung hinterlassen, die, in alle Winde zerstreut, in neuer Gestalt, zum Beispiel des religiösen, rassistischen und ethnischen Fundamentalismus wieder zurückkehren und neuerlich wuchern. Nur Liberalität, Toleranz und folglich Pluralität, nur demokratische Verfahren können ihre weitere Verbreitung stoppen. – Auch diese Erfahrung haben wir Deutschen hinter uns, und sie gehört zu den Irrtümern der Geschichte, aus denen zu lernen uns aufgetragen ist.

4. Für all das wird eine Partei des politischen Liberalismus gebraucht, die sich, auch unter veränderten Bedingungen, als eine politische und geistige Kraft zur Begründung und Erhaltung menschlicher Freiheit – auch gegenüber ihren Verächtern und Feinden, in welcher Gestalt und Verkleidung auch immer – ausweist und bewährt. Als eine politische Kraft, die sich auf Vernunft gründet, die Mündigkeit großschreibt, den Rechts-

staat samt seinen Spielregeln (geschriebene – und ungeschriebene Verhaltens-Gesetze) garantiert und über die Rechte von Minderheiten, von Schwachen und Fremden wacht.

5. Zwar ist zu bezweifeln, daß dies alles von einer Partei allein geleistet werden kann. In einer freien und mit Vernunft begabten Gesellschaft muß dies zum mehrheitsfähigen Konsens und zum Prinzip aller Politik werden (vgl. III.2. und 3.). Hierfür müßte die Partei des politischen Liberalismus eine Vorreiterrolle übernehmen, ähnlich wie sie dies im vorigen und zu Beginn dieses Jahrhunderts bei der Schaffung der Demokratie als Staatsform geleistet hat. Diesmal geht es um die Vertiefung und Weiterentwicklung demokratischer Fundamente in neue Formen des Lebens und Zusammenlebens des und der Menschen. Wieder ist es der politische Liberalismus, der sich diese Hauptsache buchstäblich »zu eigen« machen muß.

Diese Vorreiterrolle im Grundsätzlichen und im Alltäglichen, in allem Tun und im Lassen, in allem Reden und Handeln konsequent und glaubwürdig zu »verkörpern«: darin erkenne ich viele kleine und am Ende die große Zukunftschance für meine Partei. Erst dann – und nur dann – kann sie mehr ernten als das Existenzminimum eines Mehrheitsbeschaffers . . .

Wenn sie das wagen würde, wäre mir um ihre Existenzberechtigung und ihr Überleben nicht bange.

Ob sie es wagt, vermag ich Anfang 1996 nur noch zu hoffen.

Epilog

Über das fünfzigste Jahr nach dem Neuanfang

»Es ist uns aufgetragen, am Werke zu arbeiten,
es ist uns aber nicht gegeben, es zu vollenden.«
aus dem TALMUD

War es Zufall oder hatte es sich so fügen sollen, daß sich in dem Jahr, in dem dieses Buch entstand, die Ereignisse, die meinen Weg in und durch die Politik bestimmt hatten, zum fünfzigsten Mal jährten, und daß, während ich meine persönliche Erinnerungsarbeit Schritt für Schritt voranbrachte, die historischen Daten des Jahres 1945, wie in einem Zeitraffer, noch einmal an mir vorüberzogen?

Wie auch immer: Das Jahr 1995 war randvoll mit zeitgeschichtlichen Rückblenden und Nachfragen, mit Rückerinnerungen und Zukunftsperspektiven.

Schon seit Jahresbeginn hatte ich nach arbeitsreichen Wochentagen am Schreibtisch jeden Samstag um 19 Uhr 30 im deutsch-französischen Kulturkanal »arte« die von *Marc Ferro* sachkundig eingeführten deutschen, amerikanischen, russischen, englischen und französischen Wochenschauen der gleichen Woche vor fünfzig Jahren angeschaut. So durchlebte ich noch einmal alles, was sich in den entscheidenden letzten Monaten, Wochen und Tagen des Zweiten Weltkrieges auf allen Kriegsschauplätzen, bei Vormärschen und Rückzügen, unter der von Bomben, Flucht und Zerstörung heimgesuchten, schließlich »erlösten« (*Heuss*) Zivilbevölkerung ereignet hatte, noch einmal das abgrundtiefe Erschrecken, als die KZs und Vernichtungslager befreit und die unfaßbaren Greuel offenkundig wurden, die Deutsche in ihrem Größenwahn erdacht und mit deutscher Gründlichkeit exekutiert hatten. Erlebte ich noch einmal die bedingungslose Kapitulation Deutschlands, als die Sieger vor der eigenen Haustür standen und die Nachkriegszeit begann . . . Und ich konnte nachvollziehen, wie all diese Bilder damals und heute wieder dem jeweiligen nationalen Publikum unter die Haut gehen mußten.

Nach dem 8. Mai wurde mir beim Anschauen der analogen Wochenschauberichte des Jahres 1945 vom (von uns seinerzeit kaum wahrgenommenen) pazifischen Kriegsschauplatz noch etwas anderes bewußt: Wie unendlich grausam der Krieg in Asien seitens unseres »Achsen«-Verbündeten Japan geführt worden war und wie sein Ende mit den Schrecken der Atombombe und ihren Folgen auch die asiatische Nachkriegswelt schlagartig verändert hat. Und nicht nur diese: Fortan hat die Existenz der Atombombe das Schicksal der Welt bestimmt.

Meine allsamstägliche Fernseh-Reise in die Vergangenheit kreuzte sich mit den offiziellen Gedenkveranstaltungen, die in Auschwitz und Buchenwald, in Dresden und Warschau, in London, Paris und Berlin, im August in Hiroshima und Nagasaki, Anfang September in Tokio und Honolulu stattfanden. In bewegenden, manchmal erregenden Worten wurde da noch einmal die Erinnerung beschworen, wie es zu jenen Katastrophen kommen konnte, die so unendliches Leid über Deutschland, Europa und die Welt gebracht und allein in Europa sechzig Millionen Menschenopfer gekostet hatten.

Die traumatischen Erinnerungen der heute noch lebenden Opfer der NS-Zeit kamen über den offiziellen Reden allerdings zu kurz. Nur ein einziges Mal – anläßlich eines von »Bündnis 90/Die Grünen« am 8. Mai veranstalteten Symposiums, ging es um die »vergessenen Opfer« und ihre unzulänglichen Entschädigungen (vgl. II.3.).

Bei allen Gelegenheiten wurden die Lehren aus den Irrtümern der Geschichte noch einmal beschworen und an die Pflicht erinnert, sie an die heute Lebenden weiterzuvermitteln ... (Auf diesem Hintergrund empfand ich den unseligen, von der neuen Rechten angezettelten Streit, ob der 8. Mai 1945 ein Tag der »Befreiung« oder der »Niederlage« gewesen sei, wie ein verdächtiges Schwelen aus dem Abfallhaufen der Geschichte. Gottlob breitete es sich nicht aus. Der ganze Vorgang aber scheint mir doch symptomatisch zu sein für eine von Rechts gelegte Lunte, mit der deutsche »Normalität« eingefordert, aber Revision und schrittweise Rehabilitation der NS-Verbrechen gemeint ist. Unterschwellig glimmt diese Lunte wohl weiter, und es wird darauf ankommen, ein neues Entfachen zu verhindern.)

Denn die Geschichte ist weitergegangen, und die Irrtümer sind es auch! Zeitgleich mit dem offiziellen und persönlichen Nachdenken über die Irrtümer und Verbrechen der Vergangenheit toben in aller Welt große und kleine grausame Kriege, treiben blutrünstige Diktatoren ihr Unwesen, leiden und sterben unschuldige Menschen, verlieren ihr Hab und Gut und ihre Heimat, ohne daß die Weltgemeinschaft imstande ist, Frieden zu stiften und auch nur ein Minimum an Menschenrechten zu garantieren.

Der Traum des Jahres 1945 vom ewigen Frieden durch rechtzeitige Konfliktlösung durch die Weltgemeinschaft hat sich nicht nur nicht erfüllt, angesichts der waffenstarrenden Welt und dem skrupellosen Gebrauch dieser Waffen, selbst gegen Frauen und Kinder, scheint er zur Chimäre geworden zu sein. Dennoch muß es immer wieder versucht werden.

So wurde 1995 für viele Deutsche, zu denen ich mich zähle, nicht nur zu einem Jahr mahnender Erinnerungen, sondern auch zu einem Jahr des quälenden Bewußtwerdens unserer nicht verjährten Verpflichtung, zur Ächtung, Bekämpfung, zumindest zur Linderung nicht enden wollender Rückfälle in die Barbarei mehr beizutragen als nur Lippenbekenntnisse, und sei es durch die bereitwillige Aufnahme von Kriegsflüchtlingen, durch verstärkte humanitäre Hilfe in Kriegs- und Krisengebieten, durch eine humanere Asylpraxis, vor allem aber durch die unmißverständliche Ächtung von Regierungen und Herrschern, die dies alles verschulden. Leider fehlt es – eingedenk unseres eigenen geschichtlichen Sündenregisters – häufig an solchen sensibilisierten Ohne-wenn-und-aber-Konsequenzen. Beispiele hierfür sind China, Iran, Irak, einige lateinamerikanische Staaten, früher Südafrika, immer ist es die gleiche Formel: Business »non olet«! Über Menschenrechte sprechen wir später.

Bei allen seit 1945 errungenen Pluspunkten: Irgendwie sind wir auch eine »verdruckte« Nation geblieben (oder geworden?). (»Verdruckt« ist ein bayerischer Ausdruck und meint soviel wie: Etwas mit sich herumschleppen, aber nicht offen austragen, mit sich, trotz äußerem Anschein, nicht im reinen zu sein, nichts oder etwas anderes sagen, tun oder lassen, als man eigentlich meint oder weiß, daß man es tun müßte ...)

Für solcherlei »Verdrucktheit« gab es 1995 so manche Anzeichen. Zum Beispiel, wenn wir überall in der Welt die Einhaltung von Menschenrechten einfordern, selber aber Vizeweltmeister im Waffenexportieren werden, womit wir kräftig zu ihrer Verletzung beitragen ... Oder wenn wir als Welt-Belehrmeister in Sachen Umweltschutz selber durch unbelehrbare, ja kommerziell angestachelte Raserei im Straßenverkehr alle anderen Industrieländer übertreffen ...

Weshalb lassen sich diese und andere »Verkrampfungen« im deutschen Selbstverständnis so schwer lösen? Schon unser erster Bundespräsident hat es versucht, und unser siebter empfiehlt es wieder. Vielleicht gelingt es Frauen besser? – Sie sollten es sich zur Aufgabe machen.

Das Jahr 1995 war für mich aber nicht nur ein Jahr der Erinnerungen, es brachte auch Turbulenzen und neue Herausforderungen. Bei zahlreichen Gelegenheiten habe ich mich, wenn ich darum gebeten wurde, noch einmal ins Rampenlicht gewagt und versucht, den Bogen zwischen Vergangenem und Gegenwärtigem ins Zukünftige zu spannen und dabei die Meßlatte für unser Selbstverständnis höher zu legen als bei festlich-gestimmten Anlässen üblich. Mit feierlichem Schulterklopfen wollte ich es nicht bewenden lassen.

Darüber ist mein Jahresterminkalender ungeplant zu einer »Tour d'horizon« besonderer Art geworden. Ich habe zahlreiche Reden gehalten, Diskussionen geführt zu all den Themen, die zu meiner hier nun aufgeschriebenen Lebensbilanz gehören. Ein Beitrag war mir besonders wichtig, und ich möchte ihn deshalb auszugsweise in den »Epilog« aufnehmen:

Anfang *Mai* sprach ich auf einer Gedenkveranstaltung in Berlin-Plötzensee nahe der Hinrichtungsstätte der Widerstandskämpfer zusammen mit je einem englischen, französischen und polnischen Redner über »das Vermächtnis des Widerstandes«, eine wichtige Gelegenheit, um Bilanz zu ziehen, zu fragen und zu bezeugen:

»*– Haben wir wirklich allen Opfern des Naziterrors – zumindest moralische – Rehabilitierung zuteil werden lassen? Auch den Opfern sozialer Verfolgung, zum Beispiel der Zwangssterilisierten, der Zwangsarbeiter und Euthanasieopfer, der Homosexuellen, der Sinti und Roma, der Deserteure, die ohne Gerichtsverfahren aufgehängt wurden ...?*

– Und haben wir rechtzeitig alles getan, um schuldige Nazis zur Rechenschaft zu ziehen? Und wieviel wurde dabei versäumt?

– Haben wir den Mantel der Gleichgültigkeit diesmal rechtzeitig und entschieden genug gegen Fremden- und Rassenhaß, gegen Antisemitismus und Neonazismus zerrissen und der unsäglichen Aufrechnerei abgeschworen?

– Lassen wir unsere Kinder und Kindeskinder in Schule und Elternhaus ausreichend wissen, was in Deutschland und Europa zwischen 1933 und 1945 in deutschem Namen und von Deutschen an Unrecht geschah?

– Ist unsere freiheitliche Demokratie in so guter Verfassung, daß sie wirklich immun ist gegen neue Rattenfängerei und altbekannte Parolen? . . .

Keine dieser Fragen läßt sich uneingeschränkt positiv beantworten. Einige sind zu verneinen. Und deshalb genügt es nicht, daß wir uns mit dem Erreichten begnügen und Nichterreichtes ausblenden . . .

Leider hat es in diesen Wochen oft den Anschein, als würde amtlicherseits zwar noch einmal alles aufgeboten, um der Vergangenheit Tribut zu zollen (um unserer selbst oder um des Auslands willen?), um sie dann anschließend getrost (ein für allemal?) aus dem aktuellen politischen Bewußtsein zu verbannen – sie allenfalls in Gedenkstätten zu memorieren. Formelhaft wird dafür der Ruf nach »Normalität« laut, und schlimmer noch: Es wird unzulässig aufgerechnet. So, als ob unser Weg nach 1945 in eine freiheitliche Demokratie, in europäische und westliche Partnerschaft »unnormal« und ein Sonderweg gewesen sei.

Normal und unverkrampft soll es künftig zugehen in Deutschland. Das ist nur dann und nur so lange konsensfähig, als es nicht synonym für Vergessen und Entsorgen gemeint ist – begleitet von einem immer dreister werdenden Anknüpfen an die politischen Irr- und Sonderwege unserer Geschichte.

Deshalb sollten wir diesen 8. Mai 1995 als eine wichtige Zäsur, nicht aber als Schlußstrich verstehen!

Wir haben die Aufgabe, den Weg fortzusetzen, den uns die Frauen und Männer des Widerstandes vorgelebt haben und der uns in jenen Maitagen vor fünfzig Jahren durch die Befreiung von den Schrecken der Nazidiktatur und des von uns begonnenen Krieges eröffnet wurde . . .«

So erlebte ich dieses Jahr 1995 auch als Schlußkapitel meiner politischen Lebensbilanz, und als ich am 23. Oktober 1995 zur ersten Ehrenbürgerin der Stadt München gewählt und ernannt wurde, faßte ich diese Bilanz wie folgt zusammen:

»*Zum Glück meiner fünfundfünfzig Münchner Jahre zähle ich (abgesehen vom Persönlichen und Familiären . . .), daß ich von allem Anfang an zur Gestaltung und Festigung unserer freiheitlichen Demokratie beitragen durfte – daß wir Deutschen gelernt haben, mit unseren Nachbarn friedlich zusammenzuleben, und nach vierzigjähriger Trennung wieder vereint sind . . .*

Aber: Eine Demokratie ist nie vollendet, sie ist, wir erleben es, immer mal wieder gefährdet, und sie bedarf immer von neuem des Nachweises geistig-moralischer Glaubwürdigkeit. Sind sich die Verantwortlichen – und das sind wir alle – dieser Verantwortung, dieser unserer Kollektivhaftung bewußt?

Die Sorge, daß es uns an dieser Einsicht zunehmend fehlt, quält mich besonders in diesem, dem fünfzigsten Jahr nach dem Ende der von uns verschuldeten und zu verantwortenden NS-Diktatur.

Angesichts des immer gnadenloser werdenden parteipolitischen, wirtschaftlichen und gesellschaftlichen Konkurrenzkampfes einerseits und der wachsenden Gleichgültigkeit gegenüber Fehlentwicklungen und Mißbräuchen andererseits müssen wir uns doch fragen (und fragen lassen), ob wir uns dieser gemeinsamen Verantwortung – unserer Kollektivhaftung – für unsere Demokratie überhaupt noch ausreichend bewußt sind?

Im letzten der fünf Flugblätter der WEISSEN ROSE heißt es: ›*Zerreißt den Mantel der Gleichgültigkeit, den ihr um Euer Herz gelegt habt . . . Entscheidet Euch, ehe es zu spät ist . . .*‹

Diesen Appell habe ich nach 1945 als Auftrag – als meinen Auftrag – zur Gestaltung eines freiheitlichen, gerechten und humanen Zusammenlebens verstanden, und das hieß immer auch, gegen Gleichgültigkeit, Wegsehen, Intoleranz und mangelnde Zivilcourage anzukämpfen...«

Ja, das war es, was ich über fünfzig Jahre versucht habe.

Damit schließt sich der Kreis meiner Lebensbilanz. Sie läßt sich mit der nüchternen Einsicht des Satzes aus dem Talmud zusammenfassen, den ich dem »Epilog« vorangestellt habe: »Es ist uns aufgetragen, am Werke zu arbeiten, es ist uns aber nicht gegeben, es zu vollenden.«

In dieser Einsicht gilt es nun loszulassen.

Das gilt auch für dieses Manuskript, an dem ich viel gearbeitet habe, ohne es ganz vollenden zu können... Wenn ich es als Buch wieder zu Gesicht bekomme, ist es 75 Jahre her, daß ich, wie man so schön sagt, »das Licht der Welt erblickt« habe. – Das ist ein wunderschönes Bild: *Das Licht der Welt erblicken*..., es jeden Tag neu zu erblicken, das ist ein himmlisches Geschenk, das mich zeitlebens mit Freude und Dankbarkeit erfüllt und in der Finsternis, die es auch gab, getröstet hat – so wie es mein Konfirmationsspruch verheißt (s. 48). Für beides – Freude und Trost – empfinde ich GRATIA, was beides heißt: Dank *und* Gnade.

Im übrigen übe ich mich im Loslassen und erwarte getrost, was kommen mag.

Lebensdaten

1921	geboren am 11. Mai in Essen
1927-1940	Schulbesuch in Berlin, Dresden, Schloß Salem, Konstanz (Abitur)
1940-1945	Studium der Chemie in München, Promotion bei Nobelpreisträger Professor Dr. Heinrich Wieland
1945-1949	wissenschaftliche Redakteurin bei der »Neuen Zeitung«, München
1948-1956	jüngste Stadträtin in München
1949-1950	Studium an der Harvard University, USA
1950-1966	Landtagsabgeordnete in Bayern
1963-1976	Mitglied des FDP-Bundesvorstandes
1964	Gründung der THEODOR-HEUSS-STIFTUNG zur Förderung der politischen Bildung und Kultur e. V. und seitdem deren Vorsitzende
1967-1969	Staatssekretärin im Hessischen Kultusministerium
1969-1972	Staatssekretärin im Bundesministerium für Bildung und Wissenschaft
seit 1970	Mitglied des Goethe-Instituts
1970-1976	Landtagsabgeordnete in Bayern, Fraktionsvorsitzende
1972-1976	Stellvertretende Bundesvorsitzende der FDP
1974-1988	Mitglied des Präsidiums des Deutschen Evangelischen Kirchentages
1976-1982	Staatsministerin im Auswärtigen Amt
1976-1990	Mitglied des Deutschen Bundestages, 1987-1990 außenpolitische Sprecherin der FDP-Bundestagsfraktion
1980	Ehrendoktor der Katholischen Universität in Lima (Peru) für Verdienste um die Förderung der kulturellen Zusammenarbeit mit den Entwicklungsländern
1984-1990	Rückkehr in den Bundesvorstand der FDP, 1988-1990 Mitglied des Präsidiums
1985-1990	Mitglied der 7. EKD Synode
seit 1985	Mitglied des Internationalen PEN-Clubs
1990	Rückzug aus der aktiven Politik
1992	Verleihung der BUBER-ROSENZWEIG-Medaille
1993	Bundesverdienstkreuz mit Stern und Schulterband
1994	Kandidatin für das Amt des Bundespräsidenten
1995	erste Ehrenbürgerin der Stadt München

Quellenangaben

Alle nicht bezeichneten Zitate aus Korrespondenzen, Landtags- und Bundestagsdrucksachen, eigenen Aufsätzen, Vorträgen und Reden etc. befinden sich in meinem Nachlaß im »Institut für Zeitgeschichte«, München. Landtags- und Bundestagsdrucksachen sind zu dem im Buchtext mit Datum angegeben.

1) Winston Churchill im Britischen Unterhaus, 1946, zitiert nach: Rudolf Wassermann, »Die juristische Bewertung des 20. Juli«, in: Recht und Politik, Heft 2, 1984, S. 69
2) Dietrich Bonhoeffer, »Widerstand und Ergebung«, München 1956, S. 22
3) Werner Filmer / Heribert Schwan (Hrsg.), »Mensch der Krieg ist aus. Zeitzeugen erinnern sich«, Düsseldorf 1985, S. 150 ff
4) Claus Hinrich Casdorff (Hrsg.), »Weihnachten 1945«, Königstein/Ts. 1981, S. 97 ff.
5) Hans Sarkowicz (Hrsg.), »Als der Krieg zu Ende war – Erinnerungen an den 8. Mai 1945«, Frankfurt/M. 1995, S. 171
6) Theodor Heuss, »Aufzeichnungen 1945-1947«, Tübingen 1966, S. 55
7) Christian von Krockow, »Die Stunde der Frauen«, Reinbek 1988, S. 9
8) Albrecht Haushofer, »Moabiter Sonette«, München 1946, S. 48
9) Erika und Heinz Fischer, »John McCloy – An American architect of postwar Germany«, Frankfurt/M. 1994, S. 338, 353
10) Ralf Dahrendorf (Hrsg.), »Theodor Heuss – Politiker und Publizist«, Tübingen 1984, S. 339
11) »Theodor Heuss. Die großen Reden«, Tübingen 1965, S. 97
12) Paul Noack (Hrsg.), »Hildegard Hamm-Brücher – Profil einer Politikerin«, München 1991, S. 60
13) Hildegard Hamm-Brücher, »Gegen Unfreiheit in der freiheitlichen Gesellschaft«, München 1968, S. 300-309
14) ebenda, S. 306
15) ebenda, S. 366ff.
16) ebenda, S. 190
17) »Unfähig zur Reform – Sind wir noch ein Volk der Dichter und Denker?«, Reinbek 1964, S. 106
18) Hildegard Hamm-Brücher, »Bildung ist kein Luxus«, München 1975, S. 10
19) Karl Popper, »Auf der Suche nach einer besseren Welt«, München 1984, S. 151ff.

20) Max Weber, »Gesammelte politische Schriften«, München 1921, S. 450
21) Marie-Elisabeth Lüders, »Fürchte dich nicht! Persönliches aus mehr als 80 Jahren«, Köln 1963, S. 123
22) ebenda, S. 123
23) Daniela Weiland,»Die Geschichte der Frauen – Frauenemanzipation«, Düsseldorf 1983, S. 185ff.
24) ebenda, S. 185ff.
25) Marianne Feuersenger, »Die garantierte Gleichberechtigung«, Freiburg 1980, S. 89
26) Erich Fromm,»Die Kunst des Liebens«, Berlin 1956, S. 141
27) »Der junge Heuss«, Tübingen 1965, S. 155
28) Helmuth Plessner, »Die verspätete Nation«, Frankfurt/M. 1968, S. 96
29) ebenda, S. 10
30) Friedrich Schorlemmer,»Versöhnung in der Wahrheit«, München 1992, S. 132
31) Hildegard Hamm-Brücher,»Wider die Selbstgerechtigkeit«, München 1991, S. 11
32) Hermann Rudolph und Hildegard Hamm-Brücher, »Theodor Heuss – eine Bildbiographie«, Stuttgart 1983, S. 151
33) »Theodor Heuss. Die großen Reden«, Tübingen 1965, S. 95
34) Gunter Hofmann / Werner Perger, »Richard von Weizsäcker im Gespräch«, Frankfurt/M. 1992, S. 139ff.
35) Eberhard Pikart (Hrsg.), »Theodor Heuss – Aufzeichnungen 1945-1947«, Tübingen 1966, S. 55
36) ebenda, S. 83
37) Bundespresseamt (Hrsg.), »Richard von Weizsäcker. Reden und Interviews«, Bd. 1, Bonn 1986, S. 279
38) Rudolf Lill (Hrsg.), »Hochverrat? Die Weiße Rose und ihr Umfeld«, Konstanz 1993, S. 193 ff.
39) ebenda, S. 193 ff.
40) Albrecht Haushofer, dito 8), S. 55
41) »Theodor Heuss. Die großen Reden«, (dito 11), S. 64
42) Rudolf Wassermann, dito 1), S. 72
43) Bundespresseamt (Hrsg.), dito 37), S. 284
44) Gerty Spies, »Drei Jahre Theresienstadt«, München 1984, S. 9
45) »Reden zum 20. Juli«, S. 78
46) ebenda, S. 79f
47) ebenda, S. 81
48) Hildegard Hamm-Brücher,»Der freie Volksvertreter – eine Legende?«, München 1990, S. 59

49) Hildegard Hamm-Brücher, »Der Politiker und sein Gewissen«, München 1983, S. 54ff.
50) Hildegard Hamm-Brücher, dito 48), S. 45f.
51) ebenda, S. 34f.
52) ebenda, S. 35
53) Thea Bauriedel, »Das Leben riskieren«, München 1988, S. 94, 96, 98f.
54) Hildegard Hamm-Brücher (Hrsg.) »Vom rechten Gebrauch der Freiheit – Zehn Jahre Theodor-Heuss-Stiftung«, München 1974, S. 43ff.
55) Hildegard Hamm-Brücher, dito 18), S. 65ff.
56) Paul Noack, dito 12), S. 48ff.
57) Hilmar Hoffmann (Hrsg.), »Freund oder Fratze«, Frankfurt/M. 1994, S. 7ff., 20

Weitere verwendete Literatur (u. a.)

Arendt, Hannah, »Eichmann in Jerusalem«, München, 1986
Arnim, Hans Herbert von, »Die Partei, der Abgeordnete und das Geld«, Mainz, 1991
Arnim, Hans Herbert von, »Staat ohne Diener«, München, 1993
Augstein, Rudolf, u.a., »Historikerstreit« (Dokumentation), München 1987
Bauriedl, Thea, »Wege aus der Gewalt«, Freiburg, 1992
Biedenkopf, Kurt/Schmidt, Helmut, u.a., »Zur Lage der Nation«, Reinbek, 1994
Dahrendorf, Ralf, »Fragmente eines neuen Liberalismus«, Stuttgart, 1987
Dahrendorf, Ralf, »Gesellschaft und Demokratie in Deutschland«, München, 1965
Ferdinand, Horst (Hrsg.), »Beginn in Bonn«, Reinbek, 1985
Fest, Joachim, »Hitler«, Berlin, 1973
Flach, Karl-Hermann, »Noch eine Chance für die Liberalen«, Frankfurt/M., 1971
Friedeburg, Ludwig von, »Bildungsreform in Deutschland«, Frankfurt/M., 1989
Giordano, Ralph, »Die zweite Schuld«, Hamburg, 1987
Greiffenhagen, Martin und Sylvia, »Ein schwieriges Vaterland«, München, 1993
Habermas, Jürgen, »Die neue Unübersichtlichkeit«, Frankfurt/M., 1987
Haffner, Sebastian, »Anmerkungen zu Hitler«, München 1978
Havel, Václav, »Versuch in der Wahrheit zu leben«, Reinbek, 1990
Havel, Václav, »Sommermeditationen«, Reinbek, 1992
Heidecker, Joe J./Leeb, Johannes, »Der Nürnberger Prozeß – Bilanz der Tausend Jahre«, Köln 1960
Heuss, Theodor, »Tagebuch – Briefe 1955-1963«, Tübingen 1970
Heuss, Theodor, »Erinnerungen 1905-1933«, Tübingen, 1965
Hoffmann, Peter, »Widerstand – Staatsstreich – Attentat«, München 1969
Juling, Peter, »Auf und Ab der Liberalen«, Gerlingen, 1983
Klemperer, Victor, »Ich will Zeugnis ablegen bis zum letzten«, Berlin, 1995
Krockow, Christian Graf von, »Die Deutschen in ihrem Jahrhundert«,- 1890-1990, Reinbek, 1992

Mann, Golo, »Die Geschichte des 19. und 20. Jahrhunderts«, Frankfurt/ M., 1965
Müller-Hohagen, Jürgen, »Geschichte in uns«, München, 1994
Popper, Karl, Alles Leben ist problemlösen», München, 1994
Reich, Jens, «Abschied von den Lebenslügen», Reinbek, 1992
Sell, Friedrich, «Die Tragödie des deutschen Liberalismus», Stuttgart, 1953
Sheehan, James J., «Der deutsche Liberalismus, München, 1983
Süssmuth, Rita/Weiß, Konrad, u.a., »Neuland«, Köln, 1991
Scheuch, Erwin und Ute, »Klicken, Klüngel und Karrieren«, Reinbek, 1992
Schorlemmer, Friedrich, »Zu seinem Wort stehen«, München, 1992
Schwilk, Haimo (Hrsg.), »Die selbstbewußte Nation«, Berlin, 1994
Steinbach, Peter, »Widerstand in Deutschland 1933-45«, München, 1994
Stephan, Werner, »Aufstieg und Verfall des Linksliberalismus 1918-1933«, Göttingen, 1973
Stern, Fritz, »Der Traum vom Frieden und die Versuchung der Macht«, Berlin, 1988
Wassermann, Rudolf, »Die Zuschauerdemokratie«, Düsseldorf, 1986
Weizsäcker, Richard von, im Gespräch mit Gunter Hofmann und Werner A. Perger, Frankfurt/M., 1992
Winkler, Heinrich-August, »Weimar 1918-1933«, München, 1993
Zeller, Eberhard, »Der Geist der Freiheit – Der 20. Juli«, München, 1963
»Was heißt heute liberal?«, Sonderheft ZEIT-Punkte, Hamburg, 1984

Buchveröffentlichungen

»Aufbruch ins Jahr 2000«, Reinbek 1967
»Auf Kosten unserer Kinder«, Hamburg 1965
»Bildung ist kein Luxus«, München 1976
»Der Bürger und sein Stadtparlament«, Berlin 1951
»Der freie Volksvertreter – eine Legende?«, München 1990
»Der Politiker und sein Gewissen«, 3. Auflage, München 1991
»Gegen Unfreiheit in der demokratischen Gesellschaft«, München 1968
»Gerechtigkeit erhöht ein Volk«, München 1984
»Kämpfen für eine demokratische Kultur«, München 1986
»Kulturbeziehungen – weltweit«, München 1980
»Lernen und Arbeiten. Berichte über das sowjetische und mitteldeutsche Schul- und Bildungswesen«, Köln 1965
»Reform der Reformen. Ansätze zum bildungspolitischen Umdenken«, Köln 1973
»Schule zwischen Establishment und APO«, Hannover 1969
»Über das Wagnis von Demokratie und Erziehung«, Frankfurt/M. 1969
»Unfähig zu Reformen?«, München 1972
»Wider die Selbstgerechtigkeit«, München 1991

Mitarbeit an Büchern

»Abgeordneter und Fraktion« in: »Parlamentsrecht und Parlamentspraxis«, hrsg. von Hans-Peter Schneider und Wolfgang Zeh, Berlin 1989
»Als der Krieg zu Ende war – Erinnerungen an den 8. Mai 1945«, hrsg. von Hans Sarkowicz, Frankfurt/M. 1995
»Auch eine Demokratie lebt nicht vom Brot allein« in: »Politikverdrossenheit«, München 1993
»Beispiele für den aufrechten Gang in die Demokratie« in: »Grundlagen der Weiterbildung«, Neuwied 1991
»Berliner Signale und die Folgen« in: »Dem Haß keine Chance«, Köln 1989
»Bildung – Macht – Verantwortung – Welche Zukunft hat die Bundesrepublik?«, hrsg. von Frithjof Hager, Leipzig 1994
»Bürgergesellschaft versus Parteiendemokratie« in: »Die Kontroverse«, hrsg. von Gunter Hofmann und Werner Perger, Frankfurt/M. 1992

»Das Schulwunder fand nicht statt« in: »Zwanzig Jahre danach – Eine deutsche Bilanz«, hrsg. von Helmut Hammerschmidt, München 1965

»Deutschland und Israel – Herausforderungen für die Zukunft« in: »Deutschland und Israel – Solidarität der Bewährung«, hrsg. von Ralph Giordano, Gerlingen 1992

»Die andere deutsche Frage«, hrsg. von Walter Scheel, Stuttgart 1981

»Die gefährdete Dimension unserer Außenpolitik« in: »Freund und Fratze«, Frankfurt/München 1994

»Ein ganz normaler Staat? Perspektiven nach 40 Jahren Bundesrepublik«, hrsg. von Wilhelm Bleek, München 1989

»Erinnerungen an mein Chemiestudium 1940-1945« in: »Erlebte und gelebte Universität«, hrsg. von Rüdiger vom Bruch u. a., München 19865

»Erinnerungen an 1945 und ein Tagebuch« in: »Mensch der Krieg ist aus. Zeitzeugen erinnern sich«, hrsg. von Werner Filmer und Heribert Schwan, Düsseldorf 1985

»Frauen machen Politik«, hg. von Monica Weber-Nau, Düsseldorf 1995

»Heiterkeit und Härte« in: »Walter Scheel in seinen Reden und im Urteil von Zeitzeugen«, Stuttgart 1984

»Mut zur Politik: Gespräch mit Carola Wedel« in: »Zeugen des Jahrhunderts«, Göttingen 1993

»Mut zur Politik, weil ich die Menschen liebe«, hrsg. von Paul Noack im Auftrag der Theodor-Heuss-Stiftung, München 1981

»Nach vierzig Jahren« in: »Denkanstöße«, hrsg vom Piper Verlag, München 1988

»Perspektiven deutscher Politik«, hrsg. von Walter Scheel, Düsseldorf 1969

»Politische Tugenden in einer (noch) nicht gefestigten Demokratie« in: »Vernunft riskieren«, Hamburg 1988

»Politik als Frauenberuf: Kein Heldinnen- oder Märtyrerinnen-Epos« in: »Frei sein, um andere frei zu machen. Frauen in der Politik«, hrsg. von Liselotte Funke, Stuttgart 1984

»Politikberatung als Lust und Last« in: »Lust und Last der Aufklärung«, Hrsg. Becker/Zimmer, Weinheim 1993

»Gerechtigkeit erhöht ein Volk. Zum Demokratieverständnis von Theodor Heuss« in: »Protestanten in der Demokratie«, hrsg. von Wolfgang Huber, München 1990

»Über die Erziehung zur Verantwortung in der Demokratie am Beispiel Kurt Hahns« in: »Leitbilder für eine bessere Zukunft«, hrsg. von Bruno Moser, 1988

»Ungewissenhaftigkeit in der Politik« in: »Denkanstöße 86«, hrsg. vom Piper Verlag, München 1986

»Theodor Heuss – Demokrat der ersten Stunde« in: »Glück gehabt mit unseren Präsidenten«, hrsg. von Werner Höfer, Stuttgart 1975

»Ungehaltener Brief einer ungehaltenen Frau«, in: »Richard von Weizsäcker in der Diskussion«, hrsg. von Hans Willow, Düsseldorf, 1993

»Liberale Symbolfiguren: Theodor Heuss und Walter Scheel« in: »Verantwortung für die Freiheit – 40 Jahre FDP«, Stuttgart 1985

»Versäumte Reformen« in: »Nach 25 Jahren – Eine Deutschland-Bilanz«, hrsg. von Karl Dietrich Bracher, München 1970

»Vision vom friedlichen Deutschen« in: »Die Erde der Sanftmütigen«, hrsg. von Hans-Jürgen Tultz,

»Was für mich im Leben das Wichtigste war« in: »Leben vor sich haben«, hrsg. von Werner Filmer, Würzburg 1985

»Was heißt heute liberal?«, hrsg. von Peter Juling, Gerlingen 1978

»Wege aus der Politik- und Parteienverdrossenheit« in: »Der Souverän auf der Nebenbühne«, hrsg. Bernd Guggenberger, Opladen 1994

»Wider die Politik(er)verdrossenheit«, hrsg. von der Theodor-Heuss-Stiftung, Bonn 1994 »Wie gefestigt ist unsere Demokratie« in: »Die aufgeklärte Republik«, München 1989

»Weihnachten 1945«, hrsg. von Klaus Hinrich Casdorff, 1985

»Wie es im Schulbuch steht« in: »Sind wir noch ein Volk der Dichter und Denker?«, Reinbek, 1964

Herausgegebene Bücher

»Auftrag und Engagement der Mitte – Eckwerte der Demokratie in der Bundesrepublik«, München 1974

»Die aufgeklärte Republik – Eine kritische Bilanz«, Gütersloh, 1989

»Die Zukunft unserer Demokratie«, 1978

»Kultusminister Ernst Schütte – Festschrift zum 65. Geburtstag«, 1969

»Theodor Heuss. Eine Bildbiographie«, Stuttgart 1983

»Vom rechten Gebrauch der Freiheit«, München 1975

Namensregister

Adam-Schwaetzer, s. Schwaetzer

Achenbach, Ernst (*1909), Politiker, FDP, S. 196

Acheson, Dean (1893-1978), amerik. Politiker, Außenminister 1949-1953, S. 122

Adenauer, Konrad (1876-1967), Politiker, CDU, Bundeskanzler 1949-1963, S. 108, 119, 136f., 147, 157f., 159, 179, 321, 333f., 379, 381, 408ff.

Adorno, Theodor W. (1903-1969), Philosoph und Soziologe, S. 179f.

Aicher-Scholl, Inge (Schwester von Hans und Sophie Scholl), S. 440, 442

Andersch, Alfred (1914-1980), Schriftsteller, S. 106, 110

Antigone, griech. Mythos: Tochter des Ödipus, S. 338

Apel, Hans (*1932), Politiker, SPD, S. 240, 472

Arendt, Hannah (1906-1975), amerik. Gesellschafts- und Politikwissenschaftlerin dt. Herkunft, S. 95f., 416

Arndt, Adolf (1904-1974), Politiker, SPD, S. 417

Arnim, Hans Herbert von (*1939), Verwaltungswissenschaftler, S. 387, 479

Baader, Andreas (1944-1977), Terrorist, S. 215

Baader, Othilie (1847-1925), Frauenrechtlerin und Politikerin, SPD, S. 325

»Baby Doc«, hait. Diktator, S. 255

Baer, Richard, Kommandant in Auschwitz, S. 417

Baethge, Eberhard, Schriftsteller, S. 442

Bahner, Dietrich, Politiker, FDP, S. 202

Bahr, Egon (*1922), Politiker, SPD, S. 104, 195

Bangemann, Martin (*1934), Politiker, FDP, S. 277, 309, 550

Barzel, Rainer (*1924), Politiker, CDU, Bundestagspräsident 1983-1984, S. 472-476

Baudissin, Wolf Graf von (*1907), Generalleutnant a.D., Friedensforscher, S. 437, 497

Bauer, Fritz (1903-1968), Jurist, Generalstaatsanwalt, S. 413f.

Baum, Gerhart Rudolf (*1932), Rechtsanwalt und Politiker, FDP, S. 228, 266, 273, 276, 279f., 434

Bäumer, Gertrud (1873-1954), Schriftstellerin und Frauenrechtlerin, S. 543

Bauriedl, Thea, Psychologin, S. 485ff.

Bayer, Adolf von, Chemiker, S. 59

Bebel, August (1840-1913), Politiker, SPD, Mitbegründer der Sozialdemokratie, S. 325f.

Becker, Hellmut (1913-1994), Jurist und Bildungspolitiker, S. 135, 179, 211, 509

Becker, C. H. (1876-1933, Vater von Hellmut Becker.),

Orientalist und Politiker, S. 179, 543
Beethoven, Ludwig van (1770-1827), Komponist, S. 86
Begin, Menachem (*1913), israel. Politiker, Ministerpräsident 1977-1983, S. 261
Behringer, Chemiker, S. 59ff.
Benda, Ernst (*1925), Jurist und Politiker, CDU, Präsident des Bundesverfassungsgerichts 1971-1983, S. 417
Benz, Wolfgang, Historiker und Schriftsteller, S. 443
Bergdoll, Udo, Journalist, S. 198
Berger, Senta (*1941), österr. Filmschauspielerin, S. 296
Berlichingen, Götz von (1480-1562), Reichsritter, S. 547
Bezold, Otto, Politiker, FDP, S. 141-143, 146
Biedenkopf, Kurt, (*1930), Politiker, CDU, S. 477
Bierich, Marcus (*1926), Unternehmer, S. 500
Bilek, Franziska, Karikaturistin, S. 131, 144f.
Bingen, Hildegard von, S. 338
Bismarck, Otto Fürst von (1815-1898), Politiker, Reichskanzler 1871-1890, S. 351, 374, 543
Blendinger, Heinrich, Pädagoge und Leiter der Schule Schloß Salem, S. 52
Blunk, Michaela (*1943), Studienleiterin und Politikerin, FDP, S. 305-308
Boenisch, Peter (*1927), Journalist und Publizist, S. 106
Bonhoeffer, Dietrich (1906-1945), ev. Theologe und Widerstandskämpfer, S. 57, 74, 95, 400, 415, 441f.
Bonhoeffer, Emmi (Schwester von Dietrich Bonhoeffer), S. 415f.
Borchert, Wolfgang (1921-1947), Schriftsteller, S. 85
Born, Max (1882-1970), Physiker, S. 137
Bourdieu, franz. Soziologe, S. 492
Bradfisch, Otto, KZ-Kommandant, S. 417
Brändström, Elsa (1888-1948), dt./schwed. Philanthropin, S. 120
Brandt, Willy (1913-1992), Politiker, SPD, Bundeskanzler 1969-1974, S. 157, 193, 195ff., 200, 202, 210, 214f., 225f., 246, 420, 511
Brauchitsch, Eberhard von (*1926), ehem. Flick-Manager, S. 272f., 277
Braun, Hildebrecht (*1944), Rechtsanwalt und Politiker, FDP, S. 204
Braun, Lily (1865-1916), Politikerin, SPD, Schriftstellerin und Frauenrechtlerin, S. 325
Brecht, Bert (1898-1956), Schriftsteller, S. 69, 453
Breitenbach, Paula, Politikerin, SPD, S. 118
Breitling, Gisela, Malerin, S. 296
Broszat, Martin (*1926), Historiker und Schriftsteller, S. 443
Brücher, Ditmar (*1919, Bruder von H.B.), S. 24, 28, 30f., 38, 41, 46, 48, 50, 53, 55, 57, 62, 72f., 78, 89, 91, 107, 356

Brücher, Ernst (*1925, Bruder von H.B.), S. 24, 28, 30f., 33, 38, 41, 46, 48, 50, 51, 53, 62, 72f., 78, 98, 91, 107, 356

Brücher, Lilly (1892-1932, Mutter von H.B.), S. 24, 30f., 33-36, 38f., 48, 54, 72, 346, 354, 356

Brücher, Mechtild (*1923, Schwester von H.B.), S. 24, 28, 30f., 33, 38, 41, 46, 48, 50, 51, 53, 72f., 89, 91, 107, 356

Brücher, Paul (1883-1931, Vater von H.B.), S. 24, 27f., 31, 33f., 36-39, 47f., 57, 72, 354

Brücher, Wolfgang (1911- 1991, Bruder von H. B.), S. 24, 28, 30f., 33, 38, 41, 53, 55, 62, 72f., 356

Brüning, Heinrich (1885-1970), Politiker, Zentrum, Reichskanzler 1930-1932, S. 120

Brunner, Manfred, Anwalt und Politiker, ehem. FDP, S. 291

Bruns, Wibke, Journalistin, S. 296

Buber, Martin (1878-1965), jüd. Religions- und Sozialphilosoph, S. 293

Bubis, Ignatz (*1927), Unternehmer und Vorsitzender des Zentralrats der Juden, S. 435, 448f.

Burt, Richard (*1947), amerik. Botschafter in Bonn 1985-1989, S. 262

Butenandt, Adolf (1903-1995), Biochemiker, S. 144

Carstens, Karl (1914-1992), Politiker, CDU, Bundespräsident 1979-1984, S. 242f.

Carter, Jimmy (*1924), amerik. Politiker, Präsident 1977-1981, S. 261

Chnoupek, Bohuslav (*1925), tschech. Politiker, Außenminister 1971-1988, S. 254

Christine, Königin von Schweden (1632-1654), Regierungschefin 1644-1650, S. 338

Chruschtschow, Nikita Sergejewitsch (1894-1971), sowjet. Politiker, Regierungschef 1958-1964, S. 153

Churchill, Sir Winston (1874-1965), brit. Politiker, Premier-Minister 1940-1945 und 1951-1955, S. 74

Comenius, Johann Amos (1592-1670), Theologe und Pädagoge, S. 526

Cramer, Ernest (bzw. Kramer, Ernst), Journalist und Verleger, S. 106

Cube, Walter von (1906-1984), Publizist und Journalist, S. 106

Dahrendorf, Ralf, Lord (*1929), Soziologe und Politologe, S. 135, 181f., 196, 228, 246, 253, 510ff., 527, 536f., 548f., 553

Dane, Elisabeth, Chemikerin, S. 64

Dayan, Moshe (1915-1981), israel. General und Politiker, S. 261

de Gaulle, Charles (1890-1970), franz. General und Präsident 1958-1969, S. 157

Dehler, Klaus (*1926, Neffe von Thomas Dehler), Internist und Politiker, FDP, S. 170

Dehler, Thomas (1897-1967), Politiker, FDP, S. 78, 110, 142, 147, 170, 321, 334, 417, 546
Delouche, Frédéric, franz. Bankier, S. 499
Deng Xiaoping (*1904), chin. Politiker, stellv. Ministerpräsident 1977-1980, S. 218f.
Dichgans, Hans (1907-1980), Politiker, CDU, S. 472
Diestel, Barbara, Publizistin, S. 443
Dietrich, Französischlehrerin, S. 235
Dietzfelbinger, Hermann (1908-1984), ev. Theologe, bayer. Landesbischof, S. 225
Dingeldey, Eduard (1886-1942), Politiker, ehem. DVP, S. 544
Dirks, Walter (*1901), Publizist und Schriftsteller, S. 107, 110
Döblin, Jürgen, Politiker, FDP, S. 184
Dohnanyi, Klaus von (*1928), Politiker, SPD, S. 196, 216f., 219, 232, 240, 512
Dönhoff, Marion Gräfin (*1909), Publizistin und Verlegerin, S. 286, 496f., 536
Döring, Wolfgang, Politiker, FDP, S. 147
Dörner, Klaus (*1933), Psychiater, S. 426
Dutschke, Rudi (1940-1979), Studentenführer, S. 181

Eagleburger, Lawrence (*1930), amerik. Politiker, S. 261ff.
Ebert, Wilhelm, ehem. Vorsitzender des Bayerischen Lehrervereins, S. 134
Eco, Umberto (*1932), ital. Schriftsteller und Kunstphilosoph, S. 428f.
Edding, Friedrich (*1909), Bildungsforscher, S. 135, 509
Edwardson, Cordelia, Schriftstellerin, S. 440
Egk, Werner (1901-1983), Komponist, S. 144
Eichmann, Karl Adolf (1906-1962), SS-Obersturmbannführer, S. 416f.
Elias, Ruth, Schriftstellerin, S. 440
Ellwein, Thomas (*1927), Politologe und Erziehungswissenschaftler, S. 134
Elsass, Fritz, Politiker, DDP, S. 545
Elsner, Georg, Schreiner, Hitlerattentäter, S. 441
Embling, brit. Politiker, S. 212
Ende, Michael (1929-1995), Schriftsteller, S. 149
Enderle, Luiselotte (Lebensgefärtin von Erich Kästner), Schriftstellerin, S. 90, 106
Eppler, Erhard (*1926), Politiker, SPD, S. 196, 230, 282, 365
Erdmann, Karl Dietrich (*1910), Historiker, S. 509
Erhard, Ludwig (1879-1977), Politiker CDU, S. 181
Erler, Brigitte, Politikerin, SPD, S. 248
Erlinghagen, Karl, Jesuitenpater, S. 510f.
Ertl, Joseph (*1925), Politiker FDP, S. 202
Ewers, Hans-Heinz, Bildungspolitiker, SPD, S. 512

Fauser, Peter, Erziehungswissenschaftler, S. 501
Fechner, Eberhard (*1926-1992), Film- und Fernsehregisseur, S. 443
Feldmann, Olaf (*1937), Politiker, FDP, S. 279f., 477
Fellner, Hermann (*1950), Politiker, CSU, S. 430
Ferro, Marc, franz. Moderator, S. 559
Fest, Joachim (*1926), Publizist, S. 442
Feuchtwanger, Lion (1884-1958), Schriftsteller, S. 459
Fingerle, Anton, Stadtschulrat, S. 114
Finck, Werner (1902-1978), Kabarettist, S. 104, 144
Fittkow, Lisa, Schriftstellerin, S. 440
Flach, Karl-Hermann (1929-1973), Journalist und Politiker, FDP, S. 182, 198, 214, 228, 536, 547f.
Flex, Walter (1887-1917), Schriftsteller, S. 354
Flick, Friedrich Karl (*1927), Unternehmer, S. 272, 476
Flitner, Andreas (*1922), Erziehungswissenschaftler und Bildungsreformer, S. 501, 509
Focke, Katharina (*1922), Journalistin und Politikerin, SPD, S. 195f.
Frank, Anne (1929-1945), starb als Jüdin im KZ Bergen-Belsen, S. 442
Freisler, Roland (1924-1945), Jurist, NSDAP, Präsident des »Volksgerichtshofes« 1942-1945, S. 160f., 441

Freudenberg, Hermann (*1924), Unternehmer, S. 500
Frey, Gerhard, Herausgeber und Politiker, NPD, S. 162
Freyh, Brigitte (*1924), Politikerin, SPD, S. 196
Friderichs, Hans (*1931), Politiker, FDP, S. 273
Friedmann, Werner (1909-1969), Journalist und Publizist, S. 113
Friedrich II. der Große (1712-1786), König von Preußen, S. 24
Friedrich, Carl. J. (1901-1984), amerik. Politikwissenschaftler dt. Herkunft, S. 120
Frings, Josef (1887-1978), kath. Theologe und Kardinal, S. 335
Fromm, Erich (1900-1980), Psychoanalytiker und Schriftsteller, S. 343
Fuchs, Jürgen, Journalist, S. 300
Führer, Christian, Pfarrer und Bürgerrechtler, S. 497f.
Funcke, Liselotte (*1918), Politikerin, FDP, S. 265f.

Galinski, Heinz (1912-1993), ehem. Vorsitzender des Zentralrats der Juden, S. 449f.
Gandhi, Indira (1917-1984), ind. Politikerin, Regierungschefin 1966-1977 und 1978-1984, S. 261, 263
Gast, Lise, Schriftstellerin, S. 149
Gauck, Joachim (Jochen), Pfarrer und Bürgerrechtler, S. 283, 364f., 498
Gauweiler, Peter, Politiker, CSU, S. 291

Geißler, Heiner (*1930), Politiker, CDU, S. 270
Genscher, Hans-Dietrich (*1927), Politiker, FDP, Außenminister und Vizekanzler 1974-1993, S. 10, 226ff., 230, 232ff., 238f., 242ff., 246, 254ff, 259, 263ff., 272f., 275-278, 287, 294f., 297, 302, 307, 434, 497, 529, 540, 549f.
Gerhardt, Wolfgang (*1943), Politiker, FDP, S. 550
Gerlach, Ruth (Frau von Walther Gerlach), S. 107
Gerlach, Walther (1889-1979), Physiker, S. 107, 137
Gerstenmaier, Eugen (1906-1986), Theologe und Politiker, CDU, Bundestagspräsident 1954-1969, S. 409
Giesler, Paul, NS-Gauleiter, S. 331
Gill, David, Bürgerrechtler, S. 498
Giscard d'Estaing, Valéry (*1926), franz. Politiker, Staatspräsident 1974-1981, S. 261
Globke, Hans (1898-1973), Jurist, Kommentartor der Nürnberger Rassengesetze, Kanzleramtsminister 1953-1963, S. 157f.
Goebbels, Joseph (1897-1945), Politiker, NSDAP, Reichsminister für Propaganda, 1933-1945, S. 330, 413
Goerdeler, Carl (1884-1945), Widerstandskämpfer, S. 442
Goethe, Johann W. von (1949-1832), Dichter, S. 153, 351, 357, 370

Gollwitzer, Helmut (1908-1992), ev. Theologe, S. 401
Goppel, Alfons (1905-1991), Jurist und Politiker, CSU, S. 159-162, 166, 223
Gorbatschow, Michail (*1931), sowjet. Politiker, Präsident 1988-1991, Friedensnobelpreisträger 1990, S. 261, 287, 310, 360
Götte, Rose (*1938), Politikerin, SPD, S. 477
Graf, Willi, Widerstandskämpfer WEISSE ROSE, S. 69, 440
Grahammer, Josef und Hermine, S. 164 f.
Green, Gerald, amerik. Filmemacher, S. 443
Greth, Hannelore (Büroleiterin bei H.B. im hess. Kultusministerium), S. 178
Greve, Eugen (1908-1968), Politiker, SPD, S. 411f.
Gropius, Walter (1883-1969), Architekt, S. 120
Grünbeck, Josef (*1925), Politiker FDP, S. 170, 291
Grunenberg, Nina, Journalistin, S. 198, 214
Guggenheimer, Walter Maria, kath. Publizist, S. 107
Gyger, Julian, ehem. Fraktionsgeschäftsführer der SPD, S. 232

Habe, Hans (1911-1977), Publizist und Schriftsteller ungar. Herkunft, S. 106
Haber, Fritz (1868-1934), Chemiker, Nobelpreisträger 1918, S. 89f., 104

Habermas, Jürgen (*1929), Philosoph und Soziologe, S. 179
Hafenbrädl, Centa, Politikerin, CSU, S. 116
Haffner, Sebastian (*1907), Publizist, S. 442
Häfner, Gerald (*1956), Politiker, Bündnis 90/DIE GRÜNEN, S. 477
Hagemeyer, Maria, (ehem. Referentin im BM Justiz), Juristin, S. 334
Hahn, Kurt-Martin (1886-1974), Pädagoge, Mitbegründer und Leiter der Schule Schloß Salem, S. 52
Hahn, Otto (1879-1968), Chemiker, Nobelpreisträger 1944, S. 102f., 137, 494
Hahn, Wilhelm, Politiker, CDU, S. 512
Haider, Jörg (*1950), österr. Politiker, S. 291, 548
Hallstein, Walter (1901-1982), Politiker, CDU, S. 104, 157
Hamm, Eduard, Politiker, DDP, S. 545
Hamm, Erwin (*1909, Ehemann von H.B.), Dr. jur., Berufsmäßiger Stadtrat, S. 16, 23, 72, 92, 115, 117, 126f., 138, 140, 149ff., 172ff., 176, 194f., 206, 208, 219f., 231, 261, 294, 304
Hamm, Florian (*1954, Sohn von H.B.), S. 15, 23, 126f., 140, 149f., 154, 173ff., 184, 219f., 231, 261, 304
Hamm, Miriam Verena (*1959, Tochter von H.B.), S. 15, 23, 126f., 140, 149f., 173f., 219f., 231, 261, 304

Hanauer, Rudolf, Politiker, CSU, S. 170
Hand (Chauffeur von Paul Brücher), S. 32, 355
Harnischfeger, Horst, ehem. Generalsekretär des Goethe-Instituts, S. 197
Hartenstein, Liesel (*1928), Politikerin, SPD, S. 477
Hasemann, Karl Gotthart, ehem. Generalsekretär des Wissenschaftsrates, S. 134f.
Haushofer, Albrecht (1903-1945), Geowissenschaftler, S. 95, 400f.
Haussmann, Helmut (*1943), Politiker, FDP, S. 280
Havel, Václav (*1936), tschech. Schriftsteller und Bürgerrechtler, Präsident seit 1989, S. 261, 457, 480, 498, 500
Hegel, G.W. Friedrich (1770-1831), Philosoph, S. 218
Heidecker, Martin, Philosoph, S. 442
Heinemann, Gustav (1899-1976), Politiker, ehem. CDU, dann SPD, Bundespräsident 1969-1974, S. 193, 294, 309, 370, 377, 437f., 496f.
Heisenberg, Werner (1901-1976), Physiker, Nobelpreisträger 1933, S. 66, 135, 137, 144, 494
Heitmann, Steffen, Politiker, CDU, S. 295, 298, 300f., 306
Hentig, Hartmut von (*1925), Erziehungswissenschaftler, S. 509
Herking, Ursula (1912-1974), Schauspielerin und Kabarettistin, S. 90
Herzog, Roman (*1934), Staats-

rechtler und Politiker, CDU, Bundespräsident seit 1994, S. 14, 301, 303ff., 307ff., 439, 562
Hesse, Hermann (1877-1962), Schriftsteller, S. 286, 290
Heuss, Ernst-Ludwig (Sohn von Theodor Heuss), S. 494, 496
Heuss, Ludwig (Enkel von Theodor Heuss), Arzt, S. 494, 500
Heuss, Theodor (1884-1963), Schirftsteller und Politiker, FDP, 1. Bundespräsident 1949-1959, S. 81, 86, 101, 104f., 108, 110, 117-119, 135f., 144, 146f., 190, 246, 262, 299, 321, 324, 352, 373f., 376, 379ff., 391, 397, 402-405, 432, 436f., 483f., 488, 494ff., 509, 527f., 541, 543ff., 548, 559, 562
Heuss, Ursula (Schwiegertochter von Theodor Heuss), S. 262, 494, 500
Heuss-Knapp, Elly (1881-1952, Ehefrau von Theodor Heuss), Politikerin und Schriftstellerin, S. 262, 324f.
Hindenburg, Paul von (1847-1934), Generalfeldmarschall, Reichspräsident 1925-1934, S. 24, 354, 375
Hirsch, Burkhard (*1930), Politiker, FDP, Vizepräsident des Bundestages seit 1994, S. 273, 276, 280, 434
Hitler, Adolf (1889-1945), Führer der NSDAP, Reichskanzler 1933-1945, S. 17, 24, 42, 52f, 71, 73, 75, 329ff., 354f., 358, 370, 374f., 391, 397, 400, 404, 406, 413, 418, 423-427, 429, 432, 435ff., 441ff., 447, 544, 546
Hoegner, Wilhelm (1887-1980), Politiker, SPD, S. 132ff., 167
Hoffmann, Hilmar, Päsident des Goethe-Instituts, S. 529ff.
Hofmann, Gunter, Journalist, S. 198, 286, 386
Hofmann-Göttig, Joachim, Soziologe und Historiker, S. 329
Hohmann, Georg (1880-1970, Freund von Theodor Heuss), Orthopäde und Hochschullehrer, S. 494
Horkheimer, Max (1895-1973), Philosoph und Soziologe, S. 179f.
Höss, Kommandant in Auschwitz, S. 417
Huber, Ludwig (*1928), Politiker, CSU, S. 162f.
Huber, Kurt (1893-1943), Musikwissenschaftler, Widerstandskämpfer WEISSE ROSE, S. 63, 69f.
Huhnke, Brigitte, Frauenforscherin, S. 300
Huisgen, Rolf, Chemiker und Hochschullehrer, S. 59f.
Hummel, Siegfried, ehem. Kulturreferent München, S. 197
Hundhammer, Alois (1900-1974), Politiker, CSU, S. 123f., 129, 505
Hunsche, Otto, Mitglied im »Eichmann-Kommando«, S. 417
Husén, schwed. Professor, S. 212

Jäger, Wolfgang (Freund von Geschwister Scholl), ehem. Medizinstudent, S. 69
Jaspers, Karl (1883-1969), Philosoph und Psychiater, S. 69, 95, 416
Jeanne d'Arc (Johanna von Orléans), (1410-1431), franz. Nationalheldin, S. 127, 338
Jenninger, Philipp (*1932), Politiker, CDU, Bundestagspräsident 1984-1988, S. 476
Jens, Inge (Ehefrau von Walter Jens), Schriftstellerin, S. 440
Joe (Kommilitone von H. B.), S. 73
Johannes Paul II. (*1920), Papst seit 1978, S. 261
Juan Carlos (*1938), König von Spanien, S. 243
Juchacz, Marie (1879-1956), Politikerin, SPD, Redakteurin und Frauenrechtlerin, S. 325

Kahane, Anetta, Bürgerrechtlerin, S. 498
Kant, Immanuel (1724-1804), Philosoph, S. 540
Kästner, Erich (1899-1974), Schriftsteller, S. 27f., 50, 85, 90, 106, 137f., 149, 356
Kennedy, John F. (1917-1963), amerik. Politiker, Präsident 1960-63, S. 504, 508
Kerschensteiner, Gustav, Bildungsreformer, S. 543
Kiaulehn, Walter (1900-1968), Schriftsteller, S. 104
Kiesinger, Kurt Georg (1904-1988), Jurist und Politiker, CDU, Bundeskanzler 1966-1969, S. 181

Kinkel, Klaus (*1936), Politiker, FDP, Außenminister und Vizekanzler seit 1992, S. 259, 294, 297f., 302, 304-308, 310f., 534, 550
Kipper, Emmi (damalige Referentin im hess. Kultusministerium), S. 192
Klafki, Wolfgang (*1927), Erziehungswissenschaftler, S. 182
Klein, Hans (*1931), Politiker, CSU, Vizepräsident des Bundestages seit 1991, S. 240
Klemperer, Victor (1881-1960), Romanist und Hochschullehrer, S. 72, 440f.
Klüger, Ruth, Schriftstellerin, S. 440
Knoeringen, Waldemar von (1906-1971), Politiker, SPD, S. 134
Knoop, Guido, Historiker und Moderator, S. 443
Knoop-Graf, Anneliese (*1921, Schwester von Willi Graf), S. 440
Kogon, Eugen (1903-1987), Publizist und Politikwissenschaftler, S. 95, 107, 110, 442
Kohl, Helmut (*1930), Politiker, CDU, Bundeskanzler seit 1982, S. 97, 256, 269ff., 277f., 285f., 287, 294f., 304f., 310, 421f., 434, 515, 533
Köhler, Erich, Bundestagspräsident, S. 334
Köhler, Johannes (Religionslehrer in Dresden), S. 49
Kortner, Fritz (1892-1970), Schauspieler, S. 107
Koschnick, Hans (*1929), Politiker, SPD, S. 498

Kraus, Max (damaliger amerik. Offizier dt. Herkunft), Journalist, S. 89, 106
Krause-Brewer, Fides, Fernsehjournalistin, S. 68
Krausnick, Helmut (1905-1990), Historiker und Schriftsteller, S. 443
Kreuter, Hannelore (ehem. Sekretärin bei H.B.), S. 16
Krings, Hermann, Philosoph, S. 509
Krockow, Christian von (*1927), Politologe und Schriftsteller, S. 92
Krumrey, Hermann, Mitglied im »Eichmann-Kommando«, S. 417
Künast, Renate, Politikerin, S. 296
Kutscher, Artur (1878-1960), Literatur- und Theaterwissenschaftler, S. 63

Lallinger, Ludwig, Politiker, BP, S. 116
Lambsdorff, Otto Graf (*1926), Politiker, FDP, S. 226ff., 264ff., 273, 277, 542
Landsman, Claude, poln.-franz. Regisseur, S. 443
Lange, Helene (1848-1930), Schriftstellerin und Frauenrechtlerin, S. 322, 543
Lao-tse (3./4. Jh. v. Chr.), chin. Philosoph, S. 454f., 478
Lattmann, Dieter (*1926), Schriftsteller und Politiker, SPD, S. 472
Laue, Max von (1879-1960), Physiker, S. 137
Leber, Annedore, Schriftstellerin, S. 442

Leeb, Schriftsteller, S. 442
Leich, Werner (*1927), Theologe, thüring. Landesbischof, S. 290
Leinemann, Jürgen, Journalist, S. 471
Leipelt, Hans, Widerstandskämpfer WEISSE ROSE, S. 65
Leisler-Kiep, Walter, Politiker, CDU, S. 278
Lembke, Robert (1913-1989), Journalist, S. 107
Leonhardt Rudolf Walter, Journalist, S. 151
Lepmann, Jella (1891-1970, ehem. Majorin der US-Army dt. Herkunft), Schriftstellerin und Journalistin, S. 106
Lerch, Leopold, kath. Prälat, Politiker, CSU S. 130
Leussink, Hans (*1912), Politiker, SPD, S. 194f., 200, 204, 209, 212-216
Leuwerik, Ruth (*1926), Theater- und Filmschauspielerin, S. 144
Lichtenberg, Georg Christoph (1742-1799), Physiker und Philosoph, S. 378
Liebig, Justus von (1803-1873), Chemiker, S. 59
Liepman, Ruth, Schriftstellerin, S. 440
Lilje, Hanns (1899-1977), ev. Theologe, S. 401
Limbach, Jutta, Juristin, Präsidentin des Bundesverfassungsgerichts, S. 295, 502
Lindgren, Astrid (*1907), schwed. Schriftstellerin, S. 149

Lissmann, Adelheid, ehem. Stadträtin, KPD, S. 116
Löser-Gutjahr, Peter, Kanzler der Universität Leipzig, S. 495
Louis Ferdinand Prinz von Preußen (1772-1806), S. 30
Lübke, Heinrich (1894-1972), Politiker, CDU, Bundespräsident 1959-1969, S. 294
Lüder, Wolfgang (*1937), Politiker, FDP, S. 280
Lüders, Marie-Elisabeth (1878-1966), Politikerin, DDP/FDP, S. 327f., 336
Luft, Friedrich (1911-1991), Schriftsteller und Kritiker, S. 104
Luise Königin von Preußen (1776-1810), S. 30
Luitgart (Kommilitonin von H. B.), S. 73

Maaß, Kurt-Jürgen, Leitender Mitarbeiter der Alexander-Humboldt-Stiftung, S. 529f.
Mahler, Gustav (1860-1911), österr. Komponist, S. 69
Maier, Hans (*1931), Politikwissenschaftler und Politiker, CSU, S. 173
Maier, Reinhold (1889-1971), Politiker, FDP, S. 546f.
Maier-Leibnitz, Heinz (*1911), Physiker, S. 137
Maihofer, Werner (*1918), Staatsrechtler und Politiker, FDP, S. 182, 512, 549
Malchow, Helge, Lektor, S. 15
Mandela, Nelson (*1918), südafrikan. Bürgerrechtler, Staatspräsident seit 1994,

Friedensnobelpreisträger 1993, S. 258
Mann, Golo (*1909-1994, Sohn von Thomas Mann), Historiker und Publizist, S. 494
Mann, Heinrich (1871-1950), Schriftsteller, S. 69
Mann, Thomas (1875-1955), Schriftsteller, S. 61, 69, 86, 322
Mao Zedong (1893-1976), chin. Politiker, Generalsekretär der PK und Staatspräsident 1954-1959, S. 217f.
Marchionini, Alfred, Dermatologe, S. 107, 144
Marcks, Marie (*1922), Karikaturistin, S. 296
Marcos, Ferdinando (1917-1989), philippin. Politiker, Staatspräsident 1965-1986, S. 255f.
Marcos, Imelda (Frau von Ferdinando Marcos), S. 255f.
Markowa, Olga, russ. Dolmetscherin, S. 153
Marquart, Karin, (ehem. Landesvorsitzende der Jungdemokraten), S. 205
Marx, Karl (1818-1883), Philosoph, S. 218
Mau, Hermann, Historiker und Schriftsteller, S. 442
Maunz, Theodor (*1901), Staatsrechtler, Politiker, CSU, bayer. Kultusminister 1957-1964, S. 158-162
Mayer, Marion (*1959, Mitarbeiterin von H.B.), wissenschaftliche Mitarbeiterin, S. 15f., 293, 301
Mayor, Frederico, span. Biochemiker, Generalsekretär der UNESCO, S. 217

Max Prinz von Baden (1867-1929), Politiker, Reichskanzler 1918, Gründer der Schule Schloß Salem, S. 51
M'Bow, Amadu Mathar, senegal., ehem. Generaldirektor der UNESCO, S. 216
McCloy, John (1895-1989), US-Hochkommissar in der BRD 1949-1952, S. 100, 121f., 262
Meinecke, Ulla, Sängerin, S. 296
Meinhof, Ulrike (1934-1976), Gründungsmitglied der RAF, S. 215
Meir, Golda (1898-1978), israel. Politikerin, Ministerpräsidentin 1969-1974, S. 208, 261, 338
Meixner, Georg, kath. Prälat, Politiker, CSU, S. 130
Mende, Erich (*1916), Politiker, ehem. FDP, dann CDU, S. 181f., 196, 547
Menke, Clara, Journalistin, S. 104
Mikat, Paul, Politiker, CDU, S. 512
Minna (Köchin bei Brüchers), S. 31-33, 355
Mischnick, Wolfgang (*1921), Politiker, FDP, S. 226f., 264-268, 540, 549
Mitscherlich, Alexander (1908-1982), Psychoanalytiker und Publizist, S. 110, 179, 399
Mitscherlich, Margarete (*1917, Ehefrau von Alexander Mitscherlich), Psychoanalytikerin und Publizistin, S. 399
Mobutu Sese-Seko, zair. Staatspräsident seit 1970, S. 255

Modl, Richard (Kommilitone von H. B.), S. 61f.
Moersch, Karl (*1926), Politiker, bis 1982 FDP, S. 232
Möllemann, Jürgen W. (*1945), Politiker, FDP, S. 238f.
Möller, Alex (1903-1985), Politiker, SPD, S. 195
Möller, Horst, Historiker und Schriftsteller, S. 443
Moltke, Freya Gräfin von (Ehefrau von Helmuth Graf von Moltke), S. 440
Moltke, Helmuth Graf von (1907-1945), Jurist und Widerstandskämpfer, S. 445, 499
Montesquieu, Charles (1689-1755), franz. Schriftsteller und Staatsphilosoph, S. 484f., 488, 493
Morgenthau, Henry (1891-1967), amerik. Bankier, S. 141
Mühlen, Irmgard von zur, Filmregisseurin, S. 443
Muth, Carl (1867-1944), Publizist, S. 69
Mutter Teresa, kath. Ordensfrau, S. 256, 260f.

Naumann, Friedrich (1860-1919), ev. Theologe und Politiker, DDP, S. 543
Niemöller, Martin (1892-1984), ev. Theologe und Widerstandskämpfer, S. 30, 36, 38f., 87f., 355, 401
Nightingale, Florence (1820-1910), brit. Krankenpflegerin, S. 338
Nitti (Haushälterin bei H.B.), S. 150f.
Noack, Paul (*1925), Politologe und Publizist, S. 500

Noah, amerik. Professor, S. 212
Nowak, Franz, Mitglied im »Eichmann-Kommando«, S. 417

Oberländer, Theodor, Politiker, CSU, S. 158
Oettingen, Freiherr von, S. 345
Ohnesorg, Benno, Studentenanführer, S. 179
Ossietzky, Carl von (1889-1938), Publizist, Friedensnobelpreis 1935, S. 439
Oßner, kath. Pfarrer, S. 164f.
Osswald, Albert, Politiker, SPD, S. 187
Otto-Peters, Louise (1819-1895), Schriftstellerin, Begründerin der dt. Frauenbewegung, S. 322ff.

Peisert, Hansgert, Soziologe, S. 246, 510
Peres, Shimon, israel. Politiker, Ministerpräsident seit 1995, S. 261
Perger, Werner, Journalist, S. 386
Perikles (500-429 v. Chr.), athen. Staatsmann, S. 483, 488
Peters, August (Ehemann von Louise Otto-Peters), Dichter und Journalist, S. 324
Peyrefitte, Alain (*1925), franz. Politiker, S. 211
Pfarr, Heide, Politikerin, SPD, S. 296
Pfeiffer-Belli, Gregor, Publizist, S. 106
Philip, Duke of Edinburgh (*1921), S. 52

Picht, Georg (1913-1982), Philosoph und Bildungsreformer, S. 135, 495, 507ff.
Pick, Else (1871-1942, Großmutter von H. B.), S. 24, 34, 40f., 48, 50f., 54, 72, 279, 346, 355
Pick, Franz (1865-1931, Großvater von H. B.), S. 24, 48, 72
Piloty, Hans, Hochschullehrer, S. 144
Piper, Klaus, Verleger, S. 172
Pleitgen, Fritz, Fernsehjournalist, S. 300
Plessner, Helmuth (1892-1985), Philosoph, S. 352f.
Poppe, Ulrike, Bürgerrechtlerin, S. 498
Popper, Sir Karl (1902-1991), Philosoph österr. Herkunft, S. 316-319, 540
Preuß, Hugo (1860-1925), Staats- und Verwaltungsrechtler, Reichsminister 1919, Verfasser der Weimarer Kommentare, S. 543
Pringsheim, Katja (Frau von Thomas Mann), S. 322
Probst, Albert (*1931), Politiker, CSU, S. 207
Purrmann, Hans (1880-1966), Maler und Graphiker, S. 66f.
Purrmann, Robert (Sohn von Hans Purrmann), Chemiker, S. 66f.

Rathenau, Walter (1867-1922), Industrieller, Politiker, DDP, Reichsaußenminister 1922, S. 543
Rau, Johannes (*1931), Politiker, SPD, S. 307, 309f., 512

Ravel, Maurice (1875-1937), franz. Komponist, S. 69
Reagan, Ronald (*1911), amerik. Politiker, Präsident 1981-1989, S. 261f., 421
Reich, Jens, Molekularbiologe, Bürgerrechtler, S. 303, 306, 365, 498, 500
Remer, Otto Ernst (*1912), Berliner Stadtkommandant, NS-Major, S. 101, 407, 413f.
Reuter, Edzard (*1928), Jurist und Unternehmer, S. 286
Richter, Hans Werner (*1908), Schriftsteller, S. 106
Richter, Horst-Eberhard (*1923), Psychoanalytiker und Schriftsteller, S. 497
Rieger (ehem. Verwaltungsleiterin an der Universität München), S. 58
Rilke, Rainer Maria (1875-1926), österr. Schriftsteller, S. 313
Rilling, Helmuth (*1933), Dirigent und Organist, S. 500
Ritter, Gerhard (1888-1967), Historiker, S. 442
Robinsohn, Hans, Politiker, DDP, S. 545
Rommel, Manfred, Politiker, CDU, S. 497, 500
Roosevelt, Franklin (1882-1945), amerik. Politiker, Präsident 1933-1945, S. 122
Rosenthal, Philipp (*1916), Unternehmer und Politiker, SPD, S. 196
Roth, Heinrich (1906-1983), Erziehungswissenschaftler und Psychologe, S. 509
Rothfels, Hans (1891-1976), Historiker und Schriftsteller, S. 442

Sadat, Anwar as- (1918-1981), ägypt. Politiker, Staatspräsident 1970-1981, S. 261
Salamander, Rachel, Inhaberin der Literaturhandlung München, S. 448
Sand, George (1804-1876), franz. Schriftstellerin, S. 338
Sartorius, Joachim (ehem. pers. Referent von H.B. im AA), Generalsekretär des Goethe-Instituts, S. 534f.
Sassin, Horst R., Lehrer und Historiker, S. 545
Schäfer, Helmut (*1933), Politiker, FDP, S. 280
Scharnagl, Karl (1881-1963), Politiker, CSU, S. 116
Scharping, Rudolf (*1947), Politiker, SPD, S. 307
Scheel, Walter (*1919), Politiker, FDP, Bundespräsident 1974-1979, S. 182, 193f., 195, 198, 201, 205, 213, 226f., 237f., 295, 540, 547ff.
Scheffler, Erna (1893-1983), Juristin, erste Bundesverfassungsrichterin, S. 333
Scheuch, Erwin (*1928), Soziologe, S. 387, 479
Scheuch, Ute (Ehefrau von Erwin Scheuch), Soziologin, S. 387, 479
Schiller, Karl (*1911), Volkswirtschaftler und Politiker, SPD, S. 195
Schlei, Marie, Politikerin, SPD, S. 195
Schleyer, Hanns-Martin (1915-1977), Unternehmer, ehem. Arbeitgeberpräsident, S. 242

Schlichtinger, Rudolf, Politiker, SPD, S. 134
Schmid, Carlo (1896-1979), Politiker, SPD, S. 104, 379
Schmidt, Elisabeth (ehem. Mitarbeiterin von H.B.), S. 198
Schmidt, Helmut (*1918), Politiker, SPD, Bundeskanzler 1974-1982, Herausgeber, S. 10, 122, 195, 224, 226ff., 230, 239-242, 256, 261, 262, 264, 266, 269-272, 278, 284, 364f., 497
Schmidt, Loki (Ehefrau von Helmut Schmidt), S. 260
Schmorell, Alexander, Widerstandskämpfer WEISSE ROSE, S. 69
Schmude, Jürgen (*1936), Politiker, SPD, S. 240
Scholl, Hans (1918-1943), Widerstandskämpfer WEISSE ROSE, S. 14, 69, 71, 104, 440f.
Scholl, Sophie (1921-1943, Schwester von Hans Scholl), Widerstandskämpferin, S. 69, 104, 338, 440f.
Schönberg, Arnold (1874-1951), österr. Komponist, S. 69
Schönherr, Albrecht (*1911), ev. Theologe, S. 283
Schönherr, Annemarie, ev. Theologin und Bürgerrechtlerin, S. 283, 364
Schoppe, Waltraud (*1942), Politikerin, Bündnis 90/DIE GRÜNEN, S. 296
Schorlemmer, Friedrich (*1944), Theologe und Bürgerrechtler, SPD, S. 283, 364ff.
Schuller, Anneliese, Journalistin, Verlegerin und Publizistin, S. 113

Schütte, Ernst (1904-1972), Politiker, SPD, S. 172ff., 176, 180, 185, 187, 194f., 512
Schütz, Klaus (*1926), Politiker, SPD, S. 119
Schwaetzer, Irmgard (*1942), Politikerin, FDP, S. 266, 302
Schwarzer, Alice (*1942), Journalistin, S. 296
Schwarzhaupt, Elisabeth (1901-1986), Politikerin, CDU, S. 333, 336
Seebohm, Hans-Christoph (1903-1967), Politiker, CDU, S. 158
Seidel, Hanns, Politiker, CSU, S. 133
Selbert, Elisabeth (1896-1986), Politikerin, S. 324, 331
Sell, Friedrich, Schriftsteller und Historiker, S. 545f.
Senft, Elisabeth (ehem. Zimmerwirtin von H.B.), S. 76f.
Senghor, Leopold Sengar, senegal. Politiker, Philosoph und Schriftsteller, S. 261
Seydewitz, Thea von, (ehem. Klassenlehrerin von H.B. in Dresden),S. 49
Sievers, Heinrich, ehem. Schülerredakteur, S. 495
Solms, Hermann Otto (*1940), Politiker, FDP, S. 297, 310
Sommer, Sigi, Journalist, S. 113
Sommerauer, Adolf, Rundfunk-Pfarrer, S. 144
Sommerfeld, Arnold (1868-1951), Physiker, S. 66
Spee, Wilfried Graf von, Politiker, CDU, S. 431
Spielberg, Steven (*1947), amerik. Filmregisseur, S. 443

Spies, Gerty (*1897, Freundin von H.B.), jüd. Schriftstellerin, S. 430, 440
Spyri, Johanna (1827-1901), schweiz. Schriftstellerin, S. 30
Stauffenberg, Claus Graf Schenk von (1907-1944), Oberst, Hitlerattentäter, S. 439
Steinbach, Peter, Historiker, S. 443
Stern, Fritz, amerik. Historiker dt. Herkunft, S. 212
Sternberger, Dolf (1907-1989), Publizist und Politologe, S. 110
Stoiber, Edmund (*1941), Politiker, CSU, S. 304
Stolpe, Manfred (*1936), Kirchenjurist und Politiker, SPD, S. 283f.
Stolper, Gustav (1888-1947), Nationalökonom, Publizist und Politiker, DDP, S. 262, 543
Stolper, Toni (1890-1987, Ehefrau von Gustav Stolper), Juristin, Nationalökonomin, Redakteurin und Schriftstellerin, S. 262, 494
Stone, Shepard, ehem. Mitarbeiter von McCloy, S. 122
Storch, Karin; Fernsehjournalistin, S. 184
Strassmann, Ernst, Politiker, DDP, S. 345
Strauß, Franz Josef (1915-1988), Politiker, CSU, S. 136f., 163, 206f., 221, 459
Strauss und Torney, Lulu von (Brieffreundin von Theodor Heuss), Schriftstellerin, S. 352

Stresemann, Gustav (1878-1929), Politiker, DVP, Reichskanzler 1923, Außenminister 1925-1929, S. 543
Strobel, Käte (*1907), Politikerin, SPD, S. 195f.
Susanne (Freundin von H. B.), S. 42
Süssmuth, Rita (*1937), Erziehungswissenschaftlerin und Politikerin, CDU, Bundestagspräsi-dentin seit 1988, S. 305f., 449, 476
Suttner, Bertha von (1843-1914), Schriftstellerin und Frauenrechtlerin, Friedensnobelpreisträgerin 1905, S. 338

Thierack, Otto (1889-1946), Jurist, NSDAP, Präsident des »Volksgerichtshofes« 1936-1942, Reichsjustizminister 1942-1945, S. 160
Thoma, Ludwig (1867-1921), Schriftsteller, S. 131, 172, 194, 458f., 464f.
Tornow, Georgia, Journalistin, S. 296
Troller, Stefan G., Fernsehregisseur, S. 443
Trudeau, Pierre (*1919), kanad. Politiker, Premierminister 1968-1979 und 1980-1984, S. 224, 261
Tucholsky, Kurt (1890-1935), Schriftsteller und Journalist, S. 439

Ulich, Heinrich (1890-1977), Philosoph und Erziehungswissenschaftler, S. 120

Unseld, Siegfried (*1924), Verleger, S. 286
Ury, Else (1877-1943), Schriftstellerin, S. 30

Varnhagen, Rahel (1771-1833), S. 338
Vogel, Bernhard (*1932, Bruder von Hans-Jochen Vogel), Politiker, CDU, S. 199, 211f., 512
Vogel, Hans-Jochen (*1926), Politiker, SPD, S. 134, 143, 240, 449, 495f., 500
Voßler, Karl (1872-1949), Romanist, S. 107

Waigel, Theo (*1939), Politiker, CSU, S. 533
Waldburg-Zeil Alois Graf von (*1933), Politiker, CDU, S. 477
Wallenberg, Hans (1907-1977), ehem. Chefredakteur der NZ, S. 106, 123
Weber, Max (1864-1920), Volkswirtschaftler und Soziologe, S. 318, 321f.
Weisenborn, Günther (1902-1969), Schriftsteller, S. 442
Weiß, Konrad (*1942), Filmemacher, Bürgerrechtler und Politiker, Bündnis 90/DIE GRÜNEN, S. 283, 364
Weizsäcker, Carl Friedrich von (*1912), Physiker und Philosoph, S. 137, 497f.
Weizsäcker, Richard von (*1920), Politiker, CDU, Bundespräsident 1984-1994, S. 52, 69, 283, 286, 289, 294, 385ff., 397f., 421, 433, 436, 438, 479, 497f., 500

Weng, Wolfgang (*1942), Politiker, FDP, S. 294f.
Werfel, Franz (1890-1945), österr. Schriftsteller, S. 69
Werner, Bruno E., Publizist, S. 106
Westerwelle, Guido (*1961), Politiker, FDP, S. 550
Westphal, Heinz, Politiker, SPD, S. 449
Wieland, Heinrich (1877-1959), Chemiker, Nobelpreisträger 1927, S. 9, 58ff., 63-66, 69, 72, 76f., 83, 102, 104, 567
Wiesel, Élie (*1928), amerik. Schriftsteller ungar. Herkunft, S. 98, 436f.
Wilhelm II. (1859-1941), dt. Kaiser, S. 246, 352
Wilhelmi, Hans Herbert, Beamter im BM Bildung und Wissenschaft, S. 198
Wimmer, Thomas, Politiker, SPD, S. 116
Winter, Anton, Lehrer, S. 499
Wischnewski, Hans-Jürgen (*1922), Politiker, SPD, S. 232, 240
Witkop, Bernd, Chemiker, S. 66f.
Wittenstein, Jürgen, Freundeskreis WEISSE ROSE, S. 69
Wolff, Theodor (1868-1943), Journalist und Schriftsteller, S. 545
Wuermeling, Franz-Josef (1900-1986), Politiker, CDU, S. 334
Wuermeling, Henri C., Historiker und Moderator, S. 443
Wüst (ehem. Dekan der Philosophischen Fakultät der Universität München), S. 57f., 77

Wurbs, Richard (*1920), Politiker, FDP, S. 264

Zeller, Eberhard, Schriftsteller, S. 442
Zetkin, Clara (1857-1933), Schriftstellerin, Politikerin, ehem. SPD, dann KPD, Frauenrechtlerin, S. 325
Zinn, Christa (Frau von Georg August Zinn), S. 187
Zinn, Georg August (1901-1976), Politiker, SPD, S. 172, 174, 176f., 180, 182, 187-191
Zoglmann, Siegfried (*1913), Politiker, FDP, S. 196
Zuckmayer, Carl (1896-1977), Schriftsteller, S. 107, 442, 494
Zundel, Rolf, Journalist, S. 265, 270
Zweig, Stefan (1881-1942), österr. Schriftsteller, S. 69

Bildnachweis

S. 77 Hans Schürer
S. 105 Pressebild Paul Sessner
S. 127 Stefan A. Haas
S. 176 dpa
S. 185 Heinz Schmiedel
S. 190 dpa
S. 196 Presse- und Informationsdienst der Bundesrepublik, Bundesbildstelle
S. 211 Léo Jouan/OECD
S. 221 Rudolf Brauner
S. 237 oben Bundesbildstelle Bonn
S. 283 Jutta Spitzley, Presse Service
S. 303 Maik Schuck
S. 323 Friedrich-Ebert-Stiftung, Archiv der Sozialen Demokratie
S. 488 Hans Schürer
S. 496 unten Friedrich Rauch
S. 498 dpa
S. 549 dpa